Hilary Mantel

Née en 1952 dans le Derbyshire, Hilary Mantel est une romancière anglaise. Elle est notamment l'auteur d'une trilogie historique consacrée à Cromwell : *Le Conseiller*. Le premier tome, *Dans l'Ombre des Tudors* (Sonatine, 2013), a obtenu le Booker Prize 2009 et le deuxième, *Le Pouvoir* (Sonatine, 2014), best-seller du *New York Times* et du *Washington Post*, a été récompensé par le Booker Prize 2012. Elle est ainsi la première femme à avoir obtenu le Booker Prize deux fois. Une série adaptée de la trilogie a été développée par la BBC, en partenariat avec HBO, et a été diffusée en France sur Arte en 2015. Sa seconde trilogie intitulée *Révolution*, composée de deux tomes, *L'Idéal* (2016) et *Les Désordres* (2016), a paru chez le même éditeur. Tous sont repris chez Pocket.

D1619412

RÉVOLUTION

Tome 2

DU MÊME AUTEUR
CHEZ POCKET

LE CONSEILLER

RÉVOLUTION

HILARY MANTEL

RÉVOLUTION

TOME 2
LES DÉSORDRES

Traduit de l'anglais
par Claude et Jean Demanuelli

Titre original :
A PLACE OF GREATER SAFETY

Pocket, une marque d'Univers Poche,
est un éditeur qui s'engage pour la préservation
de son environnement et qui utilise du papier fabriqué
à partir de bois provenant de forêts gérées
de manière responsable.

© Hilary Mantel, 1992
© Sonatine, 2016, pour la traduction française
ISBN : 978-2-266-27261-2

À Clare Boylan

SOMMAIRE

PERSONNAGES

RÉVOLUTION 2 : LES DÉSORDRES

QUATRIÈME PARTIE

Rue Saint-Honoré
Maurice Duplay, maître menuisier
Françoise, sa femme
Éléonore, sa fille aînée, étudiante aux Beaux-Arts
Victoire, sa fille
Élisabeth (Babette), sa fille cadette
Charles Dumouriez, général, un temps ministre des
    Affaires étrangères
Antoine Fouquier-Tinville, homme de loi, cousin
    de Camille Desmoulins
Jeannette, domestique des Desmoulins

CINQUIÈME PARTIE

**Personnages qualifiés de « girondins » ou « bris-
sotins »**

Jean-Pierre Brissot, journaliste

Jean-Marie et Manon Roland

Pierre Vergniaud, membre de la Convention nationale, orateur réputé

Jérôme Pétion

François Léonard Buzot

Jean-Baptiste Louvet

Charles Barbaroux, avocat marseillais, et beaucoup d'autres

Albertine Marat, sœur de Marat

Simone Évrard, concubine de Marat

Defermon, député, ancien président de la Convention

Jean-François Lacroix, député modéré, accompagne Danton « en mission » en Belgique en 1792 et 1793 David, peintre

Charlotte Corday, meurtrière

Claude Dupin, jeune bureaucrate qui demande en mariage Louise Gély, la voisine de Danton

Souberbielle, médecin de Robespierre

Renaudin, luthier, sujet à la violence

Père Kéravenant, prêtre hors la loi

Chauveau-Lagarde, avocat, défenseur de Marie-Antoinette

Philippe Lebas, député de gauche, membre du Comité de sûreté générale, épouse Élisabeth Duplay

Vadier, appelé le « Grand Inquisiteur », président du Comité de sûreté générale

Personnages impliqués dans l'affaire de la Compagnie des Indes

Chabot, député, ancien frère capucin

Julien, député, ancien pasteur protestant

Proli, secrétaire d'Hérault de Séchelles, soupçonné d'espionnage pour le compte de l'Autriche

Emmanuel et Moses Dobruska, connus sous les noms d'Emmanuel et Junius Frey, spéculateurs

Guzman, homme politique de second plan, d'origine espagnole

Diedrichsen, « homme d'affaires » danois

Abbé d'Espagnac, fournisseur indélicat aux armées

Basire, Delaunay, députés

Citoyen Sade, écrivain, ancien marquis

Pierre Philippeaux, député, auteur d'un pamphlet contre le gouvernement pendant la Terreur

Membres du Comité de salut public
Saint-André

Barère

Couthon, paraplégique, ami de Robespierre

Robert Lindet, avocat originaire de Normandie, ami de Danton

Étienne Panis, député de gauche, ami de Danton

Procès des dantonistes
Hermann (originellement du barreau d'Arras), président du Tribunal révolutionnaire

Dumas, son adjoint

Fouquier-Tinville, procureur général

Fleuriot et Liendon, avocats de l'accusation

Fabricius Pâris, greffier

Laflotte, indicateur

Henri Sanson, bourreau

RÉVOLUTION 2 : LES DÉSORDRES

QUATRIÈME PARTIE

Le roi a pointé un pistolet sur la tête de la nation ; l'arme a fait long feu, et c'est à présent au tour de la nation.

CAMILLE DESMOULINS

Nous voulons être libres ; mais Dieu, qu'il en coûte !

LUCILE DESMOULINS

I

La main heureuse

(1791)

En cette fin d'après-midi, Manon Roland, assise près de la fenêtre, tournait la joue vers la chaleur déclinante du soleil d'octobre. Lentement, soigneusement, elle plongea son aiguille dans le tissu usé. Même dans les conditions qui sont les nôtres, il y a encore des domestiques pour accomplir ce genre de tâche. Mais les choses ne sont jamais aussi bien faites que par soi-même. Et puis – elle pencha la tête sur son ouvrage –, qu'imaginer de plus apaisant, de plus ordinaire que le contact d'un drap de lin ? Dans une réalité rebelle ? On aura bien besoin de raccommoder et de rapiécer, de réparer et de rafistoler, maintenant que, comme le dit son mari, « le coup est tombé ».

Que viennent faire ici ces métaphores empruntées aux travaux domestiques ? Est-ce elle qui leur résiste, ou bien l'inverse ? Le centre est effrangé, usé jusqu'à la corde ? Eh bien, rabattons les bords sur le milieu.

19

« *Ça ira**. » Elle sourit. Elle n'est pas dépourvue d'humour, aime-t-elle à penser.

Son mari, qui approche la soixantaine à présent, a un ulcère à l'estomac, souffre du foie, et si elle ne l'assistait pas de ses soins constants et de la force de sa volonté, il aurait tôt fait de sombrer dans l'invalidité. Il était jusqu'à présent inspecteur des Manufactures, mais dans les nouvelles dispositions, mises en place en septembre 1791, le poste a été supprimé. Tous deux avaient applaudi à la mort de l'ancien régime, en gens désintéressés qu'ils étaient. Mais comment ne pas mettre une sourdine à ses applaudissements quand on n'a ni pension de retraite ni perspective autre qu'une pauvreté qui cherche à sauver les apparences ?

Tu as été malade, songeait-elle, tu as été enfiévrée et vidée de tes forces par l'été parisien, secouée par le sang versé au Champ-de-Mars. « L'épreuve a été trop dure pour vous, ma chère ; voyez comme vous êtes devenue nerveuse. Mieux vaut tout abandonner et retourner chez nous, parce que rien n'importe davantage que votre santé, et au Clos, vous étiez toujours si sereine. » Sereine ? Elle, sereine ? Depuis 1789 ?

C'est ainsi qu'ils étaient revenus habiter la petite propriété décrépite des collines du Beaujolais, avec son potager et ses tentures passées, et les pauvres femmes qui venaient à la porte de derrière demander conseils et cataplasmes aux herbes. Ici (elle avait beaucoup lu Rousseau), on vivait en harmonie avec la nature et les saisons. Mais le pays allait mourir étranglé, et elle aurait tant voulu… tant voulu…

D'un mouvement impatient, elle écarta sa chaise de la fenêtre. Toute sa vie, elle n'a fait que regarder le monde, confinée dans un rôle de spectatrice qui ne lui a rien apporté, pas même les bienfaits du détachement philosophique. Que ne lui ont point apporté non plus l'étude, ni l'analyse de soi, ni même, songea-t-elle avec ironie, le jardinage. On pourrait croire que la chose vient naturellement à une femme de trente-sept ans, qui plus est épouse et mère. Un certain apaisement, une certaine sérénité intérieure – pensez-vous ! Même après une grossesse, c'est du sang, et non du lait, qui coule dans vos veines. Je ne suis pas passive face à la vie, je ne crois pas que je le serai jamais, et – au vu des récents événements – quelles raisons aurais-je de l'être ?

Ce tout dernier coup du sort, par exemple : il va de soi qu'elle n'a pas l'intention de le subir sans réagir. Ils viennent d'arriver de Paris, ils doivent y retourner. Il leur faut obtenir soit une pension, soit un poste au sein de la nouvelle administration.

Roland n'était guère enthousiaste à l'idée de ce voyage. Mais Paris m'appelle, se dit-elle. C'est là que je suis née.

La boutique de son père se trouvait quai de l'Horloge, près du Pont-Neuf. Il était graveur – commerce à la mode, clients à la mode –, et il avait les manières de l'emploi, directif et obséquieux à la fois, artiste et artisan, sans être ni l'un ni l'autre.

Elle avait reçu Jeanne Marie comme nom de baptême, mais on l'avait toujours appelée Manon. Ses frères et sœurs étaient tous morts. Il doit bien exister une raison (se disait-elle vers huit, neuf ans) pour laquelle le bon Dieu m'a épargnée – une destinée particulière qui m'a été réservée ? Elle observait étroitement ses parents, jugeant de son œil impitoyable d'enfant leurs limites, leur méticuleux vernis de raffinement. Ils lui prodiguaient une attention excessive, avaient, qui sait, un peu peur d'elle. Ils lui faisaient donner quantité de leçons de musique.

Quand elle eut dix ans, son père lui acheta plusieurs traités sur l'éducation de la jeunesse, dans l'idée qu'un livre comportant le mot « éducation » dans le titre était le genre de chose dont elle avait besoin.

Cette enfant douée, jolie de surcroît, et pour laquelle rien n'était trop bon, quelle négligence de leur part que de la laisser seule un jour dans l'atelier ! Il est vrai que l'apprenti (un garçon de quinze ans, trop grand pour son âge, couvert de taches de rousseur, les mains affligées de démangeaisons) avait toujours semblé si bien élevé, si inoffensif. C'était le soir, il travaillait à la lueur d'une lampe, et elle se tenait à ses côtés pour suivre ce qu'il faisait. Elle ne se troubla pas quand il lui prit la main. Il la tint un moment, jouant avec ses doigts, lui souriant, la tête levée vers elle ; puis il attira cette main sous l'établi.

Une fois là, elle entra en contact avec quelque chose d'étrange, un doigt de chair humide et gonflé, frémissant d'une vie propre. Lui accentua la pression sur son poignet, puis se tourna sur sa chaise pour lui faire face. Elle vit alors ce qu'elle avait touché. « Ne dis rien », chuchota-t-il. Elle dégagea sa main. Ses sourcils remontèrent jusqu'aux boucles qui tombaient sur son front, et elle sortit à grandes enjambées de l'atelier, claquant la porte derrière elle.

Dans l'escalier, elle entendit sa mère qui l'appelait. Une petite course à faire ou quelque tâche ménagère – elle fut incapable, par la suite, de se rappeler ce dont il s'agissait. Elle s'acquitta de la besogne, l'air hébété, l'estomac noué. Ne dit rien. Ne sachant pas quoi dire.

Mais dans les semaines qui suivirent – et c'est ce que, plus tard, elle eut du mal à comprendre, parce qu'elle n'arrivait pas à croire qu'elle pût être vicieuse de nature – elle retourna à l'atelier. Oui, elle se saisit de toutes les occasions. Se trouvant des excuses ; comme si elle avait décidé, à cette époque, de vaquer à ses occupations les yeux à demi fermés sur sa nature profonde. Simple curiosité, devait-elle se dire à l'âge adulte : la curiosité toute naturelle d'un enfant surprotégé. Mais l'adulte qu'elle était devenue lui rétorquait : Tu te trouvais des excuses alors, et tu continues à t'en trouver aujourd'hui.

Le soir, le garçon partageait le repas familial ; il était si jeune, si loin des siens que sa mère s'inquiétait pour lui. Pendant le dîner, elle ne pouvait se permettre d'être différente en sa présence ; ses parents s'en seraient étonnés, auraient posé des questions. Après tout, s'ils le font, qu'auront-ils à me reprocher ? se disait-elle. Mais elle commença alors à se demander si la vie n'était pas injuste ; s'il n'arrivait pas souvent que les gens soient accusés alors qu'ils n'avaient rien fait. Bien sûr, la chose était courante quand on était enfant ; tous les jours, il y avait des gifles non méritées, des injustices. Mais elle avait pensé que la vie d'adulte serait différente, davantage gouvernée par la raison. Or elle était à présent au seuil de cette vie, et plus elle en approchait, plus les choses lui apparaissaient risquées, et moins les gens semblaient raisonnables. Une voix intérieure ne cessait de lui répéter : Tu n'es pas fautive, mais on pourrait te faire passer pour telle.

Un jour, le garçon lui chuchota : « Je ne t'ai rien montré que ta mère n'ait déjà vu. » Elle rejeta le menton en arrière, ouvrit la bouche, prête à réprimer son impertinence, mais c'est le moment que choisit sa mère pour entrer avec une assiette de pain et un saladier, et les voilà assis côte à côte, comme de bons petits enfants, timides, les yeux baissés sur la nappe, remerciant Dieu pour la salade, le fromage et le pain.

Dans l'atelier, où elle venait rôder, la tension entre eux était maintenant comme un fil tendu à l'extrême. L'avait-elle un peu trop agacé, multipliant les allées et venues quand la présence de tierces personnes la protégeait ? Elle continuait à penser à ce morceau de chair bizarre, aveugle, blanc et frémissant, semblable à quelque chose qui vient tout juste de naître.

Un jour, bien sûr, ils finirent par se retrouver seuls. Elle garda ses distances, refusant de se laisser piéger de la même manière. Cette fois, il s'approcha par-derrière, tandis qu'elle regardait par la fenêtre. Il lui glissa les mains sous les aisselles, puis l'attira sur ses genoux tout en s'installant sur une chaise commodément placée là. Lui ayant remonté sa jupe, il la toucha une fois, entre les jambes. Puis son bras maigre couvert de taches de rousseur, plein de sa force naissante, lui enserra la taille, la main formant un poing. Elle garda les yeux rivés sur ce poing pendant qu'il la tenait comme une poupée, aussi inanimée qu'une poupée, ses jolies lèvres entrouvertes, et qu'il soufflait et haletait en quête de l'ultime satisfaction. Non pas qu'elle sût qu'il y avait eu une quelconque satisfaction, seulement que l'activité en cours avait atteint une sorte de paroxysme, car aussitôt il la relâcha, murmura quelques gentillesses égarées, sans jamais (devait-elle se souvenir par la suite) la regarder en face. Il l'avait délibérément gardée le dos à lui, de manière à ne pas avoir à se préoccuper de savoir si elle était ravie ou horrifiée, si elle riait ou si elle était trop abasourdie pour crier.

Elle s'était enfuie en courant, et peu après – dès la première demande pour savoir ce qui n'allait pas – elle avait bafouillé toute son histoire, les joues inondées de larmes, les jambes flageolantes, si bien qu'elle s'était permis d'aller en titubant jusqu'à une chaise. L'horreur, cependant, décomposait le visage de sa mère. Celle-ci l'obligea à se remettre debout, lui empoignant les bras et les serrant, comme prête à lui briser les os. Elle l'avait secouée – elle, son enfant si précieuse –, lui avait hurlé ses questions à la figure : qu'est-ce qu'il a fait, où t'a-t-il touchée, répète-moi ce qu'il t'a dit, n'aie pas peur, tu peux tout dire à ta mère (et pendant tout ce temps elle continuait à la secouer, son visage déformé par la colère à quelques centimètres du sien), il t'a obligée à le toucher, est-ce que tu saignes, Manon, dis-moi, dis-moi, parle.

Elle pleura tout le long du chemin comme une enfant de trois ans quand sa mère la traîna jusqu'à l'église où, une fois à l'intérieur, elle s'empara de la poignée de la sonnette qui fait surgir le prêtre dans l'instant en cas de meurtre ou d'agonie, et l'amène à vous donner l'absolution dans les plus brefs délais afin de vous éviter la damnation. Et, en effet, il était venu… La mère avait fait avancer la fille d'une poussée dans le creux du dos avant de la laisser dans la pénombre en compagnie du souffle asthmatique du vieil homme. Le curé avait écouté, tournant sa bonne oreille vers elle, les balbutiements convulsifs entrecoupés de sanglots de ce qu'il avait pris pour le récit d'une enfant violée.

Le plus curieux fut qu'on ne renvoya pas l'apprenti. La peur du scandale. Ils craignaient que si l'affaire venait à s'ébruiter on ne lui en attribuât, à elle, la responsabilité. Elle fut donc dans l'obligation de côtoyer le garçon tous les jours, même s'il ne mangeait plus à la table familiale. Elle savait à présent qu'elle était coupable ; il ne s'agissait plus de ce que les autres pouvaient dire ou penser, mais de son aptitude à se réconcilier avec elle-même, tentative d'emblée vouée à l'échec. Les choses auraient pu être bien pires car elle était *intacte*, disait sa mère, même si elle-même ne voyait pas très bien ce que signifiait ce mot. Essaie de ne plus y penser, lui conseilla encore sa mère ; un jour, quand tu seras adulte et mariée, cela ne te paraîtra pas aussi terrible. Mais en dépit d'efforts acharnés pour suivre ce conseil – et peut-être, justement, à cause d'eux –, elle n'arrêtait pas d'y penser. Elle rougissait, prise de tremblements, et rejetait la tête en arrière d'un petit mouvement involontaire, signe de son malaise intérieur.

Quand elle eut vingt-deux ans, sa mère était déjà morte. Le matin, elle s'occupait de la maison, et l'après-midi elle se consacrait à l'étude, acquérant bientôt une bonne maîtrise de l'italien et de la botanique, rejetant les idées d'Helvétius, avançant dans sa connaissance des mathématiques. Le soir, elle se plongeait dans l'histoire classique et restait assise, les yeux clos, les mains posées sur son livre, à rêver de liberté. Elle se forçait à se concentrer sur ce qui était grand chez l'Homme, sur le progrès, la noblesse d'esprit, la fraternité, le sacrifice de soi : sur toutes les vertus désincarnées.

Elle lut l'*Histoire naturelle* de Buffon ; elle se sentit obligée de sauter certains passages et de tourner certaines pages très vite, parce qu'elles contenaient des informations qu'elle préférait ne pas connaître.

Sept ou huit ans après que le garçon eut quitté l'atelier de son père, elle le revit. Il venait de se marier ; elle put constater qu'il était parfaitement ordinaire. La rencontre fut brève et ne leur laissa guère le temps d'une conversation un tant soit peu intime – non qu'elle en ait eu envie –, mais il lui dit tout de même : « J'espère que tu ne m'en veux pas. Je ne t'avais fait aucun mal. »

En 1776, sa vie changea. C'était l'année où les Américains proclamèrent leur indépendance, et elle accepta que ses affections trouvassent enfin leur cible. Il y avait eu des offres de mariage – essentiellement de la part de commerçants, qui avaient eux-mêmes entre vingt et trente ans. Elle s'était montrée polie à leur égard, mais les avait fortement, très fortement découragés. Le mariage était une chose à laquelle elle évitait de penser. La famille commençait à désespérer.

Mais en janvier de cette même année, Jean-Marie Roland entra en scène. Il était grand, instruit, avait beaucoup voyagé et possédait la gentillesse d'un père et le sérieux d'un professeur. Il appartenait à la petite noblesse, mais était le plus jeune de cinq fils ; il avait quelques terres et l'argent qu'il gagnait, rien de plus. Il était administrateur, il avait cela dans le sang. En sa qualité d'inspecteur, il avait parcouru l'Europe. Il avait des connaissances dans d'innombrables domaines : blanchiment et teinture des étoffes, dentellerie, usage de la tourbe comme combustible, fabrication de la poudre à canon, salaison du porc, polissage optique ;

sans oublier la physique, le système du libre-échange et la Grèce antique. D'emblée, il sentit chez elle un appétit vorace pour le savoir, du moins pour une certaine forme de savoir. Au début, elle ne remarqua pas ses manteaux un peu étranges et poussiéreux, son linge effrangé, ses chaussures fermées non par des boucles mais par de vieux morceaux de ruban ; quand elle en prit conscience, elle trouva rafraîchissant d'avoir affaire à un homme dépourvu de toute vanité. Ils avaient des conversations sérieuses, empreintes d'une sorte de courtoisie tracassière et circonspecte.

Il lui avait baisé le bout des doigts, par simple politesse. Il restait toujours à distance. Ne tentait rien. L'aurait-il fait qu'il aurait ressemblé à une statue de saint Paul se penchant sur vous et vous tapotant le menton.

Ils échangeaient des lettres, longues, absorbantes, qui demandaient une demi-journée de rédaction et une heure de lecture. Au début, ils composaient des essais fort pertinents sur des sujets d'intérêt général. Au bout de quelques mois, ils se mirent à écrire sur le mariage – son caractère sacramental, son utilité sociale.

Il partit en Italie pour un an et en rapporta des carnets de voyage qu'il publia en six volumes.

En 1780, au bout de quatre années de réflexion et d'hésitation, ils se marièrent.

Le soir de la cérémonie, il avait bien fallu qu'ils communiquent sur un mode autre qu'épistolaire. Elle ne savait pas trop à quoi s'attendre ; refusait de penser à l'apprenti et à ses tripotages, ou de théoriser sur ce qui, somme toute, s'était passé dans son dos. Elle n'était donc pas préparée pour son corps, pour cette poitrine creusée aux rares poils grisonnants ;

pas préparée pour la hâte avec laquelle il la plaqua contre ce corps, ni pour la douleur au moment de la pénétration. Quand il commença à respirer différemment et qu'elle put lever sa tête jusque-là enfouie sous son épaule, elle demanda : « Est-ce que… ? » Mais il avait déjà roulé sur le côté et sombré dans le sommeil, déchirant l'obscurité de son souffle bruyant.

Le lendemain, au réveil, il s'était penché sur elle, contrit et plein de sollicitude : « Vous ne saviez donc rien ? Pauvre chère Manon, si seulement j'avais su… »

Un seul enfant (pensaient-ils l'un et l'autre) suffit à justifier un mariage. Ce fut Eudora, née le 4 octobre 1781.

Elle avait la capacité – et elle en était fière – de saisir l'essentiel d'une question complexe en quelques minutes. Vous n'aviez qu'à lui proposer un sujet – les guerres puniques, par exemple, ou la fabrication des chandelles – et, au bout de la journée, elle vous en faisait un rapport exhaustif ; au bout d'une semaine, elle était capable d'ouvrir sa propre manufacture ou d'élaborer un plan de bataille pour Scipion l'Africain. Elle aimait aider son mari dans son travail, c'était pour elle un vrai plaisir. Elle commença au niveau le plus bas, en lui copiant des passages qu'il souhaitait étudier. Puis elle s'essaya à l'indexation, domaine où elle se montra soigneuse et compétente ; ensuite, elle consacra son excellente mémoire et son insatiable curiosité à ses projets de recherche. Pour finir, comme elle écrivait avec une telle facilité, une telle aisance et une telle grâce, elle se mit à l'aider à rédiger ses rapports et sa correspondance. Oh, laissez-moi m'en occuper, disait-elle, j'en aurai fini alors que vous en serez encore à tergiverser sur le premier paragraphe.

Ma chère petite, si intelligente, lui disait-il, comment ai-je jamais pu me débrouiller sans vous ?

Mais il me faut, songeait-elle, plus qu'une part d'éloges ; je veux une vie tranquille, certes, mais j'ai aussi envie d'un champ d'action plus large. Sachant la place qui est allouée à la femme et la respectant, m'en satisfaisant, je veux malgré tout le respect des hommes. Je veux leur respect et leur approbation, car moi aussi j'ai des projets, je raisonne, j'ai mes idées sur l'état de la France. Des idées qu'elle aimerait instiller, par le biais de quelque processus imperceptible, dans la tête des législateurs de la nation, comme elle les insuffle à son mari.

Elle se souvenait d'un jour de juillet : les mouches bourdonnantes agglutinées sur les vitres d'une chambre de malade, le visage cireux de son mari au-dessus du drap blanc, et sa belle-mère, tyran de quatre-vingt-huit ans, assise dans un coin, dodelinant de la tête, la respiration sifflante. Elle avait eu soudain cette vision d'elle-même, en robe grise, l'esprit tout aussi gris en raison de l'âge, de la maladie et de la chaleur, parcourant les pièces à petits pas, une tasse de tisane dans les mains, tandis que, dehors, pesait la chaleur tenace de l'été.

« Madame ?

— Doucement, s'il te plaît. Qu'y a-t-il ?

— Madame, des nouvelles de Paris.

— Quelqu'un est malade ?

— Madame, la Bastille est tombée. »

Elle en laissa tomber sa tasse, qui se brisa au sol. Plus tard elle pensa : Je l'ai fait exprès. Tiré de sa somnolence, Roland souleva la tête de l'oreiller. « Manon, un grand malheur serait-il arrivé ? »

Dans son coin, l'Ancien Régime sortit de son sommeil, maugréant d'avoir été dérangée, et observa d'un œil menaçant la joie intempestive de sa bru.

Elle commença bientôt à écrire pour les journaux : d'abord pour le *Courrier de Lyon*, puis pour le journal de Brissot, *Le Patriote français*. (Depuis deux ans Brissot et son mari échangeaient une volumineuse correspondance.) Elle signait « Une Lyonnaise » ou « Une Romaine ». En juin 1790, elle reçut des *Révolutions de France et de Brabant* une lettre charmante, quoique difficilement lisible, dans laquelle on lui demandait l'autorisation de reproduire un de ses articles. Elle accepta d'emblée, ignorant tout, alors, de l'éditeur du journal.

Sa grande chance s'était présentée à Paris, et elle l'avait saisie ; elle s'était rendue utile aux patriotes. Jour et nuit, elle avait rêvé d'une occasion semblable ; en avait rêvé pendant ses longues heures d'étude solitaires, pendant qu'elle attendait Eudora, ou qu'elle regardait les fossoyeurs au travail dans un cimetière d'Amiens. *Le salon de Mme Roland**. Bon, il se pouvait que, concrètement, la réalité n'eût pas été à la hauteur de son rêve ; elle trouvait les hommes sans envergure, frivoles, butés, et elle devait se faire violence pour ne pas les remettre à leur place. Mais c'était un début, et ils ne tarderaient pas à reprendre le chemin de Paris.

Elle avait suivi l'évolution de la situation ces derniers mois. Dans un tiroir fermé à clé, elle conservait des lettres de Brissot, de Robespierre, de ce jeune député si grave et si avenant, François Léonard Buzot. Grâce à elles, elle avait eu connaissance des séquelles de la fusillade du Champ-de-Mars. Ses correspondants lui avaient rapporté (elle ne voulait pas se montrer trop schématique, mais les événements vont si vite) comment Louis, restauré sur le trône, avait prêté serment à la Constitution, comment La Fayette, après avoir renoncé au commandement de la garde nationale, avait quitté Paris pour une garnison de province. On venait d'élire les membres de la nouvelle Assemblée, la législative, élection à laquelle ne pouvaient se présenter les anciens de la constituante ; Buzot était donc rentré chez lui à Évreux. Peu importe, ils pouvaient continuer à correspondre, et sans doute se reverraient-ils un jour.

Leur ami Brissot était député désormais, ce cher Brissot, qui travaillait si dur. Et Robespierre n'était pas reparti dans sa ville natale ; resté à Paris, il reconstruisait le club des Jacobins, y attirant les nouveaux députés, les initiant aux règles et aux procédures des débats qui étaient modelés sur ceux de l'Assemblée. Pourtant, malgré son sérieux et son application, l'homme l'avait déçue.

Le jour de la fusillade, elle lui avait fait parvenir un message où elle lui proposait de le cacher dans leur appartement. Il ne lui avait pas répondu, or elle avait appris par la suite qu'il avait été accueilli par un artisan, chez qui il habitait à présent. Elle s'était sentie inutile, trahie, en constatant que le danger ne s'était jamais présenté à elle. Elle qui se voyait déjà défier un régiment, réduire au silence la garde nationale.

Pendant cet exil, elle avait également suivi avec intérêt la carrière de M. Danton et de ses amis. Soulagée d'apprendre qu'il était en Angleterre, elle espérait bien qu'il y resterait. Elle n'en continuait pas moins à vouloir s'informer ; et dès que l'on commença à parler d'amnistie, M. Danton s'empressa de rentrer.

Il eut le front de se présenter à l'Assemblée législative ; et au beau milieu d'une réunion électorale, c'est du moins ce qu'elle avait entendu dire, un officier de police s'était présenté avec un mandat d'arrêt à son encontre. Agressé verbalement et physiquement par la clique qui semblait accompagner Danton dans toutes ses activités, l'homme avait été mené à la prison de l'Abbaye et enfermé pendant trois jours dans la cellule qu'on avait réservée à Danton.

L'amnistie avait été votée ; mais les grands électeurs avaient percé à jour les prétentions de ce butor. Rejeté, Danton s'était retiré dans sa province natale pour ruminer ; et à présent il s'était mis en tête de briguer la fonction de substitut du procureur. Avec un peu de chance, il échouerait là aussi ; le temps était loin (espérait-elle) où la France serait gouvernée par des voyous.

Quant au proche avenir... que ces imbéciles à Paris acclament à nouveau le roi et la reine, simplement parce que ceux-ci avaient déclaré accepter la Constitution, l'agaçait prodigieusement ; comme si les gens avaient tout oublié des années de tyrannie et de cupidité, de la trahison de Varennes. Louis conspirait avec les puissances étrangères ; pour elle, c'était clair. La guerre aura lieu, et nous serions stupides de ne pas frapper les premiers. (Elle tourna le morceau de tissu dans ses mains et fit une boucle avec le fil dans laquelle elle passa l'aiguille pour faire un nœud.) Nous devrons nous battre en tant que république, comme l'ont fait Athènes et Sparte. (Elle attrapa ses ciseaux.) Louis doit être destitué. Mieux encore, éliminé.

Ce serait alors la fin du règne des aristocrates, et pour toujours.

Et quel règne…

Un jour, bien des années auparavant, sa grand-mère l'avait emmenée dans une maison du Marais, pour rendre visite à une femme de la noblesse qu'elle connaissait vaguement. Un valet de pied les avait accueillies d'une courbette et les avait introduites auprès d'une vieille femme à demi couchée sur un sofa, vêtue avec opulence et affligée d'un visage stupide, outrageusement maquillé. Un petit chien sortit alors des plis de sa robe et se mit à japper, bondissant sur ses pattes raides ; l'aristocrate lui envoya une tape, pour la forme, et fit signe à sa grand-mère de s'asseoir sur un tabouret bas. Pour quelque obscure raison, dans cette demeure, on s'adressait à sa grand-mère par son nom de jeune fille.

On l'avait laissée debout, à souffrir de la chaleur en silence. Le cuir chevelu la brûlait encore à la suite des tortures que sa grand-mère, tôt ce matin-là, avait infligées à ses cheveux. La vieille femme s'agitait sur ses coussins, pérorant d'une voix rauque et autoritaire qui manquait étrangement de raffinement. Manon y était allée d'une révérence dans sa robe empesée du dimanche. Trente ans plus tard, cette révérence, elle ne se l'était toujours pas pardonnée.

Des yeux larmoyants se fixèrent sur elle. « Elle a de la religion ? » demanda la dame.

Le chien s'affaissa, reniflant à son côté ; un ouvrage de tapisserie abandonné reposait sur le bras du sofa. Manon avait baissé les yeux. « J'essaie de m'acquitter de mes devoirs. »

Sa grand-mère s'agitait sur son siège inconfortable. La vieille femme tapota son bonnet de dentelle comme si elle était devant sa glace, puis reporta son regard dur sur Manon et commença à lui poser des questions dignes d'un manuel scolaire. Quand elle répondit correctement, avec une politesse étudiée, l'étrange créature dit d'un ton méprisant : « Une petite mademoiselle Je-sais-tout, c'est ça ? Tu crois peut-être que c'est là ce que demande un homme ? »

Une fois le catéchisme terminé – elle était toujours debout, et sur le point de se sentir mal dans cette pièce sans air –, il lui fallut endurer l'énumération de ses vertus et de ses défauts. Belle silhouette *déjà*, dit l'aristo, comme pour signifier que, une fois adulte, elle serait massive. Teint un peu cireux, dit-elle encore, qui *pourrait* s'éclaircir, avec le temps. « Dis-moi, ma petite, as-tu jamais acheté un billet de loterie ?

— Non, madame. Je ne crois pas aux jeux de hasard.

— Quelle petite sainte-nitouche ! » dit la vieille d'une voix traînante. Une main se détendit, emprisonnant son frêle poignet dans un étau. « Je veux qu'elle m'achète un billet de loterie. Je veux qu'elle choisisse elle-même le numéro, vous comprenez, puis qu'elle me l'apporte et me le remette en personne. Je crois qu'elle a la main heureuse. »

Dans la rue, elle aspira à pleins poumons l'air propre du bon Dieu. « Je t'en prie, je n'aurai pas besoin d'y retourner, si ? » Elle n'avait qu'une envie : rentrer en courant, retrouver ses livres et les gens raisonnables qui les peuplaient.

Aujourd'hui encore, quand on prononçait devant elle le mot « aristocrate », quand on parlait d'une « noble » ou d'une « femme titrée » surgissait à son esprit l'image de cette joueuse malfaisante. Ce n'était pas simplement le bonnet en dentelle, ni les yeux durs, ni même les paroles pleines de mépris. C'était cette odeur entêtante de musc, ces effluves d'un parfum lourd qui masquait (elle en était certaine) la fadeur écœurante d'un corps défaillant.

Un billet de loterie, et puis quoi encore ! Il n'y aurait plus de jeux d'argent dans la nouvelle république, songea-t-elle ; ils seraient interdits.

Paris : « Écoutez, dit le juge au greffier du tribunal, ils pourraient tout aussi bien détenir saint Jean-Baptiste... Ils ont enfreint les lois réglementant les jeux de hasard, et je leur donne six mois. Pourquoi d'ailleurs croyez-vous que Desmoulins soit revenu plaider ?

— Pour l'argent, dit le greffier.

— Je croyais qu'Orléans payait bien.

— Oh, le duc est un homme fini, dit l'autre d'un ton guilleret. Mme de Genlis est en Angleterre, Laclos a rejoint son régiment, et ces dames les maîtresses font du plat à Danton. Bien sûr, tout ce monde touche de l'argent des Anglais.

— Comment ? Vous pensez que les Anglais ont acheté les gens de Danton ?

— Je crois qu'ils les paient, ce n'est pas tout à fait la même chose. Ils sont sans scrupule, dans cette bande. Il fut un temps dans ce pays où, quand on versait un pot-de-vin à quelqu'un, on pouvait être sûr qu'il respecterait ses engagements. »

Le juge, mal à l'aise, s'agita sur sa chaise. Le greffier commençait à donner dans l'aphorisme et, quand pareille chose se produisait, on pouvait être sûr de rentrer tard chez soi. « Bref, revenons à l'affaire en cours, dit-il.

— Ah oui, maître Desmoulins. Il a suivi le conseil de son beau-père et a pris des bons de la ville de Paris. Et nous savons tous ce qui leur est arrivé, à ces bons.

— En effet, dit le juge avec émotion.

— Et maintenant que les autorités ont fermé son journal, il cherche une autre source de revenus.

— Je doute qu'il soit pauvre.

— Oh, il n'est pas sans argent, mais il en veut davantage. À cet égard, sinon à d'autres, il est comme tout un chacun. J'ai cru comprendre qu'il jouait en Bourse. En attendant que ça lui rapporte, il a l'intention de recouvrer une partie de sa fortune grâce aux honoraires qu'il peut maintenant demander en plaidant.

— On m'a dit qu'il détestait le métier.

— Mais à présent c'est différent, non ? Maintenant, s'il est en difficulté, il va nous falloir attendre patiemment qu'il arrive au bout de ses phrases. Nous craignons un peu…

— Pas moi, dit le juge avec vigueur.

— Et puis, il est habile.

— Je ne le nie pas.

— Et quand ces milords voient que la police met le nez dans leurs petits plaisirs, ils trouvent commode d'avoir un des leurs pour prendre leur défense. Arthur Dillon, Sillery, toute cette clique, c'est eux qui l'ont poussé à faire ce travail.

— Et lui marche avec eux, au grand jour… On aurait pu croire que les patriotes…

— Les patriotes… ils sont prêts à lui passer beaucoup de choses. Après tout, la révolution, c'est lui, pour ainsi dire. Il y a tout de même quelques protestations, ici et là. Il reste que nous sommes à Paris, pas à Genève.

— J'ai cru comprendre que vous-même n'étiez pas contre ce genre de jeu.

— Oh, une fois, en passant, dit le greffier avec désinvolture. Peut-être que, à l'instar de maître Desmoulins, je suis pour une limitation de l'ingérence de l'État dans la vie privée des individus.

— Vous partagez ses vues ? dit le juge. Alors, je vous verrai bientôt siéger les pieds sur la table, arborant un pantalon de sans-culotte des plus communs et un bonnet rouge, sans compter une pique contre le mur derrière vous.

— Qui sait ? fit le greffier. Étant donné l'époque que nous vivons.

— Je suis prêt à laisser passer beaucoup de choses, mais je ne vous permettrai pas de fumer la pipe, comme le Père Duchesne. »

Camille eut un petit geste d'excuse contrit à l'adresse de ses clients, puis se tourna vers le juge en souriant. L'homme et la femme échangèrent un regard, les épaules légèrement affaissées. « Vous n'échapperez pas à la prison, leur avait dit leur avocat, alors autant profiter de votre affaire pour parler de questions plus larges.

— Je souhaite demander à la cour…

— Levez-vous. »

L'avocat hésita, puis s'exécuta avant d'aller se planter devant le juge pour le dévisager. « Je souhaite demander la permission de faire connaître mon opinion.

— Auriez-vous l'intention, demanda le juge en baissant la voix, d'entamer une sorte de controverse publique ?

— Oui.

— Vous pourriez le faire sans mon autorisation.

— C'est une formalité, si je ne m'abuse ? Je suis poli.

— Contestez-vous le verdict quant aux faits ?

— Non.

— Quant à la loi ?

— Non plus.

— Alors quoi ?

— Je m'oppose à ce que l'on fasse des tribunaux des instruments au service de l'État moralisateur.

— Vraiment ? » Le juge se pencha en avant ; il aimait disputer de grandes questions de ce genre. « Comme vous semblez, reprit-il, avoir rayé l'Église de la carte, qui va faire que les hommes soient ce qu'ils devraient être, si les lois ne s'en chargent pas ?

— Qui doit décider ce que les hommes devraient être ?

— Si le peuple élit ses législateurs – or, c'est ce qu'il fait aujourd'hui –, ne leur délègue-t-il pas justement cette tâche ?

— Mais si le peuple et ses députés ont été formés par une société corrompue, comment peut-on attendre d'eux qu'ils prennent les bonnes décisions ? Comment vont-ils constituer une société fondée sur la morale alors qu'ils n'ont jamais rien connu de tel ?

— Nous allons vraiment rentrer très tard, dit le juge. Nous en avons pour six mois si nous devons donner à cette question toute l'attention qu'elle mérite.

Ce que vous voulez dire, en fait, c'est comment devenir bon quand on est mauvais ?

— Nous y parvenions dans le temps en faisant appel à la grâce divine. Malheureusement la nouvelle Constitution ne prévoit rien à ce sujet.

— Comment pouvez-vous vous tromper à ce point ? demanda le juge. Je croyais que vous autres, tous autant que vous êtes, aviez dans l'idée d'accomplir la régénération morale de l'humanité. Ça ne vous inquiète pas de ne pas être en phase avec vos amis ?

— Depuis la révolution, chacun a le droit d'avoir ses opinions, n'est-il pas vrai ? »

Camille parut attendre une réponse. Le juge ne broncha pas, déconcerté.

II

Danton par lui-même

(1791)

Georges Jacques Danton : « La réputation est une catin, et ceux qui parlent de postérité sont des sots et des hypocrites. »

Nous voici à présent confrontés à une difficulté. Il n'était pas prévu que ce personnage prenne en charge une partie du récit. Mais le temps presse ; les grands problèmes s'accumulent, et, dans un peu plus de deux ans, il sera mort.

Danton ne mettait rien par écrit. Il se rendait sans doute au tribunal avec des pages de notes, et nous avons nous-même présenté certains de ces moments, imaginés mais vraisemblables. Les minutes des affaires qu'il a plaidées n'ont pas été retrouvées. Il ne tenait pas de journal, écrivait peu de lettres, sauf peut-être le genre que l'on déchire dès réception. Il se méfiait des engagements qu'il risquait de prendre sur le papier, du piège permanent dans lequel pouvaient

41

tomber ses opinions d'un moment. Il exposait sa ligne de conduite sur les estrades drapées de tricolore ; mais c'était à d'autres qu'il incombait d'en rédiger les procès-verbaux. S'il y avait des arguments à présenter d'urgence aux Jacobins, un coup de gueule patriotique à faire entendre aux Cordeliers, le public devait attendre le samedi pour en avoir la teneur et trouver ses invectives, passablement retravaillées, entre les pages de couverture grises du journal de Camille Desmoulins. Dans les moments de fièvre – et ils sont nombreux –, des numéros largement improvisés du journal sont montés à la hâte, pour paraître deux fois dans la semaine, parfois quotidiennement. Aux yeux de Danton, le côté le plus étrange de Camille, c'est cette manie qu'il a de griffonner sur la moindre surface vierge ; il ne peut voir une feuille de papier innocente, inoffensive, immaculée, sans se mettre à la persécuter jusqu'à ce qu'elle soit noire de mots, puis il barbouille la suivante, et ainsi de suite jusqu'à la fin du cahier.

Depuis les événements du Champ-de-Mars, évidemment, le journal a cessé de paraître. Camille dit qu'il en a assez des délais imposés par les imprimeurs, de leurs caprices et de leurs erreurs ; son besoin compulsif le pousse à travailler à la pige. Ce qui ne constitue nullement un inconvénient, tant qu'il écrit, semaine après semaine, autant de mots que Danton peut en prononcer. Entre aujourd'hui et la fin de sa carrière, Danton va faire des centaines de discours, dont certains dureront plusieurs heures. Il les élabore dans sa tête, tout en vaquant à ses occupations. Peut-être allez-vous ici entendre sa voix.

Je suis rentré d'Angleterre en septembre. L'amnistie fut la dernière loi votée par l'ancienne Assemblée nationale. Nous étions censés inaugurer la nouvelle ère dans un esprit de réconciliation, ou quelque pieuse ânerie du même genre. Vous n'allez pas tarder à voir ce qu'il en a été dans la réalité.

Les événements de l'été avaient porté un coup aux patriotes (pour certains, au sens propre du terme) et, quand je rentrai, ce fut pour trouver un Paris royaliste. Le roi et son épouse apparaissaient à nouveau en public et étaient acclamés. Je n'y vis aucune raison de m'en offusquer ; je suis pour la cordialité. Inutile de vous dire qu'il en allait fort différemment de mes intraitables amis des Cordeliers. Nous avions parcouru un long chemin depuis 1788, époque à laquelle les seuls républicains de ma connaissance s'appelaient Billaud-Varenne et mon cher et indomptable Camille.

On se réjouit ici et là – de façon prématurée – quand on apprit que La Fayette avait quitté la capitale. (Désolé, je n'arrive pas à me résoudre à l'appeler Motier.) Eût-il émigré que j'aurais personnellement décrété trois jours de réjouissances, avec feux d'artifice et amour libre, de ce côté-ci du fleuve ; mais l'homme est désormais avec les armées, et le jour où nous aurons la guerre, laquelle sera là d'ici six à neuf mois, il nous faudra une fois de plus en faire un héros national.

En octobre, notre grandiloquent patriote Jérôme Pétion a été élu maire de Paris. Il avait pour seul adversaire La Fayette lui-même. L'épouse du roi nourrit une telle antipathie à l'égard de ce dernier qu'elle a remué ciel et terre pour assurer l'élection de Pétion – un républicain, comme chacun sait. Exemple à ce jour le plus probant à mes yeux de l'ineptie des femmes en matière de politique.

Il n'est pas impensable, évidemment, que Pétion ait son nom sur une liste, inconnue de moi, d'agents rémunérés par des fonds royalistes. Qui peut se dire au courant de tout, de nos jours ? Il est toujours convaincu que la sœur du roi est tombée amoureuse de lui dans le carrosse qui les ramenait de Varennes. Il s'est couvert de ridicule avec cette histoire. Je suis surpris que Robespierre, qui ne tolère guère les bouffonneries, ne lui ait pas tenu rigueur de sa conduite. Au fait, la nouvelle devise populaire n'est autre que « Pétion ou la mort ! ». Camille s'est attiré quelques regards noirs aux Jacobins en remarquant tout haut : « Où est la différence ? »

Sa soudaine promotion est montée à la tête de Jérôme, et il a commis une erreur en recevant Robespierre en grande pompe et en l'obligeant à assister à un banquet. Récemment, Camille a dit à Robespierre : « Viens dîner, nous avons un merveilleux champagne. » À quoi Robespierre a répondu : « Le champagne est le poison de la liberté. » Est-ce là une façon de parler à son plus vieil ami ?

J'ai été déçu, c'est vrai, par l'échec de ma tentative pour me faire élire à la nouvelle Assemblée. Un échec qui tient – pardonnez-moi si je parle comme Robespierre – au grand nombre de gens qui œuvrent contre moi, mais aussi à notre incapacité à amender le système du suffrage restreint. Si je sollicitais un mandat de l'homme de la rue, je serais sacré roi du jour au lendemain.

Et je n'affiche jamais une prétention sans en apporter les preuves à l'appui.

J'ai été déçu non seulement pour moi-même, mais également pour mes amis. Ils avaient travaillé dur pour moi – Camille, bien entendu, mais surtout Fabre. Je suis aujourd'hui le seul canal dont dispose le génie qui devait éclairer notre époque. Pauvre Fabre ; il n'en reste pas moins utile et capable à sa manière. Entièrement dévoué par ailleurs à la réussite de Danton, ce qui est chez lui la caractéristique que je mets au-dessus de tout.

J'aurais aimé être élu pour pouvoir, à mon tour, leur rendre service. J'entends par là les aider à réaliser leurs ambitions et à augmenter leurs revenus. Ne faites pas semblant d'être choqués, ou alors pour la forme. Je puis vous assurer, comme le disent nos épouses, que c'est là pratique courante. Personne ne convoite de tels postes s'ils ne sont pas assortis des avantages d'usage.

Après les élections, je suis retourné quelque temps à Arcis. Gabrielle attend son enfant pour février, et elle avait besoin de repos. Il n'y a rien à faire à Arcis si l'on n'a pas de goût pour les travaux agricoles et, j'en ai la certitude, elle est dans ce cas. Le moment semblait propice à l'éloignement. Robespierre était à Arras (rafraîchissant son accent provincial, je suppose), et j'ai pensé que s'il laissait la marmite sur le feu sans surveillance, je pouvais faire de même. Paris, de toute façon, n'était pas spécialement agréable. Brissot, qui compte de nombreux amis dans la nouvelle Assemblée, cherchait activement du soutien pour mener une politique de guerre contre les puissances européennes – une politique si incroyablement stupide et pleine de dangers que j'en suis devenu incohérent quand j'ai tenté d'en discuter avec lui.

J'ai désormais sous mon toit, à Arcis, ma mère et mon beau-père, ma sœur célibataire Pierrette, ma vieille nourrice, ma grand-tante, ma sœur Anne-Madeleine, son mari, Pierre, et leurs cinq enfants. Un tel arrangement ne laisse pas d'être bruyant, mais j'éprouve une grande satisfaction à pourvoir aux besoins de mes proches. J'ai négocié l'achat de cinq parcelles de terre, dont une de bois ; j'ai cédé à bail une de mes fermes et ajouté à mon cheptel. Quand je suis à Arcis, voyez-vous, je n'ai plus aucune envie de revoir Paris.

Très vite, mes amis de la ville ont décidé qu'il me fallait briguer un poste dans la fonction publique. Ils pensaient plus précisément au poste de premier substitut du procureur. Non pas que ce soit là une fonction de grande importance en elle-même, mais le fait de poser ma candidature est une façon de m'annoncer, de dire : « Danton est de retour. »

Pour m'exposer ce projet, Camille et son épouse ont débarqué à Arcis avec, dans leurs bagages, plusieurs semaines de potins et des sacs débordant de coupures de journaux, de lettres et de pamphlets. Gabrielle a accueilli Lucile avec un enthousiasme plus que mitigé. Elle était alors enceinte de six mois, disgracieuse et vite fatiguée. La visite de Lucile à la campagne avait évidemment nécessité une nouvelle garde-robe d'une simplicité recherchée ; elle est de plus en plus belle, mais, comme le dit Anne-Madeleine, d'une extrême maigreur.

La famille, qui considère les Parisiens un peu comme des Peaux-Rouges, les a reçus avec une réserve polie. Puis, au bout d'un jour ou deux, Anne-Madeleine les a tout simplement intégrés à la troupe de ses cinq enfants, qui sont nourris à vue et emmenés dans la campagne pour des marches forcées destinées à discipliner leur esprit animal. Un jour, après le dîner, Lucile a fait une allusion en passant au fait qu'elle était peut-être enceinte. Ma mère a coulé un regard en direction de Camille et a dit qu'elle en serait étonnée, très étonnée. J'ai pensé qu'il était peut-être temps de rentrer à Paris.

« Quand reviendras-tu à la maison ? demanda Anne-Madeleine à son frère.

— Dans quelques mois – pour vous amener le bébé.

— Je voulais dire, pour de bon.

— Eh bien, la situation du pays…

— Qu'est-ce qu'elle a à voir avec nous, cette situation ?

— À Paris, vois-tu, j'occupe une certaine position.

— Georges Jacques, tu nous as dit que tu étais avocat, rien de plus.

— Pour l'essentiel, oui.

— Nous avons toujours pensé que les honoraires devaient être très élevés à Paris. Que tu devais être le meilleur avocat du pays.

— Pas tout à fait, tout de même.

— Non, mais tu es un homme important. Nous n'avions pas conscience de ce que tu faisais, en réalité.

— Ce que je fais ? Si tu as parlé avec Camille, il aura exagéré, comme toujours.

— Tu n'as pas peur ?

— De quoi devrais-je avoir peur ?

— Tu as dû déjà t'enfuir une fois. Que se passera-t-il la prochaine fois que les choses tourneront mal pour toi ? Des gens comme nous, nous avons notre heure de gloire – on peut sortir du lot un an ou deux, mais ça ne dure pas, ce n'est pas dans l'ordre des choses.

— L'ordre des choses, vois-tu, nous essayons de le changer.

— Mais est-ce que tu ne pourrais pas revenir à la maison maintenant ? Tu as des terres, tu as ce que tu veux. Reviens t'installer avec ta femme et laisse tes enfants grandir avec les miens, comme il se devrait, et amène aussi cette jeune femme pour qu'elle puisse avoir son enfant ici – Georges, c'est le tien ?

— Son enfant ? Grand Dieu, non.

— Je disais cela… c'est à cause de la façon dont tu la regardes. Enfin… comment est-ce que je peux savoir comment on vit à Paris ? »

J'ai donc présenté ma candidature, et j'ai été battu par un dénommé Gerville. Quelques jours plus tard, le même Gerville était nommé ministre de l'Intérieur et, du même coup, me libérait la place. Nouvelle élection, donc. Mon adversaire, cette fois-ci, était Collot d'Herbois, le dramaturge au succès mitigé, que je dois considérer, je suppose, comme un camarade révolutionnaire. Il se peut que les électeurs aient mis en doute mon aptitude à occuper ce genre de poste, mais Collot a à peu près le sérieux d'un chien enragé. Je l'ai emporté par une très large majorité.

Vous en penserez ce que vous voudrez. Mes adversaires, eux, n'en ont pensé que du mal. « La Cour y est pour quelque chose », ont-ils dit. Dans la mesure où Louis Capet a conservé le privilège des nominations ministérielles, le contraire serait étonnant.

Laissez-moi mettre les points sur les « i » : on dit que je suis « à la solde de la Cour », ce qui est une allégation fort vague, une accusation très générale, et à moins que vous ne puissiez fournir des noms, des dates et des montants à l'appui, je ne me sentirai nullement obligé de faire une déclaration. Mais si vous demandez son avis à Robespierre, il se portera garant de mon intégrité. On ne peut rêver, aujourd'hui, d'une garantie plus solide ; il a tellement peur de toucher à l'argent qu'on l'a surnommé « l'Incorruptible ».

Si vous êtes bien disposé à mon égard, vous considérerez la promotion de Gerville comme une heureuse coïncidence. Dans le cas contraire, vous vous consolerez en apprenant que mon ami Legendre s'est vu récemment offrir une somme fort coquette pour me trancher la gorge. Le brave homme m'a aussitôt mis au courant, ce qui montre à l'évidence qu'il y avait pour lui quelque avantage à long terme à refuser une aussi belle offre.

Mon nouveau salaire s'est révélé utile, et mon statut de haut fonctionnaire ne nuit pas non plus. Je me suis dit que nous pourrions à présent dépenser un peu sans encourir de critiques (j'avais tort, bien entendu), et j'ai occupé Gabrielle, au cours de ses pénibles dernières semaines, à choisir tapis, vaisselle et argenterie pour notre appartement, que nous venons de faire repeindre et retapisser.

Mais je suppose que notre nouvelle table de salle à manger ne vous intéresse guère – vous préférerez sans doute savoir qui siège à la nouvelle Assemblée. Des hommes de loi, bien sûr. Des hommes de biens, comme moi-même. À droite, les partisans de La Fayette. Au centre, une grosse majorité de non-engagés. À gauche… voici qui nous concerne directement. Mon bon ami Hérault de Séchelles est député, et nous avons quelques recrues pour le club des Cordeliers. Brissot fait partie des élus pour Paris, et nombre de ses amis vont probablement vouloir accaparer toute l'attention du public.

Les « amis de Brissot » : il me faut bien vous en dire un mot. L'expression est impropre, dans la mesure où beaucoup d'entre eux ne le supportent pas. Mais l'appellation de « brissotin » est une sorte d'étiquette que nous trouvons commode. Dans l'ancienne Assemblée, Mirabeau avait pour habitude de montrer du doigt la gauche en criant : « Silence, les trente. » Robespierre m'a dit qu'il serait commode que tous les brissotins siègent ensemble au club des Jacobins, afin que nous puissions faire de même.

Voulons-nous vraiment les réduire au silence ? Je ne sais trop. Si nous arrivions à dépasser cette histoire absurde de guerre et de paix – et c'est un gros morceau, il est vrai –, il n'y aurait pas grand-chose pour nous opposer. Disons que, d'une certaine façon, ils ne sont pas notre genre – et Dieu sait qu'ils n'hésitent pas à nous le rappeler. Il y a parmi eux nombre de personnalités marquantes originaires de la Gironde, dont les figures de proue du barreau bordelais. Pierre Vergniaud est un orateur accompli, le meilleur de l'Assemblée – du moins si on affectionne la rhétorique à l'ancienne, assez différente du style bagarreur qui est le nôtre de ce côté-ci du fleuve.

Des brissotins, il y en a bien sûr à l'extérieur de l'Assemblée tout autant qu'à l'intérieur. On peut citer Pétion – le nouveau maire de Paris, comme je l'ai dit – et Jean-Baptiste Louvet, le romancier, qui à présent écrit pour les journaux ; et, bien entendu, vous vous souvenez de François Léonard Buzot, ce jeune homme totalement dépourvu d'humour qui siégeait avec Robespierre à l'extrême gauche de l'ancienne Assemblée. À eux tous, ils possèdent plusieurs journaux et occupent diverses positions influentes à la Commune et au club des Jacobins. Pourquoi se regroupent-ils autour de Brissot, je serais incapable de le dire, à moins qu'ils n'aient besoin du moteur de son inlassable énergie. On le voit ici, on le voit là, il livre une opinion instantanée, une analyse fulgurante, un éditorial improvisé en un clin d'œil. Il est toujours en train de former une commission, de lancer un projet, de concocter un plan, d'ouvrir de nouvelles voies, de mettre sa machine en mouvement. J'ai observé le grand et calme Vergniaud, pendant qu'il le regardait par-dessous ses épais sourcils ; il a laissé échapper un petit soupir quand Brissot s'est mis à pérorer, et j'ai vu un épuisement douloureux se peindre sur son visage. J'ai compati. Camille est capable de m'épuiser de la même façon. Mais il y a une chose que l'on doit reconnaître à Camille : c'est que, dans les pires instants, il est encore capable de vous faire rire. Il arrive même à faire rire l'Incorruptible. C'est vrai, je l'ai vu de mes yeux, et Fréron affirme que lui aussi – des larmes de rire inconvenantes coulant sur les joues de l'Incorruptible.

Je ne voudrais pas donner l'impression que les brissotins constituent une entité aussi clairement définie qu'un parti. Néanmoins, ils se voient beaucoup – rencontres de salon, pour l'essentiel. L'été dernier, ils se retrouvaient dans l'appartement d'un homme vieillissant et totalement insignifiant du nom de Roland, un provincial marié à une femme beaucoup plus jeune que lui. Laquelle serait plutôt attirante, n'était sa ferveur de tous les instants. Elle est de celles qui n'ont de cesse de s'entourer de jeunes gens et de les monter les uns contre les autres. Elle fait sans doute cocu le vieux mari, mais je doute que ce soit ce qui compte pour elle – ce n'est pas tant son corps qu'elle cherche à satisfaire que son esprit. Bref, c'est ce que j'imagine. Je suis heureux de ne pas très bien la connaître.

Robespierre allait parfois souper chez eux, d'où j'en conclus que ce sont des gens à principes. Je lui ai demandé s'il participait à la conversation, et il m'a dit : « Jamais je n'ouvre la bouche. Je reste assis dans un coin à me ronger les ongles. » Il est comme ça, notre Maximilien.

Il est venu me voir début décembre, peu de temps après son retour d'Arras. « Je te dérange ? » m'a-t-il demandé, inquiet comme toujours, inspectant notre salon du regard pour s'assurer qu'il n'y avait pas là de présence pour lui indésirable. Je lui ai fait signe d'entrer d'un geste désinvolte. « Et le chien, il peut rester ? »

J'ai promptement retiré la main que j'avais posée sur son épaule.

« Ce n'est pas que j'aie envie de l'emmener partout, a-t-il dit, mais il tient à me suivre. »

Le chien – qui a la taille d'un petit âne – s'est couché à ses pieds, la tête sur les pattes de devant, les yeux sur son visage. C'est une grande créature au pelage moucheté, qui porte le nom de Brount. « C'est le chien que j'ai chez moi à Arras, a-t-il expliqué. J'ai pensé que je pourrais l'amener, parce que... eh bien, Maurice Duplay voudrait que j'aie un garde du corps, et je n'aime pas du tout l'idée d'avoir quelqu'un qui me suivrait partout. Je me suis dit que le chien…

— Je suis sûr qu'il fera l'affaire.

— Il est très bien élevé, tu sais. Crois-tu que ce soit une bonne idée ?

— Ma foi, après tout, j'ai bien Legendre.

— Oui, évidemment. » Il s'est agité sur sa chaise, mal à l'aise, ce qui a fait remuer les oreilles au chien. C'est peine perdue que de vouloir faire de l'humour avec Maximilien. « Est-il vrai qu'on a cherché à t'assassiner ?

— Plus d'une fois, à ce que je comprends.

— Mais tu ne les laisses pas t'intimider. Danton, j'ai le plus grand respect pour toi. »

J'en suis resté abasourdi ; je ne m'étais pas attendu à un tel témoignage d'estime. Nous avons un peu parlé de sa visite à Arras, de sa sœur Charlotte, qui est sans doute son partisan le plus fervent en public, mais en privé la plus assommante des femmes. C'était la première fois qu'il évoquait sa vie privée devant moi. Ce que je sais de lui, je le tiens de Camille. Je suppose que, rentrant à Paris pour trouver la ville pleine de nouveaux venus à la tête des affaires, il me considère comme un vieux compagnon d'armes. Cela m'a réconforté de voir qu'il m'a pardonné les plaisanteries faites à ses dépens au moment où il a rompu ses fiançailles avec Adèle.

« Alors, que penses-tu de la nouvelle Assemblée ? lui ai-je demandé.

— Je suppose que c'est un mieux par rapport à la précédente, dit-il, sans grande conviction.

— Mais encore ?

— Ces gens de Bordeaux… ils ne se prennent pas pour des queues de violette. Je me pose des questions sur leurs vrais mobiles, c'est tout. » Puis il s'est mis à parler de Lazare Carnot, un militaire qu'il connaît depuis des années et qui est à présent député ; ce Carnot est bien le premier officier de l'armée dont je lui aie jamais entendu faire l'éloge, et probablement le seul. « Et Couthon, dit-il, tu l'as rencontré ? »

Je l'avais rencontré, en effet. Couthon est paralysé et se déplace dans un fauteuil spécial poussé par un aide qui, quand il y a des marches à franchir, le transporte sur son dos, les jambes atrophiées de l'infirme pendant derrière lui. Il y a toujours une personne serviable pour se charger de monter la chaise, où l'on réinstalle le malheureux, avant qu'il reparte avec son auxiliaire. En dépit de son infirmité, il a connu, à l'instar de Robespierre, une brillante carrière en tant qu'avocat des déshérités. Couthon a la moelle épinière atteinte, et il souffre constamment. À entendre Robespierre, il n'en est pas plus aigri pour autant. Il n'y a que Maximilien pour croire une chose pareille.

Il m'a fait part ensuite de son inquiétude à propos des bellicistes – en d'autres termes, les brissotins.

« Tu rentres d'Angleterre, Danton. Dirais-tu que les Anglais ont l'intention de nous attaquer ? »

J'ai pu le rassurer sur ce point et lui dire que seule la pire des provocations pourrait les y amener.

« Danton, une guerre serait désastreuse, non ?

— Sans aucun doute. Nous n'avons pas d'argent. Notre armée est conduite par des aristocrates dont les sympathies risqueraient de pencher fortement du côté de l'ennemi. Notre flotte est dans un état lamentable.

Et nous sommes déchirés par des dissensions politiques sur le front domestique.

— La moitié de nos officiers, peut-être même davantage, ont émigré. Si nous devions avoir une guerre, elle serait menée par des paysans armés de fourches. Ou de piques, à condition de pouvoir faire face à la dépense.

— En revanche, la guerre pourrait profiter à certains, ai-je dit.

— Oui, à la Cour. Parce qu'ils pensent que le chaos qu'elle apporterait nous forcerait à nous tourner à nouveau vers la monarchie, et que, lorsque notre révolution sera paralysée et mise à genoux, nous reviendrons en rampant à leurs pieds, les suppliant de nous aider à oublier que nous avons un jour connu la liberté. Si ce but était atteint, que leur importerait que les soudards prussiens viennent incendier nos maisons et massacrer nos enfants ? Ce serait pour eux un jour à marquer d'une pierre blanche.

— Robespierre, voyons… »

Mais il n'y avait plus moyen de l'arrêter. « Eh oui, la Cour sera en faveur de la guerre, même si l'ennemi se trouve être la patrie de Marie-Antoinette. Et il y a des hommes à l'Assemblée qui, tout en se disant patriotes, sont prêts à saisir la moindre occasion pour détourner l'attention de la véritable lutte révolutionnaire.

— Tu penses là à la clique de Brissot ?

— Oui.

— Pourquoi crois-tu qu'ils veuillent, comme tu le dis, détourner l'attention ?

— Parce qu'ils ont peur du peuple. Ce qu'ils cherchent à faire, c'est contenir la révolution, la freiner, parce qu'ils redoutent de voir s'exercer la volonté du peuple. Ce qu'ils veulent, c'est une révolution selon leurs désirs, c'est se mettre de l'argent plein les poches. Je vais te dire, moi, pourquoi les gens veulent toujours la guerre : c'est parce qu'il y a de l'argent facile à gagner. »

Je suis resté sidéré devant cette conclusion désenchantée : non pas que je n'y sois pas moi-même parvenu, mais qu'elle soit le fait de Robespierre... Robespierre, l'homme à l'esprit pur et aux nobles idéaux !

« Ils parlent, ai-je dit, d'une croisade destinée à apporter la liberté à l'Europe. Du devoir qui est le nôtre de répandre l'évangile de la fraternité.

— Répandre l'évangile ? Mais, à ton avis... qui a jamais rêvé de voir arriver des missionnaires armés jusqu'aux dents ?

— Qui, en vérité ?

— Ils parlent comme s'ils avaient à cœur les intérêts du peuple, alors même qu'ils ouvrent la voie à une dictature militaire. »

J'ai acquiescé de la tête. Je sentais bien qu'il avait raison, mais je n'aimais pas la manière dont il formulait les choses. Il s'exprimait, si vous me suivez, comme si ses conclusions étaient incontestables. « On pourrait malgré tout reconnaître de bonnes intentions à Brissot et à ses amis, ai-je dit. Ils sont d'avis qu'une guerre ressouderait le pays, consoliderait la révolution et nous débarrasserait du reste de l'Europe.

— Et toi, tu y crois ?

— Personnellement, non.

— Est-ce que tu es idiot ? Est-ce que je le suis ?

— Non, je ne pense pas.

— Dis-moi si mon raisonnement n'est pas exact : la France étant ce qu'elle est, pauvre et sans armes, la

56

guerre signifie la défaite, et la défaite signifie soit un dictateur militaire, qui sauvera ce qui peut l'être et instaurera une nouvelle tyrannie, soit un effondrement complet du pays et le retour à la monarchie absolue ; les deux éventualités restent possibles, chacune à leur tour. Au bout de dix ans, il ne restera plus rien de ce que nous avons accompli, et, pour ton fils, la liberté ne sera plus qu'un rêve de vieillard. Voilà ce qui va se passer, Danton. Et personne ne saurait sincèrement affirmer le contraire. Donc, s'ils l'affirment, c'est qu'ils ne sont pas sincères, ne sont pas de vrais patriotes, et que leur politique belliciste constitue une conspiration contre le peuple.

— Tu es en train de me dire, en fait, que ce sont des traîtres.

— Oui, potentiellement. Et c'est pourquoi nous devons renforcer notre position face à eux.

— Si nous étions en mesure de gagner la guerre, y serais-tu favorable ?

— Je hais la guerre, quelle qu'elle soit, dit-il avec un sourire forcé. Je hais toute violence injustifiée. Et je hais les querelles, voire les dissensions entre les gens, mais je sais être condamné à vivre avec. » Il eut un petit geste de la main, comme pour écarter la controverse. « Dis-moi, Georges Jacques, est-ce que je te parais déraisonnable ?

— Non, ce que tu dis est logique… c'est simplement que… » Et je n'ai pas su comment terminer ma phrase.

« La droite, reprit-il, s'efforce de me présenter comme un fanatique. Ce que je finirai par devenir s'ils continuent. »

Il se leva pour prendre congé, le chien bondit sur ses pattes et me regarda d'un air mauvais quand je voulus serrer la main de mon visiteur.

« J'aimerais bien pouvoir parler avec toi de manière informelle, dis-je. J'en ai assez de m'adresser à toi dans des lieux publics, de ne pas trouver le temps de mieux te connaître. Que dirais-tu de venir dîner avec nous ce soir ?

— Merci, mais j'ai trop de travail, dit-il en secouant la tête. Viens me voir chez Maurice Duplay. »

Et il s'engagea dans l'escalier, cet homme raisonnable, suivi de son chien qui grondait devant les ombres menaçantes.

Je me suis senti déprimé. Quand Robespierre dit détester l'idée de la guerre, c'est chez lui une réaction épidermique – et je ne suis moi-même pas à l'abri de ce genre de réaction. Je partage sa méfiance à l'égard de l'armée ; nous les soupçonnons, nous les envions peut-être, comme seuls peuvent le faire des scribouillards. Jour après jour, le mouvement en faveur de la guerre gagne de d'ampleur. Il nous faut frapper les premiers, disent-ils, avant d'être nous-mêmes frappés. Une fois que le tambour aura commencé à battre, il n'y aura plus moyen de les raisonner. Or, si je dois m'opposer à l'opinion du plus grand nombre, je préférerais le faire aux côtés de Robespierre. Il se peut que je plaisante à ses dépens – non, pas « il se peut », je le fais bel et bien –, mais je connais son énergie, et je connais aussi son intégrité.

Et pourtant... il sent quelque chose, d'instinct, au plus profond de lui, puis il s'assied et s'efforce d'en reconstruire la logique, dans sa tête. Pour finir par nous dire que l'étape du raisonnement est venue la première… et nous le croyons.

Je lui ai effectivement rendu visite chez Duplay, mais j'ai d'abord envoyé Camille en reconnaissance. Le maître menuisier l'a caché au moment où il était en danger, et nous étions tous partis du principe que, une fois le cours des choses revenu à la normale… Mais il n'en a rien été, Maximilien est resté où il était.

Quand on a refermé le portail qui donne sur la rue Saint-Honoré, l'endroit semble tranquille, on se croirait presque à la campagne. Les ouvriers de Duplay s'activent dans la cour, mais le bruit est étouffé, et l'air est frais. Il a une chambre à l'étage, sans fioritures mais agréable. Je n'ai pas vraiment remarqué le mobilier, je suppose qu'il n'a rien de spécial. Quand je suis allé le voir, il m'a montré une grande bibliothèque, neuve, aux finitions soignées, sinon élégantes. « C'est Maurice qui l'a faite pour moi. » Il en était manifestement heureux. Comme s'il était touché que quelqu'un se soit donné cette peine pour lui.

J'ai jeté un coup d'œil à ses livres. Des rayons entiers de Jean-Jacques Rousseau, peu d'autres auteurs modernes ; Cicéron, Tacite, les lectures classiques, des ouvrages qu'il a apparemment lus et relus. Je me demande… si nous entrons en guerre avec l'Angleterre, vais-je devoir cacher mes pièces de Shakespeare et mon Adam Smith ? Je suppose que Robespierre ne lit aucune langue moderne en dehors de la sienne, ce qui semble regrettable. Camille, quant à lui, estime que les langues modernes ne sont pas dignes d'intérêt ; en ce moment, il étudie l'hébreu et cherche quelqu'un capable de lui enseigner le sanskrit.

Camille m'ayant mis au courant, je savais à quoi m'attendre en allant chez les Duplay. « Il y a… ces gens… ces gens… épouvantables », m'avait-il dit. Mais comme ce jour-là il s'était mis en tête d'imiter Hérault de Séchelles, je ne l'ai pas trop pris au sérieux. « Il y a d'abord le paterfamilias, Maurice. La cinquantaine, calvitie naissante, très, très sérieux. Il ne peut que faire ressortir le pire chez notre cher Robespierre. Madame est du genre quelconque et n'a jamais pu être ne serait-ce que regardable. Il y a un fils, prénommé Maurice lui aussi, et un neveu, Simon… tous deux encore jeunes, et apparemment aussi stupides l'un que l'autre.

— Mais parle-moi plutôt des trois filles, dis-je avec impatience. Est-ce qu'elles méritent une visite ? »

Camille poussa un grognement très aristocratique. « Eh bien, il y a Victoire, une fille qu'on a du mal à distinguer des meubles. Elle n'a pas ouvert la bouche une seule fois…

— Pas étonnant, si tu étais dans cette humeur, l'interrompit Lucile. (Laquelle était toutefois grandement divertie par ce compte rendu.)

— Et puis il y a la petite, Élisabeth, appelée Babette, acceptable si l'on aime le genre petite dinde. Et enfin l'aînée… Là, les mots me manquent. »

Mais des mots, bien entendu, il en eut beaucoup. Éléonore, selon toute apparence, était la plus infortunée des trois filles, laide, terne et prétentieuse ; elle étudiait l'art avec David, et préférait à son propre prénom, parfaitement acceptable, l'appellation classique de « Cornélia ». Détail que je trouvai, je l'avoue, risible.

S'il nous restait quelques illusions, il se chargea de les dissiper en émettant l'opinion selon laquelle les rideaux du lit dans la chambre de Robespierre avaient été taillés dans une des vieilles robes de madame, parce qu'ils correspondaient exactement au genre de tissu épouvantable qu'elle choisirait pour sa parure personnelle. Camille est capable de poursuivre sur ce mode pendant des heures, voire des journées entières, et il est impossible de lui faire entendre raison.

Je dirais, pour ma part, que les Duplay sont de braves gens, qui ont dû batailler dur pour atteindre la position confortable qui est la leur aujourd'hui. Duplay est un ardent patriote : il ne mâche pas ses mots aux Jacobins, mais reste modeste. Maximilien semble tout à fait à l'aise sous son toit. Il est probable, quand j'y pense, qu'habiter chez eux l'aide beaucoup, financiè- rement parlant. Il a démissionné de son poste de pro- cureur général dès qu'il a pu le faire en toute décence, et en arguant du fait que cette charge interférait avec « son œuvre plus large ». Si bien qu'il n'a aucune fonction, ni salaire d'aucune sorte, et qu'il doit vivre de ses économies. Je crois savoir que des patriotes for- tunés et désintéressés lui envoient des traites tirées sur leur banque. Et que croyez-vous qu'il en fait ? Il les renvoie, bien sûr, accompagnées d'un mot de remer- ciement poli.

Les filles… la timide n'est que cela, timide, et Babette ne manque pas d'un certain charme d'écolière. Quant à Éléonore, je dois reconnaître…

Ils font de leur mieux pour lui rendre la vie confor- table. Et il est grand temps, Dieu sait, que quelqu'un s'acquitte de la tâche. C'est un confort tout à fait relatif si on le mesure à nos critères récemment revus à la hausse ; et nous n'avons pas de quoi être fiers, j'en ai peur, quand nous nous moquons des Duplay, avec, comme dit Camille, « leur bonne nourriture et leurs bonnes filles, tout aussi simples l'une que les autres ».

Par la suite, j'ai pris conscience de quelque chose de bizarre dans l'ambiance de la maison. Certains d'entre nous ont trouvé à redire quand la famille s'est mis en tête de collectionner les portraits de son nouveau fils afin d'en décorer ses murs ; Fréron m'a demandé si je ne trouvais pas que c'était prodigieusement vaniteux de la part de Robespierre que d'accepter pareille démarche. Certes, nous avons tous fait faire notre portrait – même moi, qui découragerais pourtant le meilleur des artistes. Mais là c'est différent ; on prend place en compagnie de Robespierre dans le petit salon où il reçoit parfois ses visiteurs, et on le découvre en train de croiser votre regard non seulement en personne, mais aussi au fusain, à l'huile, en terre cuite en trois dimensions. Chaque fois que je vais le voir – ce qui n'arrive pas fréquemment –, il y a un nouveau portrait. Ce qui me met mal à l'aise, ce n'est pas tant cette abondance de portraits et de bustes que la façon dont toute la famille le regarde, lui. Ils lui sont reconnaissants de s'être retrouvé un jour sur leur seuil, mais cela ne semble plus leur suffire. Ils n'ont vraiment d'yeux que pour lui, le père, la mère, le jeune Maurice, et Simon, Victoire, Éléonore et Babette. À sa place, je me demanderais : Que veulent-ils exactement, ces gens ? Qu'est-ce que je risque de perdre si je leur donne ce qu'ils attendent ?

La morosité qui aurait pu être la nôtre en cette fin d'année 1791 a été dissipée par la comédie, jouée sans relâche, du retour de Camille à la barre.

Ils réussissent à dépenser beaucoup, Lucile et lui – même si, comme la plupart des patriotes, ils évitent la censure publique en n'ayant que peu de serviteurs et aucune voiture. (Personnellement, j'en ai une ; je place mon confort personnel, je l'avoue, au-dessus des éloges des masses.) Mais où passe l'argent de tout ce monde ? Il est vrai qu'ils reçoivent beaucoup, que Camille joue, et que Lolotte ne regarde pas à la dépense quand il s'agit de ces babioles dont les femmes sont friandes. Mais, tout compte fait, la nouvelle entreprise de Camille était motivée moins par le manque d'argent que par le besoin de trouver un nouveau théâtre où se faire remarquer.

Dans le temps, il prétendait que sa difficulté d'élocution constituait un obstacle insurmontable pour un avocat. Il est vrai que, tant qu'on ne s'y est pas habitué, ce travers peut déconcerter, irriter ou embarrasser. Mais Hérault a fait remarquer que Camille a certaines fois arraché un verdict incroyable à des juges sur le point de craquer. Et j'ai pu constater pour ma part que le bégaiement de Camille n'est pas continu. Il disparaît quand il se met en colère ou veut à tout prix emporter l'adhésion ; il reparaît dès qu'il sent qu'on profite de lui ou qu'il veut montrer aux gens qu'il n'est en réalité qu'un brave homme incapable de faire face à la situation. Qu'il adopte cette attitude avec moi, qui le connais depuis quelque huit ans, en croyant que je vais m'y laisser prendre, en dit long sur son optimisme naturel. Mais il arrive que cela marche : il y a des jours où je suis tellement dérouté par son air d'impuissance que je passe devant lui pour lui ouvrir les portes.

Jusqu'au Nouvel An, tout s'est déroulé sans anicroche au tribunal. Mais c'est à cette époque qu'il s'est chargé de la défense du couple impliqué dans l'affaire de la maison de jeu du passage Radziwill.

Et voilà Camille qui déplore au cours du procès l'intervention de l'État dans ce qu'il estime être une affaire de moralité privée ; non seulement il publie son opinion dans son journal, mais il la placarde dans toute la ville. Là-dessus, Brissot – affligé d'une regrettable tendance à se mêler des affaires des autres, aussi bien dans sa vie publique que privée – se déclare scandalisé par ce comportement. Il s'en prend à Camille verbalement et charge un de ses journaleux de l'attaquer dans la presse. À la suite de quoi Camille annonce son intention d'anéantir Brissot. « Je n'aurai qu'à écrire l'histoire de sa vie, a-t-il dit. Je n'aurai pas besoin de broder. C'est un plagiaire et un espion, et si je me suis abstenu jusqu'ici de faire de telles révélations, c'est simplement par respect pour notre longue amitié.

— Foutaises, lui ai-je rétorqué, dis plutôt que c'est par crainte de ce qu'il pourrait révéler à ton sujet.

— Quand j'en aurai terminé avec lui… », a repris Camille. C'est à ce stade que je me suis senti obligé d'intervenir. Il se peut que nous ne soyons pas d'accord sur la question de la guerre, mais si nous devons accéder à un pouvoir politique un tant soit peu formel et durable, nos alliés naturels sont Brissot et les hommes de la Gironde.

J'aimerais pouvoir vous éclairer davantage sur la vie privée de Camille. Les promesses de fidélité durable faites à Lucile ont duré… pas plus de trois mois – et pourtant, de diverses allusions entendues de sa bouche je conclus que c'est à elle qu'il tient vraiment, et qu'il serait prêt à refaire tout le chemin jadis parcouru pour l'obtenir. Il n'y a rien chez eux de cette froideur ironique dont font preuve les gens qui s'ennuient ensemble ; de fait, l'impression qu'ils donnent est celle d'un jeune couple nanti et doté d'une immense énergie qui passe le temps fort agréablement. Lucile prend plaisir à tester ses pouvoirs de séduction sur tout homme présentable – et même sur ceux qui, comme moi, ne sauraient mériter ce qualificatif. Elle menait déjà Fréron par le bout du nez, et c'est maintenant au tour d'Hérault. Et puis vous vous rappelez sans doute le général Dillon, cet Anglais romantique si attaché à Camille ? Camille le ramène chez eux chaque fois qu'ils ont passé une soirée à jouer aux cartes quelque part (car le général partage avec lui cette addiction) et le présente à Lucile comme s'il lui rapportait un magnifique présent, ce qu'il est en vérité, dans la mesure où Dillon, au même titre qu'Hérault, est connu pour être l'un des plus beaux hommes de Paris, tout en étant par ailleurs merveilleusement assuré, policé, galant et le reste. En dehors du plaisir qu'elle retire du flirt, j'imagine que quelqu'un – peut-être cette friponne de Caroline Rémy – lui a dit que l'un des meilleurs moyens de garder un mari volage c'était de le rendre jaloux. Si telle est son idée, on ne peut pas dire qu'elle soit couronnée de succès. Témoin cette récente conversation :

LUCILE : Hérault a cherché à m'embrasser.

CAMILLE : Ma foi, tu l'y as bien encouragé, non ? Et tu l'as laissé faire ?

LUCILE : Non.

CAMILLE : Et pourquoi ?

LUCILE : Il a un double menton.

Que sont-ils donc en définitive – deux êtres formant un couple aimable, amoral et décontracté, qui ont décidé de se rendre mutuellement la vie facile ? Non, ce n'est pas cette impression que vous auriez si vous habitiez notre rue, si vous étiez leur voisin immédiat. Ils jouent un jeu dangereux, me semble-t-il, chacun attendant le moment où l'autre va craquer et jeter l'éponge. À dire le vrai, plus Lucile se retrouve empêtrée avec ses soupirants, et plus Camille semble s'en réjouir. La raison ? Ma foi, votre imagination devra suppléer aux déficiences de la mienne. Après tout, vous commencez à bien les connaître, ces deux-là.

Et moi, me direz-vous, qu'en est-il de ma vie privée ? Voyons voir, je suppose que vous en êtes venus à apprécier ma femme, c'est le cas de la plupart des gens. Nos petites actrices – Rémy et ses amies – sont si accommodantes, si plaisantes et d'un commerce si facile que Gabrielle n'a aucun mal à ignorer leur existence. Elles ne franchissent jamais le seuil de cette maison, qu'aurait-elle à leur dire ? Ce ne sont pas des prostituées, ces filles, loin s'en faut ; elles seraient outrées si vous leur proposiez de l'argent. Ce qu'elles aiment, ce sont les sorties, les petites gâteries et les cadeaux, se montrer aux bras d'hommes qui ont leur nom dans les journaux. Comme le dit ma sœur Anne-Madeleine, les gens comme nous ont leur heure de gloire ; quand celle-ci sera passée, et que nous serons tombés dans l'oubli, on les verra aux bras d'autres hommes. Personnellement, ces filles, je les aime bien. Parce que j'aime les gens sans illusions.

Il faut que j'arrive à circonvenir Caroline Rémy un de ces prochains jours – ne serait-ce qu'en témoignage de solidarité avec Fabre, Hérault et Camille.

Je dirai, pour ma défense, que je suis resté long-temps fidèle à Gabrielle ; mais l'époque n'est plus à la fidélité. Je repense à tout ce qu'il y a eu entre nous, à l'attachement fort et sincère que j'ai éprouvé pour elle, et que j'éprouve encore aujourd'hui ; je repense aux bontés de son père et de sa mère, et au petit enfant que nous avons enterré. Mais je ne peux m'empêcher de penser aussi à son ton de froide désapprobation, à son mutisme, à son air renfermé. La tâche qui est la sienne dans ce monde, l'homme doit s'en acquitter comme il le juge bon et (tout comme les actrices) s'accommoder de l'époque dans laquelle il vit. Autant de choses que Gabrielle est incapable de comprendre. Ce qui m'agace le plus chez elle, c'est son air de martyre. Dieu sait pourtant que je ne l'ai jamais martyrisée.

Je vois donc – oh, une fille par-ci, une fille par-là – de temps en temps ces dames d'Orléans. Voyons, voyons, allez-vous penser, c'est impossible ; le voilà qui se vante encore. Je dirais qu'avec Mrs Elliott je n'ai qu'une relation d'affaires. Nous parlons politique, politique anglaise ; et notamment de la politique anglaise appliquée aux affaires françaises. Mais je discerne, depuis quelque temps, beaucoup de chaleur dans la voix de Grace, dans ses yeux aussi. Cette femme est passée maîtresse dans l'art de la dissimulation ; et je suis convaincu qu'elle me trouve parfaitement repoussant.

Il n'en va pas de même avec Agnès. Je lui rends visite quand le duc n'est pas en ville. S'il pense que l'envie pourrait me prendre de voir Agnès, il s'arrange en principe pour s'absenter. Le système fonctionne tellement bien que j'aurais soupçonné Laclos lui-même d'en être à l'origine si le malheureux ne s'était couvert de honte à force d'échecs répétés et n'était discrètement parti se fondre dans la grisaille provinciale. Mais pourquoi donc la maîtresse d'un prince du sang – qui pourrait fort bien être un personnage de roman, vous ne croyez pas ? – s'abaisserait-elle à vouloir conquérir un avocat à la réputation douteuse, de surcroît trop gros et d'une laideur à faire peur ?

Eh bien, parce que le duc se prévoit un avenir où il aura besoin d'un ami, et il se trouve que l'ami en question, c'est moi.

Autant vous l'avouer, cependant, j'ai beaucoup de mal à ne pas penser à Lucile. Il y a là tant de passion, tant d'esprit et de classe. Bien entendu, elle fait déjà beaucoup parler d'elle. La rumeur court qu'elle est ma maîtresse, et il va de soi qu'elle ne tardera pas à l'être ; contrairement à ses autres prétendants, je ne suis pas homme à me laisser exciter sans réagir.

Dans quelques semaines, Gabrielle me donnera un autre fils. Nous fêterons l'événement et serons réconciliés – ce qui se limitera de sa part à accepter le *statu quo*. Une fois né l'enfant de Lucile – lequel, au passage, est bien celui de son mari –, Camille et moi arriverons à un entendement, ce qui ne nous sera pas très difficile. Je pense que 1792 a toute chance d'être mon année.

En janvier, j'ai pris mes fonctions de substitut du procureur.

Je reviendrai vous parler dans quelque temps, vous pouvez y compter.

III

Trois lames, dont deux de rechange

(1791-1792)

Louis XVI à Frédéric-Guillaume II : « Monsieur mon frère [...], je viens d'écrire à l'empereur, à l'impératrice de Russie, aux rois d'Espagne et de Suède, pour leur proposer une coalition des principales puissances d'Europe, soutenue par une force armée, qui serait le meilleur moyen de contenir les factieux de ce pays, de rétablir un ordre des choses plus conforme à nos souhaits et d'empêcher le mal qui nous ronge de se propager à d'autres États de l'Europe [...] J'espère que Votre Majesté [...] gardera cette démarche de ma part dans le secret le plus absolu [...]»

Jacques Pierre Brissot, adresse au club des Jacobins, 16 décembre 1791 : « Un peuple qui vient de conquérir sa liberté au bout de douze siècles d'esclavage a besoin d'une guerre pour la consolider. » Marie-Antoinette à Axel von Fersen : « Les idiots. Ils ne voient pas que c'est dans notre intérêt. »

Gabrielle fut prise des douleurs de l'enfantement en pleine nuit, une semaine avant la date prévue. Il l'entendit sortir à grand-peine de son lit, et, quand il ouvrit les yeux, elle était debout près du sien. « Le travail a commencé, dit-elle. Appelle Catherine, tu veux ? Je ne pense pas qu'il y en ait pour des heures, cette fois-ci. »

Il s'assit, entoura sa taille épaisse de ses bras. La lumière de la chandelle jeta des reflets mouillés sur les cheveux sombres de Gabrielle. Elle lui prit la tête et la serra contre elle. « Je t'en prie, après ça, chuchota-t-elle, promets-moi que tout ira bien. »

Comment en sont-ils arrivés là ? Il l'ignore.

« Tu as froid, dit-il. Très froid. » Il la réinstalla doucement dans son lit et la borda en ramenant sur elle les couvertures. Puis il passa au salon pour remettre des bûches sur les braises.

Lui n'avait plus rien à faire ici. Il devait laisser le champ libre au médecin et à la sage-femme, à Angélique, à Mme Gély, la voisine du dessus. Louise Gély était assise sur le lit, occupée à tresser serrés les cheveux de sa femme. Il demanda à sa mère à voix basse si c'était vraiment là la place d'une gamine de son âge. Mais Louise l'entendit, leva les yeux et dit : « Eh bien, monsieur Danton, je crois que oui. Et même en admettant que ce ne soit pas le cas, c'est une épreuve que nous devons toutes traverser un jour. Et puis, j'ai presque seize ans maintenant.

— Et quand tu en auras quarante, lui dit sa mère, tu auras tout le temps d'être impertinente. Allez, ouste, retourne te coucher. »

Georges Jacques se pencha sur Gabrielle, la baisa au front et serra sa main dans la sienne. Il recula pour laisser passer Louise, mais elle le frôla délibérément et plongea les yeux dans les siens. L'aube fut tardive, tardive et froide, et son fils poussa un cri plaintif en venant au monde. Dehors, le givre ourlait les fenêtres, et les vents coupants de la discorde balayaient les rues de leur souffle glacé.

Le 1er mars, l'empereur Léopold II mourait. L'espace de quelques jours, aussi longtemps que les vues du nouvel empereur restèrent inconnues, la paix sembla encore possible.

« La Bourse remonte, dit Fabre.

— Tu t'intéresses à la Bourse, toi ?

— Je boursicote, quand j'ai l'argent. »

« Pour l'amour du ciel ! s'exclama la reine. Nous enfuir dans le carrosse de la fille de Necker ? Aller nous réfugier dans le camp de La Fayette ? Il y aurait presque de quoi rire.

— Madame, dit le roi, madame, on dit que c'est notre dernière chance. Mes ministres me conseillent…

— Vos ministres ont perdu la raison.

— Ce pourrait être pire. Nous avons encore affaire à des gentlemen.

— Non, ce ne pourrait pas être pire », dit la reine, totalement incrédule.

Le roi la regarda tristement. « Si ce gouvernement tombe… »

Et il tomba.

21 mars : « Ainsi donc, Dumouriez, dit le roi, vous pensez pouvoir réunir un gouvernement autour de vous ? » Il ne pouvait se débarrasser de l'idée que l'homme avait passé deux ans à la Bastille. Charles Dumouriez s'inclina. « Non, non, pas de…, dit précipitamment le roi. Je sais que vous êtes un Jacobin. Je le sais. (Mais qui ne l'est pas, madame ? Qui ?)

— Sire, je suis avant tout un soldat, dit Dumouriez. J'ai cinquante-trois ans, et j'ai toujours fidèlement servi Votre Majesté. Je suis le sujet le plus loyal de Votre Majesté et je…

— Oui, oui, dit le roi.

— … et je prendrai moi-même les Affaires étrangères. Après tout, je connais l'Europe et j'ai servi Votre Majesté en tant qu'agent…

— Je ne mets pas en doute vos capacités, général », l'interrompit le roi.

Dumouriez s'autorisa un léger soupir. Il y avait eu une époque où Louis écoutait ses ministres jusqu'au bout. Mais il avait maintenant de moins en moins d'appétit pour les affaires de l'État, aucune envie d'entendre les détails déplaisants ; l'heure était venue des phrases interrompues et des entrevues bâclées. Si le roi et la reine devaient être sauvés, mieux valait pour eux qu'ils en sachent le moins possible ; si tel n'était pas le cas, ils risquaient de rejeter son aide comme ils l'avaient fait de celle de La Fayette.

« Aux Finances, Clavière, dit-il.

— Un grand ami de Mirabeau, dit Louis d'une voix neutre, si bien que Dumouriez ne parvint pas à savoir si c'était ou non une recommandation. Et à l'Intérieur, vous pensez à qui ?

— Question difficile. Les hommes vraiment capables siègent à l'Assemblée, et les députés sont interdits de cumul. Accordez-moi un jour de grâce, je vous prie. »

Le roi hocha la tête sèchement. Dumouriez s'inclina. « Général… » La voix bien peu souveraine s'éteignit derrière lui. Le petit homme fringant pivota sur ses talons. « Vous n'êtes pas contre moi, dites… ?

— Contre Votre Majesté ? Parce que je fréquente le club des Jacobins ? » Il essaya de croiser le regard de Louis, mais celui-ci regardait obstinément un point sur la gauche de sa tête. « Les factions se font et se défont. La tradition de la loyauté, elle, perdure.

— Oui, bien sûr, dit le souverain d'un air absent. Je ne dirais pas des Jacobins qu'ils représentent une faction, mais plutôt un pouvoir… De même que, à une époque, nous avions l'Église dans l'État, nous avons aujourd'hui le club. Cet homme, Robespierre, d'où vient-il ?

— De l'Artois, Sire, à ce que j'ai cru comprendre.

— Oui, mais je voulais dire, dans un sens plus profond… D'où vient-il et où va-t-il ? » Louis remua son corps lourd avec difficulté sur son fauteuil. Des deux hommes, il semblait le plus âgé. « Vous, par exemple… je vous situe. Vous êtes ce qu'on appelle un aventurier. De même pour M. Brissot ; lui, c'est un esclave de la mode, un homme qui adopte toutes les idées en vogue simplement parce qu'elles sont dans l'air du temps. Quant à M. Danton, lui aussi je peux le cataloguer : c'est l'un des démagogues les plus brutaux à avoir jamais figuré dans les annales de notre pays. Mais ce M. Robespierre… Voyez-vous, si seulement je savais ce que veut cet homme, peut-être

pourrais-je le lui donner, et on n'en parlerait plus. »
Il s'affaissa sur son siège. « Il y a là un vrai mystère, vous ne trouvez pas ? »

Le général Dumouriez s'inclina à nouveau. Louis ne remarqua même pas qu'il était sorti.

À un couloir de là, Brissot attendait son général préféré. « Vous avez votre gouvernement, lui dit Dumouriez.

— Vous n'avez pas l'air content, dit Brissot d'un ton brusque. Quelque chose est allé de travers ?

— Non… je pensais simplement aux qualificatifs dont Sa Majesté m'a gratifié.

— Il s'est montré insultant ? Il peut pourtant difficilement se le permettre.

— Non, ne me faites pas dire ce que je n'ai pas dit. »

Ils se dévisagèrent, l'espace d'une seconde. Ils n'avaient pas confiance l'un dans l'autre, pas le moins du monde. Puis Dumouriez tapota l'épaule de Brissot d'un air enjoué. « Un gouvernement jacobin, cher ami, vous vous rendez compte ? C'était impensable, il n'y a encore pas si longtemps.

— Et sur la question de la guerre ?

— Je n'ai pas trop cherché à savoir. Mais je crois pouvoir vous garantir le déclenchement des hostilités dans le mois qui vient.

— Il nous la faut, cette guerre. La paix serait pour nous le pire des désastres. Êtes-vous d'accord là-dessus ? »

Dumouriez fit tourner sa canne entre ses doigts. « Comment pourrais-je ne pas l'être ? Je suis un soldat.

J'ai une carrière à laquelle il me faut penser. Une occasion magnifique pour toutes sortes de choses. »

« Essaie toujours, dit Vergniaud. Histoire de donner à la Cour la peur de sa vie. Impossible de résister à pareille idée.

— Robespierre… », lança Brissot.

Robespierre s'arrêta. « Vergniaud, dit-il. Pétion, Brissot. » Ayant prononcé leurs noms, il attendit.

« Nous avons une proposition.

— Votre proposition, je la connais. C'est de faire à nouveau de nous des esclaves. »

Pétion leva une main apaisante. Il était plus massif, plus corpulent que dans les premiers temps où Robespierre l'avait connu, et la réussite était inscrite sur son visage.

« Je pense que nous n'avons pas besoin de tremper dans les menus débats de la chambre, suggéra Vergniaud. Nous pourrions échanger entre nous.

— Je ne veux pas d'échanges privés.

— Robespierre, dit Brissot, nous aimerions tellement vous voir prendre notre parti sur la question de la guerre. Cette ingérence dans nos affaires domestiques est…

— Pourquoi chercher à combattre l'Autriche et l'Angleterre, alors que votre ennemi est à l'intérieur ?

— Vous voulez dire là-bas ? demanda Vergniaud avec un mouvement de la tête en direction des appartements du roi aux Tuileries.

— Là-bas, oui… et aussi tout autour de nous.

— Avec nos amis au gouvernement, dit Pétion, ces ennemis-là, nous pouvons nous en occuper.

— Laissez-moi passer, dit Robespierre, en les écartant.

— Il devient d'une méfiance maladive, dit Pétion. J'ai longtemps été son ami. Mais, pour parler franchement, je crains pour son équilibre mental.

— Il ne manque pas de partisans », dit Vergniaud.

Brissot se précipita à la suite de Robespierre et le prit par le coude. Vergniaud observait la scène. « Le bon ratier que voilà ! fit-il remarquer.

— Pardon ? » fit Pétion.

Brissot était toujours aux côtés de Robespierre.

« Robespierre, nous parlions du gouvernement… Nous vous offrons une situation. »

Robespierre se dégagea et tira sur la manche de son habit. « Je ne veux pas de situation, dit-il, l'air sombre. Aucune ne saurait me convenir. »

« Quatrième étage ? dit Dumouriez. Est-il si pauvre, ce Roland, qu'il doive habiter un quatrième ?

— Paris est cher, dit pour se défendre Brissot, qui peinait à reprendre son souffle.

— Vraiment, dit Dumouriez d'un air irrité, pourquoi courir pour me rattraper ? J'aurais attendu, de toute façon ; je n'ai pas l'intention d'y aller seul. Mais dites-moi, vous êtes bien sûr de vous, et de lui ?

— Administrateur chevronné…, dit Brissot d'une voix hachée. États de service impeccables… opinions très saines… et épouse… grandes compétences… totalement dévoués… à la réalisation de nos projets.

— Oui, je crois avoir compris », dit Dumouriez. Il ne pensait pas qu'ils eussent beaucoup de projets en commun.

C'est Manon elle-même qui vint leur ouvrir. Elle était un peu échevelée et s'ennuyait à périr.

Le général lui baisa la main, avec un excès de cette courtoisie caractéristique de l'ancien régime. « Pouvons-nous voir monsieur ? s'enquit-il.

— Il dort en ce moment.

— Je pense que vous pourriez exposer le problème à madame, suggéra Brissot.

— Et moi, je suis d'un avis contraire, marmonna Dumouriez avant de se tourner vers elle. Voudriez-vous avoir l'obligeance d'aller le réveiller ? Nous avons à lui faire une proposition qui pourrait l'intéresser, poursuivit-il en parcourant la pièce du regard. Et qui signifierait pour vous un déménagement. Peut-être, ma chère, pourriez-vous commencer à emballer votre porcelaine ? »

« Mais non », dit Manon. Elle avait l'air d'une petite fille sur le point de pleurer de dépit. « Vous voulez me taquiner. Pourquoi vous acharner ainsi ? »

Le visage habituellement gris de son mari s'éclaira légèrement. « J'ai du mal à croire, ma douce, que M. Brissot puisse plaisanter à propos d'un sujet aussi grave que la composition du nouveau gouvernement. Le roi m'offre le ministère de l'Intérieur. Nous… enfin, toi et moi… acceptons. »

Vergniaud lui aussi dormait dans son appartement de la maison de Mme Dodun, 5 place Vendôme. Mais pour Danton, on ne pouvait faire autrement que se lever. Ce qu'il savait de lui forçait son admiration pour un homme doté pourtant d'un défaut manifeste à ses yeux : il travaillait trop.

« Mais pourquoi ce Roland ? demanda Danton.

— Parce qu'il n'y avait personne d'autre », dit Vergniaud, d'un ton las. Le sujet l'ennuyait. Il en avait assez de s'entendre demander qui était Roland. « Parce qu'il est malléable. Qu'on le dit discret. Qui d'autre pouvions-nous prendre ? Marat ?

— Ils se disent républicains, les Roland. Vous aussi, je crois. »

Vergniaud hocha la tête mollement. Danton l'observa. Trente-neuf ans, pas tout à fait assez grand ni assez fort pour être qualifié d'imposant. Son visage, pâle et lourd, était légèrement marqué par la petite vérole, et son gros nez semblait peu en rapport avec ses petits yeux profondément enfoncés, chacun de ces traits donnant l'impression qu'il aurait préféré appartenir à un autre visage. Un homme que rien n'aurait distingué dans une foule, mais qui, à la tribune de l'Assemblée ou aux Jacobins, le cou tendu en avant, prenait une tout autre dimension devant un auditoire réduit au silence. Il devenait presque beau, et sa voix chaude, son assurance et ses gestes maîtrisés créaient un ensemble harmonieux. Dans ces moments, il avait la présence que l'on suppose d'ordinaire être l'apanage des aristocrates ; une étincelle allumait ses yeux marron. « Tu as vu, avait dit Camille. Ça, c'est la marque de l'amour-propre.

— Peut-être, mais rien ne me plaît tant que voir quelqu'un engagé dans une activité où il excelle », avait répondu Danton avec chaleur.

Des amis de Brissot, cet homme était de loin le meilleur, avait-il décidé. Toi, je t'aime bien, se dit-il, mais tu es paresseux. « Un républicain au gouvernement… commença-t-il.

— ... n'est pas nécessairement un ministre républicain, termina Vergniaud à sa place. Bah, vous verrons bien. » D'un air négligent, il feuilleta quelques papiers qui se trouvaient sur son bureau. Geste dans lequel Danton vit le reflet d'un léger mépris à l'endroit des gens dont ils parlaient. « Il va falloir que vous alliez voir les Roland, Danton, si vous voulez vraiment réussir dans la vie. Allez présenter vos hommages à la dame. » Il étouffa un petit rire en voyant l'expression de Danton. « Vous commencez à penser que vous êtes dans une situation plutôt délicate, non ? Avec Robespierre pour seule compagnie ? Lui, il aurait tout intérêt à se faire à l'idée de la guerre. Il n'a jamais été aussi peu populaire.

— La popularité n'est pas un problème.

— Pas pour Robespierre, c'est vrai. Mais vous, Danton, vous pensez aller où, maintenant ?

— Vers le haut. Vergniaud, j'aimerais que vous vous rangiez de notre côté, que vous soyez des nôtres.

— Et qui sont ces "nôtres", au juste ? »

Danton commença à parler, puis s'interrompit, frappé pour la première fois par le caractère discutable des noms qu'il avait à offrir. « Hérault de Séchelles, finit-il par dire.

— Vous deux, c'est tout ? demanda Vergniaud, en levant un sourcil lourd. M. Camille Desmoulins et Fabre d'Églantine seraient soudain tombés en disgrâce ? Legendre, trop occupé avec sa viande ? Ces gens vous sont probablement très utiles. Mais moi je ne tiens pas à me lier à une faction. J'étais en faveur de la guerre, et j'ai donc siégé aux côtés de ceux qui partageaient mon opinion. Mais je n'ai rien d'un brissotin, quelle que soit la signification de cette étiquette. Je refuse d'être inféodé à quiconque.

— J'aimerais qu'il en soit de même pour nous tous, dit Danton. Mais vous aurez l'occasion de découvrir que les choses ne marchent pas comme ça. »

Un matin de la fin du mois de mars, Camille se réveilla avec une idée qui lui trottait dans la tête. Il avait parlé à des militaires, dont le général Dillon, qui lui avaient dit : Si de toute façon il doit y avoir une guerre, à quoi servirait-il d'aller à l'encontre de l'opinion publique et de résister à la marée montante ? Ne valait-il pas mieux se mettre à la tête d'un mouvement irrésistible que risquer d'être emporté par le déferlement ?

Il réveilla sa femme pour avoir son point de vue. « Laisse-moi, je ne me sens pas bien », dit-elle.

À six heures trente, il était dans le salon des Danton, à arpenter le tapis. Et Danton le traitait d'idiot.

« Pourquoi faut-il que je sois toujours d'accord avec toi ? se plaignit Camille. Je ne suis pas autorisé à penser par moi-même. Je ne suis libre de mes opinions qu'autant qu'elles coïncident avec les tiennes.

— Débarrasse-moi le plancher, dit Danton. Je ne suis pas ton père.

— Qu'est-ce que ça veut dire, ça ?

— Qu'on dirait un gamin de quinze ans qui cherche la bagarre, alors pourquoi ne pas rentrer quelques jours chez toi et t'en prendre à ton père ? On s'épargnerait au moins les conséquences politiques.

— Je vais écrire…

— Non, tu n'écriras rien. Tu m'énerves, tu sais, et pas qu'un peu. Allez, ouste, avant que je fasse de toi le premier martyr brissotin. Va trouver Robespierre, et vois s'il te réserve un meilleur accueil. »

Robespierre était malade. Le temps encore froid du printemps était mauvais pour sa poitrine, et il rejetait toute la nourriture qu'il ingurgitait.

« Alors, tu désertes tes amis, dit-il, la respiration un peu sifflante.

— Notre amitié n'en serait en rien affectée », dit pompeusement Camille.

Robespierre détourna les yeux.

« Tu me fais penser... Quel est le nom de ce roi anglais ?

— George, dit sèchement Robespierre.

— Je crois que c'est Canut que j'avais en tête.

— Il va falloir que tu t'en ailles, dit Robespierre. Je ne suis pas en état de discuter avec toi ce matin, et il faut que je garde mes forces pour des choses plus importantes. Mais si tu décides d'écrire ce que tu as en tête en ce moment, je ne te ferai jamais plus confiance. »

Camille sortit de la pièce à reculons.

Il trouva Éléonore Duplay sur le seuil. À voir la vivacité qui éclairait ses yeux habituellement sans vie, il se douta qu'elle avait écouté à la porte. « Ah, mais c'est notre Cornélia ! » s'exclama-t-il. De sa vie il n'avait parlé à une femme sur ce ton ; elle aurait été capable d'éveiller l'instinct de cruauté d'une souris.

« On ne vous aurait jamais laissé entrer si l'on avait su que vous alliez le contrarier à ce point. Ne revenez pas. De toute façon, il refusera de vous voir. »

Elle le toisa du regard. J'espérais bien que vous vous disputeriez, disaient ses yeux.

« Vous et votre abominable famille, Éléonore. Vous croyez qu'il vous appartient ? Vous croyez que, sous prétexte qu'il condescend à demeurer sous votre toit, vous êtes en droit de décider de qui peut venir le voir ? Et vous croyez vraiment que vous allez pouvoir le tenir à l'écart de son plus vieil ami ?

— Vous êtes tellement sûr de vous, n'est-ce pas ?

— Non sans raison. Ma pauvre Cornélia, on lit en vous à livre ouvert. Je connais vos intentions. Je sais exactement ce que vous pensez. Vous pensez qu'il va vous épouser. Eh bien, oubliez, ma chère, oubliez, il ne le fera jamais. »

Ce fut la seule lueur de satisfaction de la journée. Lucile l'attendait tristement, ses petites mains posées sur son ventre arrondi. La vie n'avait plus rien de drôle à présent. Elle avait atteint le stade où les femmes la regardaient avec sympathie et compassion, et où les yeux des hommes passaient sur elle comme sur un vieux divan.

« Max a fait porter un mot, lui annonça-t-elle. Je l'ai ouvert. Il dit qu'il regrette pour ce matin, que ses paroles ont dépassé sa pensée. Il te demande de lui pardonner. Et Georges est venu. Il a dit : "Désolé."

— J'ai eu une merveilleuse petite dispute avec Éléonore. Ce sont des prédateurs, ces gens-là. Tu sais, je me demande ce qui m'arriverait si Danton et Robespierre en venaient à ne plus être d'accord.

— Mais tu as le droit d'avoir tes opinions, non ?

— Certes, mais tu ne tarderas pas à découvrir que les choses ne marchent pas comme ça. »

Le 26 mars, la reine communiqua à l'ennemi le détail des préparatifs de guerre de la France. Le 20 avril, la France déclarait la guerre à l'Autriche.

25 avril 1792 : exécution scientifique et démocratique de Nicolas Jacques Pelletier, bandit de grand chemin.

La foule est plus importante qu'à l'occasion d'une exécution ordinaire et contient mal son impatience. Les bourreaux, bien entendu, ont fait des essais avec des mannequins ; ils ont l'air pleins d'entrain, échangent des hochements de tête, se mettent mutuellement au défi de ne pas commettre d'erreur. Cependant, il n'y a rien à craindre, c'est la machine qui fait tout. Installée sur un échafaud, c'est une haute charpente dotée d'une lourde lame. Le criminel monte avec ses gardes. Il ne doit pas souffrir pour la bonne et simple raison que la France en a fini avec la barbarie, chassée par une machine patentée et approuvée par une commission.

Avec rapidité et efficacité, les bourreaux entourent l'homme, l'attachent à une planche qu'ils font basculer vers l'avant ; descente de la lame, claquement sourd, tapis de sang. Soupir de la foule. On se regarde, incrédules. C'est déjà fini, si vite ! Où est donc le spectacle ? On a du mal à croire que l'homme est mort. L'un des assistants de Sanson lève les yeux sur son maître, qui incline la tête. Le jeune gars soulève alors le sac de cuir dans lequel a échoué la tête et en sort le contenu dégouttant de sang. Qu'il présente à la foule, tournant lentement sur lui-même pour que chacun saisisse le visage vide et sans vie. Tout le monde est à présent satisfait. Quelques femmes, ici et là, soulèvent leurs enfants à bout de bras pour que les bambins ne ratent rien. Le corps est détaché, versé dans une grande corbeille d'osier afin d'être emporté, la tête tranchée placée entre les pieds.

L'un dans l'autre, en tenant compte de l'exhibition de la tête (laquelle ne sera pas toujours nécessaire), l'opération n'aura pas duré plus de cinq minutes. Le maître d'œuvre estime que ce temps pourrait être réduit de moitié s'il fallait précipiter l'allure. Lui et ses assistants sont partagés sur la nouvelle machine. Elle est pratique, sans aucun doute, et elle a un côté humain ; impossible que le condamné ressente une quelconque douleur. Il n'en reste pas moins que les choses ont un air de trop grande facilité ; les gens risquent de croire qu'aucune compétence particulière n'est requise, que tout le monde peut devenir bourreau. La profession craint un déclin de son prestige. Sans compter que, l'an dernier encore, l'Assemblée a débattu de la question de la peine capitale, et que le très populaire député Robespierre a alors réclamé, mais oui, l'abolition de ce châtiment. On disait que cette question lui tenait toujours très à cœur et qu'il espérait bien parvenir un jour à ses fins. Mais l'homme avisé qu'est M. Sanson pense que M. Robespierre, sur ce point, n'est pas en phase avec l'opinion publique.

Devis de M. Guerdon, ancien maître charpentier auprès du parlement de Paris :

marches...................................... 1 700 livres

lames (trois, dont deux de rechange)...... 600 livres

poulie et gorges en laiton........................ 300 livres

contrepoids en fer (pour la lame)............... 300 livres
corde et assemblage................................. 60 livres
main-d'œuvre, essais, mise en œuvre....... 1 200 livres
modèle réduit pour démonstration,
aux fins d'éviter tout accident................ 1 200 livres

TOTAL... 5 360 livres

Dans une intervention à l'Assemblée, le docteur Guillotin, qui fait figure d'autorité en matière de santé publique, a chaudement recommandé cette nouvelle invention, avant d'ajouter : « Avec cette machine, je peux vous faire couper la tête en un éclair, et vous ne sentirez rien. » (Rires.)

Danton : Tard dans la soirée, Robespierre est passé chez Camille, espérant le voir. Je me trouvais là avec Lucile. En toute innocence. Jeannette, la domestique, s'attardait dans la pièce, refusant obstinément d'aller se coucher. Encore que je me demande bien ce qu'ils pensent que je pourrais faire avec une femme enceinte de six mois... Mais où était donc passé Camille ? Tout le monde devrait être chez soi quand Robespierre vient vous rendre visite. Le jeune Maximilien était légèrement contrarié. Lucile a croisé mon regard. Elle ignorait où était son époux.

« Je peux suggérer quelques endroits plausibles, ai-je dit. Mais je ne te conseille pas de t'y risquer, Max, pas en personne. »

Il a rougi. Ce que c'est tout de même que d'avoir l'esprit mal tourné. En fait, j'avais dans l'idée que

Camille était tout bonnement de l'autre côté du fleuve, en train de haranguer un de ces groupes de femmes bizarres auxquels lui et Marat s'intéressent – Société des jeunes femmes pour la mutilation des marquis, Poissonnières en faveur de la démocratie, vous voyez le genre. Et je pensais vraiment que, dans la mesure où l'Incorruptible a de si nombreux partisans parmi les femmes, le seul fait pour lui de débarquer dans le meeting alors qu'elles étaient déjà en train d'adorer le dieu Camille risquait de faire perdre toute mesure à ces dames en mal d'agression et de les précipiter dans la rue.

Maximilien a demandé s'il pouvait attendre. C'était important.

« Au point de ne pas pouvoir patienter jusqu'au matin ?

— Je ne me conforme pas aux horaires du commun des mortels, m'a-t-il expliqué. Et Camille pas plus que moi, comme tu le sais. Quand j'ai besoin de lui, d'ordinaire il est disponible.

— Eh bien, pas cette fois-ci », ai-je dit. Lucile m'a jeté un regard suppliant.

Nous sommes donc restés ensemble une bonne heure, voire davantage, le temps de constater que faire la conversation à Maximilien n'est pas chose facile. C'est à ce moment que Lolotte lui a demandé d'être le parrain de l'enfant. Il s'en est montré heureux. Elle lui a rappelé que, en cette qualité, c'était à lui de choisir le prénom. Il avait le sentiment que ce serait un garçon, a-t-il dit, et qu'il convenait de lui donner un nom exaltant, celui d'un grand homme, renommé pour ses vertus républicaines ; car nous parlions déjà de la république non pas comme d'un phénomène politique, mais comme d'un état d'esprit. Il a passé en revue les Grecs et les Romains et son choix a fini par se porter sur le poète Horace. « Et si c'est une fille ? » ai-je dit.

Gentiment, Lucile est convenue que c'était un joli nom, alors que je la voyais se dire dans sa tête : Non, on ne l'utilisera pas, jamais on ne l'appellera comme ça. Peut-être, dit-elle, pourrait-on choisir Camille comme deuxième prénom ? « Celui-là aussi est fort honorable », a dit Robespierre en souriant.

Puis nous sommes demeurés assis sans rien dire, à nous regarder en chiens de faïence ; je l'avais mis très mal à l'aise en lui suggérant que l'honorable original était à cette heure en train de courir la gueuse.

Ce dernier rentra discrètement sur le coup des deux heures du matin, demanda lequel d'entre nous était arrivé le premier et, une fois renseigné, prit un air entendu mais nullement déconcerté. Lucile ne chercha pas à savoir où il était passé. Ah, ai-je songé, que ne donnerais-je pour une telle femme ! Je leur ai souhaité le bonsoir ; Robespierre, lui, a commencé à parler d'un problème à la mairie, comme s'il était deux heures de l'après-midi, et qu'aucun mot dur n'avait jamais été prononcé.

Robespierre : Des gens comme Lucile, il en existait. Rousseau l'avait dit. Robespierre nota le passage avant de reposer le livre.

Une des preuves de l'excellence du caractère de cette aimable femme est que tous ceux qui l'aimaient s'aimaient entre eux. La jalousie, la rivalité même cédait au sentiment dominant qu'elle inspirait, et je n'ai jamais vu aucun de ceux qui l'entouraient se vouloir du mal l'un à l'autre.

Que ceux qui me lisent suspendent un moment leur lecture à cet éloge, et s'ils trouvent en y pensant quelque autre femme dont ils puissent en dire autant, qu'ils s'attachent à elle pour le repos de leur vie.

Ce constat de Rousseau semblait s'appliquer ici. La vie était étrangement calme chez les Desmoulins. Il était possible, nonobstant, qu'on ne lui dît pas tout. Les gens avaient une fâcheuse tendance à lui taire certaines choses.

On lui avait demandé d'être le parrain de l'enfant – ou du moins une sorte d'équivalent, dans la mesure où il ne pensait pas que ce dernier serait baptisé selon le rite catholique. C'était Lucile qui le lui avait proposé, un soir où il était passé (très tard, il était presque minuit) et l'avait trouvée seule en compagnie de Danton. Il espérait que les bruits qui couraient n'étaient pas fondés. Il espérait pouvoir se convaincre qu'ils ne l'étaient pas.

La domestique s'était retirée dès qu'il était entré, ce qui, pour quelque obscure raison, avait provoqué le rire de Danton.

Il fallait qu'il entretienne Danton de divers sujets, et il aurait pu parler librement devant Lucile ; elle comprenait beaucoup de choses, et son opinion méritait qu'on s'y intéressât. Mais Danton semblait être d'humeur singulière – mi-agressif, mi-plaisantin. Il n'avait pas su trouver la clé de cette humeur, et ils s'étaient rabattus sur une conversation à bâtons rompus. Et puis, à un moment, il avait senti une force presque physique s'exercer sur lui. C'était la volonté de Danton. Qui voulait le voir partir. Aussi ridicule que cela pût paraître avec le recul, il avait dû s'agripper au bras de son fauteuil pour rester en place. C'est alors que Lucile avait soulevé la question du bébé.

Cette demande lui avait fait plaisir. Bien entendu, elle allait un peu de soi dans la mesure où il était le plus vieil ami de Camille. Sans compter qu'il avait peu de chance désormais d'avoir lui-même jamais d'enfant.

Ils avaient passé un moment à discuter du prénom. C'était peut-être sentimental de sa part, mais il se souvenait de tous les poèmes qu'écrivait autrefois Camille. Lui arrivait-il d'en écrire encore ? Oh, non, dit Lucile. Elle rit nerveusement. En fait, chaque fois que Camille tombait sur un spécimen de ces vieux poèmes, il était prompt à s'exclamer « pire que Saint-Just, pire que Saint-Just », et à le jeter au feu. Un moment, Robespierre se sentit froissé, voire offensé, comme si son jugement avait été mis en doute.

Lucile les pria de l'excuser, le temps d'aller dire deux mots à Jeannette.

« Horace Camille, dit Danton, l'air songeur. Crois-tu que cela lui portera chance dans la vie ? »

Robespierre eut son sourire habituel. Un sourire mince dont il était conscient. Si la génération suivante devait se souvenir de lui, ce serait pour parler d'abord de son sourire, mince et froid, de même qu'elle parlerait de la corpulence, de la vitalité et du visage grêlé de Danton. Il tenait, en toute circonstance, à être différent, surtout avec Danton. Ce sourire avait peut-être quelque chose de sarcastique, de condescendant ou de désapprobateur. Mais c'était le seul dont disposât son visage.

« Je pense à Horace… dit-il. Un grand poète et un bon républicain. À condition d'ignorer les vers de la

89

dernière période, dans lesquels, j'imagine, il se sentait forcé de flatter Auguste.

— Oui… dit Danton. Les écrits de Camille te flattent… encore que je ne devrais pas employer le mot "flatter". Ce n'est pas le terme qui convient. »

Il lui fallut serrer les dents pour se retenir ; c'est-à-dire, il pensa à le faire, et en général la seule pensée suffit.

« Comme je le disais, c'est un nom honorable. »

Danton se laissa aller contre son dossier. Il étendit ses longues jambes. Dit d'une voix traînante (l'expression tient du cliché mais je n'en vois pas d'autre, elle traînait) : « Je me demande à quoi est occupé l'honorable original en ce moment.

— Je n'en sais rien.

— Tu l'ignores, hein ?

— Et alors, d'après toi, que fait-il ?

— L'innommable sans doute dans une maison close.

— Je ne comprends pas de quel droit tu peux avancer une chose pareille. Je ne vois pas ce que tu veux dire.

— Mon cher Robespierre, je ne m'attends pas à ce que tu voies ce que je veux dire. Je serais très choqué si ce devait être le cas. Et déçu.

— Alors, quel besoin de poursuivre sur ce sujet ?

— Je crois vraiment que tu n'imagines pas la moitié de ce dont notre Camille est capable. Je me trompe ? » Il avait l'air intéressé.

« C'est du domaine de la vie privée.

— Là, tu m'étonnes. N'appartient-il pas de fait à la vie publique ? N'est-il pas devenu un homme public ?

— Oui, sans doute.

— Il faudrait donc, selon toi, qu'il soit bon. Vertueux. Mais ce n'est pas le cas.

— Ah, je ne veux pas savoir ce...

— Permets-moi cependant d'insister. Pour le bien public, comprends-tu. Camille est... »

À ce moment-là, Lucile revint dans la pièce. Danton éclata de rire. « Je te promets les détails pour une autre fois, Maximilien. Tu auras tout loisir de les examiner. »

[M. Robespierre à la tribune du club des Jacobins.]

UNE VOIX DANS LA SALLE : Despote !

M. DANTON (*président de séance*) : Silence ! M. Robespierre n'a jamais exercé ici un despotisme autre que celui de la pure raison.

UNE AUTRE VOIX : Voilà le démagogue qui se réveille !

M. DANTON : Je ne suis pas un démagogue, et, longtemps, j'ai eu beaucoup de mal à me taire. Mais aujourd'hui je démasquerai ceux qui se vantent d'avoir servi le peuple. Il est urgent de s'élever contre ceux qui, ces trois derniers mois, ont mis en doute le courage et l'intégrité d'un homme à la bravoure duquel la Révolution doit tant...

Robespierre, aux Jacobins, 10 mai 1792 :

Plus vous m'aurez isolé des hommes, plus vous m'aurez privé de toute communication avec eux, plus je trouverai de consolation dans ma conscience et dans la justice de ma cause.

Morceaux choisis de la vie du gouvernement brissotin :

Le général Dumouriez fit une apparition au club des Jacobins, dont il était membre. Il avait une allure proprement militaire, et on pouvait lire sur son visage, qui n'avait par ailleurs rien de remarquable, les traces de l'activité d'un esprit curieux et constamment en ébullition. Sur ses cheveux récemment poudrés, il portait un bonnet de laine rouge, le bonnet phrygien de la liberté. Il était venu se recueillir dans le sanctuaire du patriotisme (ou autre métaphore comparable) et demanda à ses frères conseils et avis.

Aucun ministre avant lui ne s'était jamais conduit de la sorte.

Les patriotes tournèrent des regards inquiets vers Robespierre. Ils ne lurent que mépris sur son visage.

M. Roland, ministre de l'Intérieur, se rendit aux Tuileries pour être présenté au roi. Les courtisans s'écartèrent sur son passage dans un silence horrifié qui l'étonna : ses bas venaient d'être reprisés. Le maître des cérémonies prit Dumouriez à part et lui chuchota d'un ton glacial : « Comment peut-il seulement songer à être présenté ? Il n'a pas de boucles à ses chaussures.

— Pas de boucles ? reprit le général avec humour. Mais alors, monsieur, tout est perdu. »

« Ma chère madame Danton, disait Hérault de Séchelles, quel excellent dîner ! Et maintenant, nous pardonnerez-vous si nous parlons politique ?

— Ma femme est réaliste, intervint Danton. Elle n'ignore pas que c'est la politique qui paie pour les dîners.

— J'y suis habituée, dit Gabrielle.

— Vous intéressez-vous aux affaires publiques, ma chère, ou bien les trouvez-vous ennuyeuses ? »

Ne sachant trop que répondre, elle sourit, histoire d'ôter tout caractère provocant à la seule repartie qui lui vînt à l'esprit : « Disons que je m'en accommode.

— Et nous devons tous le faire, dit Hérault avant de se tourner vers Danton. Si Robespierre, lui, refuse de s'en accommoder, c'est son affaire. Ces gens – ces brissotins, ces Girondins, ces rolandistes, peu importe –, ce sont eux qui sont au pouvoir pour l'instant. Ils ont… quoi ? De la cohésion ? À peine. Une politique ? Aucune, si l'on excepte la question de la guerre – laquelle a commencé de manière désastreuse, force leur est de le reconnaître.

— Ils font preuve de zèle et de ferveur, dit Danton. Excellent dans les débats. Ne sont pas trop dogmatiques. Et puis, il y a cette épouvantable bonne femme.

— Ah, au fait, comment cette petite créature se fait-elle à la célébrité ?

— Nous avons eu un dîner, dit Danton avec un reniflement de dégoût. Faut-il vraiment qu'on me le rappelle ? »

La veille, Fabre et lui avaient passé deux heures pénibles chez le ministre de l'Intérieur autour d'un repas infect. Dumouriez était présent. À plusieurs reprises, il avait marmonné : « Il faudrait que je vous parle en privé, Danton, vous comprenez ? » Mais il n'en avait pas trouvé l'occasion. C'était l'épouse du ministre qui avait tout orchestré. Quant à ce dernier, soutenu par des coussins dans un fauteuil au haut bout de la table, il ne fit que quelques rares remarques, qui donnèrent à Danton l'étrange impression que le vrai ministre travaillait ailleurs, quelque part dans l'immeuble, et qu'ils avaient affaire à une réplique en cire, prise dans un habit noir vieux comme Hérode. Il fut tenté de se pencher vers lui et de lui planter une fourchette dans le bras pour voir s'il réagissait, mais il se retint, se contentant de reporter un regard sans joie sur son assiette. Une soupe insipide, qui, exploit sans précédent, était à la fois aqueuse et farineuse ; une maigre portion d'une volaille raide comme la justice, entourée de quelques navets qui, malgré leur petitesse, n'étaient plus de la première jeunesse.

Manon Roland s'était faite aux majestueux escaliers en marbre et aux immenses glaces vénitiennes dans lesquelles se reflétaient ses mignonnes rondeurs. Mais la robe qu'elle portait ce lundi soir avait trois ans d'âge, et un ample fichu lui couvrait les épaules. Pas question de capituler.

Elle avait fait savoir qu'elle observerait les habitudes d'une citoyenne ordinaire, laissant à d'autres les signes extérieurs de l'aristocratie. Elle ne ferait pas jouer son influence, et ses visiteurs (strictement sur invitation) devraient se plier à ses règles. Les salons de réception pouvaient rester sous leurs housses, sans lumière, car elle n'aspirait aucunement à y tenir sa cour ; elle s'était installé un humble cabinet de travail, tout près du bureau du ministre. C'est là qu'elle passait ses journées, assise à sa table, à seconder son mari dans sa tâche ; et, si quiconque souhaitait voir ce dernier en privé, en dehors de la présence encombrante d'une foule de fonctionnaires et de pétitionnaires, rien de plus facile pour elle que de transmettre un message au ministre, et pour lui de franchir la porte de son petit sanctuaire afin de venir s'entretenir avec son visiteur, pendant qu'elle-même, discrètement assise à l'écart, écoutait avec attention, les mains sagement croisées sur les genoux.

Elle avait édicté ses règles, celles qui régiraient la marche du ministère. Un dîner deux fois par semaine. Nourriture simple, pas d'alcool. Départ des invités au plus tard à vingt et une heures (on se portera volontaires pour donner le signal du départ, avait murmuré Fabre). Et uniquement des hommes. Entre leurs bavardages futiles et leurs rivalités mesquines au sujet de leurs toilettes, les femmes ne pourraient que nuire à la haute tenue et aux nobles visées des réunions de Mme Roland.

Celle de ce lundi avait été particulièrement pénible. Robespierre avait décliné l'invitation. Pierre Vergniaud l'avait acceptée. Elle n'aimait pas l'homme, en tant qu'individu ; or, ces temps derniers, ses goûts personnels comptaient pour beaucoup. Politiquement parlant, il n'y avait aucun point sur lequel elle fût d'un avis différent du sien, mais il était paresseux, et réservait ses talents d'orateur pour les grands thèmes et les grandes occasions. Ce soir-là, un ennui mortel voilait ses yeux. Dumouriez, lui, montrait assez d'entrain – mais pas dans la bonne direction. Il avait raconté au moins une anecdote scandaleuse, avant de la prier de lui accorder son pardon. Qu'elle lui avait consenti, d'un signe de tête à peine perceptible ; le général avait aussitôt compris que, le lendemain, son travail rencontrerait de mystérieux obstacles. Sans trop tarder ni résister, elle était tombée dans les habitudes du pouvoir.

Fabre d'Églantine avait bien tenté d'orienter la conversation sur le théâtre, mais elle s'était empressée de la recentrer sur un sujet digne d'intérêt :

les manœuvres, tant militaires que politiques, du *ci-devant*** marquis de La Fayette. Elle avait surpris Fabre en train de croiser le regard de Danton, avant de lever brièvement les yeux sur les déesses dénudées qui s'ébattaient au plafond. Elle n'avait eu en revanche qu'à se louer de la présence de Jean-Baptiste Louvet, assis à côté d'elle. Il est vrai qu'elle s'était un temps montrée soupçonneuse à son égard, en raison de ce roman qu'il avait écrit. Mais elle comprenait quelle avait été la position des patriotes sous l'ancien régime, et l'on pouvait pardonner beaucoup à un journaliste aussi prometteur. Ses cheveux blonds clairsemés lui tombaient sur le front quand il se penchait vers elle pour l'écouter. Un partisan. Un ami de Mme Roland.

Elle parlait à Louvet, mais son regard se portait irrésistiblement sur Danton. C'était Dumouriez qui avait insisté pour qu'elle l'invitât. « C'est un homme que nous devrions cultiver, avait-il dit. Il a la rue derrière lui.

— La populace, vous voulez dire, l'avait-elle corrigé d'un ton méprisant.

— La populace… Vous pensez que nous devons nous abstenir de tout contact avec elle ? »

C'est ainsi que cet homme s'était retrouvé à sa table. Il lui donnait des frissons. Cet air jovial, cette affectation de franchise et de bonhomie, un masque qui déguisait, tout juste, son ambition manifeste, et monstrueuse. Oh, un brave type, sans doute, et simple avec cela, dont le cœur était resté dans les terres de sa province natale… vraiment ? Elle baissa les yeux sur les mains posées sur la table avec assurance, les doigts épais dépliés. Avec des mains pareilles, il aurait pu tuer, briser le cou d'une femme ou étouffer un homme.

Et cette cicatrice, donc, d'un blanc maladif, qui lui entaillait la bouche : comment s'était-il fait une telle balafre ? Elle lui tordait les lèvres, si bien que son sourire n'en était pas vraiment un, mais tenait plutôt du rictus. Quel effet cela ferait que de toucher cette cicatrice ? Quelle en serait la texture sous le doigt ? Cet homme était marié et, à en croire la rumeur, avait une ribambelle de maîtresses. Des femmes avaient donc posé les doigts sur cette couture, en avaient suivi le tracé, les contours.

Il surprit son regard fixé sur lui. Elle baissa vivement les yeux, sans pouvoir s'empêcher de les lever à nouveau et de passer le restant de la soirée à se demander ce qu'il avait bien pu penser. Prudemment, lentement, son regard revint s'accrocher à lui. Oui, regarde-moi bien, semblait dire ce visage ; jamais de toute ta petite vie bourgeoise tu n'as vu un homme pareil.

Le mardi matin, tout ce que Danton trouva à dire, d'un ton las et exaspéré, ce fut : « Alors, lequel d'entre nous va coucher avec cette petite salope, parce que, manifestement, c'est ce qu'elle demande ?

— Pourquoi poser la question ? demanda Fabre. Elle ne t'a pas lâché des yeux deux heures durant.

— Les femmes sont des créatures bizarres, dit Danton.

— À propos de femmes bizarres, je crois savoir que Théroigne est rentrée. Les Autrichiens l'ont laissée partir. Je n'arrive pas à comprendre pourquoi, à moins qu'ils n'aient cru qu'elle jetterait ainsi le discrédit sur la révolution.

— Inutile de chercher aussi loin, dit Danton. Je croirais plutôt qu'ils ont craint qu'elle ne leur coupe les couilles.

— Mais revenons à nos moutons, Georges Jacques : si tu as tapé dans l'œil de la dame, pourquoi ne pas en profiter ? Vas-y, lance-toi. Inutile de faire des ronds de jambe, du genre "Ma chère madame Roland, laissez-moi vous dire à quel point nous admirons vos talents"… Donne-lui donc une preuve tangible, ferme, si je puis dire, de cette admiration ! Peut-être pourrait-elle alors amener tous ses amis à s'aligner sur nos positions ? Allez, Georges Jacques, vas-y… elle tombera comme un fruit mûr. Je doute qu'elle attende grand-chose de son vieillard de mari. On dirait qu'il va rendre l'âme d'une minute à l'autre.

— Je dirais, moi, qu'il est mort depuis des années, intervint Camille. Et je pense qu'elle l'a fait embaumer et empailler, parce que c'est une sentimentale dans l'âme. Je suis convaincu par ailleurs que le gouvernement brissotin dans son ensemble est à la solde de la Cour.

— Robespierre, dit Fabre, avec un hochement de tête qui en disait long.

— Non, Robespierre n'est pas de cet avis, dit Camille.

— Reste calme, s'il te plaît.

— Non, pour lui, ce sont des imbéciles, des gogos, et des traîtres qui s'ignorent. Moi, je pense que c'est bien pire encore. Et je suis d'avis qu'on ne devrait rien avoir à faire avec ces gens-là.

— Ce qui est sûr c'est que de leur côté ils estiment ne rien avoir à faire avec vous. J'ai entendu Dumouriez dire : "Où est donc votre petit Camille, ce soir, pourquoi l'avoir laissé chez lui alors qu'il pourrait être ici à s'amuser avec nous ?" Sur quoi la poitrine de madame s'est soulevée en un soupir des plus dédaigneux.

— Je crois que tu te trompes », dit Danton, l'air fort sérieux, à ce qu'il leur sembla. « Je ne dirai rien de Dumouriez et des autres, mais cette femme, elle, n'est pas à acheter. Cette femme hait Louis et son épouse comme s'ils l'avaient irrémédiablement blessée. » Il eut un rire amer. « Marat penserait-il avoir le monopole de la haine ?

— Alors, tu leur fais confiance ?

— Je n'ai jamais dit ça. Je ne les crois pas foncièrement mauvais. Je n'irai pas plus loin.

— À ton avis, qu'est-ce qu'il te voulait, Dumouriez, hier soir ? »

La question parut réjouir Danton. « Probable qu'il voudrait que je fasse quelque chose pour lui. Ce qu'il souhaite, c'est connaître mon prix. »

IV

La tactique du taureau

(1792)

GABRIELLE : Voyez-vous, je ne peux rapporter que ce que j'ai entendu, que ce que les gens m'ont raconté. Je ne puis être sûre que des gens que je connais, et encore… Quand je repense à ce dernier été… Qu'ai-je à vous dire qui ne paraisse ridiculement naïf ?

On peut mûrir, et, sinon devenir ce qu'on appellerait une personne de forte conviction, du moins penser qu'il y a des choses autour de soi qui ne changeront plus, des certitudes qui seront toujours vôtres, des faits qui se produisent et qui continueront à se produire : un monde dont on s'accommodera aussi longtemps qu'on en aura besoin. L'essentiel étant de ne point se laisser abuser.

Il me faut revenir au moment où est né notre nouvel enfant. L'accouchement a été plus facile que les deux précédents, plus rapide en tout cas. C'était encore un garçon ; plein de santé, joli comme un cœur, doté de poumons solides et de la même abondante crinière foncée que celle d'Antoine et du petit que j'ai perdu. Nous l'avons appelé François Georges. Mon mari m'a couverte de cadeaux – fleurs, porcelaine, bijoux, dentelles, parfum et livres que je n'ai jamais lus. Tant et si bien qu'un jour j'en ai pleuré. Je lui ai crié dessus, ce n'est pas comme si j'avais fait quoi que ce soit de bien malin, c'est à la portée de la première imbécile d'avoir un enfançon, alors arrête d'essayer de m'acheter. J'ai été prise d'un énorme accès de colère et de larmes et, quand tout a été terminé, j'avais les yeux qui me piquaient, la gorge en feu et la poitrine encore secouée de sanglots. Ma mémoire semblait avoir été vidée de tout son contenu ; et si Catherine, ma bonne, ne m'avait pas assuré que j'avais effectivement dit tout cela, jamais je ne l'aurais cru.

Le lendemain, le docteur Souberbielle est venu. « Votre mari me dit que vous n'allez pas bien. » Simple fatigue, à l'entendre ; un accouchement est toujours une épreuve. Dans quelques jours, je me sentirais beaucoup mieux. Non, docteur, lui ai-je répondu, d'un ton fort poli, je ne crois pas que j'irai jamais mieux.

Chaque fois que je mettais mon bébé au sein, que je sentais couler le lait, je sentais aussi les larmes couler de mes yeux. Ma mère arriva, l'air grave et affairé, et s'en mêla : mieux valait le mettre en nourrice, nous nous rendions mutuellement malheureux. Un petit a tout intérêt à être placé hors de Paris, dit-elle, et à ne pas réveiller son père en pleurant la nuit.

Bien sûr, dit-elle, quand on se marie, on vit sur son petit nuage pendant un an ou deux. Du moment que l'on est avec un homme bien, un homme qui vous plaît, on est toute fière et contente de soi. On réussit à tenir ses problèmes à distance pendant cette période – et on pense pouvoir ainsi échapper aux règles qui gouvernent les autres.

« Pourquoi faut-il qu'il y ait des règles ? » demandai-je. On aurait cru entendre Lucile. C'est exactement ce qu'elle aurait dit : pourquoi faut-il qu'il y ait des règles ?

« Et dire qu'elle, elle va avoir son enfant. Qu'adviendra-t-il ensuite ? »

Ma mère n'eut pas besoin de demander d'explications. Elle se contenta de me tapoter le bras et de me dire que je n'étais pas le genre de fille à faire des histoires. Si ce n'est que, ces temps-ci, il fallait me le dire souvent sinon, qui sait, je risquais d'oublier et d'en faire. Ma mère me tapota à nouveau – la main cette fois-ci – et me parla des filles d'aujourd'hui. Qui sont romantiques, d'après elle. Vivent de l'étrange illusion que, lorsqu'un homme jure fidélité le jour du mariage, il tiendra sa promesse. De son temps, les filles n'étaient pas si bêtes et savaient à quoi s'en tenir. Il fallait simplement s'entendre sur les modalités pratiques.

C'est elle qui trouva la nourrice, une femme agréable et soigneuse qui vit à L'Isle-Adam. Agréable peut-être, soigneuse sans doute, toujours est-il que je n'avais pas envie de lui laisser mon poupon. Lucile m'accompagna quand j'allai rencontrer la femme, pour voir si elle ferait l'affaire pour son propre enfant ; et, oui, ce fut le cas. La bonne affaire ! Comme ce serait pratique ! Lucile n'est qu'à quelques semaines de l'accouchement. Vous n'imaginez pas les proportions qu'a pris l'événement, les histoires qu'on en fait. Pas question qu'elle allaite, bien sûr. Son mari et sa mère le lui ont interdit. Elle a des devoirs autrement exigeants, à commencer par certaines soirées à ne pas manquer. Sans compter qu'une poitrine plus discrète et plus agréable sera davantage du goût du général Dillon.

Je ne reproche rien à Lucile, même si c'est là l'impression que je peux donner. Il n'est pas vrai qu'elle soit la maîtresse de Fréron, même si elle l'obsède tant et plus, au point de le rendre malheureux, lui, et du même coup tout son entourage. Avec Hérault, autant que je puisse en juger, elle se contente du jeu de séduction classique – l'encourageant un jour, le repoussant le suivant. Hérault semble parfois se lasser, comme s'il avait eu plus que son compte de ce genre d'expérience – une expérience, j'imagine, acquise à la Cour. Et si Lucile a fixé son choix sur lui, c'est en partie pour se venger de Caroline Rémy, laquelle l'avait plongée dans une grande confusion au début de son mariage, à l'époque où elle n'avait pas encore appris toutes les ficelles. Ah, comme j'ai été soulagée quand j'ai su que Lucile était enceinte ! Je me suis dit : Au moins, voilà l'échéance repoussée. Mais je n'ai jamais espéré davantage qu'un sursis. J'observe Georges. Je le regarde la suivre des yeux. Je ne suis pas assez sotte pour croire que quiconque puisse le repousser. Si vous jugez cette attitude inacceptable de ma part, c'est preuve que vous le connaissez mal. Peut-être n'avez-vous fait que l'entendre prononcer un discours ou le croiser un jour dans la rue.

Je n'ai gaffé qu'une seule fois : c'était en parlant à la mère de Lucile ; j'essayais d'arranger les choses, parce qu'il me semblait qu'elles avaient besoin de l'être. « Est-ce que… » Je n'étais pas sûre d'être capable de formuler correctement ma question. « Est-ce qu'elle s'en voit beaucoup avec Camille ? »

Mme Duplessis a levé un sourcil de cette manière qui n'est qu'à elle et la fait paraître intelligente. « Pas plus qu'elle ne le veut », m'a-t-elle répondu.

Mais c'est alors, au moment où je me détournais, déprimée par cette affaire et pleine d'appréhension à l'idée de ce que me réservait l'avenir, que Mme Duplessis a tendu sa petite main couverte de bagues et m'a retenue par la manche – un geste dont je me souviens fort bien, comme un petit pincement, d'étoffe, pas de peau – et m'a dit une des rares choses sincères à être jamais sorties de la bouche de cette femme éminemment artificielle. « Vous êtes convaincue, j'espère, de ce que tout cela m'échappe absolument ? »

J'aurais voulu lui dire : Madame, vous avez élevé un monstre, mais c'eût été injuste à son égard. Au lieu de quoi, je me suis contentée d'un : « C'est aussi bien qu'elle soit enceinte.

— *C'est reculer pour mieux sauter** », a murmuré Mme Duplessis.

Tout au long de cet été, comme pendant tous les étés depuis 1788, notre appartement n'a pas désempli ; noms étrangers, visages étrangers, certains devenant plus familiers au fil des semaines, mais d'autres, à franchement parler, beaucoup moins. Georges était souvent dehors, rentrant parfois au milieu de la nuit ; il donnait des dîners au Palais-Royal, au restaurant, chez nous également. Nous recevions ceux à qui on donne le nom de brissotins, mais rarement Brissot lui-même. On parlait beaucoup, et pas en bien, de l'épouse du ministre de l'Intérieur, baptisée « la reine Coco »

– c'est Fabre qui est à l'origine du sobriquet. D'autres arrivaient tard dans la soirée, après les réunions aux Jacobins et aux Cordeliers. Parmi eux, René Hébert, appelé le Père Duchesne, d'après le nom de son épouvantable journal. « Nous ne pouvons pas nous permettre d'ignorer ces gens », disait Georges. Il y avait aussi un certain Chaumette, un homme débraillé aux traits acérés, qui détestait les aristocrates, détestait les prostituées, confondant souvent les deux dans sa tête. Ils disaient qu'il fallait armer la ville, contre les Autrichiens et contre les royalistes. « Quand l'heure aura sonné », répondait Georges.

Moi, je pensais : Il parle comme quelqu'un qui agit sous la pression des événements, mais en fait il calcule tout, il pèse toujours le pour et le contre avec soin. Il n'a jusqu'ici commis qu'une erreur ; c'était l'été dernier, quand il nous a fallu prendre la fuite. Vous me direz, ce n'était pas grand-chose, somme toute : quelques semaines à nous morfondre hors de Paris, et puis une amnistie, et tout reprend comme avant. Mais vous m'imaginez, moi, ce soir d'été à Fontenay, en train de lui dire adieu, d'essayer de garder mon sang-froid et de faire contre mauvaise fortune bon cœur, tout en sachant qu'il partait pour l'Angleterre et qu'il risquait de ne jamais revenir. Cela ne prouve-t-il pas à l'envi, alors même que vous pensiez avoir atteint le fond, que les choses peuvent toujours s'aggraver ? La vie réserve plus de complications qu'on ne saurait l'imaginer. Il y a plus d'une façon de perdre son mari. On peut le faire de différentes manières, au propre ou au figuré, en réalité ou en imagination. Pour moi, il semblerait que toutes les manières vaillent.

Les visages vont et viennent… Billaud-Varenne qui, à une époque, travaillait à mi-temps pour Georges, ne quitte plus cet acteur, Collot, dont Camille dit qu'il n'y a pas pire individu au monde. (Ce qu'il dit d'ailleurs de beaucoup de gens, ces temps-ci.) Ils font la paire, ces deux-là, l'air aussi dyspeptique l'un que l'autre. Robespierre évite Hébert, se montre froid à l'égard de Pétion, tout juste poli avec Vergniaud. Brissot babille : « Pas de culte de la personnalité, s'il vous plaît. » Chaumette refuse de parler à Hérault, ce qui d'après ce dernier n'est pas une perte. Fabre examine tout le monde à travers son lorgnon. Que fait Fréron ? Il parle de Lucile, bien sûr. Legendre, notre boucher, dit qu'il ne comprend rien aux brissotins. « Je n'ai aucune instruction, déclare-t-il, mais vous ne sauriez trouver meilleur patriote que moi. » Quant à François Robert, il se montre agréable avec tout le monde, tout en songeant à sa carrière ; depuis qu'il a fait de la prison l'été dernier, il a perdu toute combativité.

M. Roland ne vient jamais. Pas plus que Marat.

La deuxième semaine de juin, il y a eu une crise gouvernementale. Le roi ne coopérait pas avec les ministres, faisait de l'obstruction, et la femme de Roland lui a adressé une lettre terrible dans laquelle elle le rappelait à son devoir. Je ne dirai rien ni pour ni contre – ce n'est pas de mon ressort –, mais il reste qu'il y a des insultes qu'un roi ne saurait subir sans cesser d'être roi. C'est ainsi que Louis a dû réagir, puisqu'il a dissous le gouvernement.

Les amis de mon mari parlaient du gouvernement patriotique. Disant que c'était une catastrophe nationale. Ils ont une façon bien à eux de tourner les catastrophes à leur avantage.

Le général Dumouriez, lui, n'a pas été révoqué. Nous avons cru comprendre qu'il n'était plus en aussi bons termes avec la Cour. Mais il nous a rendu visite. J'ai eu honte. Georges arpentait la pièce et lui hurlait dessus. Disant qu'il allait inspirer à la Cour la crainte de la vengeance divine, que le roi devait divorcer et renvoyer Marie-Antoinette en Autriche avec armes et bagages. Quand le général est sorti, il était pâle comme un linge. Le lendemain, il donnait sa démission et partait rejoindre son régiment. Commentaire de Camille : Georges est autrement plus effrayant que l'armée autrichienne.

Puis est arrivée à l'Assemblée la lettre dans laquelle La Fayette lui suggérait de dissoudre les clubs, de fermer les Jacobins et les Cordeliers, sinon... Sinon quoi ? Il ferait marcher son armée sur Paris ? « Qu'il se montre seulement, a dit Georges, et je le découpe en morceaux que j'irai jeter dans la chambre de la reine. »

L'Assemblée n'oserait jamais s'en prendre aux clubs – mais je savais que cette seule suggestion suffirait à pousser les patriotes à crier vengeance. Il semblerait que toutes ces crises suivent le même processus. Louise Gély a dit à mon mari : « Est-ce qu'il va y avoir une "journée", monsieur Danton ?

— Qu'en penses-tu, toi ? a demandé Georges, l'air amusé. Nous devrions peut-être entamer une seconde révolution. »

Elle s'est tournée vers moi en feignant un frisson. « Votre mari voudrait être roi ? »

Les allées et venues dans notre appartement ont dû être soigneusement calculées, de manière que Chaumette ne rencontre jamais Vergniaud, que Legendre ne croise jamais le chemin d'Hébert. C'est une véritable épreuve pour moi, et pour les domestiques. J'ai vite pris conscience de cette tension dans l'air qui dit : Demain, ou après-demain… Robespierre est venu ; a parlé de choses et d'autres. Et toujours son air de mannequin sorti tout droit d'une boutique de tailleur, si guindé, si bien coiffé et rasé, si poli. Mais il affichait, en dehors de son habit à rayures vert olive, ce petit sourire qui semble ne plus jamais le quitter désormais ; une sorte de rictus, qui est sa façon à lui (si l'on en croit Camille) de se retenir d'insulter les gens. Il a demandé des nouvelles du bébé ; il a commencé à raconter une histoire à Antoine, avant de lui dire qu'il la terminerait dans un jour ou deux. C'est plutôt bon signe, me suis-je dit, cela signifie qu'on survivra… Ce qui est étrange, chez un homme aussi net, aussi précis, c'est l'amour qu'il porte aux enfants, aux chats et aux chiens. C'est seulement à nous autres qu'il réserve ce sourire inquiétant.

Il était très tard à présent. Pétion a été le dernier à partir. Je me tenais à l'écart et j'ai entendu la porte du bureau s'ouvrir. Mon mari a tapé sur l'épaule de notre visiteur. « Choisir le bon moment, tout est là, a-t-il dit.

— N'aie pas peur de me voir compromettre quoi que ce soit, a dit le maire. Je me montrerai, mais pas trop. Je donnerai aux événements le temps de se dérouler normalement. »

Il est seul, à présent, ai-je pensé, ils sont tous partis. Mais quand je me suis approchée de la porte du bureau – à nouveau fermée –, j'ai entendu la voix de Camille : « Je croyais que tu devais adopter la tactique du taureau. La tactique du lion. C'est ce que tu avais dit.

— C'est vrai. Mais seulement quand je serai prêt.

109

— Que je sache, on n'a jamais entendu un taureau dire : Quand je serai prêt.

— Dis donc, toi… l'expert en taureaux, c'est moi. Les taureaux, ils ne disent jamais rien, c'est pourquoi ils réussissent si bien.

— Ils ne meuglent pas un peu ?

— Pas ceux qui réussissent vraiment. »

Un court silence. Puis Camille reprit : « Mais tu ne peux pas laisser ça au hasard. Si tu veux que quelqu'un soit tué, tu ne laisses pas les choses au hasard.

— Mais je n'ai pas à vouloir que le roi soit tué. Si la section de Saint-Antoine veut qu'il le soit, c'est elle qui s'en occupera. Demain, ou plus tard.

— Ou jamais. Quel fatalisme, tout à coup. On peut commander aux événements, tout de même. » Camille avait l'air calme, et très las.

« Je préférerais ne pas précipiter les choses, a dit Georges. Arriver à un entendement avec La Fayette. Je ne veux pas avoir à me battre en même temps sur tous les fronts.

— Mais on ne peut pas laisser passer une chance pareille.

— S'ils le tuent, a dit Georges en bâillant, ils le tuent, un point c'est tout. »

Je me suis éloignée. Le courage m'a manqué. Je ne voulais pas en entendre davantage. J'ai ouvert une fenêtre. J'oublie toujours à quel point les étés peuvent être chauds. Il y avait un peu de bruit dans la rue, mais rien d'inhabituel. Une patrouille de gardes nationaux a tourné à l'angle de la rue. Ils ont ralenti en approchant. L'un d'eux a dit très clairement : « C'est là qu'habite Danton. » Il devait y avoir un nouveau pour qu'ils désignassent ainsi la maison. J'ai rentré la tête et les ai entendus s'éloigner.

Je suis retournée à la porte du bureau de Georges, que j'ai ouverte. Camille et lui étaient assis de part et d'autre de l'âtre vide et se regardaient dans les yeux en silence.

« Je vous dérange ?

— Non, a dit Camille. On se regardait dans les yeux, c'est tout. J'espère que tu n'as pas été trop perturbée par ce que tu as entendu il y a quelques instants quand tu écoutais à la porte ?

— Elle écoutait ? a dit Georges en riant. Tiens, je l'ignorais.

— Lucile est pareille. Elle ouvre mon courrier, puis elle se met dans tous ses états. C'est ma pauvre cousine, Rose-Fleur Godard, qui fait difficulté en ce moment. Elle écrit toutes les semaines de Guise. Elle est malheureuse en ménage et dit maintenant qu'elle regrette de ne point m'avoir épousé.

— Je lui conseillerais, moi, de se faire à son sort », ai-je dit. Nous avons ri : surprenant, non ? La tension s'est dissipée. J'ai regardé Georges. Je ne vois jamais le visage qui horrifie tant les autres. Pour moi, c'est un visage plein de bienveillance. Quant à Camille, il était en tout point semblable au garçon que Georges avait amené au café six ans plus tôt. Il s'est levé, s'est penché vivement vers moi, m'a embrassée sur la joue. J'ai mal entendu, me suis-je dit, j'ai mal compris. Il y a loin d'un homme politique à un criminel. Sauf que… « Pense un peu à ces pauvres idiots, a dit Georges en le quittant.

— Oui, a répondu Camille. À attendre là-bas de se faire tuer. »

Le jour de l'émeute, je ne suis pas sortie. Georges non plus. Personne n'est venu avant le milieu de la soirée. C'est alors que j'ai eu le résumé des événements de la journée.

Les habitants de Saint-Antoine et de Saint-Marcel armés, avec à leur tête des agitateurs issus des Jacobins et des Cordeliers, avaient envahi les Tuileries par milliers. Legendre comptait au nombre des meneurs ; il avait insulté le roi en pleine figure et était revenu s'asseoir dans mon salon pour s'en vanter. Peut-être que le roi et la reine auraient dû périr sous leurs piques et leurs gourdins, mais les choses ne se sont pas passées ainsi. On m'a raconté qu'ils sont restés debout des heures dans l'embrasure d'une fenêtre, en compagnie du petit Dauphin, de sa sœur et de la sœur du roi, Mme Élisabeth. La foule défilait devant eux, au milieu des quolibets, riant comme au spectacle de phénomènes de foire. On a forcé le roi à mettre « un bonnet de la liberté ». Ces gens – la lie du peuple – ont fait passer de la piquette et l'ont obligé à boire à la bouteille à la santé de la nation. L'épisode a duré des heures.

Quand tout a été fini, ils étaient toujours en vie. Un Dieu miséricordieux les a protégés ; quant à celui dont c'était le rôle – je veux dire Pétion, le maire de Paris –, il ne s'est pas montré avant le soir. Quand il a compris qu'il ne pouvait décemment attendre davantage, il s'est rendu aux Tuileries avec un groupe de députés et a fait évacuer le palais. « Et après, vous savez quoi ? » a demandé Vergniaud. Je lui ai tendu un verre de vin blanc frais. Il était dix heures du soir. « Quand ils ont tous été partis, le roi a arraché le bonnet rouge de sa tête, l'a jeté par terre et l'a piétiné. » Il m'a fait un signe de tête fort civil pour me remercier. « Le plus curieux, c'est que l'épouse du roi s'est comportée avec ce qu'il faut bien appeler une grande dignité. C'est triste à dire, mais le peuple ne lui est plus aussi hostile qu'auparavant. »

Georges est entré dans une rage folle. Quand il est dans cet état, le spectacle mérite le déplacement. Il a arraché sa cravate, s'est mis à arpenter la pièce de long en large, la gorge et la poitrine luisantes de sueur, sa voix ébranlant les vitres. « Cette foutue pseudo-révolution n'a été qu'une perte de temps. Qu'en ont retiré les patriotes ? Rien. » Il jetait des regards noirs alentour. On avait l'impression qu'il était prêt à frapper quiconque oserait le contredire. Dehors, on entendait des cris au loin, en provenance du fleuve.

« Si c'est vrai… », a dit Camille. Mais il n'a pas pu poursuivre, les mots n'arrivaient pas à sortir. « Si celle-ci a vécu… et je pense qu'elle était condamnée dès le début… » Il se mit la tête dans les mains, exaspéré contre lui-même.

« Allez, Camille, a dit Georges. Nous n'avons pas le temps d'attendre que tu termines. Fabre, tu veux bien lui claquer la tête contre le mur ?

— C'est ce que je suis précisément en train d'essayer de dire, Georges Jacques. Nous n'avons plus le temps d'attendre. » Je ne sais si c'était l'effet de la menace ou parce qu'il entrevoyait soudain l'avenir, toujours est-il que Camille recouvra sa voix, préférant toutefois s'exprimer en phrases courtes et simples. « Nous devons tout recommencer. Organiser un coup d'État. Déposer Louis. Prendre le pouvoir. Nous devons proclamer la république. Il faut le faire avant la fin de l'été. »

Vergniaud avait l'air mal à l'aise. Il a fait courir ses doigts sur le bras de son fauteuil. Ses yeux passaient d'un visage à un autre.

« Georges Jacques, a dit Camille, tu disais que tu n'étais pas prêt, mais tu n'as plus le choix, désormais. »

Manon, désormais évincée des affaires. Une expression de Danton ne cessait de lui revenir à l'esprit : « les frontières naturelles de la France ». Elle passait des heures à étudier les cartes des Pays-Bas, le parcours du Rhin. N'avait-elle pas figuré parmi les premiers à avoir poussé à la guerre ? Plus difficiles à cerner étaient les frontières naturelles d'un être humain…

Ils l'accablaient de reproches, bien sûr, ces écervelés de patriotes : disaient que c'était à cause de sa lettre que Louis avait dissous le gouvernement. Quelle sottise ! Louis ne cherchait qu'un prétexte, voilà tout. Elle devait s'armer contre leurs accusations, car on ne se faisait pas faute de dire qu'elle s'était mêlée de ce qui ne la regardait pas, qu'elle s'était ingérée dans les affaires de l'État en dictant à Roland sa politique. C'était tellement injuste ; ils avaient toujours travaillé ensemble, elle et son mari, mettant en commun leurs talents et leur énergie ; elle connaissait ses pensées avant même qu'il en prenne conscience lui-même. « Roland ne perd rien, disait-elle, à être interprété à travers moi. » On échangeait des regards. Toujours ces regards entendus. Elle aurait donné cher pour pouvoir gifler ces visages masculins pleins de suffisance.

Seul Buzot semblait comprendre. Qui prenait sa main, la serrait entre les siennes. « Ne faites pas attention à eux, Manon, murmurait-il. Les vrais patriotes connaissent votre valeur. »

Ils reviendraient en fonction, elle le pensait vraiment. Mais il leur faudrait se battre pour ce faire. Le 20 juin : la prétendue « invasion » des Tuileries – un fiasco, rien d'autre, une lamentable plaisanterie. Du début à la fin, l'opération avait été gérée en dépit du bon sens ; et la mauvaise gestion semblait être la règle générale.

L'après-midi, ces temps-ci, on la trouvait dans la galerie du public au Manège, qui suivait les débats, prenant son mal en patience. Un jour, une jeune femme apparut dans la galerie, portant une tenue de cavalière écarlate, un pistolet passé à la ceinture. Alarmée, Manon chercha l'huissier des yeux ; mais personne en dehors d'elle ne semblait se formaliser du spectacle. La jeune femme riait ; elle était entourée d'une cohorte de thuriféraires ; elle s'installa sur un banc, d'un air de propriétaire, et passa la main dans ses cheveux bruns bouclés, coupés aussi court que ceux d'un homme. Ses admirateurs applaudirent Vergniaud, scandant son nom ; puis ils interpellèrent d'autres députés, firent passer des pommes le long des rangées avant de les manger puis de jeter les trognons par terre.

Vergniaud monta parler à Manon, et elle le félicita de son discours, non sans réserves ; on le couvrait un peu trop d'éloges. Quant à l'étrange jeune femme à l'habit écarlate, il se contenta d'un signe de tête à son adresse. « C'est Théroigne, lui dit-il. Comment se peut-il que vous ne l'ayez jamais vue avant ? Elle s'est adressée aux Jacobins au printemps pour raconter le martyre qu'elle a enduré chez les Autrichiens. Ils lui ont cédé la tribune. Rares sont les femmes qui peuvent s'en vanter. »

Il s'interrompit, avec l'air de celui qui s'est fourré dans une impasse. L'expression vaguement belliqueuse d'un homme aux abois passa sur son visage. « Ne vous inquiétez pas, murmura Manon. Je n'ai pas l'intention de vous demander de faire les présentations. Je ne suis pas une de ces vieilles mégères.

— Après tout, que sont-elles ? demanda Vergniaud. Des filles des rues. »

Elle aurait pu, bien sûr, lui mettre son poing sur la figure. Mais il fallait considérer ce qu'il avait à offrir : une réadmission en douceur au sein de la conspiration, une réintégration. Elle sourit. « Des filles des rues, en effet », dit-elle.

Le bébé de Lucile s'était brusquement retourné sur la gauche et lui donnait de vigoureux coups de pied. C'est à peine si elle arrivait à se tenir debout, sans parler d'être civile avec un visiteur. « Bon sang, dit-elle, les yeux sur la tenue de Théroigne. Tu n'as pas chaud dans cette écarlate ? Ne serait-il pas temps de lui accorder une honorable retraite ? » De fait, elle voyait bien que l'habit était effrangé en bas, couvert de poussière, et que même le rouge ne l'était plus autant qu'avant.

« Camille m'évite, se plaignit Théroigne, qui arpentait la pièce. C'est à peine si nous avons échangé trois mots depuis mon retour à Paris.

— Il est très occupé, dit Lucile.

— Oh, je n'en doute pas une seconde. Occupé à jouer aux cartes au Palais-Royal, à dîner avec des aristos. Qui songerait à passer quelques heures avec une vieille amie quand il y a tant de champagne à boire et de petites écervelées à lutiner ?

— À commencer par toi.

— Non, pas moi, justement, dit Théroigne, qui cessa net ses allées et venues. Jamais. Je n'ai jamais couché avec Camille, ni d'ailleurs avec Jérôme Pétion, pas plus qu'avec aucun des deux dizaines d'hommes dont ont parlé les journaux.

— Les journaux sont prêts à imprimer n'importe quoi, dit Lucile. Assieds-toi, par pitié. Tu me donnes le tournis à déambuler dans tout ce rouge.

— Louis Suleau est prêt à imprimer n'importe quoi, en tout cas, dit Théroigne, qui était restée debout. Quel torchon, ces *Actes des Apôtres* ! Pourquoi est-il encore en liberté, celui-là, j'aimerais bien le savoir. Pourquoi n'est-il pas carrément *mort* ? »

Je pourrais peut-être faire semblant d'avoir les premières contractions, se dit Lucile. Elle s'essaya à un gémissement. Qui n'émut pas Théroigne. « Comment se fait-il, reprit celle-ci, que Camille puisse tout oser sans qu'on lui dise jamais rien ? Quand Suleau m'a prise à partie, il en a rajouté, c'était à celui qui inventerait les pires calomnies, qui m'attribuerait le plus d'amants, qui m'exposerait le plus au ridicule et au mépris public… et pourtant personne ne dit à Camille : Écoute un peu, tu traînes avec un type comme Suleau, alors comment peux-tu te prétendre encore patriote ? Dis-moi, Lucile, comment des choses de ce genre peuvent-elles arriver ?

— Je n'en sais rien, dit Lucile en secouant la tête. C'est un mystère. Je suppose… tu sais, il y a souvent dans les familles un enfant à qui on pardonne

117

plus qu'aux autres. Peut-être le même phénomène s'applique-t-il aux révolutions.

— Mais j'ai souffert ma part, Lucile. J'ai été jetée en prison. Personne n'est donc capable de comprendre ça ? »

Seigneur, pensa Lucile, je ne vais quand même pas l'avoir sur le dos tout l'après-midi. Elle se mit debout en titubant. Elle voyait que Théroigne était au bord des larmes. Elle lui roucoula deux ou trois paroles de réconfort, lui posa la main sur le bras, la poussa gentiment vers la *chaise longue** bleue. « Jeannette ! appela-t-elle. Avons-nous un peu de glace ? Apporte-moi quelque chose de frais, et de sucré. » Sous le tissu écarlate, la peau de la jeune femme était chaude et moite. « Tu es malade ? demanda Lucile. Chère petite Anne, mais que t'ont-ils fait ? » Tandis Qu'elle lui appliquait un mouchoir replié sur les tempes, elle se vit, telle qu'un ange aurait pu la voir du haut des cieux, et songea : Quelle sainte femme je fais, à éponger ainsi le front d'une fieffée menteuse.

« J'ai essayé de parler à Pétion, hier, dit Théroigne, mais il a fait semblant de ne pas me voir. Je voudrais apporter mon soutien aux gens de Brissot, mais eux aussi font comme si je n'existais pas. Mais j'existe, bon sang !

— Bien sûr, la calma Lucile. Bien sûr que tu existes. »

Théroigne laissa retomber sa tête. Les larmes séchaient sur ses joues. « Il doit naître quand, ton enfant ?

— La semaine prochaine, d'après le médecin.

— J'en ai eu un, moi aussi.

— Ah bon ? Vraiment ? Quand donc ?

— Elle est morte.

— Je suis désolée.

— Elle aurait eu… Oh, je ne sais plus. Les années passent si vite, on perd le compte. Elle est morte au printemps qui a précédé la prise de la Bastille. Non… ce n'est pas ça, c'était en 1788, je ne l'ai jamais vue, pour ainsi dire. Je l'ai laissée dans une famille d'accueil, je réglais sa pension tous les mois. J'envoyais l'argent de là où je me trouvais, Italie, Angleterre. Mais ça ne veut pas dire que je n'ai pas de cœur, Lucile, ça ne veut pas dire que je ne l'aimais pas. Je l'aimais, vraiment. C'était ma petite fille. »

Lucile se cala du mieux possible dans son fauteuil. Posa les mains sur la forme cachée et ondoyante de son enfant. Son visage montrait des signes évidents de fatigue. Quelque chose dans le ton de Théroigne – quelque chose de difficile à cerner – donnait à penser que la bougresse était peut-être bien en train d'inventer cette histoire.

« Comment s'appelait-elle, ta petite fille ? demanda-t-elle.

— Françoise Louise, dit Théroigne en baissant les yeux sur ses mains. Un jour, je serais allée la chercher.

— J'en suis sûre », dit Lucile. Un silence. « Mais là, tu veux me parler des Autrichiens ? C'est ça ?

— Oh, les Autrichiens. En voilà, des gens bizarres ! » Théroigne rejeta la tête en arrière. Elle éclata de rire, un rire forcé, qui manquait d'assurance ; c'était inquiétant, cette façon qu'elle avait de passer du coq à l'âne, de sauter d'une humeur à une autre. « Ils voulaient tout savoir de ma vie, depuis le jour de ma naissance. Où étiez-vous tel jour, tel mois, telle année ? Je ne me souviens pas, je répondais…

et eux de dire : "Permettez-nous de vous rafraîchir la mémoire, mademoiselle." Et de sortir un bout de papier, un reçu signé de ma main, un récépissé, une liste de blanchissage, le ticket d'un prêteur sur gages. Ils me terrifiaient, ces morceaux de papier ; c'était comme si toute ma vie, depuis le moment où j'avais appris à écrire, ces fichus Autrichiens avaient chargé des espions de me suivre partout. »

Lucile songea : Si seulement la moitié de ce qu'elle raconte est vrai, que savent-ils de Camille ? Ou de Georges Jacques ? « Allons, tu sais bien que c'est impossible, dit-elle.

— Comment expliques-tu la chose, en ce cas ? Un exemple : ils avaient en leur possession un document venant d'Angleterre, un contrat que j'avais signé avec ce professeur de chant italien, celui qui devait m'aider à faire carrière. Bon, il a bien fallu que je reconnaisse que c'était mon écriture – je me souvenais même de l'avoir signé ; ce dont on était convenus, c'est qu'il me donnerait des leçons, pour me permettre d'améliorer ma technique, et que je le rembourserais plus tard, quand je commencerais à gagner de l'argent avec mes concerts. Or ce papier, Lucile, je l'ai signé par un après-midi de brouillard à Londres, dans le quartier de Soho, chez mon professeur, qui habitait Dean Street. Alors peux-tu m'expliquer, si tu en as une idée, comment a fait ce bout de papier, partant de Dean Street, à Soho, pour atterrir sur le bureau du directeur de la prison de Kufstein ? Comment a-t-il pu arriver là, s'il n'y pas eu quelqu'un pour me suivre pendant toutes ces années ? » Tout à coup, elle éclata à nouveau de rire, ce rire stupide et déconcertant. « Ce papier, tu vois, je l'avais signé de mon nom, et en dessous j'avais écrit "Anne Théroigne, spinster". Tu sais ce qu'ils m'ont demandé, les Autrichiens ? "Qui est-ce, cet Anglais, ce M. Spinster ? Avez-vous contracté un mariage secret avec lui ?

— Alors, tu vois bien, ils ne savent pas tout de toi. Ce Kufstein, c'était comment ?

— Ça sort pratiquement du rocher », dit Théroigne, dont l'humeur avait encore changé, et qui parlait à présent d'une voix calme et posée, comme une religieuse déroulant le récit de sa vie. « Par les fenêtres de la pièce où j'étais enfermée, je voyais les montagnes. Je disposais d'une table et d'une chaise blanches. » Elle fronça les sourcils, comme si elle essayait de se souvenir. « Quand ils m'ont enfermée, au début, je chantais. Tout ce que je connaissais, toutes les arias, le moindre refrain. Quand j'arrivais au bout, je recommençais.

— Ils t'ont malmenée ?

— Oh non. Rien de ce genre. Ils se sont toujours montrés polis, ils étaient… pleins d'attentions. Tous les jours, on m'apportait à manger, on me demandait ce qui me ferait plaisir.

— Mais qu'est-ce qu'ils te voulaient, Anne ? » Elle avait envie d'ajouter : Parce que tu n'es pas quelqu'un d'important.

« Ils disaient que c'était moi qui avais organisé les journées d'octobre, et ils voulaient savoir qui m'avait payée. Ils disaient que j'étais allée à Versailles à cheval sur un canon, que c'est moi qui étais à la tête des femmes quand elles étaient entrées dans le palais et que j'avais une épée à la main. C'est faux, tu sais, j'y étais déjà, à Versailles. J'avais loué une chambre, pour pouvoir aller à l'Assemblée constituante tous les

121

jours et écouter les débats. Oui, c'est vrai, je suis sortie pour m'adresser aux femmes, parler aux gardes nationaux. Mais quand le palais a été envahi, j'étais dans mon lit et je dormais à poings fermés.

— Je suppose que quelqu'un pourrait en témoigner », dit Lucile. L'autre la regarda sans comprendre. « Oublie ça, reprit Lucile, je plaisantais. Le problème, Anne, c'est que, depuis la prise de la Bastille – tu as bien dû t'en rendre compte –, peu importe ce que tu as fait en réalité, ce qui compte c'est ce que racontent les gens. Ça ne te sert à rien de revenir sur le passé de cette façon. Une fois que tu commences à être connue du grand public, on t'attribue des actes et des paroles avec lesquels tu es bien obligée de vivre. Si on dit que tu es allée à Versailles à cheval sur un canon, c'est que tu l'as fait, j'en ai peur. »

Théroigne leva les yeux vers elle. « Je l'ai fait ? Ah bon, d'accord.

— Mais non, ce que je veux dire… » Bon sang, mais quelle bêtasse, cette pauvre fille ! pensa Lucile. « Non, tu ne l'as pas fait en vrai… Tu ne comprends donc rien ? »

Théroigne secoua la tête et revint aux Autrichiens. « Ils m'ont interrogée sur le club des Jacobins. M'ont demandé qui était payé pour dire quoi. Moi, je ne sais rien des Jacobins. Mais voilà, ils n'ont pas apprécié mes réponses.

— Certains d'entre nous ont cru ne jamais te revoir, tu sais.

— Il y en a qui disent que je devrais écrire un livre. Mais je n'ai aucune instruction, Lucile, je ne saurais pas davantage écrire un livre qu'aller sur la lune. Crois-tu que Camille l'écrirait pour moi ?

— Pourquoi les Autrichiens t'ont-ils finalement relâchée ?

— Ils m'ont emmenée à Vienne. J'ai vu le chancelier, le premier ministre de l'empereur en somme, dans ses appartements privés.

— Oui, d'accord, mais tu ne réponds pas à ma question.

— Puis ils m'ont emmenée à Liège. D'où je suis originaire. Je croyais avoir l'habitude de voyager, mais ces voyages-là, c'était l'enfer… Oh, ils essayaient bien d'être gentils avec moi, mais j'aurais voulu pouvoir m'allonger au bord de la route et mourir. Quand nous sommes arrivés à Liège, ils m'ont donné un peu d'argent et m'ont dit que j'étais libre d'aller où je voulais. J'ai demandé : Même à Paris ? Et ils m'ont dit : Mais oui, bien sûr.

— Cela, nous le savions. *Le Moniteur* a rapporté la chose en décembre dernier. On a même gardé le journal, je dois l'avoir quelque part. On a dit : "Ah, elle est sur le chemin du retour." On était très étonnés, vois-tu. Périodiquement, le bruit courait que les Autrichiens t'avaient pendue. Au lieu de quoi, ils t'ont relâchée, donné de l'argent, c'est bien ça ? Et tu t'étonnes aujourd'hui que Camille refuse de te voir ? »

En bonne avocate, elle a clos son affaire. Et pourtant il est difficile de croire – comme tout le monde s'accorde à le penser sans vouloir le dire – que cette femme a accepté d'être une espionne. Qu'on lui enlève son arme et sa tenue écarlate, et elle n'est plus somme toute que banale, inoffensive, pour ne pas dire un peu folle. « Anne, reprit Lucile, tu devrais songer à quitter Paris. À dénicher un endroit tranquille. Et à y rester jusqu'à ce que tu aies recouvré la santé. »

Théroigne leva vivement les yeux sur elle. « Tu oublies, Lucile, que j'ai déjà laissé une fois les journalistes me chasser d'ici. J'ai laissé Louis Suleau me forcer à quitter Paris. Et qu'est-il arrivé ? J'avais une chambre dans une auberge, Lucile, à des lieues de tout, le chant des oiseaux, les conditions idéales pour récupérer. Je mangeais bien et je dormais tout mon soûl. Et puis, une nuit, je me suis réveillée, des hommes avaient envahi ma chambre, des hommes que je ne connaissais pas et qui m'ont emmenée avec eux, de force, dans l'obscurité.

— Je crois que tu devrais partir, à présent », dit Lucile. La peur la prit à la gorge, gagna le creux de son estomac, posa son doigt glacé sur son enfant.

« La Fayette est à Paris, dit Fabre.

— C'est ce que j'ai entendu dire.

— Tu étais au courant, Danton ?

— Je suis au courant de tout, Fabre.

— Alors, quand est-ce que tu nous le découpes en petits morceaux ?

— Un peu de retenue, Fabre.

— Mais tu disais…

— Un peu de vantardise n'a jamais fait de mal à personne. Et puis, ça encourage les autres. Je songe à aller rendre visite à ma belle-famille à Fontenay, pendant un jour ou deux.

— Je vois.

— Le général a des projets. Il a l'intention de marcher sur les Jacobins, de fermer le club une bonne fois pour toutes. Représailles pour les événements du 20 juin. Il espère avoir la garde nationale avec lui. En fait, personne ne peut prouver que j'ai été mêlé aux événements du 20 juin…

— Hem ! Hem ! fit Camille.

— Mais je préfère éviter les ennuis. De toute façon, ça ne donnera rien, son affaire.

— Mais la menace est sérieuse, tout de même.

— Non, dit Danton patiemment, vu que nous connaissons ses plans.

— Mais comment les connaissons-nous ?

— C'est Pétion qui m'a mis au courant.

— Et qui le lui a dit à lui ?

— Antoinette.

— Incroyable !

— Faut-il qu'ils soient stupides, hein ? Quand on pense que La Fayette est le seul à être encore prêt à faire quelque chose pour eux. C'est à se demander s'il est bien sage de vouloir traiter avec eux.

— Traiter avec eux ? demanda Camille, en levant vivement la tête.

— Oui, traiter, mon petit. Autrement dit, obtenir tout ce qu'on peut.

— Tu n'es pas sérieux. On ne *traite* pas avec ces gens.

— Fabre, suis-je sérieux ?

— Oui, tout à fait.

— Et toi, Fabre, est-ce que ça t'inquiète ?

— Si tu entends par là que j'aurais des scrupules à négocier, non. Disons plutôt que ça m'effraie. Je m'inquiète des éventuelles complications.

— Des scrupules, reprit Danton. Ça l'effraie. Des scrupules ! Quel beau concept ! Rapporte cette conversation à Robespierre, Camille, et je ne veux plus te voir. Mon Dieu ! Mon Dieu ! » Et il s'éloigna en secouant la tête avec vigueur.

« Rapporter quoi ? » demanda Camille.

Le plan de La Fayette : une grande parade de la garde nationale, au cours de laquelle le général procédera à l'inspection des troupes, tandis que le roi lui-même les passera en revue. Ensuite, le roi se retirera, et La Fayette haranguera les bataillons, car n'a-t-il pas été leur premier commandant, et le plus glorieux, n'est-il pas investi de cette autorité naturelle qui l'autorise à reprendre le contrôle de cette force ? Puis, au nom de la Constitution, au nom de la monarchie, au nom de l'ordre public, le général La Fayette entreprendra de mettre au pas la capitale. Non pas qu'il dispose de l'appui enthousiaste du roi : Louis craint un échec, en craint les conséquences ; quant à la reine, elle n'hésite pas à dire qu'elle préférerait être tuée plutôt qu'être sauvée par La Fayette.

Pétion est capable d'agir vite, quand il le veut. Une heure avant le début annoncé de la revue, il l'interdit, laissant les divers préparatifs se caramboler les uns les autres et comptant sur la pagaille qui s'ensuit naturellement pour compromettre tout projet de plus grande envergure. Le général se retrouve à arpenter les rues, accompagné de ses aides de camp et acclamé par les patriotes de l'ancienne école. Il n'a d'autre ressource que d'examiner sa situation. Résultat : il quitte Paris et va reprendre son poste de commandement des armées à la frontière. Aux Jacobins, on conduit le député Couthon dans son fauteuil roulant jusqu'à la tribune, où il traite le général de « scélérat » ; Maximilien Robespierre, lui, le qualifie d'« ennemi de la patrie » ;

MM. Brissot et Desmoulins rivalisent d'insultes à l'adresse du héros. Les Cordeliers reviennent des courtes vacances que nombre d'entre eux avaient jugé sage de prendre et brûlent l'effigie du général, scandant de nouveaux slogans pour l'avenir au milieu des crépitements et des sifflements du pantin en uniforme dévoré par les flammes.

Annette dit : « Si elle survit à ça, vous achèterez-vous une conduite ? » Un matin de juillet, soleil, brise légère. Camille, qui regardait par la fenêtre, voyait la rue des Cordeliers, ses voisins à leurs occupations, la vie qui suivait son chemin d'une douloureuse banalité ; entendait les presses tourner dans la cour du Commerce, voyait des femmes s'arrêter à l'angle pour bavarder quelques instants, faisait de son mieux pour imaginer une autre vie ou une autre mort. « J'ai cessé de conclure des marchés avec Dieu, dit-il. Alors, n'essayez pas, vous, de m'en arracher un, Annette. »

Il avait l'air, se dit Annette, malheureux comme les pierres ; pâle et tremblant, totalement incapable de se faire à l'idée que sa femme allait donner naissance à un enfant et qu'elle allait devoir souffrir. Incroyable, en vérité, le nombre de choses auxquelles Camille était incapable – ou refusait purement et simplement – de se faire. Je vais juste retourner un peu le couteau dans la plaie, songea Annette, juste un peu ; ce n'est pas souvent, ces temps-ci, qu'on peut l'avoir à sa merci. « Vous ne faites que jouer à être mari et femme, dit-elle. L'un comme l'autre. Mais là, ce n'est plus un jeu. » Elle attendit sa réaction.

« J'en mourrais, dit Camille, s'il devait lui arriver quelque chose.

127

« — Oui ? » fit Annette. Elle se leva péniblement de sa chaise. Elle était allée se coucher à minuit, mais à deux heures du matin elle était réveillée. « Je pourrais presque y croire. »

Elle allait retourner voir sa fille, à présent. Lucile était toujours d'humeur enjouée ; uniquement parce qu'elle ne soupçonnait pas combien la suite allait se révéler difficile. Est-ce que j'aurais pu, songea Annette, lui épargner cela ? Bien sûr. Elle aurait pu suivre ses inclinations sept ans plus tôt ; dans ce cas, Camille se souviendrait d'elle, si jamais il lui arrivait de penser à elle, comme d'une des femmes de son passé, une femme, toutefois, qu'il n'avait eue qu'à force de labeur ; et il ne ferait plus partie de sa vie, ce serait simplement quelqu'un dont lui parleraient les journaux. Mais non, elle s'était accrochée à sa précieuse vertu, et aujourd'hui sa fille était mariée au procureur général de la Lanterne et était sur le point d'accoucher ; elle était le témoin involontaire jour après jour – à faire ainsi la navette entre la rue de Condé et la rue des Cordeliers – de ce genre de liaison dévastatrice, destructrice qu'on ne trouve d'ordinaire que dans les romans. On pouvait, bien sûr, décrire autrement cette relation, mais pour elle, c'était une liaison, rien de plus. Et elle pensait avoir vécu suffisamment longtemps pour savoir ce dont elle parlait.

« Il faut qu'on se débarrasse de vous, dit-elle. Allez donc faire un tour. Prendre un peu l'air. Rendre visite à Max, pourquoi pas ? Son bon sens rassurant et son pragmatisme terre à terre vous feront le plus grand bien.

— Hem ! fit Camille, que la nervosité semblait rendre malade. C'est l'apanage des célibataires, c'est vrai. Mais promettez-moi de m'envoyer chercher de suite. À la minute même, c'est entendu ? »

« Annette m'a dit de débarrasser le plancher, que je communiquais ma panique à tout le monde. J'espère que tu ne m'en voudras pas d'arriver à pareille heure.

— Je m'y attendais, dit Robespierre. On devrait être ensemble, toi et moi. Il faut que j'aille mettre les choses en route pour la journée, mais je serai de retour dans une heure ou deux. La famille s'occupera de toi. Est-ce que ça te dirait de descendre bavarder un moment avec une des filles ?

— Oh non, dit Camille. J'ai renoncé à bavarder avec les filles. Regarde un peu où ça mène. »

Robespierre avait le sourire difficile. Il se pencha et serra la main de Camille entre les siennes. Un geste rare chez lui ; d'ordinaire, il fuyait tout contact physique. Camille devina que son ami était dans une sorte d'état d'urgence psychologique. « Max, dit-il, tu as l'air encore plus mal en point que moi. Si je communique la panique, toi, tu respires le désastre.

— Tout se passera bien, dit Robespierre d'un ton qui manquait singulièrement de conviction. Si, je t'assure. Je le sens. Elle est en pleine santé, elle est robuste, il n'y a vraiment aucune raison pour penser que ça pourrait mal tourner.

— Je suis désespérant, c'est ce que tu sous-entends ? Je n'arrive même pas à prier pour elle.

— Et pourquoi ça ?

— Je ne crois pas que Dieu écoute ce genre de prières. Elles sont trop intéressées, non ?

— Dieu reçoit toutes les prières. »

Ils se regardèrent, vaguement inquiets. « Nous sommes entre les mains de la Providence, dit Robespierre. De cela au moins je suis sûr.

— Je n'en dirais pas autant. Même si je trouve l'idée réconfortante.

— Mais si la Providence n'existe pas, alors quel est le but de nos actes ? » Maximilien avait l'air à présent totalement affolé. « À quoi sert la révolution ? »

Pour un Georges Jacques, à se remplir les poches, aurait pu répondre Camille. Mais Robespierre se chargea de la réponse. « À quoi sinon à nous apporter une société conforme au dessein de Dieu ? À nous apporter justice et égalité, un monde plus humain ? »

Dieu du ciel ! songea Camille, ce pauvre Max, il croit vraiment tout ce qu'il dit. « Je ne saurais prétendre savoir quel genre de société Dieu a en tête pour l'humanité. Toi, on dirait que tu es allé commander ton Dieu chez un tailleur. Ou que tu l'as fait tricoter.

— Un Dieu tricoté ! » Robespierre secoua la tête, stupéfait. « Camille, tu es un puits d'idées originales. » Il posa les mains sur les épaules de son ami. Ils s'étreignirent, avec retenue. « Dans les mains de la Providence, nous continuerons à être idiots, dit Robespierre. Je serai de retour dans deux heures, et je resterai avec toi pour discuter de théologie ou de tout autre sujet qui nous permettra de passer le temps. Et, je t'en supplie, s'il arrive quelque chose, fais-moi tenir un message. »

Camille resta seul. Les conversations peuvent prendre des tours vraiment curieux, songea-t-il. Il jeta un coup d'œil autour de la chambre de Robespierre. Elle était quelconque, exiguë, sommairement meublée d'un lit d'insomniaque peu confortable et d'une table en bois blanc toute simple qui servait de bureau. Un bureau bien rangé sur lequel il n'y avait qu'un livre – un petit exemplaire du *Contrat social* de Rousseau, qu'il reconnut comme étant celui que Robespierre gardait constamment sur lui, dans une poche intérieure de son habit. Aujourd'hui, il l'avait oublié. Il était tellement perturbé que son ordinaire s'en trouvait bouleversé.

Il prit le livre et l'examina de près. Il était investi d'un pouvoir magique qui s'était communiqué à Robespierre ; ce volume, et aucun autre, fera l'affaire. Une idée lui traversa soudain l'esprit. Il brandit l'ouvrage devant un auditoire imaginaire, et, adoptant l'accent de l'Artois de Robespierre, déclama : « Victime d'une balle de mousquet tirée par un meurtrier, j'ai eu la vie sauve grâce à cet exemplaire du *Contrat social*. Regardez, amis patriotes, comment le fatal projectile a été dévié par la pauvre reliure en tissu des paroles immortelles de l'immortel Jean-Jacques. La Providence aidant… » Il allait poursuivre en parlant des complots qui menaçaient la nation, des complots, encore et toujours des complots, mais il se sentit soudain faible et nerveux et se rendit compte qu'il lui fallait s'asseoir. Il approcha une chaise paillée de la table. Une chaise qui ressemblait étrangement à celle sur laquelle il s'était juché pour haranguer les émeutiers du Palais-Royal. Je ne crois pas que je pourrais vivre avec une telle chaise, se dit-il. Elle me fait trop peur.

Il avait un discours à rédiger. Quelle extraordinaire preuve de sang-froid ce serait de ma part, se dit-il, que d'en écrire ne serait-ce que quelques lignes ici même ! Mais je ne crois pas en être capable. Il se leva et regarda un moment par la fenêtre. Les ouvriers de Maurice Duplay vaquaient à leurs occupations dans la cour en dessous de lui. S'apercevant qu'il les observait, ils le saluèrent de la main. Il aurait pu descendre leur parler, mais il risquait de rencontrer Éléonore. Ou alors Mme Duplay, qui le prendrait au piège de son salon pour qu'il lui fasse la conversation et qu'il accepte de grignoter quelque chose. L'endroit l'épouvantait, avec ses énormes – quel autre mot employer ? – pièces de mobilier en acajou, ses rideaux en velours d'Utrecht rouge foncé, ses tentures vieillottes, son poêle émaillé qui dégageait une chaleur chargée de fumée. Une pièce à enterrer les plus grands espoirs ; il s'imagina en train de s'emparer d'un coussin cramoisi et de l'appliquer d'un geste décisif sur le visage d'Éléonore.

Il se mit à écrire. Rédigea un paragraphe. Le biffa. Recommença. Cela faisait toujours passer le temps. Puis il y eut un petit grattement à la porte : « Camille, je peux entrer ?

— Vous pouvez, oui. »

Quel besoin d'être ainsi sur les nerfs ?

C'était Élisabeth Duplay. « Vous êtes occupé ? » demanda-t-elle.

Il posa sa plume. « Je suis censé rédiger un discours, mais je n'arrive pas à me concentrer. Ma femme…

— Je sais », dit-elle en refermant doucement la porte. Babette. L'oie blanche. « Alors aimeriez-vous que je vous tienne compagnie et que nous bavardions ?

— Ce serait très agréable, répondit Camille.

— Ah, Camille, plaisanta-t-elle, vous vous moquez. Quand vous dites que ce serait très agréable, vous n'êtes pas sérieux, vous songez à part vous que ce serait au contraire fort ennuyeux.

— Si je le pensais vraiment, je le dirais.

— Vous avez une réputation de charmeur mais nous ne vous voyons guère à l'œuvre dans cette maison. Vous n'êtes jamais charmant avec ma sœur Éléonore. Même si – force m'est de l'admettre – j'aimerais bien de temps en temps pouvoir me montrer grossière à son égard. Nonobstant, je suis la cadette et, dans notre famille, on nous a appris à être polis avec nos aînés.

— C'est très bien ainsi », dit Camille. Il était parfaitement sérieux. Il n'arrivait pas à comprendre pourquoi elle ne cessait de rire. Puis, d'un coup, il comprit. Elle était fort jolie quand elle riait. Elle était fort jolie tout court, d'ailleurs. Un net progrès par rapport à ses sœurs.

Elle s'assit sur le bord du lit. « Max parle beaucoup de vous, dit-elle. J'aimerais mieux vous connaître. Je crois que vous êtes la personne au monde qui compte le plus pour lui. Et pourtant, vous êtes tellement différent – comment expliquez-vous ça ?

— Mon charme naturel, sans doute, dit Camille. C'est évident, non ?

— Il est très gentil avec nous, vous savez. Il se conduit comme un frère. Il prend notre défense face à notre père. Lui, c'est un vrai tyran.

— Bah, tous les enfants pensent la même chose de leur père. » Il fut frappé par cette dernière remarque. Comment se comporterait-il vis-à-vis de cet enfant qui allait venir quand celui-ci commencerait à montrer des signes d'indépendance ? Le petit devenu soudain adolescent, alors que lui friserait la cinquantaine : il y avait là de quoi défier l'imagination. Une pensée lui vint : Que faisait mon père pendant que ma mère me donnait le jour ? Je parierais qu'il travaillait sur son

133

Encyclopédie du droit. Qu'il avançait un peu sur son index pendant que ma mère hurlait de douleur.

« À quoi pensez-vous ? » demanda-t-elle.

Il ne parvint pas à dissimuler un sourire. Quelle belle façon de suggérer qu'elle pourrait finir par le mieux connaître. Les femmes choisissaient toujours un moment bien particulier pour poser cette question, en principe après l'acte sexuel ; mais il supposait qu'elles devaient s'entraîner, dès les bancs de l'école. « Oh, à rien de spécial », dit-il. (Autant qu'elle se fasse à la réponse habituelle.) Il se sentait mal à l'aise. « Élisabeth, votre mère sait-elle que vous êtes ici ?

— Appelez-moi Babette. C'est mon petit nom.

— Je repose ma question : elle le sait, oui ou non ?

— Mais je l'ignore. Je crois qu'elle est sortie acheter le pain, dit-elle en lissant sa jupe, avant de se reculer un peu plus sur le lit. C'est important ?

— On pourrait se demander où vous êtes.

— On peut m'appeler, si on a besoin de moi. »

Un bref silence. Elle le regardait bien en face.

« Votre femme est très belle, dit-elle.

— Oui.

— Elle a aimé être enceinte ?

— Au début, oui, mais à la longue elle a trouvé cet état pénible.

— Vous aussi, je suppose. »

Il ferma les yeux. Il était certain d'avoir raison en se comportant comme il le faisait. Il les rouvrit. Il voulait s'assurer qu'elle ne bougerait pas. « Je crois que je ferais bien de partir, à présent, dit-il.

— Mais, Camille. » Ses yeux s'arrondirent. « Si vous partez maintenant, et qu'un message arrive concernant le bébé… Vous tenez à être prévenu aussitôt, non ?

— Oui, oui, bien sûr. Alors peut-être ne devrions-nous pas rester ici.

— Et pourquoi pas ? »

Parce que je crois que tu es en train d'essayer de me séduire, ma jolie. Sauf à te déshabiller, ce qui ne saurait tarder, tu ne pourrais être plus claire. « Pourquoi pas ? Vous le savez foutrement bien, dit-il.

— On peut très bien avoir des conversations dans une chambre. On peut organiser des vraies soirées dans une chambre. Tenir des réunions.

— Oui, bien sûr. » Bon sang, je devrais être déjà parti.

« Mais vous avez peur de mal vous conduire ? Vous me trouvez attirante ? »

Tu ne peux pas répondre carrément : Je n'ai jamais dit cela. Elle risquerait de pleurer, de perdre définitivement toute confiance en elle, de mourir vieille fille. Tu ne peux pas le lui dire, et pourtant il y a bien pire à dire. « Élisabeth, cela vous arrive souvent de vous comporter de la sorte ?

— Je ne monte pas très souvent ici. Max est tellement occupé. »

Oh, une fille pleine d'esprit ! Je la vois bien en porte-drapeau dans le régiment des vierges de la classe moyenne au visage poupin, le genre de fille capable de causer beaucoup d'ennuis à un gamin de seize ans. Et même plus tard.

« Je ne vous désire pas, dit-il gentiment.

— Là n'est pas la question.

— Pardon ?

— J'ai dit que là n'était pas la question. » Elle sauta du lit et vint vers lui, ses petits pieds chaussés de mules glissant sans bruit sur le parquet. Debout devant lui, elle posa une main légère sur son épaule. « Vous êtes ici. Je suis ici. Voilà. » Elle porta la main à ses cheveux, les libéra de leurs épingles et secoua la tête à plusieurs reprises. Des cheveux châtains plutôt ternes, en désordre sur ses épaules à présent. Et de la couleur sur ses joues… « Et maintenant, vous voulez toujours partir ? » demanda-t-elle. Parce que alors, s'il s'avisait de le faire, elle se précipiterait dans l'escalier à sa suite, et il y aurait là (il les connaissait, ces horribles rassemblements) Éléonore, le neveu, Maurice Duplay… Quand il se leva, il surprit le reflet de son visage dans la glace, un visage irrité, coupable, en plein désarroi. Elle recula et s'appuya contre la porte, lui riant au nez. Elle avait cessé d'être le membre le plus insignifiant de la maisonnée.

« Ah, c'est ridicule ! s'exclama-t-il. Incroyable. »

Elle l'observait de près. L'air du braconnier qui fait le tour de ses pièges au petit matin.

« Ce n'est pas un interlude romantique que vous aviez en tête, si je comprends bien, dit-il. C'est la curée qui vous intéresse.

— Seriez-vous prêt à dire en ce cas que nous n'avons rien en commun ? »

C'était une petite fille, mais elle était solidement bâtie et se transforma soudain en poids mort. Alors qu'il l'écartait de la porte, le fichu qui lui couvrait les épaules glissa, se dénoua et flotta jusqu'au sol. Mais à quoi pouvait bien penser la couturière de Mme Duplay ? Pareille abondance de sein blanc et juvénile. « Regardez un peu, dit-elle, dans quel état je suis. » Elle lui saisit la main et la posa à la base de sa gorge dénudée. Il sentit son pouls palpiter sous la peau. « À présent, c'est chose faite, vous m'avez

136

touchée. » Son visage était une invite à la violence. Il avait grande envie de la frapper. Mais alors, elle hurlerait. Seigneur, il faut que je prévienne les gens. Dans sa tête, il dressa une liste de ceux qu'il lui faudrait avertir.

« Vous pourriez aussi bien y aller, maintenant. Nous sommes en sécurité. Il y a un verrou sur la porte. Autant pousser les choses un peu plus loin. »

Il ramassa le fichu, le glissa autour de ses épaules tout en la maintenant fermement en place, les doigts enfoncés dans son bras au-dessus du coude. « Je vais appeler vos sœurs, dit-il. Peut-être que vous n'êtes pas bien, après tout. »

Elle le regarda bouche bée. « Vous me faites mal, dit-elle faiblement.

— Mais non, pas du tout. Attachez vos cheveux. »

Étrange, l'expression qu'il eut le temps de voir s'inscrire sur son visage… ni hésitation, ni colère, mais déception. Elle s'arracha à son étreinte et se précipita vers la fenêtre. Son visage était tout rouge et elle haletait, aspirant l'air goulûment. Il s'approcha d'elle par-derrière et la secoua un peu. « Arrêtez. Vous allez vous rendre malade, vous évanouir.

— Oui, et alors il vous faudra expliquer la situation. Je pourrais aussi appeler maintenant. Personne ne vous croirait. »

Au-dessous d'eux dans la cour, le bruit des scies avait cessé, et les hommes levaient les yeux vers la maison. Leurs visages étaient flous, mais Camille pouvait imaginer les rides qui leur plissaient le front. Maurice Duplay se dirigeait à pas lents vers la maison, et, une seconde plus tard, il entendit une voix de femme posant une question inquiète, puis celle de Duplay, assourdie mais pressante ; suivie d'un petit cri féminin perçant ; et des pas, des pas précipités dans l'escalier.

Son sang se glaça dans ses veines. Elle peut raconter ce qu'elle veut, se dit-il, c'est elle qu'ils croiront. Sous la fenêtre, à présent, il y avait un petit rassemblement. Tous des employés de Duplay, les yeux rivés sur l'étage, l'air, à ce qu'il lui sembla, d'attendre quelque chose.

La porte s'ouvrit à la volée. Maurice Duplay s'encadra sur le seuil, maître énergique, manches de chemise retroussées. Il ouvrit grands les bras, le bon Jacobin Duplay, et énonça une phrase totalement originale, que personne avant lui n'avait jamais prononcée dans l'histoire du monde : « Camille, vous avez un fils. Votre femme se porte à merveille et vous réclame auprès d'elle, de suite. »

Un océan de sourires dans l'encadrement de la porte. Camille resta un instant immobile, essayant de se remettre de sa frayeur. Tu n'as pas besoin de parler, lui chuchotait une petite voix, ils penseront que tu es submergé de bonheur, trop surpris pour parler. Élisabeth leur avait tourné le dos et se rajustait, avec une rapidité qui n'avait d'égale que sa discrétion. « Félicitations, dit-elle d'un ton léger. Quelle réussite !

— Maximilien a un filleul, dit Mme Duplay, rayonnante. Plaise au ciel qu'il ait un jour un fils à lui. »

Maurice Duplay passa ses bras autour de Camille. Une étreinte rapide, horrible, patriotique, de Jacobin à Jacobin, le visage de Camille écrasé contre la chair ferme de l'épaule de Duplay. La bouche contre la peau blanche et moite à peine couverte par le tissu grossier, il se murmura à part lui : Votre plus jeune fille est une violeuse patentée. Mais non, impossible, se dit-il, le mieux, c'est de ne rien dire à personne ; ils ne feraient qu'en rire. Le mieux, c'est de rentrer voir Lucile, et, après ce qui vient de se passer, il faudra que je me montre très prudent et très, mais vraiment très sage.

La première consolation, c'est que l'accouchement avait été moins long qu'on ne le craignait : douze heures à partir des premières douleurs ; la seconde, c'était cet être minuscule, avec une touffe de cheveux noirs, qui reposait sur son bras. Elle éprouvait un tel accès d'amour, un amour tellement pur que c'est à peine si elle trouvait les mots ; on vous prévient de toutes sortes de choses, mais jamais de cela. Elle était à peine en état de parler, de toute façon, tant elle était lasse, lasse à mourir, incapable de tenir la tête droite.

Étrange à quel point les gens réagissaient différemment ! À chaque contraction, sa mère lui avait tenu les mains, faisant la grimace devant la violence avec laquelle Lucile les serrait, lui disant : Courage, Lucile, courage. La sage-femme, elle, lui disait : Allez-y, criez, ne vous gênez pas, petite fleur, criez jusqu'à ce que le plafond s'écroule si vous en avez envie, je suis sûre que votre mari peut s'offrir la remise en état. On ne peut pas faire plaisir à tout le monde. Chaque fois qu'elle allait s'essayer à crier, la contraction suivante venait lui couper le souffle. Gabrielle Danton s'était penchée sur elle pour lui dire quelque chose – quelque chose de sensé sans nul doute – et, à un moment, Angélique aussi était là, elle en était sûre, marmonnant des incantations en italien ? Mais pendant des minutes entières – ou, en tout cas, des secondes qui n'en finissaient plus – elle n'avait même pas su qui était là. Elle avait vécu dans un monde à part : inflexible, aux couleurs cramoisies.

Délibérément, consciencieusement, Camille écarta de son esprit les autres événements de la matinée. Tenant le petit être fragile plaqué contre lui, il lui souffla des promesses : Je serai toujours très gentil avec toi ; aussi bizarres ou stupides que soient les choses que tu voudras faire, je ne te les interdirai pas. Claude scruta le visage du bébé, espérant que Camille ne proposerait pas de le lui donner. « Je me demande à qui il va ressembler, dit-il.

— Les paris sont ouverts », dit Camille.

Claude s'abstint des chaleureuses félicitations qu'il s'apprêtait à présenter à son gendre.

« Pourquoi ne pas renverser Louis le 14 juillet ? s'enquit le *ci-devant** duc d'Orléans.

— Hum ! fit le *ci-devant** comte de Genlis. Vous êtes si prompt au geste sentimental. Je parlerai à Camille pour voir s'il pourrait éventuellement arranger ça. »

Le duc n'était pas du genre à repérer facilement le sarcasme. « Chaque fois que vous parlez à Camille ces temps-ci, se plaignit-il, ça me coûte une petite fortune.

— On voit que vous ne savez pas où commence la rapacité. Combien avez-vous versé à Danton, ces trois dernières années ?

— Je serais incapable de le dire. Mais si nous échouons cette fois-ci, même une petite émeute sera alors au-delà de mes moyens. Quand Louis tombera... vous ne pensez tout de même pas que le trône va me passer sous le nez une nouvelle fois ? »

Sillery aurait aimé pouvoir faire remarquer au duc qu'il avait déjà gaspillé ses chances une fois (en écoutant, aurait-il précisé, ma femme Félicité, l'entremetteuse ; mais Félicité et sa fille Pamela étaient parties pour l'Angleterre l'automne précédent, convoyées en toute sécurité de l'autre côté de la Manche grâce aux bons soins du toujours utile et toujours fort obligeant Jérôme Pétion). « Laissez-moi réfléchir, dit-il. Avez-vous acheté les brissotins, les rolandistes, les Girondins ?

— Mais ce sont tous les mêmes, non ? dit Philippe, l'air inquiet. C'est du moins ce que je croyais.

— Êtes-vous tout à fait sûr d'être en mesure d'offrir à Georges Danton plus que ce que lui offre la Cour ? Plus que ce qu'il peut s'attendre à retirer d'une république ?

— On en est donc arrivés là ? » Le duc semblait écœuré, oubliant un instant que c'était en partie à lui qu'on devait la situation présente.

« Je ne voudrais pas vous décourager, dit Sillery. Mais, si j'en crois Danton, nous ferions bien d'attendre l'arrivée des volontaires de Marseille. »

Ce sont d'ardents patriotes, triés sur le volet, ces Marseillais qui montent à la capitale pour les célébrations de la Bastille ; ils marchent en chantant leur nouvel hymne patriotique, le visage et l'esprit résolus. Un bon fer de lance pour les sections parisiennes, le moment venu.

« Les Marseillais… Et je paie qui, dans leur cas ?

— Un jeune politicien local du nom de Charles Barbaroux.

— Combien va-t-il vouloir ? On peut se l'attacher pour de bon ?

« — Ah, zut, à la fin ! » s'exclama Sillery. Il ferma les yeux. Il se sentait fatigué. « L'homme est à Paris depuis le 11 février. Il a rencontré les Roland le 24 mars. » Laclos, lui, aurait déjà eu un dossier sur Barbaroux et sa suffisance naissante, l'aurait déjà répertorié dans sa colonne « hommes à femmes », attachant un astérisque à son nom pour plus d'insistance. « Vous demandez-vous jamais si le jeu en vaut la chandelle ? » demanda Sillery.

C'était là une question que Philippe refusait obstinément d'aborder. Tout valait la peine, toutes les compromissions, toutes les hontes, tous les massacres, si au bout du compte on devenait roi de France. Et puis Félicité était venu l'embrouiller – et, en vérité, elle avait raison : à quoi bon être sacré roi, si c'était pour se retrouver mort peu de temps après. Des années à présent qu'il avait été placé sur une trajectoire bien définie par ceux qui l'entouraient ; on l'avait harcelé, tiré à hue et à dia, avec ou contre son gré. Il ne restait pas suffisamment de temps pour en changer ; et il était presque ruiné.

« Cette canaille de Danton, s'insurgea-t-il. Dire que je lui ai même accordé Agnès.

— Danton n'est pas de ceux à qui l'on accorde quoi que ce soit. Il se sert sans rien demander, dit Charles Alexis.

— Mais il faut bien qu'il donne aussi, non ? dit Philippe. Le peuple va vouloir quelque chose de lui. Que va-t-il lui donner ?

— Le suffrage universel. Un privilège qu'ils n'ont jamais eu.

— Ils vont apprécier, je suppose. Ils vont descendre dans la rue pour fêter l'événement. » Le duc soupira.

« Tout de même, le 14, ça aurait eu de l'allure. » Il repensa à l'année 1789, et se dit que cela avait été une époque heureuse pour lui. Il confia cette pensée à son interlocuteur.

« Vos années de jeunesse », dit Charles Alexis.

Le 10 juillet était déclaré une sorte d'état d'urgence. Partout dans la ville résonnaient des fanfares et trônaient des baraques de recrutement arborant des fanions tricolores. De la fenêtre de sa chambre, Lucile entendait Danton s'activer à sa propre campagne de recrutement, la plus bruyante à des lieues à la ronde. La première expression très lisible qu'elle vit sur le visage de son bébé ressemblait fort à de l'exaspération. Quand elle fut suffisamment remise pour voyager, elle prit le chemin de la ferme de Bourg-la-Reine. Camille vint l'y rejoindre à la fin de la semaine et en profita pour rédiger un long discours.

Le conseil général de la Commune se réunit le 24 juillet pour l'écouter. C'était en fait le manifeste de Danton : suffrage universel et responsabilité universelle, autorisation accordée aux citoyens de chaque section de se réunir à toute heure, de s'armer, de se mobiliser contre la subversion et toute attaque imminente. Quand Camille prédit que la chute de la monarchie n'était plus qu'une question de jours, Danton croisa les bras, échangea un regard avec ses collègues les plus proches et affecta la surprise.

« Merci, dit Pierre Chaumette. C'était ce que nous voulions entendre. »

René Hébert lui fit un signe de tête approbateur et frotta ses mains blanches et grasses l'une contre l'autre, exprimant ainsi sa satisfaction devant la tournure que prenaient les événements.

Une grande foule s'était rassemblée devant l'Hôtel de Ville. Des hourras assourdissants accueillirent Camille à sa sortie. Danton laissa tomber une lourde main sur son épaule, donnant à entendre que pareille popularité devait être partagée. « Songe qu'il y a seulement un an, nous étions en fuite », dit Camille. Il salua ses admirateurs de la main et leur envoya des baisers. Le foule s'esclaffa, les gens se bousculèrent, jouèrent des coudes pour s'approcher et le toucher, comme s'il pouvait leur porter bonheur. Ils lancèrent leurs bonnets rouges en l'air et commencèrent à entonner le « Ça ira », dans l'une de ses versions les plus sanguinaires, avant d'enchaîner avec *La Marseillaise*.

« Étranges animaux, dit doucement Danton. Espérons qu'ils feront bien leur numéro d'ici une semaine ou deux. »

Le duc de Brunswick, commandant en chef des puissances alliées, publia un document, un manifeste, une déclaration d'intention. Il appelait les Français à déposer les armes et à n'opposer aucune résistance aux forces d'invasion, qui venaient restaurer l'autorité légitime. Toute ville qui contreviendrait aux ordres serait anéantie. Chaque député, chaque garde national, chaque employé de l'État en fonction à Paris devait se considérer comme personnellement responsable de la sécurité du roi et de la reine. Si violence était faite aux membres de la famille royale, les coupables seraient traduits en cour martiale dès l'entrée des armées alliées dans la capitale – et il était bien évidemment inutile d'espérer un quelconque pardon. Si l'attaque du mois de juin contre les Tuileries devait se renouveler, la ville de Paris serait rasée, et ses habitants passés par les armes jusqu'au dernier.

Danton était debout à une fenêtre dans les étages du Palais-Royal en compagnie de Caroline Rémy. À leurs pieds, Camille lisait la déclaration des alliés à la foule. « Il est bon, non ? dit Caroline. Je dois dire que Fabre a vraiment fait de l'excellent travail avec lui.

— Brunswick nous a fourni les munitions dont nous avions besoin, dit Danton. Dites aux gens qu'ils vont être victimes d'exécutions de masse, que les Allemands vont les jeter dans des fosses communes… Qu'ont-ils à perdre, après ça ? »

Il passa une main autour de la taille de Caroline, qu'elle lui caressa du bout des doigts. En bas, les gens se mirent à crier, scandant leurs résolutions contre l'Europe dans un flot continu d'hilarité, de défi et de rage.

[*Chez Zoppi, rue des Fossés-Saint-Germain. Un jour parmi d'autres dans la longue histoire des conspirations de café.*]

DANTON : Je crois que vous vous connaissez tous.

LEGENDRE : Allez, dépêche. C'est pas comme si on était à une réception.

DANTON : Si quelqu'un avait encore des doutes, je vous présente Legendre. Le nom de cet imposant personnage-là, c'est Westermann. Il est originaire d'Alsace, et nous nous connaissons depuis maintenant un certain temps. C'est un ancien officier de l'armée.

FABRE [*à Camille*] : Ça fait un bail qu'il l'a quittée, l'armée. Escroc à la petite semaine au Palais-Royal, c'est son nouvel état.

CAMILLE : Notre genre, en somme.

DANTON : Voici Antoine Fouquier-Tinville.

LEGENDRE : Vous me rappelez quelqu'un.

DANTON : Fouquier-Tinville est le cousin de Camille.

LEGENDRE : Un air de famille, alors.

FABRE : Que je ne vois pas pour ma part.

HÉRAULT : Peut-être ne sont-ils que des cousins très éloignés.

FABRE : On n'est pas obligé de ressembler aux gens de sa famille.

HÉRAULT : On pourrait le laisser parler.

FABRE : Auriez-vous une opinion à exprimer, cousin de Camille ?

FOUQUIER : Fouquier.

HÉRAULT : Grand Dieu, vous ne comptez pas nous voir retenir votre nom ? On vous appellera toujours « le cousin de Camille ». Ce sera facile pour nous, et humiliant pour vous.

FRÉRON [à Fouquier] : Votre cousin est très bizarre.

FABRE : C'est un tueur de masse.

FRÉRON : Un adepte du satanisme.

FABRE : Il s'initie présentement à l'art de l'empoisonnement.

HÉRAULT : Et à l'hébreu.

FRÉRON : Il pratique l'adultère.

HÉRAULT : Quelqu'un comme lui ne devrait pas exister.

[Silence.]

FABRE : Vous voyez ? Il ne réagit même pas, pas une once de solidarité familiale.

FRÉRON : Et l'honneur de la famille, alors ?

FOUQUIER [d'un ton indifférent] : Tout cela est peut-être vrai. Il y a si longtemps que je n'ai pas vu Camille.

FRÉRON : Pas tout, non. Mais l'adultère et l'hébreu, si.

FABRE : Et peut-être aussi le satanisme. Je l'ai entendu un jour parler de De Sade.

HÉRAULT : De Sade n'est pas un sataniste.

FABRE : Ah bon, je croyais.

HÉRAULT : Pourquoi apprends-tu l'hébreu, Camille ?

CAMILLE : C'est en relation avec mes travaux sur les Pères de l'Église.

DANTON : Par pitié !

CAMILLE [*murmurant à l'oreille d'Hérault*] : Remarque à quel point il a les yeux rapprochés. Sa première femme est morte dans des circonstances mystérieuses.

HÉRAULT [*chuchotant*] : C'est vrai ?

CAMILLE : Je n'invente jamais rien.

DANTON : M. Fouquier se déclare prêt à tout.

HÉRAULT : Là, je dirais que le lien de parenté avec Camille devient clair.

LEGENDRE : Est-ce qu'on pourrait faire avancer notre affaire et fixer une date ? [*À Fouquier*] Ils me traitent comme un imbécile. Tout ça parce que j'ai pas d'instruction. Votre cousin fait sur moi des remarques désobligeantes dans des langues étrangères.

FOUQUIER : Des langues que vous ne comprenez pas ?

LEGENDRE : Oui.

FOUQUIER : Alors, comment savez-vous que c'est désobligeant ?

LEGENDRE : Vous seriez pas avocat, vous ?

FOUQUIER : Si.

DANTON : Je dirais, dans une petite semaine.

Mousseaux, résidence du duc d'Orléans : net manque de convivialité, pour ne pas dire morosité palpable, à la table du duc. Charles Alexis avait l'air contrarié ; le duc n'aurait su dire si la raison en était le pâté ou les menaces des royalistes. Ses yeux passèrent tristement sur les blancs de pigeon farcis aux morilles et aux asperges, se promenèrent sur ses invités et finirent par se poser sur Robespierre. L'homme n'avait guère changé depuis 1789, songea le duc : même habit de coupe impeccable (toujours la même, de fait), mêmes cheveux soigneusement poudrés. Cela devait être bien différent ici, se dit-il, de la table du menuisier. Se tenait-il aussi droit là-bas, mangeait-il aussi peu, passait-il son temps à tout enregistrer dans sa tête ? À côté de son verre de vin, il y avait un verre d'eau. Le duc se pencha presque timidement et lui toucha le bras.

PHILIPPE : J'ai le sentiment… peut-être les choses ont-elles mal tourné… mais les royalistes sont en position de force… le danger est immédiat. J'ai l'intention de partir en Angleterre, je vous demande de m'accompagner.

DANTON : Je tranche la gorge du premier salaud qui décide de battre en retraite. Tout est organisé, tudieu. On va jusqu'au bout.

PÉTION : Mon cher Danton, il y a certains problèmes.

DANTON : À commencer par toi, oui. Ce que veulent tes amis, c'est que le roi leur rende leurs ministères. Ils n'en demandent pas plus.

PÉTION : Je ne vois pas ce que tu entends par « mes amis ». Je ne suis pas membre d'une faction, que je sache. Les factions et les partis sont nuisibles à la démocratie.

DANTON : C'est à Brissot qu'il faut dire ça, pas à moi.

PÉTION : La défense du palais s'organise en ce moment même. Il y a trois cents gentilshommes prêts à le protéger.

DANTON : Des gentilshommes ? Tu m'en vois terrifié.

PÉTION : Je me contente de t'informer.

DANTON : Très bien, plus on est de fous, plus on rit. Ils vont trébucher les uns sur les autres quand ils s'évanouiront.

PÉTION : Nous n'avons pas suffisamment de cartouches.

DANTON : Je vous en aurai, par le biais de la police.

PÉTION : Quoi, officiellement ?

DANTON : Je suis le premier substitut du procureur, tu l'as oublié ? Ce n'est tout de même pas un problème de cartouches qui va m'arrêter, bon Dieu.

PÉTION : Il y a neuf cents gardes suisses au palais, et l'on me dit que ce sont d'excellents combattants, loyaux envers les Capets, et qu'ils ne se rendront pas.

DANTON : Veille simplement à ce qu'ils ne stockent pas les munitions. Allons, Pétion, il ne s'agit que de détails techniques.

PÉTION : Et puis il y a le problème de la garde nationale. Nous savons qu'elle compte de nombreux membres qui à titre personnel sont de notre côté, mais ils ne vont pas prendre individuellement l'initiative de rompre les rangs, il leur faudra des ordres pour agir, sinon nous ne maîtriserons rien. Nous avons fait une erreur en autorisant le marquis de Mandat à prendre le commandement. C'est un royaliste grand teint.

[*Philippe se dit : Il faudra qu'on cesse d'employer ce mot comme un terme d'opprobre une fois que je serai roi.*]

PÉTION : Nous allons devoir nous débarrasser de Mandat.

DANTON : Que voulez-vous dire, « nous débarrasser » ? L'éliminer, oui, le tuer. Les morts ont un avantage : ils ne reviennent pas.

[*Silence.*]

DANTON : Simple détail technique.

Camille Desmoulins : « Pour assurer la liberté et la sécurité de la nation, une seule journée d'anarchie fera plus que dix années d'assemblées nationales. »

Mme Élisabeth : « Nous n'avons aucun souci à nous faire. M. Danton veillera sur nous. »

V

On brûle les corps

(1792)

Mardi 7 août : « Parti ? dit Fabre. Danton est parti ?

— Écoutez-moi encore une fois, monsieur, dit Catherine Morin en levant les yeux au ciel. Mme Danton est partie à Fontenay chez ses parents, et M. Danton est allé à Arcis. Si vous ne me croyez pas, faites le tour du bâtiment et demandez à M. Desmoulins. Parce que j'ai déjà eu cette conversation avec lui. »

Fabre se précipita dehors, traversa la cour du Commerce, déboucha dans la rue des Cordeliers, franchit l'autre porte d'entrée du même immeuble et gravit l'escalier. Il pensa : Georges Jacques et Camille devraient faire pratiquer une ouverture dans le mur. Franchement, ce serait tellement plus simple si nous vivions tous sous le même toit.

Lucile était assise, les pieds surélevés, en train de lire un roman et de manger une orange. « Tiens, dit-elle en lui offrant un quartier.

« — Où est-il ? demanda Fabre.

— Georges Jacques ? À Arcis.

— Mais pourquoi, pourquoi ? Dieu de Dieu ! Et où est Camille ?

— Couché. Je crois qu'il pleure. »

Fabre fit irruption dans la chambre, tout en se fourrant le quartier d'orange dans la bouche. Il se rua sur le lit et sur Camille du même coup. « Non, par pitié, non, je t'en prie, dit Camille, qui se protégea la tête des deux mains. Ne me frappe pas, Fabre. Je ne me sens pas bien. Je suis vraiment malade.

— Mais à quoi joue Danton ? Allez, dis-le-moi, tu dois le savoir, toi.

— Il est allé voir sa mère. Sa mère. J'ignorais tout jusqu'à ce matin. Pas de message, pas de mot, rien. Je ne fais plus face.

— Le gros salopard, dit Fabre. Je parie qu'il a l'intention de rester là-bas.

— Je vais me tuer », dit Camille.

Fabre roula hors du lit et se leva, avant de se propulser dans le salon. « Je ne comprends rien à ce qu'il raconte. Il dit qu'il va se tuer. Qu'est-ce qu'on va faire ? »

Lucile inséra son marque-page et posa son roman. Il était clair qu'elle n'avancerait pas davantage dans sa lecture. « Georges m'a dit qu'il allait revenir, et je n'ai aucune raison de ne pas le croire – mais tu aimerais peut-être t'asseoir ici pour lui écrire ? Dis-lui que vous ne voyez pas comment mener l'affaire à bien sans lui, ce qui est la vérité. Dis-lui que Robespierre lui-même pense qu'il n'y parviendra pas sans lui. Et quand tu en auras terminé, va donc trouver Robespierre et demande-lui de venir. Il a une influence tellement apaisante sur Camille quand celui-ci est en passe de se suicider. »

Effectivement, le 9 août, à neuf heures, Danton est de retour. « Pas de raison de vous mettre en rage contre moi. Il faut bien que je règle mes affaires. C'est risqué, notre entreprise.

— Tes affaires, ça fait des dizaines de fois que tu les règles, dit Fabre.

— Eh bien, c'est que je n'arrête pas de m'enrichir. »

Il embrassa sa femme sur le sommet du crâne. « Tu veux bien défaire mes bagages, Gabrielle ?

— Tu es sûr de ce que tu dis ? demanda Fabre. Défaire, et pas faire ?

— On croyait que tu nous avais laissés en carafe encore une fois, dit Camille.

— Qu'est-ce que tu insinues avec ton "encore une fois" ? » Il attrapa Camille par le poignet et le tira à travers la pièce, soulevant au passage son fils Antoine de l'autre bras. « Que vous m'avez manqué, mes amours, reprit-il. Deux jours, c'est bien long, ma foi. Mais que fais-tu là ? ajouta-t-il à l'adresse de l'enfant. Tu ne devrais pas être en ville.

— Il a pleuré parce qu'il voulait rentrer, dit Gabrielle. Impossible de le calmer hier soir, jusqu'à ce que je lui promette qu'il te reverrait aujourd'hui. Ma mère vient le chercher cet après-midi.

— Quelle femme ! S'occuper des enfants jusque dans la bouche du canon.

— Assez de ta bonne humeur ! dit Camille. Tu me rends malade.

— C'est l'air de la campagne, dit Danton. Rien de tel pour te requinquer. Tu devrais sortir de Paris plus souvent. Pauvre Camille. » Il attira la tête de son ami contre son épaule et lui caressa les cheveux. « Il a peur, le petit, il a grand, grand peur. »

Midi. « Plus que douze heures, dit Danton. Je vous donne ma parole. »

Deux heures. Marat passa les voir. Plus sale que jamais. Comme pour être davantage en harmonie avec son travail, sa peau avait pris la couleur d'un papier journal de mauvaise qualité.

« On aurait pu se retrouver ailleurs qu'ici, dit Danton. Je ne t'ai pas invité. Je ne voudrais pas voir ma femme et mon fils faire des cauchemars.

— Tu seras bien content de m'inviter, après. Et puis, qui sait, je pourrais peut-être me résoudre à me laver sous la république. Bref, dit-il sèchement, avant de s'interrompre. (Il laissait toujours passer un temps avant les attaques personnelles.) Bref, je soupçonne les brissotins de vouloir traiter avec la Cour. Ils ont pris langue avec Marie-Antoinette, et je peux le prouver. Rien de ce qu'ils pourraient faire à ce stade ne saurait nous inquiéter, mais la question se pose de savoir ce que nous ferons d'eux après. »

« Après » : le mot est dans toutes les conversations, à l'heure qu'il est.

Danton secoua la tête. « J'ai du mal à le croire. La femme de Roland ne s'associerait jamais à un pareil marché. Elle les a fait démettre de leurs fonctions, souviens-toi. Je ne la vois pas parlementer avec Marie-Antoinette.

— Dis tout de suite que je suis un menteur, dit Marat.

— Je reconnais que certains d'entre eux seraient prêts à négocier. Ils veulent retrouver leurs positions. Ce qui prouve qu'un brissotin, ça n'existe pas.

— Uniquement quand ça nous arrange », dit Marat.

Quatre heures, rue des Cordeliers. « Mais tu ne peux pas te contenter de dire "Adieu" comme ça, dit Camille, épouvanté. Tu ne peux pas débarquer ici au milieu d'un après-midi ensoleillé et dire : J'ai apprécié ces vingt années d'amitié mais, bonsoir, je m'en vais de ce pas me faire tuer.

— Si, on peut, dit Louis Suleau d'une voix mal assurée. Il semblerait bien qu'on puisse. »

Il avait été plutôt chanceux, le chroniqueur des *Actes des Apôtres*. En 1789, 1790, les émeutiers auraient pu avoir sa peau ; ceux-là mêmes qui opéraient à l'instigation du procureur général de la Lanterne. « Chaque fois que je passe sous un réverbère, avait-il écrit, je le vois étendre son ombre sur moi d'un air gourmand. »

Camille le regarda en silence, abasourdi – même si, d'une certaine manière, il savait que cela devait arriver. Louis avait franchi la frontière, rejoint les camps des émigrés ; pourquoi serait-il rentré à Paris, sinon pour se prêter à quelque geste suicidaire ?

« Toi-même, tu as pris des risques, dit Louis. Ce n'est donc pas à toi que j'ai besoin d'expliquer ce genre de chose. J'ai renoncé à faire de toi un royaliste. Du moins avons-nous cela en commun : nous sommes fidèles à nos principes. Je suis prêt à donner ma vie pour défendre le palais, mais qui sait, peut-être le roi l'emportera-t-il. La victoire peut encore nous sourire.

— Ta victoire serait ma mort.

— Je ne voudrais de cela pour rien au monde, dit Louis.

— Là, tu es hypocrite. Tu la veux nécessairement, ma mort. Tu ne peux pas t'engager dans une entreprise et en ignorer délibérément les conséquences.

— Je ne m'engage pas dans une entreprise. Je reste loyal.

— À l'égard de ce pitoyable crétin ? Allons, Louis, personne ne pourrait prétendre être pris au sérieux en mourant pour Louis Capet. Cette seule idée est ridicule.

— Je ne sais pas… dit Louis en détournant le regard. Peut-être que je suis finalement d'accord avec toi. Mais l'issue est devenue inévitable.

— Bien sûr que non, dit Camille avec un geste d'irritation. Retourne chez toi et brûle tout ce qui pourrait t'incriminer. Sois très prudent, tu as sûrement remarqué que, à mesure que la révolution progresse, de nouveaux délits font leur apparition. Prépare un minimum de bagages, il te faut éviter de donner l'impression que tu pars en voyage. Ensuite tu me feras passer tes clés et je m'occuperai de tout plus tard… je veux dire, la semaine prochaine. Ne reviens pas ici, nous avons plusieurs des Marseillais à dîner ce soir. Va donc chez Annette Duplessis, et attends-moi là-bas. Une fois que tu y seras, prépare à mon intention une déclaration très claire expliquant comment tu veux que soient réglées tes affaires, côté finances. Mais dicte-la, ne la rédige pas de ta main, mon beau-père la prendra en note et te conseillera. Ne la signe pas et ne l'abandonne pas n'importe où. Dans l'intervalle, je vais m'arranger pour te procurer un passeport et des papiers. Tu parles anglais, non ?

— Tu as vraiment pris l'habitude de donner des ordres, on dirait. À t'entendre, on croirait bien que tu envoies des gens en exil tous les jours.

— Par pitié, Louis.

— Merci, mais non.

— Alors… (il le suppliait presque), si tu refuses de faire ça… reviens ici ce soir à neuf heures. J'éviterai toute visite demain. Personne ne te verra. Tu auras au moins une chance.

— Mais, Camille, le risque que tu prends… Tu pourrais t'attirer des ennuis, de terribles ennuis.

— Tu ne viendras pas, c'est ça ?

— Non.

— Alors pourquoi continuer à discuter ?

— Parce que j'ai peur de ce qui pourrait t'arriver. Tu n'as aucun devoir envers moi. Nous nous sommes retrouvés – plus exactement, nous nous sommes *positionnés* – dans des camps ennemis. Je n'aurais jamais cru, jamais rêvé que notre amitié puisse durer aussi longtemps étant donné les circonstances.

— Ce n'est pas ce que tu pensais à une époque – tu plaisantais, tu disais qu'il fallait se placer au-dessus de la politique.

— Je sais, "Liberté, gaieté, démocratie royale". Je croyais en ma devise alors, mais plus maintenant. Il n'y aura plus de royauté et, à mon avis, très peu de liberté ; quant à la gaieté, comme il y aura toujours la guerre et la guerre civile, je ne lui prédis pas non plus un bel avenir. Tu dois bien comprendre que, à partir de maintenant – à partir de demain, j'entends –, la loyauté

157

à l'égard des individus comptera pour très peu dans la vie des gens.

— Tu me demandes d'accepter, à cause de la révolution – à cause de ce que tu supposes être la révolution –, de rester sans rien faire pendant que quelqu'un que j'aime se fait massacrer par bêtise.

— Je ne veux pas que tu continues d'y penser, après.

— Je vais t'empêcher d'aller au bout de tes intentions. Je vais te faire arrêter ce soir. Je ne te laisserai pas te détruire.

— Ce ne serait pas un service à me rendre. J'ai échappé à la lanterne jusqu'ici, ce n'est pas pour être traîné hors de prison et lynché. Ce genre de mort manque nettement de dignité. Je sais que tu pourrais me faire arrêter. Mais ce serait de ta part une trahison.

— Trahison de quoi ?

— De principes.

— Parce que pour toi je suis un principe ? Et tu en es un pour moi ?

— Demande à Robespierre, dit Louis d'un ton las. Demande à l'homme qui incarne la conscience ce qui, de ton ami ou de ton pays, importe le plus. Demande-lui quelle valeur il accorde à l'individu dans le grand dessein général, ce qu'il privilégie d'abord, ses vieux copains ou ses nouveaux principes. Voilà ce que tu devrais lui demander, Camille, conclut-il en se levant. J'ai hésité avant de venir te voir, de peur de te créer des difficultés.

— Personne ne peut me créer de difficultés. Aucune autorité n'en serait capable.

— Non, en effet, je suppose que c'en est arrivé à ce point. Camille, je regrette de n'avoir point vu ton petit garçon. »

Il tendit la main. Camille se détourna, refusant de la prendre. « Le père Bérardier est en prison, mon mignon, dit Louis. Tu peux essayer de le faire sortir ? »

Toujours sans le regarder, Camille dit : « Ce souper avec les Marseillais sera fini vers huit heures et demie, dans l'hypothèse où ils ne se mettront pas à chanter. Après quoi, je serai avec Danton, où qu'il soit. Tu peux aller chez lui à tout moment. Ni lui ni sa femme ne te dénonceront.

— Je ne connais pas Danton. Il m'est arrivé de le voir, bien sûr, mais je ne lui ai jamais parlé.

— Peu importe. Dis-lui simplement que je veux te voir rester en vie. Que tu es une de mes tocades.

— Tu voudrais bien me regarder, s'il te plaît ?

— Non.

— Tu joues à la femme de Lot ? »

Camille sourit, tourna la tête. La porte se refermait.

« Mieux vaut que je ne rentre pas à Fontenay, dit Angélique. Victor me logera. Tu aimerais aller voir ton oncle ?

— Non, dit Antoine.

— C'est un vrai petit soldat, dit Danton en riant. Il veut rester.

— Ils seront en sécurité chez Victor ? » Gabrielle avait l'air malade, les traits tirés par l'inquiétude.

« Mais oui, évidemment. Sinon je ne les laisserais pas partir. Ah, Lolotte, te voilà. »

159

Lucile traversa la pièce dans un froufrou de jupes et posa les mains sur les épaules de Danton. « Arrête de te faire du souci, dit-elle. Nous allons gagner. Je le sais.

— Toi, tu as bu trop de champagne.

— Eh oui, je me laisse aller. »

Il baissa la tête pour lui chuchoter à l'oreille : « Ah, comme je voudrais, moi, me laisser aller avec toi. » Elle s'écarta de lui en riant.

« Comment peux-tu ? demanda Gabrielle. Mais comment peux-tu rire ?

— Et pourquoi pas, Gabrielle ? Nous aurons tous assez le temps de pleurer. Peut-être dès ce soir.

— Qu'est-ce que tu veux emporter ? demanda Angélique d'une voix forte au petit garçon. Ta toupie ? Oui, ce serait bien.

— Veille à ce qu'il ne prenne pas froid, dit machinalement Gabrielle.

— Ma chère petite, il fait une chaleur épouvantable. Il a plus de chance de suffoquer que de prendre froid.

— Très bien, mère. Je sais.

— Accompagne-la un bout de chemin, dit Danton. Il fait encore jour.

— Je n'ai pas envie, dit Gabrielle.

— Oh, allez », dit Lucile, qui la tira de son fauteuil, sous les yeux d'une Angélique quelque peu agacée. Après toutes ces années, sa fille n'avait toujours pas compris qu'à certains moments les hommes ne cherchent qu'à se débarrasser de la présence des femmes. Était-ce incapacité de sa part ou bien refus systématique de se plier à leur désir ? Arrivée à la porte, Angélique se retourna. « Inutile de vous dire

160

d'être prudent, je suppose, Georges ? » Elle salua Camille d'un signe de tête et fit sortir les jeunes femmes devant elle.

« Quelle façon de parler ! » dit Danton. De la fenêtre, ils regardèrent l'enfant traverser la cour du Commerce à grands bonds, soutenu de part et d'autre par sa mère et sa grand-mère. « Il veut tourner au coin de la rue sans que ses pieds touchent terre.

— Quelle bonne idée ! dit Camille.

— Tu n'as pas l'air en forme, Camille.

— Je viens de voir Louis Suleau.

— Ah !

— Il a l'intention de rejoindre les résistants au palais.

— Quel idiot !

— Je lui ai dit de venir ici s'il changeait d'avis. J'ai bien fait ?

— C'est risqué, mais d'un point de vue moral, impeccable.

— Des problèmes ?

— Non, pas jusqu'ici. Tu as vu Robespierre ?

— Non.

— Si tu le vois, débrouille-toi pour le tenir à distance. Je ne le veux pas dans mes pattes, ce soir. Il se peut que j'aie à faire des choses que sa délicatesse et son sens des bienséances jugeraient répréhensibles. On peut commencer le compte à rebours à présent », conclut-il après un bref silence.

Aux Tuileries, les courtisans se préparaient pour la cérémonie du *coucher** du roi. Ils se saluèrent solennellement, de la manière consacrée par l'usage. Étaient présents l'homme de sang bleu qui recevait

161

les bas royaux, encore tièdes du contact avec le royal mollet, le gentilhomme qui avait pour tâche de rabattre le couvre-lit royal, la bête de race qui, comme son père et son grand-père avant lui, tendait à Louis Capet la royale chemise de nuit et l'aidait à l'ajuster sur son torse corpulent d'un blanc bleuté.

Ils se rangèrent derrière les épaules voûtées de Louis, se préparant à entrer dans la chambre à coucher dans l'ordre requis par l'étiquette. Mais le roi tourna vers eux son visage plein, anxieux et pâle, et leur claqua la porte au nez.

Les nobles se regardèrent, médusés. Ce n'est qu'alors que l'inouï de la situation leur apparut clairement. « Il n'existe rien de semblable dans les annales », murmurèrent-ils.

Lucile tapota la main de Gabrielle, en guise de réconfort. Il y avait une dizaine de personnes dans l'appartement et une pile d'armes à feu sur le sol. « Apportez d'autres chandelles », dit Danton, et Catherine, pâle comme un linge, les yeux baissés, s'exécuta, si bien que de nouvelles ombres se mirent à danser aux murs et au plafond.

« Puis-je rester ici, Gabrielle ? » demanda Louise Robert, en resserrant son châle autour de ses épaules comme si elle avait froid.

Gabrielle acquiesça de la tête. « Faut-il vraiment que ces fusils restent là ?

— Oui, il le faut. Ne t'avise pas de les manipuler pour les enlever d'ici. »

Lucile se faufila entre les gens pour rejoindre son mari. Ils se parlèrent à voix basse. Puis elle se tourna pour appeler : Georges, Georges ; elle avait mal à

162

la tête maintenant, le genre de migraine qui vous fait la tête légère après plusieurs coupes de champagne et que l'on croit pouvoir dissiper d'un simple geste de la main. Elle avait la gorge nouée. Sans la regarder, Danton interrompit sa conversation avec Fréron, lui passa un bras autour de la taille et l'attira contre lui. « Je sais, je sais, dit-il. Mais il te faut être forte, Lolotte, tu n'es pas une sotte, toi, tu vas devoir t'occuper des autres. » Son visage était distant, or elle voulait capter toute son attention, s'imprimer une bonne fois dans son esprit, avec ses priorités, ses besoins. Mais il aurait aussi bien pu être dehors dans la rue ; son esprit était aux Tuileries, à l'Hôtel de Ville, et ces paroles de réconfort lui étaient sorties de la bouche machinalement.

« Je t'en prie, prends soin de Camille, dit-elle. Veille à ce qu'il ne lui arrive rien. »

Il baissa les yeux sur elle, l'air sombre, accordant à présent toute son attention à sa requête ; il aurait aimé lui donner une réponse honnête.

« Ne le laisse pas seul, dit-elle. Je t'en supplie, Georges. »

Fréron lui posa une main hésitante sur le coude. Elle retira son bras. « Lolotte, nous gardons tous un œil les uns sur les autres, dit-il. Nous ne pouvons pas faire mieux.

— Je ne te demande rien, Lapin, dit-elle. Contente-toi de t'occuper de toi.

— Écoute-moi, à présent. » Les yeux bleus de Danton étaient fixés sur elle, et elle croyait déjà entendre les mots dont il était coutumier à son égard : je vais te parler comme à une adulte. Au lieu de quoi, il lui dit : « Écoute-moi, quand tu as épousé Camille, tu savais à quoi tu t'exposais. Il te faut choisir entre une vie bien protégée et une vie au sein de la révolution. Cela dit, crois-tu que je lui demanderais de prendre des risques inconsidérés ? » Son regard, qu'elle suivit, alla se poser sur la pendule. C'est à cette pendule, se dit-elle, que nous allons devoir compter les heures qui décideront de notre survie. C'était un cadeau de mariage fait à Gabrielle : la pointe des aiguilles était en forme de fleur de lis. 1786, 1787. Georges était alors conseiller d'État. Camille était amoureux de sa mère. Elle-même avait seize ans. Danton posa ses lèvres couturées sur son front. « Si c'était le cas, la victoire aurait un goût de cendres », dit-il. Il aurait pu, bien sûr, passer un marché avec elle. Mais ce n'était pas son genre.

Fréron s'empara d'un fusil. « Pour ma part, je ne serais pas fâché si tout était fini ce soir. Je ne vois pas l'intérêt de continuer à vivre la vie que j'ai en ce moment », dit-il en glissant un regard vers Lucile.

La voix de Camille leur arriva de l'autre bout de la pièce, empreinte d'une sollicitude pleine d'aigreur. « Lapin, j'ignorais que tu étais dans cet état ; je peux faire quelque chose pour toi ? »

On entendit un ricanement. Lucile songea : Que veux-tu que j'y fasse si tu es amoureux de moi, un peu de bon sens, que diable, on n'entend pas Hérault se plaindre que sa vie est fichue, pas plus qu'Arthur Dillon ; ils savent, eux, reconnaître un jeu. Mais là, il n'est plus question de jouer, plus question d'amour. Elle leva une main en direction de Camille, en guise de salut. Puis elle pivota sur ses talons et passa dans la chambre. Elle laissa la porte légèrement entrouverte ; un peu de lumière entrait depuis les autres pièces et, de temps à autre, un bruit de conversations étouffées. Elle s'assit sur un divan, se laissa aller en arrière et s'assoupit – le genre de somnolence égayée par des bribes de rêves qui suit une réception arrosée.

« La chambre du Grand Conseil, monsieur. » Pétion se dirigeait vers les appartements royaux, sa poitrine imposante barrée de l'écharpe de maire. Les courtisans s'écartaient sur son passage.

Il atteignit les galeries extérieures. « Puis-je savoir pourquoi vous autres, messieurs, êtes tous là à attendre ? » Le ton adopté suggérait qu'il s'adressait à une bande de singes savants et dispensait l'interlocuteur de toute réponse.

Le premier singe à s'avancer avait au bas mot quatre-vingts ans – un singe tremblotant, au visage fripé, arborant sur la poitrine des décorations scintillantes que Pétion fut incapable d'identifier. Il s'inclina courtoisement. « Monsieur le maire, on ne s'assied pas quand on est dans les appartements royaux ou dans les environs immédiats. À moins d'en avoir reçu l'ordre exprès. L'ignoriez-vous ? »

Il jeta un regard de commisération à ses compagnons. Une courte épée de cérémonie battait sa jambe ratatinée. Ils portaient tous une épée semblable, ces singes savants. Pétion eut un reniflement de mépris et poursuivit son chemin.

Le roi avait l'air hébété de ceux qui ont des habitudes régulières et dorment longtemps. Marie-Antoinette était assise, le dos bien droit, sa mâchoire de Habsbourg bien serrée ; elle avait exactement l'air que Pétion s'attendait à lui trouver. Pierre-Louis Roederer, haut fonctionnaire du *département** de la Seine, était debout à côté d'elle. Il tenait dans ses mains trois épais volumes reliés et parlait au marquis de Mandat, commandant en chef de la garde nationale.

Pétion s'inclina – une simple courbette, sans rien d'obséquieux.

PÉTION : Qu'avez-vous là, Roederer ? Vous n'aurez pas besoin de légiférer ce soir.

ROEDERER : Je me demandais, au cas où il deviendrait nécessaire de déclarer la loi martiale, si le *département** avait autorité à le faire.

MME ÉLISABETH : Et c'est le cas ?

ROEDERER : Non, je ne le crois pas, madame.

PÉTION : Cette autorité, moi, je la détiens.

ROEDERER : Oui, mais j'ai pensé qu'il valait mieux vérifier dans l'hypothèse où vous… où vous en seriez, d'une façon ou d'une autre, empêché.

LE ROI [*lourdement*] : Comme le 20 juin dernier.

PÉTION : Oubliez vos livres de droit. Jetez-les. Brûlez-les. Mangez-les. À moins que vous ne les gardiez pour assommer les gens avec, au sens propre du terme. Ce serait toujours mieux que ces espèces de baguettes dont ils sont tous armés.

MANDAT : Pétion, vous êtes pleinement conscient, j'espère, que c'est vous qui, au regard de la loi, êtes responsable de la défense du palais ?

PÉTION : Contre quoi ?

LA REINE : Mais l'insurrection, en train de s'organiser sous vos yeux mêmes.

MANDAT : Nous n'avons pas de munitions.

PÉTION : Comment, vraiment aucune ?

MANDAT : En tout cas pas suffisamment, tant s'en faut.

PÉTION : Quelle imprévoyance !

Gabrielle s'assit dans un bruissement d'étoffe. Lucile s'éveilla en sursaut. « Ce n'est que moi, dit Gabrielle. Ils sont partis. »

Louise Robert s'affaissa sur le sol à ses pieds, prit ses deux mains entre les siennes et les pressa. « Va-t-on sonner le tocsin ? demanda Lucile.

— Oui. Sous peu. »

L'angoisse de l'attente lui raidit la nuque. Elle porta la main à son visage, et des larmes glissèrent entre ses doigts.

À minuit, Danton revint. L'inquiétude fit bondir Gabrielle sur ses pieds quand elles entendirent le bruit de ses pas, et elles se précipitèrent à sa suite dans le salon.

« Pourquoi rentres-tu si tôt ?

— Je te l'avais dit : si tout se passe sans accroc, je serai rentré à minuit. Pourquoi ne crois-tu jamais rien de ce que je te dis ?

— Alors, tout se passe bien ? » demanda Louise. Il les regarda, exaspéré. Voilà qu'il allait falloir s'occuper d'elles à présent.

« Bien sûr. Sinon, est-ce que je serais ici ?

— Où est François ? Où l'as-tu envoyé ?

— Comment diable veux-tu que je sache où il est ? S'il est là où je l'ai laissé, il est toujours à l'Hôtel de Ville. L'endroit n'est pas en flammes, et on ne s'y bat pas, que je sache.

— Mais vous y faites quoi au juste, là-bas ?

— Il y a un grand rassemblement de patriotes à l'Hôtel de Ville, se résigna-t-il à expliquer. Ils ne vont pas tarder à succéder à la Commune actuelle sous le nom de Commune insurrectionnelle. À ce moment-là, ce sont les patriotes qui prendront le contrôle *de facto* de la ville.

— Que veut dire *de facto* ? demanda Gabrielle.

— Qu'ils vont prendre le contrôle dès maintenant et s'occuperont de légaliser la chose plus tard, répondit Lucile.

— Quelle jolie façon de t'exprimer que voilà, petite madame ! s'exclama Danton en riant. C'est là qu'on voit tout ce que le mariage t'a apporté.

— Ne prends pas ce ton condescendant avec nous, Danton, intervint Louise Robert. Nous comprenons fort bien en quoi consiste l'entreprise, et tout ce que nous voulons savoir, c'est si elle a des chances de réussir ou non.

— Je vais me reposer un moment », dit Danton. Il passa dans la chambre qu'elles venaient tout juste de quitter et fit claquer la porte. Sans se déshabiller, il s'allongea sur le lit ; les yeux au plafond, il attendit le bruit du tocsin, le signal d'alarme qui jetterait la population dans les rues. La pendule sonna ; on était le 10 août.

Deux heures plus tard, peut-être, ils entendirent quelqu'un à la porte, et Lucile suivit Gabrielle comme son ombre quand celle-ci alla ouvrir.

Il y avait là un petit groupe d'hommes. Ils avaient gravi l'escalier sans bruit. L'un d'eux s'avança. « Antoine Fouquier-Tinville. Pour Danton, s'il vous plaît. » Une courtoisie de façade, plutôt brusque, celle d'un habitué des prétoires.

« Dois-je le réveiller ? demanda Gabrielle en s'écartant.

— Oui, nous avons besoin de lui sur-le-champ, ma chère. C'est le moment. »

Elle indiqua la chambre. Fouquier-Tinville inclina la tête en direction de Lucile. « Bonjour, cousine. »

Elle le salua de même, nerveusement. Fouquier avait le cheveu noir et épais de Camille, son teint foncé ; mais le cheveu était raide, le visage dur, les lèvres étaient minces, figées dans un rictus de moment de crise, de situation difficile susceptible de s'aggraver. On pouvait leur trouver un air de famille. Mais là où Camille donnait envie de le toucher, son cousin suscitait la réaction inverse.

Gabrielle suivit les hommes dans la chambre. Lucile se tourna vers Louise Robert, ouvrit la bouche pour faire le genre de remarque banale auquel on peut s'attendre en de tels moments et fut saisie par la violence qu'elle lut sur son visage. « Si jamais il arrive quelque chose à François, dit Louise, je planterai moi-même un couteau dans ce porc. »

Lucile écarquilla les yeux. Le roi ? Non. Le porc, c'était Danton. Elle ne trouva aucune réponse à lui faire.

« Tu as vu cet homme, Fouquier-Tinville ? Camille dit que tous ses parents sont comme ça. »

Elles entendaient la voix de Danton, par intermittence, au milieu des autres. « Fouquier… priorité demain matin… mais surtout ATTENDEZ… et d'arriver aux Tuileries au bon moment, Pétion devrait savoir… canons sur les ponts… dites-lui de faire au plus vite. »

Il sortit de la chambre, remettant son foulard en place et passant la main sur son menton bleu par la barbe. « Georges Jacques, dit Lucile, mais quel air de dur à cuire intrépide vous avez là. Un véritable homme du peuple, sur ma foi. »

Danton eut un grand sourire. Il posa une main sur son épaule, la serra avec tant de jovialité et tant de force qu'elle faillit pousser un cri.

« Je m'en vais, dit-il. Direction l'Hôtel de Ville. Sinon, ils vont continuer à se précipiter ici... » Il s'arrêta sur le seuil. Il n'allait pas embrasser sa femme, au risque de la voir se mettre à pleurer. « Lolotte, je te laisse en charge de la maison. Essaie de ne pas trop t'inquiéter. » Elles l'entendirent descendre l'escalier à grand bruit.

« Tout va bien, petit homme ?

— Je suis imperméable aux balles comme à vos sarcasmes, répondit Jean-Paul Marat.

— Tu as encore pire allure à cette heure, si c'est possible.

— La révolution ne m'estime pas pour mes qualités esthétiques, Danton. Ce qui est également ton cas, si je ne m'abuse. Des hommes d'action, voilà ce que nous sommes avant tout, non ? » Comme à son habitude, Marat semblait se réjouir intérieurement de quelque blague à usage personnel. « Convoque Mandat, veux-tu ? dit-il.

— Il est toujours au palais ? Message pour Mandat ! lança Danton par-dessus son épaule. Salutations de ma part, présence requise de toute urgence à l'Hôtel de Ville. »

Depuis la place de Grève, le grondement de la foule sans cesse grandissante. Danton se versa une rasade de cognac dans un verre qu'il chauffa au creux de sa main. De l'autre, il desserra le foulard qu'il avait pris soin de nouer chez lui, cour du Commerce. Le sang faisait palpiter sa jugulaire. Il avait la bouche sèche.

Il sentit la nausée l'envahir et but une gorgée. La nausée reflua.

La reine tendit une main, que Mandat baisa. « Je ne reviendrai jamais », dit-il. Que dire d'autre ? « Ordre au commandant du bataillon de garde place de Grève : attaquez par l'arrière et dispersez la foule qui marche sur le palais. » Il griffonna une signature. Son cheval attendait. Quelques minutes plus tard, le commandant dudit bataillon avait l'ordre en main. À l'Hôtel de Ville, Mandat se rendit directement dans son bureau. On lui ordonna de faire son rapport, mais, à ce qu'il lui sembla, il n'y avait pas à proprement parler d'autorité à qui le remettre. Un instant, il caressa l'idée de fermer sa porte à clé. Mais la chose lui parut indigne d'un soldat.

« Merci, Rossignol », dit Danton. Il jeta un coup d'œil à l'ordre signé de la main de Mandat, que le commissaire de police du district venait de lui remettre. « Allons donc au bout du couloir demander à Mandat d'expliquer à la nouvelle Commune pourquoi il a jugé bon de déployer une force armée contre le peuple. »

« Je refuse, dit Mandat.

— Vous refusez.

— Ces gens ne représentent pas le gouvernement municipal. Ils ne sont pas la Commune. Ce sont des rebelles. Des criminels.

— Je transigerai avec eux », dit Danton. Il tendit le bras, attrapa Mandat par le devant de son habit et, usant de toute sa force, le tira hors de la pièce. Rossignol se pencha et, d'un geste habile, confisqua sa rapière au marquis ; il fit tourner la garde entre ses doigts et grimaça.

Dans le couloir, Mandat se trouva confronté à une rangée de visages hostiles. La terreur le décomposa. « Pas maintenant, dit Danton. Pas tout de suite, mes amis. Laissez-moi m'en occuper, je n'ai pas besoin d'aide. » Il resserra son étreinte. « Continuez donc à refuser, Mandat », dit-il, avant de commencer à le traîner en direction de la salle du Trône, où les membres de la nouvelle Commune s'étaient rassemblés. Il partit d'un grand rire. Il avait l'impression de redevenir enfant, de redécouvrir ces moments où toutes les brutalités sont permises, où tous les problèmes à régler sont simples.

Cinq heures du matin. Marie-Antoinette : « Il n'y a plus aucun espoir. »

Cinq heures du matin. Gabrielle tremblait et frissonnait. « Je crois que je vais vomir », dit-elle. Louise Robert se précipita pour aller chercher une cuvette et la lui présenta, pendant que Lucile remontait les cheveux qui lui tombaient sur les épaules et le front. Une fois apaisés ses haut-le-cœur improductifs, elles l'aidèrent à s'allonger sur un divan, placèrent discrètement la cuvette à portée de main, lui glissèrent des coussins sous les reins et lui tamponnèrent les tempes à l'aide de mouchoirs humectés d'eau de lavande. « Bon, je suppose que vous avez deviné, dit Gabrielle. Je suis à nouveau enceinte.

— Oh, non, Gabrielle !

— En principe, les gens vous présentent plutôt leurs félicitations, dit-elle avec douceur.

— Mais quand même, si vite, se lamenta Lucile.

— Que veux-tu, dit Louise Robert en haussant les épaules, soit tu tombes enceinte, soit tu utilises des capotes anglaises, non ? Tu n'as pas d'autres choix.

— Des capotes anglaises ? C'est quoi ? demanda Gabrielle, les regardant l'une après l'autre d'un œil vitreux.

— Mais c'est pas vrai ! s'exclama Louise d'un air de mépris. Que signifie *de facto* ? Les capotes anglaises, c'est quoi ? Quel bon petit sauvage nous avons là, Lucile !

— Je regrette, dit Gabrielle, mais je suis incapable de suivre votre conversation.

— Inutile d'essayer, dit Lucile. Rémy sait tout ce qu'il y a à savoir sur les capotes anglaises, mais ce ne sont pas là choses dont s'accommodent volontiers les hommes mariés. Surtout quelqu'un comme Georges Jacques, j'imagine.

— Je ne suis pas sûre que nous ayons vraiment envie de connaître la nature de vos fantasmes, madame Desmoulins, dit Louise. En tout cas, pas dans ce contexte. »

Une larme perla au bord des cils de Gabrielle. « Je n'ai rien contre le fait d'être enceinte, en fait. Il est toujours très content. Et puis on s'y habitue.

— À ce train-là, dit Louise, tu vas en avoir combien ? Huit, neuf, dix ? Il est pour quand, celui-là ?

— Février, je crois. Ça semble si loin. »

« Rentre chez toi. Va dormir. Tu as deux heures. »

Le flamboiement hideux des torches à trois heures du matin ; les jurons des hommes noyés au milieu des grincements et du bruit sourd des canons que l'on roule.

173

« Dormir ? dit Camille. Ce serait nouveau. Je te retrouve au palais ?

— Non, pourquoi au palais ? demanda Danton en lui soufflant au visage une haleine chargée d'alcool. Santerre contrôle la garde nationale, sans compter Westermann, un militaire de carrière, laisse-le donc s'en occuper. Est-ce que j'arriverai jamais à te faire comprendre qu'il n'est pas nécessaire de prendre des risques personnels de ce genre ? »

Camille se laissa aller contre le mur et se couvrit le visage de ses mains. « Des avocats bedonnants occupés à discuter dans leur cabinet, dit-il. Tu parles d'un intérêt !

— Suffisant pour tout individu normal », dit Danton. Il aurait voulu pouvoir supplier : Tu es sûr que ça va aller, qu'on va y arriver, qu'on verra le soleil se lever ? « Bon Dieu, Camille, par pitié, rentre chez toi, dit-il. S'il y a une chose que je déteste, c'est ce bout de ficelle avec lequel tu attaches tes cheveux. »

Le marquis de Mandat avait été interrogé par la nouvelle Commune, et bouclé dans une salle à l'Hôtel de Ville. Aux premières lueurs du jour, Danton suggéra son transfert à la prison de l'Abbaye. Debout à une fenêtre, il regarda une garde renforcée le conduire au bas de l'escalier.

Il fit un signe de tête à Rossignol. Qui se pencha par la fenêtre et abattit Mandat d'un coup de pistolet.

« Allez, allez, dit Lucile. Changement de décor. » Les trois femmes rassemblèrent leurs effets, fermèrent les portes à clé, et descendirent dans la cour du Commerce. Elles iraient s'enfermer dans l'appartement de Lucile, choisissant une autre prison de l'attente.

Personne alentour : il faisait frais, voire un peu froid. Dans une heure, on sentirait déjà les prémices de la chaleur. Lucile songea : Je n'ai jamais eu autant qu'en ce moment l'impression d'être vraiment vivante : avec cette grosse bécasse bafouée appuyée sur mon épaule droite, et cette mégère squelettique sur l'épaule gauche. Le poids mort d'un côté, la créature éthérée de l'autre ; elle dut les forcer à harmoniser leur pas pour monter l'escalier.

Jeannette, la domestique, fit de son mieux pour avoir l'air stupéfaite quand elle les vit. « Improvise un lit pour Mme Danton », dit Lucile. Jeannette borda Gabrielle sous un édredon sur un des sofas du salon, et celle-ci, qui pour une fois ne demandait pas mieux que d'être maternée, laissa sa tête retomber sur les coussins, tandis que Louise Robert enlevait les épingles de ses cheveux, dont la cascade sombre croula sur le bras du sofa avant de se déverser jusque sur le tapis. Lucile alla chercher sa brosse à cheveux et s'agenouilla près d'elle comme une pénitente, lissant les mèches électriques à longs coups réguliers ; Gabrielle reposait les yeux clos, *hors de combat**. Louise Robert s'approcha lentement de la *chaise longue** bleue, dont elle fit le tour avant de lever les pieds pour s'y asseoir. Jeannette lui apporta une couverture. « Votre mère ne raffole pas de ce siège, dit-elle à Lucile. Elle a toujours dit : On ne sait jamais quand on aura plaisir à s'en servir.

— Si vous avez besoin de quoi que ce soit, appelez-moi », dit Lucile en se dirigeant vers sa chambre. Elle fit un détour pour récupérer une bouteille qui contenait un fond de champagne éventé et fut tentée de la finir, avant de se dire qu'il n'y avait rien de plus désagréable. Il lui sembla que toute une

semaine s'était écoulée depuis l'ouverture de ces bou-
teilles.

Cette seule idée lui procura un sentiment de malaise.
L'arrivée de Jeannette, qu'elle n'avait pas vue, la fit
violemment sursauter. « Allongez-vous, ma chérie, dit
la femme. Vous ne changerez rien en restant debout. »
Sa bouche sévère disait : Moi aussi je l'aime, vous
savez.

À six heures, le roi décida de passer en revue la
garde nationale. Il descendit dans la cour du palais. Il
portait un habit d'un violet triste et son chapeau sous
le bras. La cérémonie se passa fort mal. Les nobles se
prosternèrent sur son passage, murmurant leurs paroles
d'allégeance, mais les gardes nationaux l'insultèrent,
un canonnier allant jusqu'à lui brandir son poing sous
le nez.

Rue Saint-Honoré. « Un petit déjeuner ? dit Éléonore Duplay.

— Je ne crois pas, Éléonore.

— Max, il faut manger quelque chose.

— Je ne mange jamais à cette heure, dit Robespierre. À cette heure, je fais mon courrier. »

Élisabeth, sur le seuil. Visage rond encore ensom-
meillé. « Père t'envoie ceci. Danton est en train de
signer des proclamations à l'Hôtel de Ville. »

Robespierre laissa le document sur son bureau sans
le toucher, mais porta les yeux sur la signature. « Au
nom de la nation – DANTON. »

« Ainsi donc Danton prétend parler pour la nation ?
dit Éléonore, qui observait son visage de près.

— Danton est un excellent patriote. Simplement… je pensais qu'il m'aurait envoyé chercher, à l'heure qu'il est.

— Ils n'osent pas mettre ta vie en péril.

— Non, ce n'est pas ça, dit Robespierre en levant les yeux. Je pense que Danton ne veut pas me voir… comment dire… passer ses méthodes au crible.

— C'est bien possible », acquiesça Éléonore. Quelle importance ? Elle était prête à dire n'importe quoi, n'importe quoi pour qu'il restât à l'abri des murs de Duplay, pour permettre à son cœur de continuer à battre jusqu'à demain, après-demain et les jours suivants.

Il était peut-être sept heures trente quand les patriotes pointèrent leurs canons sur le palais. Derrière ces canons, il y avait toutes les armes que la Commune insurrectionnelle avait pu trouver : mousquets, sabres, coutelas, rangées entières de sacro-saintes piques. Les milliers de rebelles chantaient *La Marseillaise*.

Louis : « Que réclament-ils ? »

Camille dormit une heure, la tête sur l'épaule de sa femme.

« Danton. » Roederer leva les yeux sur l'apparition qui s'encadrait dans l'ouverture de la porte. « Danton, tu es ivre.

— J'ai bu pour rester éveillé.

— Que veux-tu ? » Que me veux-tu à moi ? Tel était le sens de la question. La peur se lisait clairement sur le visage de Roederer. « Danton, je ne suis pas un royaliste, quoi que tu puisses penser. J'étais aux Tuileries, parce que j'en avais reçu l'ordre. Mais j'espère que toi et tes commandants savez ce que vous faites. Il faut que vous compreniez bien que ce sera un épouvantable carnage. Les Suisses se battront jusqu'au dernier.

— C'est ce qu'on me dit, effectivement. Je veux que tu retournes aux Tuileries.

— Y retourner ? reprit Roederer, éberlué.

— Je veux que tu fasses sortir le roi.

— Le faire sortir ?

— Arrête de répéter tout ce que je dis, imbécile. Je veux que tu fasses sortir le roi et que, du même coup, tu l'obliges à renoncer à la défense du palais. Je veux que tu y retournes sur-le-champ et que tu dises à Louis et à Marie-Antoinette qu'ils seront morts dans quelques heures à moins qu'ils ne quittent le palais, mettent fin à la résistance et se placent sous la protection de l'Assemblée.

— Tu cherches à les sauver ? Est-ce que j'ai bien compris ?

— Je crois que j'ai été parfaitement clair.

— Mais comment veux-tu que je fasse ? Ils ne m'écouteront pas.

— Dis-leur que, dès l'instant où les émeutiers auront envahi le palais, je ne répondrai plus de rien. Le diable en personne serait alors incapable de les sauver.

— Mais toi, tu cherches vraiment à les sauver ?

— Sais-tu que tu es pénible ? Il nous faut à tout prix le roi et le Dauphin. Les autres ont moins d'importance, même si je n'aime guère qu'on fasse du mal à une femme.

— À tout prix », répéta l'avocat. Une idée sembla soudain germer dans son cerveau fatigué. « Oui, le prix, Danton. Je comprends maintenant. »

Danton traversa la pièce en deux bonds. Il attrapa Roederer par le devant de son habit et lui passa une main autour de la gorge. « Tu les sors de là où ils sont ou c'est à moi que tu auras affaire. Je ne vais pas te lâcher des yeux, Roederer. »

Suffoquant, Roederer chercha à agripper le bras de Danton. La pièce tournoyait autour de lui. Je vais mourir, se dit-il. Il étouffait, un énorme bourdonnement lui emplissait les oreilles. Danton le jeta au sol. « Tu viens d'entendre le premier coup de canon. L'attaque du palais a commencé. »

Prenant faiblement appui sur un bras, Roederer remonta des yeux le long du corps massif de Danton jusqu'à son visage empreint de sauvagerie. « Maintenant, va me les chercher. »

« Une brosse à habits, je crois, dit Camille. Nous sommes censés nous distinguer de la populace. C'est ce que dit Danton. » Il se passa l'écharpe tricolore sur l'épaule. « Suis-je présentable ?

— Oh, assez pour prendre ton chocolat du matin en compagnie d'une duchesse. À supposer qu'il en reste encore une. Mais dis-nous ce qui se passe en ce moment », demanda Lucile, incapable de réprimer sa peur plus longtemps.

Louise et Gabrielle attendaient les nouvelles. À son arrivée, Camille ne s'était pas montré très bavard.

« Georges Jacques a l'intention de rester à l'Hôtel de Ville, pour contrôler l'ensemble des opérations. François y est aussi, et travaille dans le bureau voisin.

— Il ne lui arrivera rien ? demanda Louise.

— Ma foi, en dehors d'un tremblement de terre, d'un noircissement soudain du soleil, d'un rougeoiement sanglant de la lune, d'un retrait des cieux à la manière d'un parchemin que l'on enroule, de l'arrivée des sept derniers anges porteurs des sept fléaux – autant de risques toujours possibles, je vous l'accorde –, je ne vois pas pourquoi les choses tourneraient mal pour lui. Il n'arrivera rien à aucun d'entre nous, du moment que nous sommes vainqueurs.

— Et au palais ? demanda Gabrielle.

— Ah, au palais, on doit s'entretuer à l'heure qu'il est. »

MARIE-ANTOINETTE : Nous disposons toujours d'une défense ici.

ROEDERER : Madame, c'est tout Paris qui marche sur vous en ce moment. Voulez-vous porter la responsabilité du massacre du roi, de vous-même et de vos enfants ?

MARIE-ANTOINETTE : À Dieu ne plaise.

ROEDERER : Le temps presse, Sire.

LOUIS : Messieurs, je vous prie de renoncer à une défense désormais inutile et de vous retirer. Il n'y a plus rien à faire ici, ni pour vous ni pour moi. Allons, marchons.

Récit de Thomas Blaikie, jardinier écossais employé à la Cour de France :

Mais tout le monde semblait préparé à la grande catastrofe du 10 août et beaucoup souhaitait un changement et parlaient de gens venus de Marsielle pour attaquer les Thuileries ; ça semblait un cou monté et les Thuileries étaient gardés par les gardes suisse et bien d'autres habillé en suisse était prévus de prendre parti avec le roi. La veille

180

on était presque au courant de ce qui allait se passé, même si personne pouvait imaginer comment la chose allait tourner ; le soir du 9, une bouteille est tombé du mur qui m'a coupé à la jambe et m'a fait estropié et alors j'ai été forcé de m'asseoir sur notre terrasse en face des Champs Elizé et des Thuileries, et là j'ai entendu le premier coup de canon vers 9 heures, et puis les autres coups de fusil et le tumulte a continué. Je voyais les gens courir de partout sur les Champs Elizé et l'horreur du missacre a augmenté et comment après le roi a bandonné ses gardes pour aller à l'asemblée nationale, il a laissé ces pauvres bougres qui étaient venus le défendre se faire missacrer par la populasse, mais si le roi était resté là, il y avait la grande partie des sections qui étaient prêtes à le défendre, mais quand ils ont découvert qu'il était parti à l'Assemblée, ils sont tous tombés sur les gardes suisses et ils les ont missacré... Beaucoup de ces anpotrophages passaient dans la rue et ils s'arrêtaient pour nous montrer des morceaux des Suisse qu'ils avait missacré et que j'en connaissais certains... tout le monde semblait content de ce qu'il avait fait et il y en avait qui montraient leur colère encore sur les cadavres en découpant leur membre ou arrachant leurs habits comme trofés, et comme ça on aurait dit que les gens étaient frappés par une sorte de folie... Mais il est impossible de décrire tous les actes d'horreur vissieux qui sont arrivés ce jour-là...

« Camille. » L'appel venait d'un jeune garde national qu'il n'avait jamais vu auparavant, les yeux exorbités par l'angoisse, redoutant de se faire rembarrer. « Nous avons capturé une patrouille royaliste, ils avaient revêtu nos uniformes, nous les avons enfermés dans notre salle de garde à la cour des

Feuillants. Il y a des insurgés qui veulent nous les prendre. Notre chef a demandé des renforts pour faire dégager la cour, mais rien n'est venu. Nous ne pourrons pas les repousser très longtemps… Vous pouvez venir parler à cette racaille, les ramener à la raison ?

— À quoi bon ? intervint Fréron.

— On ne peut pas tuer les gens comme des chiens, monsieur, répondit le jeune homme, les lèvres tremblantes.

— Je viens », dit Camille.

Quand ils arrivèrent dans la cour, Fréron tendit le bras devant eux. « Théroigne.

— Oui, dit Camille. Elle va se faire tuer. »

Théroigne avait pris la direction des opérations. Elle tenait enfin là son 14 juillet, sa petite Bastille à elle, tandis qu'une foule hostile, sans but précis, avait trouvé un chef. Il était déjà trop tard pour les prisonniers dans la salle de garde, car aux cris, aux éclats de voix de cette femme se mêlaient le fracas du verre brisé et le craquement du bois arraché. C'est elle qui les avait poussés à enfoncer la porte et à s'attaquer aux barreaux des fenêtres, comme des animaux en cage que l'on excite. Mais eux voulaient s'introduire dans la cage, et non en sortir ; confrontés à des baïonnettes dans un passage étroit, ils avaient reculé un instant, mais à présent ils commençaient à démolir le bâtiment. C'étaient des bêtes dévoreuses de pierres, et ce n'était pas un siège qu'ils avaient en tête ; ils étaient armés de pioches et s'en servaient. Derrière le premier rang des assaillants, la cour grouillait d'encouragements, de cris, de poings et d'armes brandis.

En voyant l'uniforme du garde, les écharpes tricolores, une partie de la foule s'écarta pour leur livrer passage. Mais ils n'avaient pas même atteint les premiers rangs des insurgés que la jeune recrue posait une main sur le bras de Camille pour le retenir et lui disait : « Vous ne pouvez plus rien faire maintenant. »

Théroigne était toute de noir vêtue, un pistolet passé à la ceinture, un sabre à la main, le visage en feu. Un cri s'éleva : « Les prisonniers sortent ! » Elle avait pris position devant la porte, et quand le premier des prisonniers fut traîné dehors, elle donna le signal aux hommes placés à côté d'elle, qui levèrent leurs épées et leurs haches. « Personne ne va donc l'arrêter ? » lança Camille. Il se débarrassa de la main du garde toujours sur son bras et entreprit d'avancer, criant aux gens de s'écarter de son chemin. Fréron se força un passage derrière lui et le saisit par l'épaule. Camille le repoussa avec violence. La foule reflua, divertie par la perspective de voir deux patriotes haut placés s'étriper en public.

Mais le moment de grâce fut de courte durée ; du premier rang monta un cri bestial. Théroigne avait abaissé le bras, comme un bourreau en exercice ; les haches et les épées s'abattirent, et les prisonniers, sous une grêle de coups de pied, furent traînés vers la mort qui les attendait.

Camille avait réussi à avancer ; le garde national était toujours derrière lui. Louis Suleau fut le quatrième à sortir. Obéissant à un ordre de Théroigne, les insurgés suspendirent leur besogne ; ils reculèrent même un peu, écrasant ce faisant ceux qui étaient derrière, si bien que Camille se retrouva impuissant, immobilisé, les bras cloués aux côtés, quand il vit Théroigne s'approcher de Louis Suleau et lui murmurer quelque chose qu'il était seul à pouvoir entendre ;

Louis leva une main, comme pour dire : À quoi bon revenir là-dessus maintenant ? Ce geste se grava à jamais dans la mémoire de Camille. Et ce fut le dernier. Il vit Théroigne lever son pistolet. N'entendit pas la détonation. En quelques secondes, ils se retrouvèrent entourés de mourants et de morts. Le corps de Louis – qui, peut-être, respirait encore ? – fut absorbé par la foule, englouti dans un tourbillon de bras et de lames. Fréron hurla au visage du jeune garde qui, rouge d'angoisse et de confusion, tira son sabre et se mit à crier pour s'ouvrir un chemin dans la foule. Ils pataugeaient dans un bain de sang frais.

« Vous ne pouviez rien faire, répétait inlassablement le jeune homme. Camille, je vous en prie ; j'aurais dû vous prévenir plus tôt, mais, de toute façon, c'étaient des royalistes, et vous n'auriez vraiment rien pu faire. »

Lucile était sortie acheter du pain pour le petit déjeuner. Inutile de demander à Jeannette. Au lever du jour, les nerfs de la pauvre femme avaient craqué, et elle courait dans tout l'appartement telle une poule, comme avait dit Lucile, à qui on vient de trancher le cou.

Lucile passa son panier au bras. Enfila une veste, en dépit de la chaleur, pour disposer d'une poche où glisser son petit couteau. Personne ne connaissait l'existence de ce couteau, c'est à peine si elle-même s'autorisait à la reconnaître, mais elle le gardait toujours sur elle, en cas de besoin. Imagine, se dit-elle, tu pourrais habiter rive droite, être mariée à un haut fonctionnaire du Trésor et être en ce moment en train de broder, tranquillement assise, les pieds surélevés, un motif de roses trémières sur un mouchoir de batiste. Au lieu de quoi, tu habites rue des Cordeliers, et te voilà en route pour acheter un pain, une lame de six centimètres dans la poche pour plus de sécurité.

Elle regarda dans les yeux les gens du quartier qu'elle croisait. Qui aurait cru que notre section comptait autant de royalistes ? « Voilà la pute du meurtrier », lui lança un passant. Elle garda un sourire plaqué sur son visage, ce sourire particulièrement exaspérant qu'elle avait appris de Camille et qui, plein de sarcasme, semblait dire en l'occurrence : Oui, c'est moi, tu veux tenter ta chance ? En imagination, elle fit glisser le manche du couteau dans le creux de sa main et enfonça la pointe dans une chair cédant sous la pression. Sur le chemin du retour, devant sa propre porte, un autre homme la reconnut et lui cracha au visage.

Une fois dans l'immeuble, elle s'arrêta pour essuyer la salive, puis monta l'escalier d'une traite et s'assit, le pain sur les genoux. « Vous allez manger ça ? demanda Jeannette en tordant son tablier entre ses mains dans un simulacre de désespoir.

— Évidemment, vu le mal que je me suis donné pour aller le chercher. Bon sang, ressaisis-toi, Jeannette, et va préparer du café. »

Louise appela depuis le salon : « Je crois que Gabrielle va se trouver mal. »

Peut-être ne prit-elle jamais son petit déjeuner ce jour-là ; elle ne s'en souvint plus par la suite. Elles allongèrent Gabrielle sur le lit, desserrèrent son corsage, l'éventèrent. Elle ouvrit la fenêtre, mais le vacarme qui montait de la rue ne fit qu'agiter Gabrielle davantage ; elle la referma, et elles durent supporter la chaleur. Gabrielle s'assoupit ; Lucile et Louise se

185

firent la lecture à tour de rôle, papotèrent, se chamaillèrent gentiment et se racontèrent l'histoire de leur vie. Les heures s'étirèrent ainsi jusqu'au retour de Camille et de Fréron.

Fréron se laissa tomber sur une chaise. « Il y a des corps jusqu'au…, dit-il en levant le bras pour indiquer la hauteur des entassements. Je suis désolé d'avoir à t'apprendre cette nouvelle, Lucile, mais Louis Suleau est mort. Oui, nous l'avons vu, nous avons été témoins, il a été tué sous nos yeux. »

Il aurait aimé que Camille dise : Fréron m'a sauvé la vie, ou du moins : Fréron m'a empêché de commettre une énorme bêtise. Mais Camille se contenta d'un : « Pour l'amour du ciel, Lapin, garde tout ça pour le jour où tu écriras tes mémoires. Si j'entends encore parler des événements de cette matinée, je te vole dans les plumes. Et crois-moi, je ne ferai pas semblant. »

En le voyant, Jeannette reprit courage. Le café arriva enfin. Gabrielle émergea en titubant de la chambre, reboutonnant son corsage. « Je n'ai pas revu François depuis ce matin de bonne heure », dit Camille à Louise. Sa voix était étrangement éteinte, sans la moindre trace de bégaiement. « Je n'ai pas vu Georges Jacques non plus, mais il signe décret sur décret à l'Hôtel de Ville, donc c'est qu'il est bien vivant. Louis Capet et toute sa famille ont quitté le palais et sont au Manège. L'Assemblée est réunie en session permanente. Je pense que même la garde suisse ignore que le roi n'est plus là-bas, et je suis sûr que les assaillants du palais ne sont pas davantage au courant. Je ne suis pas sûr en revanche que nous devions le leur dire. » Il se leva et prit Lucile un instant dans ses bras. « Je vais me changer une fois de plus, j'ai du sang séché partout sur mes vêtements, et puis je repars. »

Fréron le suivit du regard, l'air sombre. « Je crains que la réaction ne se fasse sentir plus tard, dit-il. Je connais Camille, il n'est pas taillé pour ce genre d'épreuve.

— Crois-tu vraiment ? dit Lucile. Eh bien, moi, je pense qu'il s'en délecte. » Elle voudrait demander comment est mort Louis Suleau, comment et pourquoi. Mais ce n'est pas le moment. Comme Danton le lui a dit, elle n'est pas sotte ; non, elle est la voix du bon sens. Marie Stuart, sur le mur, s'approche du bourreau ; belle, désirable, elle arbore un pâle sourire de martyre chrétienne. Les coussins de soie rose montrent des signes d'usure, comme Camille aurait pu le prédire, mais s'en est toujours abstenu ; la *chaise longue** bleue a l'air entendu d'un meuble qui en a beaucoup vu. Lucile Desmoulins a vingt-deux ans, elle est épouse, mère et maîtresse de maison. Dans la chaleur d'août – une mouche qui bourdonne contre la vitre, un homme qui siffle en passant dans la rue, un bébé qui pleure ailleurs dans l'immeuble –, elle sent que son âme a pris sa forme définitive, amoindrie, meurtrie et mortelle. À une époque, elle aurait dit les prières pour les morts. Aujourd'hui, à quoi bon, bordel, se dit-elle, c'est des vivants qu'il faut que je m'inquiète.

Quand Gabrielle se sentit suffisamment remise, elle exprima le désir de retourner chez elle. Les rues étaient bondées et bruyantes. Le portier, affolé, avait fermé le grand portail donnant accès à la cour du Commerce ; Gabrielle actionna le heurtoir, tapa, tira sur la sonnette, hurlant qu'elle voulait rentrer chez elle. « On peut passer par chez le boulanger s'il nous le permet, dit-elle, de guerre lasse. On entre par la boutique et on traverse la cuisine pour ressortir par-derrière. »

Mais le boulanger refusa tout net, ne les laissant même pas pénétrer dans le magasin ; il les insulta et fit reculer Gabrielle d'une violente poussée dans la poitrine, qui la réexpédia illico dans la rue. Lucile et Louise la soutinrent et revinrent se tasser contre le portail. Quand un groupe d'hommes se rassembla autour d'elles, Lucile chercha dans sa poche le couteau, qu'elle caressa du bout des doigts. « Je vous connais, leur dit-elle, et je connais vos noms. Faites encore un pas, et vos têtes se balanceront au bout d'une pique avant ce soir. Je prendrai moi-même le plus grand plaisir à participer à la besogne. »

C'est alors que le portail s'ouvrit ; des mains les tirèrent à l'intérieur, avant de repousser aussitôt les verrous. Une minute plus tard, elles étaient en haut de l'escalier, dans l'appartement des Danton, et Lucile disait d'un ton irrité : « Cette fois, on ne bouge plus. »

Gabrielle secouait la tête – perdue, totalement épuisée. De l'autre côté du fleuve leur parvenait le lourd roulement d'une canonnade nourrie. « Sainte Mère de Dieu, on dirait que je viens de passer trois heures dans la tombe », dit Louise Robert en surprenant son reflet dans une glace, tandis qu'une fois de plus elles retapaient les oreillers et installaient Gabrielle à l'horizontale.

« Pourquoi crois-tu que les Danton ont des lits séparés ? » chuchota-t-elle à Lucile, quand elle jugea que Gabrielle ne pouvait plus les entendre.

Lucile haussa les épaules. Gabrielle dit d'une voix empâtée : « Parce qu'il n'arrête pas d'agiter les bras en tout sens, qu'il rêve qu'il se bat… contre qui, je n'en sais rien.

— Ses ennemis ? Ses créanciers ? Ses penchants ? » dit Lucile.

Louise Robert fit main basse sur la coiffeuse de Gabrielle. Y trouva un pot de rouge, dont elle appliqua deux pastilles écarlates sur ses joues, comme c'était l'usage à la Cour. Elle le proposa à Lucile, qui refusa en disant : « Allons, petite friponne, tu sais bien que rien ne pourrait m'embellir davantage. »

Midi passa. Les rues retrouvèrent le silence. Voilà comment seront les dernières heures, songea Lucile ; voilà à quoi ressemblera la fin du monde, quand nous attendrons la mort du soleil. Mais le soleil était bien au rendez-vous et cognait fort, versant ses derniers rayons sur les drapeaux tricolores flamboyants, les têtes des Marseillais, les vainqueurs qui défilaient en chantant, les Cordeliers loyaux mais discrets qui avaient eu le bon sens de rester tapis chez eux toute la journée et qui à présent se répandaient dans les rues, scandant des slogans en l'honneur de la république, réclamant la mort des tyrans et la venue de leur héros, Danton.

On cogna à grands coups à la porte. Lucile l'ouvrit à la volée, sans plus rien craindre à présent. Un homme à la carrure imposante était sur le seuil, appuyé au chambranle, vacillant légèrement. C'était un homme de la rue. « Excusez-moi, monsieur, dit Louise Robert en riant, mais je ne crois pas que nous ayons jamais été présentés.

— Ils cassent toutes les glaces dans le palais, dit l'homme. Les Cordeliers sont les rois à présent. » Il lança à Gabrielle quelque chose que celle-ci eut du mal à attraper. C'était une brosse à cheveux, lourde, en argent. « De la coiffeuse de la reine », dit-il.

Gabrielle suivit de l'index le monogramme repoussé : un M et un A entrelacés, pour Marie-Antoinette. L'homme plongea en avant, attrapa Lucile par la taille et la souleva de terre. Il empestait le vin, le tabac et le sang. Il lui embrassa la gorge, d'un baiser prolétaire goulu et gras, puis il la reposa sur le sol et ressortit à grands pas.

« Mon Dieu, dit Louise. Quelle cohorte d'admirateurs tu as, Lucile. Une occasion pareille, ça fait sans doute deux ans qu'il l'attend. »

Lucile sortit son mouchoir et s'en tamponna le cou. Ce ne sont certainement pas des admirateurs que j'ai rencontrés ce matin, se dit-elle. Elle agita un doigt, baissa la voix d'un ton pour son imitation bien rodée de Caroline Rémy et dit : « Je me contente de leur dire : Maintenant, les garçons, arrêtez de vous battre pour moi – "liberté, égalité, fraternité", vous n'avez quand même pas oublié ? »

La brosse à cheveux de la reine gisait là où l'avait laissée tomber Gabrielle, sur le tapis du salon.

En fin d'après-midi, Danton revint chez lui. Il était encore dans la rue quand elles entendirent sa voix. Accompagné de Fabre, le génie de notre temps, de Legendre, le boucher, de Collot d'Herbois, le pire-individu-au-monde, ainsi que de François Robert et de Westermann, il rentra, un bras passé autour des épaules de Legendre, l'autre autour de celles de Westermann, vacillant quelque peu sur ses jambes, pas rasé, éreinté, empestant le cognac. « Nous avons gagné ! » scandèrent-ils en chœur. C'était très simple, mais, en tant que slogan, on ne peut plus efficace. Danton prit Gabrielle dans ses bras, l'étreignit sauvagement, comme pour la protéger ; une fois de plus, elle sentit ses jambes se dérober sous elle.

Il l'assit sur une chaise. « Elle a eu les pires difficultés à rester tout simplement debout », dit Louise Robert. Sa peau rutilait à présent sous le rouge ; François était de retour à ses côtés.

« Allez, dehors, tous autant que vous êtes ! s'écria Danton. Vous n'avez pas des lits qui vous attendent ? » Il entra en trombe dans sa chambre et se jeta sur le sien. Lucile le suivit. Lui effleura la nuque, le saisit par les épaules. Il grogna. « Tente ta chance une autre fois », lui conseilla-t-il, avant de rouler sur le dos, un sourire sur le visage. Ah, Georges Jacques, Georges Jacques, se dit-il, la vie n'est qu'une suite d'occasions magnifiques. Que dirait de toi maître Vinot aujourd'hui ?

« Dis-moi où est mon mari.

— Camille ? demanda-t-il, son sourire s'élargissant. Il est au Manège et élabore la prochaine étape du grand projet de sa vie. Une chose est sûre : ce n'est pas un humain comme les autres, Camille, il n'a pas besoin de sommeil.

— La dernière fois que je l'ai vu, il était en état de choc.

— C'est vrai. » Le sourire s'évanouit. Ses paupières battirent jusqu'à se fermer, avant de s'ouvrir à nouveau. « Cette salope de Théroigne a massacré Suleau à moins de vingt mètres de lui. Et tu sais quoi, nous n'avons pas vu Robespierre de toute la journée. Il était peut-être caché dans la cave des Duplay. » Sa voix était maintenant à peine audible. « Suleau était au lycée avec Camille. Le monde est petit, quand on y pense, parce que Max aussi. Camille travaille dur, c'est un garçon qui ira loin. Demain, nous saurons… » Ses yeux se fermèrent. « Voilà, c'est tout. »

L'Assemblée avait ouvert la séance à deux heures du matin. Les débats n'allèrent pas sans heurts : fusillades couvrant la voix des orateurs, pagaille provoquée par l'arrivée de la famille royale vers huit heures et demie. La veille encore, les députés avaient voté la suspension jusqu'à nouvel ordre de toute discussion sur l'avenir de la monarchie, et pourtant il semblait à présent que les vestiges de cette institution avaient été balayés une fois pour toutes dans le palais mis à sac et dévasté. La droite soutenait que c'était l'ajournement du débat qui avait donné le signal de l'insurrection ; la gauche affirmait que, en abandonnant la poursuite de la discussion, les députés avaient aussi et du même coup renoncé à toute prétention à guider l'opinion publique.

La famille du roi et quelques-uns de leurs amis furent entassés dans la loge des journalistes, qui donnait sur les gradins à l'arrière de l'estrade du président. À partir du milieu de l'après-midi, un défilé ininterrompu de délégués et de pétitionnaires envahit les couloirs et déborda dans l'arène parlementaire. Les rumeurs venant de l'extérieur étaient aussi effrayantes qu'incongrues. Les oreillers et les matelas du palais avaient été éventrés, et l'air était envahi de plumes. Les prostituées se livraient à leur commerce sur le lit de la reine ; encore que l'on avait du mal à croire la chose possible avec une literie en pareil état. On avait vu un homme jouer du violon sur le cadavre d'un autre dont il venait de trancher la gorge. Rue de l'Échelle, une centaine de personnes avaient été lardées de coups de couteau et rossées à mort. On avait fait rôtir un cuisinier. On sortait les serviteurs de sous les lits et des conduits de cheminée où ils s'étaient réfugiés et on les défenestrait pour qu'ils aillent s'empaler sur les piques dressées en dessous. Des bâtiments brûlaient ici et là, et comme à l'accoutumée couraient des rumeurs douteuses d'actes de cannibalisme.

Vergniaud, l'actuel président de l'Assemblée, avait depuis longtemps renoncé à faire la part de la vérité et des affabulations. En dessous de lui, dans l'arène de la Chambre, il comptait davantage d'envahisseurs que de députés. Toutes les deux ou trois minutes, les portes s'ouvraient à la volée sous la poussée d'hommes crasseux et dépenaillés, titubant sous le poids de ce qui, si on ne l'avait pas apporté directement au Manège, aurait été le produit d'un pillage pur et simple. Quand même, songeait Vergniaud, c'était aller trop loin que de placer des chaises percées marquetées ou des collections des œuvres complètes de Molière aux pieds de la nation. L'endroit commençait à ressembler à une salle de vente aux enchères. Vergniaud s'efforça discrètement de desserrer son foulard.

Dans la loge exiguë et confinée des journalistes, les enfants royaux s'étaient endormis. Le roi, qui estimait devoir conserver ses forces, rongeait une cuisse de chapon. De temps à autre, il s'essuyait les doigts sur son habit d'un violet triste. Sur les bancs en dessous de lui, un député se prit la tête dans les mains.

« J'étais sorti pour aller pisser, dit-il, et Camille Desmoulins m'est tombé dessus. Il m'a coincé contre le mur et m'a fait jurer de voter pour que Danton soit élu pape. Ou quelque chose de ce genre. Danton, semble-t-il, pourrait même remplacer Dieu, ils n'ont pas encore tranché la question, mais on m'a fait comprendre que j'avais tout intérêt à voter pour lui, si je ne voulais pas me réveiller un matin la gorge tranchée. »

À quelques bancs de là, Brissot était en grande conversation avec l'ex-ministre Roland. Lequel avait le teint plus jaune encore qu'à l'habitude ; il tenait son chapeau poussiéreux serré contre sa poitrine, comme si c'était son dernier rempart protecteur.

« Il faut dissoudre l'Assemblée, disait Brissot, pour qu'il y ait de nouvelles élections. Avant la fin de cette séance, il faut que nous ayons nommé un nouveau cabinet, un nouveau Conseil des ministres. Oui, oui, dès maintenant, nous devons le faire tout de suite – il faut quelqu'un pour gouverner le pays. Tu vas retrouver ton poste de ministre de l'Intérieur.

— Vraiment ? Et Servan, Clavière ?

— Oui, eux aussi, dit-il, tout en songeant à part lui : Voilà pour quoi je suis fait : former des gouvernements. Retour à la situation telle qu'elle était en juin dernier, si ce n'est qu'il n'y aura plus l'obstacle constitué par le veto royal. Et que tu auras Danton comme collègue.

— Voilà qui ne va pas plaire à Manon, dit Roland après un grand soupir.

— Il va bien falloir qu'elle se fasse à l'idée.

— Quel ministère réserverons-nous à Danton ?

— Peu importe, dit Brissot, l'air résigné, du moment qu'il reste le maître du jeu.

— C'est à ce point ?

— Si tu avais été dans les rues aujourd'hui, tu n'en douterais pas.

— Ah bon, parce que tu y étais, toi ? » De cela Roland doutait fort.

« Je suis informé, moi, dit Brissot. Très bien informé. On me dit que c'est leur homme. Ils s'égosillent à hurler son nom. Tu en penses quoi ?

— Je me demande, dit Roland, si c'est de bon augure pour la république. Allons-nous devoir être harcelés par la populace ?

— Où donc s'en va Vergniaud ? » s'enquit Brissot.

Le président avait fait un signe pour réclamer la venue de son suppléant. « S'il vous plaît, laissez-moi passer », disait-il plaisamment.

Brissot suivit Vergniaud des yeux. Il était parfaitement possible que des alliances, des factions, des pactes, des compromis soient proposés, élaborés, rompus, et, s'il n'était pas partout, pas au courant de toutes les conversations, il courait le risque d'être déchu de son statut d'homme le mieux informé de France.

« Danton est un fieffé escroc, dit Roland. On devrait peut-être lui offrir le ministère de la Justice ? »

À l'entrée de la salle, Vergniaud, confronté à Camille, n'avait pu donner libre cours à ses habituels talents d'orateur. On voit parfaitement, disait-il, on apprécie pleinement et on comprend absolument. Pour la première fois depuis qu'il avait entamé son interminable tirade, Camille bafouilla. « Dis-moi, Vergniaud, s'enquit-il, est-ce que je commence à me répéter ?

— Un peu, dit Vergniaud, en relâchant sa respiration. Mais en même temps, ce que tu as à dire est vraiment nouveau et intéressant. Finissez ce que vous avez commencé, disais-tu. Mais de quelle manière ? »

Camille eut un geste large, censé embrasser tout à la fois le Manège et les rues grouillantes au-dehors. « Je ne comprends pas pourquoi le roi n'est pas déjà mort. Il y a des tas de gens bien meilleurs que lui qui le sont. Et ces députés inutiles ? Les royalistes entassés dans les prisons ?

— Mais on ne peut quand même pas exterminer tout ce monde. » La voix de l'orateur tremblait.

« Nous en avons le pouvoir.

— Quand j'ai dit "on ne peut pas", ce que je voulais dire, c'est "on ne devrait pas". Danton ne voudrait pas d'une hécatombe superflue.

— Crois-tu ? Je n'en jurerais pas. Je ne l'ai pas vu depuis des heures. Je crois que c'est lui qui a fait discrètement sortir la famille Capet du palais.

— Oui, dit Vergniaud. La supposition semble raisonnable. Et pour quelle raison, à ton avis ?

— Je l'ignore. Peut-être par humanité.

— Mais tu n'en es pas sûr.

— Oh, je ne suis même pas sûr d'être réveillé.

— Je crois que tu devrais rentrer chez toi, Camille. Tu parles à tort et à travers.

— Vraiment ? C'est gentil à toi de me prévenir. Si toi, tu parlais à tort et à travers, je rangerais soigneusement tes propos dans un coin de ma tête.

— Non, dit Vergniaud, rassurant. Tu ne ferais pas ça.

— Si, si, insista Camille. Nous nous méfions de toi, tu sais.

— C'est ce que je vois, oui. Mais je doute qu'il te faille dépenser encore beaucoup d'énergie à tenter d'effrayer les gens. Ne t'est-il pas venu à l'idée que, au bout du compte, nous pourrions nous aussi vouloir de

Danton ? Non pas en raison de ce dont il serait capable s'il se voyait privé du pouvoir – ce qui ne manquerait pas, j'en suis certain, d'être aussi déplaisant que tu le laisses entendre –, mais en vertu de la conviction selon laquelle il est le seul à pouvoir sauver le pays ?

— Non, dit Camille. L'idée ne m'a jamais effleuré.

— Et tu ne me crois pas ?

— Si, mais j'ai eu moi-même du mal à me faire à l'idée. Cela fait si longtemps. Et le plus gros obstacle a été Danton lui-même.

— Qu'espère-t-il ?

— Pour l'instant, rien. Il dort.

— Bon, écoute-moi. Je vais m'adresser à l'Assemblée. Ce serait bien si on se débarrassait d'abord de la populace.

— Ils étaient le "peuple souverain" jusqu'à ce qu'ils vous portent au pouvoir, cet après-midi. Ils sont maintenant la "populace".

— Il y a ici des pétitionnaires qui demandent l'abolition de la monarchie. L'Assemblée va effectivement la décréter. Ainsi que la création d'une Convention nationale, qui aura pour tâche de rédiger une Constitution pour la république. Je pense que maintenant tu peux aller dormir tranquille.

— Non, pas tant que je ne l'aurai pas entendu de mes oreilles. Si je partais maintenant, l'édifice risquerait de s'écrouler.

— Allons, tout dans la vie n'est pas l'occasion de se sentir persécuté, murmura Vergniaud. Essayons de rester rationnels.

— La rationalité n'est pas à l'ordre du jour.

— Elle va le devenir, dit Vergniaud, d'une voix sauve. Mes collègues ont l'intention de ne plus laisser le gouvernement du pays être le jouet du hasard et des préjugés mais d'en faire un processus raisonné. »

Camille secoua la tête.

« Je t'assure, dit Vergniaud, avant de s'interrompre une seconde. C'est quoi, cette horrible odeur ?

— Je crois…, dit Camille, hésitant, je crois qu'on brûle les corps.

— Vive la république », dit Vergniaud, qui partit en direction de l'estrade du président.

Cinquième Partie

La terreur n'est autre chose que la justice prompte, sévère, inflexible ; [...] elle est moins un principe particulier qu'une conséquence du principe général de la démocratie, appliqué aux plus pressants besoins de la patrie.
[...] Le gouvernement de la Révolution est le despotisme de la liberté contre la tyrannie.

Maximilien Robespierre

En un mot, sous ces règnes, la mort naturelle d'un homme célèbre, ou seulement en place, était si rare que cela était rapporté dans les gazettes comme un événement, et transmis par l'historien à la mémoire des siècles. « Sous ce consulat, dit notre analyste, il y eut un pontife, Pison, qui mourut dans son lit, ce qui parut tenir du prodige. »

Camille Desmoulins

I

Où l'on conspire

(1792)

« Mon cher beau-père ! » Camille a poussé un cri de joie. Il désigne Claude du doigt. « Vous voyez, lance-t-il à la ronde, il ne faut jamais rien jeter. Tout objet, si usé et démodé qu'il soit, peut se révéler encore utile. Maintenant, citoyen Duplessis, dis-moi, en phrases courtes et simples, ou en vers, ou en chanson comique, comment on s'y prend pour diriger un ministère.

— Mon Dieu, je crois vivre un de mes pires cauchemars, dit Claude.

— Attends, attends, je ne suis pas à la tête d'un ministère – pas encore, pas tout à fait ; il faudra quelques catastrophes supplémentaires pour que pareille chose se produise. Mais voici les dernières nouvelles : Danton est ministre de la Justice et garde des Sceaux, et Fabre et moi-même sommes ses secrétaires.

— Un acteur, dit Claude, et toi. Dieu sait que je n'aime guère Danton, mais je le plains.

— Danton est par ailleurs chef du gouvernement provisoire, il faut donc que j'essaie de diriger le ministère à sa place. Fabre, lui, n'en a que faire. Ah, il faut que j'écrive à mon père pour le mettre au courant ; holà, qu'on me donne du papier. Et puis non, je lui écrirai du ministère, de mon grand bureau, et j'enverrai la lettre porteuse du sceau officiel.

— Claude, intervient Annette, as-tu oublié tes bonnes manières ? Présente-lui tes félicitations. »

Duplessis frissonne. « Juste une chose. Un détail technique : le ministre de la Justice est également garde des Sceaux, mais ce n'est qu'une seule et même personne. Et il a toujours eu un seul et unique secrétaire. Toujours.

— Économies de bouts de chandelle ! s'exclame Camille. Ce n'est pas le genre de Georges Jacques. Nous allons déménager place Vendôme ! Habiter dans un palais !

— Cher père, ne soyez pas aussi amer, supplie Lucile.

— Non, tu ne comprends rien, lui dit Claude. Il se considère comme arrivé. L'ordre établi maintenant, c'est lui. Celui qui veut faire une révolution à présent devra la faire contre lui. »

Claude est encore plus perturbé que le jour où la Bastille est tombée. Profondément perturbé, Camille l'est aussi en réfléchissant à ce que vient de déclarer son beau-père. « Non, ce n'est pas vrai. Beaucoup de bonnes batailles nous attendent encore. Les brissotins, entre autres.

— Et une bonne bataille n'est pas faite pour te déplaire, n'est-ce pas ? » dit Claude. Un bref instant, il imagine un autre monde, s'entend glisser dans une conversation de café l'expression « mon gendre, le secrétaire d'État ». Dans le monde réel, toutefois, sa vie n'a été qu'un long échec ; trente années de bons et loyaux services n'ont jamais fait de lui l'intime d'un secrétaire d'État, mais le voilà aujourd'hui forcé dans cette intimité par les femmes de sa famille et la manière insensée dont elles ont décidé de conduire leur vie. Regardez-les donc, toutes à se précipiter sur le secrétaire pour l'embrasser. Il pourrait lui-même, suppose-t-il, traverser la pièce pour aller lui tapoter l'épaule ; n'a-t-il pas vu ce même secrétaire assis, tête penchée, tandis que le nouveau ministre, tout en discourant sur quelque thème patriotique, laissait courir des doigts d'étrangleur *distraits** dans les boucles de ses cheveux ? Le ministre en fera-t-il autant devant ses subordonnés ? Claude se décide sans difficulté contre tout témoignage d'affection à l'égard de ce gendre. Auquel il jette un regard noir. Mais regardez-le donc – n'est-ce pas une invite à la violence ? Il est assis là, les cils baissés, les yeux sur le tapis. À quoi pense-t-il ? Cela ressemble-t-il, même de loin, à des pensées dignes d'un secrétaire d'État ?

Camille considère le tapis, mais son esprit est à Guise. La lettre qu'il pense écrire est déjà toute prête dans sa tête. Fantôme invisible, il traverse la place d'Armes. Il se fond dans la porte d'entrée fermée de l'étroite maison blanche. Se glisse dans le cabinet de son père. Là, sur le bureau, trône l'*Encyclopédie du droit* ; à l'heure qu'il est, on devrait en être aux dernières lettres de l'alphabet, tout de même.

Effectivement : volume VI. Posée sur l'ouvrage, une lettre de Paris. C'est l'écriture de qui ? La sienne, pardi ! Celle dont se plaignent tous ses éditeurs, son inimitable écriture script ! La porte s'ouvre. Son père entre. À quoi ressemble-t-il ? À ce qu'il était la dernière fois que Camille l'a vu : mince, grisonnant, sévère et distant.

Il voit la lettre. Mais non, attends, arrête – comment est-elle arrivée là, comment a-t-elle pu atterrir sur l'*Encyclopédie du droit* ? Le scénario est plus qu'improbable – à moins d'imaginer d'abord une scène consacrée à l'arrivée de la lettre, à son voyage jusqu'au bureau dans les mains de sa mère, de Clément ou d'un d'autre, sans que personne songe à glisser un doigt et un œil dans ses plis.

Qu'à cela ne tienne, on recommence.

Jean-Nicolas gravit l'escalier. Camille, fantôme aérien, flotte à sa suite. Jean-Nicolas a une lettre à la main. Il l'examine ; c'est l'écriture familière, à peine lisible de son fils aîné.

A-t-il vraiment envie de la lire ? Non, pas spécialement. Mais, du rez-de-chaussée, le reste de la maisonnée réclame à cor et à cri les nouvelles de Paris.

Il la déplie. Non sans quelque difficulté, il en commence la lecture, mais la difficulté, il l'oubliera vite quand il en viendra à la nouvelle que son fils a à lui communiquer.

Stupéfaction, triomphe ! Le meilleur ami de mon fils (en tout cas, un de ses deux meilleurs amis), fait ministre ! Mon propre fils, secrétaire d'État ! Et il va vivre dans un palais !

Jean-Nicolas presse la lettre contre le devant de sa chemise – juste au-dessus de son veston, du côté gauche, au-dessus de son cœur. Nous avons mal jugé ce garçon ! Finalement, c'était un génie ! Il faut que j'aille de suite en ville répandre la nouvelle : les gens,

204

malades d'envie, verts de jalousie, la bile au bord des lèvres. Le père de Rose-Fleur, rongé de désespoir. Imaginez un peu, sa fille pourrait être l'épouse du secrétaire d'État à l'heure qu'il est.

Mais non, se reprend Camille : ce n'est pas ainsi que se dérouleront les choses. Jean-Nicolas se saisira-t-il de sa plume pour envoyer au plus vite ses félicitations ? Plaquera-t-il en toute hâte son chapeau sur ses sévères mèches grises et se précipitera-t-il dehors pour harponner les voisins ? Je t'en fous, oui ! Il va rester là à regarder la lettre avec de grands yeux, tout en répétant : Oh non, oh non ! Tout en se disant : Mais à quelle conduite inqualifiable mon fils doit-il pareille faveur ? Quant à la fierté, il n'en éprouvera aucune. Il n'y aura chez lui que suspicion et contrariété. Une petite douleur lancinante lui vrillera le bas du dos, et il gagnera son lit.

« Camille, à quoi penses-tu ? demande Lucile.

— Je pensais, dit Camille en levant les yeux, qu'il y a des gens qui ne seront jamais contents, quoi qu'on fasse. »

Les femmes présentes jettent à Claude les flèches empoisonnées de leur regard et se rassemblent autour de Camille, tout à la vénération de leur idole.

« Si j'avais échoué, dit Danton, j'aurais été traité comme un criminel. »

Cela faisait douze heures que Camille et Fabre l'avaient réveillé pour lui dire de prendre en charge le destin de la nation. Tiré d'un rêve chaotique où d'innombrables portes ouvraient sur d'innombrables pièces, il s'était agrippé à Camille dans un geste de gratitude incohérent – mais peut-être n'est-ce pas la bonne réaction, peut-être une petite touche de *nolo episcopari* serait-elle de mise ? Non, il était trop fatigué pour prétendre, même par jeu, à l'humilité du « je ne suis pas digne ». Il avait la France à ses ordres, il était donc naturel qu'il la commandât.

De l'autre côté du fleuve, le problème le plus urgent était de savoir ce que l'on allait faire des corps, morts ou vivants, des gardes suisses. L'incendie continuait à ravager le palais dévasté.

« Garde des Sceaux ? s'était exclamée Gabrielle. Mais à quoi pensez-vous ! Camille ne serait même pas capable de garder deux lapins dans un clapier. »

Robespierre était assis là, tout neuf, apparemment, comme si on venait de le sortir d'une boîte et de le déposer, sans un pli de travers, sur un des fauteuils en velours de l'appartement de Danton. Ce dernier appela pour dire qu'il ne voulait être dérangé sous aucun pré-texte – «exception faite de mes secrétaires d'État » – et se prépara à s'en remettre aux opinions de cet homme incontournable.

« J'espère que tu vas m'aider dans mon travail ?

— Bien entendu, Georges Jacques. »

Très sérieux, Robespierre, très attentif ; plus que jamais tel qu'en lui-même ce matin, alors que tout le monde aurait dû se réveiller différent. « Bien, dit Georges Jacques. Tu vas donc accepter un poste au gouvernement ?

— Désolé. Je ne peux pas.

— Mais qu'est-ce que tu racontes ? J'ai besoin de toi. D'accord, tu as la direction des Jacobins et tu es membre de la nouvelle Commune, mais nous devons tous nous… » Le nouveau ministre s'interrompit et fit de ses énormes poings serrés un geste appelant à la solidarité.

« Si tu veux un chef de la fonction publique, François Robert fera parfaitement l'affaire.

— Je n'en doute pas. » Crois-tu vraiment, songea Danton, que je voulais faire de toi un fonctionnaire ? Bien sûr que non ; je voulais t'attacher à moi en te confiant un poste bien rémunéré, mais tout à fait officieux : tu serais mon conseiller politique, mon troisième œil, ma troisième oreille. Alors, où est le problème ? Peut-être es-tu de ces gens qui ne se sentent à l'aise que dans l'opposition, jamais dans le gouvernement ? C'est ça ? Ou bien serait-ce que tu n'as pas envie de travailler sous mes ordres ?

Robespierre leva les yeux ; un regard léger qui ne fit qu'effleurer celui de son soi-disant maître. « Alors, tu me laisses aller ? dit-il avec un sourire.

— Comme tu voudras. » Danton est frappé, ces temps-ci, de s'entendre adopter les inflexions traînantes et prétendument raffinées typiques de l'avocat et employer les expressions qui vont avec, tout en étant conscient de son autre voix, celle du peuple de la rue, elle aussi délibérément cultivée. Robespierre, lui, n'a qu'une voix, assez plate, banale, sans affectation ; celle d'un homme qui, de sa vie, n'a éprouvé le besoin de faire semblant. « À la Commune, pourtant, tu as bien l'intention de prendre les choses en main ? » Il essaya d'adoucir le ton pour passer sur le mode de la suggestion. « Fabre en est membre, tu devrais le considérer comme étant à tes ordres.

— Je ne suis pas sûr, dit Robespierre, manifestement amusé, de partager ton goût du commandement.

207

— Votre problème le plus urgent, c'est celui de la famille Capet. Où avez-vous l'intention de les placer ? »

Robespierre examina ses ongles un instant. « Quelqu'un a suggéré le palais du ministre de la Justice.

— Ah oui ? Et je suppose qu'on me collera dans une mansarde, ou dans quelque placard à balai, pour présider aux affaires de l'État ?

— J'ai tout de suite dit que l'idée ne te plairait pas, réagit Robespierre, manifestement ravi de voir ses soupçons vérifiés.

— On devrait les enfermer dans la vieille tour du Temple.

— Oui, c'est aussi l'opinion de la Commune. Mais c'est un peu sinistre pour les enfants, après ce à quoi ils ont été habitués. » Maximilien, se dit Danton, as-tu jamais été enfant ? « On me dit qu'ils n'auront pas trop à pâtir. Ils pourront se promener dans les jardins. Peut-être auraient-ils envie d'un petit chien pour les accompagner dans leurs sorties ?

— Ne me demande pas ce qui pourrait leur plaire, dit Danton. Tudieu, comment veux-tu que je le sache ? Et puis, de toute façon, il y a des questions autrement plus pressantes que les Capets. Il nous faut mettre la ville sur le pied de guerre. Obtenir l'autorisation de perquisitionner, de réquisitionner. Ramasser tous les royalistes encore armés. Les prisons se remplissent.

— C'est inévitable. Les gens qui, la semaine dernière encore, étaient nos opposants, sont aujourd'hui, je suppose, des criminels ? Il faut bien qu'ils aient un statut, que, d'une manière ou d'une autre, on leur colle une étiquette. Et s'ils sont inculpés, il est de notre devoir de leur offrir la possibilité de se défendre… Or je dois dire que la chose me laisse perplexe, dans la mesure où j'ai quelque mal à définir la nature du crime dont on devrait les accuser.

— Leur crime, c'est de ne pas avoir suivi le cours des événements, dit Danton. Et, bien entendu, je ne suis pas un simplet de la jurisprudence, je comprends parfaitement que les tribunaux ordinaires ne feront pas l'affaire. Personnellement, je pencherais pour un tribunal d'exception. Tu siégerais comme juge ? Nous réglerons le problème plus tard dans la journée. Pour l'heure, il faut que nous mettions les provinces au courant de ce qui se passe. Des idées là-dessus ?

— Les Jacobins sont d'avis de publier un…

— Une version ?

— C'est le mot que tu choisirais ? Oui, bien sûr… Les gens ont besoin de savoir ce qui s'est passé. Camille rédigera le texte. Le club le publiera et le fera distribuer dans tout le pays.

— Camille s'y entend pour les versions, dit Danton.

— Et puis, il faut que nous pensions aux futures élections. En l'état actuel des choses, je ne vois pas comment nous pourrions empêcher les partisans de Brissot d'être réélus.

— On ne peut pas travailler avec eux, d'après toi ? demanda Danton, qui avait relevé la tête au ton adopté par Robespierre.

— J'estime qu'il serait tout bonnement criminel de seulement le vouloir. Écoute, Danton, tu dois bien voir les orientations de leur politique. Ils sont en faveur des provinces et contre Paris – ce sont des fédéralistes. Ils voudraient faire éclater la nation. Si pareille chose devait se produire, s'ils devaient arriver à leurs fins, quelles chances aurait encore le peuple français face au reste de l'Europe ?

— Des chances très réduites. Pour ne pas dire nulles.

— Exactement. On peut donc dire que leur politique vise à la destruction de la nation. Elle relève de la trahison. Elle est de nature à contribuer à la victoire de l'ennemi. Peut-être – qui sait –, peut-être que c'est l'ennemi lui-même qui la leur a inspirée ?

— Arrête, dit Danton en levant une main. Cela reviendrait à dire que ces gens déclenchent une guerre pour ensuite faire en sorte que nous la perdions ? Si tu veux me convaincre que Brissot, Pétion et Vergniaud sont des agents des Autrichiens, tu vas devoir m'apporter des preuves solides, qui tiennent la route devant un tribunal. » Même alors, songea-t-il, je ne te croirai toujours pas.

« Je ferai de mon mieux, dit Robespierre, en écolier sérieux, prêt à s'atteler à la tâche. En attendant, qu'allons-nous faire du duc ?

— Pauvre vieux Philippe, dit Danton. Il mérite quelque chose. Je pense que nous devrions encourager les Parisiens à l'élire à la nouvelle Assemblée.

— La Convention nationale, le corrigea Robespierre. Ma foi, si on ne peut pas faire autrement.

— Il y a aussi le cas Marat.

— Que veut-il, celui-là ?

— Oh, il ne demande rien, pas pour lui-même. Je voulais simplement dire que nous ne pourrons pas faire l'économie du personnage, j'en ai peur. Il compte un nombre impressionnant de partisans parmi le peuple.

— Je suis d'accord, ménageons-le, dit Robespierre.

210

« — Tu le prendras avec toi à la Commune.

— Et à la Convention ? Les gens vont dire que Marat est trop extrémiste, au même titre que Camille – mais nous ne pouvons pas ne pas les avoir avec nous.

— Extrémiste ? reprit Danton. Mais c'est l'époque qui est extrême. Les armées. Nous avons atteint un point de non-retour.

— Je n'en doute pas. Dieu est avec nous. Du moins avons-nous ce réconfort. »

Danton considéra un instant cette déclaration pour le moins stupéfiante. « Malheureusement, finit-il par dire, Dieu ne nous a pas encore fourni la moindre pique. »

Robespierre détourna le visage. On se croirait en train de jouer avec un hérisson, pensa Danton, à peine lui touche-t-on le nez qu'il se rétracte, et on n'a plus affaire qu'aux piquants. « Je n'ai jamais voulu cette guerre, dit Robespierre.

— Malheureusement, elle est là, et on ne peut pas continuer à prétendre qu'elle appartient à quelqu'un d'autre.

— Tu as confiance dans le général Dumouriez ?

— Il ne nous a pas donné de raison de douter de lui.

— Ce n'est pas une raison suffisante, si ? demanda Robespierre, dont la bouche se figea en un rictus désabusé. Qu'a-t-il fait pour nous convaincre de ses sentiments patriotiques ?

— C'est un soldat, et on peut partir du principe que, en tant que tel, il est loyal au gouvernement en place.

— Un principe qui ne s'est pas vérifié en 1789, quand les membres de la garde française sont passés du côté du peuple. Ils ont agi conformément à leurs intérêts naturels. Dumouriez et nos autres fringants aristocrates d'officiers ne tarderont pas, tous autant qu'ils sont, à se conformer aux leurs. Je me demande ce que va faire Dillon, l'ami de Camille.

— Je n'ai pas dit que la loyauté des officiers était garantie. Simplement que le gouvernement la tient pour acquise, tant qu'ils ne nous donnent pas la preuve du contraire. C'est une condition *sine qua non* si l'on veut avoir une armée.

— Puis-je te donner un conseil ? » Les yeux de Robespierre étaient rivés sur le visage de Danton, lequel songea aussitôt : Le genre de conseil que je risque fort de ne pas apprécier. « Tu commences à parler un peu trop du "gouvernement". Tu es un révolutionnaire, c'est la révolution qui t'a fait, et, en période de révolution, les anciens principes ne sont plus valables. En temps de paix et de stabilité, il est peut-être possible pour un État de traiter ses ennemis en faisant comme s'ils n'existaient pas, mais dans un moment comme celui que nous vivons, nos ennemis, nous devons les identifier et les affronter, les combattre. »

Les combattre comment ? s'interrogea Danton. En les raisonnant ? En les convertissant ? En les exterminant ? Mais les exterminations, ce n'est pas ton genre, Max, je me trompe ? Tu n'en es pas partisan. Il reprit à haute voix : « La diplomatie peut limiter l'ampleur de la guerre. Tant que je serai en place, je ferai tout ce qui est en mon pouvoir pour maintenir l'Angleterre hors du conflit armé. Mais quand je n'y serai plus…

— Tu sais ce que dirait Marat ? Et pourquoi ne serais-tu plus en place un jour ?

— Mais j'ai l'intention de siéger à la Convention. C'est la scène qu'il me faut… Tu ne pourras pas me garder ligoté à un bureau. Et comme tu le sais très bien, la loi interdit à un député d'être ministre.

— Écoute, dit Robespierre en sortant d'une de ses poches son petit volume du *Contrat social*.

— Diantre ! L'heure des histoires, dit Danton.

— Écoute-moi ça, dit Robespierre en ouvrant le livre à une page signalée par une marque. "L'inflexibilité des lois, qui les empêche de se plier aux événements, peut, en certains cas, les rendre pernicieuses, et causer par elles la perte de l'État dans sa crise… Si le péril est tel que l'appareil des lois est un obstacle à s'en garantir, alors on nomme un chef suprême qui fait taire toutes les lois." » Il ferma le livre et leva un regard interrogateur.

« Est-ce là simple constatation, s'enquit Danton, ou bien la déclaration a-t-elle valeur normative ? »

Robespierre garda le silence.

« Je dois dire que je ne suis guère impressionné, même si la chose est consignée dans un livre. Et même si elle nous vient de Jean-Jacques.

— Je cherche simplement à te préparer aux arguments qu'on va te jeter à la figure.

— Je vois que tu avais marqué le passage. À l'avenir, inutile de tourner autour du pot. Demande-moi céans ce que tu veux savoir.

— Je ne suis pas venu ici pour te tenter. Si j'avais placé là un signet, c'est parce que j'ai beaucoup réfléchi à la question ces derniers jours.

— Et tu en as conclu ? demanda Danton, le regard vide.

— J'aime bien..., hésita Robespierre. J'aime bien envisager toutes les facettes d'un problème. Nous devons éviter d'être doctrinaires. Mais, d'un autre côté, le pragmatisme peut si facilement dégénérer en absence de principes.

— Les dictateurs finissent toujours par se faire tuer, fit remarquer Danton.

— Mais si, auparavant, tu as sauvé ton pays ? "Il est opportun qu'un homme meure pour le peuple."

— Oublie tout ça, tu veux ? Je n'ai aucune envie d'être un martyr. Et toi ?

— Tout cela reste hypothétique, certes. Mais toi et moi, Danton... Toi et moi, conclut-il, songeur, nous sommes si différents. »

« Je me demande ce que Robespierre pense réellement de moi, dit Danton à Camille.

— Oh, il te trouve merveilleux, s'empressa Camille en souriant de son mieux, dans l'état de confusion et de nervosité qui était le sien. Il n'a pas assez de mots pour te couvrir d'éloges. »

« Je donnerais cher pour savoir quelle opinion Danton a de moi, dit Robespierre.

— Oh, il n'a pas assez de mots pour te couvrir d'éloges, dit Camille avec un sourire contraint. Il te trouve merveilleux. »

La vie va changer. Vous pensiez peut-être que c'était déjà fait ? Attendez un peu, vous n'avez encore rien vu.

Tout ce que vous n'aimez pas, vous le qualifierez désormais d'« aristocratique ». Le terme sera applicable aussi bien à la nourriture qu'aux livres, aux pièces de théâtre, aux façons de parler, aux styles de coiffure et à des institutions aussi vénérables que la prostitution et l'Église catholique.

Si « liberté » était le mot d'ordre de la première révolution, « égalité » est celui de la deuxième. Quant à la fraternité, elle a plus de mal à s'imposer, et doit se contenter de s'immiscer là où elle peut.

Tous les individus sont désormais « citoyen X » ou « citoyenne X ». La place Louis-XV, rebaptisée place de la Révolution, va s'enorgueillir de la machine scientifique à couper les têtes, consacrée « guillotine », en hommage au docteur Guillotin, le fameux expert en santé publique. La rue Monsieur-le-Prince deviendra la rue Liberté, la place de la Croix-Rouge, place du Bonnet-Rouge. Notre-Dame sera le temple de la Raison, et Bourg-la-Reine, Bourg-la-République. Et, avec le temps, la rue des Cordeliers, la rue Marat.

Le divorce ne sera bientôt plus qu'une formalité.

Pendant un temps, Annette Duplessis continuera à se promener dans les jardins du Luxembourg, où elle verra se monter une usine de canons ; le vacarme et la puanteur patriotiques se feront insupportables, et les déchets de fabrication patriotiques seront déversés dans la Seine.

La section du Luxembourg prendra le nom de section Mucius-Scaevola. Les Romains sont à la mode. Mais aussi les Lacédémoniens. Les Athéniens, eux, sont un peu moins en faveur.

Dans au moins une ville de province, la pièce de Beaumarchais *Le Mariage de Figaro* sera interdite, comme elle l'avait été un jour par le roi. Elle évoque un style de vie désormais proscrit ; sans compter qu'elle requiert le port de costumes d'aristocrates.

« Sans-culottes », ainsi se nomment eux-mêmes les gens du petit peuple parce qu'ils s'habillent d'un pantalon, et non d'une culotte courte et de bas. Ajoutez à cela un veston en calicot à larges rayures tricolores et une sorte de veste en laine grossière qui couvre les hanches, la *carmagnole**. Sans oublier, sur la tête, le bonnet phrygien rouge, le « bonnet de la liberté ». Le besoin pour la liberté d'afficher une coiffure spécifique demeure un mystère.

Pour les riches et les puissants, le but est d'être accepté comme un sans-culotte par l'esprit, sans avoir à assumer cet uniforme ridicule. Mais seuls Robespierre et quelques autres laissent encore aux coiffeurs de France sans emploi quelque espoir. La plupart des membres de la nouvelle Convention ont les cheveux ramenés vers l'avant et une frange droite qui leur barre le front, sur le modèle des héros de l'antiquité. On arbore des bottes de cavalier en toute occasion, même lors d'un récital de harpe. Les messieurs ont toujours l'air prêts à capturer toute une colonne prussienne après le dîner, et ce, tous les jours de la semaine.

Les foulards se portent plus haut, comme s'ils devaient protéger la gorge. Celui qui nouera ses foulards le plus haut sera le citoyen Antoine Saint-Just, de la Convention nationale et du Comité de salut public. Aux heures sombres et difficiles de 1794, une inversion féminine obscène fera son apparition : un mince ruban cramoisi, encerclant un cou blanc par ailleurs dénudé.

Il y aura des contrôles économiques, des prix de denrées imposés par le gouvernement. Les prix du café, du sucre déclencheront des émeutes. Pas de bois de chauffage pendant un mois, puis, le mois suivant, pas de savon ni de chandelles. Le marché noir deviendra un commerce florissant mais formidablement périlleux, trafiquants et affameurs encourant la peine de mort.

Les rumeurs sur le compte des *ci-devant** dames et messieurs, les *émigrés** désormais de retour au pays, iront bon train. Tel a vu un marquis travailler comme cireur de chaussures, tandis que sa femme prend des travaux de couture à domicile. Un duc est employé comme valet de pied dans sa propre maison, aujourd'hui propriété d'un banquier juif. Certains se plaisent à croire que ces bruits sont dignes de foi.

L'Assemblée nationale a été le théâtre d'incidents déplorables au cours desquels des messieurs respectables à bout de nerfs ont soudainement porté la main à leur rapière. À la Convention et au club des Jacobins, les bagarres aux poings et au couteau deviendront monnaie courante. L'assassinat pur et simple détrônera le duel.

Pour les riches – les nouveaux riches, s'entend –, il est possible de vivre aussi bien qu'on aurait pu rêver de le faire sous l'ancien régime. Camille Desmoulins au cours d'une conversation semi-privée aux Jacobins, un soir de 1793, de dire : « Je ne comprends pas pourquoi les gens se plaignent de ne plus gagner d'argent. Quant à moi, je n'ai aucun problème de ce côté. »

Les églises seront pillées, les statues défigurées. Des saints aux yeux de pierre brandissent des moignons de doigts, dans un geste de bénédiction tronquée. Un bonnet rouge suffit à sauver une statue de la Vierge, aussitôt proclamée déesse de la Liberté. C'est là pour les vierges le meilleur moyen de se préserver ; qui voudrait de ces furies de femmes politiques ?

En raison du changement des noms de rues, il deviendra impossible d'indiquer leur chemin aux gens. Le calendrier lui-même ne sera pas épargné ; janvier est aboli, adieu à l'aristocratique mois de juin. Les gens s'interpelleront : « Quel jour sommes-nous, si l'on compte en vrais jours ? »

1792. 1793. 1794. La Liberté, l'Égalité, la Fraternité ou la Mort.

La première chose que fit Danton une fois nommé ministre fut de rassembler ses subordonnés les plus anciens. Un grand sourire fendit son visage ravagé. « Je vous conseille, messieurs, dit-il, de faire le choix d'une retraite anticipée. »

« Tu vas terriblement me manquer, dit Louise Gély à Gabrielle. Tu me permettras de venir te voir place Vendôme ?

— Place des Piques, la corrigea Gabrielle, avant de lui adresser un pauvre sourire. Mais oui, bien entendu, il faudra que tu viennes. Et puis, nous serons bientôt de retour, Georges n'a accepté ce poste que pour la durée de l'état d'urgence, et quand celui-ci sera terminé… » Elle ravala ses mots : c'était là tenter le sort.

« Tu ne devrais pas avoir peur, dit Louise en la prenant gentiment dans ses bras. Tu devrais avoir ce regard confiant qui dit : Je sais que tant que mon mari sera dans la ville, l'ennemi ne pourra pas y pénétrer.

— Oui, enfin… toi, tu es courageuse.

— Danton aussi est persuadé de ce que je viens de te dire.

— Mais un homme peut-il en faire autant à lui tout seul ?

— Qui a dit qu'il était seul ? » s'agaça Louise en s'écartant. Difficile parfois de ne pas trouver Gabrielle exaspérante. « En l'occurrence, il s'agit d'un nombre d'hommes considérable, menés par le meilleur des chefs.

— Je ne savais pas que tu appréciais mon mari.

— Ai-je jamais rien dit qui aurait pu t'amener à le croire ? demanda Louise en levant un sourcil interrogateur. Il reste que c'est gentil à lui de s'être occupé de mon père. »

M. Gély avait un nouveau poste au ministère de la Marine.

« Oh, ce n'est rien, dit Gabrielle. Il a trouvé des postes à tous ses anciens employés, et… pour tout dire, à tout le monde. Même à Collot d'Herbois, que nous n'aimons guère.

— Et se montrent-ils dûment reconnaissants ? » Probablement pas, songea Louise. « Ceux qu'il aime, ceux qu'il n'aime pas, les petits, les sans grâce… Je crois qu'il donnerait du travail à toute la ville, s'il le pouvait. C'est intéressant. Je m'interrogeais simplement sur la raison pour laquelle il avait envoyé le citoyen Fréron à Metz ?

— Oh, dit Gabrielle, mal à l'aise, c'est en relation avec le conseil exécutif de là-bas… Ils ont besoin de quelqu'un pour s'occuper de leur révolution, je suppose.

— Metz est sur la frontière.

— Oui.

— Je me demandais s'il ne l'avait pas fait pour rendre service à la citoyenne Desmoulins. Fréron la poursuivait de ses assiduités, non ? Ne cessait de lui lancer des regards énamourés et de multiplier les compliments. Danton n'apprécie pas. La vie sera plus facile pour lui, maintenant que Fréron n'est plus là. »

Si elle avait eu le choix, Gabrielle n'aurait certainement jamais eu cette conversation. Même cette enfant a remarqué, songe-t-elle, même cette enfant de seize ans sait de quoi il retourne.

Quand la nouvelle du coup d'État du 10 août parvint à son quartier général, La Fayette voulut préparer ses troupes pour marcher sur Paris et renverser le gouvernement provisoire. Seule une poignée d'officiers accepta de collaborer. Le 19 août, il franchit la frontière près de Sedan, et, sans plus tarder, fut fait prisonnier par les Autrichiens.

Le ministère de la Justice avait pris l'habitude de se réunir pour le petit déjeuner, afin de planifier le travail de la journée. Danton saluait tout le monde, à l'exception de sa femme, mais il faut dire qu'il l'avait déjà vue plus tôt dans la matinée. Le moment semblait venu pour eux de faire chambre à part ; ils y songeaient l'un et l'autre, mais aucun des deux n'avait le courage d'aborder le sujet. En conséquence de quoi, ils sacrifiaient aux arrangements conjugaux habituels et se réveillaient le matin sous un baldaquin orné d'une couronne, étouffés par des rideaux en velours plus épais qu'un tapis d'Orient.

Lucile portait du gris ce matin-là. Un gris tourterelle dont le côté puritain, de l'avis de Danton, ne manquait pas de piquant. Il s'imagina, penché par-dessus la table, en train de l'embrasser sauvagement sur la bouche.

Rien n'affectait l'appétit de Danton – pas plus un soudain accès de luxure que l'urgence nationale ou la poussière historique des tentures de l'État. Lucile ne mangeait rien. Elle s'y obligeait, désireuse de retrouver des courbes et des angles de jeune fille. « Tu vas dépérir, ma belle », lui disait Danton.

« Elle essaie de ressembler à son mari, expliqua Fabre. Elle ne l'avouera jamais, mais pour une raison connue d'elle seule c'est exactement ce qu'elle fait. »

Camille sirotait une petite tasse de café noir. Sa femme l'observait à la dérobée pendant qu'il décachetait leur courrier – petits coups vicieux de coupe-papier de ses longs doigts élégants. « Où sont François et Louise ? demanda Fabre. Ils ont dû être retardés. Ils sont quand même bizarres, ces deux-là, toujours à se réveiller côte à côte et dans le lit qui les a vus démarrer.

— Assez ! fit Danton. Nous allons instaurer une nouvelle règle : pas de propos lubriques avant le petit déjeuner.

— C'est peut-être avant le petit déjeuner pour toi, dit Camille en posant sa tasse, mais certains d'entre nous sont impatients de s'attaquer à leur ration quotidienne de médisances, de calomnies et autres méchancetés.

— Espérons que la gracieuse atmosphère des lieux finira avec le temps par déteindre sur nous. Même sur toi, Fabre, dit Danton en se tournant vers ce dernier. Attention, mon vieux, ici tu ne vis plus au milieu des Cordeliers, où l'on applaudissait à la moindre de tes dépravations dès que tu mettais le nez dehors.

— Je ne suis pas dépravé, se plaignit Fabre. Camille, voilà un dépravé ! Au fait, je suppose que ça ne dérangera personne si Caroline Rémy vient habiter ici ?

— Tu supposes mal, dit Danton.

— Et pourquoi ? Hérault n'aura rien contre, la porte ne lui sera pas fermée.

— Qu'il ait quelque chose contre ou pas, peu me chaut. Est-ce que par hasard tu aurais l'intention de transformer ces lieux en bordel ?

— Tu parles sérieusement ? » s'enquit Fabre. Il regarda Camille, quêtant son soutien, mais celui-ci lisait son courrier. « Divorce de ta Nicole, épouse Caroline, et nous l'accueillerons à bras ouverts.

— L'épouser ? s'exclama Fabre. Là, tu n'es pas sérieux.

— Si la chose te paraît si impensable, c'est que cette femme ne devrait pas fréquenter nos épouses.

— Ah, je vois. » Fabre était agressif. Non sans raison : il n'en croit pas ses oreilles. Son collègue, l'autre secrétaire d'État, et le ministre se sont offert l'un et l'autre les services de Caroline plus souvent qu'à leur tour, cet été. « Il y a donc une loi pour toi, dit-il, et une autre, fort différente, pour moi.

— Je ne vois pas ce que tu veux dire. Est-ce que j'ai l'intention, moi, d'entretenir une maîtresse en ces lieux ?

— Je crois bien », marmonna Fabre.

Camille éclata de rire.

« Mais rends-toi compte, dit Danton, si Caro vient habiter ici, les autres ministères et l'Assemblée seront au courant dans l'heure, ce qui ne manquera pas de nous attirer – à moi surtout – des critiques sévères et parfaitement justifiées.

— Très bien, dit Fabre avec aigreur. Changeons de sujet. Veux-tu entendre, monsieur le ministre, ce que Condorcet dit dans le journal d'aujourd'hui de ton extraordinaire promotion ?

— J'espère que tu ne vas pas vouloir nous édifier tous les matins à coups de délires brissotins, dit Lucile. Mais bon, vas-y. »

Fabre déplia le journal et commença à lire. « "Il fallait pour occuper cette haute fonction un homme jouissant de la confiance des agitateurs qui ont récemment provoqué le renversement de la monarchie. Un homme investi d'une autorité personnelle suffisante pour contrôler les agents les plus méprisables de cette révolution éminemment profitable, glorieuse et nécessaire." Ça, c'est pour nous, Camille. "Un homme, enfin, doué d'une éloquence, d'une ardeur et d'une personnalité telles qu'elles lui interdiraient de déshonorer aussi bien la fonction que les membres de l'Assemblée appelés à avoir des contacts avec lui. Danton était le seul à rassembler toutes ces qualités. J'ai voté pour lui et ne regrette en rien ma décision." »

Ayant terminé, Fabre se pencha vers Gabrielle. « Alors... tu n'es pas impressionnée ?

— Pas mal de réticence, malgré tout, dit Camille.

— De la condescendance, aussi, dit Lucile en tendant le bras pour prendre le journal des mains de Fabre. "... appelés à avoir des contacts avec lui". On dirait qu'il parle de gens enfermés dans une cage que l'on aiguillonne à travers les barreaux avec un long bâton. Et qui claquent des dents.

— Comme si cela importait, dit Camille, que Condorcet regrette ou non sa décision. On croirait bien

qu'il avait le choix. Comme si les vues du clan brissotin avaient une quelconque importance.

— Tu verras qu'elles en auront quand il s'agira
d'élire la Convention nationale, dit Danton.

— J'aime bien ce qu'il dit de ta personnalité, reprit
Fabre. Je me demande ce qu'il aurait eu à dire s'il
t'avait vu traîner Mandat dans les couloirs de l'Hôtel
de Ville.

— Essayons d'oublier tout ça, dit Danton.

— Ah… moi qui croyais que c'était un de tes
grands moments, Georges Jacques. »

Camille avait fait deux petites piles de ses lettres.
« Rien de Guise, dit-il.

— Peut-être sont-ils trop impressionnés par ta nouvelle adresse.

— Je serais plutôt d'avis qu'ils ne me croient pas.
Ils doivent s'imaginer que c'est une de mes grandioses
supercheries.

— Ils ne reçoivent pas les journaux ?

— Si, bien sûr, mais ils ne sont pas assez bêtes pour
croire ce qu'il y a dedans, Dieu merci. Surtout maintenant que j'écris pour eux. Vous savez quoi, mon père
est persuadé que je finirai pendu.

— Ce n'est pas impensable, plaisanta Danton.

— Tiens, voilà qui va peut-être t'intéresser. Une
lettre de mon cher cousin Fouquier-Tinville, dit
Camille en jetant un œil sur l'écriture élaborée de
son parent. Pommade éhontée, flatteries, mortifica-
tion, mon très cher et affectionné Camille, courbettes,
supplique, tout y passe… "l'élection des ministres
patriotes… que je connais tous de réputation, mais qui
malheureusement ne me connaissent pas"…

— Moi, je le connais, dit Danton. Un type utile. Fera tout ce qu'on lui dit.

— "Je veux croire que tu plaideras en ma faveur auprès du ministre de la Justice pour qu'il me procure une situation… Tu sais que je suis père d'une famille nombreuse, et pas très à l'aise financièrement"… Voilà, conclut-il en laissant tomber la lettre devant Danton, je plaide la cause de mon très humble et très obéissant serviteur Antoine Fouquier-Tinville. On dit de lui dans la famille que c'est un avocat fort compétent. Emploie-le si tu t'en sens l'envie. »

Danton ramassa la lettre en riant. « Que de servilité ! Quand tu y penses, quand même, Camille… Il y a trois ans ce printemps, t'aurait-il seulement donné l'heure si tu la lui avais demandée ?

— Certainement pas. Il n'aurait jamais reconnu un lien de parenté, même lointain, avec moi, jusqu'à la chute de la Bastille.

— Il n'empêche, dit Danton tout en lisant la lettre, ton cousin pourrait nous être utile pour le tribunal spécial que nous mettons en place afin de juger les perdants. Laisse-moi m'en occuper, je vais lui dénicher quelque chose.

— Et celles-là, qu'est-ce que c'est ? demanda Lucile en indiquant l'autre pile de lettres.

— Les premières étaient patelines, dit Camille, avant d'agiter une main. Celles-là sont obscènes. » L'attention de Lucile s'était concentrée sur la main, qui avait l'air presque transparente. « Vous savez quoi, dans le temps je transmettais ce genre de correspondance à Mirabeau. Il en avait de pleins classeurs.

— Je peux voir ? demanda Fabre.

— Plus tard, dit Danton. Robespierre reçoit-il lui aussi ce genre de courrier ?

— Oui, de temps à autre. Maurice Duplay les trie. Bien entendu, la maisonnée est une proie idéale pour toute imagination en mal de copie. Toutes ces filles, sans compter les deux jeunes garçons. Ce qui jette Maurice dans des rages folles. Il semblerait que mon nom revienne souvent dans les conversations. Il s'en plaint à moi. Comme si j'y pouvais quelque chose.

— Robespierre devrait se marier, intervint Fabre.

— Le mariage n'arrange guère les choses, semble-t-il », dit Danton en se tournant vers sa femme et en affichant l'attitude du mari dévoué à sa moitié. « Que vas-tu faire de ta journée, ma chérie ? Il émane de toi, à ce que je vois, une extraordinaire joie de vivre, ajouta-t-il, constatant qu'elle ne répondait pas.

— Ma maison me manque », dit Gabrielle. Elle baissa les yeux sur la nappe. Elle n'avait pas envie de voir sa vie privée étalée au grand jour.

« Pourquoi ne pas aller dépenser un peu d'argent ? lui suggéra son époux. Ça te changera les idées. Va voir les couturières.

— Je suis enceinte de trois mois, je te le rappelle. Les robes ne m'intéressent pas, vois-tu.

— Ne sois pas aussi méchant avec elle, Georges Jacques », dit doucement Lucile.

Gabrielle rejeta la tête en arrière et lui lança un regard noir. « Je n'ai pas besoin de la protection d'une petite traînée. » Elle se leva de table. « Je vous prie de bien vouloir m'excuser. » Ils la regardèrent sortir.

« Ne fais pas attention, Lolotte, dit Danton. Elle n'est pas elle-même.

— Gabrielle a le tempérament des auteurs de ces lettres, dit Fabre. Elle voit le mal partout.

— Tiens, tu pourras satisfaire ta curiosité dévorante, dit Danton en poussant vers lui le paquet de lettres. Mais emporte-les. »

Fabre fit une révérence toute théâtrale à Lucile et quitta la pièce avec empressement.

« Elles ne vont pas lui plaire, dit Danton. Même à lui.

— Max a des propositions de mariage, dit Camille tout à trac. Il en reçoit deux ou trois par semaine. Il les garde dans sa chambre, nouées avec un ruban. Il classe tout, vous savez.

— C'est un des produits de ton imagination, ça, dit Danton.

— Non, je t'assure. Il les range sous son matelas.

— Tu as des preuves ? » exigea Danton à la manière d'un procureur général.

Ils s'esclaffèrent. « Ne t'avise pas d'aller répandre cette histoire, dit Camille, parce que Max saura forcément d'où ça vient. »

Gabrielle réapparut et resta sur le seuil, tendue et renfrognée. « Quand vous en aurez terminé, j'aimerais parler à mon mari, juste un instant. Si toutefois vous pouvez vous passer de lui.

— Tu peux prendre mes fonctions de ministre pour aujourd'hui, dit Danton à Camille en se levant, et je m'occuperai de ce que Gabrielle appelle "les affaires de l'étranger". Oui, ma chérie, que me voulais-tu ?

— Bon Dieu ! fit Lucile, quand ils furent sortis. Une traînée, moi ?

— Ce n'est pas ce qu'elle voulait dire. Elle est très malheureuse, et très perturbée.

— On n'est pas d'une grande aide, qu'en dis-tu ?

— Qu'est-ce que tu suggères ? »

Leurs mains s'effleurèrent. Ils n'étaient pas prêts à abandonner la partie.

Les armées des alliés étaient sur le sol français. « Paris est tellement sûr, déclara Danton à l'Assemblée, que j'y ai amené mes fils en bas âge et ma vieille mère, dans mon appartement de la place des Piques. »

Il rencontra le citoyen Roland dans les jardins des Tuileries ; ils se promenèrent au milieu des arbres. Une lumière tachetée de vert dessinait des arabesques sur le visage de son collègue. La voix du citoyen Roland tremblait : « Peut-être le moment de partir est-il venu. Le gouvernement doit rester soudé, à tout prix. Si nous nous repliions au-delà de la Loire, alors peut-être que, quand Paris sera pris… »

Danton se tourna brutalement vers lui. « Fais bien attention, Roland, quand tu parles de t'enfuir… Les gens pourraient t'entendre. Mais vas-y, mon vieux, ne te gêne pas. Si tu n'as pas le cran de te battre, va-t'en. Quant à moi, je n'irai nulle part, Roland. Je reste ici pour gouverner. Quand Paris sera pris ? Ça n'arrivera jamais. Nous le brûlerons d'abord. »

Sait-on comment se répand la peur ? Danton pense qu'il doit y avoir un mécanisme à la base, un processus qui fait partie intégrante du cerveau ou de l'âme humaine. Il espère que, en vertu de ce même processus, et par les mêmes voies, le courage peut lui aussi se répandre ; qu'il se maintienne au centre, et la bravoure se propagera à partir de sa personne.

Assise dans une chaise à haut dossier, Mme Recordain examinait le décor opulent du palais du ministre de la Justice. Et faisait la moue.

On commença à creuser des tranchées sous les murs de la ville.

Au cours des premières semaines du nouveau ministère, Marat vint souvent en visite. Il ne prenait ni bain pour l'occasion ni rendez-vous ; traversait les galeries de sa démarche nerveuse et torturée, énonçait au passage « Le ministre, le secrétaire d'État », avec un air écœuré, et agressait physiquement quiconque s'avisait de vouloir l'arrêter.

Ce matin-là, deux employés du ministère conversaient devant la porte du secrétaire Desmoulins, l'air mécontent, le ton indigné. Ils ne firent aucun effort pour tenter de stopper Marat. Avec toi, il aura ce qu'il mérite, disait clairement leur expression.

La pièce était vaste et splendide, et Camille en était l'élément le moins remarquable. Les murs étaient couverts de portraits, que le temps avait patinés à coups de suif et de fumée ; les visages graves des ministres, sous leur perruque poudrée, étaient tous semblables. Imperturbables, ils contemplaient l'occupant d'un bureau qui, à une époque ou à une autre, avait peut-être été le leur. Voilà qui nous est bien égal, semblaient-ils dire, puisque nous sommes morts. La présence de Camille en ces lieux ne leur posait apparemment aucun problème, absolument aucun.

« Longwy est tombé, dit Marat.

— Oui, c'est ce qu'on m'a dit. Il y a une carte là-bas, que l'on m'a fournie étant donné mon incapacité à placer une ville où qu'elle soit.

« — Et puis ce sera Verdun. Dans la semaine. » Marat s'assit en face de Camille. « Qu'est-ce qu'ils ont, tes subordonnés ? Ils sont là dehors, en train de râler.

— On étouffe ici. Je voudrais bien être encore à la tête d'un journal. »

À cette époque, Marat ne publiait plus de journal, à proprement parler ; il préférait exprimer ses opinions sur des affiches qu'il placardait dans toute la ville. Le procédé n'était pas de nature à favoriser la subtilité ni l'argumentation serrée ; de quoi, disait-il, vous rendre avare de vos sympathies. Il regarda longuement Camille. « Toi et moi, soleil de ma vie, nous allons être fusillés.

— L'idée m'en est venue, oui.

— Qu'est-ce que tu feras à ce moment-là ? Tu vas t'effondrer et supplier qu'on t'épargne ?

— Oui, j'imagine, dit Camille, lucide.

— Mais ta vie vaut quelque chose. La mienne aussi, même si, je le crains, beaucoup de gens ne seraient pas de cet avis. Nous avons un devoir envers la révolution, à ce stade. Les armées de Brunswick sont toutes mobilisées. Qu'en dit Danton ? La situation est critique, mais pas désespérée. Ce n'est pas un imbécile, je crois qu'il a vraiment des raisons d'espérer. Mais j'ai peur, Camille. L'ennemi dit qu'il va dévaster la ville. Les gens vont souffrir, tu sais, comme ils n'ont sans doute jamais souffert de toute notre histoire. Peux-tu seulement imaginer les proportions que prendra la vengeance des royalistes ? »

Camille secoua la tête, suggérant par ce geste : Je préfère ne pas.

« Les comtes de Provence et d'Artois rentreront. Et Marie-Antoinette reprendra sa place. Les prêtres, eux aussi, reviendront. Des enfants aujourd'hui au berceau paieront pour ce qu'ont fait leurs pères et leurs mères. » Marat se pencha en avant, le corps voûté, l'air totalement absorbé, tel qu'il était quand il parlait à la tribune des Jacobins. « Ce sera un abattoir, le massacre de toute une nation. »

Camille posa les coudes sur le bureau et observa Marat. Il n'arrivait pas à se représenter ce que l'autre voulait l'entendre dire.

« Je ne sais pas comment on pourrait arrêter l'avance de l'ennemi, reprit Marat. Je laisse ça à Danton et aux militaires. Moi, ce qui m'inquiète, c'est le sort de cette ville, ce sont les traîtres qu'elle contient, les subversifs, les royalistes entassés dans nos prisons. Des prisons, si l'on peut dire, qui ne sont pas sûres – tu sais comme moi que nous avons des gens enfermés dans des couvents, des hôpitaux ; nous n'avons pas assez d'endroits pour les garder, et nous n'avons pas les moyens de renforcer la sécurité de ceux que nous utilisons.

— Dommage finalement que nous ayons détruit la Bastille, dit Camille. En un sens.

— Et s'ils s'évadent ? dit Marat. Non, ce n'est pas une idée en l'air – l'arme de l'emprisonnement, le concept même de prison, ne va pas sans un certain assentiment, une certaine coopération, de la part de l'emprisonné. Et si cette coopération n'avait soudain plus lieu d'être ? Au moment où nos troupes partent engager la bataille, abandonnant la ville aux femmes, aux enfants et aux politiques, les aristocrates s'échappent en masse de leurs prisons, retrouvent leurs caches d'armes…

— Des caches d'armes ? Ne sois pas ridicule. Pourquoi crois-tu que la Commune ait fait fouiller toutes les habitations les unes après les autres ?

— Pourrais-tu me jurer que rien ne lui a échappé ? » Camille secoua la tête. « Alors, que veux-tu que nous fassions ? Les débusquer dans leur prison et les tuer tous ?

— Enfin ! dit Marat. J'ai bien cru qu'on n'y arriverait jamais.

— Les tuer comme ça, de sang-froid ?

— Ou autrement, peu importe.

— Et tu vas organiser le massacre, c'est bien ça ?

— Oh non, les choses se feront de façon tout à fait spontanée. Avec une population si terrifiée, comprends-tu, si pleine de haine pour son ennemi...

— De façon spontanée ? s'écria Camille. Voilà qui est plausible, ma foi ! » Et pourtant, se dit-il, nous avons là une ville menacée d'un péril imminent, une population en rage, un océan de haine sans cible précise dont les lames viennent s'écraser contre les institutions de l'État et envahir les places publiques, et nous avons aussi des victimes, une cible pour cette haine, nous avons des traîtres tout désignés – oui, la chose devenait plus plausible, de minute en minute.

« Ne sois pas stupide, mon vieux, dit Marat. Nous savons l'un comme l'autre comment le processus se met en place.

— Nous avons déjà commencé à traduire les royalistes en jugement.

— À ton avis, avons-nous un an devant nous ? Un mois ? Que dis-je, une semaine ?

— Non, c'est vrai, je vois où tu veux en venir. Mais Marat, nous n'avons jamais... je veux dire, nous ne

232

nous sommes jamais engagés dans ce genre d'action. Tu auras beau dire, tu auras beau faire, ça restera un meurtre.

— Arrête de te voiler la face, hypocrite que tu es. Comment appelles-tu ce qu'on a fait en 1789 ? C'est le meurtre qui t'a constitué. C'est le meurtre qui t'a sorti de l'ombre et qui t'a placé là où tu es aujourd'hui. Meurtre ! Un mot, rien d'autre.

— Je ferai part à Danton de ce que tu suggères.

— Fais donc.

— Mais il refusera d'être complice.

— Qu'il fasse ce que bon lui semble. De toute façon, cela arrivera. Alors, de deux choses l'une, ou nous contrôlons la situation autant que faire se peut, ou bien l'événement se produit en dehors de nous, et nous n'avons aucune prise sur lui. Danton doit être maître ou serviteur – lequel des deux sera-t-il ?

— Il y laissera sa réputation. Son honneur.

— Oh, Camille ! dit Marat, s'apitoyant. Son honneur ! Mon pauvre Camille ! » ajouta-t-il en secouant la tête.

Camille se rejeta contre le dossier de sa chaise, étudia le plafond, les portraits qui s'alignaient tout autour de la pièce ; les yeux des ministres étaient ternes sous la patine, le blanc moucheté de jaune par l'âge. Avaient-ils eu des femmes, des enfants ? Des sentiments ? Sous leur gilet brodé, les côtes avaient-elles remué, les cœurs avaient-ils battu ? Les visages lui renvoyaient son regard, impassibles. Les deux employés du ministère n'étaient plus derrière la porte. Il entendait le tic-tac d'une pendule, les minutes s'égrener.

« Le peuple n'a pas d'honneur, reprit Marat. Il n'a jamais pu s'offrir un tel luxe.

« — Et si les autres ministres s'y opposent ?

— Les autres ministres ? Épargne-moi ce couplet, tu veux bien. Tous des eunuques, les autres ministres.

— Danton ne va pas aimer ça du tout.

— Il n'a pas à aimer ou à ne pas aimer, dit Marat avec violence, il faut qu'il en voie la nécessité, c'est tout. C'est pourtant simple… un enfant le comprendrait. Il ne va pas aimer ? Et crois-tu que ça me plaise, à moi ? » Camille s'abstint de répondre. Marat garda le silence quelques secondes. « Enfin… ça ne me dérange guère, finit-il par avouer. Pour tout dire, ça ne me dérange même pas du tout. »

Les préliminaires des élections à la Convention ont déjà commencé. Il semble donc que la vie continue. On cuit le pain du lendemain, on répète dans les théâtres.

Lucile a repris son bébé ; des vagissements retentissent dans les grandes suites, sous les fresques des plafonds, au milieu des documents et des livres de droit reliés plein cuir, dans des lieux qui n'ont jamais jusque-là connu de cris d'enfant.

Verdun tombe le 1er septembre. L'ennemi, s'il choisit maintenant de poursuivre son avancée, n'est plus qu'à deux jours de marche de la capitale.

Robespierre : il ne cessait de penser à Mirabeau, ces temps-ci, à la manière dont l'homme disait toujours, s'accompagnant d'un geste ample du bras : « Mirabeau le fera », ou « Le comte de Mirabeau répondra… », parlant de lui comme d'un personnage d'une pièce qu'il aurait mise en scène. Il est conscient des regards fixés sur lui, à présent : Robespierre agit ; ou : Robespierre n'agit toujours pas.

Robespierre ne bouge pas et regarde les autres qui le regardent.

Quand il avait refusé de siéger comme juge au tribunal spécial de Danton, il avait surpris l'éclair de contrariété dans les yeux de ce dernier : « Tu es donc toujours contre la peine de mort, mon ami ? » avait dit Georges Jacques. Et pourtant, Danton lui-même s'était montré clément. Le citoyen Sanson n'était pas débordé de travail, loin s'en fallait. Un officier de la garde nationale avait bien été exécuté – par la nouvelle machine à couper les têtes –, ainsi que le secrétaire de la liste civile, mais on avait sursis à l'exécution d'un journaliste aristocrate condamné à mort. Camille avait posé ses mains sur les épaules lasses du ministre et dit, d'un ton cajoleur, que ce serait créer un fâcheux précédent que d'exécuter un journaliste. Danton avait ri. « Comme tu veux. Impossible de casser le jugement, alors veille à ce que l'exécution soit reportée. À la longue, l'homme se perdra dans les dédales du système. Agis pour le mieux, tu as ma signature. »

En d'autres termes, le règne de l'arbitraire : que cet homme restât en vie, d'après Fabre, tenait au souvenir que gardait Camille d'une victoire qu'il avait remportée sur lui au terme d'un échange injurieux datant de 1789 ; se sentant du coup d'humeur magnanime, Camille avait monté son numéro de cocotte pour amuser Danton et l'amadouer, à force de chatteries, à la fin d'une dure journée. (Un secret, à entendre Fabre, que Camille pourrait vendre avec profit à l'épouse du susdit.) Fabre n'avait pas été sans se choquer de l'incident ; non point en raison d'une passion immodérée qu'il aurait entretenue pour la justice, se disait Robespierre, mais parce qu'il ne disposait

235

pas de moyens semblables pour parvenir à ses fins. Était-il, lui, Robespierre, vraiment le seul à penser qu'on ne devait pas user et abuser ainsi de la loi ? Il en concevait un léger sentiment de répulsion, avait du mal à accepter la chose sur le plan des principes. Mais ce sentiment lui venait d'une autre époque, celle d'avant la révolution. La justice était aujourd'hui au service de la politique. Un état de fait dont dépendait leur survie même. Et pourtant, il aurait été profondément écœuré d'entendre Danton réclamer des têtes à grands cris, comme ce démon de Marat. Si l'on pouvait reprocher quelque chose à Danton, c'était son manque d'énergie, son goût de la flatterie, d'où qu'elle vînt, y compris, mais pas seulement, de Camille.

Brissot. Vergniaud. Buzot. Condorcet. Roland. Roland et Brissot à nouveau. Dans ses rêves, ils attendent en riant de pouvoir le prendre dans leurs filets. Et Danton ne fera rien…

Voilà les conspirateurs : pourquoi, se demandait-il (dans la mesure où il était un homme raisonnable), craignait-il la conspiration là où personne d'autre ne la soupçonnait ?

Et il répondait : Je crains ce que le passé m'a donné des raisons de craindre. Mais il y a aussi les conspirateurs qui assiègent la forteresse du dedans : le cœur et ses palpitations, la tête et ses douleurs, l'estomac et sa digestion laborieuse, sans compter des yeux qui supportent de moins en moins l'éclat de la lumière. Derrière eux, dans l'ombre, rôde le maître conspirateur, la partie occulte de l'esprit ; des cauchemars le réveillent à quatre heures et demie du matin, qui le laissent allongé dans une futile parodie de sommeil à attendre que le jour se lève.

À quelles fins cet homme intérieur conspire-t-il ? Pour prendre une nuit de congé et lire un roman ? Pour avoir plus d'amis, être davantage aimé ? Mais les gens ne trouvaient rien d'autre à dire que : Vous avez vu Robespierre ? Il ne se sépare plus de ces lunettes aux verres teintés… Pour sûr, ça lui donne un air sinistre.

Vêtu d'un habit écarlate, Danton était à la tribune de l'Assemblée. La foule acclamait ; certains pleuraient. On entendait jusque sur l'autre rive le vacarme provenant des galeries du public.

Une voix puissante, retentissante, totalement maîtrisée, une respiration rythmée suivant les leçons de Fabre. Dans sa tête, le fil de ses pensées se dévide simultanément dans deux directions. La première : plans élaborés, armées déployées, manœuvres diplomatiques engagées ; mes généraux peuvent les contenir une quinzaine de jours, et après, après, je fais autre chose, après, je leur vends la reine s'ils sont preneurs, ou ma propre mère, ou je me rends, ou je me tranche la gorge.

Deuxième direction : ce sont les paroles qui engendrent les actes. Comment des mots peuvent-ils sauver un pays ? Les mots fabriquent des mythes, semble-t-il, et pour leurs mythes les gens sont prêts à se battre jusqu'à la victoire. Paroles de Louise Gély : « Il faut leur dire ce qu'ils ont à faire. Une fois qu'ils savent quelle attitude adopter, comment faire face à la situation, tout leur devient facile. » Comme elle a raison, cette enfant… la situation est simple. Même une gamine de seize ans est capable de la comprendre. Ce qu'il faut d'abord, ce sont des mots simples. Peu nombreux, et courts. Il se redresse de toute sa hauteur, tend une main vers son auditoire. « De l'audace, dit-il, encore de l'audace, toujours de l'audace, et la France est sauvée. »

À cet instant, écrivit quelqu'un, cet homme d'une laideur pourtant insoutenable était beau.

Il se faisait l'effet d'un empereur romain, présent lors de sa propre déification. Des dieux vivants se rencontrent dans les rues, à présent : des avatars chargent les canons, des icônes pipent les dés.

Legendre : « L'ennemi était aux portes de Paris. Danton est arrivé, il a sauvé le pays. »

Il est très tard. Le visage de Marat, à la lumière de la chandelle, est livide, il paraît liquéfié. Fabre a trouvé là des motifs de raillerie. Il a une bouteille de cognac sous le coude. À ce stade, il y a peut-être une dizaine de personnes dans la pièce. Ils ne se sont pas présentés nommément les uns aux autres et évitent de se regarder en face. Peut-être que, d'ici à un an, ils seront incapables d'affirmer avec certitude qui était présent ce soir-là et qui ne l'était pas. Un chef de section à l'air plébéien ostentatoire est assis à côté d'une fenêtre ouverte : les autres membres du groupe ne supportent pas l'odeur de sa pipe.

« Ce ne sera pas arbitraire, dit un homme de la Commune. Nous aurons des patriotes de confiance, des membres des sections, à qui nous aurons fourni des listes de noms exhaustives. Ils auront la possibilité d'interroger chaque prisonnier, de relâcher tous les innocents que nous retenons encore et de prononcer une condamnation contre les autres. Qu'en dites-vous ?

— Pour moi, c'est parfait, dit Marat. Du moment qu'il n'y a qu'une condamnation possible.

— Crois-tu que ça servira à quelque chose, cette parodie de justice ? demande Camille à l'homme de la Commune. Ne penses-tu pas que vous pourriez tout aussi bien débarquer dans les prisons et massacrer les gens sans discrimination ?

— Nul doute que c'est ainsi que se passeront les choses pour finir, dit Marat. Il nous faut cependant donner l'impression de respecter les formalités. Mais vite, citoyens, il nous faut agir au plus vite. Les gens sont affamés, assoiffés de justice.

— De grâce, Marat, dit Camille, épargne-nous tes formules. »

Le sans-culotte à la pipe enlève le tuyau de sa bouche. « Tu n'es pas vraiment fait pour ce genre de travail, Camille, je me trompe ? Pourquoi ne rentres-tu pas tout simplement chez toi ? »

D'un doigt énergique, Camille frappe la pile de papiers devant lui. « C'est mon affaire, c'est l'affaire du ministre.

— Écoute, si ça peut t'aider, dit le sans-culotte, considère la chose comme un prolongement de ce que nous avons fait le 10 août. Ce jour-là, nous avons entamé un processus, que nous achevons aujourd'hui. À quoi bon fonder une république si on est incapable ensuite d'agir pour la maintenir en place ?

— C'est ce que je lui dis, intervient calmement Marat. C'est ce que je ne cesse de lui dire. Ce garçon est stupide ! »

Au centre de la table, tel un trophée, trône le cachet portant la signature du ministre. C'est tout ce dont on a besoin pour faire sortir un homme ou une femme de prison. Il est vrai que le citoyen Roland, en sa qualité de ministre de l'Intérieur, devrait avoir son mot à dire à propos de ce qui se passe dans nos geôles. Mais le sentiment général, c'est que Roland ne sait rien à ce sujet et ne s'en soucie guère ; s'en soucie peut-être mais ne sait rien ; en sait quelque chose mais ne s'en soucie pas ; s'en soucie, mais n'ose rien entreprendre. Et qui se soucie de Roland, de toute façon ? Encore une décision urgente à prendre, et il risque la crise cardiaque.

« Venons-en à nos listes », dit le citoyen Hébert.

Les listes sont longues, très longues. Il y a environ deux mille personnes emprisonnées à l'heure actuelle, tout compte fait ; il est difficile d'établir un chiffre exact, beaucoup de prisonniers ne sont même pas répertoriés. Tous ceux dont le nom sera rayé des listes seront libérés dès ce soir ; les autres se débrouilleront avec leurs juges improvisés.

Ils arrivent à un prêtre, un certain Bérardier. « Je demande qu'il soit relâché, dit Camille.

— Un prêtre réfractaire, qui a refusé de prêter serment à la Constitution…

— Relâché ! » insiste Camille avec violence. Ils haussent les épaules, tamponnent l'ordre de libération. Camille est imprévisible et s'accommode mal d'être contrarié. Et puis il y a toujours la possibilité qu'une personne donnée soit un agent secret à la solde du gouvernement. Danton a rédigé à la hâte sa propre liste de prisonniers qu'il souhaite voir relâchés, et l'a fait passer à Fabre. Camille demande à la voir ; Fabre refuse. Camille laisse alors entendre que Fabre l'a trafiquée. Sur quoi, ce dernier demande pour qui on le prend. Tout le monde reste coi. Fabre insinue à son tour qu'un avocat d'âge mûr dont Camille a obtenu la relaxe a été de ses amants au début des années 1780, à une époque où le jeune Desmoulins était aussi mignon qu'impécunieux. Quand bien même ce serait le cas, répond sèchement Camille, cela vaut toujours mieux que de sauver une vie en échange d'une jolie commission, ce que Fabre est probablement en train de faire. « Fascinant, tout ça ! intervient Hébert pour mettre un terme à l'échange. Pouvons-nous passer à la feuille suivante ? »

Des messagers attendent devant la porte, prêts à porter en toute urgence les ordres de libération. Il est difficile, quand la plume saute un nom, de l'associer au cadavre auquel il pourrait appartenir, demain ou après-demain. Aucun des présents n'a le sentiment de rien commettre de répréhensible, on sent simplement dans la pièce la fatigue, et l'arrière-goût laissé par de mesquines querelles. Camille se sert généreusement du cognac de Fabre. Quand l'aube arrive, l'atmosphère est à une sorte de sombre camaraderie.

S'était posée, évidemment, la question de savoir qui allait se charger des exécutions, et qui ne serait ni les hommes penchés sur les listes, ni même le sans-culotte à la pipe. On trouva judicieux de recruter quelques bouchers en leur promettant une coquette rémunération. L'intention n'avait rien de moqueur ni de macabre, mais se voulait saine et pleine d'humanité.

Malheureusement, les rumeurs d'un complot des aristocrates répandant la panique dans toute la ville, des néophytes enthousiastes se joignirent aux exécutants professionnels. Ils manquaient d'habileté, et les vrais bouchers ne se firent pas faute de remarques fort sévères sur leurs connaissances très rudimentaires de l'anatomie. À moins qu'ils n'eussent délibérément cherché à torturer et à mutiler.

À midi, l'exaspération est à son comble : « On aurait aussi bien pu se dispenser de passer la nuit sur ces putain de listes, dit Fabre. Je suis sûr que ce ne sont pas les bonnes personnes qu'on est en train de massacrer. »

Camille repense à ce qu'a dit Marat : Ou bien nous contrôlons nous-mêmes la situation, ou bien l'événement se produit en dehors de nous et nous n'avons plus aucune prise sur lui. Au fil des heures, à mesure que parviennent les épouvantables nouvelles, il semble que nous soyons perdants sur les deux tableaux. Nous ne vivrons plus désormais un seul moment libérés du poids de la culpabilité ; et nous ne vivrons plus un seul jour auréolés de la réputation qui était la nôtre. Et pourtant nous n'avons ni planifié ni voulu tout ce qui arrive, pas même la moitié. Nous nous sommes contentés de tourner le dos, de nous laver les mains de l'affaire ; une fois la liste dressée, le processus engagé, nous sommes rentrés nous coucher, tandis que le peuple se livrait au pire, et que ses représentants (songe Camille) de héros devenaient charognards, sauvages, cannibales.

Au début, on s'est efforcé de procéder avec un certain ordre, avec un semblant de légalité, si risible qu'il fût. Un groupe de sans-culottes, coiffés d'un bonnet rouge, armés, assis derrière la plus grande table disponible, et, devant eux, le suspect ; dehors, dans la cour, les bourreaux qui attendent, munis de coutelas, de haches, de piques. Ils remettent la moitié des suspects en liberté – pour une raison valable, ou par sentimentalisme, ou encore parce qu'une erreur d'identité a été débusquée juste à temps. La question de l'identification se fait d'ailleurs de plus en plus complexe au fil du temps, les gens prétendant avoir perdu leurs papiers ou se les être fait voler ; mais quiconque est en prison doit s'y trouver pour une raison, n'est-ce pas, et cette raison a forcément à voir avec une atteinte au bien commun… et puis, et puis, comme l'a dit un des sans-culottes derrière la table : Pour moi tous les aristos se ressemblent, ils ont tous la même tête.

Certains savent qu'ils sont condamnés, d'autres ont le temps de prier, d'autres encore meurent en se débattant et en hurlant, luttant jusqu'au dernier souffle. Un tueur furieux fait irruption dans le tribunal : « Tudieu, réfléchissez un peu ! Donnez-nous une chance, quoi. On n'arrive pas à suivre. » Alors, les prisonniers sont congédiés d'un geste désinvolte par leurs juges : « Allez, vous êtes libre. » Un homme est à la porte, qui les abat au moment où ils sortent. La liberté est la dernière chose qu'ils auront connue.

Milieu d'après-midi : Prudhomme, le journaliste, attendait que la réunion de Danton se termine. Il ignorait que celui-ci avait ri des protestations du directeur des prisons ou qu'il avait injurié le secrétaire personnel de Roland. Depuis ce jour de 1791 où une bande de gardes nationaux l'avaient pris pour Camille et avaient failli le tuer, Prudhomme se sentait autorisé à s'intéresser à Danton et à ses amis.

Danton posa sur lui des yeux un peu vides. « Les prisonniers se font massacrer, lui dit Prudhomme.

— Qu'ils aillent se faire foutre, les prisonniers. Ils n'ont qu'à faire attention à eux. » Et il commença à s'éloigner à grandes enjambées. Camille examina Prudhomme, incapable, comme toujours, d'imaginer inscrites sur son propre visage les cicatrices à présent atténuées qui marquaient celui de son interlocuteur.

« Ne t'inquiète pas », lui dit-il, pourtant visiblement agité. Il avait un air coupable, conséquence de la présence de Prudhomme, plus que de ce qui était en train de se passer. Il effleura du sien un des poings fermés de Prudhomme. « Tout a été planifié. Aucun innocent ne sera touché. Si sa section se porte garant pour un prisonnier, celui-ci sera immédiatement remis en liberté. C'est…

— Camille ! beugla Danton, qui s'était arrêté et retourné. Dépêche-toi, bon Dieu ! »

Il aurait aimé lui cogner dessus. Ou sur Prudhomme. Sa position officielle se résumait à : J'ignore tout de cette affaire.

La princesse de Lamballe fut assassinée à la prison de la Force. Après avoir été violée, peut-être. Quand la populace lui eut arraché les viscères et les eut fichés sur des piques, ils lui tranchèrent la tête et la portèrent chez un coiffeur. Sous la menace d'un couteau, ils obligèrent l'homme, qui se retenait à grand-peine de dégorger, à friser et coiffer les jolis cheveux blonds de la princesse. Puis ils se rendirent en procession au Temple, où était enfermée la famille Capet. Là, ils montèrent la tête au bout d'une pique et l'agitèrent devant les hautes fenêtres, en criant à la femme qui se trouvait à l'intérieur : « Viens donc dire bonjour à ton amie. »

Voltaire : « La raison doit d'abord s'établir dans l'esprit des chefs ; puis, peu à peu, elle descend, et à la longue gouverne le peuple, lequel n'est pas conscient de son existence, mais, percevant la modération de ses dirigeants, apprend à les imiter. »

Neuf façons de partager la culpabilité engendrée par un crime commis par autrui :

Sur conseil
Sur ordre
Par consentement
Par provocation
Par l'éloge ou la flatterie
Par dissimulation
En se faisant complice dudit crime
Par le silence
En défendant l'acte coupable.

Quand Robespierre parlait, les membres du comité de surveillance de la Commune posaient leur plume et ne le quittaient plus du regard. Ils ne tripotaient pas leurs papiers, ne se mouchaient pas et restaient parfaitement immobiles. S'ils étaient pris d'une quinte de toux, ils s'arrangeaient pour l'étouffer. Ils redressaient les épaules et affichaient une expression réfléchie. Il voulait toute leur attention, et il l'obtenait.

Un complot, était en train de leur dire Robespierre, visait à mettre le duc de Brunswick sur le trône de France. Pas moins. Aussi incroyable que cela puisse paraître – il balaya l'auditoire du regard ; aucun visage ne se permit la moindre trace d'incrédulité –, telle était l'ambition du commandant des armées alliées, et il y avait des Français pour la favoriser. Et de citer le nom de Brissot.

Aussitôt, Billaud-Varenne, l'ancien clerc de Danton, bondit pour prendre sa défense. Gémit plus qu'il ne parla, pensa Maximilien ; il n'aimait pas Billaud. L'homme se targuait de posséder une aptitude étonnante : il était capable, à l'en croire, de reconnaître un conspirateur simplement en le regardant droit dans les yeux.

Les membres du comité rédigèrent aussitôt des mandats d'arrêt contre Brissot et Roland. Robespierre rentra chez lui.

Éléonore Duplay l'arrêta au moment où il traversait la cour. « Est-il vrai qu'on massacre tout le monde dans les prisons ?

— Je ne sais pas, dit-il.

— Mais comment est-ce possible ? demanda-t-elle, interloquée. Ils ne peuvent rien faire sans ton autorisation. »

Il tendit la main et l'attira à lui, non pas dans un geste d'intimité, mais pour tenter de la faire changer d'expression. « En admettant que ce soit vrai, ma chère Éléonore, ma chère Cornélia, serait-ce une raison pour pleurer ? Pense un peu à tous ceux que les Autrichiens sont en train de tuer, qu'ils chassent de leurs fermes, brûlant les toits au-dessus de leurs têtes – eh bien, pour qui pleurerais-tu d'abord ?

— Je ne remets rien en cause, dit-elle. Tu ne saurais avoir tort.

— Alors, pour qui pleurerais-tu ? » Il répondit lui-même à sa question : « Pour les deux. »

Danton fouilla dans les papiers qui se trouvaient sur le bureau du procureur général. Familiarité qu'il s'autorisait avec tout le monde. D'une manière ou d'une autre, tout finissait par lui revenir.

Il vit les deux mandats d'arrêt et les prit dans sa main avant de les laisser retomber. Brissot. Roland. Il se contenta ensuite de les fixer, muet de stupéfaction, et, tandis qu'il s'efforçait de réfléchir, il se mit à trembler des pieds à la tête, comme le matin où il avait appris la mort de son premier-né. Qui avait passé la journée à la Commune ? Robespierre. Et qui faisait la loi, là-bas ? Robespierre et lui. Qui était à l'origine de cette décision ? Robespierre. Bien sûr, on pouvait demander à voir le procès-verbal de la séance, pour être en mesure de juger sur pièces de la façon dont les participants en étaient arrivés à lancer ces deux mandats, et ainsi de répartir les responsabilités. Mais deux choses restaient également certaines : la Commune n'avait pas pu en arriver là sans l'accord de Robespierre ; et, une fois arrêtés, Roland et Brissot ne survivraient pas jusqu'au lendemain. Il faut que je me bouge, se morigéna-t-il ; il faut que je bouge de cet endroit.

Ce fut Louvet, le frêle et blond ami romancier de Manon Roland, qui le tira de ses réflexions en lui touchant le coude. « Danton, dit-il. Robespierre a dénoncé Brissot nommément…

— Oui, c'est ce que je vois. » Il ramassa les mandats. Il se tourna vers Louvet, la voix rageuse. « Morbleu, comment avez-vous pu être aussi idiots ? Comment ai-je pu l'être moi-même ? » Il lui flanqua les documents sous le nez. « Pour l'amour de Dieu, mon vieux, tu ferais bien de disparaître et de ne plus te montrer. »

Il plia les feuillets en deux, avant de les glisser dans une poche intérieure de son habit. « Voilà. Il faudra d'abord que cet avorton me mette hors de combat s'il veut les récupérer. »

Un soudain afflux de sang avait coloré le visage de Louvet. « Une nouvelle guerre vient de commencer, dit-il. Ou nous tuons Robespierre, ou c'est lui qui nous tue.

— Ne compte pas sur moi pour sauver ta peau, dit Danton, en le poussant devant lui pour lui faire traverser la pièce. J'ai assez à faire à sauver la mienne, et à m'occuper de ces putains d'Allemands. »

Pétion ramassa les mandats d'amener, avant de les laisser retomber, comme l'avait fait Danton. « C'est vraiment Robespierre qui a permis qu'on les lance ? » Eh bien, ne cessait-il de dire. « Crois-tu qu'il soit au courant ? Peut-il vraiment savoir qu'ils risquent d'être tués ?

— Bien sûr qu'il le sait. » Danton s'assit et se prit la tête dans les mains. « De toute façon, dès demain, il n'y aurait plus eu de gouvernement. Dieu seul sait ce qu'il a pensé pouvoir retirer de cette décision. A-t-il perdu l'esprit, depuis que je l'ai vu hier, ou bien la chose était-elle calculée, préméditée... auquel cas cela voudrait dire qu'il est en train de se donner la stature d'un chef et que, depuis 1789, il n'a cessé de nous mentir, pas ouvertement, je te l'accorde, mais en sous-main ? Pétion, tu en dis quoi ? »

Pétion semblait occupé à se parler à lui-même, pris d'une panique grandissante. « Je crois... qu'il est

meilleur que la plupart d'entre nous, oui, certainement meilleur, mais que… sous la pression des événements… » Il s'interrompit. Il était considéré comme
l'ami de Brissot ; son antipathie naturelle à l'égard de
l'homme n'avait pas empêché qu'on lui collât cette étiquette sur le dos. Depuis le 10 août, depuis qu'ils gou-
vernaient, les brissotins étaient tout juste tolérés. Ils
prétendaient avoir invité Danton à faire partie du gouvernement, alors que, dans les faits, c'était lui qui leur
avait rendu leurs postes, lui qui imposait sa volonté à
chaque réunion de cabinet, vautré dans le grand fauteuil occupé à une époque par les chairs molles de
Capet. « Danton, demanda Pétion, crois-tu que Robespierre veuille aussi ma vie ? » Danton haussa les
épaules, il n'en savait rien. Pétion détourna les yeux ;
il semblait avoir honte de ses pensées. « Manon a dit
ce matin : "Robespierre et Danton tiennent le grand
couteau suspendu au-dessus de nos têtes."

— Et quelle réponse as-tu faite à cette chère
femme ?

— Nous avons dit : Après tout, citoyenne, Robespierre n'est qu'un petit employé.

— Je ne tiens pas de couteau au-dessus de vos
têtes, dit Danton en se levant. Tu peux le lui dire. Mais
il y en a un, de couteau. Et je n'ai pas l'intention de lui
présenter mon cou.

— Je ne vois pas ce qu'on a pu faire pour mériter
ça, dit Pétion.

— Moi, si. Enfin, ce que je veux dire, c'est que,
si j'étais Robespierre, je verrais parfaitement. Vous
autres vous êtes consacrés si longtemps à la poursuite
de vos intérêts politiques que vous en avez oublié
la raison pour laquelle vous avez jamais voulu le

pouvoir. Bref, je ne prendrai pas votre défense – pas publiquement. Cela fait des mois que Camille me travaille au corps à propos de Brissot. Marat aussi, à sa manière. Quant à Robespierre… oh, certes, il a beaucoup parlé. Mais nous pensions que c'était tout ce qu'il savait faire.

— Robespierre découvrira forcément… que tu lui as bloqué la route.

— Ce n'est pas un dictateur. »

Le visage affable de Pétion était toujours blême sous l'effet du choc. « Se montrerait-il reconnaissant, crois-tu, si tu lui épargnais les conséquences d'un acte inconsidéré ? D'un moment de colère ?

— De colère ? Mais il ignore pareil sentiment. J'ai eu tort de dire qu'il était devenu fou. Tu pourrais le retenir enfermé dans un cachot souterrain pendant cinquante ans qu'il n'en deviendrait pas fou. Il a tout ce dont il a besoin dans sa tête. » Un moment, il garda une main sur l'épaule de Pétion. « Je te parie qu'il vivra plus longtemps que nous. »

Quand Danton entra dans son appartement, massif dans son habit écarlate, sa femme lui jeta un regard qui disait assez combien elle se sentait trahie et bafouée ; elle recula devant ses mains tendues et se croisa les bras sur le ventre, comme pour lui cacher la forme de l'enfant qu'elle portait.

« Toi, Gabrielle, c'est ainsi que tu réagis ? dit-il. Si seulement tu savais, si tu savais le nombre de gens que j'ai sauvés.

— Écarte-toi, dit-elle. C'est à peine si je supporte de me retrouver dans la même pièce que toi. »

Il sonna une des domestiques. « Occupe-toi d'elle », dit-il.

Il se précipita dans l'appartement des Desmoulins. Lucile était seule, benoîtement assise, son chat pelotonné sur les genoux. Tout avait fini par arriver place des Piques : bébé, chat, piano. « Je voulais voir Camille, dit-il. Mais c'est tant pis. » Il mit un genou au sol à côté de son fauteuil. Apeuré, le chat sauta d'un bond gracieux par-dessus l'accoudoir opposé. Danton se dit : J'ai vu ce même chat s'approcher de Robespierre en ronronnant ; c'est dire si les animaux ne sont pas très malins.

Lucile tendit une main délicate, lui effleura la joue, lui caressa le front, avec une telle douceur que c'est à peine s'il la sentit.

« Lucile, dit-il, laisse-moi t'emmener au lit. » Bon sang, ce n'était pas du tout ce qu'il avait l'intention de dire.

« J'aurais peur de toi, Georges, dit-elle en secouant la tête. Et puis, quel lit, le vôtre ou le nôtre ? Les lits eux-mêmes sont tellement intimidants. Vous avez la couronne sur le baldaquin, mais nous, nous avons affaire à un nombre incalculable de chérubins dorés. On est à tout instant à la merci de leurs petits poings et de leurs petits pieds.

— Lucile, je t'en supplie. J'ai besoin de toi.

— Non, je ne crois pas que tu sois prêt à rompre avec ta routine. Tu demandes poliment, je dis non – les choses ne sont-elles pas censées se passer ainsi ? Et puis, ce n'est pas le bon jour, aujourd'hui. Par la suite, ce serait associé dans ton esprit avec l'histoire de Robespierre. Tu me détesterais, et je ne le supporterais pas.

— Non, non, c'est faux. » Il changea brusquement de ton. « Que sais-tu à propos de Robespierre ?

— C'est étonnant ce que l'on peut apprendre simplement en restant assis à écouter les autres.

— Mais alors, Camille savait… Il devait être au courant de ce que Robespierre avait l'intention de faire. »

À nouveau, elle lui effleura le visage ; ce geste, la douceur de sa voix tenaient presque de la vénération. « Ne demande rien, Georges. Mieux vaut ne rien demander.

— Ça ne te fait rien, à toi ? Ça ne te dérange pas, ce que nous avons fait ?

— Si, peut-être… mais je sais que je suis impliquée. Gabrielle, comprends-le, ne peut pas le supporter, elle… Elle pense que tu t'es damné, et elle avec. Mais pour ma part… je crois que, quand j'ai vu Camille pour la première fois, j'avais quelque chose comme douze ou treize ans et je me suis dit tout de suite : Avec lui, ce ne sera pas de tout repos. J'aurais mauvaise grâce à me plaindre maintenant. Gabrielle a épousé un jeune et gentil avocat. Moi pas.

— J'ai du mal à te croire… Tu ne peux pas dire que tu savais alors où tu mettais les pieds.

— On peut le savoir. Sans le savoir vraiment. »

Il lui prit la main, le poignet, le serra fort. « Lolotte, les choses ne peuvent pas continuer ainsi encore longtemps. Je ne suis pas Fréron, ni Dillon. Je ne suis pas un de tes flirts, et je ne te permettrai pas de te divertir à mes dépens.

— Bon, et alors ?

— Et puis je suis bien décidé, tu sais, à te mettre dans mon lit.

— Georges, serait-ce une menace ?

— Je suppose, oui, dit-il en hochant la tête, l'air pensif. Oui, c'est probable, ajouta-t-il avant de se lever.

— Ma foi, j'entre là dans une nouvelle phase de mon existence », dit-elle. Elle leva vers lui un sourire doux et serein. « Mais tu as négligé les techniques de persuasion les plus élémentaires, Georges. Est-ce vraiment là tout ce dont tu es capable en matière de séduction ? Me regarder d'un œil noir et me poser la patte dessus de temps à autre ? Pourquoi ne te languis-tu pas ? Pourquoi ne pousses-tu pas de grands soupirs ? Ne m'écris-tu pas un sonnet ?

— Parce que j'ai vu où cela menait tes autres soupirants. Ah, arrêtons-là, morbleu, cette discussion est ridicule. »

Il pensait : Elle a vraiment envie de moi, la garce. Elle se disait : Ça lui permet de penser à autre chose.

Il ramassa ses documents et repartit dans ses appartements. Le chat revint à pas comptés et sauta sur les genoux de Lucile, où il se roula en boule. Elle resta le regard plongé dans l'âtre, comme une vieille fille.

Quatorze cents personnes peut-être sont mortes. Comparé au nombre de tués laissés sur n'importe quel champ de bataille, une broutille. Mais dites-vous (comme le fait Lucile) qu'une vie est tout pour celui qui la possède, une vie, c'est tout ce que nous avons.

Les élections à la Convention nationale furent conduites selon l'habituel système à deux degrés, et, quand les neuf cents électeurs nommés par les assemblées primaires se rendirent à leur réunion dans la salle des Jacobins pour élire les députés, ils passèrent devant des monceaux de cadavres entassés dans la rue.

Il y eut d'innombrables tours de scrutin car les candidats à la députation devaient obtenir la majorité absolue. Ce qui prit beaucoup de temps. On pouvait se présenter à l'élection dans plus d'une région, et il n'était pas nécessaire d'être citoyen français. Les candidats étaient si variés que les électeurs auraient aisément pu s'y perdre, mais Robespierre était toujours là pour les guider dans leur choix. Il donna l'accolade à Danton, d'un mouvement hésitant, quand ce dernier l'emporta avec 91 % des suffrages ; accolade était sans doute un bien grand mot, tout au plus lui tapota-t-il le bras. Il prit beaucoup de plaisir aux applaudissements qui saluèrent sa victoire sur Pétion dans une confrontation directe, ce qui obligea son adversaire à chercher un siège en province ; il était important à ses yeux que les députés de Paris formassent un bloc antibrissotin solide. Il fut à la fois heureux et inquiet quand les électeurs parisiens élurent son jeune frère Augustin ; il craignait un peu que le nom de famille n'eût indûment influencé les électeurs en la matière, mais, d'un autre côté, Augustin avait travaillé dur au service de la révolution à Arras, et il était temps pour lui de franchir le pas et de venir dans la capitale. Une aide et un soutien pour moi, songea-t-il. Il réussit à produire un sourire ébloui devant la tournure que prenaient les choses. L'espace de quelques instants, il eut soudain l'air plus jeune.

Le journaliste Hébert n'obtint pas plus de six voix dans quelque scrutin que ce fût ; à nouveau, le visage de Robespierre sembla s'ouvrir, les muscles tendus de sa mâchoire parurent se relâcher. Hébert dispose d'un certain nombre de partisans sans-culottes, même si l'on sait qu'il entretient un équipage ; Hébert *in propria persona* n'est pas aussi important que le personnage derrière lequel il s'abrite, et, grâce au ciel, le Père Duchesne, le fabricant de fourneaux, ne fumera pas sa pipe démocratique sur les bancs de la Convention.

Mais pour autant, tout n'allait pas au mieux… Le philosophe anglais Joseph Priestley semblait bénéficier d'un soutien de plus en plus grand suite à une rébellion contre Marat des électeurs chargés de choisir les députés. « Nous n'avons pas besoin en ce moment de talents exceptionnels, déclara Robespierre, et certainement pas de talents étrangers. Ce dont nous avons besoin, c'est de ces hommes qui ont dû se cacher dans les caves pour le bien de la révolution. Fussent-ils bouchers », ajouta-t-il.

Il n'avait pas mis d'ironie dans son propos. Legendre fut élu sans problème le lendemain. De même que Marat.

Son protégé, Antoine Saint-Just, serait enfin à Paris, et le duc d'Orléans siégerait aux côtés de ceux que, à une époque, il avait payés et traités avec condescendance. À la recherche d'un nouveau nom, le duc avait fini par adopter celui que le peuple lui avait attribué, en partie par moquerie : il était désormais Philippe Égalité.

Un petit contretemps le 8 septembre : « Une espèce d'intellectuel brissotin qui se donne de grands airs, dit Legendre, ce Kersaint, a rassemblé suffisamment de voix pour empêcher Camille de passer au premier tour de scrutin. Qu'est-ce qu'on fait ?

— Ne te fais donc pas de souci, dit Danton pour le calmer. Tu préférerais sans doute l'intellectuel aux grands airs que tu connais, pas vrai ? » Il s'était attendu à ce que les électeurs se montrent réticents à confier les affaires de l'État à Camille. Kersaint n'était pas, de toute façon, ce qu'il appelait, lui, un intellectuel ; c'était un officier de marine originaire de Bretagne, qui siégeait déjà dans la dernière Assemblée.

Robespierre dit : « Citoyen Legendre, s'il existe un complot visant à empêcher l'élection de Camille, je l'étoufferai.

— Attends une minute… », dit Legendre. Son objection en resta là, mais il avait l'air mal à l'aise. Il n'avait pas parlé de complot, mais le citoyen Robespierre a en lui un mécanisme qui se déclenche à la moindre sollicitation. « Que comptes-tu faire ? s'enquit-il.

— J'ai l'intention de proposer que jusqu'à la fin des élections, on consacre une heure par jour à une discussion publique des mérites du candidat.

— Ah bon, une discussion », dit Legendre, soulagé. Un moment, il avait cru que Robespierre songeait peut-être à lancer un mandat d'arrêt contre Kersaint. La semaine précédente, on savait encore à quel genre d'homme on avait affaire ; aujourd'hui, on ne savait plus. Ce qui, d'une certaine manière, lui donnait plus de prestige encore si cela se pouvait.

« Tu ferais bien de dresser une liste des mérites de Camille pour la faire circuler, dit Danton avec un grand sourire. Nous ne sommes pas tous aussi inventifs que toi. Je ne sais comment on pourrait justifier l'élection de Camille autrement qu'en le qualifiant de "talent exceptionnel".

— Tu tiens à ce qu'il soit élu ? demanda Robespierre.

— Bien entendu. J'ai besoin de quelqu'un à qui parler pour ne pas m'ennuyer pendant les débats.

— Alors, ne reste pas là à rire.

— J'apprécierais que vous arrêtiez de parler de moi comme si je n'étais pas là », intervint Camille.

Au scrutin suivant, le citoyen Kersaint, qui avait précédemment obtenu 230 voix, découvrit avec stupeur qu'il n'en avait plus que 36. Robespierre haussa les épaules. « On essaie de convaincre les gens, bien sûr. Il n'y a pas à aller chercher plus loin. Félicitations, mon cher. » Pour quelque obscure raison, une image lui vient à l'esprit : Camille à douze ou treize ans, agité, fantasque, sujet à de violentes crises de larmes.

Pendant ce temps, les volontaires partent au front par milliers, une chanson à la bouche. Des saucisses et des miches de pain piquées au bout de leurs baïonnettes. Les femmes leur envoient des baisers et des bouquets de fleurs. Tu te souviens comment c'était quand le sergent recruteur débarquait au village ? Plus personne ne se cache aujourd'hui. Les gens raclent le salpêtre sur les murs de leur cave pour en faire de la poudre à canon. Les femmes donnent leur alliance au Trésor pour qu'elle soit fondue. Nombreuses sont celles, bien sûr, qui profiteront des nouvelles lois en vigueur pour divorcer.

« Des piques ? dit Camille.

— Des piques, confirma Fabre d'un ton résigné.

— Je ne voudrais pas avoir l'air trop à cheval sur le règlement, trop chicanier, si j'ose dire, mais l'achat de piques est-il vraiment du ressort du ministre de la

Justice ? Georges Jacques sait-il que nous réglons des factures pour des piques ?

— Allons, allons, crois-tu que je vais me précipiter chez le ministre à la moindre dépense ?

— Quand on met tout bout à bout, dit Camille en repoussant ses cheveux en arrière, on constate que l'on a dépensé des sommes considérables ces dernières semaines. Ce qui m'inquiète, c'est que, à présent que nous sommes tous députés, il y aura bientôt de nouveaux ministres, qui voudront savoir où est passé tout cet argent. Or, pour ma part, je n'en ai pas la moindre idée. Et toi non plus, je suppose ?

— Dès qu'il y a une difficulté en la matière, dit Fabre, tu parles de "fonds secrets", et le tour est joué. Personne ne pose de questions, parce que c'est impossible, tu comprends… c'est secret. Ne te fais donc pas tant de souci. Tout se passera bien tant que tu ne perdras pas le grand sceau. Rassure-moi, tu ne l'as pas perdu, dis ?

— Non. Du moins, je l'ai vu quelque part ce matin.

— Bien… Maintenant écoute : tu ne crois pas que nous devrions nous renflouer un peu ? Que dirais-tu de cet argent que Manon Roland est censée recevoir pour la publication de bulletins d'information par son ministère ?

— Ah oui, Georges lui a fait savoir qu'elle ferait bien de me demander gentiment d'en assurer la rédaction.

— C'est vrai, j'étais présent à ce moment-là. Elle a dit que son mari voudrait sans doute te rencontrer pour voir si tu serais à la hauteur de la tâche. Sur quoi notre ministre s'est mis à beugler et à racler le sol du sabot. »

Ils s'esclaffèrent. « Voyons voir, dit Camille. Un ordre de paiement sur le Trésor… » Ses mains s'affairèrent au-dessus du bureau. « Claude m'a appris ça… ils ne posent jamais de questions si le document porte la signature de Danton.

— Je sais, acquiesça Fabre.

— Mais qu'est-ce que j'ai fait du cachet de la signature ? Je l'ai prêté à Marat. J'espère qu'il va le rapporter.

— À propos de la reine Coco, dit Fabre, tu n'as pas remarqué de changement ces derniers temps ?

— Comment aurais-je pu ? Tu sais bien que sa fréquentation m'est interdite.

— C'est vrai, j'avais oublié. Eh bien, laisse-moi te dire… Il y a une légèreté dans la démarche, une coloration de la joue… Qu'est-ce que ça révèle, à ton avis ?

— Elle est amoureuse, tiens. »

Fabre a la quarantaine, à présent. Il est soigné, pâle, bâti à l'économie : des yeux d'acteur, des mains d'acteur. Des fragments de sa biographie refont surface, tard le soir, sans ordre chronologique particulier. Pas étonnant que rien ne le démonte. Un jour, à Namur, aidé de quelques officiers de ses amis, il s'est enfui avec une gamine de quinze ans, une dénommée Catiche ; à l'entendre, c'était pour protéger la virginité de la fille des convoitises de son propre père. Il valait mieux que ce soit lui qui s'en occupe, non ? Ils sont arrêtés ; on marie Catiche en toute hâte, tandis que lui se voit condamné à la pendaison. Comment se fait-il alors qu'il soit encore en vie pour raconter l'histoire aujourd'hui ? Après toutes ces années, et avec l'excitation générée par les événements qui se sont produits entre-temps, c'est à peine s'il s'en souvient. « Georges Jacques, dit Camille, nous avons vécu des vies bien protégées, toi et moi.

— Quasi monacales, je dirais, acquiesce le ministre.

— Oh, je ne sais pas », dit modestement Fabre.

Fabre suit le ministre quand il parcourt au pas de charge les couloirs des ministères, assénant de grandes claques indifféremment sur dos et bureaux, tordant le cou à toutes les solutions de compromis, à toutes les méthodes déjà essayées et approuvées, à toutes les manières décentes de procéder. Le pouvoir lui sied à merveille, comme un vieux pardessus trop souvent porté ; ses petits yeux s'allument si l'on s'avise de discuter son opinion. Fabre nourrit son ego de la façon la plus grossière qui soit, mais Georges Jacques aime ça. Il se sentent bien ensemble, restent tard le soir à boire et à débattre de transactions interdépartementales plus ou moins louches. Au point du jour, Danton se retrouve seul face à la carte de l'Europe.

Fabre est limité, se plaint-il, il me fait perdre mon temps. Mais sa compagnie n'est jamais pesante, et puis le ministre le connaît par cœur, et il est toujours là quand on a besoin de lui.

Ce matin, ledit ministre était pensif, le menton appuyé sur son poing refermé. « Fabre, as-tu jamais projeté un vol ? »

Fabre lui jeta un regard alarmé.

« Non, répondit Danton à sa place sur un ton enjoué, même si je sais que les petits larcins sont un de tes passe-temps favoris. Nous reviendrons là-dessus plus tard. J'ai besoin de ton aide, parce que j'ai l'intention de voler les joyaux de la Couronne. C'est ça, assieds-toi.

— Peut-être, Danton, m'accorderas-tu un mot d'explication ?

— Je ne saurais te le refuser, mais je ne veux ni de "si", ni de "mais". Sers-toi un peu de ton imagination. C'est ce que je fais, pour ma part. Bien, considère donc le duc de Brunswick.

— Brunswick…

— Épargne-moi ton habituelle diatribe jacobine… éculée à force d'être entendue. La vérité, c'est que Brunswick, en tant qu'homme, ne manque pas totalement de sympathie à notre égard. Le manifeste de juillet n'émanait pas de lui… les Autrichiens et les Prussiens l'ont obligé à le signer. Réfléchis bien. Il est intelligent. Il est tourné vers l'avenir et il n'est pas homme à pleurer sur le sort des Bourbons. Il est par ailleurs très riche, et c'est un grand soldat. Mais aux yeux des alliés, il est… quoi ? Un mercenaire, rien de plus.

— Et que voudrait-il être ?

— Brunswick sait aussi bien que moi que la France n'est pas prête pour un régime républicain. Le peuple peut ne pas vouloir de Louis ni de ses frères, mais il veut un roi, parce que les rois, c'est ce qu'il comprend, et que tôt ou tard le pays tombera aux mains d'un roi, ou d'un dictateur qui se proclamera tel. Demande à Robespierre, si tu crois que je me trompe. Or, il y a peut-être bien eu des circonstances dans lesquelles, ayant élaboré une Constitution, nous aurions pu parcourir l'Europe en quête de quelque vieux schnock raisonnablement en odeur de royauté pour venir la faire respecter. Brunswick formulerait probablement la chose un peu différemment, mais il ne fait aucun doute qu'il aimerait jouer ce rôle.

— C'est ce que prétendait déjà Robespierre. (Et toi, songea Fabre, tu affirmais alors ne pas partager cette opinion.) Mais après, en juillet, avec le manifeste…

— Brunswick s'est coulé lui-même. Nous utilisons son nom à la façon d'un juron. Mais pourquoi les alliés l'ont-ils obligé à mettre son nom au bas du manifeste ? Parce qu'ils ont besoin de lui, pardi. Ils voulaient qu'on le haïsse chez nous, afin de réduire ses ambitions personnelles à néant et de s'assurer durablement de ses services.

— Ils ont réussi. Alors, quelle est la prochaine étape ?

— La situation n'est pas… irréversible. Vois-tu, je me suis demandé s'il n'y avait pas moyen d'acheter Brunswick. J'ai demandé au général Dumouriez d'entamer des négociations.

— Tu fais bon marché de nos vies, dit Fabre, après un hoquet de surprise. Nous sommes entre les mains de Dumouriez, à présent.

— C'est possible, mais le problème n'est pas là. Le problème, c'est ce qu'il en résulterait pour la France, pas cette affaire en cours entre le général et moi. Parce que… il semblerait que Brunswick puisse effectivement être acheté.

— Ma foi, c'est humain, non ? Il n'est ni Robespierre, ni même Roland le Vertueux, comme les journaux appellent le ministre de l'Intérieur.

— Ne plaisante pas », dit Danton. Soudain il eut un grand sourire. « Oui, je comprends ce que tu veux dire. On a effectivement quelques saints de notre côté. Une fois qu'ils seront morts, les Français pourront aller au combat avec leurs reliques pour protection. Ça remplacera les canons, qui nous font grandement défaut.

— Que veut Brunswick ? Combien ?

— Ses desiderata sont très spécifiques. Il veut des diamants. Savais-tu qu'il les collectionne ? Nous connaissons, n'est-ce pas, l'incroyable attrait que peuvent exercer les diamants. Nous avons l'exemple, cher à nos cœurs, de la femme Capet.

— Mais j'ai du mal à croire… »

Danton l'arrêta d'un geste. « Écoute, nous volons les joyaux de la Couronne. Nous faisons parvenir à Brunswick les pierres qu'il convoite plus particulièrement, et nous nous débrouillons pour que les autres soient retrouvées. Afin de les utiliser en d'autres occasions.

— Et c'est faisable, tout ça ?

— Crois-tu que, si ça ne l'était pas, dit Danton avec une grimace, je me serais à ce point engagé dans l'entreprise ? Le vol en soi ne poserait pas beaucoup de problèmes, en tout cas pas pour des professionnels que nous aiderions un peu. Quelques négligences côté sécurité. Quelques bourdes dans l'enquête qui suivrait.

— Mais tout cela – la sécurité des joyaux, l'enquête – tout cela tomberait normalement sous la juridiction de Roland.

— Roland le Vertueux ne pourra faire autrement que se résigner à nous suivre. Une fois qu'on lui en aura dit un minimum, une fois mouillé, il ne lui sera plus possible de nous trahir sans se trahir lui-même. Je me fais fort de l'amener jusque-là, de m'assurer qu'il sache ce qu'il voudrait ne pas savoir – là-dessus, tu peux me faire confiance. En fait, ce qu'il saura se résumera à pas grand-chose, nous embrouillerons si bien l'affaire qu'il lui faudra deviner qui est impliqué et qui ne l'est pas. Si les choses se compliquent, nous lui collerons la faute sur le dos. Après tout, comme tu viens de le souligner, c'est son ministère qui est responsable.

— Mais il n'aurait qu'à dire : C'est Danton qui est à l'origine…

— Oui, s'il vivait suffisamment longtemps pour le faire.

— Tu as terriblement changé, Danton, dit Fabre, les yeux écarquillés par la surprise.

— Non, Fabre, je suis le sale patriote que j'ai toujours été. Ce que j'achète à Brunswick, c'est une bataille, une bataille pour nos pauvres soldats sous-alimentés et mal chaussés. Ce n'est pas bien, peut-être ?

— Les moyens…

— Les moyens, je vais te les exposer ; quant aux fins, je n'ai pas de temps à perdre à en discuter. Fais-moi grâce des habituels clichés sur la justification des actes. En l'occurrence, la seule justification, c'est l'effort visant à sauver le pays.

— Pour quoi ? demanda Fabre, abasourdi. Le sauver dans quel but ?

— Si d'ici à quinze jours, dit Danton, le visage assombri par la colère, un soldat autrichien te saisit à la gorge et te demande : "Tu veux vivre ?", est-ce que tu vas lui dire : "Vivre pour quoi" ?

— Je vois…, marmonna Fabre en détournant la tête. C'est la simple survie qui va être maintenant notre préoccupation majeure. Et Brunswick est disposé à perdre une bataille alors que sa réputation est en jeu ?

— On fera en sorte qu'il ne perde pas la face. Il sait ce qu'il fait. Et moi aussi. À présent, Fabre, il nous faut quelques criminels professionnels. J'ai déjà des contacts, à toi de les exploiter. Ces hommes ne doivent en aucun cas savoir pour qui ils travaillent. On pourra toujours, ajouta-t-il en agitant une main, s'en débarrasser. On permettra à Roland de mener une petite enquête ridicule avec sa police. Bien entendu, il faut s'attendre à ce que l'affaire soit prise très au sérieux. Peine de mort à la clé.

— Qu'est-ce qui les empêchera de parler à leur procès ? Parce qu'il faudra peut-être bien laisser la police attraper quelqu'un, tout de même.

— Assure-toi autant que tu pourras qu'ils n'aient rien à dire. Nous installerons des écrans de fumée à tous les niveaux, entre les différents étages de la conspiration, entre les conspirateurs eux-mêmes. Occupe-toi de ça. Enfume, enfume. Si quiconque devait commencer à soupçonner l'implication du gouvernement dans l'affaire, il faudra que les pistes mènent à Roland. Bien, maintenant, il y a deux personnes en particulier qui ne doivent absolument rien savoir de toute cette affaire. La première, c'est l'épouse de Roland. Le pragmatisme en politique lui est inconnu, et, en plus, elle est très bavarde. Et l'ennui c'est que son mari semble être incapable de lui cacher quoi que ce soit.

— La seconde, c'est Camille, non ? dit Fabre. Parce qu'il mettrait Robespierre au courant, et que celui-ci nous dénoncerait aussitôt comme traîtres pour avoir seulement parlé à Brunswick.

— Il n'est pas en mon pouvoir de décider des allégeances de Camille, dit Danton après avoir acquiescé de la tête. Qui sait ? Il pourrait faire le mauvais choix.

— Mais tous deux occupent une position qui peut leur permettre de découvrir pas mal de choses.

— C'est un risque à courir. Tout ce que je vois pour l'instant, c'est que je peux acheter une bataille, et que, en le faisant, je peux inverser le cours de la guerre. Après quoi, je ne pourrai pas garder mon poste. Je serais exposé au chantage, de la part de Brunswick ou plus vraisemblablement…

— Du général Dumouriez.

— Tout à fait. Oh, je sais bien que cette perspective ne te réjouit guère, Fabre. Mais regarde-toi. J'ignore combien d'argent tu as escroqué au ministère au cours des dernières semaines, mais je suppose que ce n'est pas une bagatelle. Tant que tes ambitions garderont des proportions raisonnables, je ne ferai rien pour les contrarier. Tu es déjà en train de te dire : De quelle utilité me sera Danton quand il ne sera plus au gouvernement ? Mais, Fabre, la guerre peut être une affaire tellement lucrative. Tu ne seras jamais plus très loin du pouvoir maintenant. Renseignements de première main, avant tout le monde… imagine un peu. Je sais ce que tu représentes pour moi. »

Fabre avala sa salive. Détourna la tête. Il avait le regard perdu. « Est-ce qu'il t'arrive de penser, est-ce que ça ne te dérange jamais… que tout repose sur des mensonges ?

— Voilà une assertion pour le moins dangereuse. Qui ne me plaît guère.

— Non, je ne te mettais pas en cause, je posais la question… pour ma propre gouverne… et pour voir si l'on pouvait comparer nos expériences. » Il eut un pâle sourire. Et pour la première fois depuis le temps qu'il le connaissait, Danton le vit désemparé, perplexe,

266

comme incapable de garder le contrôle de sa vie. Fabre leva les yeux. « Ce n'est rien, dit-il d'un ton qui se voulait dégagé. J'ai parlé sans réfléchir, Danton.

— Dis-toi bien que tu ne peux pas te le permettre. Personne ne doit apprendre la vérité sur cette affaire, jamais. Les Français vont gagner une bataille, c'est tout. Ton silence est le prix du mien, et nous ne devons le rompre ni l'un ni l'autre, notre vie fût-elle en jeu. »

II

Robespierricide

(1792)

« Je suis tombé amoureux de toi dès la première fois où je t'ai vue. » Ah, songea Manon, pas avant ? Il lui semblait que les lettres et les écrits qu'elle lui avait adressés auraient dû éveiller bien plus tôt la sensibilité de l'homme dont elle savait aujourd'hui qu'il était le seul à pouvoir la rendre heureuse.

L'affaire avait beaucoup traîné en longueur. Des rivières d'encre avaient coulé entre eux, quand ils étaient loin l'un de l'autre ; et quand ils s'étaient retrouvés ensemble – disons, du moins dans la même ville –, ils avaient rarement eu l'occasion d'un moment d'intimité. Conversations de salon, des heures entières, tel avait été leur lot ; ils avaient parlé la langue des légis-lateurs, avant de parler celle de l'amour. Aujourd'hui encore, Buzot ne disait jamais grand-chose. Il semblait indécis, déchiré, tourmenté. Il était plus jeune qu'elle, et sans grande expérience des sentiments. Marié, à une femme quelconque, plus âgée que lui.

Manon risqua un petit geste : elle posa le bout des doigts sur son épaule, alors qu'il était assis la tête entre les mains. En guise de réconfort, certes, mais aussi parce que c'était le seul moyen d'empêcher ses doigts de trembler.

Ils devaient faire preuve de discrétion. Les journaux lui attribuaient des amants – Louvet, le plus souvent. Jusqu'ici, elle avait toujours réagi par le mépris ; n'ont-ils pas de questions plus sérieuses à discuter, ne sont-ils pas capables en l'occurrence de se montrer un peu plus spirituels ? (En privé, toutefois, ces railleries et ces quolibets la mettaient au bord des larmes ; elle se demandait pourquoi on lui réservait le même traitement qu'à cette jeune femme si bizarre et si dévergondée, Théroigne, le même traitement, à bien y réfléchir, que celui que l'on faisait subir quelque temps auparavant à la femme Capet.) Les journaux, passe encore ; ce qu'elle trouvait proprement intolérable, c'étaient ces colporteurs de ragots qui gravitaient autour du ministère de la Justice.

On lui rapportait les commentaires de Danton, lequel prétendait que son mari était cocu depuis des années, d'un point de vue moral sinon d'un point de vue charnel. Mais comment pouvait-il imaginer sa situation ? Comment pouvait-il apprécier, reconnaître les plaisirs subtils d'une relation entre une femme chaste et un homme honorable ? Impossible de l'imaginer, lui, dans un contexte autre que celui de la sensualité la plus bestiale. Elle avait vu sa femme ; depuis son entrée en fonction, il l'avait amenée une fois au Manège, où, assise dans la tribune du public, elle l'avait écouté fustiger les députés. C'était une femme effacée, enceinte à l'époque, incapable sans doute

270

de penser à autre chose qu'à la bouillie d'avoine et à la purée pour bébés. Elle n'en restait pas moins une femme… Comment faisait-elle donc pour endurer tout ça, se demanda-t-elle à haute voix, pour supporter l'énorme corps de cette brute allongé sur elle ?

C'était là une remarque irréfléchie de sa part, une remarque que sa propre répulsion à l'égard de cet homme avait fait jaillir de sa bouche, et qui, dès le lendemain, faisait bien évidemment le tour de la ville. Elle rougit comme une pivoine à cette seule pensée.

Le citoyen Fabre d'Églantine lui rendit visite. Il croisa les jambes et joignit les mains paume contre paume. « Eh bien, ma chère », dit-il.

Cette épouvantable présomption de familiarité lui déplut au plus haut point. Cet homme qui manquait totalement de sérieux, qui fréquentait des femmes à la frange de la bonne société, cet individu aux affectations théâtrales et aux remarques désobligeantes dès que vous aviez le dos tourné, ils l'envoyaient chez elle pour l'épier, et tout leur rapporter à son retour. « À entendre le citoyen Camille, lui dit-il, ta remarque désormais célèbre suggère que tu es en fait très attirée par le ministre – comme celui-ci l'a d'ailleurs toujours soupçonné.

— Je ne vois vraiment pas comment il peut se targuer de connaître l'état de mes sentiments, alors même que nous ne nous sommes jamais rencontrés.

— C'est vrai, en effet. Et pourquoi refuser de le rencontrer ?

— Nous n'aurions rien à nous dire. »

Elle avait vu la femme de Camille Desmoulins au Manège et dans la tribune du public aux Jacobins ; elle avait l'air du genre accommodant, et on disait d'ailleurs qu'elle s'accommodait volontiers de Danton. On disait aussi que Camille fermait les yeux, ou faisait même davantage... Fabre remarqua le petit mouvement de tête en arrière, signe d'une dérobade devant la vérité. Et pourtant, quel cloaque devait être l'esprit de cette femme ; même nous, songea-t-il, nous ne nous interrogeons pas *en public* sur ce que font nos collègues au lit.

Manon se demanda : Pourquoi faut-il que je supporte cet homme ? Si je dois communiquer avec Danton, faut-il vraiment que ce soit par cet intermédiaire ? Apparemment, oui. Peut-être, se dit-elle, que Danton ne fait pas confiance à autant de gens que pourrait le laisser croire sa nature expansive.

Fabre la regarda d'un air ironique. « Dommage pour toi, dit-il. Mais, crois-moi, tu as de l'homme une fausse impression : Camille te plairait bien davantage que moi. Soit dit en passant, il pense que les femmes auraient dû pouvoir voter aux dernières élections.

— Je ne suis pas d'accord avec lui, dit-elle en secouant la tête. La plupart des femmes ne connaissent rien à la politique. Elles ne raisonnent pas... (elle a en tête les femmes de Danton) ; elles n'ont aucune pensée constructive. Elles se laisseraient tout simplement influencer par leurs maris.

— Ou leurs amants.

— Dans ton milieu, peut-être.

— Je ferai part de ton opinion à Camille.

— Oh, c'est bien inutile. Je n'ai aucune envie d'entamer une controverse avec lui, que ce soit de première ou de seconde main.

— Il sera accablé d'apprendre qu'il est tombé encore plus bas dans ton estime.

— Tu me prends pour une idiote ? » demanda-t-elle sèchement. Il leva un sourcil, comme il avait pour habitude de le faire quand il savait l'avoir poussée à bout. Jour après jour, il l'observait, récoltant ses humeurs, engrangeant ses expressions.

Discrétion obligée, donc. Mais aussi intégrité. François Léonard le reconnaissait. « Nous sommes tous les deux mariés, et je vois bien que… pour toi toute action susceptible de… contrecarrer cet engagement est impossible…

— C'est pourtant si juste, se récria-t-elle, je le *sens*, je le sais. Mon instinct me dit que ça ne peut pas être mal.

— Ton instinct ? dit-il en levant les yeux sur elle. Manon, c'est étrange. Tu sais, nous n'avons aucun droit absolu d'être heureux… ou plutôt, il nous faut réfléchir avec soin à ce que pourrait être la nature du bonheur… Nous n'avons aucun droit de nous faire plaisir aux dépens des autres. » Ses doigts assurés reposaient toujours sur son épaule ; mais son visage n'était pas convaincu, son visage était… avide. « Manon ? fit-il. As-tu lu Cicéron ? Sur le devoir ? »

A-t-elle lu Cicéron ? Connaît-elle son devoir ? « Oh, oui… gémit-elle. Oh, oui, j'ai des lettres. Et je sais qu'il convient de prendre en compte ses obligations, que personne ne peut être heureux aux dépens des autres. Crois-tu que je n'ai pas déjà remué tout cela cent fois dans ma tête ?

— Oui, sans doute, dit-il, l'air penaud. Je t'ai sous-estimée.

— Je vais te dire une chose. Si j'ai un défaut… (elle s'interrompt un instant, dans l'attente de l'intervention qu'imposerait la courtoisie), si j'ai un défaut, c'est d'aller toujours droit au but, je ne supporte pas l'hypocrisie, je ne supporte pas cette politesse qui nuit à l'honnêteté – il faut que je parle à Roland.

— Lui parler ? Mais de quoi ? »

La question ne manque pas de pertinence. Il ne s'est rien passé entre eux – du moins au sens où l'entendent Danton et ses amis. (Elle se représenta les petits seins de Lucile Desmoulins écrasés entre les doigts de Danton.) Rien en dehors de la déclaration précipitée de François Léonard, et de sa réponse à elle, tout aussi précipitée. Mais depuis, c'est à peine s'il l'avait touchée, s'il avait seulement effleuré sa main.

« Mon cher ami, dit-elle en baissant la tête, cela va tellement au-delà du physique. Comme tu l'as dit, dans ce sens, rien n'est possible pour nous. Et, bien entendu, il est de mon devoir de soutenir Roland : nous sommes dans une période de crise, je suis sa femme, je ne peux pas l'abandonner. Et pourtant… je ne peux pas le laisser vivre dans le doute quant à la réalité de la situation. C'est dans ma nature, il faut que tu le comprennes. »

Il releva la tête, fronça les sourcils. « Mais Manon, tu n'as rien à dire à ton mari. Il ne s'est rien passé. Nous nous sommes contentés de parler de nos sentiments…

— Justement, nous en avons parlé ! Roland, lui, ne m'a jamais fait part de ses sentiments. Mais je les respecte, je sais qu'il a des sentiments, nécessairement, comme tout le monde. Je dois lui dire : Voilà la vérité : j'ai rencontré l'homme que j'étais faite pour aimer ; telle est notre situation ; je ne mentionnerai pas son nom ; il ne s'est rien passé ; et il ne se passera rien ; et je serai toujours une épouse fidèle. Il me comprendra ; il saura que mon cœur est désormais ailleurs.

— Tu es implacable, Manon, dit Buzot en baissant les yeux. Une femme comme toi a-t-elle jamais existé ? »

J'en doute, songea-t-elle. Tout haut, elle dit : « Je ne peux pas trahir Roland. Je ne peux pas le quitter. Tu crois peut-être que mon corps a été fait pour le plaisir. Mais le plaisir ne passe pas avant tout. » Ce qui ne l'empêcha pas de penser aux mains de Buzot, des mains plutôt robustes pour un homme aussi élégant, aussi soigné. Ses seins ne ressemblent pas à ceux de la femme Desmoulins ; ce sont des seins qui ont allaité un enfant, des seins sérieux et responsables.

« Crois-tu que ce soit une bonne idée de lui parler ? insista Buzot. Crois-tu… (Que Dieu me vienne en aide !) qu'il y ait vraiment une raison de le faire ? »

Il eut le sentiment que, depuis le début, il s'y était mal pris. Mais il faut dire qu'il n'avait aucune expérience. Il était comme vierge, dans ce domaine ; sa femme, qu'il avait épousée pour son argent, était plus âgée, et laide de surcroît.

« Mais oui, mais oui ! dit Fabre. Il y a bel et bien quelqu'un. Que c'est agréable de découvrir que les gens ne valent pas mieux que vous.

— Ce n'est pas Louvet ?

— Non. Barbaroux peut-être ?

— Certainement pas. Réputation douteuse. Penchants trop évidents. Et trop haut en couleur, poursuivit Camille avec un soupir, trop voyant pour madame.

— Je me demande comment Roland le Vertueux va prendre la chose.

— À l'âge qu'elle a ! dit Camille avec dégoût. Et si quelconque en plus. »

« Tu es malade ? » demanda Manon à son époux. Difficile de ne pas mettre de l'acidité dans sa voix. Son mari s'était affaissé dans sa chaise et, quand il ramena péniblement son regard sur elle, son visage dénotait une souffrance physique indubitable.

« Je suis désolée. » Désolée pour lui, voilà ce qu'elle voulait dire, car elle ne ressentait aucun besoin de s'excuser davantage ; elle se contentait de lui exposer la situation, de manière que soient évités tout comportement avilissant, toute tentative de dissimulation, tout ce qui aurait pu être pris pour de la tromperie.

Elle attendit qu'il parle. Devant son silence, elle dit : « Tu comprends pourquoi je ne te donnerai pas son nom. »

Il inclina la tête.

« Parce que cela nous gênerait beaucoup dans notre travail, serait source d'arias sans nombre. Même si nous sommes des gens raisonnables. » Elle attendit. « Je ne suis pas une femme capable de réfréner ses émotions. Ma conduite, cependant, restera au-dessus de tout soupçon. »

Il rompit enfin le silence.

« Manon, comment va notre fille, comment va Eudora ? »

Par son manque de pertinence, la question la stupéfia et la mit hors d'elle. « Mais tu sais bien qu'elle se porte à merveille. Qu'on s'occupe parfaitement d'elle.

— Oui, c'est vrai, mais pourquoi n'est-elle jamais ici avec nous ?

276

— Parce que le ministère n'est pas un endroit pour un enfant.

— Danton a bien ses enfants avec lui place des Piques.

— Ses enfants sont tout petits, et peuvent être laissés aux soins de nourrices. Eudora, c'est autre chose – elle réclamerait mon attention, laquelle se trouve pour l'heure retenue ailleurs. Tu sais qu'elle n'est pas jolie, qu'elle n'a aucun talent – que voudrais-tu que je fasse d'elle ici ?

— Elle n'a que douze ans, Manon. »

Elle baissa les yeux sur lui. Elle vit sa main osseuse, qui se fermait et s'ouvrait tour à tour, avant de s'apercevoir qu'il pleurait, les larmes coulant silencieusement sur ses joues. Elle se dit qu'il n'appréciait certainement pas qu'elle en fût témoin. L'air à la fois compassé et perplexe, elle quitta la pièce et referma la porte derrière elle sans un bruit, comme elle le faisait quand il était malade, qu'il était son patient, et elle son infirmière.

Il écouta jusqu'à ce que s'éteigne le cliquetis de ses talons, et se permit enfin de produire un son, un son qui lui sembla naturel, aussi naturel que la parole, une sorte de bêlement animal étouffé, une lamentation continue sortie d'une poitrine étroite. Qui se prolongea un temps infini, et qui, contrairement à la parole, n'allait nulle part, n'avait aucun but assigné. Cette plainte était pour lui-même, pour Eudora, pour tous les gens qui un jour ou l'autre s'étaient trouvés en travers du chemin de Manon.

ÉLÉONORE : elle s'était dit : Quand tout cela sera fini, Max m'épousera. C'est ce qu'elle avait laissé entendre à sa mère. « Oui, je le pense aussi », en était plaisamment convenue Mme Duplay.

Quelques jours plus tard, son père l'avait prise à part. L'air pensif, il avait lissé ses cheveux clairsemés d'un geste embarrassé. « C'est un grand patriote », avait-il dit. La chose, bizarrement, semblait l'ennuyer. « Je crois pouvoir dire qu'il t'aime beaucoup. Il est très réservé, n'est-ce pas, dans l'intimité ? Non pas qu'on le voudrait différent. Oui, un grand patriote.

— En effet. » Elle était irritée. Son père s'imaginait-il que la fierté qu'elle avait de Maximilien avait besoin d'être renforcée de cette manière ?

« C'est un grand honneur de l'avoir ici avec nous, reprit son père, et nous devrions, bien entendu, faire tout ce qui est en notre pouvoir… Le fait est que, à mes yeux, vous êtes déjà mariés.

— Oh, je vois où tu veux en venir.

— Je te fais confiance… s'il y a quoi que ce soit que tu puisses faire pour lui rendre la vie plus agréable…

— Père, ne m'as-tu pas entendue à l'instant ? J'ai dit : Je vois où tu veux en venir. »

Pour finir, elle laissa tomber ses cheveux, qui se répandirent en cascade sur ses épaules carrées et dans son dos. Elle les écarta de ses petits seins et se pencha vers le miroir pour s'examiner. Peut-être suis-je folle d'imaginer qu'avec mon visage sans grâce… Lucile Desmoulins était venue leur rendre visite la veille, pour leur montrer le bébé. Ils s'étaient tous affairés autour d'elle, bavardant sans fin, et elle avait cédé l'enfant à Victoire afin d'aller s'asseoir seule à l'écart, une main pendant mollement par-dessus le bras de son fauteuil, pareille à une fleur hivernale atteinte par le gel. Quand Maximilien était entré, elle avait tourné la tête et souri, et le visage de ce dernier s'était soudain illuminé. Ce qu'il ressent pour Lucile devrait être qualifié d'affection fraternelle, songea-t-elle, mais ses sentiments pour moi, s'il y avait une justice, mériteraient une épithète plus forte.

Elle se passa la main sur le ventre et les hanches, qu'elle avait également plats. Elle commença à prendre plaisir à la douceur de sa peau ; elle sentit ce que ses mains à lui sentiraient. Au moment où elle se détournait du miroir, elle aperçut, l'espace d'une seconde, les lignes solides et carrées de son corps, et quand elle s'installa délicatement dans le lit et posa la tête sur l'oreiller de Maximilien, sa déception s'était pratiquement dissipée. Elle resta allongée, tout son corps raidi par l'attente.

Elle l'entendit monter l'escalier, tourna résolument le visage vers la porte. En une fraction de seconde insupportable, elle imagina – non, ce n'était pas possible – le chien qui se précipitait dans la pièce et se jetait sur elle, haletant, gémissant et bavant, pour lui prendre dans la gueule (comme il aimait à le faire) des touffes de ses cheveux propres et impeccablement coiffés.

Mais la poignée tourna… et la porte ne s'ouvrit pas. Il hésitait sur le seuil : on l'aurait dit prêt à tourner les talons et à redescendre l'escalier. Puis, soudain décidé, il entra. Leurs regards se croisèrent, inévitablement. Il avait une liasse de papiers à la main et, tandis qu'il tendait le bras pour les poser, les yeux toujours fixés sur son visage, quelques feuillets volèrent par terre.

« Ferme la porte », dit-elle. Elle espérait n'avoir rien d'autre à dire, la situation paraissant parfaitement claire ; mais le ton sur lequel elle prononça ces paroles leur donna l'allure d'une simple suggestion d'ordre pratique, comme si elle était incommodée par un courant d'air.

« Éléonore, tu es bien décidée ? »

Il se sentit un peu ridicule, car elle semblait on ne peut plus décidée. Il prit ses mains entre les siennes, lui baisa le bout des doigts. Il aurait voulu lui dire, sans ambiguïté : Nous ne pouvons pas faire ça ; mais, quand il se baissa pour ramasser les feuillets épars, le sang afflua à son visage et il comprit qu'il lui serait impossible de lui demander de se lever et de quitter la pièce.

Quand il se retourna, elle était assise dans le lit. « Personne n'aura rien à redire, affirma-t-elle. Ils comprennent, tu sais. Nous ne sommes plus des enfants. Ils n'ont pas l'intention de nous compliquer les choses. »

Je n'en serais pas aussi sûr, songea-t-il. Il s'assit à côté d'elle et lui caressa un sein, sentant la pointe durcir dans sa paume. À son visage, on voyait qu'il s'inquiétait pour elle.

« Tout va bien, dit-elle. Vraiment. »

Personne ne l'avait jamais embrassée auparavant. Il le fit avec beaucoup de douceur, mais elle n'en parut pas moins surprise. Il pensa qu'il ferait mieux d'ôter ses vêtements tout de suite, avant qu'elle lui dît de le faire, en lui répétant une fois encore que tout allait bien. Il caressa une peau qui ne lui était pas familière, douce, curieuse au toucher ; quand il était arrivé à Versailles, au tout début, il voyait une fille, mais ce n'était pas une fille bien, sous aucun rapport, et la séparation avait été facile, et depuis, il avait été plus facile encore de ne rien entreprendre : si le célibat ne pose pas problème, le demi-célibat est difficile à vivre, les femmes étant incapables de garder un secret, et les journaux se montrant toujours friands de potins… Éléonore ne semblait pas s'attendre à voir les choses traîner en longueur, ni d'ailleurs le désirer. Elle se plaqua contre lui, le corps rigide dans l'attente de la douleur. Elle connaît la mécanique de la chose, songea-t-il, mais personne ne lui en a enseigné l'art. Sait-elle seulement qu'elle risque de se mettre à saigner ? Il sentit un brusque accès de nausée.

« Éléonore, ferme les yeux, lui murmura-t-il. Essaie de te détendre, juste une minute, le temps que tu te sentes… » « Mieux », avait-il failli dire, comme s'il était au chevet d'une malade. Il lui caressa les cheveux, l'embrassa une nouvelle fois. Elle ne le toucha pas ; elle n'y avait même pas songé. Il lui écarta un peu les cuisses. « Je ne veux pas que tu aies peur, dit-il.

— Tout va bien », dit-elle.

Non, tout était loin d'aller bien. Il lui serait impossible de s'ouvrir de force un chemin dans ce corps tendu et aride sans faire usage d'une brutalité dont il se sentait incapable. Si bien que, au bout d'un moment, il se dressa sur un coude et la regarda. « Ne cherche pas à précipiter les choses », dit-il. Il lui glissa une main sous les fesses. Éléonore, aurait-il aimé pouvoir dire, je n'ai pas beaucoup d'expérience en la matière, et je dirais que, de ton côté, tu n'as pas ça dans le sang. Elle cambra son corps contre le sien. Quelqu'un lui a dit de travailler dur pour avoir ce qu'elle veut dans la vie, de serrer les dents et de ne jamais renoncer…

Pauvre Éléonore, pauvres, pauvres femmes. Sans crier gare, il la pénétra, sous un angle un tant soit peu inattendu. Elle ne broncha pas. Il lui plaqua la tête contre son épaule, histoire de ne pas avoir à lire d'éventuels signes de douleur sur son visage. Il essaya de prendre un peu ses aises – non pas qu'il disposât de beaucoup de place pour ce faire – et de s'installer dans une position plus confortable. Il songea à nouveau : Cela fait trop longtemps, soit on le fait souvent, soit pas du tout. Résultat prévisible : l'affaire tourna court incontinent. Il noya dans son cou un petit gémissement de satisfaction. Puis il la laissa aller, la tête d'Éléonore retombant sur l'oreiller.

« Je t'ai fait mal ?

— Tout va bien. »

Il roula sur le côté et ferma les yeux. Elle allait penser : C'est ça ? Voilà donc ce dont on fait une telle histoire ? Elle ne pouvait pas se dire autre chose, c'était évident. Ce dont il avait surtout du mal à se remettre, c'était de sa propre déception, qui lui laissait dans la gorge un goût amer, presque malsain. Il y a là comme une leçon, songea-t-il : quand les plaisirs que l'on se refuse se révèlent ne pas en être, on se retrouve doublement frustré, car non content de perdre une illusion, on se sent inutile. Les choses s'étaient beaucoup mieux passées, bien sûr, avec la fille de Versailles, mais il n'était pas question de revivre ce genre de situation, incapable qu'il eût été de surmonter son dégoût pour les rencontres de hasard. Devait-il dire à Éléonore : Je regrette que tout ait été aussi rapide, je me rends compte que tu n'as pas apprécié ? Mais à quoi bon, dans la mesure où elle ne disposait d'aucun critère de comparaison, et que, de toute façon, elle se contenterait de son sempiternel « tout va bien ».

« Je vais me lever à présent, dit-elle.

— Non, reste, dit-il, en l'enveloppant de ses bras et en lui embrassant les seins.

— Très bien. Si c'est ce que tu veux. »

Il tenta une exploration hésitante. Il n'y avait pas de sang, du moins à ce qu'il put voir. Il se dit : Elle finira bien par apprendre que les choses n'en restent pas là d'ordinaire, qu'elles s'améliorent avec la pratique, parce qu'elle découvrira que, pour certains, c'est une part importante de la vie.

Elle finit par se détendre un peu. Elle sourit. Le sourire du devoir accompli. Qui saurait deviner ce qu'elle pense en ce moment ? « Ce lit n'est pas bien grand, dit-elle.

— Non, mais… » S'ils devaient en arriver là, il faudrait bien qu'il le lui dise, qu'il dise franchement : Éléonore, Cornélia, j'apprécie l'offre ô combien généreuse et libérale que tu me fais de ton corps, mais je n'ai aucunement l'intention de passer mes nuits avec toi, quand bien même ta famille au grand complet viendrait nous aider à déplacer les meubles. Il ferma à nouveau les yeux. Il s'efforça de réfléchir à l'excuse qu'il pourrait fournir à Maurice le jour où il quitterait la maison, à la manière dont il pourrait faire face aux questions de madame, et sans doute à ses larmes. Il songea ensuite aux récriminations qui s'abattraient sur la tête innocente et égarée d'Éléonore, à la malveillance des autres femmes. Sans compter qu'il n'avait nulle envie de partir, pour se retrouver dans quelque meublé froid et solitaire d'un autre quartier, et rencontrer Maurice Duplay aux Jacobins, le saluer de la tête, tout en s'abstenant de lui demander des nouvelles de la famille. Il savait avec certitude que la chose allait se reproduire : quand Éléonore jugerait que le moment était venu, elle monterait à l'étage et l'attendrait dans la chambre, et il serait tout aussi incapable de la renvoyer qu'il l'avait été cette fois-ci. Il se demanda à qui elle se confierait, parce qu'elle aurait besoin de connaître la fréquence qu'elle pourrait décemment donner à ses visites, et toutes les possibilités, plus désastreuses les unes que les autres, lui vinrent alors à l'esprit tandis qu'il essayait de faire le tour des amies qu'elle comptait. Par chance, c'est à peine si elle connaissait Mme Danton.

C'est alors qu'il avait dû s'endormir. Quand il se réveilla, elle était partie. Il était neuf heures du soir. Demain, se dit-il, elle va descendre la rue en dansant, sourire aux lèvres, s'arrêtant ici et là pour des visites sans réel motif.

Au cours des jours qui suivirent, il fut rongé par un sentiment de culpabilité. La deuxième fois, ce fut plus facile, elle était moins tendue, mais ne donna pas pour autant le moindre signe de plaisir. Il lui vint à l'esprit que, si elle se retrouvait enceinte, il leur faudrait se marier dans les plus brefs délais. Peut-être, se dit-il, que quand la Convention se réunira, de nouveaux invités viendront à la maison, et que l'un d'eux la trouvera à son goût. Je pourrai alors me montrer généreux et la libérer de toute promesse faite ou de tout lien contracté.

Mais au plus profond de lui-même, il savait que rien de tout cela n'arriverait. Personne ne la trouverait à son goût. La famille ne le permettrait pas. Les gens mariés, songea-t-il, peuvent certes divorcer à présent. Mais la seule chose qui pourra jamais nous délivrer, c'est la mort de l'un de nous.

Au ministère, Camille était assis devant son bureau, la tête pleine de pensées vagabondes. Il songeait à la soirée qu'il avait passée dans l'appartement de son cousin Viefville, avant de se rendre chez Mirabeau. Barnave était venu. Et s'était adressé à lui comme s'il était digne de considération. Il avait apprécié l'homme en lui. Le pauvre était en prison à présent, accusé de conspiration avec la Cour ; accusation, somme toute, parfaitement fondée. Camille soupira. Il dessina quelques petits bateaux en pleine mer dans la marge de son brouillon : une lettre d'encouragements qu'il destinait aux Jacobins de Marseille.

Les députés à la Convention affluaient maintenant à Paris. Augustin Robespierre : Camille, tu n'as pas changé d'un iota. Et Antoine Saint-Just... il lui faudrait être patient avec Saint-Just, mettre un frein à cette animosité désastreuse et absurde susceptible de s'enflammer à tout propos...

« J'ai la pénible impression qu'il nourrit de répugnantes pensées », dit-il à Danton.

Et Danton, préoccupé de solidarité, de répondre de sa voix lasse d'avocat : « Essaie, essaie, veux-tu, de maintenir la paix, de ne pas constamment décevoir Maximilien. Tu lui donnes un peu trop de fil à retordre avec tes indiscrétions.

— Saint-Just, lui, on ne pourra pas l'accuser d'indiscrétions, je suppose.

— Il n'en donne pas l'impression, en tout cas.

— Voilà qui le fera certainement aimer de tout le monde.

— Aimer ? dit Danton en riant. Ce garçon m'inquiète. Ce sourire satisfait, délibérément glacial.

— Peut-être ne cherche-t-il qu'à se donner un air agréable.

— De quoi rendre Hérault jaloux. Les femmes vont s'intéresser à un autre homme.

— Hérault n'a pas de souci à se faire. Saint-Just ne s'intéresse absolument pas aux femmes.

— C'est ce que tu disais de Maximilien, et pourtant il dispose à présent de la délicieuse Cornélia. C'est bien ça, je ne me trompe pas ?

— Je ne sais pas.

— Moi, je sais. »

La chose faisait donc désormais l'objet d'une rumeur bien établie, au même titre que l'infidélité supposée de la femme de Roland et le ménage à trois de la place des Piques. Il y avait là, songea Camille, ample matière à occuper les gens.

Peut-être Danton allait-il bientôt quitter sa fonction officielle. Pour ce qui le concernait, il en serait heureux. Et pourtant, il semblait acquis que les partisans de Roland feraient tout leur possible pour que celui-ci restât à l'Intérieur, en dépit de son élection à la Convention. Même après le scandale des joyaux de la Couronne, le vieux bureaucrate poussiéreux avait toujours le vent en poupe. Et si lui réussissait à garder son poste, pourquoi pas Danton, autrement plus indispensable à la nation ?

Je n'ai pas moi-même grande envie de rester ici encore bien longtemps, songea Camille ; je risquerais de devenir un autre Claude. Je n'ai guère envie non plus de m'adresser à la Convention, ils ne seront pas capables de m'entendre. La question pourtant, se dit-il encore, n'est pas de savoir ce que je veux ou ce que je ne veux pas.

Ce qui l'ennuyait davantage, c'était la perspective de voir Danton abandonner sa fonction. Georges Jacques n'avait toujours pas renoncé à son rêve – qui tenait de l'illusion – de quitter Paris pour de bon. Un jour, alors que l'aube se levait à peine, Camille l'avait trouvé seul dans la flaque de lumière jaune d'une chandelle, plongé dans les titres de propriété relatifs à ses terres d'Arcis, dans les détails des pierres de bornage, des cours d'eau, des droits de passage. Quand il avait levé la tête, Camille avait vu danser dans ses yeux des images dorées de bâtiments de ferme patinés par le temps, de champs, de taillis et de ruisseaux.

« Ah, s'était-il exclamé, surpris, j'ai cru que c'était mon assassin qui arrivait enfin. » Il avait posé une main à plat sur ses documents et ajouté : « Quand je pense que les Prussiens vont peut-être bientôt se trouver là-bas… »

Fabre se montrait évasif depuis quelque temps, songea Camille. Non pas qu'il fût enclin par nature à parler franc. Si Fabre avait à choisir entre l'argent et la gloire apportée par la révolution… Mais non, il refuserait de choisir, et continuerait à exiger les deux.

« Quelle interprétation devons-nous donner au transfert des joyaux de la Couronne ? » demanda Camille à Danton.

Que faut-il en penser ? Ou… que faut-il en dire ? Il regarda Danton digérer l'ambiguïté de la question.

« À mon avis, nous devons dire que tout est la faute de Roland et de sa négligence.

— Eh oui, il aurait dû veiller davantage à la sécurité, n'est-ce pas ? Fabre était avec la citoyenne Roland dès le lendemain. Il est allé chez eux à dix heures et demie et en est revenu à une heure. Tu crois qu'il lui a passé un savon ?

— Comment veux-tu que je le sache ? »

Camille lui glissa un coup d'œil en coin amusé. « Et il l'avait à peine quittée que la citoyenne est allée tout droit trouver son mari pour lui dire que l'homme qui avait volé les joyaux de la Couronne venait de lui rendre visite.

— Comment es-tu au courant ?

— Peut-être que j'invente. Tu crois que c'est le cas ?

— Tu en serais bien capable, dit Danton, l'air chagrin.

— Méfie-toi de Dumouriez.

— Oui, je sais. C'est ce que me dit Robespierre. J'en ai assez de l'entendre me répéter la même chose.

— Robespierre est toujours dans le vrai.

— Peut-être que je devrais me rendre sur le front des hostilités. Voir deux ou trois personnes. Tirer un peu les choses au clair. »

Alors… peut-être que, quand il tombait dans ces humeurs pastorales, c'était par une sorte d'appréhension. Dieu sait qu'il ne laissait pas d'être vulnérable, même s'il semblait étrange d'appliquer une telle épithète à un homme tel que lui. Il était en effet en position de faiblesse face à Dumouriez, face aussi aux partisans des Bourbons, qui tous escomptaient l'accomplissement de promesses de sa part non encore tenues… « Nous n'avons pas de raison de nous inquiéter. M. Danton veille sur nous. »

Camille s'empressa de chasser cette pensée, repoussant ses cheveux d'un geste nerveux, comme s'il n'était pas seul dans la pièce. Il lui sembla qu'arrivait jusqu'à lui la voix de Robespierre lui disant par une froide journée du printemps 1790 : « Une fois que tu as accordé ton affection à quelqu'un, tu peux dire adieu à la raison. Considère un moment le comte de Mirabeau, objectivement si tu en es capable. Son mode de vie, ses paroles, ses actes, tout chez lui me met immédiatement sur mes gardes ; puis je réfléchis un peu et je me rends compte que l'homme n'a pas d'autre préoccupation que la glorification de sa propre personne. Pourquoi est-ce que toi tu ne peux pas arriver à la même conclusion ? Parce qu'elle crève les yeux, tout de même. Tu n'as pas pour habitude de céder à tes sentiments à d'autres égards, quand ils viennent faire obstacle à des projets auxquels tu tiens ; pour ne prendre qu'un exemple, tu es effrayé à l'idée de prendre la parole en public, mais tu ne te laisses pas arrêter par cette peur. De la même façon, tu dois te montrer sans pitié pour tes sentiments envers autrui. »

Et si un jour cette voix sévère et insistante lui affirmait que Danton manquait de probité... il avait une réponse, toute prête, pas forcément rationnelle, mais suffisamment réfrigérante pour suspendre toute tentative de recours à la raison. Remettre en cause le patriotisme de Danton, c'était jeter le doute sur l'ensemble de la révolution. Un arbre se reconnaît à ses fruits, et c'était Danton qui avait produit le 10 août. Il avait d'abord créé de toutes pièces la république des Cordeliers, puis la république de la France. Si Danton n'est pas un patriote, alors nous avons fait preuve d'une négligence criminelle à l'égard des affaires de la nation. Si Danton n'est pas un patriote, nous ne le sommes pas non plus. Si Danton n'est pas un patriote, alors toute l'entreprise – depuis mai 1789 – doit être recommencée.

Hypothèse que même Robespierre aurait trouvée éreintante.

La nouvelle de la victoire de Valmy, quand elle atteignit Paris, déclencha une explosion de soulagement et de joie ; ce n'est que plus tard que certains commencèrent à se demander pourquoi les Français n'avaient pas continué sur leur lancée, poursuivi Brunswick et taillé ses troupes en pièces. La Convention nationale, qui se réunissait pour la première fois, avait officiellement proclamé la République française ; c'était le meilleur des augures. Sous peu, il n'y aura plus d'ennemis sur le sol français, du moins plus d'ennemis venus de l'extérieur. Les généraux pousseront jusqu'à Mayence, Worms, Francfort ; la Belgique sera occupée ; l'Angleterre, la Hollande et l'Espagne entreront en guerre. Avec le temps viendront les défaites, et la trahison, la conspiration ou la simple tiédeur des convictions recevront leur sinistre châtiment ; tandis que l'assistance diminue sur les bancs de la Convention, on a déjà l'impression de voir le spectre de la mort hanter les travées vides, figure souriante, familière, et plutôt alerte.

Pour l'instant, ce qui frappait surtout à la Convention, c'était la voix de Danton : on avait beau l'entendre tous les jours, sur toutes les questions, sa puissance arrogante ne cessait de surprendre. Dédaignant le banc ministériel, il préférait les gradins les plus élevés sur la gauche de la Chambre, où il siégeait en compagnie des autres députés parisiens et des provinciaux les plus enragés. Ces bancs, et par extension leurs occupants, seront bientôt baptisés la Montagne. Les Girondins, brissotins, quel que soit le nom qu'on leur donne, glissent peu à peu vers la droite de l'assemblée ; entre eux et la Montagne gît la Plaine, appelée encore Marais, en accord avec la nature pusillanime de ceux qui siègent là. Maintenant que la fracture était visible, largement ouverte, discrétion et retenue ne semblaient plus de mise. C'est ainsi que, jour après jour, dans une salle étouffante et confinée, Buzot abreuvait des députés suants et transpirants des mises en garde de Manon Roland à propos de Paris, ville tyran, ville sangsue, nécropole. Elle-même était parfois présente dans la tribune du public, observant la plus stricte réserve dans ses applaudissements. En présence de tiers, ils se comportaient en étrangers polis ; ils n'étaient pas moins polis en privé, bien que moins étrangers. Louvet gardait constamment dans sa poche le texte d'un discours, qu'il réservait pour le bon moment et qu'il appelait un « robespierricide ».

Et cela parce que la question cruciale, en ces mois de septembre, octobre et novembre, était la tentative des brissotins pour prendre la direction des opérations ; leur armée privée de 16 000 hommes, amenée des provinces, manifestait en chantant dans les rues, réclamant le sang des aspirants dictateurs – Marat, Danton, Robespierre – qu'ils nommaient le Triumvirat. Le ministre de la Guerre expédia cette armée sur le front avant que les rues deviennent le théâtre de batailles rangées ; mais les lignes de combat à la Convention ne relevaient pas de sa juridiction.

Marat siégeait à l'écart, tout à ses pensées sanguinaires. Quand il se levait pour parler, les brissotins s'empressaient de quitter la salle ou restaient ébahis, le cœur au bord des lèvres, mais fascinés, et chuchotaient entre eux ; au fil du temps, cependant, ils se mirent à rester pour l'écouter, parce que ce qu'il avait à dire les concernait directement. Il parlait avec un bras replié posé devant lui, sa tête plantée sur son large cou musclé rejetée en arrière, faisant précéder ses remarques de ce petit rire sardonique qu'il cultivait depuis longtemps. Il était malade, et personne ne savait de quoi il souffrait.

Robespierre le rencontra, rapidement bien sûr, car, s'il le connaissait depuis toujours, il préférait éviter des contacts rapprochés. On courait toujours le danger en parlant avec Marat de se voir accusé à sa place, soupçonné de lui dicter ses écrits et d'attiser son ambition. Il reste que parfois on ne peut pas se montrer trop délicat dans ses choix, et, dans le climat actuel, on avait intérêt à compter ses amis. De ce point de vue, la rencontre ne fut pas une réussite, dans la mesure où elle ne servit qu'à prouver à quel point les patriotes étaient divisés. Le corps de Robespierre, jeune et compact, était animé d'une tension calme et féline dans son habit bien coupé ; ses émotions, ou du moins celles qui à l'occasion se peignaient sur son visage, étaient enterrées avec les victimes de septembre. De l'autre côté de la table, Marat, agité de tics, toussait, un mouchoir sale noué autour de la tête. La passion le faisait bafouiller, son poing crasseux s'ouvrait et se fermait spasmodiquement, la frustration lui brouillait le teint, lui marbrait la peau. « Robespierre, tu ne me comprends pas. »

Maximilien le regarda calmement, la tête légèrement penchée sur le côté, avant de dire : « C'est bien possible. »

10 octobre : deux mois se sont écoulés depuis le coup d'État. Sous les yeux de Robespierre (il intervenait tous les soirs), le club des Jacobins procéda à une purge. Brissot et ses collègues furent expulsés, rejetés de l'organe du patriotisme, comme de vulgaires déchets corporels. 29 octobre, à la Convention : Roland se mit debout et prit la parole. Ses partisans l'applaudirent et l'acclamèrent ; mais le vieil homme avait l'air d'une marionnette exsangue, l'habitude et le devoir tirant seuls sur les fils. Robespierre, insinua-t-il, aimerait sans doute voir les massacres de septembre se reproduire. Au nom de Robespierre, la Gironde se mit à crier et à siffler.

Là-haut, sur la Montagne, Robespierre se leva de son siège. Il se dirigea vers la tribune, sa petite tête baissée dans une attitude nettement belliqueuse. Guadet, le Girondin qui présidait alors la Convention, essaya de l'empêcher de parler. Mais la voix de Danton domina le vacarme : « Qu'on le laisse parler. Et je réclame moi aussi la parole, quand il aura fini. Il est temps que certaines choses soient mises au clair une fois pour toutes dans cette enceinte. »

VERGNIAUD [*les yeux sur Danton*] : C'est ce que je craignais… leur alliance. Et ce depuis déjà quelque temps.

GUADET [*à côté de lui*] : On peut arriver à un arrangement avec Danton.

VERGNIAUD : Jusqu'à un certain point.

GUADET : Le point où l'argent vient à manquer.

VERGNIAUD : C'est plus compliqué. Que Dieu te vienne en aide si tu n'es pas capable de voir que c'est plus compliqué.

GUADET : Robespierre est à la tribune.

VERGNIAUD : Comme d'habitude [*Il ferme les yeux. Son visage lourd et pâle se fige en plis attentifs.*] L'homme est incapable de parler.

GUADET : Pas au sens où tu l'entends.

VERGNIAUD : Avec lui, il n'y a pas de spectacle.

GUADET : Le peuple aime assez pourtant. Son style.

VERGNIAUD : Ah oui, le peuple. Le Peuple.

Robespierre était inhabituellement remonté. En raison de l'insulte de Roland à la tribune, ce vieux gâteux, avec sa traînée de femme, et de l'insistance quasi obsessionnelle de celui-ci à réclamer à mots couverts les comptes du ministère de Danton. En raison aussi des petites piqûres d'innombrables insinuations, chuchotements, mains devant la bouche, voix éphémères dans la rue prononçant ce seul mot : « septembre », avant de s'évanouir. Danton les a entendues, lui aussi. Cela se voit parfois sur son visage.

La voix de Robespierre, qui s'élevait au-dessus du brouhaha emplissant la salle, suintait le mépris : « Pas un seul d'entre vous qui oserait m'accuser en face. »

Il s'interrompit, laissant le temps à la Gironde de juger de sa lâcheté.

« Moi, je t'accuse. »

Louvet s'avança, fouillant dans sa poche à la recherche des feuillets de son « robespierricide ». « Ah ! Le pornographe ! » s'exclama Philippe Égalité. La voix du duc résonna depuis les hauteurs de la Montagne, provoquant une vague de ricanements. Puis le silence s'installa à nouveau.

Robespierre s'écarta, cédant à Louvet sa place à la tribune, un sourire aux lèvres. Un sourire patient et hésitant. Puis il embrassa du regard la foule des députés parisiens avant de prendre un siège bien en vue de Louvet et il attendit que l'autre commence sa diatribe.

« Oui, je t'accuse de calomnier continûment les meilleurs patriotes. D'avoir répandu tes calomnies au cours de la première semaine de septembre, à un moment où les rumeurs étaient autant de coups mortels. Je t'accuse d'avoir dégradé et proscrit les représentants de la nation. » Il s'interrompit, les Montagnards hurlaient, le conspuaient, lui interdisant de poursuivre. Robespierre tourna la tête et leva les yeux vers eux ; aussitôt le bruit se calma, puis diminua jusqu'à se fondre dans un nouveau silence.

Louvet put reprendre ; mais sa voix, adaptée aux joutes oratoires, parfaite pour les affrontements directs, n'avait pas le timbre requis, et, en l'entendant – en percevant ce qui n'allait pas, en se disant à part lui : Non, ça ne marchera pas –, il ne put l'empêcher de trembler. Pour s'armer de courage, il posa les mains sur le pupitre, mais ses paumes moites furent incapables de l'empoigner.

Son gibier avait la tête tournée vers lui, mais la lumière, qui lui tombait en plein sur le visage, semblait le priver de ses yeux derrière les verres teintés. Il paraissait totalement impassible. Louvet lança son corps en avant, comme s'il s'apprêtait à sauter. « Je t'accuse d'avoir voulu te transformer en idole, proposée à la vénération des foules, d'avoir permis que l'on te désigne en ta présence comme le seul homme capable de sauver la nation – et de t'être toi-même présenté comme tel. Je t'accuse de viser le pouvoir suprême. »

Qu'il eût terminé ou qu'il s'accordât simplement une pause, on ne savait pas, mais la Montagne à nouveau se déchaîna, et il vit Danton bondir de son siège et se mettre en mouvement comme pour traverser la salle et venir régler l'affaire à coups de poing ; il vit les amis de Danton debout eux aussi, et Fabre qui retenait son chef dans une parodie d'apaisement toute théâtrale. Les épaules soudain affaissées, il prit cette posture propre aux poitrinaires. Aussitôt Robespierre fut sur ses pieds, léger, aérien. Et regagna l'estrade, indiquant de la main qu'il n'avait pas l'intention de retenir longtemps l'assistance, et de sa voix froide et égale réclama un peu de temps pour préparer sa défense. Danton, lui, se serait précipité à la tribune, les aurait frappés de terreur, aurait taillé l'opposition en pièces sur-le-champ ; ce n'était pas là la méthode de Robespierre. Il eut un geste à l'adresse de Danton, un léger signe de tête, une sorte de courbette ; puis il quitta la Chambre, un petit groupe de Montagnards sur les talons, son frère Augustin, agrippé à son bras, lui disant qu'il finirait assassiné sous les coups des Girondins.

« Un mauvais moment, dit Legendre. Qui se serait attendu à ça ? Pas moi, en tout cas. »

Danton était très pâle. La cicatrice, un trait blafard sur sa figure. « Ils me cherchent, dit-il.

— Ils te cherchent, *toi*, Danton ?

— Oui, moi. S'ils s'en prennent à Robespierre, ils s'en prennent aussi à moi ; s'ils s'attaquent à lui, c'est aussi à moi qu'ils doivent s'attaquer. Dites-leur donc. Dites-le à Brissot. »

Ils le dirent à Vergniaud, un peu plus tard. « Je ne suis pas Brissot, dit ce dernier. Je ne suis pas brissotin. Du moins, je ne crois pas. Ils répandent ce qualificatif autour d'eux comme des largesses qu'on jetterait aux pauvres. Il reste que nous avons été plutôt durs avec Danton. Nous avons mal accepté son pouvoir en tant que ministre, nous nous sommes montrés grossiers envers ses amis. Certains d'entre nous ont permis à leurs épouses des remarques sur sa vie privée. Nous avons demandé à examiner ses comptes, ce qui, naturellement, le rend nerveux. Nous n'avons pas su, tout bien considéré, faire amende honorable. Et pourtant je n'ai jamais pensé qu'il nous en voulait. J'ai fait preuve en la matière d'une dangereuse naïveté. » Il écarta les bras. « Mais tout de même, Robespierre et lui, en privé, ne doivent pas déployer beaucoup de sympathie l'un pour l'autre. Est-ce vraiment important ? Oh oui, je crois que cela le deviendra, au bout du compte. »

Quant à Louvet, ce fut pour lui un grand moment, qu'il aborda moite de trac, stigmatisé par l'apostrophe moqueuse du duc. Il n'était jamais que Louvet le romancier, après tout, personnage sans envergure, quantité négligeable, proie jetée en pâture au petit tigre de la Montagne. Ils vont maintenant se demander pourquoi diable ils l'ont laissé faire, ses amis de la Plaine qui font preuve d'une telle véhémence à l'égard de Robespierre. Ce qu'ils ont vu, eux, c'est seulement la manière dont Robespierre s'est écarté de la tribune, dont il a pris son siège et imposé le silence à ses partisans… rien dans tout cela qui suggère le tyran. Mais je serai, moi, songea Louvet, le seul à jamais savoir que j'avais fini avant même d'avoir commencé, là, au pied de la tribune, l'estomac retourné par un regard terrible et un sourire de Judas suave m'invitant à parler.

« Nous le considérons comme notre fils, dit Mme Duplay.

— Mais je vous rappelle, dit Charlotte Robespierre, que c'est mon frère. Ce qui veut dire, je le crains fort, que mes droits sur lui passent avant tous ceux que vous-même et vos filles vous imaginez avoir acquis à son endroit. »

Mme Duplay, mère tant de fois, pouvait se targuer de bien comprendre les filles et les jeunes femmes. Elle comprenait sa Victoire et sa timidité maladive, son Éléonore et son sérieux emprunté, sa jolie Élisabeth et son air enfantin. Elle comprenait aussi Charlotte Robespierre. Sans pour autant savoir comment la prendre.

Quand Maximilien lui avait annoncé que son frère Augustin allait venir à Paris, il avait demandé à Mme Duplay ce qu'elle penserait si sa sœur l'accompagnait. C'est du moins là ce qu'elle croyait qu'il avait fait. Parce qu'il semblait nerveux à l'idée de parler de la jeune femme.

« C'est quel genre de personne ? » avait-elle demandé, poussée par une curiosité somme toute naturelle. Il ne parlait jamais de sa famille. « Elle est tranquille, comme vous ? À quoi dois-je m'attendre ?

— N'en attendez pas trop », avait-il rétorqué, l'air inquiet.

Maurice Duplay avait fait valoir à plusieurs reprises que la maison était assez grande pour les accueillir tous. De fait, il y avait deux pièces, non meublées pour l'instant et jamais utilisées à ce jour. « Comment pourrions-nous laisser ton frère et ta sœur s'installer chez des étrangers ? dit Maurice. Non, il faut que nous restions tous ensemble, comme une vraie famille. »

Le grand jour arriva. Ils se présentèrent au portail. Augustin fit d'emblée une excellente impression – un garçon capable, agréable, se dit madame, et qui manifestement brûlait d'impatience de retrouver son frère. Elle ouvrit les bras pour y recevoir la jeune créature souple et avenante que devait être la sœur de Maximilien. Le regard dur de Charlotte lui signifiant que le maternage ne serait pas de mise avec elle la figea sur place. Ses bras retombèrent dans l'instant.

« Nous pourrions peut-être nous rendre directement dans nos chambres, dit Charlotte. Nous sommes fatigués. »

La femme plus âgée avait les joues brûlantes tandis qu'elle précédait ses invités. Ni fière ni très exigeante, elle était cependant habituée à une certaine déférence – de la part de ses filles aussi bien que des employés de son mari. Charlotte s'était adressée à elle sur le ton que l'on réserve au dernier des domestiques.

Elle se retourna avant de pénétrer dans la pièce. « Tout est très simple. Nous aimons la simplicité chez nous.

— C'est ce que je vois », dit Charlotte.

Le plancher était ciré, les rideaux neufs, cette chère petite Babette avait arrangé des fleurs dans un vase. Mme Duplay s'écarta pour permettre à Charlotte d'entrer la première. « Si nous pouvons d'une manière ou d'une autre vous rendre la vie plus agréable, faites-le-moi savoir, je vous prie. »

Le mieux, disait clairement le visage de Charlotte, serait encore d'aller vous faire voir ailleurs.

Maurice Duplay alluma sa pipe et s'absorba entièrement dans l'arôme du tabac. Quand le citoyen Robespierre était dans la maison ou avait toute chance de rentrer bientôt, il ne fumait jamais, par égard pour ses poumons patriotiques. Augustin, lui, n'y voyait pas d'inconvénient.

« Évidemment, finit par dire Duplay, c'est ta sœur. Je ne devrais pas critiquer.

— Oh, ne te gêne pas, dit Augustin. Je suppose que je devrais t'expliquer un peu la personnalité de Charlotte. Max ne le fera jamais. Il est bien trop bon. Il s'arrange toujours pour éviter de penser du mal des gens.

— Vraiment ? » Duplay, quelque peu surpris, mit cette déclaration sur le compte d'un aveuglement fraternel somme toute compréhensible. Le citoyen Robespierre était ouvert, juste, intègre… mais la charité n'était certes pas son point fort.

« Je ne me souviens pas du tout de ma mère. Ce n'est pas le cas de Max, mais il n'a jamais semblé vouloir parler d'elle.

— Comment ? Votre mère est morte ? Je n'en avais pas la moindre idée. »

Augustin se montra stupéfait. « Il ne t'a jamais rien dit de notre famille ? demanda-t-il en secouant la tête d'un air incrédule. C'est curieux, tout de même.

— Nous supposions qu'il y avait eu une querelle. Une dispute grave. Nous ne voulions pas être indiscrets.

— Ma mère est morte quand j'étais encore tout petit. Notre père a quitté la maison. Nous ne savons pas s'il est mort ou vivant à l'heure qu'il est. Il m'arrive de me demander… S'il est encore vivant, aurait-il entendu parler de Max ?

— C'est probable, s'il se trouve quelque part dans le monde civilisé. Et s'il sait lire.

— Oh oui, il sait lire. » Augustin avait une manière à lui de tout prendre au pied de la lettre. « En ce cas, je me demande ce qu'il en pense. C'est notre grand-père qui nous a élevés, nous les garçons, pendant que les filles allaient chez nos tantes. Jusqu'à ce que nous venions à Paris. Charlotte, bien sûr, n'a pas pu partir. Et puis Henriette est morte. Ah, oui, j'allais oublier, nous avions une autre sœur, Max et elle s'entendaient très bien, et je pense que Charlotte en concevait une certaine jalousie. Elle était encore très jeune quand elle a commencé à s'occuper de nous et de la maison. Ce qui l'a vieillie, j'imagine. Mais elle n'a que trente-deux ans. Elle pourrait se marier.

— Pourquoi n'essaie-t-elle pas ? demanda Duplay en tirant sur sa pipe.

— Elle a connu une déception amoureuse. En fait, avec quelqu'un que tu connais… Il habite au bout de votre rue… Le député Fouché. Tu vois qui je veux dire ? Pas de cils du tout et un visage un peu verdâtre.

— Une grosse déception ?

— Je ne pense pas qu'elle l'aimait beaucoup, à vrai dire, mais elle s'était mis dans la tête qu'elle avait été… Mais, tu sais ce que c'est, certaines personnes dotées d'un tempérament aigri disent volontiers que, si elles sont comme ça, c'est à cause des malheurs qui leur sont arrivés. J'ai moi-même été fiancé trois fois, tu sais. Et si ça n'a pas marché, c'est parce que les promises reculaient devant la perspective d'avoir Charlotte comme belle-sœur. Elle a fait de nous l'œuvre de sa vie. Elle ne tolère la présence d'aucune autre femme autour de nous. Personne en dehors d'elle n'a le droit de faire quoi que ce soit pour nous.

— Hem ! Et tu penses que c'est pour cette raison que ton frère n'est toujours pas marié ?

— Je ne sais pas. Il n'a pourtant pas manqué d'occasions. Il plaît aux femmes. Mais là encore… peut-être que ce n'est tout bonnement pas le genre d'homme à se marier.

— N'en parle pas autour de toi, lui suggéra Duplay. Je veux dire, du fait que ce n'est pas le genre d'homme à se marier.

— Il pense peut-être que la plupart des familles finissent comme la nôtre. Pas superficiellement… je veux dire, de façon plus radicale. Il devrait y avoir une loi interdisant l'existence de familles comme la nôtre.

— On ne devrait pas s'interroger sur ce qu'il pense. S'il voulait que nous le sachions, il nous le dirait. Il arrive à beaucoup d'enfants de perdre leurs parents. Nous espérons que vous nous considérerez comme votre famille à présent.

— C'est vrai, beaucoup d'enfants perdent leurs parents… mais le problème avec mon père, c'est que nous ignorons si nous l'avons vraiment perdu ou non. C'est très étrange, cette idée qu'il vit probablement quelque part, peut-être même ici à Paris, qu'il lit tout ce qu'on dit de Max dans les journaux. Imagine qu'il réapparaisse un jour. Ce n'est pas du tout impossible. Il pourrait venir à la Convention, nous regarder du haut de la tribune du public… Si je le croisais dans la rue, je ne le reconnaîtrais pas. Enfant, je me souviens que j'espérais le voir revenir… et en même temps j'avais un peu peur de ce qui se passerait s'il rentrait. Grand-père parlait beaucoup de lui, quand il était de mauvaise humeur. "Je suppose que votre père s'est soûlé à mort", et d'autres choses du même genre. Les voisins n'arrêtaient pas de nous observer, guettant des signes révélateurs. Aujourd'hui, les gens à Arras, du moins ceux à qui ne plaît pas la carrière que fait Max, disent : "Le père était un ivrogne et un coureur de jupons, et la mère n'avait pas grand-chose à lui envier." Je t'épargne le genre de propos autrement plus injurieux qu'ils sont capables de tenir.

— Augustin, il te faut mettre tout ça derrière toi. Tu es à Paris, à présent, tu as la possibilité de repartir d'un bon pied. J'espère que ton frère finira par épouser ma fille aînée. Elle lui donnera des enfants. » Augustin eut une mimique suggérant de sérieux doutes. « Et, pour l'instant, il a de bons amis.

— Tu le crois vraiment ? Je ne suis pas ici depuis longtemps, bien sûr, mais j'ai l'impression que pour l'essentiel il a plutôt des associés. Oui, il a une foule d'admirateurs… mais il n'est pas entouré d'un groupe d'amis, comme peut l'être Danton.

— Il y a entre eux une différence de style, c'est certain. Mais il a les Desmoulins. L'enfant de Camille est son filleul, tu sais.

— Si c'est bien l'enfant de Camille. Là encore, tu vois… je ne peux pas m'empêcher de plaindre un peu mon frère. Rien de ce qu'il a n'est jamais vraiment conforme aux apparences. »

« J'ai le sens du devoir, dit Charlotte. Une denrée assez peu répandue, à mon avis.

— Je sais, Charlotte. » Son frère aîné lui parlait toujours avec douceur, dans la mesure du possible. « Dis-moi ce qui ne te convient pas.

— Tu ne devrais pas habiter ici.

— Et pourquoi pas ? » Il connaissait au moins une bonne raison pour laquelle il n'aurait pas dû rester, laquelle n'était pas dissociable d'une certaine culpabilité ; il se dit qu'elle devait la connaître aussi.

« Tu es une personnalité en vue. Un grand homme. Tu devrais te comporter comme si tu en étais conscient. Les apparences comptent. Vraiment. Danton a raison. Il fait son numéro. Les gens adorent ça. Je ne suis pas ici depuis longtemps, mais je n'ai pas manqué d'en être frappée. Danton…

— Charlotte, Danton dépense trop d'argent. Et personne ne sait au juste d'où il le tient. » Le ton de sa voix laissait entendre qu'elle ferait bien de changer de sujet.

« Danton a du panache, insista-t-elle. On dit qu'il n'hésite pas à s'asseoir dans le fauteuil du roi aux Tuileries lors des réunions du cabinet.

— Qu'il remplit au centimètre près sans doute, dit Robespierre d'un ton sec. Et s'il existait quelque chose comme une table du roi, Danton trouverait le moyen de mettre les pieds dessus. Certaines personnes, Charlotte, sont mieux équipées que d'autres par la nature pour ce genre d'exercice. Sans compter qu'on risque de se faire des ennemis à ce petit jeu.

— Depuis quand est-ce que tu t'inquiètes des ennemis que tu pourrais te faire ? Je ne me souviens pas que la chose t'ait jamais beaucoup préoccupé. Tu t'imagines peut-être que les gens auront une plus haute opinion de toi si tu vis dans une chambre sous les combles ?

— Je ne vois pas pourquoi tu te sens obligée de présenter la situation sous un jour aussi défavorable. Je suis très bien installé. J'ai tout ce qu'il me faut, ici.

— Tu serais déjà beaucoup mieux si c'était moi qui m'occupais de toi.

— Charlotte, ma chère, tu t'es toujours occupée de nous. Tu ne pourrais pas prendre un peu de repos, pendant quelque temps ?

— Quoi ? Dans la maison d'une autre ?

— Toutes les maisons appartiennent à quelqu'un, et la plupart abritent des femmes.

— Que dirais-tu d'un gentil appartement où l'on pourrait être entre nous ? »

Ce qui résoudrait certains problèmes, se dit-il. Le visage de Charlotte s'assombrit tandis qu'elle l'observait, s'attendant à ce qu'il la contredise. Il ouvrait la bouche pour abonder dans son sens quand elle dit, le coupant dans son élan : « Et puis il y a autre chose.

— Et quoi donc ?

— Ces filles, Maximilien. J'ai vu Augustin se détruire à cause des femmes. »

Ainsi donc, elle savait… vraiment ? « Comment ça, se détruire ?

— Eh bien, il l'aurait fait, si je n'avais pas été là. Et cette damnée bonne femme ne cherche qu'à fourrer ses filles dans ton lit. Qu'elle y soit parvenue ou pas, c'est à toi d'en juger. Cette petite horreur d'Élisabeth regarde les hommes comme si… Je ne trouve pas les mots qui s'imposent. S'il devait lui arriver quelque chose, ce n'est pas l'homme que j'accuserais.

— Mais qu'est-ce que tu racontes, Charlotte ? Babette n'est qu'une enfant. Je n'ai jamais entendu personne dire du mal d'elle.

— Eh bien, tu vois, c'est fait à présent. Alors ? Est-ce que je me mets en quête d'un appartement ?

— Non. Nous resterons là où nous sommes. Je ne supporterai pas de vivre avec toi. Tu n'as pas changé, toujours aussi méchante. » Et toujours aussi folle, songea-t-il à part lui.

Lundi 5 novembre : les gens ont fait la queue toute la nuit pour obtenir une place dans les galeries du public. S'ils s'attendent à lire sur le visage de Robespierre les signes d'une crise personnelle, ils en seront pour leurs frais. Comme ces rues et ces calomnies lui sont devenues familières. Arras, c'était il y a vingt ans, lui semble-t-il ; déjà au moment des États généraux, n'était-il pas la cible privilégiée des attaques ? C'est sans doute dans sa nature, songe-t-il.

Il prend soin de nier toute responsabilité dans les événements de septembre, mais, vous le remarquerez, il ne condamne pas pour autant la tuerie. De même s'abstient-il de toute parole qui porterait un coup fatal, épargnant Roland et Buzot, comme s'ils n'étaient pas dignes de son attention. Le 10 août n'était pas légitime, dit-il, la prise de la Bastille, non plus. Mais peut-on s'arrêter à ce genre d'obstacle quand le sort d'une révolution est en jeu ? C'est dans la nature des révolutions que d'enfreindre les lois. Nous ne sommes pas des juges de paix ; nous légiférons en vue de l'avènement d'un monde nouveau.

« Hem ! Hem ! fait Camille du haut de la Montagne. Ce n'est pas là une position éthique. C'est une simple excuse. »

Il a parlé à voix basse, comme pour lui-même ; il est surpris par la violence avec laquelle ses collègues s'en prennent à lui. « C'est de la politique qu'il fait là, dit Danton, de la politique en action. Qu'est-ce qu'il aurait à foutre d'une position éthique ?

— Je n'aime pas ce distinguo entre crimes ordinaires et crimes politiques, rétorque Camille. Nos adversaires peuvent s'en prévaloir pour nous tuer tout autant que nous pour les éliminer. Je ne vois pas ce qu'aurait d'utile semblable idée. Nous devrions admettre qu'un crime est un crime, quelle que soit sa nature.

— Non, cent fois non ! s'exclama alors Saint-Just.

— Et c'est toi qui dis ça, Camille, le procureur général de la Lanterne ! dit Danton.

— Mais quand j'avais cette fonction, je me disais : Allons-y, faisons un peu dans la violence, c'est à notre tour maintenant. Je n'ai jamais demandé qu'on m'excuse sous prétexte que je voulais donner de nouvelles lois au monde.

— Maximilien ne cherche pas d'excuses, dit Saint-Just. La nécessité n'a besoin ni d'excuses ni de justifications.

— Tu as lu ça où, espèce d'imbécile ? lui demanda Camille en se tournant brusquement vers lui. Tiens, tu me fais penser à ces fables pédagogiques qu'on donne aux enfants, chacune dotée d'une jolie petite morale à la fin. Qu'est-ce que ça signifie en fait ? Tu n'en sais rien. Et pourquoi éprouves-tu le besoin de le dire ? Parce qu'il faut bien que tu dises quelque chose. »

Il vit la fureur enflammer l'habituelle pâleur de Saint-Just. « Tu es de quel côté, à la fin ? » lui siffla Fabre dans les oreilles.

Allez, arrête maintenant, se dit-il. Tu es en train de te mettre tout le monde à dos. « De quel côté ? N'est-ce pas ce dont nous accusons les brissotins quand nous disons que leur jugement a été mis à mal par des querelles de factions ?

— Bon Dieu, mais quel boulet tu fais ! » lui lança Saint-Just. Camille se leva, effrayé davantage par les mots qui sortaient de sa bouche que par ceux des autres, aspirant à se retrouver au plus vite au milieu des branches noires et des visages anonymes des jardins des Tuileries. Ce fut Orléans qui leva une main pour le retenir, affichant un sourire plein d'urbanité. « Tu dois vraiment partir maintenant ? demanda le duc, comme s'il voyait une soirée se terminer trop tôt. Ton départ, au beau milieu du discours de Robespierre, risque d'être interprété comme un signe de protestation. »

Dans un geste peu conforme à sa manière d'être, le duc tendit le bras et tira Camille sur le banc à côté de lui. « Allez, reste tranquille, dit-il. Si tu t'en vas maintenant, les gens ne vont pas manquer de lire des tas de choses dans ton attitude.

— Saint-Just me déteste, dit Camille.

— Bon, on ne peut pas dire que ce soit un jeune homme très amical, mais tu ne devrais pas te sentir particulièrement visé. Je figure moi aussi sur sa liste, j'en ai peur.

— Sa liste ?

— Ça ne m'étonnerait pas qu'il en ait une, ce n'est pas ton avis ? Ce serait bien son genre.

— Des listes, Laclos en avait, dit Camille. Bon sang, il y a des jours où je donnerais cher pour revenir à 1789. Laclos me manque.

— À moi aussi, sais-tu. À moi aussi. »

C'était Hérault de Séchelles qui présidait la séance. Il jeta un coup d'œil à ses collègues de la Montagne et leva un sourcil interrogateur, qui laissait entendre une demande d'explication pour plus tard. Parce que là-haut, ils semblaient tenir une réunion parlementaire à caractère privé, et Camille avait tout l'air de se disputer avec Égalité. Robespierre abordait sa péroraison. Il avait laissé ses adversaires sans rien à dire ni savoir quelle attitude adopter. Camille allait manquer la fin du discours, il ne serait pas là pour les applaudissements. Le duc avait dû lâcher son bras, car il se dirigeait déjà vers la sortie. Hérault se souvenait du jour où Camille était sorti en courant d'une salle de tribunal, il y avait des années de cela, bien avant leur première rencontre, menton levé et sur le visage une expression où se mêlaient mépris et jubilation. Automne 1792, il courait toujours ; mais l'expression cette fois trahissait la peur autant que le mépris.

Annette n'était pas chez elle quand il arriva, et il tenta de battre en retraite, mais Claude entendit sa voix et sortit. « Camille ? Tu parais bien contrarié. Non, non, n'essaie pas de t'échapper. J'ai à te parler. »

Lui-même n'avait pas l'air très serein – un émoi discret, de type semi-officiel. Quelques journaux girondins étaient éparpillés ici et là. « Franchement ! dit Claude. Le ton de la vie publique, ces temps-ci ! Quelle vulgarité ! Faut-il vraiment que Danton dise des choses pareilles ? Le député Philippeaux demande à la Convention d'exiger de Danton qu'il reste au ministère… on peut comprendre. Danton refuse… jusque-là on comprend encore. Mais voilà qu'il ajoute que, si la Convention veut voir Roland conserver son poste, elle a intérêt à demander d'abord à sa femme ce qu'elle en pense. Une attaque personnelle aussi vive, et devant un public aussi nombreux ! Naturellement, les autres répondent par des attaques personnelles de leur cru. Et de lier les noms de Lucile et de Danton.

— Ça n'a rien de nouveau.

— Mais pourquoi laisses-tu circuler de tels ragots ? Sont-ils seulement fondés ?

— Je te croyais imperméable aux journaux, après l'histoire d'Annette et de l'abbé Terray.

— C'était la plus absurde des inventions, alors que, là, les gens y croient. Les implications te concernant personnellement ne peuvent cependant que te déplaire.

— Et ces implications, quelles seraient-elles ?

— Simplement que Danton peut faire ce que bon lui semble, que tu n'es pas en mesure de lui résister.

— Ce qui est le cas, marmonna Camille.

— On parle d'autres hommes, en dehors de Danton. Je ne veux pas qu'on tienne ce genre de propos au sujet de Lucile. Tu devrais lui faire comprendre que…

— Elle aime se montrer à la hauteur d'une certaine réputation, sans jamais vraiment la mériter.

— Pourquoi ? Si ce n'est pas vrai, pourquoi prête-t-elle le flanc à de telles rumeurs ? Tu la négliges, voilà le fond du problème.

— Non, je ne crois pas. Nous prenons beaucoup de plaisir ensemble, en réalité. Mais Claude, je t'en prie, ne me crie pas dessus. J'ai eu une journée extrêmement pénible. Durant le discours de Robespierre, vois-tu… »

Une tête se montra à la porte ; les domestiques étaient d'une telle désinvolture, désormais ! « Monsieur, le citoyen Robespierre est ici. »

Robespierre ne s'était pas souvent présenté au domicile des Duplessis depuis ses fiançailles farcesques avec Adèle. Mais il restait le bienvenu ; monsieur conservait sa bonne opinion de lui. Claude s'empressa d'aller l'accueillir ; le domestique, qui s'était complètement embrouillé dans les titres à donner à chacun, s'esquiva et claqua la porte derrière lui. « Robespierre, dit Claude, je suis heureux de te voir. M'aiderais-tu à rétablir une certaine forme de communication ?

— Mon beau-père est possédé de l'horreur du scandale.

— Toi, c'est un démon qui te possède, repartit tranquillement Claude.

— Voyons un peu... », dit Robespierre. Il était d'une humeur joviale tout à fait inattendue, et euphorique au point d'avoir du mal à réprimer de petits rires. « Asmodée, le démon ?

— Asmodée était un séraphin, au début de sa carrière, dit Camille.

— Comme toi. À présent, tu vas m'expliquer... Qu'est-ce qui t'a pris de me laisser tomber au milieu de mon discours ?

— Rien. Je veux dire, j'ai mal interprété une de tes réflexions, et j'ai fait une remarque. Là-dessus, ils se sont tous jetés sur moi.

— Oui, je sais. Ils regrettent tous beaucoup.

— Pas Saint-Just.

— Non, c'est vrai... Il a des idées bien arrêtées et n'autorise aucune défaillance.

— N'autorise ? Mais je n'ai rien à foutre de ses autorisations ! Il m'a traité de boulet. De quel droit quelqu'un qui a pris la révolution en marche peut-il traiter les autres de boulet ?

— Ne me crie pas dessus comme ça, Camille. Il avait le droit d'exprimer son opinion, je suppose.

— Mais pas moi ?

— Personne ne t'a privé de ce droit – ils te sont juste tombés dessus pour l'avoir exercé. Camille est d'une susceptibilité morbide, dit-il à Duplessis d'un ton enjoué.

— On pourrait souhaiter qu'il soit un peu plus susceptible dans certains domaines », répondit ce dernier, avec un hochement de tête en direction des journaux. Robespierre prit un air ennuyé et ôta ses lunettes. Il avait le bord des yeux cerclé de rouge. Claude s'étonna de la patience de cet homme, de son équanimité : comment trouvait-il le temps pour tout cela ?

« Essaie… d'étouffer ces bruits, dit Robespierre. Enfin, pas à proprement parler "étouffer", qui donnerait l'impression qu'il y a du vrai là-dedans. Nous devons tous veiller à nous comporter avec la plus grande discrétion.

— De manière à ne pas attirer l'attention sur nos péchés, dit Camille.

— Il faut que j'emmène Camille, dit Robespierre à Claude. Ne laisse pas les journaux troubler la paix de ton esprit.

— Crois-tu qu'il m'en reste encore beaucoup à troubler ? demanda Claude en se levant pour les raccompagner. Viendras-tu à Bourg-la-Reine cette fin de semaine ?

— Bourg-la-République, dit Camille. Les vrais patriotes ne connaissent pas les fins de semaine.

— Oh, tu peux te reposer deux jours, si tu veux, dit Robespierre.

— J'aimerais que tu te joignes à nous, dit Claude. Mais je suppose que ce ne sera pas possible.

— Je suis vraiment très occupé en ce moment. Cette histoire avec Louvet m'a fait perdre beaucoup de temps. »

Et puis, de toute façon, on ne te permettrait pas d'y aller, songea Camille, pas sans Éléonore et Maman pour la chaperonner, et Charlotte pour chaperonner Maman, et Babette, parce qu'elle pousserait des cris d'orfraie si elle n'était pas de la partie, et Victoire, aussi, parce que ce serait injuste de la laisser à la maison. « Tu crois que je devrais venir ? demanda-t-il à son beau-père.

— Oui. Lucile a besoin de prendre l'air ; quant à toi, j'imagine qu'un répit dans toutes tes disputes te ferait du bien.

— Et ce répit, tu me le garantis ? »

Claude esquissa un pâle sourire.

« Qu'est-ce qu'on fait à présent ? demanda Camille.

— Nous allons faire quelques pas, pour voir si on nous reconnaît dans la rue. Tu sais, je crois que ton beau-père n'est pas loin de t'apprécier beaucoup, en fait.

— Tu le penses vraiment ?

— Peu à peu, il s'habitue à toi. À son âge, on aime bien avoir à se plaindre de quelque chose. Je pense néanmoins…

— Pourquoi cherches-tu à savoir si les gens vont te reconnaître ?

— Une idée comme ça. J'ai entendu qu'on me traitait de vaniteux. C'est ton avis ?

— Non, ce n'est pas le mot que j'aurais choisi.

— Je me considère comme quelqu'un d'obscur.

— Obscur ? » Tiens, se dit Camille, serait-ce le prélude à un pénible accès de manque de confiance en soi ? Robespierre ne s'était jamais fait à la célébrité, et sa modestie, si on ne la modérait pas, prenait une tournure féroce. « Pardonne-moi de t'avoir déconcentré pendant ton discours.

— Ce n'est rien. Voilà Louvet écrasé. Ils y réfléchiront à deux fois désormais avant de lancer une nouvelle attaque contre moi. J'ai la Convention – ajouta-t-il en montrant son pied du doigt – à ma botte.

— Tu as l'air épuisé, Max.

— Je le serai, quand j'aurai le temps d'y penser. Peu importe. Quelque chose de grand a été accompli. Toi, tu as l'air en forme. On dirait que tu as encore un appétit de loup pour la révolution.

— Sans doute à cause du stupre dont m'accusent les amis de Brissot. Et cela me convient tout à fait. »

Ayant ralenti son allure pour mieux les dévisager, un passant fronça les sourcils. « Il n'a pas l'air sûr, commenta Camille. Tu aimerais que les gens te reconnaissent ?

— Non. Mais je voulais avoir une conversation tranquille avec toi. Il n'y a pratiquement plus d'endroits où l'on puisse parler sans être entendu. »

L'exubérance retombait ; très souvent maintenant, Maximilien avait les traits tirés, la bouche crispée en un mince rictus d'appréhension.

« Tu le crois vraiment ? Que les gens épient toutes nos conversations ?

— J'en suis certain. (Si tu vivais avec ma sœur Charlotte, songea-t-il, tu n'en douterais pas.) Camille, je veux que tu prennes plus au sérieux ce que racontent

314

les journaux brissotins. Nous savons que c'est la malveillance qui les guide, mais avec toi ils n'ont pas besoin de se montrer très inventifs, tu es le premier à leur fournir tout le matériau nécessaire. L'effet est d'autant plus déplorable en ce moment que la citoyenne Danton est malade, que son mari n'est pratiquement jamais chez lui, et qu'on vous voit traîner en ville, Danton et toi, en compagnie de femmes qui ne sont pas les vôtres.

— Max, ces temps-ci je passe la plupart de mes soirées avec la commission correspondance des Jacobins. Et puis Gabrielle n'est pas malade, elle attend un bébé.

— Je sais, mais quand j'ai parlé avec elle, un peu plus tôt dans la semaine, j'ai cru qu'elle était malade. On ne les voit jamais ensemble, elle et Georges, ils n'acceptent jamais d'être invités en même temps.

— Ils se disputent sans arrêt.

— À quel propos ?

— La politique.

— Je croyais que ce n'était pas son genre, la politique.

— Mais leurs disputes ne portent pas sur des concepts abstraits. Elles concernent la manière dont nous vivons concrètement nos vies à présent.

— Je ne voudrais pas te sermonner, Camille…

— Mais si, c'est ce que tu veux.

— Bon, d'accord. Mais arrête de jouer avec le feu. Débrouille-toi pour que Danton en fasse autant. Passe plus de temps chez toi. Oblige ta femme à se conduire de façon respectable. S'il te faut vraiment une maîtresse, trouve quelqu'un de discret et prends les mesures qui s'imposent.

— Mais je ne veux pas de maîtresse.

— C'est parfait, alors. Ta façon de vivre est en un sens une négation de nos idéaux.

— Là, je t'arrête. Je n'ai jamais souscrit à ces idéaux.

— Écoute…

— Non, c'est toi qui vas m'écouter. Depuis le moment où nous nous sommes connus, tu t'es toujours efforcé de m'éviter les ennuis. Mais tu m'épargnais aussi tes leçons de morale. Il y a encore quelques mois, jamais tu n'aurais parlé d'une "négation de nos idéaux". Tu détournais les yeux, simplement. Tu as une grande aptitude à ignorer ce qui te dérange. Et voilà qu'aujourd'hui, tu cherches à monter la chose en épingle. Même si celui qui le veut vraiment, je le sais, c'est Saint-Just.

— Qu'est-ce que tu te proposes de faire à son sujet ?

— Il faut que je le combatte ouvertement à présent, pendant que cela peut encore m'être utile. Il m'a traité de boulet. J'en déduis qu'il a l'intention de se débarrasser de moi.

— Se débarrasser ?

— Oui, se débarrasser de moi, me mettre hors de combat, me renvoyer à Guise – quelle horreur ! –, là où mon ridicule défaut d'élocution ne risquera plus de déchaîner son indignation. »

Ils s'arrêtèrent presque de marcher, pour mieux se regarder.

« Je ne vois pas ce que je pourrais faire pour remédier à vos querelles personnelles.

— Tu pourrais ne pas prendre son parti.

— Je ne souhaite pas prendre un parti plus qu'un autre. Je n'en ai pas besoin. J'ai une grande estime pour vous deux, d'un point de vue personnel autant que politique... Tiens, tu ne trouves pas que les rues ont l'air miteux à présent ?

— Oui, en effet. Où allons-nous ?

— Veux-tu venir voir ma sœur ?

— Éléonore sera là ?

— Elle sera sans doute à son cours de dessin. Je sais qu'elle ne t'aime pas.

— Tu vas l'épouser ?

— Je ne sais pas. Comment le pourrais-je ? Elle est jalouse de mes amis, de mes occupations.

— Tu ne vas pas y être obligé ?

— Peut-être, pour finir.

— Et puis... mais non, peu importe. »

Plus d'une fois, il avait failli raconter à Robespierre ce qui s'était passé avec Babette le matin où son fils était né. Mais Max aimait tellement la jeune fille, était tellement plus à l'aise avec elle qu'avec la plupart des gens qu'il semblait cruel d'anéantir une confiance aussi mal placée. Sans compter qu'il aurait été affreux de ne pas être cru ; ce qui était loin d'être improbable. Et puis, comment rapporter exactement les propos échangés sans les teinter de sa propre interprétation, pour les soumettre ensuite à l'appréciation d'un autre ? La chose n'était pas possible. Chez les Duplay, il se montrait poli avec tout le monde – sauf avec Éléonore –, et très prudent ; l'incident n'en continuait pas moins à lui ronger l'esprit. Il avait un jour abordé le sujet avec Danton, avant d'abandonner. Danton l'aurait certainement accusé de tout inventer et l'aurait taquiné sur ses fantasmes.

À ses côtés, la voix de Robespierre poursuivait : « … et il m'arrive de penser que l'extinction de la personnalité individuelle est ce à quoi nous devrions aspirer, et non le statut de héros – une sorte d'effacement de soi devant l'histoire. Les annales entières de l'espèce humaine ont été falsifiées, concoctées à leur convenance par de mauvais gouvernements ou par des rois et des tyrans qui ne cherchaient qu'à soigner leur image. Cette idée de l'histoire qui serait faite par les grands hommes est une absurdité, quand on la considère du point de vue du peuple. Les vrais héros sont ceux qui ont résisté aux tyrans, et il est de l'essence de la tyrannie non seulement d'éliminer ceux qui s'opposent à elle mais d'effacer leurs noms des mémoires, de les gommer littéralement, de telle sorte que la résistance semble impossible. »

Un passant hésita, les dévisagea. « Excuse-moi…, dit-il. Citoyen… tu es bien Robespierre ? »

Robespierre ne prit même pas la peine de regarder l'homme. « Comprends-tu bien ce que je veux dire quand je parle de héros ? Il n'y a pas place pour eux. Résister aux tyrans signifie qu'on vous oubliera. C'est cet oubli auquel j'aspire. Mon nom disparaîtra de la page.

— Bon citoyen, pardonne-moi », dit le patriote, revenant à la charge.

Des yeux se posèrent brièvement sur lui. « Oui, je suis Robespierre. » Maximilien mit la main sur le bras du citoyen Desmoulins avant de dire : « Camille, l'histoire n'est que fiction. »

ROBESPIERRE :… Vois-tu, tu ne peux pas comprendre ce qu'étaient les choses pour moi à ce

318

moment-là. Au cours de mes deux premières années à l'école, je n'étais pas précisément malheureux, j'étais même heureux, en un sens, mais coupé des gens autour de moi, comme enfermé par mes soins dans une cellule, et puis… Camille est arrivé… Tu trouves que je suis sentimental ?

SAINT-JUST : Plutôt, oui.

ROBESPIERRE : Tu ne comprends pas ce qu'a signifié pour moi cette rencontre.

SAINT-JUST : Pourquoi te préoccuper ainsi du passé ? Pourquoi ne pas regarder l'avenir ?

ROBESPIERRE : Nombreux sont ceux parmi nous qui voudraient oublier le passé, mais on ne peut pas… Enfin, on ne peut pas s'en défaire complètement. Tu es plus jeune que moi, et il est naturel que tu songes à l'avenir. Tu n'as pour ainsi dire pas de passé.

SAINT-JUST : Un peu, quand même.

ROBESPIERRE : Avant la révolution, tu étais encore étudiant, tu te préparais à la vie. Tu n'as jamais connu d'autre occupation. Tu es un révolutionnaire de profession. Tu appartiens à une race entièrement nouvelle.

SAINT-JUST : J'ai déjà pensé la même chose, sais-tu.

ROBESPIERRE : J'aimerais pouvoir t'expliquer… Quand Camille est arrivé… Moi aussi, j'ai parfois du mal à m'entendre avec les gens, et on ne se prend pas volontiers de sympathie pour moi. Je ne comprenais pas pourquoi Camille s'encombrait de ma présence, mais j'en étais heureux. Il attirait les gens à lui comme un aimant. Il était alors tel qu'il est aujourd'hui. À dix ans, il avait déjà cette sorte de… rayonnement maléfique.

SAINT-JUST : Tu te laisses emporter par ton imagination.

ROBESPIERRE : Ça me facilitait beaucoup les choses. Camille s'est toujours plaint de ce que sa famille se désintéressait de lui. Je ne voyais pas l'importance que cela pouvait avoir pour lui, dans la mesure où tout le monde l'aimait tant.

SAINT-JUST : Ce que tu essaies de me dire, c'est que, à cause d'une lointaine association entre vous deux, tout ce qu'il fait est bien ?

ROBESPIERRE : Non, pas du tout. Ce que je dis, c'est que c'est quelqu'un d'extrêmement complexe, et que, quoi qu'il se mette en tête de faire, nous resterons toujours très proches l'un de l'autre. Camille est très intelligent, tu sais. Et c'est un excellent journaliste.

SAINT-JUST : Je nourris beaucoup de doutes quant à la valeur de ces gens-là.

ROBESPIERRE : Il y a simplement que, au fond, tu ne l'aimes pas, je me trompe ?

III

L'exercice visible du pouvoir

(1792-1793)

Danton pensa : Les ambassadeurs me donnent la migraine. Pendant une partie de la journée, jour après jour, il avait contemplé des cartes sans un mot, tournant et retournant le continent dans sa tête, Turquie, Suède, Angleterre, Venise... Maintenir l'Angleterre en dehors de cette guerre. Prier et supplier pour la neutralité. Éviter l'intervention de la flotte anglaise – mais avec des agents anglais partout, et ces rumeurs de sabotage, de falsifications de documents... Oui, bien sûr que Robespierre a raison, que l'Angleterre est foncièrement hostile. Mais si nous entrons dans ce genre de guerre, en verrons-nous le bout avant l'heure de notre mort ? Non pas, songe-t-il avec amertume, que nous nous attendions à vivre bien vieux.

Depuis qu'il n'est plus au gouvernement, la plupart de ces questions ne le concernent plus directement. Mais il a largement de quoi s'occuper : l'urgence que représente le procès du roi, la stupidité de l'attitude des brissotins, génératrice de divisions. Même après le robespierricide, il veut continuer à croire en leurs bonnes intentions. Il n'a jamais demandé à être entraîné dans la lutte ; mais ils ne lui ont guère laissé le choix.

Bientôt, dans moins d'un an avec un peu de chance, il espère être loin de Paris. Peut-être se fait-il des illusions, mais il espère bien laisser tout cela entre d'autres mains. Une fois les Prussiens chassés du pays, ces maisons et ces fermes seront à lui. Quant aux enfants... Antoine est un garçon robuste, et François Georges un bon gros bébé, qui n'est pas près de mourir. Sans compter celui qui ne va pas tarder. Une fois à Arcis, Gabrielle le comprendra mieux. Quoi qu'il ait pu faire, quelles que soient leurs différences d'opinion, il lui est attaché, il le sent. À la campagne, ils seront à nouveau des gens ordinaires.

En général, c'est quand il a trop bu qu'il se voit un avenir bucolique comme celui-là. Il est regrettable que ce soit le plus souvent Camille qui partage avec lui ces moments-là et lui ôte ses illusions et ses rêves, le laissant quasi larmoyant, ou au contraire tempêtant contre le piège du pouvoir dans lequel il pense être tombé. Lui arrive-t-il, à d'autres moments, de croire en cet avenir... ? Il a du mal à comprendre pourquoi il continue à poursuivre Lucile de ses assiduités, parce que c'est tout de même la source de grosses complications. Et pourtant il ne désarme pas...

« Je n'aime pas les palais. Je suis bien contente d'être de retour chez moi. » Ainsi s'exprime Gabrielle. Sentiment qui, tel quel ou sous une forme voisine, semble être général. Camille est heureux de s'être séparé de son personnel, et son personnel d'être débarrassé de lui. Comme le dit Danton : À présent nous allons trouver des tas d'autres choses à propos desquelles nous ravager l'esprit. Lucile est la seule à ne pas partager entièrement le sentiment général. Elle adorait se pavaner dans les majestueux escaliers, forme visible de l'exercice du pouvoir.

Elle trouve au moins un avantage à se retrouver chez elle : elle est libérée de la compagnie de Gabrielle, et de celle de Louise Robert. Ces dernières semaines, Louise a passé son temps à faire travailler son imagination sur leur ménage – et le moins que l'on puisse dire, c'est que les romanciers ont l'imagination fertile ! « Observe un peu, dit-elle, l'expression de plaisir et d'intérêt qu'affiche Camille quand Danton daigne tripoter sa femme devant lui ! Pourquoi ne pas vous mettre en ménage tous les trois quand vous partirez d'ici ? Vous n'en êtes déjà pas très loin, si ?

— Et moi, s'interposa Fabre, je pourrais venir prendre le petit déjeuner ?

— J'en ai assez, dit Louise, de ce drame que vous jouez sans arrêt, l'homme qui tombe amoureux de la femme de son meilleur ami, et comme c'est tragique, et quel malheur que d'être humain... Quelle blague ! Vous-mêmes avez du mal à ne pas en sourire. »

Et c'était vrai ; ils avaient du mal, et Danton autant que les autres. Heureusement, Gabrielle n'était pas présente quand la talentueuse écrivaine avait fait sa sortie. Gabrielle s'est toujours montrée gentille avec elle, dans le passé ; mais aujourd'hui elle est impitoyablement morose. Elle a pris beaucoup de poids, en raison de cette grossesse ; se déplace lentement, dit qu'elle est essoufflée, qu'elle étouffe en ville. Par bonheur, ses parents viennent de vendre leur maison de Fontenay pour aller s'installer à Sèvres, où ils ont acheté deux propriétés nichées dans la verdure. Ils occuperont une des deux bâtisses, l'autre sera à la disposition de leur fille et de leur gendre. Les Charpentier n'ont jamais été pauvres, mais, selon toute vraisemblance, c'est Georges Jacques qui a financé l'achat ; simplement, il ne veut pas que l'on sache quelles sommes il est capable de dépenser.

Ainsi donc, songe Lucile, Gabrielle peut entretenir l'espoir de s'évader ; mais dans son appartement de la rue des Cordeliers, elle reste inactive et silencieuse, adoptant délibérément les postures propres à la femme enceinte. Parfois elle pleure ; et cette gamine, Louise Gély, la voisine du dessus, descend partager quelques reniflements avec elle. Gabrielle pleure sur son mariage, sur son âme et sur son roi ; quant à Louise, elle pleure, suppose-t-elle, sur le sort d'une poupée cassée ou d'un chat écrasé. Insupportable. Les hommes sont de meilleure compagnie.

Fréron était rentré sans encombre de sa mission à Metz. On n'aurait jamais cru de Lapin, à en juger par ses écrits de journaliste, qu'il avait été jadis un parfait gentilhomme. C'était un écrivain doué – il avait ça dans le sang –, mais ses opinions se faisaient de jour en jour plus violentes, comme s'il participait à un concours qu'il avait décidé de remporter ; à certains moments, il était difficile de distinguer ses articles de ceux de Marat. En dépit de cette récente férocité, les autres soupirants de Lucile le considéraient comme leur rival le moins dangereux. Pourtant, on l'avait entendue lui demander une fois, avec beaucoup de sérieux : « Seras-tu toujours là, au cas où j'aurais besoin de toi ? » Il avait répondu qu'il serait là, indéfectiblement, jusqu'à la fin de ses jours, ou quelque chose du même genre. Le problème, c'est que, semaine après semaine, il avait acquis le statut de vieil ami de la famille. Si bien que, le samedi, il pouvait venir à la ferme de Bourg-la-République. Il la suivait alors comme son ombre, et cherchait à la voir seul à seule. Pauvre Lapin. Ses chances étaient nulles.

Il y avait des moments où il était difficile de se rappeler qu'il existait une Mme Fréron, ou une Mme Hérault de Séchelles.

Hérault passait le soir, au moment de la séance aux Jacobins. Des raseurs, disait-il d'eux, d'un ennui mortel. En réalité, la politique le fascinait ; mais il s'imaginait qu'elle ne pouvait la fasciner, elle, et il avait en conséquence entrepris de faire vibrer la bonne corde. « Ils sont en train de discuter de contrôles économiques, disait-il par exemple, et de la façon de calmer ces ridicules agitateurs sans-culottes, qui n'arrêtent pas de se plaindre du prix du pain et des chandelles. Hébert ne sait plus s'il doit les tourner en ridicule ou les suivre.

— Les affaires d'Hébert sont florissantes », suggérait-elle d'une voix suave. Et lui de répondre : « Oui, à la Commune, Hébert et Chaumette représentent une telle force... » avant de s'interrompre et de se sentir idiot, quand il se rendait compte qu'une fois de plus il s'était laissé piéger.

Hérault était l'ami de Danton, il siégeait sur les bancs de la Montagne, mais il n'arrivait pas à se défaire de ses façons aristocratiques. « Ce n'est pas simplement ton langage, ni tes manières, c'est ton mode de pensée tout entier qui est profondément aristocratique, lui dit-elle.

— Non, non, protesta-t-il. Ce n'est pas vrai. Je suis très moderne. Très républicain.

— Prends ton attitude à mon égard, par exemple. Tu crois dur comme fer que, avant la révolution, je serais tombée à tes pieds, en feinte adoration, si tu avais jeté ne fût-ce qu'un coup d'œil dans ma direction. Et si j'y avais manqué, ma famille m'y aurait poussée. Peut-être même que l'adoration n'aurait pas été feinte. Vu la manière dont pensaient les femmes, à l'époque.

— Si c'est vrai, dit-il, et ça l'est, sans nul doute, en quoi cela affecte-t-il notre situation aujourd'hui ? » Il se dit à part lui : Les femmes ne changent pas. « Je ne cherche pas à exercer une quelconque prérogative à ton endroit. Je désire simplement mettre un peu de plaisir dans ta vie.

— Quel altruisme ! s'exclama-t-elle, les mains sur le cœur.

— Chère Lucile. Le pire défaut dont on puisse accuser ton mari à ton égard, c'est de t'avoir rendue sarcastique.

— Sarcastique, je l'ai toujours été.

— J'ai du mal à le croire. Camille manipule les gens.

— Moi aussi, tu sais.

— Il essaie toujours de convaincre les autres qu'il est sans malice, si bien que le coup de poignard dont il les gratifie est d'autant plus inattendu. Saint-Just, pour lequel je n'éprouve pas une admiration sans bornes…

— Par pitié, change de sujet. Je n'aime pas Saint-Just.

— Et pourquoi, s'il te plaît ?

— Je n'apprécie pas sa politique. Et puis, il me fait peur.

— Mais sa politique, c'est celle de Robespierre – ce qui revient à dire que c'est aussi celle de ton mari, et de Danton.

— Cela reste à prouver. Saint-Just semble avoir pour seul objectif de rendre les gens meilleurs, conformément à un plan préconçu qu'il a – je dois bien le dire – les plus grandes difficultés à exposer clairement au reste d'entre nous. Or, s'il y a une chose dont on ne peut accuser Camille ou Danton, c'est de vouloir améliorer les gens. En fait, ce serait plutôt l'inverse, la plupart du temps.

— Tu es loin d'être sotte, Lucile, n'est-ce pas ? demanda Hérault, l'air songeur.

— Je l'étais, pour ne rien te cacher. Mais l'intelligence, ça déteint.

— Le problème, avec Saint-Just, c'est que Camille fait tout pour se le mettre à dos.

— Évidemment… et dans tous les domaines. Il se peut que nous souffrions d'un certain pragmatisme, mais il n'y a rien de tel que l'affrontement de deux fortes personnalités pour nous rappeler à nos principes.

— Mon Dieu, quand je pense que j'avais en tête une entreprise de séduction pour ce soir. Il semblerait que nous nous soyons égarés.

— Finalement, tu aurais tout aussi bien pu te rendre aux Jacobins », dit-elle avec un délicieux sourire. Hérault avait l'air abattu.

Chaque fois qu'il se trouvait à Paris, le général Dillon venait leur rendre visite. C'était un plaisir de le voir, avec sa splendide stature, ses beaux cheveux châtains et cet art qu'il avait de rajeunir de jour en jour. Valmy lui avait sans aucun doute fait le plus grand bien ; rien de tel que la victoire pour vous revigorer un homme. Dillon ne parlait jamais de la guerre. Il venait l'après-midi, quand la Convention était en séance. Son approche était si intéressante qu'elle aurait mérité d'être élevée au rang de stratégie ; Lucile avait été amenée à en discuter avec Camille, lequel était convenu que le procédé avait un côté merveilleusement oblique. Car, là où Lapin laissait tomber de sinistres allusions aux infidélités de Camille, et où Hérault pestait contre elle en lui disant qu'elle devait être bien malheureuse et qu'il se faisait fort de remédier à cet état de fait, le général se contentait de rester tranquillement assis à lui raconter des histoires : sur la vie en Martinique, sur les splendides absurdités de la Cour avant la révolution, comment, par exemple, on avait averti sa petite fille, laquelle avait exactement l'âge de Lucile, de ne jamais se tenir en pleine lumière, de peur que son teint éclatant ne fasse de l'ombre à la fraîcheur défaillante de la reine. Il lui racontait l'histoire de sa famille franco-irlandaise, aussi dérangée que distinguée, lui détaillait les manies de sa seconde femme, Laure, et de quelques jolies maîtresses écervelées qu'il avait eues par le passé. Il décrivait la faune des Indes occidentales, la chaleur, le bleu de la mer, le vert des collines luxuriantes qui dévalaient vers la mer, les fleurs qui pourrissaient avant même que d'éclore ; il décrivait le cérémonial ridicule qui entourait le gouverneur de Tobago, autrement dit, lui-même. En somme, il lui contait à quel point la vie avait été agréable pour un membre d'une vieille famille distinguée dépourvue de soucis d'argent – comme de tout autre d'ailleurs –, et par ailleurs homme policé, doté d'un physique avantageux, et de surcroît extrêmement adaptable.

De là, il passait au jeune homme vraiment très spécial qu'elle avait épousé. Il était capable de citer sur le ton de la plus grande admiration des passages entiers des écrits de Camille, avec une précision sans faille. Il lui expliquait – à elle ! – que l'on devait laisser aux personnes sensibles telles que Camille toute latitude pour faire exactement ce qui leur plaisait, pourvu que leurs actes n'eussent rien de... trop criminel.

Et puis, plus souvent qu'à son tour, il lui passait un bras autour de la taille et essayait de l'embrasser, tout en lui disant : Chère petite Lucile, laissez-moi vous faire l'amour en bonne et due forme. Quand elle refusait, il prenait un air incrédule et lui demandait pourquoi elle ne voulait pas prendre davantage de plaisir à la vie. Elle ne pensait tout de même pas que Camille y trouverait quelque chose à redire ?

Ce qu'ils ne savaient pas, tous ces messieurs, ce qu'ils ne comprenaient pas, c'était que... en fait, ils ne savaient rien d'elle. Rien du supplice raffiné qu'elle avait conçu pour elle-même, de la roue à laquelle étaient attachés ses jours et ses semaines. Froidement, elle se confronte à la question, qui est la suivante : et s'il arrivait malheur à Camille ? Et si – pour dire les choses sans détour – il se faisait assassiner ? (Dieu sait que, si elle était une criminelle, elle-même serait tentée.) Cette question, bien sûr, elle se l'est déjà posée, c'est presque son unique préoccupation depuis 1789 ; mais, à présent, elle l'obsède plus que jamais. Rien ne l'y avait préparée ; la sagesse populaire disait que, dans un mariage d'amour, au bout d'un an de délire passionné, les feux se calmaient et les émotions refroidissaient. Personne ne lui avait laissé entendre qu'on peut continuer à tomber amoureuse indéfiniment, jusqu'à en être malade, déprimer et dépérir comme si on perdait un peu de son essence jour après jour. Si Camille n'était plus là – s'il ne devait *jamais* plus être là –, elle n'aurait plus devant elle qu'une vie tronquée, mutilée, une moitié de vie, qu'elle prolongerait par devoir, insensible et comme impotente, marchant d'un pas chancelant vers la mort ; la seule partie d'elle-même qui comptât serait déjà morte. S'il devait lui arriver quelque chose, pensait-elle, je me tuerais ; je donnerais à cette mort un caractère respectable de manière qu'on puisse au moins m'enterrer. Ma mère prendrait soin de l'enfant.

Bien évidemment, elle ne parlait jamais de ce programme de torture. Les gens l'auraient trouvée ridicule. Camille, ces derniers temps, parvenait presque à conjuguer ses faiblesses pour s'en faire une force. Legendre lui reprocha un jour de ne pas parler davantage devant la Convention. « Mon cher Legendre, répondit-il, tout le monde n'a pas tes poumons. » N'est pas, comme toi, suggérait son sourire, mal dégrossi, gaffeur et d'une suffisance effarante. Ses collègues de la Montagne comptaient sur lui pour interpréter les divagations de Marat, à qui seuls Fréron et lui-même parlaient encore. (Marat dispose d'un nouvel adversaire, un prêtre défroqué sans-culotte au verbe haut, qui s'est donné le nom de Jacques Roux.)

« Tu as deux siècles d'avance sur ton temps », disait Camille à Marat. Qui, plus livide et reptilien que jamais, le regardait en clignant les yeux. Ce qui aurait pu passer pour un signe d'appréciation.

Ce que souhaitait Camille à présent, c'était, d'une part, une Convention amputée des brissotins, de l'autre, l'ouverture du procès du roi et de la reine. Il aborda l'hiver 1792 avec appétit et excitation. Quand il était à la maison, elle était heureuse ; elle pouvait alors travailler ses imitations, lesquelles (sa mère et sa sœur étaient d'accord) approchaient maintenant la perfection. Quand il n'y était pas, elle s'asseyait devant la fenêtre et guettait son retour. Elle parlait de lui à tout le monde, sur un ton revenu de tout.

Personne n'avait peur des armées alliées, pour cette année du moins ; ou alors seulement les intendants chargés de la distribution de pain moisi et de godillots à semelle de papier, et confrontés à des paysans crachant sur leur solde en billets et tendant la main dans l'attente de pièces d'or. La République était plus jeune que son fils. Cet enfant, dont la vision était encore en grande partie celle d'un être couché sur le dos, observant le monde de ses yeux ronds semblables à du verre de bouteille et souriant à tout et tout le monde sans distinction. Robespierre s'enquérait de la santé de son filleul, et les vieux amis de sa mère venaient les après-midi lui tendre un doigt pour qu'il s'y accroche, racontant des histoires sans intérêt sur leurs propres enfants au même âge. Camille le promenait dans ses bras, lui assurant dans un murmure que son chemin dans la vie serait débarrassé de tout obstacle, que le moindre de ses caprices serait satisfait, et que, en raison de son évidente sagesse naturelle, il n'aurait jamais besoin de fréquenter une épouvantable pension. Sa mère, elle, s'agitait autour de la petite créature, lui montrait le chat, le ciel, les arbres. Mais elle sentait obscurément, encore qu'elle eût honte d'un tel sentiment, qu'elle n'avait pas envie de meubler l'esprit du bébé : sa position était celle d'une locataire, munie d'un bail à court terme.

Pour arriver jusqu'à la maison de Marat, on doit emprunter un étroit passage entre deux boutiques et traverser une petite cour avec un puits dans un coin. Sur la droite se trouve un escalier en pierre avec sa rampe en fer forgé. Marat habite au premier.

Une fois que vous avez frappé, vous êtes soumis à l'inspection d'une des femmes de la maison, parfois des deux. Ce qui risque de prendre un certain temps. Albertine, la sœur, vestige d'une enfance difficilement imaginable, est un bout de femme à l'air virulent et affamé. Simone Évrard, elle, a un visage ovale et serein, des cheveux châtains, une bouche grave et généreuse. Aujourd'hui, elles n'ont aucune raison de se méfier du visiteur. La voie est prestement déclarée libre ; l'Ami du peuple est assis dans son petit salon. « J'aime la manière dont tu accours à moi, dit-il, d'un ton signifiant clairement l'inverse.

— Je n'accours pas, dit Camille. Je suis venu ici en rasant les murs. »

Marat chez lui. Simone, la concubine, posa devant eux un pot de café, noir et amer. « Si vous envisagez de débattre des crimes des brissotins, dit-elle, vous risquez d'être encore là demain. Si vous avez besoin d'une chandelle, faites-le-moi savoir.

— Es-tu ici de ton propre chef, demanda Marat, ou en mission commandée ?

— On croirait bien à t'entendre que tu n'apprécies guère les visites.

— Je veux savoir si c'est Danton ou Robespierre qui t'envoie, ou qui d'autre, si ce n'est eux.

— Je crois que tous deux apprécieraient ton aide concernant Brissot.

— Brissot me rend malade. » Marat n'arrêtait pas d'avoir recours à l'expression « untel me rend malade ». Le plus fort, c'est que c'était vrai, les gens l'avaient bel et bien rendu malade. « Il s'est toujours comporté comme si c'était lui qui avait la charge de la révolution, poursuivit-il, comme si elle était *sa* création, se déclarant lui-même expert en affaires étrangères, au simple prétexte qu'il lui a fallu tant de fois quitter le pays au pied levé pour échapper à la police. S'il n'en fallait pas plus, je serais moi-même expert en la matière.

— Il nous faut attaquer Brissot sur tous les fronts, dit Camille. Sa vie avant la révolution, sa philosophie, ses associés, sa conduite lors de chacune des crises patriotiques que nous avons traversées de mai 1789 à septembre dernier…

— Tu sais qu'il m'a floué à propos de l'édition anglaise de mon ouvrage *Les Chaînes de l'esclavage* ? Il s'est entendu avec ses éditeurs pour le pirater, et je n'ai jamais vu un sou.

— Mais enfin, s'exclama Camille en levant les yeux au ciel, tu ne voudrais tout de même que l'on se serve d'un pareil argument pour l'attaquer ?

— Et depuis qu'il a fait ce voyage aux États-Unis…

— Oui, je sais. En tant qu'homme, il est insupportable, mais là n'est pas la question.

— Pour moi, si. J'ai suffisamment souffert.

— C'était un espion de la police, avant la révolution.

— Oui, dit Marat. Effectivement.

— Signe un pamphlet avec moi.

— Non, je refuse.

— Coopère, bon sang. Pour une fois.

— Les loups vont toujours en bande, dit Marat, fort à propos.

— Très bien, je me débrouillerai tout seul. Tout ce que je veux savoir, c'est s'il détient quelque chose sur ton compte, une information particulièrement ravageuse.

— J'ai toujours conduit ma vie selon les principes les plus élevés.

— Ce qui revient à dire que personne ne sait rien sur toi.

— Essaie de ne pas m'insulter, veux-tu », dit Marat. Un avertissement clair, qui méritait d'être médité.

« Reprenons, dit Camille. Nous pouvons prendre comme exemple son comportement avant la révolution, qui s'est traduit par des actes de trahison délibérés à l'encontre de futurs camarades, ses déclarations monarchistes, que je peux authentifier à l'aide de coupures de presse, ses hésitations en juillet 1789...

— Mais encore ?

— Eh bien, il a toujours eu cet air nerveux, et il y aura bien quelqu'un pour se rappeler l'avoir vu hésiter à ce moment-là. Sans compter ses tractations avec La Fayette, le rôle qu'il a joué dans la tentative de fuite de la famille Capet et les contacts secrets qu'il a eus par la suite avec la femme Capet et l'empereur.

— Très bien, dit Marat. Parfait, jusqu'ici.

— Ses efforts pour saboter la révolution du 10 août et ses fausses accusations portées contre certains patriotes prétendument impliqués dans les massacres des prisons. Sa défense d'une politique fédéraliste destructrice. Sans oublier, bien entendu, que dans les premiers temps il était étroitement lié à certains aristo-crates – Mirabeau, entre autres, et Orléans.

— Tu as une manière touchante de penser que les gens ont la mémoire courte. J'oserai dire que ta foi est justifiée. Toutefois, même si Mirabeau est mort aujourd'hui, je te rappelle qu'Orléans siège toujours à nos côtés à la Convention.

— Mais je me projetais vers l'avant, disons, au printemps prochain. Robespierre a le sentiment que la position de Philippe devient intenable. Il reconnaît qu'il a été de quelque utilité à la cause du peuple, mais il aimerait voir tous les Bourbons hors de France. Voir Philippe emmener sa petite famille en Angleterre. On pourrait même lui verser une pension, d'après lui.

— Quoi ? Donner de l'argent à Philippe ? On aura tout vu ! s'exclama Marat. Mais oui, tu as raison… Le printemps prochain. Laissons les brissotins tirer sur la corde encore six mois. Et après… clac. » Marat prit un air satisfait.

« J'espère que nous serons en mesure de les accuser tous – Brissot, Roland, Vergniaud – de chercher à différer, voire à empêcher, le procès du roi. Peut-être même de voter pour lui sauver la vie. Là encore, j'an-ticipe.

— Bien entendu, il risque de se présenter quelques individus pour soulever des objections, souhaiter des reports, des obstacles, ou je ne sais quoi. Dans cette histoire de Louis Capet.

— Je crois que nous parviendrons à convaincre Robespierre de surmonter son horreur de la peine de mort.

— Sans doute, mais ce n'était pas à Robespierre que je pensais en l'occurrence. Mieux vaut t'attendre à ne pas voir Danton dans les parages le moment venu. Parce qu'il est bien possible qu'il soit appelé en Belgique suite aux activités du général Dumouriez.

— Quelles activités, plus précisément ?

— Une crise va bientôt se nouer en Belgique, c'est certain. Nos troupes sont-elles en train de libérer le pays ou de l'annexer, ou bien accomplissent-elles simultanément les deux opérations ? Et pour le compte de qui le général Dumouriez entreprend-il ses conquêtes ? La République ? La défunte monarchie ? À moins que ce ne soit pour son propre compte ? Il va falloir que quelqu'un se rende sur place pour démêler la situation, quelqu'un doué d'une grande autorité personnelle. Je ne vois pas Robespierre abandonnant ses occupations de gratte-papier pour aller patauger dans la boue des champs de bataille. C'est beaucoup plus dans les cordes de Danton : combines de tout poil au plus haut niveau, rapines, fanfares, et femmes à volonté dans un territoire occupé. »

La voix lente d'asthmatique avec laquelle Marat exprimait ces suppositions suffisait à donner le frisson.

« Je vais lui rapporter tout cela, dit Camille.

— J'y compte bien. Pour en revenir à Brissot... si l'on regarde les choses sous un certain angle, il devient évident qu'il a conspiré contre la révolution tout au long. Pourtant, lui et ses amis occupent aujourd'hui une position retranchée des plus solides, et il va falloir user de la dernière vigueur pour les expulser de la vie publique. »

L'habitude qu'avait acquise Camille du débit de Marat lui fit alors lever les yeux. « J'espère que j'ai bien entendu ? Les expulser de la vie publique. Rien d'autre, n'est-ce pas ?

— Juste au moment où on pouvait croire que tu regardais enfin la réalité en face, dit Marat. À moins que ce ne soit là l'attitude de tes deux maîtres un peu trop délicats ? Au moment de la crise de septembre, Robespierre savait très bien ce qu'il fallait faire ; mais depuis, il est devenu on ne peut plus accommodant. »

Camille était assis la tête appuyée sur une main. Il enroulait une boucle de cheveux autour d'un de ses doigts. « Je connais Brissot depuis tellement longtemps, finit-il par dire.

— Nous connaissons le mal, tous autant que nous sommes, dès que nous venons au monde, dit Marat. Ce n'est pas pour autant que nous devons le tolérer.

— Des grandes phrases, rien de plus.

— Certes. De la profondeur au rabais.

— C'est tout de même regrettable. Les rois ont toujours tué leurs opposants, mais nous autres étions censés raisonner avec les nôtres.

— Au front, les hommes meurent à cause des erreurs de ces gens-là. Pourquoi faudrait-il, au prétexte que ce sont des hommes politiques, qu'ils soient traités avec plus de clémence ? Ce sont eux qui ont voulu cette guerre. Ils méritent, chacun d'eux, dix fois la mort. Pour quelle raison les juger sinon pour trahison, et comment châtier la trahison sinon par la mort ?

— Oui, je vois. » Camille se mit à tracer de son ongle des figures sur la table poussiéreuse devant eux, mais cessa aussitôt quand il se rendit compte de ce qu'il faisait.

« Il fut un temps, Camille, dit Marat en souriant, où les aristocrates venaient chez moi en nombre me demander mon traitement pour la phtisie. Leurs carrosses bloquaient parfois la rue. Je disposais moi-même d'un bel équipage à l'époque. Mon vêtement était immaculé, et j'étais connu pour la grâce posée de mes manières.

— Je sais, dit Camille.

— Tu étais encore à l'école, tu ne sais rien de tout cela.

— La phtisie, tu la guérissais ?

— De temps en temps. Quand les gens avaient la foi. Dis-moi un peu, est-ce que vous, qui avez créé les Cordeliers, vous y rendez encore aujourd'hui ?

— De temps en temps. D'autres sont à la tête du club désormais. Ce n'est pas un problème.

— Les sans-culottes l'ont investi, c'est ça ?

— Oui, à peu près.

— Tandis que vous évoluez, vous, dans des sphères plus élevées.

— Je comprends où tu veux en venir. Mais, vois-tu, nous sommes toujours parfaitement capables d'aller haranguer une foule dans la rue. Nous ne sommes pas des révolutionnaires de salon. On n'est pas obligé de vivre dans des conditions sordides pour...

— Arrête, l'interrompit Marat. Il y a simplement qu'ils me préoccupent, nos sans-culottes.

— Jacques Roux, ce prêtre... Mais ce n'est pas son vrai nom ?

— Oh non, mais peut-être penses-tu que Marat n'est pas le mien non plus ?

338

— Ce n'est pas important, si ?

— Non, en effet. Mais des crétins comme Roux détournent l'esprit des gens. Alors qu'ils devraient œuvrer à purifier la révolution, ils encouragent le peuple à piller les épiceries.

— Il y en a toujours qui sont prêts à se poser en champions des classes pauvres et opprimées, dit Camille. Personnellement, je n'en vois pas l'utilité. Il y aura toujours des pauvres. Simplement, ceux qui pensent que l'on peut changer cette situation passent pour admirables aux yeux de la postérité.

— Exactement. Ce qu'ils refusent de comprendre, d'accepter, c'est que les pauvres vont se faire mener comme des bêtes de somme dans cette révolution, comme dans toute révolution à venir. Que serait-il advenu de 1789 si nous avions dû compter sur les sans-culottes ? Nous avons construit la révolution dans les cafés et l'avons ensuite portée dans la rue. Et voilà maintenant que Roux veut l'expédier d'un coup de pied dans le caniveau. Et tous, autant qu'ils sont – Roux et la populace qui se presse derrière lui –, sont des agents des alliés.

— Tu veux dire, en connaissance de cause ?

— Quelle importance qu'ils servent les intérêts de l'ennemi par malice ou par bêtise ? Ils le font, c'est tout. Ils sapent la révolution de l'intérieur.

— Hébert lui-même commence à s'opposer à eux ouvertement. Les *enragés**, voilà comment on les appelle. Des ultra-révolutionnaires. »

Marat cracha par terre. Camille eut un violent sursaut. « Ce ne sont pas des ultra-révolutionnaires. Ce ne sont même pas des révolutionnaires tout court. Ils sont simplement esclaves d'habitudes ancestrales.

Leur idée du progrès social, c'est celle d'un dieu qui jetterait du pain tous les jours du ciel. Mais un crétin comme Hébert est incapable de le comprendre. Non, vraiment, je n'apprécie pas plus que toi le Père Duchesne.

— Hébert est peut-être un brissotin déguisé ?

— Camille, tu fais des progrès, c'est incontestable, dit Marat en riant avec aigreur. Hébert t'a diffamé, c'est ça… Oui, tu auras sa tête, quand l'heure aura sonné. Mais d'autres tomberont avant la sienne. Laissons d'abord passer Noël, comme disent les femmes, et nous verrons ce que nous pouvons faire pour remettre cette révolution sur le droit chemin. Je me demande si nos maîtres se rendent bien compte de quels atouts ils disposent en nos personnes. Toi avec ton sourire d'ange, et moi avec mon couteau bien affûté. »

Hébert, le Père Duchesne, à propos des Roland :

Il y a quelques jours, une demi-douzaine de sans-culottes s'est rendue en délégation chez ce vieux charlatan de Roland. Malheureusement, ils se sont présentés juste au moment où l'on servait le dîner… Nos sans-culottes suivent le couloir et arrivent dans l'antichambre de Roland, dit le Vertueux. Sans parvenir à se frayer un chemin dans la foule des laquais qui encombrent l'endroit. Vingt cuisiniers, chargés des plus belles fricassées, crient à la cantonade : « Attention, attention ! Faites place ! Laissez passer les entrées de Roland le Vertueux. » Certains transportent les hors-d'œuvre du vertueux Roland, d'autres, ses viandes, d'autres encore, ses garnitures. « Que voulez-vous ? demande à la délégation le valet de Roland.

— Nous voulons parler à Roland le Vertueux. »

Le valet s'en va incontinent transmettre le message audit Vertueux, qui sort, l'air contrarié, la bouche pleine, une serviette sur le bras. « La République est à coup sûr en grand danger, clame-t-il, pour que vous m'obligiez à quitter ma table de la sorte »... Pendant ce temps, Louvet, avec sa mine de papier mâché et ses yeux caves, coule des regards lascifs à la femme du Vertueux. Un des membres de la délégation essaie de traverser l'office enténébré et renverse le dessert de Roland le Vertueux. En apprenant cette perte, l'épouse du susdit, de désespoir, s'arrache son postiche.

« La bêtise d'Hébert n'a plus de bornes, dit Lucile. Quand je pense aux fameux navets qui furent servis un jour à Georges Jacques ! Les sans-culottes croiront-ils une chose pareille ? ajoute-t-elle en tendant le journal à Camille.

— Mais bien sûr. Ils croient tout ce qu'il veut bien leur dire. Ils ignorent qu'il entretient un équipage. Ils croient que lui et le Père Duchesne ne font qu'un, que lui aussi fume la pipe et fabrique des fourneaux.

— Ne pourrait-on les détromper ?

— Hébert et moi sommes censés être alliés. Partenaires. » Il secoue la tête. S'abstient de mentionner l'après-midi passé en compagnie de Marat. Ce qu'il ne voudrait surtout pas, c'est que sa femme découvre les pensées qui l'agitent en ce moment.

« Alors, tu dois vraiment partir ? demanda Maurice Duplay.

— Que puis-je faire d'autre ? C'est ma sœur, elle est d'avis qu'il nous faut un endroit où nous serions chez nous.

— Mais tu es chez toi, ici.

— Charlotte ne veut pas le comprendre.

— Il reviendra, crois-moi », dit Mme Duplay.

Condorcet, le Girondin, à propos de Robespierre :

On se demande quelquefois pourquoi tant de femmes à la suite de Robespierre [...] C'est que la Révolution française est une religion, et que Robespierre y fait une secte : c'est un prêtre qui a ses dévots ; mais il est évident que toute sa puissance est en quenouille. Robespierre prêche ; Robespierre censure [...] il vit de peu et ne connaît pas de besoins physiques ; il n'a qu'une seule mission, c'est de parler et il parle toujours [...] il harangue les Jacobins quand il peut s'y faire des sectateurs ; il se tait quand il pourrait exposer son crédit [...] il s'est fait une réputation d'austérité qui vise à la sainteté [...] il se fait suivre par les femmes et les faibles d'esprit. Il reçoit gravement leurs adorations et leurs hommages [...].

ROBESPIERRE : Nous avons déjà eu deux révolutions : celle de 1789 et celle d'août dernier. Elles ne semblent guère avoir fait de différences dans la vie des gens.

DANTON : Roland, Brissot et Vergniaud sont des aristocrates.

ROBESPIERRE : Attends...

DANTON : Dans le nouveau sens du terme, j'entends. Rien de tel qu'une révolution pour bouleverser la sémantique.

ROBESPIERRE : Peut-être avons-nous besoin d'une troisième révolution.

DANTON : Oui, mais pas pour continuer à tergiverser.

ROBESPIERRE : Absolument.

DANTON : Tu dis ça, mais avec tes opinions bien connues, tes scrupules quand il s'agit d'ôter la vie…

ROBESPIERRE [*sans grand espoir*] : Le changement ne peut-il être radical sans recours à la violence ?

DANTON : Pour ma part, je ne vois pas comment.

ROBESPIERRE : Des innocents risquent de souffrir. À moins que personne ne soit innocent. Que ce soit un cliché. Qu'on emploie sans réfléchir.

DANTON : Et tous ces conspirateurs, alors ?

ROBESPIERRE : Ce sont eux qui devraient souffrir.

DANTON : Comment reconnaître un conspirateur ?

ROBESPIERRE : En le traduisant en justice.

DANTON : Et si tu *sais* que c'est un conspirateur mais ne disposes pas de preuves suffisantes pour l'inculper ? Si, en tant que patriote, tu es intimement convaincu de sa culpabilité ?

ROBESPIERRE : Il faudrait être capable d'en convaincre un juge.

DANTON : Imagine que ce soit impossible. Que tu sois dans l'incapacité d'utiliser tes meilleures preuves. Parce qu'elles relèvent de secrets d'État.

ROBESPIERRE : Dans ce cas, tu serais forcé de l'acquitter. Mais ce serait regrettable.

DANTON : Je ne te le fais pas dire. Et si les Autrichiens étaient aux portes de Paris ? Tu leur livrerais la ville par simple respect de la procédure judiciaire ?

ROBESPIERRE : Eh bien, je suppose qu'il conviendrait de changer les critères régissant les preuves devant une cour de justice. Ou d'élargir la définition du concept de conspiration.

DANTON : C'est ce que tu ferais, vraiment ?

ROBESPIERRE : Serait-ce là un exemple d'un moindre mal permettant d'en éviter un plus grand ? En règle générale, je ne me laisse pas prendre à cette notion un peu simpliste, aussi rassurante qu'infantile… Je n'ignore pas néanmoins que la réussite d'un complot contre le peuple français risquerait de conduire à un génocide.

DANTON : Pervertir la justice est un crime. Qui ne laisse aucun espoir d'être corrigé.

ROBESPIERRE : Écoute, Danton, je n'en sais rien, je n'ai rien d'un théoricien.

DANTON : Je le sais bien. Tu es un praticien. Je suis au courant des petits massacres que tu essaies d'organiser en cachette derrière mon dos.

ROBESPIERRE : Pourquoi fermer les yeux sur la mort d'un millier de gens et reculer devant celle de deux hommes politiques ?

DANTON : Probablement parce que je connais Roland et Brissot. Les mille autres, je ne les connais pas. Appelle ça une absence d'imagination.

ROBESPIERRE : À défaut de pouvoir prouver quoi que ce soit devant un tribunal, j'imagine que l'on pourrait mettre les suspects en détention sans procès.

DANTON : Tu le penses vraiment ? C'est vous, les idéalistes, qui faites les meilleurs tyrans.

ROBESPIERRE : Il semble que ce soit un peu tard aujourd'hui pour avoir ce genre de conversation. Les circonstances m'ont poussé au recours à la violence et à bien d'autres extrémités. C'est l'an dernier que nous aurions dû débattre de ces questions.

Quelques jours plus tard, Robespierre était de retour chez les Duplay, la tête prête à éclater après trois nuits d'insomnie consécutives, les intestins comme écrasés dans une poigne de géant. Blême et fiévreux, il était assis avec Mme Duplay dans la petite pièce remplie de ses portraits. Il ne ressemblait à aucun d'entre eux ; il ne pensait pas avoir un jour l'air à nouveau en bonne santé.

« Tout est tel que vous l'avez laissé, dit-elle. On a envoyé chercher le docteur Souberbielle. Vous vous êtes surmené et ne supportez plus la moindre perturbation, voilà tout. » Elle recouvrit sa main de la sienne. « Nous nous sommes retrouvés comme endeuillés après votre départ. Éléonore n'a rien mangé ou presque, et je n'ai pu lui arracher plus de deux mots. Il ne faut pas que vous repartiez, jamais. »

Quand Charlotte se montra, on lui dit qu'il avait pris une potion pour dormir et on lui demanda de bien vouloir baisser la voix. On lui ferait savoir quand il serait suffisamment remis pour recevoir des visiteurs.

Sèvres, le dernier jour de novembre : Gabrielle avait allumé les lampes. Ils étaient seuls : les enfants chez sa mère, et le cirque de la rue des Cordeliers resté loin derrière eux. « Tu pars pour la Belgique ? » demanda-t-elle. C'est la raison pour laquelle il est venu ce soir, pour lui apprendre son départ, prévu pour le lendemain.

« Tu te souviens de Westermann, non ? Le général Westermann ?

— Oui. L'homme qui, d'après Fabre, est un escroc. Tu l'as ramené à la maison le 10 août.

— Je ne vois pas pourquoi il dit ça. Il reste que, quoi qu'il ait pu être, Westermann est aujourd'hui un homme important, et il est revenu du front en personne porteur d'un message de Dumouriez. Cela suffira à te faire comprendre l'urgence de la situation.

— Un messager envoyé par le gouvernement n'aurait-il pas été aussi rapide ? Ou bien sa promotion aurait-elle donné des ailes au général ?

— S'il est venu en personne, c'est pour nous convaincre de la gravité de la situation. Je crois que Dumouriez aurait lui-même fait le voyage si on avait pu se passer de lui là-bas.

— Cela prouve au moins une chose : on peut se passer de Westermann.

— On croirait entendre Camille, grommela-t-il.

— Ah bon ? Sais-tu que tu as toi-même pris certaines de ses manies ? Quand je t'ai rencontré, tu n'avais pas pour habitude d'agiter autant les mains. On dit qu'un maître finit par ressembler à son chien. Ça doit être quelque chose du même genre. »

Elle se leva et s'approcha de la fenêtre. Dehors, les pelouses étaient couvertes de givre ; une petite lune de novembre lui montra un visage perdu, à la dérive. « Août, septembre, octobre, novembre, énuméra-t-elle. Quatre mois qui semblent avoir duré une vie entière.

— Alors, la nouvelle maison te plaît ? Tu t'y trouves bien ?

— Oh, oui. Mais je ne pensais pas être aussi seule ici.

— Tu préférerais rentrer à Paris ? C'est vrai que l'appartement est plus chaud. Je te remmène ce soir, si tu veux.

— Je suis très bien ici, dit-elle en secouant la tête. J'ai mes parents. Mais tu me manqueras, Georges, ajouta-t-elle en levant les yeux vers lui.

— Je suis désolé, mais je ne peux pas faire autrement. »

L'obscurité s'épaississait dans les angles de la pièce. Les bûches s'enflammèrent d'un coup dans la cheminée ; les ombres se mirent à danser, montant et replongeant sur son visage couturé de cicatrices. Il gardait les mains soigneusement immobiles, le poing gauche dans la paume droite, le corps penché en avant vers la chaleur, les coudes sur les genoux. « Nous savons depuis longtemps que Dumouriez a des problèmes. Il n'arrive pas à ravitailler ses troupes, et les Anglais ont inondé le pays de fausse monnaie. Il s'est pris de bec avec le ministère de la Défense : il ne supporte pas que des gens bien au chaud à Paris remettent en question ses actions sur le terrain. Et il y a aussi que la Convention est déçue de le voir soutenir comme il le fait l'ordre existant, alors même qu'elle espère voir la révolution se propager. La situation est très compliquée, Gabrielle. » Il se baissa pour prendre une bûche et la poser sur le feu. « Du hêtre, dit-il. Ça brûle bien. » Une chouette ulula dans le taillis le plus proche. Le chien de garde gronda sous la fenêtre. « Il n'est pas comme Brount, dit-il. Brount monte la garde, lui, mais sans un bruit.

— Donc, il y a urgence ? Dumouriez veut que quelqu'un vienne se rendre compte sur place de ses problèmes ?

— Deux des membres de la commission sont déjà en route. Le député Lacroix et moi-même partons demain.

— Qui est Lacroix ?

— C'est… eh bien… un avocat.

— Quel est son prénom ?

— Jean-François.

— Quel âge a-t-il ?

— Je ne sais pas… La quarantaine, peut-être.

— Il est marié ?

— Pas la moindre idée.

— À quoi ressemble-t-il ?

— À pas grand-chose, dit Danton après un instant de réflexion. Écoute, il va probablement me raconter sa vie pendant le voyage. Je te dirai donc tout en rentrant. »

Elle revint s'asseoir, fit légèrement pivoter son siège pour protéger sa joue de la chaleur des flammes. Le visage en partie dans l'ombre, elle dit : « Et tu seras parti combien de temps ?

— Difficile à dire. Il se pourrait que je sois de retour dans une semaine. Tu peux être sûre qu'on ne va pas perdre une minute, avec le procès de Louis qui se déroule en ce moment.

— Tu tiens donc tant à être là pour le coup de grâce, Georges ?

— C'est ce que tu penses de moi ?

— Je ne sais pas quoi penser, dit-elle d'un ton las. Il est certain que, comme pour la Belgique, le général Dumouriez et tout le reste, les choses sont beaucoup plus compliquées que je ne le soupçonne. Mais ce que je sais, c'est qu'elles se termineront par la mort du roi, sauf si quelqu'un avec ton influence prend son parti. Toute la Convention veut le juger, dis-tu… mais je sais que cette assemblée, tu peux la faire changer d'avis. Je crois comprendre le pouvoir que tu as.

— Ce que tu ne saisis pas, ce sont les conséquences de son exercice. Changeons de sujet, veux-tu ? Je ne dispose que d'une heure.

— Robespierre va mieux ?

— Oui, je crois… Du moins, il a pris la parole à la Convention aujourd'hui.

— Et il est à nouveau chez les Duplay ?

— Oui, dit Danton en se redressant sur sa chaise. Ils tiennent Charlotte à l'écart, apparemment. J'ai entendu dire qu'elle avait envoyé sa domestique avec un pot de confiture, et que Mme Duplay avait refusé de laisser entrer celle-ci, au prétexte qu'elle ne voulait pas le voir empoisonner.

— Pauvre Charlotte », dit Gabrielle en esquissant un sourire. Le soulagement se lut sur le visage de Georges Jacques. Sa femme avait l'esprit à nouveau tourné vers le quotidien, le domestique, le domaine où il préférait la voir cantonnée.

« Plus que deux mois, maintenant. Et peut-être pas plus d'une semaine. » D'ici à l'accouchement, voulait-elle dire. Elle se leva avec difficulté de son siège, traversa la pièce et tira les lourdes tentures sur la nuit. « Tu seras au moins de retour pour fêter le Nouvel An avec moi ?

— Je ferai de mon mieux. »

Quand il fut parti, elle posa à nouveau la tête sur un coussin et somnola. La pendule égrenait son tic-tac dans la nuit, les braises s'effritaient sur la grille de l'âtre. Dehors, les ailes des chouettes brassaient l'air glacé, et les broussailles résonnaient des cris de petits animaux. Elle rêva qu'elle était à nouveau enfant, le matin, au soleil. Puis les bruits de la poursuite pénétrèrent son rêve, et elle devint tour à tour chasseur et gibier.

Robespierre devant la Convention, décembre 1792 :

Il n'y a point ici de procès à faire. Louis n'est point un accusé ; vous n'êtes point des juges ; [...] Louis peut être encore l'objet d'un procès, Louis peut être absous ; il peut être innocent. [...] Vous n'avez point une sentence à rendre pour ou contre un homme : mais une mesure de salut public à prendre, un acte de providence nationale à exercer [...] Mais si Louis est absous, si Louis peut être présumé innocent, que devient la Révolution ? [...] Louis doit mourir, parce qu'il faut que la patrie vive.

IV

Chantage

(1793)

Rue des Cordeliers, 13 janvier : « Crois-tu, demanda
Fabre, que Mr Pitt nous enverra quelque argent ? Pour
le Nouvel An ?

— Ah, dit Camille, Mr Pitt n'envoie jamais que ses
bons vœux.

— La grande époque de William Augustus Miles
est finie.

— Je pense que nous serons bientôt en guerre avec
l'Angleterre.

— Tu n'es pas censé faire une tête pareille en
disant cela, Camille. Tu es censé brûler de ferveur
patriotique.

— Je ne vois pas comment nous pourrions
l'emporter. Imagine que le peuple britannique ne se
révolte pas ? Il se pourrait qu'il préfère l'oppression
aux mains des siens à la libération aux mains des Français. Et puis, bien sûr, poursuivit-il en songeant à certaines décisions récentes de la Convention, l'heure est,

semble-t-il, à une politique d'annexion. Danton en est partisan, du moins pour ce qui est de la Belgique, mais à mes yeux ce n'est jamais là que la manière dont les affaires de l'Europe ont toujours été conduites. Imagine une tentative pour annexer l'Angleterre. Ceux qui ennuient la Convention par leurs discours se retrouveraient commissaires spéciaux à Newcastle-on-Tyne.

— Ce n'est pas toi, mon cher, qui risques de les ennuyer. Toutes ces années que j'ai passées à t'entraîner… pour que tu n'ouvres plus jamais la bouche.

— J'ai pris la parole au cours du débat sur le rattachement de la Savoie. J'ai dit que la République ne devait pas se comporter comme un monarque, en accaparant des territoires. Personne n'a prêté la moindre attention à mes propos. Fabre, crois-tu que Mr Pitt se préoccupe vraiment de l'éventuelle exécution de Louis ?

— Lui, personnellement ? Certainement pas, tout le monde se fiche du sort de Louis. Mais, comme les autres, les Anglais pensent que serait un fâcheux précédent que de couper la tête à un roi.

— Mais, ce précédent, ce sont les Anglais qui l'ont créé.

— Ils font tout pour l'oublier. Et ils nous déclareront la guerre, à moins que nous ne prenions les devants.

— Crois-tu que Georges Jacques se soit trompé dans son marchandage : le salut de Louis en échange de la neutralité de l'Angleterre ?

— Je ne pense pas qu'ils s'inquiètent beaucoup du sort de ce malheureux, à Whitehall. Ce qui les intéresse, c'est le commerce. La flotte marchande. L'argent.

— Danton rentre demain, dit Camille.

— Il ne doit pas être ravi que la Convention le fasse revenir maintenant. Une semaine de plus, et le procès Capet était terminé, il n'aurait eu à prendre parti ni dans un sens ni dans l'autre. Sans compter le bon temps qu'il s'est payé ! Il est regrettable que l'écho en soit revenu aux oreilles de sa femme. Elle aurait dû rester à Sèvres, loin des commérages.

— J'espère tout de même que ce n'est pas toi qui as servi d'agent de transmission.

— Quel intérêt aurais-je à ajouter encore à leurs difficultés ?

— Ta proverbiale méchanceté y suffirait.

— Je ne cause pas de torts, moi. Tiens, dit-il en s'emparant d'une feuille sur le bureau de Camille, en parlant de causeur de torts, en voilà un de taille. Je n'arrive pas à te lire, mais je présume que la teneur générale de ce papier est que Brissot devrait aller se pendre.

— Ma foi, du moment que tu as la conscience tranquille.

— Ne t'inquiète pas pour ma conscience. Tu peux voir par toi-même que je prends de l'embonpoint. C'est dire combien je suis bien dans ma peau.

— Non, c'est faux. Tu as la paume des mains moite. Tes yeux ne cessent de passer d'un visage à un autre. On croirait un faux-monnayeur qui tente d'écouler sa première pièce d'or. »

Fabre dévisagea Camille avec une extrême attention. « Qu'entends-tu par là, au juste ? » Camille haussa les épaules. « Allez, réponds. Dis-moi un peu ce que tu as en tête. » Fabre s'était levé et le dominait de toute sa hauteur. « Bof, reprit-il après un silence, je doute que tu aies voulu insinuer quoi que ce soit, je me trompe ?

— Alors, dit Lucile, qui entrait à cet instant. Encore à vos éternels bavardages, tous les deux ? » Elle avait des lettres à la main, tout juste arrivées.

« Fabre vient d'avoir une grosse frayeur.

— Toujours la même vieille histoire. Camille m'accable de son mépris. Il ne me croit pas digne d'être le chien de Danton, sans parler d'être son confident politique.

— Non, ce n'est pas ça du tout. Fabre a quelque chose à cacher.

— Bien plus d'une chose, j'imagine, dit Lucile. Et nul doute qu'il vaut mieux qu'elles restent cachées. Tiens, une lettre de ton père. Je ne l'ai pas ouverte.

— Encore heureux, dit Fabre.

— Et une autre de ta cousine Rose-Fleur. Celle-là, je l'ai ouverte.

— Lucile est jalouse de ma cousine. À une époque, nous devions nous marier.

— Comme c'est bizarre de sa part, dit Fabre. Être jalouse d'une seule femme, et qui se trouve si loin.

— Tu devineras sans peine ce que dit mon père, dit Camille, qui lisait la lettre.

— Oh, oui, répondit Lucile. Ne vote pas la mort de Louis… abstiens-toi. Tu as très souvent pris la parole contre lui et tu as déjà publié ton opinion sur l'affaire. Tu l'as donc jugé prématurément, ce qui est excusable de la part d'un polémiste, mais pas de celle d'un juré. Il te faut donc décliner toute participation à la procédure. Ce qui aura aussi pour avantage d'assurer tes arrières.

— En cas de contre-révolution. C'est exactement ça. Ce qu'il veut dire, c'est qu'on ne pourrait alors m'accuser de régicide.

— Le cher vieux farfelu, dit Fabre. Vraiment, ta famille abonde en personnages pittoresques.

— Parce que tu trouves Fouquier-Tinville pittoresque ?

— Non, c'est vrai. Je l'avais oublié, celui-là. Il est en passe de devenir quelqu'un d'important. Il sait se rendre utile. Il ne va sans doute pas tarder à obtenir de hautes fonctions.

— Tant qu'il se montre reconnaissant, dit Lucile d'un ton légèrement agacé. Dans ta famille, on supporte mal d'être inféodé au voyou que tu es.

— Rose-Fleur le supporte bien, et sa mère a toujours été de mon côté. Son père, en revanche…

— L'histoire est un éternel recommencement, dit Fabre.

— Ton père ne saurait imaginer à quel point nous nous moquons de ses scrupules, ici à Paris, dit Lucile. Demain, Danton rentre de Belgique, et il votera la mort du roi le jour suivant, sans même avoir entendu les charges retenues contre lui. Ton père en penserait quoi ?

— Il serait scandalisé, dit Camille, qui voyait les choses sous cet angle pour la première fois. Et je le serais aussi. De fait, je le suis bel et bien. Mais bon, tu sais ce que dit Robespierre : ce n'est pas un procès, du moins pas dans le sens habituel du terme. C'est une mesure que nous devons prendre.

— De salut public », compléta Lucile. C'était là une expression qu'on commençait à entendre un peu partout ; depuis quelques semaines, elle était sur toutes les lèvres. « Le salut public, reprit-elle. Curieusement, quelles que soient les mesures prises, on ne se sent pas plus en sécurité pour autant. On pourrait m'expliquer pourquoi ? »

Cour du Commerce, 14 janvier : Gabrielle attendait, tranquillement assise, que Georges Jacques eût fini de trier le courrier arrivé pendant son absence. Il la fit sursauter quand il s'encadra dans l'embrasure de la porte, l'emplissant complètement de la masse de son corps. Son visage était d'une pâleur cadavérique.

« Quand cela est-il arrivé ? » demanda-t-il, en lui tendant la lettre à bout de bras.

Antoine leva les yeux du jeu qui l'occupait sur le tapis. « Il est inquiet, dit l'enfant à sa mère.

— Je n'en sais rien », dit Gabrielle, répondant à son mari. Elle détourna le regard de la veine qui battait à sa tempe. L'espace d'un instant, elle l'avait vu tel qu'un étranger aurait pu le voir, et elle avait peur de la violence retenue dans cet énorme corps.

« Essaie de te souvenir, bon sang ! » Il lui mit la lettre sous le nez. Voulait-il qu'elle la lût ?

« Elle est datée du 11 décembre. Ça fait plus d'un mois, Georges.

— Quand est-elle arrivée ?

— Excuse-moi, je suis incapable de te répondre. Quelqu'un me calomnie, c'est ça ? dit-elle faiblement. De quoi s'agit-il ? De quoi m'accuse-t-on ? »

Il froissa la lettre dans son poing, avec un petit ricanement exaspéré. « Ça n'a rien à voir avec toi. Bon Dieu de bon Dieu, c'est pas possible ! »

Elle leva la tête pour le mettre en garde, lui indiquant Antoine d'un geste timide de la main. L'enfant tirait sur sa jupe, chuchotant dans les plis : « Il est en colère ? »

Elle mit un doigt sur ses lèvres.

« Qui est le président de la Convention en ce moment ? »

Elle s'efforça de réfléchir ; un président ne restait pas en fonction plus de deux semaines. « Je n'en sais rien, je suis désolée, Georges.

— Où sont mes amis ? Où sont-ils quand j'ai besoin d'eux ? Robespierre est forcément au courant, il n'a qu'à claquer des doigts pour avoir ce qu'il veut.

— Ah, ne sois pas ridicule. » Camille venait d'entrer, sans qu'ils l'entendent. « Oui, je sais, je devrais être au Manège, dit-il, mais à l'idée des tirades sur Louis… Nous irons ensemble plus tard. Pourquoi étais-tu… » Antoine bondit sur ses pieds, marchant au passage sur ses soldats de plomb. Il courut vers Camille, les traits tendus par les cris qu'il étouffait. Camille le prit dans ses bras. « Que s'est-il passé, Georges ? Il y a encore une heure, tu allais très bien. »

Les lèvres de Gabrielle s'entrouvrirent. Son regard passa de l'un à l'autre. « Parce que tu es d'abord allé là-bas. Tu es passé voir Lucile, avant de venir me trouver, moi.

— Tais-toi ! » s'écria Danton, l'air féroce. L'enfant se mit à pleurer, le visage tout rouge. Son père appela Catherine en hurlant, et la domestique accourut, serrant et desserrant les mains nerveusement. « Sors-moi ce gamin de là. » Catherine émit quelques borborygmes apaisants à l'adresse d'Antoine, démêlant ses petits doigts de la chevelure de Camille. « Quel accueil ! s'exclama Danton. Tu restes absent un mois et tu retrouves tes fils attachés à un autre homme. »

357

Catherine emporta l'enfant. Gabrielle aurait voulu pouvoir se boucher les oreilles afin de ne pas entendre ses hurlements de panique, mais elle avait peur, par ce geste, d'attirer l'attention sur elle. La fureur avait pris entière possession de Georges Jacques. Il saisit Camille à bras-le-corps et l'assit sur le divan à côté de Gabrielle. « Tiens, dit-il, en jetant la lettre sur ses genoux. De la part de Bertrand de Molleville, l'ex-ministre, maintenant réfugié à Londres. Lisez ça ensemble. Ça vous donnera l'occasion de souffrir un peu pour moi. »

Elle prit la lettre, la lissa sur ses genoux de ses doigts tremblants, avant de l'approcher des yeux de myope de son voisin ; mais il en avait déjà compris l'essentiel, alors qu'elle en était encore à s'interroger sur le sens de la première phrase, et il détourna la tête, portant vivement ses mains fines à son front, et se tenant le crâne comme en prévision d'un désastre imminent. « Très constructif comme attitude, Camille », dit Danton. Lentement, elle détourna les yeux du visage horrifié de Camille pour les reporter sur la lettre.

Je ne pense pas, monsieur, devoir vous laisser plus long-temps dans l'ignorance du fait que, parmi les nombreux documents qu'a confiés à ma garde le défunt M. Montmorin vers la fin du mois de juin l'an dernier – et que j'ai apportés ici –, j'ai retrouvé un mémoire détaillant diverses sommes prélevées en votre faveur sur les fonds secrets du ministère des Affaires étrangères britannique, et précisant les dates de versement, les modalités de paiement, ainsi que le nom des personnes par le biais desquelles...

« Eh oui, dit-il, je suis exactement tel que tu me croyais. »

Elle poursuivit sa lecture : « "Je possède une note rédigée de votre main... Je vous informe par la présente que ces deux documents sont joints à une lettre que j'adresserai au président de la Convention nationale"... Georges, que veut-il au juste ? murmura-t-elle.

— Finis de lire, bon sang. La lettre et les deux documents sont expédiés à un ami à lui ici à Paris, qui les transmettra au président de la Convention, si je ne sauve pas la tête du roi. »

Elle parcourut rapidement le reste de la lettre, la menace et les conditions que l'auteur imposait : « ... "si vous ne vous comportez pas dans cette affaire comme il sied à un homme que le roi a si généreusement rémunéré. Si, en revanche, vous rendez les services attendus, soyez assuré qu'ils recevront leur juste récompense." "

— C'est du chantage, Gabrielle, dit Camille d'un ton neutre. Montmorin était le ministre des Affaires étrangères de Louis ; nous l'avons forcé à quitter sa fonction après la tentative de fuite du roi, mais il est resté parmi les proches de Louis. Il a été tué en prison en septembre dernier. Quant à Molleville, il était le ministre de la Marine de Louis.

— Que vas-tu faire ? demanda-t-elle en tendant une main vers Danton dans un geste de réconfort, mais il n'y avait que désarroi sur son visage.

— J'aurais dû tous les tuer, dit-il en s'écartant d'elle. J'aurais dû les massacrer quand j'en avais la possibilité. »

Dans la pièce voisine, Antoine pleurait toujours. « J'ai toujours pensé, dit Gabrielle, que ton cœur n'était pas vraiment dans cette révolution. Que tu étais l'homme du roi. » Il se tourna et lui éclata de rire à la figure. « Garde-lui ta foi. Tu as accepté son argent et tu en as vécu, tu as acheté des terres… Je t'en prie, ne l'abandonne pas. Tu sais que c'est ton devoir, et si tu agis autrement… » Elle ne savait pas comment finir sa phrase. Elle n'arrivait pas à imaginer ce qui arriverait. Cela signifierait-il le déshonneur ? Ou pire ? Le traduirait-on en justice ? « Tu dois le sauver, c'est certain, dit-elle. Tu n'as pas le choix.

— Parce que tu crois peut-être qu'ils me récompenseraient ? Tu le crois, vraiment ? Notre fils lui-même serait moins naïf. Si je sauve Louis – et sur ce point ils ont raison, je suis en mesure de le faire –, alors ils remettront soigneusement leurs preuves en sûreté, laissant la menace peser au-dessus de ma tête, et ils se serviront de moi à leur guise. Et quand je ne leur serai plus d'aucune utilité, quand j'aurai perdu toute influence, alors ils exhumeront les documents en leur possession. Par pure malveillance et pour semer le trouble.

— Pourquoi ne pas demander le retour des documents en question ? dit Camille. En faire un des éléments du marché ? Au même titre que la récompense en liquide. Si tu pensais pouvoir réussir dans une telle entreprise, tu t'y engagerais, non ? Pourvu que la somme proposée soit honnête ? »

Danton se tourna vers lui. « Tu pourrais être un peu plus clair ?

— S'il y avait un moyen, selon toi, de résoudre le problème, à savoir sauver Louis, tout en préservant le crédit dont tu jouis auprès des patriotes et en extorquant en même temps davantage d'argent encore aux Anglais, tu te mettrais au travail tout de suite. »

Il y avait eu un temps où il aurait dit doucement : Je serais bien bête de ne pas le faire ; Camille aurait souri et se serait dit : Il prétend toujours être pire qu'il n'est en réalité. Mais là, ce dernier se rendit compte, à sa grande perplexité, que Danton n'avait pas de réponse, ne savait pas ce qu'il devait faire, avait perdu tout contrôle de lui-même. Il fit trois pas en avant. Gabrielle se leva brusquement, juste à temps, sembla-t-il, pour prendre la claque en pleine figure ; déséquilibrée, elles s'effondra à nouveau sur le divan. « Seigneur, dit Camille, voilà qui était valeureux ! »

Danton garda un moment la tête dans ses mains, suffoquant, refoulant des larmes de fureur et d'humiliation. Il n'avait pratiquement jamais pleuré depuis l'époque où le taureau l'avait encorné, depuis le temps où il n'était qu'un tout petit enfant incapable de maîtriser ses larmes ou ses intestins. Il ôta ses mains de son visage : sa femme le regardait, les yeux secs. Il s'accroupit à son côté : « Jamais je ne me le pardonnerai. »

Elle se tâta la lèvre, avec précaution. « Casser de la vaisselle, dit-elle, tu peux, mais les gens, non. D'autant que nous ne sommes même pas les bons. On a eu la malchance de se trouver là, c'est tout. » Elle serra violemment le poing, pour se retenir de porter la main à son visage et de lui laisser voir à quel point il lui avait fait mal.

« Je ne te mérite pas, dit-il. Pardonne-moi. Ce coup ne t'était pas destiné.

— Cela ne changerait rien à l'opinion que j'ai de toi si c'était Camille que tu avais roué de coups. »

Il se releva. « Camille, un jour je te tuerai, dit-il simplement. Non, allez, viens ici. Tu ne risques rien, tu as une femme enceinte pour te protéger. Tu m'as vraiment mis dans la merde en septembre dernier, au moment du massacre des prisonniers. Tout est organisé, as-tu dit à Prudhomme et à tous ceux qui voulaient bien t'entendre. Tout est planifié, il n'y a pas de problème… alors même que je m'efforçais de nier être au courant de la chose. La sale besogne était nécessaire, mais j'ai du moins eu la décence de prétendre que ça n'avait rien à voir avec moi. Toi, tu aurais fait n'importe quoi pour t'attribuer le mérite du massacre des Innocents. Alors ne me regarde pas du haut de ces sommets de moralité que tu sembles habiter aujourd'hui. Tu savais. Tu savais tout, depuis le début.

— Oui, dit Camille, mais je ne m'attendais pas à ce que tu te laisses prendre. » Il recula, en souriant. Gabrielle le regarda avec de grands yeux.

« Ah, Camille, dit-elle, tu ferais bien de prendre cette affaire au sérieux.

— Va te baigner la figure, Gabrielle, lui dit son époux. Oui, elle a raison, parce que si ces documents sont rendus publics, mon avenir ne vaudra pas cher, mais le tien non plus.

— Et si c'était du bluff ? dit Camille. Comment peut-il détenir une note rédigée de ta main ?

— Cette note existe bel et bien.

— Alors, tu t'es conduit comme un idiot, non ? Mais réfléchis un peu : s'il est possible qu'à un moment ou à un autre Molleville ait vu ces documents, pourquoi Montmorin s'en serait-il séparé ? À

362

en croire Molleville, pour les mettre en sécurité – mais quelle sécurité peut-on assurer à un document qui traverse la Manche dans la valise d'un *émigré**? Et pourquoi Montmorin aurait-il envoyé ces documents à Londres ? Ils ne lui étaient d'aucune utilité là-bas. Il n'avait plus qu'à les faire revenir. Et puis, il ignorait qu'il allait se faire tuer, n'est-ce pas ?

— Il se peut que tu aies raison, oui, peut-être, mais à elles seules les allégations de Molleville pourraient entraîner ma perte. Si elles sont circonstanciées. On dit depuis assez longtemps que je travaille pour Pitt. En fait, en ce moment même… on doit déjà m'attendre à la Convention.

— Inutile de t'affoler. Si c'est du bluff, si ces documents n'existent pas, tout ce que pourra dire Molleville aura beaucoup moins de poids. Il ne te reste plus qu'à espérer que c'est bien le cas. Mais, une minute… à quel président de la Convention fait-il allusion ? Parce que le président en ce moment, c'est Vergniaud.

— Non ! s'exclama Danton.

— Eh si. Je sais. Tu n'as pensé ni à lui faire peur ni à l'acheter, celui-là. Comment as-tu pu faire preuve d'une telle négligence ?

— Il faut que tu y ailles à présent, dit Gabrielle. Va et parle en faveur du roi.

— Tu voudrais que je leur cède ? dit Danton. Plutôt mourir. Si j'interviens maintenant, au vu des circonstances, on va dire que j'ai été acheté, aussi sûrement que si les documents devenaient publics. D'une manière ou d'une autre, je n'aurai pas sitôt tourné le dos que je me ferai planter un couteau entre les omoplates. Demande-lui, hurla-t-il. Il le planterait lui-même volontiers. »

Sous le coup de l'absurdité d'une pareille suggestion, Gabrielle tourna vers Camille un regard effaré.

« Nul doute qu'on me demanderait mon aide pour arranger l'affaire. Après tout, je n'aurais pas trop envie de partager ton sort.

— Pourquoi ne vas-tu pas retrouver Robespierre ? lui demanda Danton.

— Non, je reste avec toi, Georges Jacques. J'ai trop envie de voir ce que tu vas faire.

— Allez, vas-y, précipite-toi chez lui et raconte-lui tout. Il ne t'arrivera rien, il veillera sur toi. À moins que tu n'aies peur qu'il t'ait remplacé dans ses affections ? Mais tu n'as aucun souci à te faire, tu trouveras toujours quelqu'un chez qui te réfugier. Avec tes charmes. »

Gabrielle se leva. « C'est comme ça que tu penses pouvoir garder tes amis ? dit-elle sur un ton qu'elle n'avait jamais employé avec lui. Tu t'es plaint de leur absence, et quand ils viennent enfin vers toi, tu les insultes ? Je crois que tu ne cherches qu'à te détruire. Je crois que tu travailles, avec ce Molleville comme complice, à ta propre destruction.

— Une minute, s'il vous plaît, intervint Camille. Écoute-moi, Gabrielle – écoutez-moi tous les deux, avant que les choses dégénèrent complètement. Je n'ai absolument pas l'habitude d'incarner la voix de la raison, alors n'éprouvez pas trop mes capacités dans ce domaine. Si Vergniaud a ce document en sa possession, poursuivit-il en se tournant vers Danton, tu es un homme mort, mais pourquoi Vergniaud aurait-il attendu si longtemps ? C'est aujourd'hui le dernier jour où tu pourrais intervenir dans le débat. Nous en sommes aux toutes dernières heures du procès. Cela fait trois jours à présent qu'il est président... Alors posons-nous la question de savoir pourquoi il n'a toujours rien fait. De savoir, au moins, s'il a les papiers – ou si ceux-ci ne seraient pas en possession d'un des présidents qui l'ont précédé. De quand la lettre est-elle datée ?

— Du 11 décembre.

— C'est Defermon qui était président.

— C'est...

— Un minable.

— Un modéré, Gabrielle, dit Danton. Il a beau ne pas être de mes amis, il reste tout de même que, après tout ce temps, quatre semaines, il aurait dit quelque chose, fait quelque chose...

— Je ne sais pas, Georges Jacques. Peut-être que tu ne soupçonnes pas à quel point tu peux faire peur aux gens. Pourquoi ne pas aller chez lui et lui flanquer la frousse ? S'il a les papiers, tu as tout à y gagner. Dans le cas contraire, tu n'as rien à perdre.

— Mais si c'est Vergniaud qui les a...

— Alors, que tu aies terrifié Defermon pour rien n'aura guère d'importance. Rien n'en aura plus, d'ailleurs. N'y pense pas. Et dépêche-toi. Il se peut que Defermon ait une conscience délicate. Qu'il n'ait pas parlé jusqu'ici ne signifie pas qu'il ne parlera jamais. Il se peut qu'il attende le début du vote. »

Fabre manqua les derniers mots. « Ainsi donc, Danton, tu es de retour. Mais que s'est-il passé ici ? »

Son impression immédiate fut que la dispute – l'inévitable dispute – avait fini par éclater. Il avait entendu dire que Danton était arrivé en ville et s'était rendu directement à l'appartement des Desmoulins. Il lui restait encore à découvrir comment l'affaire s'était déplacée d'un appartement à l'autre, mais, dans cette pièce, on respirait un air saturé de violence. Il ne vit pas la lettre de Molleville, parce que Gabrielle était assise dessus. « Ma pauvre, que t'est-il arrivé ? demanda-t-il à Gabrielle.

— Je me suis trouvée là où il ne fallait pas.

— Il en a toujours été ainsi, dit Fabre, comme s'il se parlait à lui-même. Danton, on ne te prendrait jamais pour le coupable. Non, tu as le visage de quelqu'un à qui on a fait du tort.

— Mais de quoi parles-tu ? demanda Danton.

— Lui, coupable ? intervint Camille. Jamais. Il respire l'innocence.

— Je suis heureux que tu le penses, dit Fabre.

— Il y a une lettre…, commença Gabrielle.

— Tais-toi, dit Camille. Avant qu'il te frappe à nouveau. Et délibérément, cette fois-ci.

— C'est quoi, cette histoire de lettre ? s'enquit Fabre.

— Rien, rien, dit Camille. Il n'y a jamais eu de lettre. J'espère que non, en tout cas. Tu sais, Georges Jacques, beaucoup de choses dépendent de l'intelligence du messager. Or, l'intelligence n'est pas chose très répandue, qu'en dis-tu ?

— On essaie de m'embrouiller, hein ? se plaignit Fabre.

— Je ne suis pas encore perdu, dit Danton en se penchant pour embrasser sa femme.

— Tu crois ? répondit-elle en détournant le visage. Pour autant, tu continues à te détruire. »

Il la fixa un instant avec intensité, puis se redressa. Il se tourna vers Camille, lui empoigna les cheveux et lui renversa la tête en arrière. « Tu ne m'arracheras

366

aucune excuse, dit-il. Fabre, est-ce que tu connais un député, un type timide et obscur, du nom de Defermon ? Crois-tu pouvoir le trouver ? Dis-lui que Danton ira le voir chez lui, d'ici une heure. Aucune excuse ne sera acceptée. Il faudra qu'il y soit. C'est Danton en personne qui exige de le voir. Insiste bien là-dessus. Allez, va. Ne perds pas de temps.

— Uniquement ça ? Pas d'autre message ?

— Va, je te dis. »

Arrivé à la porte, Fabre se retourna et secoua la tête à l'adresse de Camille. En se hâtant dans la rue, il se parlait à lui-même : Ah, ils pensent pouvoir m'embobiner, mais je ne vais pas tarder à découvrir le pot aux roses.

Danton passa dans son bureau, dont il claqua la porte ; plus tard, ils l'entendirent arpenter différentes pièces de l'appartement.

« Que va-t-il faire ? demanda Gabrielle.

— Ma foi, avec la plupart des gens, un problème complexe exige une solution complexe mais, avec Georges Jacques, quel que soit le problème, la solution est généralement simple et expéditive. Ce que j'ai dit est vrai, les gens ont peur de lui. Ils n'ont pas oublié août, quand il a traîné Mandat à travers tout l'Hôtel de ville. Ils ne savent pas de quoi il est capable. C'est vrai, tu sais, Gabrielle. Pour l'argent, celui de l'Angleterre, celui de la Cour... et le reste.

— Je sais. Je ne suis pas sotte à ce point, même s'il m'a toujours prise pour une idiote. Il avait une maîtresse qui lui coûtait cher et un enfant, quand nous nous sommes mariés. Il croit que je ne suis pas au courant. C'est la raison pour laquelle nous étions aussi pauvres dans les premiers temps. Il a acheté sa pratique au nouvel amant de sa maîtresse. Tu le savais ? Oui, bien sûr… Je me demande pourquoi je te raconte tout ça. » Gabrielle leva les bras pour remettre les épingles en place dans ses cheveux, un geste machinal, mais ses doigts étaient gourds, avaient l'air enflés. Son visage paraissait gonflé lui aussi, en dehors des dégâts causés par la gifle de Georges Jacques, et son regard était éteint, sans vie. « Je l'ai agacé pendant toutes ces années, vois-tu, en prétendant préserver un semblant d'intégrité. Toi aussi, c'est la raison pour laquelle il nous en veut à tous les deux, et nous persécute de la même façon. L'un comme l'autre, nous savions la vérité, mais nous n'avons pas voulu le reconnaître. Oh, je ne prétends pas être une sainte, Camille – je savais d'où provenait l'argent, et je l'ai pris, pour nous construire une vie plus agréable. Dès que tu te retrouves enceinte pour la première fois, peu t'importe ce qui arrive par ailleurs, tu ne penses qu'à tes enfants.

— Ce qui veut dire que tout t'est égal… Le sort du roi, par exemple ?

— Non, non, loin de là, mais j'ai dû me montrer très accommodante cette dernière année, très tolérante, très conciliante. Sinon il aurait demandé le divorce, je crois.

— Non. Il n'aurait jamais fait ça. Il est vieux jeu, au fond.

— C'est vrai, mais, comme on le constate tous les jours, les passions chez lui l'emportent sur les habitudes. Tout aurait dépendu de l'attitude de Lucile – si elle s'était montrée aussi docile qu'elle prétend l'être. Mais elle ne voudrait jamais te quitter. » Elle se tourna pour tirer le cordon et appeler une domestique.

« Quand il m'a apporté cette lettre tout à l'heure, il était dans un tel état de colère que je me suis demandé ce que j'avais fait. J'ai cru que c'était une lettre anonyme, et que quelqu'un m'avait calomniée.

— Diffamée », rectifia Camille machinalement.

Marie arriva de la cuisine, enveloppée dans son grand tablier blanc, le visage tiré. « Catherine a emmené le petit en haut chez Mme Gély, dit-elle sans qu'on lui ait rien demandé.

— Marie, monte-nous une bouteille du cellier. Je ne sais pas… Camille, qu'est-ce qui te ferait plaisir ? N'importe quoi, Marie. Les domestiques deviennent d'un familier, poursuivit-elle en soupirant. Comme je regrette de ne pas t'avoir parlé plus tôt, Camille.

— Je crois que tu avais peur d'admettre que nous étions embarqués dans la même galère, toi et moi.

— Oh, que tu es amoureux de mon mari, ça je le sais depuis des années. Allons, ne prends pas cet air abasourdi – sois franc, si tu devais décrire tes sentiments pour lui, quels autres mots te viendraient ? Quant à moi, si j'ai été amoureuse, je ne le suis plus, vois-tu. J'ai rencontré aujourd'hui quelqu'un que j'attendais de rencontrer depuis longtemps. J'ai beaucoup réfléchi – je ne suis pas faible au point d'avoir eu besoin d'épouser ce genre d'homme. Mais quelle importance à présent ? »

Danton se tenait devant eux. Sa récente exaltation était en partie tombée. Il avait son chapeau à la main, et sa grande cape sur le bras. Il s'était rasé ; il portait une veste noire et un banal foulard de mousseline blanche.

« Veux-tu que je vienne avec toi ? demanda Camille.

— Seigneur, surtout pas. Attends-moi ici. »

Il partit à grandes enjambées. « Que va-t-il faire ? » murmura à nouveau Gabrielle. Ils donnaient maintenant l'impression de deux conspirateurs. Elle resta bien ainsi cinq minutes sans bouger, buvant à grands traits, son verre au creux de la main, le visage immobile et pensif ; puis elle tendit le bras et prit la main de Camille dans la sienne.

« Il nous faut supposer, que dis-je, espérer, reprit celui-ci, que c'est Defermon qui détient la lettre. Il nous faut supposer qu'il tremble depuis un mois chaque fois qu'il la regarde, dans l'attente du procès de Louis. Il aura sans doute pensé : "Si je prends cette lettre au sérieux, si je décide de la lire devant la Convention, la Montagne va me tomber dessus. Et le député Lacroix est un très bon ami de Danton depuis leur retour de Belgique, sans compter qu'il est très influent auprès des gens de la Plaine." Defermon aura tôt fait de comprendre que les seuls qu'il pourrait contenter seraient Brissot, Roland et leur clique. Il va se dire : Danton vient chez moi au grand jour, et non en coupable, et il clame que la lettre est un faux, un sale tour qu'on lui joue… Defermon ne demandera qu'à le croire. Nous avons une telle réputation de brutes que, s'il s'oppose à Danton, il craindra pour sa vie. Tu as entendu le message dont il a chargé Fabre : "C'est Danton en personne qui exige de le voir." Defermon l'attendra, en proie à l'appréhension et au doute. "Que faire ? Que puis-je faire ?" Il commencera à se sentir coupable, simplement parce que c'est lui, le dépositaire de la lettre. Georges Jacques va… l'écraser de sa seule présence. »

Le jour tombait. Ils restaient là sans bouger, leurs doigts entrelacés. Elle pensait à son mari, tellement dominateur avec les autres. Jetant jour après jour, depuis 1789, son énorme corps dans chaque brèche qui s'ouvrait. Elle faisait courir le bout de ses doigts autour des ongles soigneusement manucurés de Camille. Elle sentait son pouls battre à un rythme accéléré, comme celui d'un petit animal.

« Georges n'a plus peur.

— Peut-être, mais moi j'appartiens à la partie tendre de l'humanité.

— Tendre ? Arrête ton numéro, Camille. Tu es à peu près aussi tendre qu'un serpent. »

Il sourit et détourna la tête. « J'ai longtemps pensé, dit-il, que Georges n'était pas quelqu'un de très compliqué. Mais je me trompais, il est très compliqué, et très subtil, au fond. Seuls ses désirs sont simples et primaires. Le pouvoir, l'argent, la terre.

— Les femmes, ajouta Gabrielle.

— Pourquoi as-tu dit tout à l'heure qu'il se détruisait ?

— Je ne suis pas sûre moi-même à présent de ce que j'avançais. Mais sur le moment – quand il était si furieux, si méprisant, si insultant –, j'en avais une idée très nette. Cette vision qu'il a de lui-même… Il pense : les gens me disent corrompu, mais je me contente de profiter du système, je reste maître de mon destin, rien ne peut m'atteindre. Mais ça ne marche pas comme ça. Il a perdu de vue ses objectifs. Des moyens il a fait une fin. Il n'en est pas conscient, mais il est corrompu jusqu'à la moelle. » Elle frissonna, fit tourner le reste de vin qui s'était déposé, rouge sombre et épais, au fond de son verre. « Ah, dit-elle, la vie, la liberté, la poursuite du bonheur… »

Danton rentra. Catherine le précédait, armée d'une longue baguette avec laquelle elle allumait les grandes bougies de cire fixées dans leurs chandeliers en argent à plusieurs branches. Des flots d'une douce lumière jaune envahirent la pièce. L'ombre géante du maître des lieux se profila sur le mur. Il mit un genou au sol devant l'âtre et sortit des papiers de sa poche.

« Tu vois ça ? dit-il. Du bluff. Tu avais raison. C'est presque décevant que la chose se termine ainsi, en eau de boudin.

— Après la scène que tu nous a jouée ici, dit Camille, le jugement dernier lui-même ne me paraîtra pas à la hauteur de sa réputation.

— Le moment était parfaitement choisi. C'était bien Defermon, comme tu l'avais supposé, qui détenait la lettre. Mais celle-ci n'était pas accompagnée de la note rédigée de ma main, pas plus que des reçus. Il n'y avait que ça, poursuivit-il en tendant les papiers vers la flamme. Un tissu de dénonciations venant de Molleville, le tout placé dans une lumière aussi sinistre que possible, des allégations de l'existence de documents incriminants – mais aucune preuve. J'ai laissé éclater ma fureur, j'ai dit à Defermon : "Ainsi donc, tu as en ta possession des lettres d'*émigrés**, c'est bien ça ?" J'ai enfoncé le clou en ajoutant : "Tu vois comment je suis diffamé par ces gens !" Defermon a dit aussitôt : "Tu as raison, citoyen. Mon Dieu, quelle affaire !" »

Camille regarda les flammes dévorer les feuillets. Il ne m'a pas permis de les lire, se dit-il ; que disait d'autre Molleville ? Gabrielle pense que nous savons tout, mais il faudrait être très fort pour ne rien ignorer de Georges Jacques. « Et le messager, c'était qui ?

— Ce minable ne savait pas. Ce n'était pas quelqu'un que connaissait le concierge.

— Ça n'aurait pas été aussi facile avec Vergniaud. Ça n'aurait peut-être même pas été possible du tout. Et ces documents… peut-être qu'ils existent bel et bien quelque part. Peut-être qu'ils sont encore ici, à Paris.

— Que ce soit le cas ou non, dit Danton, je ne vois pas ce que j'y peux. Mais une chose est sûre : quand Molleville a signé cette lettre pitoyable, il a du même coup signé l'arrêt de mort de Louis. Je ne lèverai pas le petit doigt pour Capet à présent. »

Gabrielle laissa retomber sa tête. « Eh oui, tu as perdu, lui dit son mari avec une petite tape sur la nuque. Va donc te reposer à présent. Tu as besoin de t'allonger. Camille et moi allons déboucher une autre bouteille. Cette journée m'a fait gaspiller mon temps et mon énergie. »

Et demain, tout le monde se conduira comme si de rien n'était. Mais Danton arpentait la pièce, l'air agité. Il n'avait toujours pas tout à fait retrouvé ses couleurs, depuis le choc subi en ouvrant la lettre. Ce n'est que maintenant que la maîtrise de soi semblait lui revenir, détendant les muscles, apaisant les nerfs. Mais jamais plus il ne serait sûr de pouvoir la conserver en toute circonstance. Son déclin s'amorçait. Il en était certain.

V

Un martyr, un roi, un enfant

(1793)

Le procès du roi vient juste de se terminer. Les portes de la ville ont été fermées. On ne peut pas régner et rester innocent, ainsi en a décidé la Convention. Le seul fait de sa naissance suffit donc à condamner Louis à mourir ? « Simple question de logique », répond froidement Saint-Just.

Cinq heures du matin. Dans une maison de la place Vendôme, toutes les lumières sont allumées. On a envoyé chercher des chirurgiens, les meilleurs qu'ait à offrir la République ; on a fait venir aussi le peintre David, afin qu'il puisse immortaliser un martyr, regarder la mort effacer les traits et l'éternité les figer dans un modelé plus précis. Il a devant lui le premier martyr de la République, qui perçoit en ce moment un brouhaha de voix, certaines proches, presque familières, d'autres lointaines, à peine audibles, un homme dont les sens perdent peu à peu toute acuité, tandis que l'on prépare déjà ses funérailles dans la pièce voisine.

Il s'agit de Michel Lepeletier, ex-noble, aujourd'hui député. On ne peut plus rien pour lui, du moins pas en ce monde.

David sort ses crayons. Lepeletier est laid, c'est incontestable. Déjà, les traits s'adoucissent ; un bras pend, flasque et nu, comme le bras du Christ porté au tombeau. Les vêtements, qui ont été découpés à même le corps, sont raides et maculés de sang. David manipule la chemise, rhabillant mentalement la silhouette moribonde sur le lit.

Quelques heures plus tôt, Lepeletier dînait dehors, au restaurant Février, dans le jardin de l'Égalité comme on appelle désormais le Palais-Royal. Un homme s'est approché – inconnu de lui, mais tout à fait amical –, dans l'idée peut-être de le féliciter de la fermeté républicaine dont il avait fait preuve en votant la mort de Capet. Affable, mais épuisé après les nombreuses séances de nuit, le député se renverse sur sa chaise ; c'est alors que l'inconnu sort de son manteau un couteau de boucher qu'il lui plante à plusieurs reprises dans le flanc droit, sous les côtes.

On transporte Lepeletier en toute hâte chez son frère, les intestins déchirés ; le sang jaillit, sur ceux qui l'assistent, d'une blessure si large qu'on pourrait y enfoncer le poing. « J'ai froid, j'ai froid », murmure-t-il. On empile des couvertures sur lui. « J'ai froid », murmure-t-il.

Cinq heures du matin : Robespierre dort dans sa chambre de la rue Saint-Honoré. Sa porte est non seulement fermée mais verrouillée à double tour. Brount est couché devant, les mâchoires légèrement relâchées, ses longues pattes agitées de soubresauts par des rêves de jours meilleurs.

Cinq heures : Camille Desmoulins se glisse hors du lit, bien réveillé, comme il le faisait des années plus tôt à Louis-le-Grand. Danton attend de lui un discours qu'il pense utiliser pour obliger Roland à démissionner de son ministère. Lucile se retourne, bafouille quelques mots, tend une main dans le vide. Il ramène les couvertures sur elle. « Rendors-toi », chuchote-t-il. Danton ne se servira pas du discours, il le sait. Il en tiendra les pages toutes froissées dans son poing en se rendant au Manège et concoctera le sien en chemin… Mais ce n'est pas parce qu'il s'y sent obligé que Camille s'exécute, non, c'est pour garder la main, et passer le temps jusqu'à l'aube.

Le froid transperce sa peau fine et sombre. Il se déplace sans bruit, à tâtons dans la pièce, s'asperge la figure d'eau glacée. S'il fait du bruit, Jeannette se lèvera aussitôt pour allumer un feu, lui dire qu'il est faible de la poitrine – ce qui est faux – et le gaver d'une nourriture dont il n'a pas envie. Il commence par écrire une lettre chez lui… « Votre fils, le régicide ». Puis il s'empare de quelques feuillets vierges, pour le discours. Le chat de Lucile hasarde deux ou trois petits coups de patte timides sur sa plume, l'œil soupçonneux ; il caresse le dos arqué, regardant une aube réticente poindre lentement sur les faubourgs à l'est. La flamme de sa chandelle s'agite dans un fort courant d'air, et il tourne la tête d'un geste brusque, saisi d'une soudaine appréhension ; il est seul, entouré des ombres noires des meubles et des gravures sur le mur. Aussi doucement qu'il l'a fait avec le chat, ses doigts glacés caressent le canon du petit pistolet dans le tiroir de son bureau. Dehors, une pluie glaciale siffle en s'enfonçant dans la boue des rues.

Sept heures trente : accroupis devant un poêle, un prêtre, et Louis, dernier du nom. « Au ciel siège un juge incorruptible... On entend la garde nationale qui commence à se rassembler... Qu'ai-je donc fait à mon cousin Orléans pour qu'il me persécute de la sorte ?... Je peux tout endurer... Ces gens voient des poignards et des poisons partout, ils ont peur que j'attente à ma vie... Je suis occupé, patientez quelques instants... Donnez-moi votre dernière bénédiction et priez pour qu'il plaise à Dieu de m'accorder son soutien jusqu'à la fin... Cléry, mon valet, donnez-lui ma montre et mes habits...

Dix heures trente : le manteau est arraché aux assistants de Sanson et découpé en petits morceaux. Pâtés chauds et pain d'épice sont en vente sur la place de la Révolution. Les gens se pressent autour de l'échafaud, trempant des chiffons dans le sang répandu.

Lepeletier, le martyr, est allongé en grand apparat.

Louis, le roi, est jeté dans la chaux vive.

Fin de la première semaine de février : la France est en guerre contre l'Angleterre, la Hollande et l'Espagne. La Convention nationale a promis son soutien armé à tous ceux qui se dresseront contre l'oppression : *guerre aux châteaux, paix aux chaumières*. Cambon, de la commission des Finances : « Plus nous pénétrons en territoire ennemi, plus ruineuse devient la guerre. »

Le pays, lui, connaît une pénurie de vivres, et une inflation galopante. À Paris, la Commune combat les ministres girondins et s'efforce de calmer les militants des sections ; elle contrôle le prix du pain, fixé à trois sous, et le ministre Roland ne cesse de se plaindre d'un emploi aussi irresponsable de l'argent public.

À la Convention, la Montagne, si véhémente qu'elle soit, reste encore une minorité.

Jacques Roux, sans-culotte, dans une adresse publique à la Convention : « Il faut du pain, car là où il n'y a plus de pain, il n'y a plus de loi, plus de liberté, plus de république. »

Révoltes à Lyon, à Orléans, Versailles, Rambouillet, Étampes, Vendôme, Courville, et ici même, dans la capitale.

Dutard, employé au ministère de l'Intérieur, à propos des Girondins :

Ils veulent établir une aristocratie des riches, des marchands et des possédants… Si on me donnait le choix, je préférerais l'ancien régime ; les nobles et les prêtres avaient quelques vertus, ces hommes n'en ont aucune. Que disent les Jacobins ? Qu'il est nécessaire de mettre un terme aux activités de ces hommes cupides et dépravés ; sous l'ancien régime, les nobles et les prêtres traçaient une ligne qu'ils ne pouvaient pas franchir. Mais sous le nouveau régime, il n'y a plus de bornes à leurs ambitions ; ils seraient prêts à affamer le peuple. Il est indispensable de dresser une barrière en travers de leur chemin, et la seule solution, c'est de faire appel à la populace.

Camille Desmoulins, à propos du ministre Roland :

Le peuple n'est pour vous que le moyen indispensable de l'insurrection ; après avoir mené à bien une révolution, il n'est plus bon désormais qu'à retourner à la poussière et à tomber dans l'oubli ; il n'a plus qu'à se laisser docilement guider par d'autres plus sages que lui et prêts à prendre la peine de le gouverner. Toute votre conduite est marquée au sceau de ces principes criminels.

Robespierre, à propos des Girondins :

Ils pensent être les gentilshommes de la Révolution, ceux qui doivent en être les légitimes bénéficiaires. Nous, nous ne sommes que la racaille.

10 février : de bonne heure le matin, Louise Gély emmena Antoine chez son oncle Victor. Les deux bébés, eux – le petit Desmoulins et François Georges, tout juste âgé d'un an –, feront la navette aux mains de leur nourrice, laquelle veillera, au milieu des événements annoncés pour la journée, à ce qu'ils n'aient pas trop faim.

Revenue cour du Commerce en toute hâte, Louise trouva le terrain déjà occupé par Angélique. Sa mère lui dit : « Écoute-moi bien, jeune fille, si ce doit être pour ce soir, nous ne te voulons pas dans nos pattes. »

« Ne boude pas, petite, ça t'enlaidit », lui dit pour sa part Angélique.

Puis ce fut au tour de Lucile Desmoulins d'arriver. Celle-là, bien sûr, rien ne l'enlaidirait jamais, songea Louise avec dépit. Lucile portait une robe en laine noire, une élégante jaquette et les cheveux noués avec un ruban tricolore. « Dieu du ciel, s'exclama-t-elle en se jetant dans un fauteuil et en allongeant les jambes, histoire d'admirer le bout de ses bottines. S'il y a bien une chose que je déteste, c'est un drame obstétrique.

— Je suppose que, si tu pouvais, tu serais prête à payer quelqu'un pour les faire à ta place, ma belle, dit Angélique.

— Je n'y manquerais pas, c'est certain, répondit Lucile. Je pense vraiment qu'il devrait exister une meilleure façon de gérer la chose. »

Les femmes semblaient s'ingénier à trouver de quoi occuper Louise, l'excluant ainsi de la conversation. Elle entendit Gabrielle dire qu'elle était « très gentille, très serviable ». Elle avait les joues en feu. Elles n'avaient pas à discuter d'elle de cette manière.

Quand elle fut sur le point de partir, Lucile se tourna vers Mme Gély : « Je t'en prie, si tu as besoin de moi, tu sais que je peux être ici en moins d'une minute. » Les yeux sombres de Lucile étaient énormes. « Je trouve que Gabrielle n'est pas bien. Elle dit qu'elle a peur. Elle aimerait que Georges Jacques soit à ses côtés.

— On n'y peut rien, dit sèchement Mme Gély. Il a ses affaires en Belgique, qui, semble-t-il, ne peuvent pas attendre.

— Malgré tout... fais-moi appeler », dit Lucile.

Mme Gély lui adressa un bref signe de tête. À ses yeux, Gabrielle était une bonne fille, sage et pieuse, que l'on avait traitée de manière honteuse ; Lucile, quant à elle, ne valait guère mieux qu'une prostituée.

Gabrielle dit qu'elle aimerait se reposer. Louise remonta à l'étage, en traînant les pieds, dans l'appartement exigu et sans élégance de ses parents. C'était le milieu de l'après-midi, et l'obscurité était déjà là. Elle s'assit et songea à Claude Dupin. Si Lucile savait à quel point il tenait à elle, savait que, très bientôt, elle pourrait être une femme mariée, continuerait-elle à la traiter comme une petite nigaude ?

Sa mère avait souri, avec indulgence ; mais, en secret, elle exultait. Quel beau parti ! Attendons ton prochain anniversaire pour en parler, dit-elle. Même pas dix-sept ans, c'est un peu jeune. Il n'y a que dans l'aristocratie qu'on se marie à cet âge.

Claude Dupin lui-même n'avait que vingt-cinq ans, mais il était (si jeune, ajoutait invariablement le père de Louise) secrétaire général du *département** de la Seine. Louise, elle, avait du mal à s'enthousiasmer. Reste qu'il était beau garçon.

Quinze jours plus tôt, elle l'avait amené pour qu'il fasse la connaissance de Gabrielle. Celle-ci l'avait trouvé très raffiné, très à l'aise ; non pas qu'elle cherchât jamais à intimider qui que ce soit. Louise avait lu l'approbation dans ses yeux et elle ne tenait déjà plus en place à l'idée que le lendemain elle pourrait s'asseoir en sa compagnie pour parler sans artifice, comme à bâtons rompus, de Claude Dupin et dire : Ne l'as-tu pas trouvé comme ceci, et puis comme cela ? Si Gabrielle était vraiment en faveur de cette union, si elle appréciait le jeune homme autant qu'elle en donnait l'impression, alors peut-être qu'elle parlerait à ses parents, et qu'ils diraient : Ma foi, tu as toujours été très en avance pour ton âge, peut-être que dix-sept ans, ce n'est finalement pas si jeune ? Pourquoi attendre ? La vie est si courte.

Mais juste au moment où tout se passait au mieux, tranquillement, merveilleusement, voilà qu'avait débarqué le citoyen Danton avec toute son équipe. On avait fait les présentations. « Ah, l'enfant prodige ! s'était exclamé le citoyen Fabre. Le célèbre administrateur enfant, un émerveillement depuis le berceau. Voyons un peu à quoi il ressemble. »

Et il avait examiné Claude Dupin à travers son lorgnon.

Le citoyen Hérault avait jeté à Claude une sorte de regard vitreux, incapable, semblait-il, de comprendre à qui ou à quoi il avait affaire. « Gabrielle chérie », avait-il dit en embrassant leur hôtesse. Puis il s'était installé, s'était versé un verre du meilleur cognac du citoyen Danton, avant d'entreprendre de divertir l'auditoire, de sa voix forte aux accents traînants, avec une série d'anecdotes sur Louis Capet, qu'il avait bien sûr connu personnellement. La chose était déjà difficilement supportable, mais le citoyen Camille s'était montré bien pire : « Claude Dupin, j'attends depuis si longtemps de te rencontrer, avait-il dit en soupirant. Je n'ai vécu que pour ce moment. » Il s'était pelotonné dans un coin du divan, avait posé la tête sur l'épaule de Gabrielle, les yeux rivés sur le visage de Claude Dupin, tout en continuant à soupirer de temps en temps.

Quant au citoyen Danton, il avait soumis le jeune homme à un interrogatoire serré sur les affaires du *département**; elle ne lui en tenait pas rigueur, c'était sa manière de fonctionner. Claude Dupin avait donné le meilleur de lui-même, et ses réponses, avait-elle pensé, étaient intelligentes et pleines d'assurance ; si ce n'est que, quand il disait quelque chose de particulièrement à propos, le citoyen Camille fermait les yeux et frissonnait, comme devant une perfection trop grande. « Si jeune et déjà parfait bureaucrate », avait murmuré Fabre. Louise pensait que, si Gabrielle avait pour elle tout l'attachement qu'elle voulait bien dire, elle aurait quand même pu inciter Camille à retirer la tête de son épaule et à cesser ses sarcasmes. Mais Gabrielle semblait beaucoup s'amuser. Elle avait passé son bras de traîtresse autour de Camille, un air d'affection écœurant sur le visage.

Dès qu'ils étaient entrés dans la pièce – elle ne pouvait le nier –, Claude avait paru rapetisser. Il avait l'air quelconque, ordinaire. Une fois son interrogatoire terminé, Danton s'était désintéressé de lui. À partir de ce moment, Claude Dupin avait eu du mal à placer un mot dans la conversation. Elle avait rapidement décidé qu'il était temps de mettre un terme à la séance. Elle s'était levée, aussitôt imitée par Claude. « Ne partez pas si vite ! s'était écrié le citoyen Fabre. Vous allez briser le cœur de ce pauvre Camille ! »

Le citoyen Danton avait croisé son regard. Il l'avait en quelque sorte obligée à fixer son visage si déconcertant. Il n'avait pas souri, à proprement parler.

Elle avait été assez sotte pour s'ouvrir à sa mère de ce bouleversement dans ses affections. « Je ne sais pas s'il est… tout à fait ce que je cherche. Tu comprends ce que je veux dire ?

— Non, pas du tout, avait répondu sa mère. La semaine dernière, tu me supplies quasiment à genoux de commander le repas de mariage, et tu viens me dire aujourd'hui que c'est un rien du tout à côté de cette bande de malfaisants que tu rencontres en bas. On aurait dû te garder à la maison, on n'aurait jamais dû te permettre de fréquenter ces individus. »

D'un ton très calme, le père de Louise fit remarquer à sa mère que c'était au citoyen Danton qu'il devait son moyen de subsistance.

Et maintenant, à l'étage au-dessous (elle descendait et remontait toutes les cinq minutes), le docteur

Souberbielle était venu examiner Gabrielle, et la sage-femme était arrivée. Angélique Charpentier l'arrêta à la porte et la chassa. « Écoute, petite, tu crois avoir envie d'être ici, mais ce n'est pas le cas. Tu veux bien me faire le plaisir de me croire ? » Mme Charpentier avait, à ce stade, l'air pleinement maîtresse d'elle-même. « Tout se passe bien, la chose suit son cours. Va vite te coucher, à présent. Le matin venu, nous aurons un beau bébé avec lequel tu pourras jouer tout ton soûl. »

À nouveau à l'étage. En proie à une terrible rancœur. C'est mon amie, et moi je suis la sienne, sa plus fidèle et sa meilleure amie ; ce n'est pas ma faute si je n'ai que seize ans, je devrais être avec elle, je suis celle qu'elle voudrait avoir à ses côtés en ce moment. Je me demande où est le citoyen Danton ce soir, et en quelle compagnie ? Je ne me fais aucune illusion, contrairement à ce qu'ils croient tous.

Dix heures du soir : sa mère passa la tête par la porte. « Louise, veux-tu descendre ? Mme Danton te réclame. » Son visage disait assez : S'il n'avait tenu qu'à moi…

Enfin, on reconnaissait ses droits ! Elle trébucha dans sa précipitation. « Que se passe-t-il ?

— Je n'en sais rien, dit sa mère. Es-tu préparée ?

— Bien sûr.

— Je préfère te prévenir. Elle ne va pas bien. Le travail n'avance pas. Elle a eu… je ne sais pas trop… une sorte de malaise, de convulsion. Ça ne se passe pas du tout comme il faudrait. »

Elle précéda sa mère dans l'escalier. Elles rencontrèrent la sage-femme qui sortait de la chambre.

« Vous n'allez pas permettre à cette enfant d'entrer ?
s'étonna celle-ci. Madame, je ne réponds pas…

— Je lui ai dit la semaine dernière, s'écria Louise,
au supplice. Je lui ai promis que je serais avec elle.
Que s'il arrivait quelque chose, je m'occuperais des
enfants.

— Vraiment ? Alors, tu n'es qu'une petite sotte, à
faire ainsi des promesses que tu ne peux pas tenir. » Sa
mère leva la main et lui envoya une tape sur le coin de
la tête.

À minuit, Louise remontait, quittant l'appartement de Gabrielle à la demande de cette dernière.
Elle s'allongea sur son lit, pas même déshabillée.
Les visages solennels et fermés des adultes dansèrent
derrière ses paupières. Lucile était venue, mais elle
ne plaisantait plus de rien ; elle était restée assise par
terre, toujours dans ses bottes de cavalière, la main de
Gabrielle pendant mollement dans la sienne.

Louise s'endormit. Dieu me pardonne, devait-elle
songer par la suite ; mais j'ai bel et bien dormi, et
tout ce qui s'est passé s'est complètement effacé de
mon esprit ; j'ai rêvé de choses joyeuses, banales, que
j'aurais eu honte de raconter plus tard. Ce furent les
premiers bruits de la rue qui l'éveillèrent. On était le
11 février. L'immeuble semblait très silencieux. Elle
se leva, fit un semblant de toilette, s'habilla fébrilement. Elle alla jusqu'à la porte de la chambre de ses
parents et l'entrouvrit juste assez pour jeter un œil ;
son père ronflait, le lit du côté de sa mère n'était pas
défait. Elle but un demi-verre d'une eau de la veille,
dénatta et peigna ses cheveux à la hâte. Puis elle se

précipita dans l'escalier. Sur le palier, elle croisa Mme Charpentier. « Madame… », dit-elle.

Angélique était emmitouflée dans sa cape, les épaules bien droites, les yeux au sol. Elle écarta Louise de son passage. Ne sembla pas même la voir. Son visage était comme pétrifié, les traits déformés par la colère. Puis, au haut des marches, elle s'arrêta. Se retourna. Ne dit rien jusqu'au moment où elle parut prendre conscience du fait qu'il lui fallait parler. « Nous l'avons perdue, dit-elle. Elle est partie, ma petite chérie. Ma petite fille s'en est allée. » Puis elle sortit sous la pluie.

Dans l'appartement, on n'avait pas allumé les feux. Dans un angle de la pièce, la nourrice était assise sur un tabouret bas, l'enfant de Lucile Desmoulins accroché à son sein. Elle leva les yeux quand elle vit Louise et couvrit le visage du bébé d'une main protectrice. « Va-t'en vite, lui dit-elle.

— Dites-moi ce qui est arrivé », plaida Louise.

Ce n'est qu'alors que la femme sembla se rendre compte qu'elle avait déjà vu Louise. « Tu es la petite du dessus ? dit-elle. Tu n'es pas au courant ? À cinq heures. Cette pauvre dame, elle avait toujours été si bonne avec moi. Que Jésus lui accorde le repos.

— Et le bébé ? s'enquit Louise, dont le sang s'était glacé dans les veines. Parce que j'ai dit que je m'en occuperais…

— Un petit garçon. On n'est pas sûrs, mais je ne pense pas que nous le garderons longtemps. Mon amie doit le prendre chez elle, celle qui habite à côté de chez moi. Mme Charpentier dit que ça fera l'affaire.

— Entendu, dit Louise, si tout est déjà prévu. Où est François Georges ?

— Avec Mme Desmoulins.

— Je vais aller le chercher.

— Il est tranquille pour une heure ou deux, à ta place je le laisserais… »

Seigneur, se dit Louise. J'avais promis. En une fraction de seconde, elle se rendit compte que les êtres vivants qu'étaient les enfants ne relevaient pas seulement de devoirs d'ordre moral mais répondaient aussi à des exigences urgentes d'ordre pratique, auxquelles elle-même était incapable de satisfaire.

« Le mari de Mme Danton ne va pas tarder à rentrer, dit la femme. C'est lui qui dira ce qu'il y a à faire et décidera de qui doit aller où. Inutile de te tourmenter.

— Non, vous ne comprenez pas, dit Louise. Madame a dit que je devais m'occuper d'eux. Une promesse est une promesse. »

Le message mit longtemps à parvenir à destination. Ce n'est que cinq jours plus tard, le 16 février, que Georges Jacques arriva enfin chez lui. Sa femme était enterrée, mais on n'avait pas eu le temps de tout remettre en ordre ; et puis, on avait préféré attendre de connaître ses volontés, comme si on ne voulait pas le devancer, comme si on avait déjà prévu la violence de sa colère, de sa culpabilité et de sa douleur.

Ses robes pendaient sans vie dans un placard, comme autant de suppliciés. Sous l'ancien régime, des femmes avaient été brûlées vives, des hommes avaient eu les membres brisés sur la roue, mais avaient-ils souffert davantage ? Impossible de le savoir. Personne ne voulait le lui dire. Personne n'était prêt à lui donner le moindre détail. Dans cette maison de la mort, tiroirs et commodes exhalaient un léger parfum de fleur.

Les placards étaient bien rangés. Il découvrit qu'elle conservait un inventaire complet de la vaisselle. Deux jours avant sa mort, elle avait cassé une tasse. À Sèvres, en ce moment, on était en train de fabriquer une nouvelle demi-tasse. Tout en buvant son café, on pouvait admirer la tête ensanglantée de Capet, tenue dans la main dorée de Sanson et répandant des gouttes de sang dorées.

La bonne découvrit un mouchoir qui lui appartenait, sous le lit dans lequel elle était morte. Une bague, perdue depuis longtemps, fut retrouvée dans un tiroir de son propre bureau. Un drapier se présenta avec une pièce de tissu qu'elle avait commandée trois semaines plus tôt. Chaque jour, une nouvelle preuve d'une tâche inachevée, d'un dessein avorté. Il trouva aussi un roman, qui avait gardé son marque-page.

Rien de plus.

VI

Une histoire secrète

(1793)

Le bébé était toujours vivant, mais il refusa de le voir. Ne fit aucun commentaire sur les dispositions qui avaient été prises. Les lettres de condoléances s'entassaient sur son bureau. Tout en les ouvrant, il songeait : Chacun de ces auteurs est un honnête hypocrite : chacun d'eux sait pertinemment ce que je lui ai fait. Or ils écrivent comme s'ils l'ignoraient. S'ils écrivent, c'est en fait pour se rappeler à mon attention, pour que leur nom reste gravé dans mon esprit.

Celle de Robespierre était longue et pleine d'émotion. Suite ininterrompue de va-et-vient entre le personnel et le politique – qu'attendre d'autre de Max ? Je suis plus que jamais ton ami, disait-il, et le resterai jusqu'à la mort. – À partir de maintenant, toi et moi ne faisons plus qu'un…, disait-il encore. Même dans l'état d'esprit qui était alors le sien, Danton trouva la formulation bien emphatique. Et s'étonna du ton désespéré.

Camille, lui, n'écrivit pas. Assis en silence, la tête inclinée, il laissa Danton parler du passé, verser des larmes et le houspiller pour une négligence ou une autre. Il ignorait pourquoi il se trouvait exposé à ce feu roulant, pourquoi toute sa carrière et sa personne étaient soudain scrutées à la loupe, mais se déchaîner ainsi contre lui semblait faire du bien à Danton. Lequel finit par s'épuiser à la tâche. Et s'endormir. Il s'était demandé si le sommeil redeviendrait jamais possible. Gabrielle semblait hanter le bureau aux murs rouges, la salle à manger octogonale où travaillaient jadis ses clercs ; elle hantait l'alcôve de la chambre à coucher où ils occupaient des lits séparés, le fossé entre eux s'élargissant un peu plus chaque mois.

Il retrouva son journal, tenu de manière intermittente et rédigé au crayon gras. Il en lut chaque page, et les ressorts de son passé furent mis à nu sous ses yeux. Peu désireux de le voir tomber dans d'autres mains, il le brûla, le posant feuille après feuille sur le feu, le regardant se recroqueviller et noircir. Louise était assise dans un coin de l'appartement, les yeux bouffis, les traits durcis et brouillés par les larmes. Il ne la renvoya pas ; c'est à peine s'il sembla remarquer sa présence. Le 3 mars, il repartait pour la Belgique.

En mars, on frôla la catastrophe. En Hollande, les armées épuisées s'enfonçaient dans la défaite. En Vendée, l'insurrection dégénérait en guerre civile. À Paris, il y eut des scènes de pillage et des émeutiers détruisirent les presses des Girondins. Hébert réclama la tête de tous les ministres et de tous les généraux, sans distinction.

Le 8 mars, Danton monta à la tribune de la Convention. Les patriotes n'oublièrent jamais le choc que leur causa sa soudaine apparition, ni son visage ravagé par les nuits sans sommeil et les fatigues des voyages, rendu blême par la souffrance et la tension. Des douleurs secrètes se devinaient parfois dans sa voix défaillante, tandis qu'il parlait de trahison et d'humiliation ; une fois, il s'arrêta au beau milieu de sa harangue et regarda son auditoire, gêné, sembla-t-il, l'espace d'un moment, avant de porter la main à la cicatrice qui lui barrait la joue. Aux armées, il a tout vu : la malveillance, l'incompétence, la négligence. Les renforts doivent être massifs et immédiats. Les riches de France doivent payer pour la libération de l'Europe. Il est nécessaire de voter aujourd'hui un nouvel impôt qui sera collecté dès demain. Pour régler le sort des conspirateurs contre la République, il faut créer un nouveau tribunal, un tribunal révolutionnaire, sans droit d'appel.

Une voix s'éleva dans l'assemblée : « Qui a tué les prisonniers ? » La Convention explosa : les cris de *septembriseur** ébranlèrent les murs. Les députés de la Montagne se levèrent comme un seul homme. Le président hurla pour ramener l'ordre, agitant sa clochette. Danton gardait le visage tourné vers la galerie réservée au public, les poings serrés à ses côtés. Dès que le tumulte fut un peu retombé, il lança de sa voix de stentor : « Si un tel tribunal avait existé en septembre, les hommes qui se sont vu si souvent et si sauvagement reprocher ces événements n'auraient pas eu à entacher leur réputation d'une seule goutte de sang. Mais je me moque de ma réputation, bonne ou mauvaise. Traitez-moi de buveur de sang, si le cœur vous en dit. Oui, je boirai le sang des ennemis de l'humanité, si c'est là le prix à payer pour que l'Europe soit libre.

— Tu parles comme un roi, s'éleva une voix depuis la Gironde.

— Et toi, comme un poltron », tonna-t-il en réponse, le menton levé.

Il avait parlé pendant presque quatre heures. Dehors une foule se rassemblait, scandant son nom. Les députés, debout en rangs serrés, applaudirent à tout rompre. Même Roland, même Brissot étaient debout, mais eux cherchaient à quitter discrètement les lieux. Fou d'enthousiasme, Fabre hurla : « C'est là ta performance suprême, tu étais au sommet de ton art. » La Montagne déferla sur lui. Il fut aussitôt entouré de ses partisans, au milieu d'un tonnerre d'applaudissements. Se faufilant dans la cohue, comme un asticot convié à un repas de noces, apparut le docteur Marat, qui le tira par la manche. Danton plongea ses yeux dans les siens, qui étaient injectés de sang.

« Ton moment est venu, Danton.

— Le moment de quoi ? s'enquit-il d'un ton plat.

— De la dictature. Le pouvoir t'appartient. »

Il se détourna. À cet instant, un passage respectueux se creusa dans les rangs des députés, comme sous l'effet d'une onde magnétique. Robespierre s'avançait vers lui. Chaque fois que je rentre, songea Danton, je te retrouve grandi. Le visage de Robespierre, vieilli, les mâchoires saillantes, était tendu par la fatigue. « Je voulais te voir, mais je ne voulais pas m'imposer. Je ne suis pas très versé dans l'art de trouver le mot juste, et nous n'avons jamais été assez proches pour pouvoir nous dispenser de toute parole. C'est ma faute, je suppose. Et je le regrette.

— Mon bon ami, merci, dit Danton en lui posant une main sur l'épaule.

— Je t'ai écrit... tout en pensant, vois-tu, que ce genre de lettre ne sert pas à grand-chose. Mais je voulais que tu saches que tu peux compter sur moi.

— Je le ferai, sois-en sûr.

— Il n'y a aucune rivalité entre nous. Nous avons la même politique.

— Regarde ça, dit Danton. Écoute-les m'acclamer. Il y a à peine quelques semaines, ils me crachaient au visage parce que j'étais incapable de produire les comptes du ministère. »

Fabre arrivait jusqu'à eux en jouant des coudes. Il avait déjà fait quelques sondages. « La Gironde sera divisée sur la question du tribunal. Brissot te soutiendra, ainsi que Vergniaud. Mais Roland et ses amis sont contre.

— Ils ont abandonné la cause républicaine, dit Danton. Ils passent leur temps et leur énergie à essayer de me détruire. »

Les députés continuaient à se bousculer autour de lui, le pressant de toutes parts. Fabre multipliait les salutations et les signes de tête, comme si les honneurs lui revenaient. Collot, l'acteur, hurlait « Bravo, Danton, bravo ! », son visage d'atrabilaire congestionné par l'émotion. Robespierre s'était retiré. Mais les applaudissements redoublaient. Dehors, une foule réclamait sa présence à grands cris. Il resta immobile, se passa une main sur le visage. Camille avait fendu la foule pour arriver à son côté. Danton lui jeta un bras autour des épaules. « Viens, Camille, on rentre », lui dit-il.

Louise gardait les oreilles grandes ouvertes désormais. Dès qu'elle apprit qu'il était de retour à Paris, elle descendit et mit Catherine et Marie au travail. Les enfants étaient chez Victor Charpentier, et il valait peut-être mieux qu'il ne les vît pas dans l'immédiat. Elle lui préparerait son souper, quelle que soit l'heure à laquelle il rentrerait ; il ne fallait pas qu'il retrouve une maison occupée uniquement par des domestiques. Sa mère descendit la chercher à cinq reprises. « Mais qu'est-ce que tu cherches, à te mêler ainsi de la vie de cette brute ? Tu n'as aucun devoir envers lui !

— C'est peut-être une brute. Mais je sais ce que Gabrielle aurait voulu. Elle aurait voulu que l'on fasse tout pour son confort. »

Elle s'assit dans le fauteuil de Gabrielle, comme pour chasser le fantôme de celle-ci. C'est de là, songea-t-elle, que Gabrielle avait vu tomber des gouvernements. De là qu'elle avait vu le trône vaciller et s'effondrer. Elle avait été simple et sans affectation dans ses manières ; ses habitudes étaient celles d'une maîtresse de maison d'humeur égale, qui avait dû vivre dans la compagnie d'hommes sanguinaires.

Minuit sonna. « Il ne viendra plus, à cette heure, dit Catherine. Nous allons nous coucher, libre à toi de rester. À notre avis, il est à côté. Il ne rentrera pas cette nuit. »

À six heures le lendemain matin, le citoyen Danton se faufila chez lui sans un bruit, pour se changer. Il sursauta en voyant cette enfant pâle, abandonnée sans grâce dans le fauteuil de Gabrielle. Il la souleva dans ses bras pour la porter sur le divan, jeta une couverture sur elle. Elle ne se réveilla pas. Il prit ce dont il avait besoin et repartit.

Dans l'appartement d'à côté, Lucile était debout, habillée, et faisait du café. Camille était occupé à coucher sur le papier les grandes lignes du discours que Danton devait prononcer à la Convention plus tard dans la journée. « Ah, il règne ici une atmosphère de tranquille industrie, dit Danton. Voilà qui fait plaisir à voir. » Il passa les bras autour de la taille de Lucile et embrassa la belle dans le cou.

« Heureux de te voir reprendre tes anciennes habitudes, commenta Camille.

— Vous savez quoi, la petite m'attendait. La fille de Gély. Elle s'était endormie dans un fauteuil.

— Vraiment ? » Lucile et son mari échangèrent un regard et un battement de paupières. Ils n'ont même plus besoin d'échanger, désormais, tant ils ont perfectionné leur système de communication.

10 mars : il faisait un froid mordant, un froid à vous brûler la gorge. Claude Dupin vint faire sa demande en bonne et due forme. Le père de Louise lui dit que, en dépit du jeune âge de sa fille, ils étaient disposés à permettre que le mariage fût célébré dans l'année ; les choses sont devenues un peu difficiles par ici, dit-il, et d'avouer à Claude Dupin (en toute confidence) : « Nous voudrions la voir dans un environnement différent. En l'état actuel des choses, elle en entend et elle en voit trop pour une fille de son âge. Elle a perdu son amie et se remet difficilement du choc. Les préparatifs du mariage lui changeront les idées. »

De son côté, elle dit à Claude Dupin : « Je suis vraiment, vraiment désolée, mais je ne peux pas t'épouser. Ou du moins, pas encore. Serais-tu prêt à attendre un an ? J'ai fait la promesse à ma défunte amie de m'occuper de ses enfants. Si j'étais ta femme, j'aurais d'autres devoirs, et il faudrait que j'aille habiter ailleurs. Tel que je connais le citoyen Danton, il ne tardera pas à se trouver une nouvelle épouse. Du jour où les enfants auront une belle-mère, je serai heureuse de partir d'ici, mais pas avant. »

Claude Dupin eut l'air abasourdi. Il s'était imaginé que tout était réglé. « J'ai du mal à le croire, dit-il. Gabrielle Danton m'a eu l'air d'une femme sensée. Comment aurait-elle pu te laisser faire ce genre de promesse ?

— Je ne sais pas comment les choses se sont passées, dit Louise, mais le fait est là : j'ai promis.

— Très bien, dit Dupin en hochant la tête. Je ne peux pas dire que je te comprenne, ni que cela me remplisse d'aise, mais si tu me dis d'attendre, j'attendrai. Une promesse est une promesse, si regrettable soit-elle. Mais, ma chère, accorde-moi quand même une faveur – autant que faire se peut, évite Georges Danton. »

Elle se prépara à affronter l'orage. Une fois Claude Dupin parti, sa mère éclata en sanglots ; tandis que son père restait assis, l'air solennel, comme s'il était désolé pour tout le monde. Sa mère la traita d'idiote, la prit par les épaules et la secoua comme un prunier, en lui disant : Ne viens pas me parler de promesse, c'est ridicule ; reconnais-le, allez, avoue, tu t'es entichée d'un de ces individus. Lequel, dis-moi… C'est ce journaliste, hein ? Tu peux le nommer, dit Louise. Ce n'est pas ça qui va faire surgir le diable. Elle eut soudain une vision pénible, hideuse : celle de Gabrielle assise sur son divan, riant et s'esclaffant à la vue de Claude Dupin, Gabrielle bien vivante, chaleureuse, sa main enflée s'attardant sur l'épaule de Camille. Des larmes brûlantes ruisselèrent sur ses joues. Espèce de petite garce, lui lança sa mère. Et de la gifler à toute volée.

C'était la deuxième fois en moins d'un mois. Décidément, la vie ici ressemblait étonnamment à celle de l'étage en dessous.

« Tu repars pour la Belgique ? demande-t-elle à Danton.

— Pour la dernière fois, je l'espère. On a besoin de moi à la Convention en ce moment.

— Les enfants vont rentrer à la maison ?

— Oui, les domestiques peuvent s'en occuper.

— Je ne les laisserai pas aux mains des domestiques.

— Tu en as déjà trop fait. Ce n'est pas à toi de jouer les nourrices. Tu devrais sortir t'amuser. »

Il se demande, vaguement, ce qu'une jeune fille de dix-sept ans bien sous tous rapports peut avoir comme amusements.

« Ils sont habitués à moi, dit-elle. J'aime bien m'en occuper. Peux-tu m'expliquer ce que tu feras pendant ton absence ?

— Je vais rencontrer le général Dumouriez.

— Pourquoi faut-il que tu ailles le voir sans arrêt ?

— Ma foi, c'est compliqué. Il a fait certaines choses ces derniers temps qui ne semblent pas particulièrement révolutionnaires. Pour prendre un exemple, nous avons créé des clubs jacobins un peu partout en Belgique, or il se trouve qu'il est en train de les fermer les uns après les autres. La Convention voudrait savoir pourquoi. Elle estime qu'il conviendrait peut-être de l'arrêter, s'il n'est pas un bon patriote.

— Pas un bon patriote ? Qu'est-il d'autre, alors ? Un partisan des Autrichiens ? Ou du roi ?

— Il n'y a plus de roi.

— Bien sûr que si. Il est emprisonné. C'est le Dauphin qui est le roi à présent.

— Non, il n'est rien… C'est un petit garçon comme un autre.

— En ce cas, pourquoi le retenir prisonnier ?

— Mais quelle raisonneuse tu fais ! Tu suis les événements ? Tu lis les journaux ?

— Oui.

— Alors tu ne peux pas ignorer que les Français ont décidé de se passer de roi.

— C'est faux. Seul Paris en a décidé ainsi. Ce n'est pas la même chose. C'est la raison pour laquelle nous avons une guerre civile.

— Mais, petite… des députés venus de tous les coins de France se sont prononcés pour la fin de la monarchie.

— Ils n'ont cependant pas autorisé le recours à un référendum. Ils n'ont pas osé. »

Danton ne paraît pas enchanté du tour qu'a pris la conversation. « Ce sont là les opinions de tes parents ?

— Celles de ma mère, oui. Les miennes, aussi. Mon père, lui, n'en a pas. Il aimerait bien, mais c'est un risque qu'il ne peut pas courir.

— Tu vas devoir être très prudente, parce que manifestement tes parents sont royalistes, et être royaliste aujourd'hui, c'est dangereux. Tu dois faire bien attention à ce que tu dis.

— On n'a donc pas le droit de dire ce qui nous plaît ? Je croyais que ce droit était inscrit dans la Déclaration des droits de l'homme. La liberté de parole.

— Si, tu as le droit d'exprimer ton opinion – mais nous sommes en guerre, et celle-ci ne doit donc pas être séditieuse ni constituer une trahison. Tu comprends ce que veulent dire ces mots ? »

Elle hoche la tête.

« Rappelle-toi un peu qui je suis.

— Tu ne laisses personne l'oublier, citoyen Danton.

— Approche-toi, dit-il. Laisse-moi essayer de t'expliquer.

— Non.

— Pourquoi ça ?

— Mes parents m'ont interdit de rester seule avec toi.

— Mais tu l'es bien, en ce moment. Que redoutent-ils, que je fasse de toi une petite Jacobine ?

— Non, ce ne sont pas mes opinions politiques qui les préoccupent. C'est ma virginité.

— Ah, voilà donc ce qu'ils pensent de moi ? dit-il avec un grand sourire.

— Ils pensent que tu as l'habitude de te servir à ton gré.

— Ils estiment, entre autres, qu'on ne peut pas me laisser seul avec une petite fille ?

— Oui, c'est exactement ça.

— J'aimerais bien, vois-tu, que tu ailles leur dire que, de ma vie, je n'ai poursuivi une femme de mes assiduités. En dépit des terribles provocations d'une

401

jolie créature qui habite juste à côté… Rapporte ces mots à ta mère, elle saura ce que j'entends par là. Mais dis-moi, je suis le seul qu'ils montrent du doigt ? T'ont-ils mise en garde contre Camille ? Parce que je peux te garantir que, si tu te retrouvais seule avec lui dans une maison vide, il considérerait comme un devoir absolu de te déflorer. Son devoir absolu de patriote.

— Déflorer ? En voilà une expression ! s'exclame-t-elle. Je croyais que Camille avait eu une liaison avec sa belle-mère ?

— Mais d'où tiens-tu toutes ces sottises ? » Elle vient soudain d'éveiller la colère qui chez lui est constamment sous-jacente. « Pour ne rien te cacher, je suis écœuré de voir la triste opinion que tes parents ont de moi. Ma femme est morte il y a à peine un mois – me prennent-ils pour un monstre ? »

Tout juste, se dit-elle à part elle. « Tu aurais donc renoncé aux femmes, si je comprends bien ?

— Sans doute pas de manière définitive. Mais pour l'instant, oui.

— Tu trouves cette attitude tout à fait morale ?

— Je pense qu'elle témoigne d'un certain respect pour ma défunte femme.

— Elle en aurait certainement témoigné bien davantage si elle avait été la tienne du vivant de cette épouse.

— Nous devrions mettre un terme à cette conversation.

— Moi, je pense le contraire. Nous la reprendrons à ton retour de Belgique. »

Il quitta à nouveau Paris le 17 mars, en compagnie du député Lacroix. Ils se connaissaient bien désormais ; il aurait pu raconter à Gabrielle tout ce qu'elle avait envie de savoir sur le personnage.

Le 19 mars, il était à Bruxelles ; mais le temps qu'ils arrivent à rejoindre Dumouriez, ce dernier avait perdu une bataille à Neerwinden. Ils le trouvèrent au plus fort d'un combat d'arrière-garde. « Rendez-vous à Louvain », leur dit-il.

« La Convention, c'est quoi, de toute façon ? demanda-t-il, hors de lui, ce même soir. Trois cents crétins, menés par deux cents crapules.

— Tu pourrais au moins observer les convenances », lui suggéra Danton.

Le général le regarda, stupéfait. L'espace d'un instant, il se vit embroché sur sa propre épée, mais, sans toge, il manquait quelque chose au tableau.

« Ce que je veux dire, précisa Danton, c'est que tu devrais au moins écrire à la Convention en lui promettant une explication détaillée de ta conduite, de la fermeture des clubs jacobins à laquelle tu as procédé, de ton refus de travailler avec les représentants de la Convention. Ah, j'oubliais, et de ta défaite.

— Tudieu ! s'exclama le général. On m'avait promis trente mille hommes. Que la Convention m'écrive et m'explique comment et pourquoi ils se sont perdus en route !

— Sais-tu qu'on envisage de te faire arrêter ? Ils sont sauvages, les membres du Comité de sûreté. Le député Lebas t'a attaqué nommément – et l'on me dit que c'est un jeunot pour lequel Robespierre a la plus grande estime. David ne s'en est pas privé non plus.

— Les comités, hein ? Qu'ils viennent donc m'arrêter ! Au milieu de mes armées ? Il va faire quoi, David, me donner des coups de pinceau ?

— Tu serais bien avisé de ne pas te montrer trop désinvolte, général. Pense au Tribunal révolutionnaire. Je ne suis pas sûr qu'il fera une distinction entre l'échec et la trahison, et tu es justement l'homme qui vient de coûter une bataille à la France. Tu devrais mesurer tes propos, parce que si je suis ici, c'est pour juger ton attitude et en rendre compte devant la Convention et le Comité de sûreté générale. »

Dumouriez n'en croyait pas ses oreilles. « Mais Danton... n'avons-nous pas toujours été bons amis ? Nous avons travaillé ensemble... Au nom du ciel, c'est à peine si je te reconnais. Que se passe-t-il ?

— Je n'en sais rien. C'est peut-être l'effet d'une abstinence sexuelle prolongée. »

Le général examina le visage de Danton. Qui ne révéla rien. À nouveau, tout en se détournant, il grommela : « Les comités, tu parles !

— Les comités sont efficaces, général. C'est ce que nous commençons à constater. Si leurs membres travaillent ensemble et travaillent dur, les choses peuvent avancer à une vitesse surprenante. Ce sont les comités qui auront bientôt la haute main sur la révolution. Les ministres sont déjà sous surveillance. La fonction de ministre aujourd'hui a perdu de son aura.

— Oui, c'est ce que j'ai entendu dire... qu'on empêchait par la force les ministres de se rendre à la Convention.

— Détention strictement temporaire. La populace les a retenus prisonniers au ministère des Affaires étrangères pour les empêcher d'intervenir dans les débats. Le ministre de la Guerre, tu seras heureux de l'apprendre, a fait montre d'une audace toute guerrière en sautant par-dessus un mur pour s'évader.

— Il n'y a pas là matière à plaisanterie, dit le général. C'est de l'anarchie pure et simple.

— Je voulais que mes mesures soient adoptées », dit Danton.

Dumouriez se permit de s'enfoncer dans un fauteuil. Il appuya le front sur son poing fermé. « Seigneur, dit-il, je suis perdu. À mon âge, un homme devrait penser à la retraite. Dis-moi, Danton, quelle est la situation à Paris ? Comment vont tous mes fidèles amis ? Marat, par exemple ?

— Égal à lui-même. Un petit peu plus jaune, peut-être, plus desséché. Il prend des bains spéciaux, à présent, pour calmer les douleurs.

— N'importe quels bains seraient les bienvenus dans son cas, grommela le général. Même les plus ordinaires.

— Ils le confinent parfois chez lui – les bains, j'entends. Et je crains bien qu'ils n'améliorent en rien son humeur.

— Camille peut encore lui parler ?

— Oh, oui. Nous gardons le contact. C'est une nécessité pour nous – son influence sur le peuple n'a pas d'égale. Hébert rêve d'exercer la même un jour. Mais, quand on réfléchit bien, on se rend compte que les gens, finalement, ne sont pas idiots.

— Et le jeune citoyen Robespierre, que devient-il ?

— Il a vieilli, semble-t-il. Travaille beaucoup.

— Toujours pas marié à cette godiche de fille ?

— Non. Mais il couche avec elle, à présent.

— Pas possible ! s'exclama le général en haussant le sourcil. C'est un progrès, je suppose. Mais quand on pense au bon temps qu'il pourrait s'offrir, s'il le voulait… c'est un drame, Danton, un vrai drame. Je suppose qu'il ne fait partie d'aucun de ces fameux comités ?

— Non, en effet. Ils n'arrêtent pas de l'élire, mais il refuse de s'engager.

— C'est curieux, non ? Il n'était pas fait pour la politique, cet homme. Je n'ai jamais vu quelqu'un en faire autant pour rester à l'écart du pouvoir.

— Oh, du pouvoir, il en a à revendre. Il préfère qu'il ne soit pas officiel, c'est tout.

— Moi, il me déroute complètement. Toi aussi, j'imagine. Bref, laissons cela de côté… Dis-moi, comment va la belle Manon ?

— Toujours amoureuse, dit-on. Les femmes amoureuses sont censées être de douces créatures, non ? Eh bien, je voudrais que tu entendes les discours qu'elle écrit pour ses amis de la Convention.

— Et ton enfant, il a survécu ?

— Non.

— Désolé, dit le général, avant de lever les yeux sur son interlocuteur. Écoute, Danton, il faut que je te dise quelque chose. Mais j'attends d'être payé de retour.

— Moi aussi je t'aime, mon général.

— Maintenant, c'est toi qui te montres désinvolte. Mais écoute-moi bien. Roland m'a envoyé une lettre dans laquelle il me demande de rassembler les armées et de les faire marcher sur Paris. Pour restaurer l'ordre. Mais aussi pour, selon ses propres termes, anéantir une certaine faction. C'est des Jacobins qu'il parle. Il s'agit de vous anéantir, Robespierre et toi.

— Je vois. Et cette lettre, tu l'as en ta possession ?

— Oui. Mais je ne te la donnerai pas. Je ne t'ai pas fait cette révélation à seule fin de te voir traîner Roland devant ton Tribunal révolutionnaire. Mais uniquement pour te montrer ce que tu dois à ma bonne volonté.

— Tu as été tenté par l'entreprise ?

— Ma foi, citoyen… Comment vont tes amis de Bretagne ?

— Je ne vois pas de quoi tu parles.

— Allons, allons, Danton, tu es trop intelligent pour perdre ton temps de cette manière. Tu as des contacts avec la rébellion émigrée de Bretagne. Au cas où elle réussirait. Tu as des amis sur les bancs girondins de la Convention et à la Chambre des communes. Tu as des hommes dans les armées et dans tous les ministères, et tu as reçu de l'argent de toutes les cours d'Europe. » Il leva les yeux et appuya le menton sur les jointures de ses doigts. « Pas un fromage qui ne soit venu à point en Europe ces trois dernières années sans que tu y aies goûté. Quel âge as-tu, Danton ?

— Trente-trois ans.

— Mon Dieu ! Je suppose que la révolution est affaire de jeunesse.

— Où veux-tu en venir, général ?

— À ceci : retourne à Paris et prépare la ville à l'entrée de mes armées. Prépare les gens à une monarchie, une monarchie qui, bien entendu, sera entièrement assujettie à la Constitution. Le petit Dauphin sur le trône, Orléans comme régent. La France a tout à y gagner. Moi aussi, et toi également.

— Non.

— Que vas-tu faire, alors ?

— Je vais rentrer, effectivement, mais pour inculper Roland et, mieux encore, Brissot. Je vais les expulser de la Convention. Robespierre et moi allons conjuguer nos talents et notre influence pour arracher un accord de paix. Mais si l'Europe ne veut pas de la paix, alors tu peux compter sur moi, c'est la nation tout entière qui sera sur le pied de guerre.

— Tu crois cela possible ? Expulser les Girondins de la Convention ?

— Bien sûr. Ça prendra du temps, peut-être des mois, plutôt que des semaines. Mais j'ai les moyens nécessaires. Le terrain a été préparé.

— Tu n'es donc jamais fatigué ?

— Je le suis en permanence, maintenant. Je me bats pour sortir de cette putain d'histoire depuis le jour où j'ai mis un pied dedans.

— Je ne te crois pas, dit Dumouriez.

— À ton aise.

— La République n'a pas six mois d'existence que déjà elle menace de s'effondrer. Elle n'a aucune cohésion, il n'y a qu'une monarchie pour avoir cette qualité. Tu ne peux pas ne pas le voir. Nous avons besoin de la monarchie pour rassembler le pays ; ensuite seulement, nous pourrons gagner la guerre. »

Danton secoua la tête.

« Ce sont les vainqueurs qui ramassent l'argent, dit Dumouriez. Je croyais que l'on te trouvait toujours là où l'on gagne gros.

— Je maintiendrai la République quoi qu'il advienne, dit Danton.

— Pourquoi ?

— Parce que c'est la seule chose honnête à faire.

— Honnête ? Alors que ton groupe trempe dedans ?

— Il se peut que tous les éléments qui la composent soient corrompus, viciés, mais, considérée dans son ensemble, oui, la République constitue une entreprise honnête. Certes, elle m'a, moi, elle a Fabre et Hébert… mais elle a aussi Camille. Camille se serait fait tuer pour elle en 1789.

— En 1789, Camille n'avait rien à perdre. Mais demande-lui aujourd'hui… à présent qu'il a l'argent, le pouvoir, à présent qu'il est célèbre. Demande-lui s'il serait prêt à mourir pour elle.

— Elle a Robespierre.

— Ah oui… Lui serait prêt à mourir pour échapper à la fille du menuisier, c'est certain.

— Te voilà en train de jouer les parfaits cyniques, général. Je n'y peux rien. Mais observe-nous bien… Nous allons rédiger une nouvelle Constitution. Elle sera différente de tout ce que le monde a jamais connu jusqu'ici. Elle assurera à chacun éducation et travail.

— Vous ne la mettrez jamais en pratique.

— Non, mais même l'espoir est une vertu. Et puis, elle ne fera qu'ajouter à notre renommée.

— C'est là que nous touchons à ta vraie personnalité, Danton. Tu es un idéaliste.

— Il faut que je dorme, général. Un long voyage m'attend.

— Sitôt arrivé à Paris, tu vas te rendre à la Convention, pour me dénoncer. Ou à l'un de tes comités.

— Tu devrais mieux me connaître. Je ne suis pas un délateur. Mais ne vis pas d'illusions – il s'en trouvera d'autres qui n'auront pas mes scrupules.

— Mais la Convention attend ton rapport.

— Elle attendra jusqu'à ce que je sois prêt à le faire. »

Le général se leva brusquement, svelte et alerte dans la lumière dansante des chandelles. « Bonne nuit, citoyen Danton.

— Bonne nuit, général.

— Toujours du même avis ?

— Bonne nuit. »

Paris, 25 mars : « Chut ! fit Danton.

— Ah, te voilà, dit Louise. Enfin !

— Oui, oui. Mais parle doucement. Que faisais-tu ?

— Je regardais par la fenêtre.

— Pourquoi ?

— J'avais l'impression que tu allais rentrer.

— Tes parents m'ont vu ?

— Non.

— Oh, mon Dieu ! s'exclama Marie, avant de se mettre la main devant la bouche. Personne ne nous a dit qu'il fallait t'attendre, citoyen.

— Qu'est-ce que c'est que tous ces mystères ? dit Louise à voix basse.

— Un secret. Tu aimes les secrets, non ? Les enfants dorment ?

— Évidemment qu'ils dorment. Il est plus de neuf heures. Tu veux dire que le secret c'est que tu sois de retour ?

— Oui. Il faut que tu m'aides à me cacher. » Il eut la satisfaction de voir sa jolie bouche s'ouvrir toute grande.

« Tu as des ennuis ?

— Non. Mais si l'on apprend que je suis rentré, je vais devoir aller tout droit à la Convention faire mon

410

rapport. Or, j'ai l'intention de dormir vingt-quatre heures d'affilée – pas de Manège, pas de comités, pas de politique.

— C'est ce dont tu as besoin, c'est certain. Mais le général Dumouriez... ne brûlent-ils pas tous d'entendre ce qu'il a dit ?

— Ils le sauront toujours assez tôt. Alors, tu vas m'aider à me cacher, n'est-ce pas ?

— Je ne vois pas comment cacher un homme aussi encombrant.

— Essayons quand même, veux-tu ?

— Très bien. Tu as faim ?

— Il semblerait que nous tombions dans un simulacre de vie domestique, dit-il, avant de se détourner brusquement d'elle, de se laisser tomber dans un fauteuil et de se croiser les doigts sur les yeux. Je ne vois pas, maintenant, quel moyen trouver pour continuer... pour poursuivre ce qui était ma vie. La seule manière dont je puisse honorer sa mémoire, c'est en restant fidèle à des idées qu'elle ne partageait pas... de me dire : nous ne voyions pas les choses d'un même œil, mais la vérité lui importait beaucoup. En poursuivant moi-même cette vérité, je m'éloigne encore davantage de ce en quoi elle croyait ou qu'elle aurait estimé acceptable... » Elle vit qu'il pleurait. « Excuse-moi », dit-il.

Elle alla se placer derrière son fauteuil, une main reposant sur le dossier.

« Je suppose que tu l'aimais, dit-elle. À ta manière.

— Je l'aimais, oui. Je l'aimais à la manière de tout le monde. Selon les critères de tout un chacun. Il y a peut-être eu un temps où je croyais ne pas l'aimer, mais je pense différemment à présent.

— Si tu l'aimais, citoyen Danton, pourquoi passais-tu tes nuits dans le lit d'autres femmes ?

— Pourquoi ? reprit-il, en levant les yeux sur elle une seconde. Concupiscence. Calcul. Satisfaction de l'ego. Je suppose que tu me trouves direct, insensible ? Et que tu penses que je peux supporter sans dommage ce genre d'inquisition ?

— Je ne dis pas cela par cruauté. Je le dis seulement parce que tu ne dois pas commencer à regretter quelque chose qui n'a jamais existé. Vous étiez comme morts l'un pour l'autre…

— Non.

— Mais si. Tu ne comprends pas ta vraie nature. Rappelle-toi, elle me parlait. Elle se sentait seule, menacée ; elle pensait, vois-tu, que tu avais l'intention de divorcer.

— Quoi ? s'exclama-t-il, interloqué. Du diable si l'idée m'en est jamais venue ! Mais pourquoi donc aurais-je voulu divorcer ?

— Pourquoi, en effet ? Tu jouissais de tous les avantages du mariage sans en respecter les obligations.

— Jamais je n'aurais divorcé. Si j'avais su qu'elle le croyait… j'aurais au moins pu la rassurer.

— Tu ne voyais même pas qu'elle avait peur ?

— Comment aurais-je pu ? Elle ne m'en a jamais rien dit.

— Tu n'étais pas à la maison pour le voir.

— De toute façon, je n'ai jamais rien compris aux femmes.

— Ben voyons, dit-elle. Et tu es prêt à t'en glorifier, c'est ça ? Écoute-moi, je vous connais bien, vous les grands hommes, dans toutes vos manifestations, et, pour être tout à fait franche, je ne saurais trouver de mots suffisamment forts pour exprimer le dégoût que vous m'inspirez. Il m'est arrivé de veiller avec ton épouse pendant que vous sauviez le pays.

— Il nous faut bien nous acquitter de nos devoirs envers la cause publique.

— Ces devoirs envers la cause publique, la plupart d'entre vous les remplissent en commençant à boire à neuf heures du matin et en passant la journée à chercher comment vous trahir les uns les autres ou partir avec la femme du voisin.

— Il y a pourtant une exception, dit-il en souriant. Le dénommé Robespierre. Il ne te plairait pas, cet homme. Mais oui, c'est vrai, je ne me suis jamais demandé quelle image tu pouvais avoir de nous – celle d'une bande de débauchés et d'ivrognes, déjà avancés en âge. Mais, Louise… à ton avis, que devrais-je faire ?

— Si tu cherches à te sauver en tant qu'être humain : quitter la politique.

— En tant qu'être humain ? s'enquit-il gentiment. Quelles seraient les autres possibilités ?

— Je crois que tu vois très bien ce que je veux dire. Tu n'as pas vécu comme tel ces dernières années. Il te faut retrouver l'homme que tu étais avant…

— Oui, je sais. Avant toute cette folie. Avant le blasphème.

— Par pitié, ne te moque pas.

— Je ne me moque pas. Mais tu es très dure dans tes jugements, tu ne crois pas ? Je ne suis pas sûr qu'il y ait encore beaucoup d'espoir pour moi. Si je voulais abandonner ma carrière, je ne saurais même pas par où commencer.

— Nous pourrions trouver un moyen, si tu le décidais vraiment.

— Nous ? Tu penses vraiment ce que tu dis ? »

Il se moque, songea-t-elle. « Si je n'avais entendu parler de toi que par les journaux, je te prendrais certainement pour un monstre. J'aurais peur de respirer le même air que toi. Mais je te connais.

— Je vois que tu t'es assigné une mission. Tu veux me sauver de moi-même, c'est bien ça ?

— On me l'a demandé. Et j'ai promis. »

En y repensant aujourd'hui, elle ne saurait dire avec certitude en quels termes la promesse avait été faite. Gabrielle lui avait confié ses enfants, mais lui avait-elle aussi confié son époux ?

Le lendemain matin, elle donna des instructions strictes aux domestiques. Personne ne devait savoir que Monsieur était de retour. Elle était descendue de bonne heure, avant sept heures. Il était déjà levé et habillé et lisait son courrier. « Alors, tu sors quand même, citoyen Danton ? »

Il leva les yeux sur elle et vit qu'elle était déçue. « Non, je reste à la maison. Mais je n'arrivais pas à dormir… trop de choses à penser.

— Et si des gens se présentent et demandent après toi ?

— Tu n'auras qu'à leur mentir.

— Tu es sérieux ?

— Tout à fait. J'ai besoin de temps pour réfléchir.

— Je suppose que le péché ne sera pas grand.

— Tu es devenue bien large d'esprit, dis-moi, depuis hier soir.

— Arrête de te moquer. S'il arrive un visiteur, je ne le laisserai pas entrer, et si je rencontre quelqu'un en allant faire les commissions…

— Envoie plutôt Marie.

— Non, elle ne sortira pas. Elle risquerait de te trahir. Je dirai que je ne t'ai pas vu et que l'on ne t'attend pas pour le moment.

— À la bonne heure ! » Il retourna à son courrier. La gentillesse du ton ne suffisait pas à masquer les traces de lassitude et d'ennui dans sa voix. Je ne sais pas lui parler, se dit-elle. Que ne donnerais-je pour être Lucile Desmoulins !

À neuf heures, elle était de retour, tout essoufflée. Il était assis devant une feuille blanche, les yeux fermés. « Impossible d'écrire, dit-il en les ouvrant. Oh, ce n'est pas que les mots ne viennent pas, mais ils ne sont pas du genre à marquer durablement les esprits. Heureusement que je dispose d'un journaliste.

— Quand as-tu l'intention de réapparaître ?

— Demain, je pense. Pourquoi ?

— Je ne crois pas que tu puisses rester caché bien plus longtemps. Ton journaliste, je l'ai vu. Il sait que tu es ici.

— Comment cela ?

— Eh bien… il ne le sait pas vraiment, mais il n'en est pas moins convaincu. Je lui ai dit qu'il se trompait, bien entendu. J'ai de la chance d'être encore entière, je peux te l'assurer. Il n'a pas cru un mot de ce que je lui racontais.

— En ce cas, il vaut mieux que tu ailles le trouver pour lui présenter tes excuses et lui dire – en toute confidence – qu'il ne se trompe pas. Supplie-le de me protéger de possibles membres de comité en maraude… Dis-lui que je n'ai pas encore décidé de la conduite à tenir envers Dumouriez. Et dis-lui aussi de renoncer à tout ce qu'il a prévu pour ce soir et de venir se soûler avec moi.

— Je me demande si je dois vraiment délivrer un tel message. C'est de la débauche pure et simple.

— Si tu crois que c'est là tout ce que l'on entend par "débauche", tu as encore beaucoup à apprendre. »

Le lendemain matin, Louise était levée encore plus tôt que la veille. Sa mère sortit de sa chambre d'un pas mal assuré, ajustant sa robe. « À cette heure ! » s'exclama-t-elle. Elle savait pertinemment que les domestiques de Danton dormaient non pas dans l'appartement mais à l'entresol. « Tu vas être seule avec lui, dit-elle. Et de toute façon, comment comptes-tu entrer ? »

Louise montra la clé qu'elle avait dans le creux de la main.

Elle se glissa sans bruit dans l'appartement, ouvrit puis referma la porte du bureau où se trouverait Danton s'il était levé ; mais elle doutait qu'il le fût. Elle tomba sur Camille, debout près de la fenêtre, en chemise, hauts-de-chausse, bottes, les cheveux en bataille. Le bureau de Danton était jonché de feuilles, couvertes d'une écriture autre que la sienne. « Bonjour, dit-elle. Tu es ivre ? »

Elle remarqua la vitesse avec laquelle il prit une attitude agressive. « J'en ai l'air ?

— Non. Où est le citoyen Danton ?

— Je m'en suis débarrassé. Cela fait trois heures que je m'acharne à le dépecer. Veux-tu m'aider à descendre ses restes chez le concierge ? Franchement,

Louise ! Il est dans son lit et il dort, où veux-tu qu'il soit ?

— Et il est ivre ?

— On ne saurait l'être davantage. Mais qu'est-ce que c'est que ce refrain sur l'ivresse ?

— Il a dit que c'est ce que vous alliez faire. Vous soûler.

— Ah, je vois. Et ça t'a choquée ?

— Beaucoup, oui. Qu'as-tu écrit ? »

Il alla nonchalamment jusqu'au bureau de Danton, où il pouvait s'asseoir dans le fauteuil et la regarder bien en face. « Un texte polémique.

— J'ai lu quelques-uns de tes écrits.

— C'est bien, non ?

— Je trouve que c'est incroyablement cruel et destructeur.

— Si des petites filles comme toi les trouvaient à leur goût, sûr que je n'irais pas bien loin, tu ne crois pas ?

— Je ne pense pas que tu aies respecté ta part du contrat, dit-elle. Si tu as réussi à écrire tout ça, c'est que tu n'as pas dû boire beaucoup.

— Je suis capable d'écrire dans n'importe quel état.

— Voilà qui explique peut-être certaines choses. » Elle tourna quelques pages. Elle était consciente de ses grands yeux noirs solennels fixés sur elle. Il portait une chaîne en argent autour du cou ; le pendentif se perdait dans les plis de sa chemise. Se pouvait-il que ce fût un crucifix ? Les choses n'étaient-elles finalement pas aussi terribles qu'elles le semblaient ? Elle avait envie de le toucher, très envie, sentant le pieux et impérieux besoin de connaître la nature de l'objet ;

417

elle sut aussitôt qu'elle avait atteint un point critique, le moment que son confesseur nommait l'heure de la tentation. Il perçut la direction de son regard ; il sortit de sa chemise un disque en argent ciselé, un médaillon, qu'il ouvrit devant elle sans un mot. À l'intérieur, une jolie mèche de cheveux bouclés.

« Les cheveux de Lucile ? »

Il hocha la tête. Elle prit le médaillon dans la paume de sa main gauche ; les doigts de sa main droite effleurèrent la base du cou de l'homme. C'est fait, encore une minute, et c'est fait, terminé. Une partie d'elle-même aurait voulu pouvoir lui couper la main. « Ne t'inquiète pas, dit-il. Ta fascination pour moi ne durera pas.

— Ta vanité est sans bornes.

— Oui. Et je ne vois aucune raison de lutter contre. Mais toi, citoyenne, il va falloir que tu apprennes à laisser tes mains où elles sont. »

Son ton était si cinglant qu'elle faillit fondre en larmes. « Pourquoi être si méchant avec moi ? demanda-t-elle.

— Parce que tu as entamé la conversation en me demandant si j'étais ivre, ce qui ne se fait pas quand on est poli, même selon les normes d'aujourd'hui, et aussi parce que tu estimes que, si quelqu'un déploie son énergie dès l'aube, il est prêt aux affrontements. Il faut que tu comprennes bien une chose, Louise : si tu crois être éprise de moi, tu ferais mieux de te déprendre le plus vite possible. Je ne veux voir subsister aucun doute là-dessus. Ce que Danton s'autorise avec ma femme et ce que je m'autorise avec la sienne sont deux choses radicalement différentes. »

Elle se mit à trembler. « Qu'est-ce qu'il a dit ? Qu'est-ce qu'il t'a raconté ?

— Il s'est entiché de toi.

— C'est ce qu'il t'a dit ? Vraiment ?

— Pourquoi céderais-je à tes caprices ?

— Quand te l'a-t-il dit ? La nuit dernière ?

— Ce matin.

— Quels ont été ses mots exacts ?

— Oh, je ne m'en souviens pas.

— Mais les mots, c'est ton fonds de commerce, non ? lui cria-t-elle. Tu n'as pas pu les oublier, ces mots.

— Il a dit : "Je me suis entiché de Louise." »

Fort bien ; elle n'en croit pas un mot ; mais continuons.

« Il ne plaisantait pas ? Comment a-t-il dit ça ?

— Comment ?

— Oui, comment, sur quel ton ?

— Sur celui qu'on peut avoir à quatre heures du matin.

— Et il ressemble à quoi, ce ton ?

— Quand tu seras toi-même mariée, tu auras l'occasion de le découvrir.

— Il m'arrive parfois, dit-elle, de penser que tu es foncièrement pernicieux. Le mot est fort, je sais, mais je le pense vraiment. »

Camille baissa ses grands cils d'un air embarrassé. « On fait de son mieux, bien sûr. Mais Louise, tu ne devrais pas te montrer trop dure avec moi, parce qu'il va falloir, en un certain sens, que tu vives avec moi. À moins que tu n'essaies de refuser ses avances, mais tu n'en as pas l'intention, n'est-ce pas ?

— Je verrai. Mais ne va pas t'imaginer que je crois forcément ce que tu dis. En ce moment comme en d'autres.

— Il veut coucher avec toi, le problème est là, vois-tu. Et il ne voit pas comment il pourrait le faire autrement qu'en t'épousant. C'est un homme honorable, Georges Jacques. Oui, le genre honorable, paisible, qui fera un bon père de famille. Si c'était moi qui avais cette ambition, et pas lui, les choses seraient évidemment très différentes. »

Camille s'effondra soudain sur le bureau, coudes écartés, mains sur la bouche. Un moment elle ne sut pas s'il riait ou s'il pleurait, mais son incertitude fut de courte durée. « Ris donc tout ton soûl, dit-elle d'un air triste. À force, je m'y suis faite.

— Oh, excellent, excellent. Quand je rapporterai cette conversation à Fabre, dit-il entre deux sanglots et deux soupirs, il ne voudra pas me croire. » Il s'essuya les yeux. « Il y a beaucoup de choses auxquelles il va falloir que tu te fasses, j'en ai peur.

— Tu n'as pas froid dans cette tenue ? dit-elle après l'avoir regardé.

— Si, en effet, dit-il en se levant. Je ferais mieux de me reprendre, j'imagine. Georges Jacques et moi allons nous faire élire à un comité aujourd'hui.

— Lequel ?

— Tu n'as pas vraiment envie d'entendre les détails, si ?

— Et puis comment peux-tu savoir que vous serez élus, tant que l'élection n'a pas eu lieu ?

— Ah, tu as décidément beaucoup à apprendre.

— Je veux qu'il cesse de faire de la politique.

— Il faudra d'abord qu'il me passe sur le corps »,
dit Camille.

Le jour se levait, comme à contrecœur, soleil rouge
et maussade. Elle se sentait souillée par cette confrontation. Danton dormait toujours.

Danton s'adressa à la Convention, puis, plus tard,
au club des Jacobins. « Plus d'une fois, j'ai été tenté
de faire arrêter Dumouriez. Mais je me disais : si je
prends une mesure aussi radicale, et que l'ennemi
l'apprenne, imagine un peu l'effet qu'elle aura sur
son moral. Et si je lui avais ainsi procuré un avantage décisif, j'aurais même risqué d'être soupçonné
de trahison. Citoyens, je vous soumets la question,
qu'auriez-vous fait à ma place ? »

« Eh bien, qu'aurais-tu fait, toi ? » demanda-t-il
à Robespierre. Avril sera là dans quelques jours ;
une forte brise nocturne plutôt fraîche souffle dans
la rue Saint-Honoré. « Nous allons te raccompagner chez toi. Duplay, j'en profiterai pour saluer ton
épouse.

— Tu es toujours le bienvenu, citoyen Danton.

— Il semblerait bien, dit Saint-Just, que ce soit une
de ces situations où il eût mieux valu intervenir.

— Il est parfois préférable d'attendre et de voir,
citoyen Saint-Just. Cela ne te vient jamais à l'esprit ?

— Personnellement, je l'aurais arrêté.

— Comment peux-tu le savoir, tu n'étais pas là. Tu
ne connais pas l'état des armées, et l'affaire est extrêmement complexe.

— Non, bien sûr que je ne sais pas. Mais pourquoi
nous demander notre opinion en ce cas, si c'est pour la
battre en brèche systématiquement ?

— Remarque bien qu'il ne t'a pas demandé la tienne, intervint Camille. Il est de notoriété publique qu'il n'en fait pas grand cas.

— Il va falloir que je me rende personnellement sur le front, dit Saint-Just, et que j'essaie de percer ces mystères par moi-même.

— Bravo, fit Camille.

— Tu veux bien arrêter tes enfantillages ? lui enjoignit Robespierre. Ma foi, Danton, tant que tu as la conscience tranquille, que tu as agi de bonne foi, que peut-on demander de plus ?

— Moi, je pourrais demander plus », dit Saint-Just tout bas.

Dans la cour des Duplay, Brount se précipita vers eux, l'air grognon, en tirant sur sa chaîne. Quand son maître approcha, il lui posa ses pattes de devant sur les épaules. Robespierre lui dit quelques mots, dans le but, sans doute, de l'encourager à patienter jusqu'au moment où il aurait toute liberté de ses mouvements. Ils entrèrent dans la maison et eurent droit à une exposition complète des femmes de Robespierre (comme on avait tendance à les considérer désormais). La bienveillance de madame était si active qu'elle en devenait intimidante ; son but dans la vie semblait être de mettre la main sur un Jacobin tenaillé par la faim, puis de se rendre à la cuisine et d'y déployer une fabuleuse énergie avant de pouvoir dire : « J'ai nourri un patriote ! » Robespierre, à cet égard, ne se montrait d'aucune utilité, dédaigneux qu'il était de ses plus belles tentatives.

Ils prirent place dans le salon où étaient accrochés les portraits de Robespierre. Où que Danton regardât, Robespierre lui renvoyait son regard : souriant, esquissant un sourire ou sérieux, profil délicat ou visage de face tendu et combatif, air studieux ou amusé, avec un chien, un autre chien, ou sans. L'original des portraits semblait n'être qu'un élément de plus dans la galerie ; il était silencieux ce soir, tandis qu'ils parlaient de Brissot, de Roland, de Vergniaud – les éternels sujets, en somme. Le jeune Philippe Lebas se retira dans un coin de la pièce où il entreprit de chuchoter à l'oreille d'Élisabeth. On ne pouvait guère lui en vouloir, songea Danton. Robespierre croisa son regard, et sourit.

Une nouvelle liaison, donc, entre deux massacres. On trouve le temps, on trouve encore le temps.

Quand le ministre de la Guerre se rendit en Belgique pour enquêter sur la situation, Dumouriez le fit arrêter, en même temps que quatre des représentants officiels de la Convention, et les remit aux Autrichiens. Peu après, il publia un manifeste annonçant qu'il allait marcher sur Paris avec ses troupes afin d'y rétablir l'ordre et la loi. Les soldats se mutinèrent et tirèrent sur lui. En compagnie du jeune général Égalité, Louis-Philippe, le fils du duc, il franchit les lignes autrichiennes. Une heure plus tard, tous deux étaient prisonniers de guerre.

Robespierre à la tribune de la Convention : « Je réclame que tous les membres de la famille Orléans, connus sous le nom d'Égalité, soient traduits devant le Tribunal révolutionnaire... Et que ce même tribunal soit investi de la responsabilité de poursuivre en justice tous les autres complices de Dumouriez... Ai-je besoin de nommer les patriotes distingués que sont MM. Vergniaud et Brissot ? Je m'en remets à la sagesse de la Convention. »

À voir les scènes qui s'ensuivirent, on aurait eu du mal à croire que la Convention conservât encore une once de sagesse. La Gironde sortit tout son arsenal d'accusations contre Danton : mensonges, dissimulations, détournements de fonds. Alors qu'il se dirigeait vers la tribune, la droite le salua de son insulte favorite et suprême : « buveur de sang ». Le président se prit la tête dans les mains, pleurant pratiquement de désespoir, en voyant les adversaires s'affronter et échanger force coups de poing ; le citoyen Danton se vit contraint d'en venir aux mains avec certains députés qui essayaient de l'empêcher de prendre la parole pour se défendre.

Robespierre observait la scène de la Montagne, le visage horrifié. Danton finit par atteindre la tribune, laissant une traînée de victimes dans son sillage ; tout ce tumulte paraissait l'avoir stimulé. « Le grand jour ne me fait pas peur ! » rugit-il à l'adresse des bancs de la droite. Philippe Égalité remarqua que les collègues qui se trouvaient sur sa droite et sur sa gauche s'étaient légèrement écartés de lui, comme s'il était Marat. Et c'est justement Marat qui arriva en boitillant jusqu'à la tribune au moment où Danton en descendait.

Il frôla ce dernier au passage ; leurs yeux se croisèrent le temps d'un éclair. Il mit la main sur le pistolet qu'il portait à la ceinture, comme s'il était prêt à dégainer. Se tournant presque de biais, il étendit un bras sur le rebord de la tribune et, de derrière ce rempart, examina un moment son auditoire. Il se pourrait, songea Philippe Égalité, que ce soit la dernière fois que je le vois prendre cette pose.

Marat rejeta la tête en arrière. Parcourut la salle du regard. Puis, au bout d'un long silence savamment orchestré… il éclata de rire.

« Cet homme me glace les sangs, chuchota le député Lebas à Robespierre. J'ai l'impression d'être en face d'un vampire dans un cimetière.

— Chut ! dit Robespierre. Écoute. »

Marat leva une main et tira sur le mouchoir rouge noué autour de son cou, signifiant par là que la plaisanterie avait assez duré. Il étendit à nouveau le bras, dans un geste d'une nonchalance effrayante. Quand il se mit à parler, sa voix était calme, dénuée de toute passion. Sa proposition était la suivante : que la Convention abolisse l'immunité parlementaire pour permettre aux députés de se traduire les uns les autres en justice. La droite et la gauche échangèrent des regards meurtriers, chaque député imaginant pour ses ennemis personnels une longue procession jusqu'à la machine à décapiter du docteur Guillotin. Deux députés de la Montagne assis à quelques pas se tournèrent l'un vers l'autre, et leurs yeux se croisèrent avant de se fuir, terrifiés. Personne n'osa regarder Philippe en face. La motion de Marat fut adoptée, avec l'appui de toutes les parties présentes.

Les citoyens Danton et Desmoulins quittèrent la Convention ensemble, applaudis par la foule qui se pressait au-dehors, et rentrèrent chez eux. C'était une soirée d'avril claire et froide. « Je donnerais cher pour pouvoir être ailleurs, dit Danton.

— Que fait-on pour Philippe ? On ne peut pas simplement le jeter en pâture à Marat.

— On pourrait peut-être lui trouver une confortable forteresse en province, en attendant. Il sera plus en sécurité en prison qu'en liberté à Paris. »

Ils étaient à présent arrivés dans leur district, la république des Cordeliers. Les rues étaient tranquilles ; les nouvelles de ce qui s'était passé à la Convention – les pugilats, le vote du terrible décret – ne tarderaient pas à s'ébruiter. Ailleurs, des députés rentraient chez eux en claudiquant pour aller soigner foulures et contusions diverses. Tout le monde n'avait-il pas un peu perdu la tête cet après-midi ? Le citoyen Danton donnait l'impression de sortir d'une sévère bagarre ; mais il faut dire que c'était souvent le cas.

Ils s'arrêtèrent devant la cour du Commerce. « Tu montes prendre un verre de sang, Georges Jacques ? Ou veux-tu que j'ouvre une bouteille de bourgogne ? »

Ils montèrent, optèrent pour le bourgogne, veillèrent jusqu'à minuit passé. Camille jeta à la hâte sur le papier les grandes lignes du pamphlet qu'il projetait d'écrire. Mais les grandes lignes ne suffisaient pas ; il fallait que chaque mot fût aussi tranchant que possible, et il aurait besoin de plusieurs semaines pour les affûter.

Manon Roland était de retour dans l'appartement exigu qu'elle occupait auparavant avec son mari rue de la Harpe. « Bonjour, bonjour, dit Fabre d'Églantine.

— Nous ne t'avons pas invité, que je sache.

— Non, c'est vrai, dit l'autre, en s'asseyant et en croisant les jambes. Le citoyen Roland n'est pas ici ?

— Il est allé se promener un moment. Pour entretenir sa santé.

— Et comment va-t-elle, cette santé ? s'enquit Fabre.

— Pas trop bien, j'en ai peur. Nous espérons que l'été ne sera pas trop chaud.

— Ah, dit Fabre, temps chaud, temps froid, aussi néfastes l'un que l'autre pour le malade, n'est-ce pas ? Que sa condition ne soit pas bonne, nous le redoutions. Quand j'ai remarqué que la lettre de démission du citoyen Roland était de ta main, j'ai dit à Danton : C'est que le citoyen Roland ne doit pas aller fort. Et Danton de dire… Mais peu importe.

— Tu veux peut-être laisser un message pour mon mari ?

— Non, non. Vois-tu, je ne suis pas venu avec l'intention de parler au citoyen Roland, mais simplement pour passer quelques instants en ta charmante compagnie. Trouver le citoyen Buzot en ces lieux ne fait qu'ajouter à mon plaisir. Vous êtes souvent ensemble, tous les deux, je me trompe ? Faites attention, sinon vous n'allez pas tarder à être soupçonnés de (il étouffa un rire) conspiration. D'un autre côté, l'amitié entre un jeune homme et une femme plus âgée peut être une fort belle chose. C'est ce que répète à l'envi le citoyen Desmoulins.

— Tu vas devoir nous dire sans tarder la raison qui t'amène, intervint Buzot, sinon je risque fort de te jeter dehors.

— Diantre ! dit Fabre. Je ne pensais pas que nous avions atteint un tel degré d'hostilité. Je t'en prie, citoyen Buzot, assieds-toi, point n'est besoin de déployer une telle énergie.

— En tant que président du club des Jacobins, dit Manon, Marat a soumis à la Convention une pétition visant à mettre à l'index certains députés. Parmi eux, le citoyen Buzot, ici présent. Ainsi que mon époux. On veut nous traîner devant votre tribunal. La pétition a recueilli quatre-vingt-seize signatures. Cela place l'hostilité à quel degré, à ton avis ?

— Attends, là, je proteste, dit Fabre. Ce sont les amis de Marat qui l'ont signée, même si je dois m'avouer stupéfait d'apprendre qu'il compte quatre-vingt-seize amis. Danton ne l'a point signée. Et Robespierre pas davantage.

— Mais Camille Desmoulins, si.

— Oh, Camille, il est impossible à contrôler.

— Si Robespierre et Danton refusent de signer la pétition, c'est simplement parce que c'est Marat qui en est l'instigateur, dit-elle. En fait, vous êtes irrémédiablement divisés. Vous croyez pouvoir nous faire peur. Mais vous ne réussirez pas à nous exclure de la Convention, vous ne disposez ni des troupes ni de la force nécessaires. »

Fabre les regarda à travers son lorgnon. « Vous aimez ma veste ? demanda-t-il tout à trac. Une coupe anglaise, toute nouvelle.

— Vous n'arriverez jamais à rien, toi et tes amis, et vous ne représentez personne. Danton et Robespierre craignent de voir Hébert leur couper l'herbe sous le pied, Hébert et Marat craignent Jacques Roux et les autres agitateurs de la rue. Vous êtes terrifiés à l'idée de perdre votre popularité, de ne plus être sur le devant de la scène de la révolution – c'est la raison pour laquelle vous avez abandonné toute prétention à un comportement correct et un tant soit peu honorable. C'est la galerie du public qui fait la loi aux Jacobins, et vous faites son jeu. Mais prenez garde – cette ville d'illettrés en guenilles que vous encouragez bassement n'est pas la France.

— Ta véhémence me laisse pantois, dit Fabre.

— À la Convention siègent des hommes convenables qui viennent de tout le pays, et vous autres députés de Paris ne parviendrez pas à les intimider tous. Ce tribunal, cette levée de l'immunité parlementaire ne fonctionnent pas uniquement en votre faveur. Nous avons prévu d'agir contre Marat.

— Je vois, dit Fabre. En un sens, tout cela n'était pas inévitable, tu sais. Si seulement tu t'étais montrée un peu plus aimable avec Danton, et n'avais pas eu ces remarques malheureuses comme quoi tu ne voudrais pour rien au monde avoir des rapports sexuels avec lui… C'est un brave homme, au fond, toujours prêt à conclure un marché, et qui ne tient pas à verser le sang. Il y a simplement que, ces derniers temps, avec tous ses ennuis personnels, il n'est plus aussi accommodant que par le passé.

— Nous n'avons rien à faire d'un marché, dit-elle, furieuse. Surtout pas avec ceux qui ont orchestré les massacres de septembre.

— C'est bien dommage, dit Fabre avec mesure. Parce que jusqu'ici, vois-tu, tout a été affaire de compromis, plus ou moins acceptables, d'arrangements, et peut-être aussi, je ne le nie pas, d'occasions de se remplir un peu les poches au passage. Mais les choses deviennent terriblement sérieuses à présent.

— Ce n'est pas trop tôt, dit-elle.

— Bien, dit-il en se levant. Voudrais-tu que je salue quelqu'un de ta part ?

— Je n'y tiens pas.

— Vois-tu beaucoup le citoyen Brissot, ces temps-ci ?

— Le citoyen Brissot met en œuvre sa propre version de la révolution, dit-elle. Et il en va de même de Vergniaud. Ils ont leurs propres partisans et leurs propres amis, et il est monstrueusement injuste, et stupide, de nous mettre, eux et nous, dans le même sac.

— Je crains bien pourtant que ce ne soit inévitable. Si vous vous rencontrez, échangez des renseignements, votez de la même manière, même s'il s'agit de simples coïncidences, vous ne pouvez apparaître aux yeux des observateurs que comme membres d'une même faction. Et ce serait sans doute là l'opinion d'un jury.

— En vertu de ce principe, vous devriez tous être jugés en même temps que Marat, intervint Buzot. Je crois que tu vas un peu vite en besogne, citoyen Fabre. Il faut avoir des arguments avant de se lancer dans un procès.

— N'en sois pas si sûr », marmonna Fabre.

Dans l'escalier, il croisa Roland. Qui s'apprêtait à rédiger une pétition – la huitième ou la neuvième – pour réclamer un examen des comptes du ministère de Danton. Il avait l'air passablement délabré et sentait fort la tisane. Il évita le regard de Fabre ; ses yeux sans éclat trahissaient sa contrariété. « Votre tribunal était une grave erreur, dit-il, sans autre préambule. Nous entrons dans une ère de terreur. »

Brissot : lisant, écrivant, se précipitant d'un endroit à un autre, rassemblant ses idées, dispensant à tous vents sa bonne volonté ; proposant une motion, s'adressant à un comité, griffonnant une note. Brissot : sa clique et sa claque, ses factions, ses piqueurs et ses rabatteurs ; ses secrétaires et ses messagers, ses garçons de courses et ses imprimeurs. Brissot : ses généraux et ses ministres.

Mais qui diantre est donc Brissot ? Un fils de pâtissier.

Brissot : poète, homme d'affaires, conseiller de George Washington.

Et qui sont les brissotins ? Bonne question. Voyez-vous, si vous accusez les gens d'un crime (par exemple, et surtout, de conspiration) et refusez de les juger séparément, on verra aussitôt qu'ils constituent un groupe, font montre d'une réelle cohésion. Alors, si l'envie nous vient de dire : Vous êtes un brissotin, vous êtes un Girondin – à vous de nous prouver que vous ne l'êtes pas. Et que vous avez droit à un procès individuel.

Combien y en a-t-il, de ces brissotins ? Une dizaine d'éminents, et soixante ou soixante-dix nullités. Prenez, par exemple, Rabaut Saint-Étienne :

Quand la Convention nationale sera purgée de ce genre d'homme, et que les gens voudront savoir à quoi ressemblait un brissotin, je demanderai que, aux fins de préserver un parfait spécimen du genre, la peau de cet homme soit empaillée, et que l'original soit conservé en son entier au Muséum d'histoire naturelle ; et, dans ce but, je m'opposerai à ce qu'il soit guillotiné.

Brissot : ses collaborateurs et ses orateurs, ses notes de service et ses mémorandums, ses combinards et ses dupes.

Brissot : ses moyens et ses ressources, et ses moyens pour arriver à ses fins, son environnement, ses stratagèmes, ses *faux pas** et ses *bons mots** ; son passé, son présent, et son monde sans fin.

Je mets en fait que le côté droit de la Convention, et principalement les meneurs, sont presque tous partisans de la royauté, complices des trahisons de Dumouriez [...], dirigés par les agents de Pitt, de d'Orléans et de la Prusse, et ayant voulu diviser la France en vingt ou trente républiques fédératives, ou plutôt la bouleverser, pour qu'il n'y eût point de république. Je soutiens qu'il n'y eut jamais dans l'histoire une conjuration mieux prouvée, et par une multitude de présomptions plus violentes, que cette conspiration de ce que j'appelle les brissotins, parce que Brissot en était l'âme, contre la République française.

Pamphlet de Camille Desmoulins :
Histoire des brissotins,
ou Fragment de l'histoire secrète de la Révolution.

VII

Carnivores

(1793)

Au sommet de l'escalier de la Reine aux Tuileries, il y a une série de chambres qui communiquent entre elles, encombrées chaque jour d'une foule de gens : clercs, secrétaires, messagers, militaires et fournisseurs aux armées, employés de la Commune et des tribunaux, coursiers du gouvernement, avec bottes et éperons, attendant des dépêches en provenance de la dernière pièce de l'enfilade. Regardez en bas : dehors des canons et des rangées de soldats. La dernière pièce était à une époque le bureau privé de Louis le Dernier. L'accès en est interdit.

C'est aujourd'hui le bureau du Comité de salut public. Lequel a pour fonction de superviser le Conseil des ministres et d'accélérer son travail. À ce stade, on l'appelle communément le Comité Danton, tout en se demandant ce qu'il fait dans ce saint des saints dédié au vert, vert du papier peint, vert de la nappe qui recouvre la grande table ovale sur laquelle il appuie

les coudes. Il trouve cette couleur négative, mal-
saine. Un lustre en cristal tinte au-dessus de sa tête ;
les glaces des murs reflètent son cou de taureau et son
visage couturé. De temps à autre, il regarde par les
fenêtres, au-delà des jardins. Sur la place Louis-XV,
aujourd'hui place de la Révolution, la guillotine est en
pleine action. De cette pièce, tandis qu'il négocie
en vue d'obtenir la paix, il imagine entendre Sanson en
train de gagner sa vie ; entendre le grincement des
pièces que l'on actionne, le bruit sourd de la lame qui
s'abat. Pour l'instant, ce sont des officiers de l'armée ;
ceux-là du moins devraient savoir mourir.

En avril, il y a eu sept exécutions ; sans surprise,
les chiffres vont augmenter. Les comités de section vont s'empresser de réclamer des arrestations
à grands cris, accusant à tort et à travers untel d'être
prêtre, un autre de patriotisme peu zélé ou de sympathies aristocratiques, un autre encore de marché noir.
Perquisitions, distribution de nourriture, recrutement,
passeports, dénonciations : de plus en plus difficile
de savoir où finissent les attributions des comités de
section et où commencent les bons offices de la Commune. Il y a eu un jour où la police a interdit l'accès au
Palais-Royal le temps de rassembler toutes les filles.
On leur a pris leurs papiers d'identité ; elles ont passé
une heure ou deux à conspuer leurs geôliers par petits
groupes, le visage dur et sans espoir sous leur maquil-
lage. Puis on leur a rendu leurs papiers, et leur liberté.
La petite Terreur de Pierre Chaumette.

D'ici, il lui faut tout surveiller : les Autrichiens
et les Prussiens, les Anglais et les Suédois ; les
Russes, les Turcs et le faubourg Saint-Antoine ; Lyon,
Marseille, la Vendée et la galerie du public ; Marat

au club des Jacobins et Hébert aux Cordeliers ; la Commune et les comités de section ; le tribunal et la presse. Il lui arrive de rester assis à penser à sa défunte épouse. Il n'arrive pas à imaginer l'été sans elle. Il est épuisé. Il fréquente de moins en moins les Jacobins, n'assiste plus aux réunions en soirée du Comité. Danton laisse sa réputation partir à vau-l'eau, disent certains ; il lâche prise. D'autres soutiennent qu'il n'oserait jamais se le permettre. Robespierre vient le voir de temps à autre, affolé et asthmatique, triturant sans arrêt le col et les manches de ses impeccables habits. Robespierre ne sera bientôt plus qu'une caricature de lui-même, remarque Lucile. Quand Danton n'est pas chez lui, la petite Louise dans ses jambes, il est chez les Desmoulins, avec lesquels il vit pratiquement, comme Camille à une époque vivait avec lui.

Ses assiduités auprès de Lucile tiennent désormais davantage d'une pure formalité, d'une simple habitude. Il commence à se rendre compte à quel point elle est différente des femmes peu compliquées, sérieuses et actives dont il a besoin pour assurer son confort domestique. Au bout d'une journée passée à lire Rousseau, elle annonce tout de go son envie de retraite bucolique loin de la capitale et part à la campagne tambour battant avec son fils, qui hurle à pleins poumons parce qu'on le sépare de sa grand-mère ; une fois là-bas, elle bâtit des plans pour son éducation. Les cheveux jusqu'au bas des reins, un grand chapeau de paille sur la tête, elle désherbe mollement le carré des plantes aromatiques, histoire de communier avec la nature ; lit un peu de poésie l'après-midi, assise sur une balançoire sous le pommier, et se couche à neuf heures.

Deux jours passent, et les braillements du filleul de Robespierre ne tardent pas à la rendre folle ; elle multiplie les ordres visant à se faire expédier œufs frais et salade et rentre au pas de charge rue des Cordeliers, s'inquiétant tout au long à l'idée qu'elle a manqué ses leçons de musique et que son mari, dans l'intervalle, l'a peut-être quittée. Tu es méconnaissable, lui dit-elle, furieuse ; qu'as-tu mangé, avec qui as-tu couché ? La semaine qui suit voit se succéder les soirées, les fêtes, les couchers à l'aube ; et le bébé de repartir chez grand-mère, la nourrice à ses trousses.

Affligée d'une humeur bien différente, elle se lève de bonne heure, s'allonge sur la *chaise longue** bleue, se plonge si profondément dans ses rêveries que personne n'ose la déranger, ne serait-ce que d'un mot. Et puis à un moment ou à un autre, elle sort de ce rêve éveillé pour s'exclamer tout soudain : Sais-tu, Georges Jacques, qu'il m'arrive de penser que la révolution, je l'ai totalement imaginée… La chose est tellement inconcevable que l'on a du mal à y croire. Et ne se pourrait-il pas que Camille soit lui aussi un pur produit de mon imagination, un fantôme que j'aurais évoqué des profondeurs de ma nature, une sorte d'alter ego irréel chargé de trouver un exutoire à mes frustrations ?

Il repense à ces élucubrations, puis à ce dont lui-même porte la responsabilité : deux enfants morts, une femme dont il a eu raison par pure méchanceté, des plans de paix avortés, et maintenant ce tribunal.

Le Tribunal criminel extraordinaire siège au Palais de justice, dans une grande salle gothique aux dalles de marbre qui jouxte la prison de la Conciergerie. Son président, Montané, est un modéré, mais quand cela deviendra nécessaire, on le remplacera. L'automne prochain, on assistera au spectacle permanent donné par le vice-président Dumas, un rouquin au visage rougeaud qu'il faut parfois aider à gagner son siège tant il est abruti par l'alcool. Il préside avec deux pistolets chargés posés sur la table devant lui, et son appartement, rue de Seine, a tout d'une forteresse.

Le tribunal dispose d'une réserve de jurés, tous patriotes patentés, choisis par la Convention. En fait partie Souberbielle, le médecin de Robespierre, que l'on voit courir et se partager, l'air affolé, entre la salle d'audience, son hôpital et le logement de son patient privé le plus éminent. En fait partie aussi Maurice Duplay ; lui n'aime pas ce travail et n'en parle jamais chez lui. Le citoyen Renaudin, luthier de profession, est un autre des jurés ; c'est lui qui a été à l'origine d'une soudaine explosion de violence un soir aux Jacobins, lors d'un de ces incidents assez effrayants, sans motif réel, qui sont devenus monnaie courante en ces lieux : après s'être levé pour s'opposer au citoyen Desmoulins et désespérant des ressources de l'argumentation logique, voilà qu'il s'avance vers ce dernier et lui assène un direct qui l'envoie au sol. Maîtrisé par les huissiers, traîné *manu militari* hors de la chambre, il a le temps de couvrir les hurlements indignés qui descendent des galeries du public en hurlant : « La prochaine fois, je te tue, tu m'entends, je te tue ! »

L'accusateur public est Antoine Fouquier-Tinville, homme vif et secret, qui adopte volontiers un ton moralisateur ; s'il n'est pas d'un patriotisme aussi ostentatoire que celui de son cousin, il est beaucoup plus travailleur.

Le tribunal prononce beaucoup d'acquittements, du moins dans ses premiers temps. Prenez Marat, par exemple : il est mis en accusation par la Gironde, le citoyen Fouquier se montre très mou, la salle est comble, remplie de partisans de Marat venus de la rue. Le tribunal rejette l'affaire : une foule qui chante et scande des slogans porte l'accusé en triomphe jusqu'à la Convention, puis dans les rues jusqu'au club des Jacobins, où elle dépose, tel un monarque sur son trône, le petit démagogue grimaçant sur le fauteuil du président.

En mai, la Convention nationale quitte le Manège pour aller s'installer dans l'ancien théâtre des Tuileries, que l'on refait à neuf pour l'occasion. N'allez pas vous imaginer des cupidons roses à fossettes, des loges aux courbes cramoisies, des bruissements de soie, des senteurs de poudre et de parfum. Songez plutôt au décor suivant : lignes droites et angles droits, statues de plâtre aux couronnes de plâtre, lauriers et chênes dans le même matériau. Une tribune carrée pour l'orateur ; derrière celle-ci, tendus presque à l'horizontale, trois immenses drapeaux tricolores ; à côté, *memento mori*, un buste de Lepeletier. Les députés siègent sur des gradins en demi-cercle ; ils n'ont ni tables ni pupitres, autrement dit nulle part où écrire. Le président dispose, lui, de sa clochette, de son encrier et de son in-folio, attributs qui ne lui sont pas d'un grand secours quand trois mille insurgés débarqués des faubourgs investissent l'espace en dessous de lui. Les rayons du soleil ont du mal à percer les profondes fenêtres ; les après-midi d'hiver, on voit des visages menaçants surgir dans la pénombre du côté des bancs ennemis. Quand on allume les lampes, l'effet est effrayant ; ils ont l'air de délibérer dans des catacombes, et les accusations tombent de bouches invisibles. Là-haut, dans une obscurité encore plus grande, le public se déchaîne, apostrophe et fustige.

Dans cette nouvelle salle, les factions retrouvent leurs anciennes places. Legendre, le boucher, lance à un brissotin : « Je vais t'abattre ! » « Fais d'abord adopter un décret, rétorque l'autre, qui dira que je suis un bœuf. » Un autre jour, un brissotin trébuche tandis qu'il gravit les neuf marches malcommodes de la tribune : « C'est comme de monter à l'échafaud », se plaint-il. Ravie, la gauche lui hurle : De quoi te plains-tu ? Tu auras eu droit à une répétition. Un député éreinté porte la main à sa tête, voit Robespierre en train de l'observer et la retire précipitamment. « Surtout pas ça, dit-il, il va penser que je mijote quelque chose. »

À mesure que les jours passent, certains députés – ainsi que d'autres éminents personnages – vont apparaître pas ou mal rasés, sans veste ni foulard, ou se débarrasseront de ces marques spécifiques de l'homme civilisé à mesure que la température montera. Ils se donnent l'air de manœuvres qui commencent leur journée en s'aspergeant d'eau froide à une pompe d'arrière-cour et s'arrêtent à la taverne du coin pour se jeter un petit verre d'eau-de-vie dans le gosier, histoire d'entamer d'un bon pied leurs dix heures de travail. Le citoyen Robespierre est un vivant reproche pour ces hommes ; il ne quitte jamais ses chaussures à boucles ni sa veste à rayures vert olive. Se peut-il que ce soit celle-là même qu'il portait la première année de la révolution ? Il n'est pas d'une grande prodigalité en matière de vêtements. Tandis que le citoyen Danton arrache le col amidonné qui irrite son cou épais, le foulard du citoyen Saint-Just monte toujours plus haut, toujours plus raide – une merveille de confection. Il porte avec ostentation une seule boucle d'oreille, mais tient moins du corsaire que d'un banquier d'affaires légèrement dérangé.

Les comités de section siègent dans des églises désaffectées. Des slogans républicains sont peints en noir sur les murs. Ce sont ces comités qui vous délivrent votre carte de citoyen, laquelle mentionne adresse, profession, âge et signes particuliers ; une copie en est transmise à l'Hôtel de Ville.

Des colporteurs, en règle générale des femmes, font du porte-à-porte avec de grands paniers de linge à vendre ; sous le linge sont dissimulés des œufs frais et du beurre, produits nettement plus convoités. Les ouvriers des chantiers de bois sont constamment en grève pour réclamer une augmentation de salaire, et le bois de chauffage coûte deux fois plus cher qu'en 1789. On trouve des volailles à acheter, à minuit et à prix d'or, dans une ruelle derrière le Café de Foy.

Un enfant traversait le marché, une miche de pain à la main ; une femme qui arborait la cocarde tricolore à son chapeau le jeta à terre, s'empara de la miche qu'elle réduisit en miettes, disant que, puisqu'elle n'avait pas de pain, elle ne voulait point que les autres en eussent. Quand les citoyennes présentes lui firent remarquer la stupidité de son geste, elle les abreuva d'injures, les traitant d'aristos et leur prédisant que toutes les femmes de plus de trente ans allaient bientôt être guillotinées.

Robespierre était assis, appuyé contre quatre oreillers. À présent convalescent, il avait retrouvé un air de jeunesse. Ses cheveux bouclés brun-roux n'étaient pas poudrés. Le lit était jonché de papiers. Une légère odeur de pelures d'orange flottait dans la pièce.

« Le docteur Souberbielle dit : Non, non, les oranges te sont interdites, citoyen. Mais je n'arrive pas à manger autre chose. Il dit aussi : Ton addiction aux agrumes est telle que je ne peux plus répondre de ta santé. Marat m'a envoyé un mot… Cornélia, ma chère, pourrais-tu aller me chercher un peu d'eau froide ? Mais vraiment froide ?

— Bien sûr. » Elle attrapa la carafe et sortit.

« Bien joué, dit Camille.

— Oui, mais il me faut sans arrêt trouver des choses à aller quérir, et cela devient de plus en plus difficile. Je t'ai toujours dit que les femmes n'étaient que d'épouvantables casse-pieds.

— Sans doute, mais ton expérience alors n'était que théorique.

— Approche ta chaise, veux-tu. Je ne peux pas élever la voix. Je ne sais pas ce que nous allons pouvoir faire dans la nouvelle salle, je sais bien que c'était un théâtre, mais question acoustique, elle ne vaut pas mieux que l'ancienne. Les seules personnes qui arriveront à se faire entendre sont Danton et Legendre. Ce n'était déjà pas le rêve à Versailles, après il y a eu le Manège, et maintenant ici… J'ai mal à la gorge depuis quatre ans.

— Ne m'en parle pas. Je dois m'adresser aux Jacobins tout à l'heure. »

Son pamphlet contre Brissot était déjà sous presse, et le club, ce même soir, en voterait la réimpression et la distribution. Mais ils voulaient le voir et l'entendre. Robespierre comprenait : il fallait se faire voir et se faire entendre. « Je ne peux pas me permettre d'être malade, dit-il. Et Brissot, le voit-on beaucoup ces temps-ci ?

— Non.

— Vergniaud ?

— Non plus.

— S'ils sont aussi discrets, c'est qu'ils doivent mijoter quelque chose.

— J'entends ta sœur Charlotte qui arrive. Comment se fait-il que j'entende tout, aujourd'hui ?

— Maurice a demandé à ses hommes d'arrêter le travail. À cause de mon mal de tête. C'est une bonne chose, remarque. Éléonore va devoir rester en bas pour s'assurer que Charlotte ne monte pas.

— Pauvre Charlotte.

— Sans doute, mais aussi pauvre Éléonore, j'imagine. Tiens, pendant que j'y pense, tu pourrais peut-être demander à Danton de se montrer un peu moins grossier à son propos. Elle n'est pas belle, c'est un fait, mais toute fille a le droit de ne pas voir la chose ébruitée par ceux qui ne l'ont jamais vue. Danton n'arrête pas de parler d'elle aux gens. Demande-lui de se taire.

— Choisis un autre messager.

— Pourquoi donc, poursuivit Robespierre, visiblement irrité, ne vient-il pas me voir ? Dis-lui de ma part qu'il faut absolument qu'il fasse marcher au mieux ce comité. Ce sont tous des patriotes, il doit les mobiliser. La seule chose capable de nous sauver à présent, c'est une forte autorité centrale ; les ministres sont des moins que rien, la Convention n'est plus qu'un ramassis de factions, il ne reste plus que le Comité pour remplir ce rôle.

— Chut ! fit Camille. Pense à ta gorge.

— La Gironde fait tout ce qu'elle peut pour rendre le pays ingouvernable, en montant les provinces contre nous, et le Comité doit se montrer extrêmement attentif – dis-lui que les ministres ne doivent rien faire sans l'aval du Comité. Il faut que chaque département lui remette un rapport écrit tous les jours... Mais pourquoi fais-tu cette tête, tu trouves peut-être que ce n'est pas une bonne idée ?

— Max, je sais que tu es frustré parce que tu voudrais faire un discours, et que tu en es empêché, mais tu es censé observer un repos complet, non ? Bien sûr qu'on n'aurait rien contre un Comité investi d'un tel pouvoir, s'il est dirigé par Danton. Mais le Comité est un organe électif.

— Ah, s'il veut rester élu, alors qu'il le reste. Comment va-t-il, au fait ? Je veux dire, dans sa tête ?

— Il broie du noir.

— Il doit penser à se remarier, je suppose. »

Maurice Duplay ouvrit la porte. « Ton eau, murmura-t-il. Je suis désolé, mais Éléonore, je veux dire Cornélia, est en bas en train de faire la conversation à ta sœur. J'imagine que tu ne veux pas la voir ? Non, bien sûr que non. Et ta tête, ça va ?

— Je n'ai pas mal à la tête, dit Robespierre d'une voix forte.

— Doucement, doucement. Il faut absolument qu'on le remette sur pied, siffla Duplay à l'oreille de Camille. C'est dommage qu'il ne puisse pas aller t'écouter ce soir. Mais j'y serai. »

Camille se cacha le visage de ses mains. Duplay lui tapota l'épaule et sortit sur la pointe des pieds. « Ne le fais pas rire », articula-t-il en silence depuis le seuil.

« Ah, c'est ridicule ! dit Robespierre, qui n'en rit pas moins, un peu.

— Que disais-tu à propos de Marat ? Il t'a envoyé un mot ?

— Oui, il est malade lui aussi, et il ne peut quitter son lit. Tu as entendu cette histoire à propos de cette fille, Anne Théroigne ?

— Qu'est-ce qu'elle a encore fait ?

— Elle était en train de haranguer la foule dans le jardin des Tuileries quand elle s'est fait attaquer par un groupe de femmes, de ces harpies qui peuplent la galerie du public. Elle a rejoint Brissot et sa faction, pour une raison connue d'elle seule, et je parierais que Brissot ne l'a pas accueillie à bras ouverts. Elle a dû tomber sur le mauvais auditoire ; qui sait, elles l'ont peut-être prise pour une femme à la mode qui cherchait à empiéter sur leur territoire. Marat passait par là, semble-t-il.

— Et il s'est joint à elles ?

— Non, il l'a sauvée de leurs griffes. Il s'est précipité dans la mêlée en leur criant d'arrêter – un acte de rare chevalerie, de la part de notre bon docteur, tu ne trouves pas ? Il est persuadé qu'elles étaient prêtes à l'écharper.

— Si seulement elles l'avaient fait, dit Camille. Excuse-moi si je récuse un instant les bavardages propres à une chambre de malade, mais là-dessus, il m'est impossible de garder mon calme. Jamais je ne pardonnerai à cette garce ce qu'elle a fait le 10 août l'an dernier.

— Ah, tu penses à Louis Suleau… On le connaissait depuis si longtemps, c'est vrai, mais il avait tout de même choisi le mauvais camp. » Robespierre laissa retomber sa tête sur ses oreillers. « Et elle n'a pas fait mieux.

— Voilà qui est dur.

— C'est une chose qui pourrait nous arriver à nous aussi. Ce que je veux dire, c'est que, si nous suivions notre jugement, notre conscience, et si ceux-ci nous menaient dans certaines directions, nous risquerions d'en souffrir. Il se peut, somme toute, que Brissot soit de bonne foi.

— Attends, je viens juste d'écrire ce pamphlet… Brissot est un conspirateur, qui menace la République.

— C'est ce dont tu t'es convaincu. Et ce dont tu convaincras les Jacobins ce soir. J'admets que ses amis se sont trompés, se sont montrés stupides, d'une négligence criminelle, et qu'il nous faut les faire disparaître de la scène politique.

— Mais, Max, en septembre tu voulais qu'ils soient liquidés. Tu as essayé d'organiser la chose toi-même.

— Je pensais qu'il valait mieux être débarrassés d'eux avant qu'ils fassent davantage de dégâts. Je pensais aux vies que cela permettrait de sauver… » Il déplaça les jambes, et quelques papiers glissèrent par terre. « C'était un jugement mûrement réfléchi. Et Danton, poursuivit-il en esquissant un sourire, se méfie de moi depuis lors. Il me voit comme un animal imprévisible, qui posséderait la clé de sa propre cage.

— Et tu dis pourtant que Brissot pourrait être de bonne foi.

— Camille, nous jugeons sur les faits, pas sur les intentions. Il est tout à fait possible qu'il ne soit pas coupable de ce dont tu vas l'accuser ce soir, mais, va, je te laisserai faire. Je ne veux plus les voir siéger à la Convention… Pour autant, je serais heureux que les choses n'aillent pas plus loin. Le mal est fait, ce n'est pas en les persécutant que l'on changera le passé. Mais le peuple, lui, ne verra pas les choses de cet œil. On ne peut pas raisonnablement s'attendre à ce qu'il le fasse.

— Alors, tu les sauverais. Si c'était en ton pouvoir.

— Non. Il est des moments dans une révolution où vivre est un crime, et où l'on doit savoir renoncer à la vie si les circonstances l'exigent. Un jour, on réclamera peut-être ma tête. Et je ne protesterai pas. »

Camille s'était éloigné du lit ; dos tourné, il passa la main sur le grain des rayons qu'avait fabriqués Duplay. Au-dessus était accroché au mur un curieux emblème sculpté par ses soins : un aigle splendide aux ailes et aux serres déployées, sur le modèle de l'aigle romaine.

« Quel héroïsme, dit lentement Camille, et en chemise de nuit, encore. Les principes sont au service de la raison. C'est une sorte de blasphème que d'amener la raison humaine à se contredire et à conseiller au nom des principes ce qu'elle interdit au nom de la morale.

— C'est ce que tu dis, dit Robespierre d'un ton las, et pourtant, tu es corrompu.

— Quoi, par l'argent ?

— Non. Mais il y a d'autres façons de l'être que celle-là. On peut être corrompu par l'amitié. Toi, tes attachements sont trop… trop extrêmes. Tes haines, trop soudaines, trop profondes.

— Tu penses à Mirabeau, c'est cela ? Décidément, tu n'abandonneras jamais le sujet. Je sais qu'il m'a utilisé, qu'il s'est servi de moi pour répandre des opinions auxquelles, en fin de compte, il n'adhérait pas. Mais aujourd'hui, tu fais exactement la même chose, en fin de compte. Tu ne crois pas un mot de ce que tu me "laisses" dire, comme tu l'as si gentiment formulé tout à l'heure. Et cela, j'ai du mal à l'accepter.

— D'une certaine manière, dit patiemment Robespierre, si nous voulons éviter de finir comme Suleau, ou comme cette fille, il nous faut éviter les pièges de nos convictions personnelles ou de nos espérances, et ne nous voir que comme les instruments d'un destin déjà tout tracé. Vois-tu, on ne serait jamais nés qu'il y aurait tout de même eu une révolution.

— Je ne peux pas me résoudre à le croire, dit Camille. J'estime qu'une telle idée nuirait à ma place dans l'univers. » Il se mit en devoir de ramasser les papiers éparpillés sur le sol. « Tiens, si tu veux vraiment ennuyer Éléonore, je veux dire Cornélia, tu peux continuer à les jeter par terre et à lui demander de les ramasser, comme le fait le petit. Lolotte s'éclipse dès qu'elle le voit commencer à jouer à ce petit jeu.

— Merci du conseil. J'essaierai, dit Robespierre avant d'être saisi d'une quinte de toux.

— Saint-Just est venu te voir ?

— Non. Il ne supporte pas les malades. »

Robespierre avait la peau au-dessous des yeux marbrée de grands cernes violets. Camille se souvint de sa sœur, dans les quelques mois qui avaient précédé sa mort. Il chassa cette pensée de son esprit, refusa de s'y attarder. « Vous avez la part belle, toi et Danton. Moi, il faut que j'aille balbutier deux heures durant aux Jacobins et sans doute me faire à nouveau expédier au sol par quelque luthier exaspéré et piétiner par une horde de commerçants en délire. Pendant que Danton passe ses soirées à peloter sa nouvelle petite amie, et que toi tu restes ici à dorloter ta petite fièvre. Si tu n'es vraiment qu'un instrument du destin et que n'importe qui d'autre ferait l'affaire à ta place, pourquoi ne prends-tu pas des vacances ?

— Il y a que, malgré tout, notre destinée individuelle ne nous est pas complètement indifférente. Si je prenais des vacances, Brissot, Roland et Vergniaud s'empresseraient de tout mettre en œuvre pour me couper la tête.

— Tu viens de dire que cela te serait égal. Ne te dérangerait pas, pour ainsi dire.

— Certes, mais il y a tout de même des choses que j'aimerais faire avant. Sans compter qu'une telle perspective risquerait de me gâcher les vacances, non ?

— Les saints ne prennent pas de vacances, dit Camille. Et, pour ma part, je préfère penser que, même si nous ne sommes que des instruments du destin, personne d'autre ne ferait l'affaire à notre place, dans la mesure où, comme les saints, nous sommes des agents d'un dessein divin et pleins de la grâce de Dieu. »

Charlotte partait elle aussi quand il descendit. Elle ne méritait pas le traitement qu'on lui faisait subir, songea-t-il. Une fois qu'ils furent rue Saint-Honoré, les larmes jaillirent de ses yeux et ruisselèrent sur son visage félin et effronté. « Il ne me traiterait pas de la sorte s'il savait ce que je ressens, dit-elle. Ces monstres de femmes sont en train de faire de lui quelque chose qui va nous le rendre méconnaissable. Un être plein de suffisance, qui ne pense qu'à lui, à l'homme merveilleux qu'il est devenu. Merveilleux, il l'est, c'est vrai, mais il n'a pas besoin qu'on le lui dise. Ah, il est dépourvu de tout bon sens, de tout sens des proportions. »

Il la remmena rue des Cordeliers. Où se trouvait Annette. Elle examina Charlotte avec attention et écouta ses doléances. Elle avait toujours l'air, ces derniers temps, de quelqu'un capable de prodiguer des conseils, mais qui s'en abstenait.

Tout le monde viendrait ce soir-là occuper des places réservées dans les tribunes des Jacobins. « Ce sera un triomphe », dit Lucile. À mesure que s'étirait l'après-midi, la panique commença à se déchaîner en lui, comme autant de chats enfermés dans un sac.

Mais quel genre de peur est-ce là ? Les affrontements avec les luthiers ne sont pas un problème. Ce qu'il déteste, c'est cette obsession grandissante du jour J ; l'heure approche, les minutes s'égrènent ; puis c'est le moment de rassembler ses papiers, de monter à la tribune sous les yeux de tous, accompagné, sitôt qu'il a quitté son siège, d'une rumeur hostile qui enfle peu à peu. « Tu es le pouvoir en place, maintenant », lui a dit Claude, mais ce n'est pas tout à fait vrai. La plupart des députés de la droite et du centre estiment qu'il ne devrait pas être membre de la Convention, que le radicalisme de ses opinions, son parti pris pour la violence devraient suffire à l'en exclure ; quand il se lève pour parler, ils se mettent à crier « Procureur de la Lanterne ! » et « *septembriseur**! ». Il y a des jours où cette situation lui procure un sentiment d'insouciance, nourrit son arrogance ; d'autres, au contraire, où elle le rend malade et le paralyse. Comment savoir à l'avance dans quelle catégorie tombera celui-ci ?

Le jour où les Girondins avaient mis Marat en accusation, voilà, par exemple, qui avait été un mauvais

jour. Ils avaient rempli la chambre de leurs partisans ; quand on jetait un œil du côté de la Montagne,
on constatait avec surprise que les absents étaient
nombreux. Qui allait prendre la parole pour défendre
Marat, ce fou furieux démoniaque et repoussant ?
Lui. Et ils devaient s'y attendre, car le tumulte était
orchestré ; nous ferons passer Marat en jugement,
hurlaient-ils, *et toi avec*. Descends de la tribune, avant
qu'on vienne te chercher. Quatre ans de révolution,
et il est toujours aussi menacé qu'il l'était au Palais-
Royal, le jour où la police avait voulu l'arrêter.

Il avait tenu bon aussi longtemps qu'il l'avait pu,
mais le président, impuissant, lui avait signifié d'un
geste des mains qu'il valait mieux ne pas insister.
Ce qu'éprouvaient les députés envers Marat était
un mélange de dégoût et de terreur extrêmes, et ils
avaient transféré ces sentiments sur lui, et il était
conscient – il faut toujours l'être – de ce que les
députés n'assistaient pas aux séances sans être armés.
Danton leur aurait résisté, les aurait dominés, leur
aurait fait ravaler leurs insultes, mais lui n'en avait pas
la capacité. Il cessa tout effort, se contenta d'un long
regard en direction des bancs hurlants, hocha la tête à
l'adresse du président, repoussa ses cheveux et se dit
à part lui : « Tant pis, docteur Marat, tu seras leur première victime. »

Quand il avait regagné d'un pas incertain les bancs
de la Montagne, Danton n'y était pas, Robespierre pas
davantage ; ils refusaient d'être mêlés à cette affaire.
François Robert, qui avait peur de Marat et le détestait,
détourna les yeux. Fabre lui glissa un regard, haussa
un sourcil et se mordit la lèvre. Antoine Saint-Just
esquissa un sourire. « Là, tu t'es forcé, n'est-ce pas ? »

lui lança Camille, furieux. Il aurait donné n'importe quoi pour se retrouver dehors, respirer un air un peu moins hostile, mais une sortie intempestive de sa part n'aurait fait qu'ajouter au triomphe de la droite : non seulement nous avons réussi à réduire au silence le principal partisan de Marat, mais nous l'avons forcé à quitter notre chambre.

Au bout d'un moment, il put enfin s'évader dans les jardins des Tuileries. Quatre années passées dans des pièces confinées et sans air ; quatre années de disputes et de frayeurs. Georges Jacques pense que la révolution est un moyen de gagner de l'argent, mais désormais c'est la révolution qui réclame son dû. La plupart de ses collègues se sont mis à l'alcool, certains à l'opium ; quelques-uns ont contracté des affections aussi étranges que brutales ; d'autres encore vont éclater en larmes peu viriles au milieu de leurs activités de la journée. Marat est insomniaque ; son cousin Fouquier, l'accusateur public, lui a confié être la proie nuit après nuit de cauchemars dans lesquels des morts le suivent dans la rue. Dans l'ensemble, il s'en sort plutôt bien ; mais il n'est pas équipé pour faire face à un bouleversement comme celui d'aujourd'hui.

Il se rendit compte, à ce stade, que deux hommes le suivaient. Se décidant brusquement, il pivota sur les talons pour leur faire face. C'étaient deux des soldats qui montaient la garde devant la Convention nationale. Ils s'approchèrent de lui à moins de trois pas. Il porta la main à son cœur. Il fut déconcerté par le ton désinvolte de sa propre voix : « Vous êtes venus m'arrêter, c'est ça. Je suppose que la Convention vient de le décréter.

— Non, citoyen, pas du tout. Si nous étions venus t'arrêter, nous ne serions pas que deux. C'est simplement que nous vivons une époque troublée et que nous t'avons vu marcher seul ; nous n'oublions pas comment le bon citoyen Lepeletier est tombé sous des coups qui ont entraîné sa mort.

— Oui, bien sûr. Non pas que vous auriez pu faire grand-chose. À moins que vous n'ayez eu l'intention de vous interposer de manière héroïque ? demanda-t-il, sans trop croire à cette éventualité.

— On aurait pu attraper quelqu'un, dit le soldat. Un assassin. Il faut toujours rester à l'affût de ces conspirateurs, c'est ce que nous dit le citoyen Robespierre. Bon, reprit-il avant de s'interrompre et de se tourner vers son collègue, essayant de se rappeler ce qu'il était censé dire. Ah oui... Est-ce qu'on peut t'escorter, citoyen député, et te conduire en un lieu plus sûr ?

— La tombe, dit Camille. Pas de lieu plus sûr que la tombe.

— Simplement, dit le second soldat, est-ce que ça t'ennuierait d'ôter la main de ce pistolet que tu as dans la poche de ton habit ? Ça me rend nerveux. »

Ce jour-là – avec cette seconde de désespoir insensé – n'était pas un de ceux qu'il aimait à se rappeler. Ce soir, aux Jacobins, il sera pour l'essentiel au milieu d'amis. Il s'assiéra à sa place habituelle, à côté de Danton, qui sera là bien sûr. Et qui gardera délibérément le silence, restera impassible, sachant que, quand il est dans cet état, aucune parole, aucune plaisanterie ne saurait dissiper la nervosité de Camille. Quand le moment viendra, il se dirigera vers la tribune, lentement, ralenti qu'il sera par les patriotes quittant leur place pour l'étreindre, et des parties les plus reculées de la galerie où se rassemblent les sans-culottes lui parviendront applaudissements et cris d'encouragement. Puis un grand silence. Quand il commencera, veillant déjà à anticiper la phrase suivante, de façon à pouvoir contrôler sa tendance au bégaiement, circonvenir les mots et les arrêter à temps pour en glisser d'autres à la place, il songera : Pas étonnant que cette histoire soit un tel merdier, personne ne sait jamais ce que dit son voisin. Personne ne le savait à Versailles, ni ne le sait davantage aujourd'hui ; quand nous serons morts et disparus depuis quelques années, les gens finiront par en avoir assez d'essayer de nous entendre, et diront : Mais, après tout, quelle importance ? Nous avons choisi notre place dans les silences de l'histoire, avec nos poumons défaillants, nos difficultés d'élocution et nos chambres qui n'étaient pas conçues pour l'usage auquel nous les destinions.

Cour du Commerce :

GÉLY : Aie pitié de nous, citoyen.

DANTON : Diantre ! De la pitié ? Pour ma part, j'aurais pensé que vous verriez là une aubaine.

GÉLY : C'est notre unique enfant.

MME GÉLY : Il veut nous la tuer, comme il a tué sa première femme.

GÉLY : Tais-toi donc.

DANTON : Non, laisse-la dire. Que ça sorte une bonne fois, ça la soulagera.

GÉLY : Nous ne comprenons pas ce qui peut te pousser à la vouloir.

DANTON : J'éprouve pour elle un certain sentiment.

MME GÉLY : Tu pourrais au moins avoir la décence de dire que tu l'aimes.

453

DANTON : Il me semble que c'est le genre de chose que l'on découvre au bout de quelques années.

GÉLY : N'y aurait-il pas des personnes plus indiquées ?

DANTON : C'est à moi d'en décider, vous ne croyez pas ?

GÉLY : Elle n'a que dix-sept ans.

DANTON : J'en ai trente-trois. Des mariages comme celui-ci, on en voit tous les jours.

GÉLY : Nous te pensions plus âgé.

DANTON : Elle ne m'épouse pas pour mon physique.

GÉLY : Pourquoi pas une veuve, une femme avec de l'expérience ?

DANTON : De l'expérience en quoi ? Vous savez, si vous me croyez doté d'un appétit sexuel gigantesque, ce n'est qu'un mythe que j'ai moi-même créé. En réalité, je suis tout à fait normal.

MME GÉLY : Je t'en prie !

DANTON : Peut-être que, finalement, tu devrais demander à ta femme de sortir.

GÉLY : Quand je parlais d'expérience, je pensais à celle qu'acquiert une femme en élevant des enfants.

DANTON : Les enfants lui sont très attachés. Comme elle à eux. Tu n'as qu'à le lui demander. Et puis, je ne veux pas d'une femme d'âge mûr. Je veux d'autres enfants. Elle sait comment tenir une maison. Elle a été à bonne école, puisque c'est mon épouse qui le lui a appris.

GÉLY : Mais tu invites beaucoup, tu reçois des visiteurs importants. Elle ne saura pas comment se conduire avec eux.

DANTON : Quoi que je décide, ce sera toujours assez bon pour eux.

MME GÉLY : Tu es bien l'homme le plus arrogant que je connaisse.

DANTON : Eh bien, si vous vous sentez à ce point concernés au sujet de mes amis, vous pourrez toujours descendre lui donner quelques conseils. Si vous avez l'impression d'être qualifiés pour le faire. Écoutez, elle aura une armée de serviteurs, si elle le veut. Nous pouvons nous installer dans un appartement plus grand, ce qui ne serait peut-être pas plus mal, tout bien réfléchi. Je me demande pourquoi je reste ici, finalement – l'habitude, j'imagine. Je suis riche. Elle peut demander ce que bon lui semble, et elle l'obtiendra. Les enfants qu'elle aura de moi hériteront au même titre que ceux de ma première épouse.

GÉLY : Elle n'est pas à vendre.

DANTON : Elle pourra disposer d'une foutue chapelle privée et d'un prêtre rien que pour elle, si elle le désire. Du moment que celui-ci aura prêté serment à la Constitution.

LOUISE : Je ne t'épouserai pas lors d'une cérémonie civile. J'aime autant te prévenir tout de suite.

DANTON : Comment dis-tu, ma chérie ?

LOUISE : Ce que je veux dire, c'est que, d'accord, je me plierai à cette farce qui se joue à la mairie. Mais il faut absolument qu'il y ait aussi un vrai mariage, avec un vrai prêtre, qui n'aura pas prêté serment.

DANTON : Mais pourquoi ?

LOUISE : Autrement, le mariage ne serait pas recevable. Nous vivrions dans le péché, et nos enfants seraient illégitimes.

DANTON : Petite idiote… ne sais-tu pas que Dieu est un révolutionnaire ?

LOUISE : Un vrai prêtre, te dis-je.

DANTON : Sais-tu seulement ce que tu demandes ?

LOUISE : Sinon, pas de mariage.

DANTON : Tu as intérêt à repenser la question.

LOUISE : J'essaie de te faire agir comme il convient.

DANTON : J'apprécie, mais quand tu seras ma femme, tu feras ce qu'on te dit, et tu peux commencer tout de suite.

LOUISE : C'est ma seule et unique condition.

DANTON : Louise, je n'ai pas l'habitude de me voir imposer des conditions.

LOUISE : Il y a un début à tout.

Après l'échec de leur offensive contre Marat, les députés girondins mettent en place un nouveau comité, afin d'enquêter sur ceux qui – d'après eux – portent préjudice à l'autorité de la Convention nationale. Ledit comité arrête Hébert. À force de pressions, les sections et la Commune obtiennent sa remise en liberté. Le 29 mai, le Comité central des sections entre en « session permanente » – l'expression à elle seule résume la crise ! Le 31 mai, le tocsin sonne à trois heures du matin. Les portes de la ville sont fermées.

Robespierre : « J'invite le peuple à venir manifester au sein même de la Convention et à en expulser les députés corrompus... Je déclare que, investi par le peuple de la mission qui consiste à défendre ses droits, je considérerai comme mon oppresseur quiconque m'interromprait ou refuserait de me laisser parler, et je déclare que je conduirai la rébellion contre le président et tous les membres qui essaieraient de me réduire au silence. Je déclare que je punirai moi-même les traîtres et jure de voir en tout conspirateur mon ennemi personnel... »

Isnard, girondin, président de la Convention : « Si une attaque devait être lancée contre les représentants de la nation, alors je déclare au nom du pays tout entier que Paris serait totalement rasé, au point que les gens devraient fouiller les berges de la Seine pour savoir si la ville a jamais existé. »

« Depuis quelques jours, les gens ne dorment plus chez eux, dit Buzot. Ce n'est pas sûr. Tu n'as pas songé à partir ?

— Non, dit Manon, je n'ai pas envisagé cette éventualité.

— Tu as un enfant. »

Elle renversa la tête sur un coussin, étirant son cou lisse et blanc pour qu'il puisse mieux l'admirer. « Ce ne sera pas une raison suffisante, dit-elle en fermant les yeux, pour me dicter ma conduite.

— Ce serait le cas pour la plupart des femmes.

— Je ne suis *pas* la plupart des femmes. Tu le sais, dit-elle en ouvrant les yeux. Mais si tu me crois insensible, tu te trompes. Il y a que l'enjeu est tel qu'il passe avant mes sentiments. Je ne quitterai pas Paris.

— Les sections sont en révolte.

— Tu as peur ?

— J'ai honte, plutôt. Honte que l'on en soit arrivé là. Après tout ce travail, ces espoirs. »

Le moment de langueur était passé ; elle se redressa, le visage animé d'une vigueur nouvelle. « Ne renonce pas ! Pourquoi parler ainsi ? Nous disposons de la majorité à la Convention. Que croit pouvoir faire Robespierre contre toutes nos troupes ?

— Ne sous-estime jamais ce dont Robespierre est capable.

457

— Quand je pense que je lui ai offert de l'abriter chez moi, au moment du Champ-de-Mars ! Je le révérais, alors. Il était à mes yeux comme la citadelle de la logique, de la raison, de la normalité.

— Tu n'es pas la seule personne dont il a réussi à égarer le jugement. Robespierre n'a jamais pardonné à ses amis le mal qu'il leur a fait ni les bontés qu'il a reçues d'eux, pas plus que les talents que possèdent certains d'entre eux et dont lui-même est dépourvu. Tu as fait le mauvais choix, mon amour, tu aurais dû tendre la main à Danton.

— Cette canaille me répugne.

— Je ne l'entendais pas au sens littéral.

— Veux-tu que je te dise ce que pense Danton ? Aucun d'entre vous ne semble l'avoir compris. À ses yeux, toi, mon mari, Brissot, tous autant que vous êtes, vous formez une bande d'intellectuels mous et vieux jeu. Les vrais hommes, pour lui, ce sont des cyniques dotés d'un bon estomac, des flatteurs, des carnivores – des destructeurs pour le plaisir de la destruction. Voilà pourquoi il vous traite avec tant de mépris.

— Non, Manon, ce n'est pas vrai. Il a proposé de négocier. Il a offert une trêve. Et nous avons rejeté son offre.

— Tu auras beau dire, tu sais pertinemment qu'il est impossible de négocier avec lui. Il pose ses conditions et s'attend à ce que tu t'y plies, c'est tout. Il finit toujours par obtenir ce qu'il veut.

— Il se peut que tu aies raison, je ne dis pas. Il ne nous reste donc pas grand-chose, si je ne m'abuse ? Quant à nous deux, Manon… nous n'aurons rien eu.

— Rien, c'est toujours quelque chose que Danton ne pourra pas nous prendre. »

Insurgés en armes devant la Convention. À l'intérieur, délégués des sections énumérant les noms des députés qu'ils voulaient voir exclus et démis de leurs fonctions. La majorité refusait toujours de céder. Robespierre était aussi blanc que la feuille de papier qui, à un moment, lui échappa des doigts ; il s'accrochait à la tribune pour garder l'équilibre et s'interrompait après chaque phrase pour reprendre son souffle. Vergniaud lui lança : « Allez, achève ! » Robespierre redressa la tête d'un coup sec et répliqua : « C'est toi que je vais d'abord achever ! »

Deux jours plus tard, la Convention était encerclée par une foule immense, pour l'essentiel armée, comptant, selon une estimation rapide, au moins quatre-vingt mille personnes ; aux premiers rangs, des gardes nationaux, baïonnette au fusil et canons prêts à tirer. Les insurgés réclamaient l'exclusion de vingt-neuf députés. Parmi eux, Buzot, Vergniaud, Pétion, Louvet, Brissot. Il semblait que les gardes et les sans-culottes eussent l'intention de maintenir les députés emprisonnés à l'intérieur tant qu'ils n'auraient pas accédé à leur demande. Hérault de Séchelles, qui présidait ce jour-là, prit la tête d'un cortège de députés marchant en rangs par deux, qu'il conduisit dehors ; dans l'espoir qu'une telle initiative désamorcerait l'hostilité dans les deux camps. Les artilleurs étaient debout près de leurs canons. Après lui avoir jeté un regard menaçant du haut de sa monture, leur chef harangua le président de la Convention : il devait comprendre que lui, Hérault, était effectivement considéré comme un patriote ; mais il devait également comprendre que le peuple ne se laisserait pas contrarier dans ses projets.

Hérault sourit – un sourire préoccupé. Lui et ses collègues étaient en train de mettre la dernière main à la Constitution républicaine, le document qui donnerait à tout jamais à la France la liberté, et voilà que… « Nous comprenons parfaitement le message », dit-il d'une voix à peine audible. Se portant à nouveau en tête de la longue procession, il ramena les députés pris en otages à l'intérieur. Un certain nombre de bons sans-culottes avaient pris leurs aises sur les bancs, échangeant salutations et commentaires avec ceux des députés de la Montagne qui savaient exactement ce qui se passait et n'avaient pas jugé bon de se déplacer.

Le député Couthon, le saint au fauteuil roulant, était à la tribune : « Citoyens, tous les membres de la Convention devraient à présent être assurés de leur liberté. Vous êtes allés à la rencontre du peuple. Vous l'avez trouvé en tout point bon, généreux, incapable de menacer la sécurité de ses délégués… mais plein de haine pour les conspirateurs qui voudraient le voir réduit en esclavage. À présent que vous reconnaissez pouvoir délibérer en toute liberté, je propose que soit prononcé un décret d'accusation à l'encontre des membres dénoncés. »

Robespierre se prit la tête entre les mains. Au vu des absurdités que le saint venait de proférer, peut-être était-il en train de rire ? À moins qu'il ne se sentît à nouveau malade ? Personne n'osa lui poser la question. À chaque nouvelle attaque de la maladie, il semblait, paradoxalement, regagner des forces.

Manon Roland passa la journée à attendre dans l'antichambre du président, un châle noir sur la tête.

Vergniaud lui apportait les mauvaises nouvelles, heure après heure. Elle avait rédigé une adresse à la Convention qu'elle aurait souhaité pouvoir lire mais, chaque fois que la porte s'ouvrait, un vacarme terrifiant envahissait la pièce. Vergniaud dit : « Tu peux juger par toi-même de la situation. Personne ne pourra s'adresser aux députés tant que le tumulte ne se sera pas calmé. En tant que femme, il se pourrait que tu obtiennes un accueil un peu plus respectueux, mais franchement… » Il secoua la tête.

Elle attendit. « Encore une heure et demie peut-être, dit-il en revenant la fois suivante, mais je ne peux rien te promettre. Pas plus que je ne suis sûr du genre de réception qui te sera réservé. »

Une heure et demie ? Elle s'était déjà absentée trop longtemps de chez elle. Elle ignorait où se trouvait son mari. Mais bon… elle avait passé la journée à attendre, elle pouvait bien rester encore un peu et s'acquitter de la tâche qu'elle s'était fixée. « Je n'ai pas peur, Vergniaud. Je peux peut-être dire des choses que toi, tu ne pourrais pas dire. Avertis nos amis, dit-elle. Dis-leur de se tenir prêts à m'apporter tout leur soutien.

— Mais la plupart d'entre eux ne sont pas là, Manon.

— Mais ils sont où, alors ? demanda-t-elle après l'avoir regardé bouche bée.

— Nos amis ne sont pas sans courage, dit-il en haussant les épaules. Mais je crains qu'ils manquent d'endurance. »

Elle finit par s'en aller, prit une voiture pour se rendre chez Louvet. Qui était absent. Une autre voiture… pour rentrer chez elle. Les rues étaient encombrées, elle irait aussi vite à pied. Elle demanda au cocher de s'arrêter, descendit, régla la course. Puis poursuivit son chemin d'un pas pressé, puis haletant, le châle noir ramené sur la figure, telle une héroïne de roman qui se hâte pour aller retrouver son amant en cachette.

Quand elle fut devant la grille, le concierge la prit par le bras. Monsieur est parti après avoir fermé les portes et est allé chez le propriétaire, à l'arrière de l'immeuble. Elle s'y rendit et frappa à grands coups à la porte. Roland est déjà parti, lui dit-on. Où cela ? Une maison un peu plus bas dans la rue. « Madame, reposez-vous un peu, il est en sécurité. Buvez un petit verre de vin. »

Elle s'assit devant l'âtre vide ; c'était une belle nuit de juin, tiède et tranquille. On lui apporta un verre de vin. « C'est trop fort, dit-elle. Coupez-le avec un peu d'eau. » Elle n'en sentit pas moins la tête lui tourner.

Il n'était pas dans la maison qu'on lui avait indiquée, mais elle finit par le trouver dans celle d'après, debout, en train de faire les cent pas. Ce qui ne fut pas sans la surprendre : elle s'était attendue à voir sa longue carcasse osseuse repliée dans un fauteuil et agitée de quintes de toux. « Manon, lui dit-il, c'est le moment de partir. Écoute, j'ai des amis, j'ai un plan. Nous quittons cette satanée ville ce soir même. »

Elle s'assit. On lui apporta une tasse où le chocolat disparaissait sous la crème. « Voilà qui fait plaisir », dit-elle. L'onctuosité du breuvage apaisa sa gorge. Cette gorge dans laquelle les mots étaient restés lettre morte.

« Tu comprends ? lui dit-il. Il n'est pas question de jouer les héros, de vouloir attendre que les choses se calment. Je suis dans l'obligation de prendre des mesures pour sauver ma peau au cas où, dans un avenir proche ou lointain, il me faudrait reprendre mes fonctions. Il faut que je me préserve si je dois être de quelque utilité à mon pays. Tu comprends ?

— Je comprends, oui. Pour ma part, je dois retourner à la Convention ce soir.

— Mais, Manon… songe à ta sécurité, à celle de notre enfant… »

Elle reposa sa tasse. « Comme c'est étrange, dit-elle. Il n'est pas tard, et pourtant c'est l'impression que j'ai. » Tout autour d'eux, on s'appliquait à plier leurs vies. Ils étaient comme les locataires d'une maison vide, une fois que les déménageurs en ont terminé : il ne reste plus que les sols nus, la tasse de porcelaine ébréchée et oubliée, la poussière soulevée par les va-et-vient. Ou encore comme les derniers clients d'un restaurant quand la sonnerie des pendules se fait menaçante et que les serveurs se raclent la gorge ; il devient urgent de mettre un terme aux conversations, de partager l'addition et de regagner le froid de la rue. Elle se leva, lissa sa jupe et traversa la pièce pour le rejoindre. Il interrompit ses déambulations. Elle se hissa sur la pointe des pieds, l'embrassa sur la joue, sentant sous ses lèvres les os de son crâne.

« M'as-tu trahi ? demanda-t-il. Dis, m'as-tu trahi ? »

Elle posa doucement un doigt sur ses lèvres, puis sa joue contre la sienne, percevant l'espace d'une seconde l'odeur méphitique de ses poumons malades. « Jamais, dit-elle. Prends bien soin de toi. Évite l'alcool et les viandes insuffisamment cuites. Ne touche pas au lait, à moins d'être sûr de sa provenance. Mange un peu de poisson blanc poché. Bois une infusion de valériane

quand tu te sens agité. Protège ta gorge et ta poitrine du froid, et ne sors pas sous la pluie. Prends une
boisson chaude pour t'aider à t'endormir. Écris-moi. »

Elle referma doucement la porte derrière elle. Elle
ne devait jamais le revoir.

VIII

Imparfaite contrition

(1793)

« Je crains que nous n'ayons fait preuve... euh, disons, d'un certain manque de détermination, dit Danton. Les assignations à domicile ne se sont pas révélées très efficaces. Il faudra s'en souvenir. Je sais que nous nous sommes assurés de la petite dame, mais j'aurais préféré mettre la main sur le mari, et Buzot, et quelques-uns de ceux qui sont maintenant en route pour de douillets refuges en province.

— L'exil, dit Robespierre. La condition de hors-la-loi. Je n'irais pas jusqu'à dire qu'elle est de tout repos. Quoi qu'il en soit, ils sont partis.

— Pour fomenter des troubles.

— Les fauteurs de troubles réfugiés en province sont dans leur majorité motivés par des sentiments royalistes, dit Robespierre, qui se mit à tousser et pesta avant de se tamponner les lèvres avec son mouchoir. Or la plupart de nos fuyards girondins sont des régicides. Il n'empêche qu'ils ne vont sans doute pas se tenir tranquilles. »

Danton était déconcerté. Quand on parlait à Robespierre, on s'efforçait en général de se contraindre aux réactions qui s'imposaient, mais il devenait de plus en plus ardu de savoir comment réagir. On s'adressait au militant, et c'était pour tomber sur un pacifiste qui vous regardait d'un air réprobateur. À l'idéaliste, et c'était pour découvrir un homme politique jovial, voire désinvolte, et tout à fait pragmatique. Il suffisait de parler moyens pour s'entendre dire que mieux valait songer à la fin, et de parler fin pour qu'on vous encourage à songer aux moyens. De lancer une supposition pour la voir balayée du revers de la main, d'évoquer son opinion d'hier pour que celle-ci soit mise en pièces le lendemain. De quoi se plaignait Mirabeau à son sujet ? *Il croit tout ce qu'il dit.* Il devait tout de même bien y avoir chez Robespierre, quelque part au tréfonds de son être, une strate où toutes ses contradictions se résolvaient enfin.

Brissot était en route pour Chartres, sa ville natale ; de là, il partirait pour le sud de la France. Pétion et Barbaroux se rendaient à Caen.

« Cette mansarde dans laquelle vous vivez… », dit Danton au prêtre. Il était effaré. Il avait toujours pensé que les prêtres tenaient beaucoup à leur confort.

« Ce n'est pas si mal, à présent que l'hiver est fini. Mieux que la prison, en tout cas.

— Ah, parce que vous êtes allé en prison ? » Le prêtre ne répondit pas. « Je me demandais, mon père, pourquoi vous vous habilliez comme un employé de banque ou un commerçant respectable ? Ne devriez vous pas être sans culotte ?

— Là où je vais, on me remarque moins, habillé de cette façon.

— Vous dispensez vos services aux classes moyennes.

— Pas uniquement.

— Et vous trouvez que ces gens s'accrochent encore à l'ordre ancien ? Voilà qui me surprend.

— Les travailleurs ont très peur de l'autorité, monsieur Danton, quels que soient ceux qui l'exercent. Et se préoccupent surtout, comme toujours, de pourvoir aux besoins élémentaires de la vie.

— Et sont, en conséquence, déficients du point de vue spirituel, c'est ce que vous sous-entendez ?

— Monsieur, vous n'êtes pas venu pour discuter politique avec un prêtre. Vous connaissez ma fonction. Je rends à César ce qui revient à César, le reste ne me concerne pas.

— Mais vous ne pensez pas que je sois César, n'est-ce pas ? Vous ne pouvez pas prétendre être au-dessus de la politique tout en choisissant votre César à votre guise.

— Monsieur, vous êtes venu pour que je vous entende en confession, avant votre mariage avec une fille de l'Église. Alors, je vous en prie, ne discutez pas, parce que, en l'occurrence, vous ne pouvez être ni gagnant ni perdant. La chose ne vous est guère familière, je le sais.

— Puis-je connaître votre nom ?

— Je suis le père Kéravenant. Autrefois, de la paroisse de Saint-Sulpice. Nous pourrions commencer, si cela ne vous ennuie pas.

467

— Il doit bien y avoir un quart de siècle que je ne me suis pas prêté à cette expérience. Assez pour mettre la mémoire à rude épreuve.

— Mais vous êtes encore jeune.

— Certes. Mais les années passées ont été fertiles en incidents.

— Quand vous étiez enfant, on vous a appris à faire votre examen de conscience tous les soirs. Avez-vous abandonné cette pratique ?

— Il faut bien dormir. »

Le prêtre sourit tristement. « Je peux peut-être vous aider. Vous êtes un fils de l'Église, et je suppose que vous n'avez pas eu de contact avec une quelconque hérésie – vous avez peut-être fait montre de négligence, mais vous reconnaissez que l'Église est la seule véritable Église, qu'elle est le chemin du salut ?

— Si le salut existe, je n'en vois effectivement pas d'autre.

— Vous croyez bien en Dieu, monsieur ? »

Danton réfléchit. « Oui, sans doute… mais j'ajouterais volontiers quelques réserves à cela.

— Restons-en là, voulez-vous. Nous n'avons pas à émettre de réserves. Votre pratique, vos obligations de catholique… vous les avez observées ou négligées ?

— Je les ai refusées.

— Mais ceux dont vous avez la charge, vous avez pourvu à leur bien-être spirituel ?

— Mes enfants sont baptisés.

— Bien. » Il en fallait peu, semblait-il, pour encourager le prêtre. Il leva les yeux, et l'acuité de son regard surprit Danton.

« Voulez-vous que nous passions en revue vos éventuels manquements ? Meurtre ?

— Pas en tant que tel.

— Vous pouvez l'affirmer en toute certitude ?

— Il est question ici d'un sacrement de l'Église, n'est-ce pas ? Non d'un débat à la Convention nationale.

— C'est juste, acquiesça le prêtre. Péchés de chair ?

— Oui, surtout ceux-là. Et le plus répandu. L'adultère.

— Combien de fois ?

— Je ne tiens pas de journal intime, mon père, je n'ai rien d'une gamine qui se meurt d'amour.

— Vous vous en repentez ?

— Du péché ? Oui.

— Parce que vous vous rendez compte que c'est une offense à Dieu ?

— Parce que mon épouse est morte.

— Ce que vous exprimez là n'est qu'une contrition imparfaite – celle qui naît de l'appréhension tout humaine du châtiment et de la souffrance – plutôt que cette contrition parfaite qui a pour cause l'amour de Dieu. Néanmoins, c'est tout ce que requiert l'Église.

— Je connais la théorie, mon père.

— Et vous êtes fermement décidé à vous amender ?

— J'ai l'intention d'être fidèle à ma deuxième épouse.

— Je pourrais peut-être aborder à présent d'autres rubriques – l'envie, la colère, l'orgueil…

— Ah, les péchés capitaux. Vous pouvez m'inscrire pour les sept à la fois. Non, attendez, pas la paresse. Il faudrait plutôt considérer que j'ai été trop appliqué. Davantage de paresse, et j'aurais peut-être moins péché dans d'autres domaines.

— Ensuite, la calomnie…

— Vous vous attaquez là, mon père, au fonds de commerce de l'homme politique.

— Quand vous étiez enfant, monsieur, on vous a mis en garde contre les deux péchés envers le Saint-Esprit : la présomption et le désespoir.

— Aujourd'hui, la tendance chez moi serait plutôt au désespoir.

— Allons, vous savez que je ne me place pas sur le plan matériel, mais que je parle du désespoir spirituel. Quand l'homme désespère de son salut.

— Non, je n'ai pas ce désespoir-là. Qui sait ? La miséricorde divine est étrange. C'est ce que je ne cesse de me dire.

— Monsieur, c'est tout à votre honneur d'être venu ici aujourd'hui. Vous vous êtes engagé sur le bon chemin.

— Et qu'y a-t-il au bout ?

— Le visage du Christ sur la croix. »

Danton frissonna. « Vous allez donc me donner l'absolution ? »

Le prêtre inclina la tête.

« Je n'ai rien du vrai pénitent, reconnut Danton.

— Dieu est parfois prêt à une entorse. » Le prêtre leva la main. Fit un signe de croix dans le vide, murmura la formule consacrée. « C'est un début, monsieur Danton, dit-il. Je vous ai dit que j'étais allé en prison… et j'ai eu la chance d'en réchapper, en septembre dernier.

— Où avez-vous été depuis ?

— Peu importe. Sachez seulement que je serai là quand vous aurez besoin de moi. »

« Aux Jacobins, hier soir…

— Arrête, Camille, je ne veux rien entendre.

— Tout le monde a dit : Mais où est Danton ? Encore absent !

— Le Comité me prend tout mon temps.

— Hum ! Un peu de ton temps. Pas assez.

— Mais, le Comité, je croyais que tu étais contre.

— Je suis d'abord pour toi.

— Et ?

— Et si tu continues comme ça, tu ne seras pas réélu.

— Cela ne te rappelle rien ? Les premiers temps de ton mariage, quand tu voulais un peu de temps à toi ? Et que Robespierre venait te harceler, te tyranniser et te sermonner à propos de tes devoirs d'homme public ? Tiens, je pense que tu devrais être le premier à connaître la nouvelle : je vais épouser la fille de Gély.

— Pas possible !

— Nous devons signer le contrat de mariage dans quatre jours. Accepterais-tu d'y jeter un coup d'œil pour moi ? Vu ma distraction et mon irresponsabilité bien connues, n'est-ce pas, je n'ai peut-être pas mis les mots dans le bon ordre. Et, vois-tu, une erreur pourrait me coûter cher.

— Pourquoi… y aurait-il une clause inhabituelle dans le contrat ?

— Je mets mes biens en son nom. En totalité. J'en conserve la gestion de mon vivant. »

Un long silence s'ensuivit. Rompu par Danton. « On ne sait jamais. Je pourrais avoir un accident. Aux mains de l'État. Mais que je perde ma tête ne signifie pas forcément que je doive perdre mes terres. Allons bon, pourquoi ces signes de colère ?

— Trouve-toi un autre avocat, lui hurla Camille. Je refuse de me faire complice de ton déclin et de ta chute. » Il claqua violemment la porte en sortant.

Louise descendit de l'appartement du dessus. Elle leva les yeux sur son visage, l'air solennel, et mit sa main d'enfant dans la sienne. « Où est passé Camille ?

— Probable qu'il est allé voir Robespierre. C'est toujours là qu'il finit quand nous nous disputons. »

Peut-être qu'un jour, il ne reviendra pas, songea Louise ; mais elle garda cette pensée pour elle. Elle était consciente de ce que son futur mari était, par bien des côtés, un homme vulnérable. « Vous vous connaissez vraiment bien, Camille et toi, dit-elle.

— C'en est intolérable. À ce propos, ma chérie, il faut que je te dise une chose… Non, rien à voir avec la politique, simplement une mise en garde : s'il m'arrive un jour d'entrer dans une pièce et de te trouver seule avec Camille, je te tue.

— Si tu me trouves un jour seule en compagnie de Camille, c'est que l'un de nous sera mort. »

« Je te souhaite tout le bonheur possible, Danton, dit Robespierre. À entendre Camille, tu as perdu la tête, mais, juste ciel ! je suppose que tu sais ce que tu fais. Je dirais seulement – si tu veux bien me pardonner ma franchise – que ton attitude face à tes devoirs d'homme public n'a pas été ces deux derniers mois conforme à ce que la République est en droit d'attendre de toi.

— Et que dire, Robespierre, de ces faiblesses qui te retiennent de plus en plus souvent au lit ?

— Je n'y peux rien.

— Et moi, je n'y peux rien si je me marie. Je ne peux pas me passer de femmes.

— On a bien compris, murmura Robespierre, mais faut-il vraiment qu'elles te prennent autant de temps ? Ne pourrais-tu pas te soulager et te remettre ensuite au travail ?

— Me soulager ! comme tu y vas ! Tu as vraiment une bien piètre estime de moi. Ce que je voulais dire, c'est qu'il me faut une famille – une épouse, mes enfants autour de moi, une vie domestique bien réglée ; je pensais que toi, plus que n'importe qui, serais capable de comprendre.

— Ah bon ? Moi, j'aurais plutôt pensé, vu ma condition de célibataire, être la dernière personne dont on pût s'attendre à ce qu'elle comprît.

— À toi de voir. Je croyais que tu faisais grand cas de la vie de famille, c'était là du moins mon impression. Mais bref, peu importe ce que tu comprends ou ne comprends pas, sache que je n'apprécie guère tes sous-entendus selon lesquels tout ce que je fais serait du domaine public.

— Inutile de te mettre en colère.

— Il m'arrive de me dire que je vais faire mes bagages et partir, partir demain, quitter cette ville, retourner d'où je viens, cultiver mes terres…

— Un grand sentimental, dit Robespierre. Voilà ce que tu es, Danton. Mais bon, si c'est vraiment ce que tu veux, fais-le ; on préférerait te garder avec nous, mais personne n'est irremplaçable. Viens me rendre une dernière visite avant ton départ, veux-tu ? Histoire de partager quelques verres. »

Robespierre résista à la tentation de se retourner, pour voir Danton le regarder bouche bée. Il est tellement tentant de le tourmenter, songea-t-il, lui et ses émotions si frustes, si violentes, si maladroites.

Pas étonnant que Camille s'y amuse depuis plus de dix ans.

Camille était allongé sur le lit de Robespierre, les yeux au plafond, les mains derrière la tête. Robespierre était à son bureau. « Curieuse affaire, dit-il.

— Pour le moins. Il aurait pu épouser des dizaines d'autres femmes. Elle n'est pas vraiment jolie, et elle ne lui apportera pas un sou. Il en est complètement entiché, il a perdu tout sens des proportions. Sans compter que ce sont des royalistes et des culs-bénits.

— Non, je ne pensais pas à Danton, je faisais allusion à ce dont nous parlions avant, l'affaire Dumouriez. Mais continue.

— Oh, c'est juste… qu'elle lui met toutes sortes d'idées dans la tête.

— Je n'aurais jamais cru une gamine comme elle capable de mettre des idées dans la tête de Danton.

— Il est très réceptif en ce moment.

— Tu veux dire, à des idées royalistes ?

— Pas tout à fait quand même, mais il se ramollit. Il m'a dit ne pas vouloir du procès de Marie-Antoinette. Bien entendu, il tente de justifier la chose, en alléguant qu'elle est notre dernière monnaie d'échange, que sa famille en Europe sera davantage susceptible de prêter l'oreille à un accord de paix si elle est encore en vie.

— Sa famille n'en a strictement rien à foutre, de Marie-Antoinette. Si elle ne passe pas en jugement, l'existence du tribunal n'est qu'une farce. Elle a commis un acte de trahison en livrant aux Autrichiens les plans de nos généraux.

— Et puis il dit encore que cela ne sert à rien de traquer les proches de Brissot maintenant qu'ils ont été exclus de la Convention… Mais il est vrai que tu as dit la même chose.

— Seulement en privé, Camille, souviens-toi. Ce n'était qu'un point de vue personnel, et non une recommandation adressée au pays tout entier.

— Moi, mes opinions personnelles sont les mêmes que celles que j'exprime en public. Ils passeront en jugement, si je peux agir à ma guise.

— Et si le docteur Marat peut agir à la sienne, dit Robespierre avant d'éparpiller quelques papiers sur son bureau. Les efforts de Danton pour négocier la paix ne semblent pas précisément couronnés de succès, je me trompe ?

— Non, en effet. Il a déjà gaspillé quatre millions, je dirais, rien qu'en Russie et en Espagne. Ce sera bientôt la paix à n'importe quel prix. C'est tout un côté de sa personnalité que les gens ignorent. La paix et la tranquillité avant tout.

— Est-ce qu'il voit toujours cet Anglais, ce Mr Miles ?

— Pourquoi ?

— Je me demandais, c'est tout.

— Pas plus, vraiment ? Je crois qu'ils dînent ensemble de temps en temps. »

Robespierre se saisit de son petit volume de Rousseau. Il se mit à le feuilleter d'un pouce distrait. « Dis-moi, Camille — et je te demande d'être tout à fait franc avec moi –, penses-tu que Georges Jacques ait été d'une honnêteté scrupuleuse relativement aux contrats de l'armée ?

— Comment dois-je répondre à cette question ? Tu sais aussi bien que moi comment il trouve son argent.

— Ristournes, dessous-de-table... Eh oui, on est bien obligés de le prendre comme il est, n'est-ce pas, avec ses défauts et ses faiblesses, même si j'ai du mal à imaginer la tête de Saint-Just s'il m'entendait dire une chose pareille. Je suppose qu'il m'accuserait d'être complice dans une affaire de corruption, ce qui n'est qu'une autre façon d'être soi-même corrompu... Dis-moi, crois-tu que nous pourrions sauver Danton de lui-même ? Éclaircir un peu le menu fretin ?

— Non », dit Camille, en se tournant sur le côté pour regarder Robespierre, la tête sur un coude. « Le menu fretin mène à des poissons plus gros, quels qu'ils puissent être. Et Danton est trop précieux pour qu'on l'accule à des positions intenables.

— Je détesterais le voir perdre de son pouvoir. Ce contrat de mariage... il y a là quelque chose d'inquiétant. Cela ne peut signifier qu'une chose : il craint de devoir, à plus ou moins long terme, passer lui aussi en jugement.

— Tu as dit pratiquement la même chose à ton propos. À savoir que, à un moment ou à un autre, tu pourrais, malgré toi, devenir un obstacle pour la révolution. Que tu y étais préparé.

— Préparé... disons, mentalement. Ce que j'entends par là, c'est qu'un peu d'humilité ne nous ferait pas de mal, mais je ne suis pas, pour autant, prêt à régler mes affaires par avance. Ce que nous devons faire, c'est nous efforcer de préserver Danton de toute relation qui pourrait lui être néfaste.

— Je ne vois pas de perspective de divorce dans un avenir immédiat.

— Où sont-ils aujourd'hui ? demanda Robespierre en souriant.

— À Sèvres, chez les parents de Gabrielle. Avec lesquels ils sont les meilleurs amis du monde. Ils ont l'intention d'acquérir une maison de campagne, où se retrouver absolument seuls tous les deux, et dont aucun d'entre nous ne saura où elle se trouve.

— Pourquoi t'en parler, en ce cas ?

— Ce n'est pas lui. C'est Louise qui a tenu à le faire parler. » Camille se mit sur son séant. « Il faut que j'y aille. J'ai un dîner. Pas avec Mr Miles, rassure-toi.

— Mais avec ?

— Personne que tu connaisses. J'ai bien l'intention de passer un très bon moment. Tu pourras lire tout cela dans la feuille à scandale d'Hébert. Je suis sûr qu'il est occupé, en ce moment même, à inventer la composition du menu de toutes pièces.

— Et ça ne t'ennuie pas ?

— De la part d'Hébert ? Non, j'adore le voir ployer sous le poids de sa propre mesquinerie.

— Non, je voulais dire… La dernière fois que tu as pris la parole à la Convention, souviens-toi, quelqu'un a crié : "Tu dînes avec des aristos." Ce qui en soi ne veut rien dire, mais…

— Pour eux, est aristo toute personne intelligente, ou qui a bon goût.

— Tu n'es pas sans savoir, je suppose, que ces gens, ces *ci-devant**, ne s'intéressent à toi qu'en raison du pouvoir que tu détiens.

— Non, bien sûr. Enfin, pas Arthur Dillon… Lui m'aime bien. Mais, après tout, depuis 1789 les gens ne se sont jamais intéressés à moi qu'en raison du pouvoir qui est le mien. Avant 1789, personne ne me prêtait attention.

— Ce n'est pas vrai de ceux qui comptaient. » Moment de grande intensité que celui-là. Les yeux de Robespierre, animés de leur éphémère éclat bleu-vert, s'attardent sur lui. « Tu as toujours été dans mon cœur. »

Camille sourit. Que de sentimentalité ! Il faut dire que c'est dans l'air du temps. Et puis, c'est beaucoup plus reposant que de se faire houspiller par Georges Jacques. Robespierre dissipe la solennité de l'instant en lui adressant de la main un signe d'adieu tout à fait détendu. Mais une fois Camille parti, il reste à réfléchir. « Vertu », c'est le mot qui lui vient à l'esprit – *vertu* au sens de courage, d'honnêteté, de pureté d'intention. Camille comprend-il la valeur de ces mots ? Il semble parfois très bien la comprendre ; personne n'a plus de *vertu* que lui. Le problème, c'est qu'il pense être une exception à toutes les règles. Il a dit des choses, aujourd'hui, qu'il souhaitera plus tard n'avoir jamais dites. Ce qui ne signifie pas que je ne doive pas les prendre en compte. S'il ne m'en avait pas parlé, je n'aurais jamais rien su du contrat de mariage de Georges Jacques. Il doit y avoir anguille sous roche pour que Danton soit à ce point angoissé. Un homme comme lui ne s'inquiète pas pour des babioles. Un homme comme lui ne se sent menacé que quand pèse sur lui une culpabilité excessive, ou bien une accumulation considérable de craintes et de menaces…

La culpabilité, c'est certain : comment pourrait-elle ne pas le ronger ? Il a abusé de la confiance de cette pauvre femme, la mère de ses fils. Quand elle est morte, je l'ai imaginé dans un état d'affliction tel qu'il ne se remettrait jamais, et je lui ai écrit pour le

478

réconforter, je lui ai ouvert mon cœur et mon esprit, laissant de côté toutes mes réserves, tous mes soupçons et mes doutes : « Toi et moi ne faisons plus qu'un. » Plutôt grandiloquent, j'en conviens. J'aurais dû retenir ma plume, mais j'étais tellement à vif... Sans doute l'expression l'a-t-elle fait sourire. Sans doute a-t-il pensé (et a-t-il dit aussi, devant un auditoire goguenard) : Qu'est-ce qui lui prend à ce petit bonhomme ? Comme ose-t-il présumer ne faire qu'*un* avec moi ? Comment *Robespierre* – ce célibataire qui n'a que des attachements éphémères, que d'ailleurs il nie –, comment *Robespierre* peut-il prétendre savoir ce que je ressens ?

Et, à présent, les mains posées sur son bureau, il se dit : Danton est un patriote. Il n'est besoin de rien de plus, et peu importe si ses manières me déplaisent. Oui, Danton est un patriote.

Il se lève du bureau, ouvre un tiroir, en sort un carnet. Un de ces petits carnets dont il est si friand : celui-ci est neuf. Il l'ouvre à la première page. S'assied, trempe sa plume dans l'encrier, écrit DANTON. Il voudrait ajouter un avertissement, quelque chose comme : À ne pas lire, il s'agit d'un écrit intime. Pourtant, bien qu'il soutienne ne pas connaître les gens, il n'ignore pas qu'une telle mise en garde ne servirait qu'à les titiller davantage, à exciter leur appétit, à les pousser à tourner les pages d'une main fébrile. Il fronce les sourcils. Alors, qu'ils lisent donc... À moins qu'il n'emporte ce carnet partout où il va, tout le temps ? Pas trop fier de son entreprise, il se met à transcrire ce dont il se souvient encore de sa conversation avec Camille.

Maximilien Robespierre :

Nous voulons substituer dans notre pays la morale à
l'égoïsme, la probité à l'honneur, les principes aux usages,
les devoirs aux bienséances, l'empire de la raison à la
tyrannie de la mode, le mépris du vice au mépris du malheur […], l'amour de la gloire à l'amour de l'argent, les
bonnes gens à la bonne compagnie, le mérite à l'intrigue
[…], la grandeur de l'homme à la petitesse des grands, un
peuple magnanime, puissant, heureux, à un peuple aimable,
frivole et misérable, c'est-à-dire toutes les vertus et tous
les miracles de la République à tous les vices et à tous les
ridicules de la monarchie.

* * *

Camille Desmoulins :

On avait pensé, jusqu'à nos jours, qu'il était impossible
de ne fonder une république qu'avec des vertus, comme les
anciens législateurs ; la gloire immortelle de cette société
est d'avoir créé la République avec des vices.

Tout au long du mois de juin, les désastres se mul-
tiplient en Vendée. Les rebelles s'emparent d'Angers,
de Saumur, de Chinon ; subissent une courte défaite
dans la bataille pour Nantes, où, au large des côtes, la
flotte anglaise attend son heure pour leur apporter son
soutien. Le Comité Danton n'est pas en train de gagner
la guerre ; pas plus qu'il n'est en mesure de promettre la paix. Si, d'ici à l'automne, les nouvelles ne
s'améliorent pas et restent porteuses d'autant de catastrophes, les sans-culottes vont vouloir faire la loi et

s'attaquer au gouvernement et aux dirigeants qu'ils ont élus. C'est là du moins le sentiment (que Danton soit présent ou pas) qui prévaut au sein du Comité de salut public, dont les débats sont tenus secrets. Sous le tricorne noir qui est l'emblème de sa fonction, le citoyen Fouquier, les traits de plus en plus tirés, parcourt les dossiers qui s'entassent sur son bureau, programme des diversions pour les jours à venir, présentant un visage amaigri et affamé, le visage qui est aujourd'hui celui de la République.

Et s'il est besoin d'une diversion, pourquoi ne pas arrêter un général ? Arthur Dillon est proche de quelques députés éminents et candidat au poste de commandant en chef du front du Nord ; il a prouvé sa valeur à Valmy et dans une demi-douzaine d'autres actions depuis. À l'Assemblée nationale, c'était un libéral ; à présent, il est républicain. La logique ne veut-elle pas qu'il soit jeté en prison, le 1er juillet, soupçonné d'avoir livré des secrets militaires à l'ennemi ?

Ils s'étaient entendus pour décider que la santé de Claude nécessitait de longues marches quotidiennes. Son médecin s'était joint au complot, en vertu du fait qu'un exercice léger, même fréquent, ne pouvait qu'être bénéfique ; et si un des membres les plus désagréables de la Convention voulait avoir une aventure avec sa belle-mère, ce n'était pas à lui de lui faire obstacle.

Annette, de fait, trouvait sa vie beaucoup moins excitante qu'on ne le pensait généralement. Tous les matins, elle occupait son temps avec la presse de province ; elle parcourait les journaux, rassemblait des coupures, des extraits. Elle s'asseyait à côté de son gendre, ensemble ils décachetaient son courrier, et elle griffonnait la démarche à suivre : si elle pouvait répondre, s'il préférait le faire lui-même, ou si telle ou telle lettre pouvait être détruite. Qui aurait cru, disait-elle, que je finirais un jour par devenir ta secrétaire ? Cela fait presque dix ans que nous n'avons pas couché ensemble, que nous n'avons pas cruellement trompé le reste de la famille. Ils s'efforçaient de retrouver la date exacte – quelque part en 1784 – du jour où Fréron était entré avec une courbette dans le salon d'Annette, avec Camille dans son sillage. Elle était plutôt négligente, à cette époque, quand il s'agissait de noter les choses par écrit.

S'ils arrivaient à retrouver la date, songèrent-ils un jour, ils pourraient donner une soirée. Pas de sot prétexte pour une petite fête ! dit Annette. Ils restèrent un moment sans rien dire, repensant aux dix dernières années. Puis ils revinrent à leur discussion sur la Commune.

Et voici Lucile, qui entre à l'improviste, sans s'être annoncée. « Mais tout de même ! s'exclame sa mère. Entrer ainsi, alors que nous avons une discussion intime à propos d'Hébert... »

Ce qui ne fit pas rire Lucile. Qui commença aussitôt à parler. Camille crut d'abord que Dillon était mort, tué au combat. Un vide épouvantable se fit dans son esprit, et il alla s'asseoir sans un mot au bureau près de la cheminée, l'œil fixé sur le grain du bois. Il lui fallut une ou deux minutes avant d'enregistrer correctement le message : Dillon est ici, il est en prison, que devons-nous faire ?

La *joie de vivre** qui avait habité Annette toute la matinée sembla s'évaporer d'un coup. « Voilà un sérieux contretemps », dit-elle. Elle pensa aussitôt : Je ne saurai jamais la vérité là-dessus. Qui est derrière cette arrestation ? Un de ces satanés comités ? Le Comité de sûreté générale, que tout le monde appelle le Comité de sûreté ? Est-ce vraiment Dillon qui est visé, ou bien Camille ?

« Il faut que tu le sortes de là, dit Lucile. S'il est déclaré coupable (son visage disait assez qu'elle n'ignorait pas ce qu'impliquerait une condamnation), on va te montrer du doigt et clamer : N'oubliez pas que c'est lui qui a favorisé la carrière de Dillon. Ce qui est bien le cas.

— Déclaré coupable ? dit Camille en se levant brusquement. Il n'y aura pas de condamnation, pour la bonne raison qu'il n'y aura pas de procès. Je briserai le cou de mon fieffé cousin.

— Certainement pas, intervint Annette. Modère ton langage, rassieds-toi, et réfléchis calmement. »

Autant parler à un sourd. Camille était hors de lui – et il ne s'agissait pas de l'indignation plus ou moins feinte de l'homme rompu aux discours politiques, mais d'une vraie colère, de celle qui pousse à dire : Savez-vous bien qui je suis ? « Voilà à nouveau votre nom traîné dans la boue », murmura Annette à sa fille. Ladite colère s'exprimera à la Convention, bien sûr, mais d'abord chez Marat.

La cuisinière le fit entrer. Pourquoi diable Marat emploie-t-il une cuisinière ? Ce n'est pas comme s'il organisait des soupers. Sans doute ce titre de « cuisinière » masque-t-il quelque passe-temps révolutionnaire plus énergique. « Ne te prends pas les pieds dans les journaux », dit la femme. Ils étaient empilés en gros ballots sur le sol d'un couloir miteux et mal éclairé. Sur cette mise en garde, elle le précéda jusqu'à ses employeurs, qui, assis en demi-cercle, donnaient l'impression de se préparer à une séance de spiritisme. Pourquoi diable ne nettoient-ils pas l'endroit ? se demanda-t-il avec irritation. Les femmes de Marat ne sont manifestement pas des ferventes des arts domestiques. Simone Évrard était là, ainsi que sa sœur Catherine ; la sœur de Marat, Albertine, était en Suisse, lui dit-on, dans la famille. Tiens, fit-il, Marat a donc une famille ? Une mère, un père, et le reste, comme tout le monde ? Bizarre, vraiment, je n'ai jamais pensé à Marat comme à un homme doté d'un commencement, d'un milieu et d'une fin, il m'a toujours fait l'impression d'avoir des milliers d'années, un peu comme Cagliostro. « Puis-je le voir ?

— Il ne va pas très bien, dit Catherine. Il macère dans un de ses bains en ce moment.

— Il faut pourtant que je le voie de toute urgence. »

Simone aux yeux de biche : « Dillon, hein ? » Elle se leva avant d'ajouter : « D'accord, suis-moi. Il y a encore un moment, il riait de cette histoire. »

À l'intérieur d'une pièce exiguë et surchauffée, Marat était encaissé dans une baignoire sabot, une serviette drapée sur les épaules et un linge enroulé autour de la tête. Il régnait là une lourde odeur d'hôpital. Son visage était enflé ; sous l'habituelle coloration bilieuse se dessinaient des reflets bleuâtres. Une planche posée en travers de la baignoire faisait office de bureau.

Simone indiqua du geste une chaise en paille, tout en donnant dedans un petit coup de pied gracieux pour inviter le visiteur à s'asseoir.

Marat leva les yeux des épreuves qu'il était en train de corriger. « Alors, on est très fâché ? La chaise est faite pour s'asseoir, Camille. Pas pour monter dessus et haranguer les foules. »

Camille s'assit. Il s'efforça d'éviter de regarder Marat. « Je ne suis pas beau à voir, comme ça ? dit ce dernier. Une véritable œuvre d'art. Je devrais être exposé en public. D'ailleurs, étant donné le nombre de gens qui défilent ici, je me fais déjà l'effet d'un phénomène de foire.

— Je suis heureux que tu aies trouvé quelque chose qui te fasse rire. Si j'étais dans ton état, je ne serais pas particulièrement joyeux.

— Alors, Dillon. Je peux te consacrer cinq minutes sur le sujet. Dans la mesure où Dillon est aristocrate de naissance, il devrait être guillotiné…

— Il ne peut rien à sa naissance, tout de même.

— Nous avons tous des défauts dont nous ne sommes pas responsables, mais on ne peut pas continuer indéfiniment à faire la part des choses. Dans la mesure où Dillon est l'amant de ta femme, tu ne feras qu'aggraver ta perversité si tu esquisses le moindre geste en sa faveur. Dans la mesure où ce sont les comités qui sont à l'origine de ce coup-là… c'est à eux qu'il faut t'en prendre, et Dieu t'accompagne, mon fils, dit Marat en abattant son poing fermé sur la planche qui lui permettait d'écrire. Va et cause-moi quelques dégâts.

— Je crains que si Dillon comparaît devant le tribunal sur des accusations aussi ridicules, il n'en soit pas moins condamné, tout innocent qu'il est. Tu crois que c'est possible ?

— Oui, tout à fait. Il a des ennemis, des gens haut placés. Et puis, qu'est-ce que tu crois ? Le tribunal est un instrument politique.

— Le tribunal a été mis en place au départ pour se substituer à la loi de la rue.

— C'est ce que Danton a prétendu. Mais les choses n'en resteront pas là. Il y aura sous peu quelques affrontements juteux, dit Marat avant de lever les yeux sur son interlocuteur. Quant à toi, si tu commences à te préoccuper du sort de ces *ci-devant**, tu vas au-devant de gros, de très gros ennuis.

— Et toi ? dit calmement Camille. Tu es pire que moi ! Tu vas mourir ? »

Marat tapota le côté de la baignoire. « Non… Avec cet équipement… j'ai encore de belles années devant moi. »

À la Convention nationale : l'ami de Danton Desmoulins et l'ami de Danton Lacroix s'étripent verbalement comme dans un meeting en plein vent. L'ami Desmoulins attaque le Comité Danton. Debout à la tribune, il se fait huer, conspuer, par la droite comme par la gauche. De la Montagne, Billaud-Varenne hurle : « C'est un scandale, une honte, il faut l'arrêter, il détruit sa propre réputation. »

Nouvelle sortie, une de plus, en signe de protestation. Cela devenait une habitude. Fabre le suivit à l'extérieur. « Mets-le par écrit, dit-il.

— Compte sur moi. » Déjà, la lettre que Dillon lui avait envoyée de la prison avait été rendue publique, il l'avait lue aux députés. Je n'ai rien fait, y disait Dillon, qui n'ait été pour le bien de mon pays. « Ce sera un pamphlet, dit Camille. Quel titre lui donner, à ton avis ?

— "Lettre ouverte à Arthur Dillon", c'est tout. Les gens aiment lire les lettres des autres, dit Fabre, avec un mouvement de la tête en direction de la chambre. Et puis, règle quelques comptes pendant que tu y es. Lance de nouvelles campagnes. »

Ce disant, Fabre songeait : Mais que suis-je en train de faire, bon sang ? Se retrouver mêlé à l'affaire Dillon était bien la dernière chose dont il avait besoin.

« Qu'est-ce que Billaud entendait par "il détruit sa propre réputation" ? Serais-je une sorte d'institution à moi tout seul ? » Il connaissait la réponse : oui, sans aucun doute. La révolution, c'était lui. Et à présent, on pensait apparemment que la révolution avait besoin d'être protégée d'elle-même.

Un député d'un certain âge, l'air grave, s'approcha de lui, brava son expression meurtrière et, l'ayant emmené à l'écart, lui proposa d'aller prendre une tasse de café quelque part. Tu connais bien Dillon ? lui demanda l'homme. Oui, fort bien. Et tu es au courant, reprit l'autre – écoute, je ne voudrais pas que tu te fâches, mais il faut que tu le saches –, pour Dillon et ta femme ? Camille opina du chef. Il était déjà en train de rédiger un paragraphe dans sa tête. C'est injuste, tu sais, dit le député. Tu mérites mieux, Camille. Toujours la même vieille histoire, j'imagine… le mari trop pris par les affaires publiques, la jeune femme qui s'ennuie et qui, de surcroît, est volage, et puis tu n'as pas le physique de Dillon.

Ainsi donc, il reste encore de la bonté en ce bas monde – cet homme, mal à l'aise mais patient, qui

487

tombe sur une situation qu'il ne comprend pas, qui n'a saisi que la dernière partie de commérages salaces, et qui, pourtant, voudrait remettre en selle un homme encore jeune ; peut-être parce qu'il a été lui-même trahi vingt ans plus tôt, qui sait ? Camille fut touché. Merci, dit-il poliment. Tandis qu'il quittait le café et prenait le chemin de la maison pour y retrouver son bureau, il sentit ce fluide si particulier lui envahir à nouveau les veines, comme au bon vieux temps des *Révolutions*, ce pouvoir des mots qui court dans le sang comme une drogue. Pendant les deux semaines suivantes, il aurait l'esprit légèrement dérangé. Quand il n'était pas occupé à écrire ou engagé dans une algarade, la vie semblait le quitter ; il se sentait passif, réduit à l'état de coquille vide, de fantôme. Était saisi d'étranges fantasmes ; et le langage du débat public prenait sous sa plume un tour violent, inattendu.

« Après Legendre, le membre de la Convention nationale qui a le plus de vanité, c'est Saint-Just. On voit dans sa démarche et son maintien qu'il regarde sa tête comme la pierre angulaire de la République et qu'il la porte sur ses épaules avec respect et comme un saint sacrement. »

Saint-Just lut le passage, qu'une personne bien intentionnée avait souligné à l'encre verte. Son visage ne révéla pas grand-chose ; pas de ricanement méprisant, à l'instar d'un personnage de roman à l'eau de rose. « Comme le saint sacrement, hein ? Sa tête à lui, je la lui ferai porter comme saint Denis a porté la sienne. »

« Excellent, dit Camille, quand on lui rapporta le commentaire. De la part d'Antoine, très spirituel. Peut-être finira-t-il intelligent en grandissant. »

Un moment plus tard, il fouillait dans ses rayonnages. « Lucile, où est donc le dégoûtant ouvrage de Saint-Just, ce poème épique en vingt livres ? Il y avait une strophe qui commençait par "Si j'étais Dieu". J'ai oublié la suite, je suis sûr qu'elle me fournirait un excellent prétexte à raillerie. »

Puis il s'arrêta net, s'assit ou, plus exactement, se laissa tomber sur une chaise. « Mais à quoi je pense ? Saint-Just et moi sommes censés être du même bord. Jacobins tous les deux, républicains…

— Je vais te le trouver, si tu veux, dit calmement Lucile.

— Non, oublie, veux-tu. »

Car il avait commencé à avoir des visions : des visions de ce saint patron, qui avait parcouru plusieurs lieues, sa tête tranchée à la main. Il voyait d'abord Denis place de Grève, marchant prudemment sur les pavés. Il avait été décapité proprement ; mais la tête qui se balançait presque avec désinvolture au bout de son bras gauche était celle de Camille. Il le revit qui pénétrait en cachette chez les Duplay, pour un entretien privé avec Robespierre ; une autre fois encore, il attendait devant l'entrée du club des Jacobins – patriote nouvellement arrivé, modeste et provincial, espérant une introduction dans le grand monde.

Au bout d'un jour ou deux, l'idée lui vint que la seule chose à faire était de prendre l'initiative. Il lui serait très facile de tuer Saint-Just. Il pouvait le rencontrer seul, à n'importe quel moment, dans un lieu adéquat ; puis, un coup de pistolet, ou plutôt (afin de rester discret) de couteau. Il voyait déjà la douleur noyer les yeux de velours de Saint-Just.

Ensuite, il lui faudrait s'inventer un mobile. Ce serait la conspiration de Saint-Just contre la République, que lui, Camille, avait détectée avec l'instinct du patriote éprouvé et zélé qu'il était. *La Révolution, c'est moi.* Qui refuserait de croire qu'il avait tué Saint-Just dans un accès de saine colère patriotique ? Il avait du mal à se contrôler, tout le monde le savait. Afin d'éviter toute question embarrassante, il faudrait qu'il se serve d'un petit couteau, le genre d'instrument qu'on ignore presque avoir sur soi.

Enfin, ne sois pas ridicule, se dit-il. Saint-Just ne va pas te tuer, pas plus que toi, tu ne vas l'assassiner. Ou même t'attaquer à lui.

Tout en assistant à une séance du Comité de guerre, dont il était secrétaire, il écrivit une lettre sensée et aimablement bavarde, dans laquelle il demandait à son père, Lucile étant d'une jalousie féroce, de ne pas faire aussi souvent allusion à Rose-Fleur dans sa correspondance.

Il n'empêche, le fantasme s'était fiché dans son esprit, y avait pris racine ; impossible de l'en déloger. Il repensa au trou dans le flanc de Lepeletier, suite à une blessure à l'arme blanche qui lui avait demandé toute une nuit pour mourir. Il lui faudrait agir vite ; un seul coup, franc et sans bavure ; Saint-Just était bien plus grand et plus fort que lui, et il n'aurait pas une seconde chance. Aux Jacobins, quand il entendait la voix sonore du jeune homme, il souriait à part lui. Il rêvait aussi de son plan à la Convention, quand Saint-Just était à la tribune, la main gauche levée agitée de mouvements brefs et saccadés.

13 juillet : « Quelqu'un de Caen, dit Danton. On pense que Pétion et Barbaroux étaient là-bas depuis

plusieurs semaines. C'est une conspiration girondine. En tout cas, je te rassure, je ne suis pour rien dans cette histoire.

— J'ai entendu quelqu'un dans la rue crier le mot "assassinat", dit Camille. J'ai eu peur que... dans un moment de... Non, rien, c'est sans importance. »

Danton le regarda fixement l'espace d'une seconde. « Quoi qu'il en soit, dit-il, la Gironde vient de signer là son arrêt de mort. Ces meurtriers ont lâchement envoyé une femme faire le travail à leur place. »

La rue étroite était bloquée par une foule dense, presque silencieuse ; la fascination rivait tous les regards sur deux fenêtres brillamment illuminées de l'appartement de Marat. Il était une heure du matin, la nuit était étrangement claire, la chaleur tropicale. Camille fit signe de s'écarter au sans-culotte planté au bas de la rampe en fer forgé. L'homme ne bougea pas, du moins pas de suite.

« Je t'ai jamais vu de près, toi, dit-il en mesurant Camille du regard. Comment Danton prend la chose ?

— Il est scandalisé.

— Tu parles ! J'parie que tu vas bientôt me dire qu'il est ravagé, c'est ça ? »

Camille avait l'habitude d'entendre la foule scander son nom. Là, c'était un genre de familiarité différent, nettement plus déplaisant.

« Y en a qui disent que Danton et Robespierre se sont arrangés pour le mettre là où y s'tiendra tranquille, dit l'homme. Y en a d'autres qui disent que c'est les royalistes, et puis d'autres encore, que c'est Brissot.

— Mais je te connais, dit Camille. Je t'ai vu courir derrière Hébert, non ? Qu'est-ce que tu fais ici ? »

En fait, il le savait très bien : le sans-culotte était là pour se disputer l'héritage avec d'autres.

« Ah, dit l'homme, c'est que le Père Duchesne s'intéresse à la suite. On va avoir besoin d'un nouvel Ami du peuple. Et ça sera pas un de vous…

— Jacques Roux, peut-être ?

— Toi et ce sale porc de Dillon… »

Camille bouscula l'homme pour passer. Legendre était déjà dans la maison, où il fanfaronnait, son écharpe tricolore lâchement nouée autour de sa corpulente personne ; de toute évidence, il avait pris les choses en main. Le sol semblait trembler sous ses pieds, comme si les cris des femmes ébranlaient encore les fenêtres ; mais tout était calme à présent, en dehors de quelques sanglots étouffés derrière une porte close. Tu n'as pas mangé grand-chose aujourd'hui, se dit Camille ; c'est pourquoi les murs ont cette allure liquide et l'air est si troublé.

La meurtrière était assise dans le salon. Elle avait les mains solidement liées, et deux hommes munis de piques se tenaient derrière sa chaise. Devant elle, une petite table couverte d'une nappe blanche chiffonnée, et, dessus, ses quelques possessions : une montre en or, un dé, une bobine de fil blanc, quelques pièces de monnaie. Un passeport, un certificat de naissance, un mouchoir bordé de dentelle, l'étui en carton d'un couteau de cuisine. À ses pieds, sur le tapis poussiéreux, un chapeau noir orné de trois rubans vert vif.

Adossé au mur, Camille l'observait. Elle avait cette peau fine et translucide qui rougit et se marque facilement, mais reflète aussi la moindre nuance de la lumière. Une fille en pleine santé, à la poitrine ample, élevée au bon beurre et au bon lait de ferme, le genre de fille qui, parée de rubans et sentant bon les fleurs, vous sourit à l'église les dimanches de printemps. Je te connais bien, songea-t-il, je me souviens de toi du temps de mon enfance. Les vestiges d'une coiffure élaborée lui pendaient autour de la figure.

« Oui, fais-la rougir, dit Legendre, tu n'auras aucun mal. Mais tu ne la verras pas rougir pour son crime. Je remercie la Providence d'avoir épargné ma vie, parce qu'elle s'est présentée à ma porte plus tôt dans la journée. Elle le nie, mais elle est bel et bien venue. Mes gens se sont montrés soupçonneux, ils n'ont pas voulu la laisser entrer. Elle a beau dire, va, c'est moi qu'elle voulait frapper.

— Félicitations », dit Camille. Il voyait que la fille était gênée par ses liens.

« Elle ne rougira pas, dit Legendre, d'avoir assassiné notre plus grand patriote.

— Si c'était vraiment cela qu'elle avait en tête, elle n'aurait pas perdu son temps à se rendre chez toi. »

Simone Évrard était devant la porte de la pièce où se trouvait le corps. Elle s'était effondrée contre le mur, dévastée, le visage ravagé par les larmes, à peine capable de se tenir debout. « Tout ce sang, Camille, dit-elle. Comment arriverons-nous jamais à le faire disparaître du sol et des murs ? »

Quand il ouvrit la porte, elle fit une faible tentative pour l'arrêter. Le docteur Deschamps jeta un bref coup d'œil par-dessus son épaule. L'un de ses assistants s'avança, bras tendu, pour empêcher Camille d'entrer. « Il faut que je m'assure… » murmura Camille. Deschamps tourna à nouveau la tête. « Je te demande pardon, citoyen. Je ne t'avais pas reconnu. Mais je t'avertis, le spectacle n'est guère agréable. Nous sommes en train d'embaumer le corps, mais par cette chaleur… et, étant donné l'état du cadavre après quatre ou cinq heures, poursuivit le médecin en s'essuyant les mains sur une serviette, c'est comme s'il était déjà en voie de putréfaction. »

Il doit penser, se dit Camille, que je suis ici pour représenter la Convention, pour une question de protocole. Il baissa les yeux. Le docteur Deschamps le prit par le coude. « La mort a été instantanée, dit-il, ou presque. Il a tout juste eu le temps de pousser un cri. Il n'a pas pu sentir quoi que ce soit. Regarde, c'est là que la lame est entrée. Dans le poumon droit, sectionnant l'artère, transperçant le cœur. On n'est pas arrivé à lui refermer la bouche, alors on a dû lui couper la langue. Comme tu vois, il est encore parfaitement reconnaissable. Et maintenant, je vais te demander de sortir d'ici. Je vais faire brûler les aromates les plus puissants que j'ai pu trouver, et ce n'est pas une odeur pour les profanes. »

Dehors, Simone était toujours adossée au mur. Le souffle rauque. « Je leur avais bien dit de donner un opiacé à cette femme, dit Deschamps, visiblement furieux. Tu veux que je te signe quelque chose ? Non, je vois. Tu as une délégation officielle avec toi, je suppose ? Je ne sais pas trop à quoi rime cette presse, tout le monde sait qu'il est mort. J'ai déjà eu quelqu'un des Jacobins qui a vomi sur un de mes assistants. Et toi, tu es du genre à t'évanouir pour pas grand-chose, à mon avis ; à ta place, je sortirais le plus vite possible. Donne des ordres pour qu'on s'occupe de sa femme, si c'est ce qu'elle est, tu veux bien ? »

La porte se referma. Simone se laissa aller dans ses bras. De la pièce voisine parvinrent des voix posant

494

des questions d'un ton sec. « Oui, j'étais sa femme, gémit Simone. Il ne m'avait pas épousée à l'église, on n'était même pas passés devant le maire, mais il jurait par tous les dieux de la création que j'étais sa femme. »

Qu'est-ce qu'elle veut, se demanda Camille, que je la conseille sur ses droits ? « Tu seras reconnue comme sa veuve, dit-il. Personne aujourd'hui ne prête plus grande attention aux formalités. Tout est à toi, à présent, la presse et le papier pour la prochaine édition. Fais-y bien attention. À mon avis, l'État prendra les funérailles à sa charge. »

Une fois dans la rue, il jeta un dernier coup d'œil sur les fenêtres derrière lesquelles s'affairaient les ombres de Deschamps et de ses assistants. De grosses gouttes tièdes commencèrent à tomber. On entendait le tonnerre au loin – peut-être au-dessus de Versailles. Les gens attendaient toujours, patients, épaule contre épaule.

C'est David, le peintre, qui organisa les funérailles. Le corps devait être déposé dans un cercueil en plomb scellé, lui-même placé dans un sarcophage en porphyre violet, prélevé dans la collection des antiquités du Louvre. Mais pour le cortège, il fut décidé que le défunt serait transporté sur une bière, enveloppé d'un grand drapeau tricolore (le tissu ayant été préalablement trempé dans l'alcool). Sur un bras nu, prélevé sur un cadavre mieux conservé et cousu sur le corps, était posée une couronne de laurier ; des adolescentes tout de blanc vêtues et portant des branches de cyprès entouraient la bière.

Derrière elles venaient la Convention, les clubs, le peuple. Le cortège se mit en marche à cinq heures de l'après-midi et se termina à minuit, à la lueur des flambeaux. Marat devait être enterré comme il avait vécu, sous terre, dans une tombe aux allures de cave surplombée de gros blocs de pierre et entourée d'une grille de fer.

Le cœur, embaumé séparément, fut placé dans une urne, que s'approprièrent les patriotes du club des Cordeliers pour la conserver dans leurs locaux jusqu'à la fin des temps. « Cœur sacré de Marat », pleurait le peuple.

CI-GÎT MARAT
L'AMI DU PEUPLE
TUÉ PAR LES ENNEMIS DU PEUPLE
13 JUILLET
1793

Un observateur anonyme épingla le comportement curieux de Robespierre au cours de la procession. On aurait dit, à l'en croire, qu'il accompagnait le corps à une décharge publique.

IX

Amis des Indes orientales

(1793)

Jeudi 25 juillet : Danton se rejeta de tout son poids contre le dossier de sa chaise, renversa la tête en arrière et éclata de rire. Louise eut un mouvement de recul : elle craignait pour le mobilier, mais il passait son temps à lui assurer que l'argent pour le remplacer ne manquait pas. « Le jour où j'ai quitté le Comité, dit-il, j'ai vu quelque chose que je n'aurais jamais cru voir : j'ai vu Fabre d'Églantine incapable de parler. » Danton était légèrement ivre ; à intervalles plus ou moins réguliers, il se penchait par-dessus la table pour presser la main de sa nouvelle épouse. « Alors, Fabre, toujours frappé de mutisme ?

— Non, non, dit Fabre sans grande conviction. Je ne souhaiterais pourtant pas à mon pire ennemi de siéger dans un comité en compagnie de Saint-Just. Il est vrai, comme tu viens de le dire, que Robert Lindet a été élu, et que c'est un solide patriote en qui nous pouvons avoir toute confiance. Hérault est élu lui aussi, et il est de nos amis...

— Tu n'as pas l'air convaincu, hein ? Écoute-moi, Fabre, je suis Danton, enfonce-toi ça dans le crâne, tu veux ? Il se peut que le Comité ait besoin de moi, mais moi, je n'ai pas besoin du Comité. Et maintenant, permets-moi de me porter un toast à moi-même, puisque personne n'a le bon goût de le faire. À moi, donc, nouvellement élu président de la Convention. » Il leva son verre à l'adresse de Lucile. « À présent, buvons à la santé de quelques autres. À mon ami le général Westermann, puisse-t-il réussir dans sa lutte contre les rebelles de Vendée. »

Il avait de la chance, songea Lucile, d'avoir pu réintégrer Westermann dans ses fonctions, après la dernière défaite de celui-ci ; et Westermann, quant à lui, a de la chance d'être encore en liberté. « Buvons au cœur sacré de Marat », dit Danton. Louise lui lança un regard sévère. « Désolé, ma chérie, loin de moi l'idée de blasphémer ; je me contente de reprendre le refrain qui circule parmi la populace complètement abusée. Pourquoi la Gironde s'en est-elle prise à Marat ? Il était déjà à moitié mort, de toute façon. Et puis, en admettant que la drôlesse ait agi de sa propre initiative, comme elle l'a prétendu, cela ne prouve-t-il pas à l'envi, comme je l'ai toujours dit, que les femmes n'ont aucun sens de la politique ? Elle aurait dû s'en prendre à Robespierre, ou à moi.

« Oh, ne dis pas une chose pareille », le supplia Louise, qui, dans le même temps, avait du mal à imaginer un couteau de cuisine pénétrer ces épaisses couches de muscle et de graisse. Danton parcourut la table du regard. « Camille, lança-t-il, une seule goutte d'encre de ta plume vaut tout le sang du corps de Marat. »

Il remplit les verres. Il va boire une autre bouteille, se dit Louise, peut-être s'endormira-t-il ensuite sans attendre. « Et buvons à la liberté, dit-il. Lève ton verre, général.

— À la liberté ! dit le général Dillon avec émotion. Puissions-nous rester libres encore longtemps, si vous voyez ce que je veux dire, pour en jouir pleinement. »

26 juillet : Robespierre était assis, tête baissée, doigts croisés entre ses genoux, l'image même de la détresse. « Tu comprends ? demanda-t-il. J'ai toujours résisté à ce genre d'engagements, j'ai toujours refusé toute fonction officielle.

— C'est vrai, dit Camille, qui avait mal à la tête, suite à la soirée chez Danton. Mais la situation a changé.

— Maintenant, tu comprendras que... » Robespierre était depuis quelque temps affligé d'un léger tic facial, qui le désolait : à intervalles plus ou moins réguliers, il s'arrêtait de parler et pressait sa main contre sa joue. « Il est clair qu'une autorité centrale renforcée... avec l'ennemi qui avance sur tous les fronts... Tu sais que j'ai toujours défendu le Comité, que j'en ai toujours vu la nécessité...

— Mais oui, et arrête de t'excuser. Tu viens de remporter une élection, pas de commettre un meurtre.

— Et puis il y a les factions – Hébert, Jacques Roux et tant d'autres –, qui ne veulent pas voir la France dotée d'un gouvernement fort. Ils tirent parti du mécontentement congénital de l'homme de la rue, l'exploitent et créent tous les troubles dont ils sont capables. Ils proposent des mesures qu'on ne peut considérer que comme ultra-révolutionnaires, des mesures qui paraissent repoussantes et menaçantes aux yeux des gens civilisés. Ils jettent le discrédit sur la révolution. Ils tentent de la tuer en la voulant extrême. C'est pourquoi je les appelle des agents de l'ennemi. » À nouveau, il porta la main à sa joue. « Si seulement Danton n'était pas d'une négligence aussi chronique.

— Manifestement, il ne pense pas que le Comité ait l'importance que toi, tu lui accordes.

— N'oublie pas, dit Robespierre, que je n'ai pas de moi-même quémandé cette fonction. Il se trouve que le citoyen Gasparin est tombé malade, et que l'on m'a mis cette charge sur le dos. J'espère qu'ils ne vont pas commencer à parler du Comité Robespierre. Je n'en serai qu'un membre comme les autres… »

Exit du Comité le premier de ses deux meilleurs amis. Entre le second. Camille est habitué à servir d'oreille avant l'heure aux discours que répète Robespierre ; il en est ainsi depuis 1789. Depuis ce fameux moment chargé d'émotion chez les Duplay – « tu as toujours été dans mon cœur » –, il sent que l'on exige toujours davantage de lui. Robespierre fait désormais partie de ces gens en compagnie desquels il est impossible de se détendre, ne serait-ce qu'un court instant.

Deux jours plus tard, le Comité de salut public se voit conférer le pouvoir de délivrer des mandats d'arrêt.

Jacques Roux, dont le nombre de partisans grandit de jour en jour, annonça que le nouveau rédacteur de son journal était « le fantôme de Marat ». Hébert fit savoir aux Jacobins que, si Marat avait besoin d'un

500

successeur – et les aristos, d'une nouvelle victime –, il se tenait prêt. « Ce petit homme sans aucun talent, commenta Robespierre. Comme ose-t-il ? »

Le 8 août, Simone Évrard parut à la barre de la Convention et se lança dans une dénonciation enflammée de certains individus qui menaient les sans-culottes à leur perte. Tout ce qu'elle exposait, affirma-t-elle, résumait le point de vue du martyr, son époux, au cours des dernières heures de sa vie. Elle prononça sa diatribe avec aisance et grande assurance ; elle se permit quelques hésitations, le temps de regarder ses notes d'un peu plus près pour déchiffrer l'écriture minuscule et griffue de Robespierre.

* * *

Huit jours plus tard, un nouveau membre entre au Comité de salut public : Lazare Carnot, l'ingénieur militaire que Robespierre avait rencontré pour la première fois à l'académie d'Arras. « Je ne m'entends pas particulièrement bien avec les militaires, dit Robespierre. Ils sont en général bourrés d'ambition personnelle et ils ont une étrange liste de priorités. Mais ils sont un mal nécessaire. Carnot, ajouta-t-il d'un air distant, m'a toujours semblé savoir ce dont il parlait. »

Entrait donc en scène Carnot, connu plus tard comme l'« Organisateur de la victoire », tandis que Robespierre devenait l'organisateur de Carnot.

Quand le président du Tribunal révolutionnaire fut arrêté (soupçonné de malversations dans le procès de la meurtrière de Marat), son remplaçant, le citoyen Hermann, était lui aussi un ancien du barreau d'Arras. N'avait-il pas été, à l'époque, le seul à reconnaître que

501

Robespierre était la voix du bon sens ? « Je l'ai connu, dit-il à Mme Duplay, quand j'étais jeune.

— Et que croyez-vous donc être aujourd'hui ? » lui répliqua-t-elle. Le président sortant fut emmené par les gendarmes en pleine séance du tribunal. Fouquier-Tinville aimait le sensationnel ; son cousin n'en avait pas le monopole.

Quand le ministre de l'Intérieur démissionna, les deux rivaux candidats au poste étaient Hébert et Jules Paré, désormais avocat de renom. C'est ce dernier qui fut retenu. « Nous savons tous pourquoi, bien entendu, commenta Hébert. À une époque, il était premier clerc chez Danton. On se croit un si grand personnage qu'on ne fait plus rien soi-même, on laisse ses sous-fifres exercer le pouvoir à sa place. Il a un autre clerc, Deforgues, aux Affaires étrangères. Paré et Danton s'entendent comme larrons en foire. Exactement comme autrefois Danton et Dumouriez. »

« Cet infâme nabot, dit Danton. Cela ne lui suffit pas d'avoir truffé d'hommes à lui le ministère de la Guerre et de distribuer aux troupes ce qu'il a le culot d'appeler un journal ? »

Il fit connaître son point de vue au club des Jacobins et y gagna quelques applaudissements. Quand il quitta la tribune, Robespierre se leva pour prendre la parole. « Personne, dit-il, n'a le droit d'élever la moindre critique à l'encontre de Danton. Quiconque cherche à jeter le discrédit sur sa personne doit d'abord prouver qu'il est capable de l'égaler en énergie, en détermination et en zèle patriotique. »

Nouveaux applaudissements ; quelques patriotes allèrent jusqu'à se lever. Danton fut ovationné ; vautré sur son banc, sans cravate et mal rasé, il se contenta d'incliner la tête. Robespierre fut, lui aussi, acclamé ; tapotant ses poignets pour les lisser – sorte d'ersatz du signe de croix –, il salua ses admirateurs d'un mouvement de tête et gratifia les membres du club de son timide sourire. Et puis – sans doute pour le seul fait d'exister –, le citoyen Camille reçut sa part de vivats. C'est ce qu'il aime, non ? Être au centre des choses, l'enfant chéri de la révolution, *l'enfant terrible** à qui l'on passera toujours ses caprices. Il est à penser que, quelque part dans l'assemblée, se trouvait Renaudin, le luthier au redoutable crochet du droit. Mais pour le moment, le seul danger venait de l'enthousiasme des patriotes, qui l'emprisonnaient dans leurs étreintes musclées. Pour la seconde fois, il se retrouva écrasé contre l'épaule de Maurice Duplay. Et repensa à la première, le jour où il avait échappé de justesse à Élisabeth.

« Pourquoi as-tu l'air si préoccupé ? lui demanda Danton.

— Je me demande comment je pourrais préserver cet accord entre vous deux. » Il eut un petit geste destiné à illustrer la manière dont il le préservait pour l'instant ; les doigts à peine écartés, il avait l'air de tenir un objet pas plus gros qu'un œuf de poule, et tout aussi fragile.

À la fin du mois d'août, la conscription entra en vigueur, et le général Custine (*ci-devant** comte de Custine) perdit sa tête. Le 26, Élisabeth Duplay épousa le député Philippe Lebas, jeune homme au physique décidément ingrat, mais bon républicain, et doté d'une nature agréable et d'une solide loyauté.

« Enfin ! s'exclama Camille. Quel soulagement ! » Quant à Robespierre, il se montra surpris. Il approuvait l'union, certes, mais il fit remarquer que la jeune fille n'avait que *dix-sept* ans.

Les queues devant les boulangeries se faisaient houleuses. Le pain était bon marché, mais il y en avait peu, et il était de mauvaise qualité. Le député montagnard Chabot, en désaccord avec Robespierre sur la nouvelle Constitution, lui agita des papiers sous le nez. « Elle ne réussit pas à éliminer la misère du pays. Elle échoue à assurer du pain à ceux qui n'en ont pas. »

Robespierre fut stoppé net dans son élan. C'était là son vœu le plus cher : assurer le pain à ceux qui n'en avaient pas. Tous les autres objectifs pouvaient être mis en question, en pièces, enterrés. Mais pas celui-ci, qui semblait malgré tout simple à réaliser. La vérité, c'est que les questions mineures étaient si nombreuses qu'elles l'empêchaient de s'attaquer à ce problème majeur. « Je souhaite ardemment arriver à ce résultat, répondit-il à Chabot. J'aimerais que nous n'ayons plus de pauvres. Mais nous travaillons malheureusement dans les limites du possible.

— Tu veux dire que le Comité, avec tous les pouvoirs que nous lui avons donnés...

— Vous avez donné au Comité quelques pouvoirs mais vous l'avez surtout submergé de problèmes, vous nous avez mis sur le dos des difficultés que nous n'avons pas les moyens de résoudre. Par exemple le ravitaillement d'une énorme armée de conscrits. Vous attendez tout du Comité, tout en étant jaloux de ses prérogatives. Si je pouvais accomplir un miracle et produire pains et poissons, j'imagine que vous viendriez encore dire que nous avons outrepassé nos pouvoirs. » Il éleva la voix afin d'être entendu de ceux qui l'entouraient : « S'il n'y a pas de pain, c'est la faute du blocus anglais. C'est la faute des conspirateurs. »

Il s'éloigna. Chabot, il ne l'avait jamais aimé. Il essayait de ne pas se laisser influencer par le fait que l'homme, de l'avis de tous, ressemblait à une dinde : rouge, marbré, enflé. Il avait été à une époque frère capucin. Difficile de l'imaginer fidèle à ses vœux de pauvreté et de chasteté. Lui et le député Julien étaient membres d'un comité visant à éradiquer la spéculation illicite. Créé, supposait Robespierre, en vertu du principe selon lequel personne n'est mieux placé qu'un voleur pour en attraper un autre. Malheureusement, Julien était un ami de Danton. Il repensa à l'œuf entre les doigts presque pincés de Camille. On disait que Chabot songeait à se marier. Avec une juive, sœur de deux banquiers du nom de Frey ; c'était du moins là ce qu'ils prétendaient, comme ils prétendaient avoir fui le régime des Habsbourg. Après son mariage, Chabot serait un homme riche.

« Tu détestes les étrangers par principe, lui dit Camille.

— Un principe qui ne paraît pas si mauvais quand on est en guerre avec le reste de l'Europe. Que viennent-ils faire à Paris, tous ces Anglais, ces Autrichiens, ces Espagnols ? Ils travaillent forcément pour l'étranger. De simples hommes d'affaires, dit-on. Mais moi je me pose la question : quel genre d'affaires ? Pourquoi accepteraient-ils d'être payés en une monnaie qui ne vaut rien, tout en obéissant aux ordres des sans-culottes ? Dans cette ville, ce sont les blanchisseuses qui fixent le prix du savon.

— Alors, pour quelle raison restent-ils ?

— Parce que ce sont des espions, pardi, des saboteurs.

— Tu n'entends rien à la finance, je me trompe ?

— Non, c'est vrai. Je ne peux pas non plus tout comprendre.

— Il y a souvent beaucoup d'argent à gagner quand la situation d'un pays se détériore.

— Il faudra que je demande à Cambon, l'expert financier du gouvernement, de m'expliquer les choses.

— Mais tu as déjà tiré tes propres conclusions. Et je suppose que tu seras d'accord pour emprisonner ces gens sur de simples soupçons.

— Ce sont des ennemis de l'extérieur.

— C'est ce que tu dis aujourd'hui… mais en resteras-tu là ? Chaque nouvelle loi d'internement est une perversion de la justice.

— Tu dois bien comprendre…

— Je sais, je sais, dit Camille. État d'urgence, mesures d'exception, et tout et tout. Mais tu ne peux pas dire que je me suis montré tendre avec nos adversaires. Je n'ai jamais flanché – et à ce propos, on pourrait savoir pourquoi tu retardes le procès des amis de Brissot ? –, mais à quoi bon combattre les tyrans de l'Europe si nous nous conduisons nous-mêmes en tyrans ? À quoi sert tout cela ?

— Camille, ce n'est pas de la tyrannie – ces pouvoirs dont nous nous dotons, il se peut que nous n'ayons jamais à nous en servir, ou du moins pas pour plus de quelques mois. C'est pour notre survie en tant que nation. Tu dis n'avoir jamais flanché, mais moi, si – je flanche tout le temps. Me crois-tu assoiffé de sang ? Je pensais que tu m'aurais fait confiance pour agir dans le bon sens.

— C'est le cas… oui. Je crois que c'est le cas. Mais penses-tu vraiment contrôler le Comité ou bien lui sers-tu simplement de façade ?

— Comment pourrais-je le contrôler ? dit-il en levant les bras. Je ne suis pas un dictateur.

— Tu feins la surprise, fit remarquer Camille. Si tu n'en as pas le contrôle, serait-ce que Saint-Just te mène par le bout du nez ? Si je te le demande, c'est pour te rappeler de ne pas laisser t'échapper la maîtrise des événements. Et si je crois vraiment que c'est de la tyrannie, je te le ferai savoir. J'en ai le droit. »

Voilà à quoi s'est réduite la révolution : un concentré plus agressif, des subalternes devenus ministres, et des vieux amis qui vous comprennent à demi-mot. Jusqu'à septembre, le tribunal n'a condamné que trente-six des deux cent soixante accusés traduits devant lui ; cette proportion va commencer à s'inverser. Quand les désaccords deviennent trop profonds, les effectifs diminuent ; au fur et à mesure des disparitions, les survivants ont de plus en plus l'impression de se connaître depuis longtemps.

Camille n'ignorait pas qu'il avait commis une erreur cet été en n'abandonnant pas Dillon au jugement de la République. Dans le même temps, en agissant de la sorte, il avait fait la démonstration de son pouvoir personnel. Mais c'était un sentiment d'isolement qu'il éprouvait, à mesure que les matins fraîchissaient, que l'on rentrait du bois pour l'hiver, que le pâle soleil d'automne disséquait les feuilles parcheminées dans les jardins publics. Sans raison précise, il griffonna quelques lignes distraites dans ses papiers :

Pythéas disait qu'à l'île de Thule, que Virgile appelle Ultima Thule, à six jours de la Grande-Bretagne, il n'y avait ni terre, ni mer, ni air, mais un composé de ces trois éléments, sans qu'il fût possible d'aller dans ces espaces ni à pied, ni sur des vaisseaux ; il en parlait comme d'une chose qu'il avait vue.

2 septembre 1793 : adresse de la section des sans-culottes (anciennement connue sous le nom de Jardin des plantes) à la Convention :

Ignorent-ils, ces scélérats, que la propriété n'a de base que l'étendue des besoins physiques ? [...] Que l'homme industrieux, le cultivateur, le commerçant [soient mis] à portée de se procurer, non seulement les choses nécessaires, indispensables à la conservation de leur existence, mais encore tout ce qui peut ajouter à leur jouissance. [...] Que le maximum des fortunes sera fixé ; [...] Que nul ne puisse tenir à loyer plus de terres que ce qu'il en faut pour une quantité de charrues déterminée ; que le même citoyen ne puisse avoir qu'un atelier, qu'une boutique.

Antoine Saint-Just : « Le bonheur est une idée neuve en Europe. »

Le 2 septembre, Paris apprit que les Toulonnais avaient livré leur ville et leur flotte aux Anglais. Acte de trahison sans précédent. La France perdit dans l'affaire seize frégates et vingt-six de ses soixante-cinq navires de ligne. À la même époque, l'année précédente, le sang coulait à flots dans les caniveaux.

« Écoutez, dit Danton. Il faut exploiter ça. On ne peut pas se contenter de laisser passer. » De la chambre des députés parvenait un vacarme assourdi, ponctué de temps en temps par un cri. « Il faut se saisir de l'occasion. » Ses doigts firent mine de se replier autour de quelque chose : une gorge ? « L'auteur des massacres de septembre que je suis ne s'est jamais senti aussi populaire. »

Robespierre ouvrit la bouche.

« Il va falloir que tu parles plus fort », dit Danton.

Ils se trouvaient dans une des petites pièces, nues et poussiéreuses, auxquelles on accédait à travers le dédale des corridors obscurs qui partaient de la chambre. Ils étaient seuls mais n'avaient pas cette impression, en raison du tumulte et de la proximité oppressante de la foule, dont on sentait presque l'odeur. Camille et Fabre s'effaçaient contre le mur humide du fond de la pièce. On était le 5 septembre, et les représentants des sans-culottes se livraient à une manifestation, sinon à une émeute.

« Danton, pourquoi restes-tu appuyé contre la porte ?

— Pour empêcher Saint-Just d'entrer », se hâta de répondre Danton. Ne jamais expliquer. Robespierre voulut dire quelque chose, mais il ne lui en laissa pas le temps. « Maintenant, tu te tais. Ce sont Hébert et Chaumette qui ont organisé ce chahut. »

Robespierre secoua la tête en signe de dénégation.

« Bon, dit Danton, disons que c'est au moins partiellement vrai. Peut-être que les sans-culottes se sont organisés seuls, et, en ce cas, il s'agit d'un précédent qui ne me plaît guère. Alors, fais en sorte que nous gardions une longueur d'avance sur les événements.

Mets toutes leurs demandes dans un seul paquet que tu leur retourneras sous la forme d'un cadeau de la part de la Montagne. Contrôles financiers, contrôle des prix, d'accord. Arrestation de suspects, toujours d'accord. Mais rien au-delà – pas question de toucher à la propriété privée. Oui, Fabre, je sais très bien ce que les hommes d'affaires vont penser des contrôles, mais c'est un cas d'urgence, il nous faut lâcher un peu de lest… oh, et puis, je n'ai pas à me justifier.

— Nous devons présenter à l'Europe une cible mouvante, dit Robespierre calmement.

— Que dis-tu ? »

Rien : Robespierre écarta son propos de la main, tendu, à bout de patience.

« Tu t'es fait à l'idée d'interner les suspects… Camille, on définira le terme plus tard. Oui, je sais que c'est le cœur du problème, mais j'ai besoin d'un document officiel tout de suite pour élaborer le texte de loi. Et tais-toi, je n'ai pas envie de t'entendre.

— Mais tu vas m'écouter, moi ! » lui cria Robespierre. Danton s'arrêta net. Et regarda Robespierre d'un air circonspect.

« Très bien. Je t'écoute.

— Demain est le jour où un nouveau Comité doit être élu. Il nous faut absolument y faire entrer Collot d'Herbois et Billaud-Varenne. Ces deux-là nous créent beaucoup trop de problèmes, avec leurs perpétuelles critiques. Je ne vois pas d'autre moyen de les faire taire. Oui, je sais que c'est une politique opportuniste plutôt lâche. Mais nous avons besoin de renforcer notre résistance, non ? Le Comité dans son ensemble désire que tu reviennes.

— Non, pas question.

— Danton, s'il te plaît, dit Fabre.

— Je vous apporterai tout le soutien nécessaire. Je ferai campagne pour un renforcement de vos pouvoirs. Dites-moi ce que vous voulez de la Convention, et je m'arrangerai pour vous l'obtenir. Mais je refuse de siéger avec vous. C'est un travail qui m'use et que je ne supporte plus. Bon Dieu, vous n'avez toujours pas compris que je ne suis pas fait pour les comités ? J'aime travailler seul, en suivant mon instinct. Je déteste vos foutus ordres du jour, vos procès-verbaux, vos règles de procédure… tout ça m'exaspère.

— Pas autant que ton attitude à toi m'exaspère ! » lui hurla Robespierre.

Le bruit en provenance de l'extérieur augmentait. Danton hocha la tête en direction de la porte. « Laissez-moi m'en occuper, dit-il. Je suis probablement le seul à pouvoir se faire entendre là dehors.

— Je t'en veux de… » commença Robespierre. Ses mots se perdirent dans le brouhaha. « Le peuple, cria-t-il, est bon partout, et s'il fait obstacle à la révolution – même à Toulon, par exemple –, ce sont ses chefs qu'il convient de condamner.

— Pourquoi me tiens-tu ce genre de discours ? lui demanda Danton.

— Il essaie d'énoncer une doctrine, rugit Fabre en quittant le mur d'un bond. Il pense que le moment est venu pour un foutu sermon.

— Si seulement, s'égosilla Robespierre, il y avait davantage de *vertu*.

— Davantage de quoi ?

— De *vertu*. D'amour de son pays. De sacrifice de soi. D'esprit civique.

— On apprécie à sa juste valeur ton sens de l'humour, se moqua Danton, le pouce tourné en direction du vacarme. La seule *vertu* que ces canailles sont capables de comprendre, c'est celle dont je témoigne avec ma femme tous les soirs. »

Le visage de Robespierre se plissa, comme celui d'un enfant sur le point de pleurer. Il suivit Danton dans le couloir sombre.

« Tu aurais préféré qu'il s'abstienne de cette remarque, pas vrai ? » s'enquit Fabre. Gentiment, il détacha Camille du mur.

Maximilien Robespierre, carnets intimes : « Danton s'est gaussé de l'idée de *vertu*, la comparant au devoir conjugal qu'il remplit tous les soirs auprès de sa femme. »

Quand Danton commença à parler, les manifestants l'acclamèrent, les députés se levèrent et applaudirent. Il fallut qu'il attendît un moment avant de poursuivre. La satisfaction succéda à la surprise sur son visage. Voyons, quel bien ai-je donc tant accompli pour en arriver là ? Une fois encore, il exhorta, fit des concessions, rassembla, se montra conciliant – sauva la situation. Le jour suivant, quand Danton se retrouva une fois de plus élu au Comité, Robespierre se rendit chez lui. Les traits figés, il resta assis sur le bord de sa chaise et refusa tout rafraîchissement. « Je suis venu pour t'inciter à voir où était ton devoir, dit-il. En admettant que ce mot ait encore un sens pour toi. »

Danton était de bonne humeur. « Ne t'en va pas, Louise. Tu n'as encore jamais rencontré le citoyen Robespierre face à face, n'est-ce pas ?

— J'en ai assez de ce persiflage », dit Robespierre. Il eut du mal à sortir ces mots, et au même moment sa paupière gauche se mit à tressauter de façon spasmodique. Il appuya les doigts dessus après avoir ôté ses lunettes.

« Il va falloir que tu te calmes, dit Danton. Pense à Camille, qui a vécu toute sa vie avec un bégaiement. Même si je dois avouer que le bégaiement de Camille a pour moi beaucoup plus de charme.

— Il se peut que la Convention passe outre à ta décision et t'ordonne de te joindre à nous.

— J'ai bien l'intention, dit Danton sur un ton plaisant, d'être la bête noire de tous les comités.

— L'affaire est entendue, tu ne changeras pas d'avis ? Le peuple réclame à grands cris procès, purges, têtes. Et toi, tu choisis de te retirer.

— Que veux-tu que je fasse ? Suer sang et eau pour la République ? Je t'ai dit que tu pouvais compter sur mon soutien.

— En fait, tu cherches à être l'idole de la Convention. Ce que tu veux, c'est aller y faire de grands discours, pour te couvrir de gloire. Eh bien, permets-moi de te dire qu'il y a mieux à faire.

— Tu vas te rendre malade si tu continues comme ça.

— Tu m'accuses de me tourner vers Saint-Just pour trouver du soutien. Mais lui, au moins, ne fait pas de ses plaisirs personnels une des pierres angulaires de la Révolution.

— Qui a dit que c'était le cas ?

— J'ose espérer tout de même que tu te montreras poli à mon égard en public ?

— Je serai carrément… affectueux », promit Danton.

Robespierre repartit dans une voiture officielle. Deux costauds montèrent à côté de lui. « Tiens, des gardes du corps, dit Danton, qui observait la scène de la fenêtre. On a fini par les lui imposer. On l'a soupçonné de chercher à faire admettre son chien au Comité de salut public. En fait, il aimerait beaucoup être assassiné. » Il tendit la main pour s'emparer de celle de Louise. « Ce serait la glorieuse touche finale à la vie difficile et malheureuse qu'il s'est lui-même fabriquée. »

Le jour de la manifestation à la Convention, le chef sans-culotte Jacques Roux fut arrêté. Pendant un temps, on n'entama aucune procédure contre lui, mais quand, pour finir, on lui signifia qu'il devrait comparaître devant le tribunal, il se suicida dans sa cellule. Septembre vit l'institution de la terreur comme forme de gouvernement. Il fut décidé que la nouvelle Constitution ne serait pas promulguée avant la fin de la guerre. Le 13 septembre, Danton proposa le renouvellement de tous les comités, et en profita pour demander que leurs membres fussent à l'avenir nommés par le Comité de salut public. Il y eut un moment où lui et Robespierre se levèrent ensemble, comme pour remercier conjointement des applaudissements de la Montagne. « Ça va, comme ça ? » dit le premier au second, et Robespierre de répondre calmement : « Oui, c'est bien. »

Le décret fut voté. Le moment passa. Et maintenant, se dit Danton, nous devrions pouvoir tirer notre révérence et quitter la scène. Telle une plante parasite, la fatigue sembla fleurir à même sa peau.

Le lendemain matin, c'est à peine s'il parvenait à lever la tête de son oreiller. Il ne se rappelait rien des événements de la veille. Sa mémoire avait été effacée, remplacée par une douleur sourde et lancinante. Quelques incidents émergeaient çà et là, décousus, certains datant de plusieurs années. Il ne savait plus quel jour on était. Il crut même voir Gabrielle pénétrer dans la chambre, le regarder, lisser son oreiller. Ce n'est que plus tard qu'il se souvint qu'elle était morte.

Plusieurs médecins vinrent l'examiner, qui se disputèrent comme si leur vie en dépendait. Quand Angélique arriva, Louise se recroquevilla en reniflant sur un divan. Angélique expédia les enfants chez leur oncle, et donna du lait chaud à Louise. Puis elle mit les médecins à la porte. Seul resta Souberbielle. « Il faudrait qu'il quitte Paris, dit ce dernier. Un homme comme lui a besoin de respirer l'air de son pays. Il a passé toute sa vie d'adulte à aller contre sa nature. Il a abusé de ses forces, il s'est démoli la santé.

— Il va se remettre ? demanda Louise.

— Oui, bien sûr. Mais ce n'est pas dans cette ville qu'il recouvrera la santé. Il faut que la Convention lui accorde un congé. Citoyenne, puis-je me permettre un conseil ?

— Bien entendu.

— Tant qu'il est malade, ne parle de ses affaires à personne. Ne crois pas que quiconque puisse avoir ses intérêts à cœur.

— Mais je ne le crois pas.

— Évite les discussions. On sait, citoyenne, que tu as pour habitude d'exprimer ouvertement tes opinions. En le faisant, tu augmenterais la pression qui pèse sur lui.

« — Je ne dis que ce que me dicte ma conscience. Cette maladie est peut-être providentielle. Il faut qu'il abandonne la révolution.

— Ce n'est malheureusement pas aussi simple. Ma chère, tu n'avais que treize ans quand la Bastille est tombée.

— Gabrielle était faible.

— Ce n'est pas là l'opinion que j'avais d'elle. Simplement, elle s'en tenait aux affaires domestiques.

— Je veux le sauver de lui-même.

— C'est curieux, dit le docteur. Parce que c'est aussi l'ambition de Robespierre.

— Tu connais Robespierre ?

— Assez bien, oui.

— Est-ce un homme bien ?

— Il est honnête et scrupuleux, et il s'efforce de sauver des vies.

— Au prix d'autres vies, non ?

— C'est parfois inévitable. Il le regrette.

— Crois-tu qu'il aime vraiment mon mari ?

— Je ne saurais dire, répondit le médecin avec un haussement d'épaules. Ce sont des types d'homme radicalement différents. Est-ce si important ? »

Bien sûr que c'est important, grommela-t-elle entre ses dents tandis qu'il prenait congé. Les médecins furent remplacés par les belles-filles d'Angélique, des femmes fortes et décidées qu'elle connaissait à peine. Elles la harcelèrent et finirent par l'envoyer à l'étage, dormir dans son ancienne chambre. Elle se glissa hors de l'appartement et attendit sur l'escalier. S'attendant presque à voir apparaître Gabrielle, prête à réintégrer son domaine. Tu n'es pas enceinte, dis ? lui demanda sa mère. Elle suivit sans peine le cours de ses pensées :

s'il y a vraiment quelque chose qui ne va pas, si son état empire, s'il doit mourir, il faudra la sortir de là le plus vite possible. Si je ne suis pas enceinte, répondit-elle, ce n'est pas faute d'avoir essayé. Sa mère frissonna. C'est un sauvage, dit-elle.

David, membre du Comité de sûreté générale, passa, accompagné d'un autre député, et demanda à voir Danton pour affaires. Angélique leur montra la porte. Au moment où ils s'en allaient, à grands renforts de menaces peu galantes, tout en brandissant leur autorisation, Angélique prononça quelques paroles obscures en italien. Ils ne lui faciliteront certainement pas la vie, dit-elle, le jour où il sera rétabli.

En visite chez les Desmoulins, Fabre se laissait aller à la panique. « Si nous devons avoir des prix fixes, dit-il, alors il nous faut des salaires fixes. Ce que je veux connaître, c'est le tarif officiel à la journée pour un espion. Comment, veux-tu me dire, pouvons-nous remporter la moindre bataille quand autant de membres robustes de la population sont employés à espionner pour le compte du Comité ?

— On t'espionne, toi ?

— Évidemment.

— Tu l'as dit à Robespierre ?

— Lui dire comment ? Lui dire quoi ? demanda Fabre, en le regardant d'un air affolé. Mes affaires sont si compliquées que je reste éveillé toute la nuit à essayer de me les expliquer à moi-même. Je suis victime de harcèlement. On me noie dans les difficultés. Crois-tu que cette espèce de cerbère qui lui sert de femme me laissera voir Georges ?

— Non. Et puis, de toute façon, pourquoi voudrais-tu qu'il t'écoute ? Si tu ne peux pas le dire à Robespierre, pourquoi Georges devrait-il se sentir concerné ?

— Ce ne sont pas les raisons qui manquent.

— Tu veux dire que tu as déjà mêlé son nom à tes histoires.

— Non. Mais le fait est qu'il a certaines obligations à mon égard.

— J'aurais cru que c'était plutôt l'inverse, et j'aurais pensé que l'une de tes obligations consistait précisément à ne pas lui faire subir les conséquences de ton inepte boursicotage.

— Attends, il y a autre chose, c'est…

— Fabre, ne me dis rien. Je préfère ne pas savoir.

— La police n'acceptera pas ce genre de louvoiement. »

Camille mit un doigt sur ses lèvres. Lucile entra. « J'ai entendu, dit-elle.

— C'est juste un exemple de la manière forte de Fabre. Il perd la tête.

— L'expression est plutôt malheureuse, dit Lucile.

— Vous me persécutez ! dit Fabre en bondissant sur ses pieds. Après tout, tu n'as pas toi-même les mains très propres. Tudieu ! s'exclama-t-il, avant de se passer un doigt en travers de la gorge. Quand tu tomberas le derrière entre deux chaises, Camille, personne ne viendra t'aider à te relever. On se contentera de te regarder en se moquant.

— Voilà qu'il se fait métaphorique, dit Lucile.

— Toute l'affaire, dit Fabre en dessinant une forme avec ses mains avant de la faire exploser, toute l'affaire est en train d'éclater comme un fruit trop mûr. » Soudain, il fut pris de panique. « Pour l'amour du ciel, Camille, tout ce que je te demande, c'est de glisser un mot à Robespierre en ma faveur.

— Bon, bon, d'accord », dit précipitamment Camille, qui voulait avant tout le calmer, et l'empêcher de continuer cette scène devant Lucile. « Parle moins fort, les domestiques risquent de t'entendre. Que veux-tu que je dise à Robespierre ?

— Si mon nom devait être prononcé, dit Fabre, le souffle court, glisse simplement dans la conversation que… que j'ai toujours été un patriote.

— Assieds-toi et calme-toi », suggéra Lucile.

Fabre jeta un coup d'œil autour de lui, l'air affolé. « Il faut que j'y aille, dit-il, en prenant son chapeau. Excuse-moi, Lucile. Ne vous dérangez pas, je connais le chemin. »

Camille le suivit. « Philippe, murmura-t-il, il y a beaucoup de menu fretin, comme dit Robespierre, à ferrer avant que tu aies besoin de t'inquiéter. Essaie de ne plus y penser. »

La bouche de Fabre s'ouvrit toute grande. « Pourquoi m'as-tu appelé comme ça ? Par mon prénom ?

— Fais attention à toi », dit Camille en souriant.

Il revint vers Lucile. « Que lui chuchotais-tu ? demanda celle-ci.

— Des mots de consolation.

— Je ne veux pas que tu me caches des choses, s'il te plaît. Qu'est-ce qu'il a fait ?

— En août… Tu as entendu parler de la Compagnie des Indes orientales ? Bien, parce que nous avons gagné beaucoup d'argent grâce à elle. Tu te souviens que les actions ont énormément chuté, avant de remonter – le tout était d'acheter et de revendre au bon moment.

— Mon père m'en a parlé. Il a dit qu'il supposait que vous tireriez pas mal de profit de l'opération. Il n'est pas sans admirer la qualité de vos renseignements de première main, mais il dit aussi que, à son époque, ces gens se seraient tout bonnement fait traiter d'escrocs, et il ajoute que, toujours à son époque, il n'y avait pas les augustes et très vertueux membres de la Convention nationale pour organiser ces petits trafics.

— En effet, j'imagine assez ton père disant ce genre de choses. Est-ce qu'il sait comment l'affaire a été menée ?

— Probablement, oui. Mais ne cherche pas à me l'expliquer. Parle-moi simplement des suites.

— La compagnie devait être liquidée. Une discussion a eu lieu à la Convention pour savoir comment procéder. Peut-être que la liquidation n'a pas été effectuée tout à fait comme l'auraient voulu les députés. Je ne sais pas.

— En fait, tu le sais.

— Pas dans les détails. Il semble bien que Fabre ait enfreint la loi – ce dont nous nous étions gardés lors de nos premières transactions –, ou qu'il soit sur le point de le faire.

— Mais il parlait comme si vous étiez menacés vous aussi, toi et Danton.

— Il se peut que Danton soit impliqué. Ce que veut dire Fabre, c'est qu'une enquête dans les affaires de Danton ne serait peut-être pas une très bonne chose.

— Tout de même…, commença-t-elle, cherchant ses mots avec tact, Danton n'éviterait-il pas… Enfin, il est passé maître dans l'art de rejeter les responsabilités sur les autres, non ?

— Fabre est son ami, vois-tu. Quand nous étions ensemble au ministère, j'ai essayé de lui dire qu'il dépassait les limites tacitement admises. Il m'a répondu : "Fabre est mon ami, nous avons traversé beaucoup d'épreuves ensemble. Et nous savons beaucoup de choses l'un sur l'autre."

— Alors tu penses que Georges le protégera ?

— Je ne sais pas. Je ne veux pas qu'ils me reparlent de cette affaire, ni l'un ni l'autre. S'ils le font, je me sentirai obligé de mettre Robespierre au courant, qui lui se sentira obligé d'en informer le Comité.

— Tu devrais peut-être le faire. En parler à Robespierre, je veux dire. S'il y a le moindre danger que tu sois entraîné dans cette histoire, il vaudrait peut-être mieux que tu sois le premier à la divulguer.

— Mais cela reviendrait à aider le Comité. Et je n'en ai aucune envie.

— Si le Comité est votre seule chance d'avoir un gouvernement fort, tu ne crois pas que c'est un peu irresponsable de ne pas l'aider ?

— Je déteste les gouvernements forts.

— Les grands procès commencent quand ?

— Très bientôt. Danton ne sera pas en mesure de les retarder, il est trop malade. Et Robespierre ne voudra pas s'en charger seul.

— Je suppose que nous les attendons toujours avec la même impatience ?

— Comment pourrait-il en être autrement ? Des royalistes, des brissotins… »

Loi des suspects. Est suspecte toute personne qui, de quelque manière que ce soit, a favorisé la tyrannie (tyrannie royaliste, tyrannie des brissotins…) ; qui ne peut prouver qu'elle a rempli ses devoirs civiques ; qui ne meurt pas de faim alors qu'elle n'a pas de moyens de subsistance clairement visibles ; qui s'est vu refuser un certificat de civisme par sa section ; qui a été exclue de la fonction publique par la Convention ou ses représentants ; qui appartient à une famille aristocratique et n'a pas fourni de preuve de son exceptionnelle ferveur révolutionnaire ; ou qui a émigré.

Par la suite, on avancera (en la personne du citoyen Desmoulins) que deux cent mille personnes sont détenues en vertu de cette loi. Le comité de surveillance de chaque section est chargé de dresser des listes de suspects, de priver ces derniers de leurs papiers et de les emprisonner dans un endroit sûr. Endroits qui seront baptisés « bâtiments nationaux » – couvents, châteaux désertés, entrepôts vides. Collot d'Herbois a une idée beaucoup plus ingénieuse : il suggère que les suspects soient rassemblés dans des maisons minées, qu'il suffira ensuite de faire sauter.

Depuis qu'il en est devenu membre, Collot a cessé de critiquer le Comité de salut public. Quand il pénètre dans les locaux, le citoyen Robespierre en sort, s'il le peut, par une autre porte.

Décret de la Convention nationale : « Le gouvernement de la France sera révolutionnaire jusqu'à la paix […] La terreur est à l'ordre du jour. »

Antoine Saint-Just : « Vous avez à punir quiconque est passif dans la République, et ne fait rien pour elle. »

« Ainsi donc, ils ont changé le calendrier, dit Danton. C'est trop pour un malade.

— Oui, dit Camille. La semaine compte désormais dix jours. Ça fait plus net, et c'est excellent pour l'effort de guerre. Notre calendrier part de la date de la fondation de la République, si bien que nous sommes au premier mois de l'an II. Mais on a chargé Fabre de rebaptiser les mois, et l'on risque de se retrouver avec des noms selon lui poétiques complètement ridicules. Il pense à vendémiaire pour commencer l'année. Autrement dit, aujourd'hui, dit Camille en plissant le front, on serait... oui, on serait le 19 vendémiaire.

— Chez moi, ça restera le 10 octobre.

— Tu ferais bien de t'y mettre. Nous sommes censés nous en servir dans le courrier officiel.

— Je ne prévois absolument pas, dit Danton, d'écrire des lettres officielles. »

Il avait quitté son lit, mais il parlait lentement, et ses gestes étaient las ; de temps à autre, il laissait sa tête retomber sur le dossier de son fauteuil et fermait les yeux un moment.

« Parle-moi de la bataille qui s'est déroulée près de Dunkerque, dit-il. Quand j'ai quitté le monde, on la saluait comme une grande victoire pour la République. Et j'apprends maintenant que le général Houchard a été arrêté.

— Le Comité et le ministère de la Guerre ont été d'accord pour penser qu'il aurait pu tirer un meilleur parti de la victoire en infligeant davantage de pertes à l'ennemi. Ils l'accusent de trahison.

— C'est pourtant le Comité qui l'avait nommé. Il y a eu des drames à la Convention, j'imagine.

— Oui, mais Robespierre a eu le dessus.

— Il est devenu un excellent membre de comité.

— Il s'y est mis, effectivement, et il remplit ses obligations à merveille.

— Je vais donc l'abandonner à son travail. On me dit que je suis maintenant apte à voyager. Viendras-tu à Arcis, quand tu auras quelques jours de libres ?

— Il n'y a pas de jours de libres.

— Ah, je reconnais bien cette sinistre façon de parler. Tu vois trop Robespierre ces temps-ci.

— Georges, tu es au courant pour le député Julien ?

— Non.

— Louise ne te fait-elle donc part d'aucune nouvelle ?

— Je ne pense pas que ce qu'a fait Julien puisse lui sembler d'une quelconque importance. Je crois même qu'elle ignore jusqu'à son existence.

— Bref, la police a perquisitionné son appartement. Ils ont saisi tous ses papiers. »

Danton ouvrit grands les yeux. « Et alors ?

— Chabot m'a pris à part pour me dire : "J'ai tout brûlé, tu sais." J'imagine qu'il s'agissait d'un message que j'étais censé te transmettre. »

Danton se pencha en avant, se tassant sur lui-même. L'attention alluma son regard, comme une flamme qui court dans l'herbe sèche. « Et Fabre ?

— Fabre est complètement affolé.

— Il est d'une nature très excitable.

— Moi aussi, Georges Jacques, moi aussi. Qu'est-ce que je dois faire ? Je crois que Fabre a commis un faux en écriture. Quand la Compagnie des Indes orientales a été dissoute, je crois que certains documents ont été falsifiés, dans l'intérêt de la Compagnie. Ces documents étaient des décrets de la Convention, et seul un député a pu se charger de la falsification. Chabot est impliqué, ainsi peut-être qu'une demi-douzaine d'autres. Eux-mêmes, à mon avis, ignorent l'identité du coupable. Julien risque de rejeter la faute sur Chabot, et inversement. Ils ont des secrets l'un pour l'autre, ces deux-là.

— Mais que t'a avoué Fabre ?

— Rien. Il a essayé, mais je ne le laisserai pas faire. Je lui ai dit que je ne voulais rien savoir. Ce que je te dis là, c'est simplement ce que j'ai réussi à démêler. Il faudra plus de temps à la police pour arriver à ses conclusions. Et davantage encore pour qu'elle rassemble des preuves.

— La moisson ne va pas tarder à être rentrée, dit Danton en refermant les yeux. Nous n'avons rien d'autre à faire qu'à nous tenir au chaud en prévision de l'hiver.

— Il y a d'autres choses qu'il faudrait que tu saches.

— Vas-y, je t'écoute.

— François Robert a des ennuis. Elle ne te dit vraiment rien ?

— Elle ne saurait pas si c'est important ou non. Il n'est pas impliqué dans cette affaire, tout de même ?

— Non, non. C'est d'un ridicule achevé : il est accusé d'avoir fait du marché noir. Huit barils de rhum. Pour sa boutique.

— Sacré nom de Dieu ! s'exclama Danton en frappant le bras de son fauteuil du plat de la main. Tu leur offres une chance de faire l'histoire, et ils préfèrent rester épiciers. »

Louise entra précipitamment. « Tu ne devais pas le fatiguer ! lança-t-elle à Camille.

— Je leur garnis les poches, continua Georges Jacques, imperturbable. Je ne leur demande aucun effort. Je leur procure des postes et satisfais à tous leurs petits caprices. Tout ce que je leur demande, c'est leurs voix, un discours de temps à autre... et la décence, s'ils choisissent la délinquance, de ne pas me mêler à leurs histoires.

— Le rhum, c'est de la petite délinquance. La Compagnie des Indes, non. Il n'empêche que François Robert est notre associé, et l'affaire rejaillit sur nous. Voudrais-tu, s'il te plaît, dire à ta femme de sortir ?

— On t'a bien recommandé de ne pas t'agiter, dit-elle sur un ton de rébellion.

— Tu peux nous laisser, Louise. Je serai calme, je te le promets. Je suis parfaitement calme à présent.

— Qu'essaies-tu de me cacher ? demanda-t-elle encore.

— Mais personne ne te cache rien, dit Camille. Cela n'en vaut pas la peine.

— C'est une enfant. Elle ne comprend pas notre discussion. Elle ne sait même pas qui sont ces gens.

— C'est notre propre section, les Cordeliers, qui a dénoncé François. La Convention a jugé comme toi qu'il s'agissait d'un délit mineur. Elle a refusé de lever son immunité. Il reste que les conséquences sont sévères. Louise et lui vont devoir se faire tout petits à présent et tenter de se faire oublier.

— Quelle pitié de finir comme ça, dit Danton, l'air vraiment attristé. Je repense aux jours qui ont suivi la chute de la Bastille, au *Mercure national* qu'il dirigeait depuis l'arrière-boutique, à ce bout de femme pointant son petit nez aristocratique et se précipitant dans un tourbillon de jupes pour aller passer un savon à leur imprimeur... Et, tu sais, c'était un brave garçon, François. Je lui aurais dit : "Fais ceci, fais cela, attache-toi des briques aux pieds et va te jeter dans la Seine", il aurait répondu (Danton tripota une mèche de cheveux imaginaire) : "Tout de suite, Georges Jacques, et pendant que j'y suis, veux-tu que je te fasse quelques courses ?" Morbleu, tu parles d'une façon de finir. La prochaine fois que tu le vois, dis-lui qu'il me rendrait service en oubliant qu'il me connaît.

— Je ne le vois pas, dit Camille.

— Notre propre section, Camille, tu te rends compte ? Ah, j'aurais dû laisser les Jacobins à Robespierre et rester de mon côté du fleuve. J'aurais dû me contenter du pouvoir dans mon district. Qui le dirige aujourd'hui ? Hébert. Nous autres, les vieux Cordeliers, nous aurions dû nous serrer les coudes et demeurer ensemble. »

Ils gardèrent le silence un moment. Nous autres, les vieux Cordeliers... Quatre ans depuis la chute de la Bastille, quatre ans et trois mois. On croirait vingt. Danton reste assis là ; trop gros, trop lourd, le front plissé en permanence à présent ; et Dieu sait ce qui se passe dans ses organes internes. L'asthme de Robespierre s'aggrave, et force est de constater qu'il se dégarnit. Quant à Hérault, il a perdu son teint frais, et le double menton que Lucile a un jour sauvagement pourfendu annonce des joues flasques et une quarantaine décevante. Fabre, lui, a des problèmes respiratoires depuis quelque temps. Et Camille ? Ses maux de tête empirent de jour en jour, et il n'a plus que la peau sur les os. Il lève à présent les yeux sur Danton et lui dit : « Georges Jacques, connais-tu un homme du nom de Comte ? Réponds-moi simplement par oui ou par non.

— Oui. Je l'ai employé comme agent en Normandie, mandaté par le gouvernement. Pourquoi cette question ?

— Parce qu'il est à Paris depuis peu et qu'il répand certaines rumeurs. Comme quoi tu étais de mèche avec la clique de Brissot pour mettre le duc d'York sur le trône de France.

— Diantre ! Le duc d'York ? dit Danton amèrement. J'aurais cru que seul Robespierre pouvait imaginer quelque chose d'aussi fantastique que le duc d'York.

— Robespierre s'est montré fort troublé par cette déclaration.

— Parce qu'il l'a prise pour argent comptant ? demanda Danton, après avoir lentement relevé la tête.

— Non, bien sûr que non. Il a dit qu'il s'agissait d'un complot visant à discréditer un patriote. Il reste que c'est une bonne chose d'avoir encore Hérault au Comité. Il a fait arrêter Comte avant que l'homme cause davantage de dégâts. C'est pour cette raison que David est venu te voir, au nom du Comité de sûreté générale. Une simple formalité.

— Je vois, je vois. "Bonjour, bonjour, Danton… Dis-moi, es-tu un traître ? – Certainement pas, David… Retourne vite à ton chevalet, veux-tu ? – J'y vais de ce pas ; j'ai une croûte à terminer. Allez, remets-toi vite !" Ce genre de formalité-là ? Et je suppose que, pour Robespierre, cela ne fait que jeter de l'huile sur son feu. Nourrir ses fantasmes de gigantesques conspirations.

— Oui. Nous pensons que Comte est un agent britannique. Après tout, nous disons-nous – nous faisons
de gros efforts d'imagination pour penser que ce pourrait être vrai, puis nous réfléchissons et concluons :
jamais une nullité comme Comte, un serviteur, un
subalterne, n'aurait pu connaître quoi que ce soit des
projets de Danton. Voilà ce que nous nous disons,
Robespierre et moi.

— Je vois où tu veux en venir, Camille, dit Louise,
une note d'avertissement dans la voix. Pourquoi ne lui
demandes-tu pas carrément s'il y a du vrai dans tout
cela ?

— Parce que c'est absurde, dit Camille, hors de
lui. Parce que je dois fidélité à d'autres, et que, si c'est
vrai, ils le tueront. »

Louise fit un pas en arrière. Elle porta fébrilement
une main à sa gorge. Camille comprit aussitôt son
problème : elle aurait voulu le voir mort et en même
temps aurait donné n'importe quoi pour qu'il restât en
vie.

« Louise, ne fais pas attention, dit Danton. Va
t'assurer que nos bagages sont prêts. » La lassitude revint dans sa voix. « Il faut que tu apprennes à
mieux distinguer… Ah, toute cette histoire est ridicule.
Robespierre a raison, c'est de la diffamation pure et
simple.

— Nous partons toujours pour Arcis ? demanda-
t-elle après un instant d'hésitation.

— Bien sûr. J'ai écrit pour les avertir de notre
arrivée. »

Elle quitta la pièce.

« Il faut vraiment que je quitte Paris, dit Danton.
Que je recouvre la santé. Sinon, je ne serai bon à rien.

« — Oui, bien sûr que tu dois partir, dit Camille en détournant les yeux. Comme ça, tu ne seras pas là pour les grands procès.

— Viens ici. » Danton tend le bras vers lui, mais Camille feint de ne pas le voir. « J'en ai assez de la ville, de l'agitation. Des gens, dit Danton. Pourquoi ne viendrais-tu pas avec moi, histoire de changer d'air ? » Il se dit : Je l'ai perdu, oui, je l'ai perdu au profit de Robespierre et de cette atmosphère glaciale et raréfiée.

« Je t'écrirai », dit Camille. Il traverse la pièce, pose les lèvres sur la joue de Danton. C'est le moins qu'il puisse faire.

Il était tard quand ils atteignirent Arcis, et il faisait froid. Dès que ses pieds touchèrent le sol, il sentit que le soleil avait perdu de sa force, et la terre de la chaleur de l'été. Il prit le bras de Louise. « Ici, dit-il, c'est ici que je suis né. »

Ramenant sa cape de voyage autour d'elle, elle leva un œil étonné vers le manoir, l'ombre laiteuse qui montait de la rivière. « Non, pas ici, reprit-il. Pas exactement dans cette maison. Mais tout près d'ici. Allez, pressons, dit-il aux petits. On est venus voir grand-mère, vous n'avez pas oublié ? »

Question idiote, en vérité. Bizarrement, Georges Jacques a toujours tendance à penser que ses enfants sont plus âgés qu'ils ne le sont en réalité, et qu'ils ont déjà une mémoire d'adulte. François Georges avait un an à la mort de sa mère ; le garçon vigoureux qu'il était devenu s'accrochait à présent à sa belle-mère et lui labourait les côtes de ses talons. Quant à Antoine, épuisé par l'excitation du voyage, il pendait mollement au cou de son père, comme sauvé d'un naufrage.

Le mari d'Anne-Madeleine brandissait une torche. Et celle-ci apparut – la première de ces inquiétantes sœurs que découvrait Louise –, sautillant et trébuchant, comme une jeune écolière. « Georges, Georges, mon Georges ! » Elle se précipita sur lui. Il l'encercla de son bras. Elle écarta les cheveux qui lui tombaient sur les yeux et l'embrassa sur les deux joues, se détacha de lui, se saisit du plus proche de ses enfants qu'elle souleva pour le montrer à son frère. C'était Anne-Madeleine, celle-là même qui, autrefois, lui avait évité d'être piétiné par le taureau.

Était là également Marie-Cécile ; son couvent avait fermé, et elle était donc à la maison, là où elle devait être : n'avait-il pas dit qu'il s'occuperait d'elle ? Elle n'avait rien perdu de ses habitudes de nonne : croisant les bras, elle cherchait à dissimuler ses mains dans les manches d'un habit qu'elle ne portait plus. Pierrette complétait le tableau : grande, souriante, le visage rond, une vieille fille bien plus maternelle que nombre de mères parisiennes ; elle avait dans les bras le dernier-né d'Anne-Madeleine, qui lui bavait sur l'épaule. Les trois sœurs entouraient Louise, la pressaient contre elles ; sentant, ce faisant, la présence fantomatique des chairs opulentes de Gabrielle. « Ma petite colombe, disaient-elles en riant. Tu es si jeune ! »

Puis elles disparurent dans la cuisine. « Quelle triste petite chose ! Manifestement accablée par le sens du devoir ! Et pas une once de poitrine !

— Vous ne vous attendiez quand même pas à ce qu'il nous amène cette créature ? Cette Lucile ? À ce qu'il l'arrache à son mari aux yeux de braise ?

— Non, ce couple de malheur, ils sont faits l'un pour l'autre. » Les trois femmes se tordaient de rire. La visite des Desmoulins avait constitué un des grands moments de leur existence ; elles auraient donné cher pour les voir revenir, apportant avec eux le parfum oh combien délétère de la capitale.

Elles se mirent à imiter la scène qui se jouait entre Georges Jacques et leur mère. « Quel réconfort, dit Marie-Cécile d'une voix rauque, de te revoir une dernière fois avant de mourir.

— Mourir ! s'exclama Anne-Madeleine. Toi, mourir ! Qu'est-ce que tu me racontes ? Tu m'enterreras d'abord, oui, je le jure devant Dieu.

— Et Dieu sait que, pour jurer, Georges Jacques n'a pas son pareil ! dit Pierrette. Il n'a que jurons à la bouche. Vous croyez qu'il a de mauvaises fréquentations ? »

Dans le salon du manoir, les yeux bleus pétillants de Mme Recordain scrutaient la pénombre du dehors. « Rentre vite, ma fille, ne reste pas à l'air de la nuit. Viens t'asseoir à côté de moi. » Des doigts explorateurs s'enfoncèrent dans la taille de Louise. Deux mois, et toujours pas enceinte ! L'Italienne, au moins, avait rempli son devoir vis-à-vis de Georges Jacques, mais voilà qu'on se retrouvait avec une de ces Parisiennes maigrichonnes sur les bras.

Comme si elles craignaient justement l'éventualité d'un pareil examen, les sœurs émergèrent toutes ensemble des profondeurs de la maison. Elles s'affairèrent autour de leur frère, lui proposant des plats dont elles le savaient friand, lui tapotant la tête, multipliant les plaisanteries familiales – filles de la campagne aux douces rondeurs, dans leurs curieux vêtements, pratiques mais si peu élégants.

« Ce serait peut-être mieux si c'était toi qui révélais l'affaire. » Cette phrase, Fabre n'avait pas entendu Lucile la prononcer, mais elle exprimait tout haut sa propre pensée. Le jour du départ de Danton pour Arcis, il était resté seul dans son appartement parisien, s'efforçant de résister à l'envie de hurler, de marteler les murs de ses poings, comme un enfant capricieux qui se voit finalement refuser la promesse qu'on lui a faite. Il s'empara à nouveau du mot bref, poli et évasif que Danton lui avait fait passer avant de quitter Paris ; il le déchira en morceaux minuscules, qu'il jeta au feu l'un après l'autre.

À la fin d'une séance orageuse et éreintante au club des Jacobins, il arrêta Robespierre et Saint-Just au moment où ceux-ci sortaient côte à côte de la salle. Saint-Just n'était pas très assidu aux réunions du soir ; il les trouvait dénuées d'intérêt, même s'il s'abstenait de tout commentaire et, à part lui, traitait les membres de trafiquants d'opinions, les opinions d'autrui n'étant pas de celles qui l'intéressaient. Dans quelques jours, il serait en Alsace, avec les armées. Il attendait ce moment avec impatience.

« Citoyens, les héla Fabre. Avez-vous une minute à m'accorder ? »

L'irritation se fit plus marquée sur le visage de Saint-Just. Robespierre songea au nouveau calendrier et parvint à se fendre d'un sourire glacial.

« S'il vous plaît, reprit Fabre. Un sujet d'extrême importance. Voudriez-vous m'accorder un entretien privé ?

« — En auras-tu pour longtemps ? demanda poliment Robespierre.

— Écoute, Fabre, intervint Saint-Just, nous sommes occupés. » Robespierre ne put réprimer un sourire devant le ton adopté par le jeune Antoine : *Max est mon ami, et nous ne jouons pas dans la même cour.* Il s'attendait presque à ce que Fabre recule d'un pas pour examiner Saint-Just à travers son lorgnon. Mais cela ne se produisit pas ; pâle et maladroit à force d'impatience, Fabre sollicitait son attention. L'impolitesse de Saint-Just l'avait décontenancé. « Il faut que je voie le Comité, dit-il. C'est une affaire qui le concerne.

— Alors, inutile de le crier si fort.

— Il n'y a que les conspirateurs pour chuchoter. » Voyant sa chance, Fabre se reprit et passa soudain à un registre grandiloquent. « C'est bientôt toute la République qui connaîtra ma nouvelle. »

Saint-Just le toisa avec dégoût. « Nous ne sommes pas au théâtre », fit-il remarquer.

Robespierre lança à Saint-Just un regard contrarié. « Tu as raison, Fabre. Si ta nouvelle concerne la République, il convient qu'elle soit diffusée. » Dans le même temps, il jeta un coup d'œil rapide autour de lui, pour s'assurer que personne ne l'avait entendu. « C'est une affaire de sécurité publique.

— En ce cas, il faut qu'il vienne au Comité.

— Non, intervint Saint-Just. L'ordre du jour de ce soir va déjà nous tenir jusqu'à l'aube. Pas un seul sujet qui ne soit d'une extrême urgence. Rien qui puisse être reporté, et pour ma part, citoyen Fabre, il faut que je sois à mon bureau demain à neuf heures. »

Fabre ignora l'intervention et prit Robespierre par le bras. « J'ai des révélations à faire sur une

conspiration », dit-il. Robespierre écarquilla les yeux.
« Cependant, elle ne va pas mûrir en une nuit... Si
nous agissons avec énergie dès demain, nous aurons
tout le temps nécessaire. Le jeune citoyen Saint-Just
a besoin de repos. Il n'est pas habitué, comme nous
autres, patriotes plus âgés, à veiller tard. »

C'était là une erreur. Robespierre lui jeta un regard
meurtrier. « Il se trouve que je sais, citoyen Fabre,
que l'essentiel de tes veilles se passe dans une maison
de jeu dont l'existence est inconnue des patriotes de
la Commune, en compagnie du citoyen Desmoulins,
connu pour sa chance au jeu, et de plusieurs femmes
de réputation douteuse.

— Pour l'amour de Dieu, dit Fabre, prends-moi au
sérieux.

— S'agit-il de quelque chose de compliqué, ta
conspiration ? demanda Robespierre, après l'avoir
observé de près.

— Elle a des ramifications tentaculaires.

— Bon, écoute. Le citoyen Saint-Just et moi-même
rencontrons demain le Comité de sûreté générale.

— Oui, je sais.

— Cela te convient-il ?

— Oui, le Comité de sûreté générale ira très bien.
Cela accélérera les choses.

— Je vois. Nous nous réunissons à...

— Oui, je sais.

— Je vois. Bonne nuit. »

Saint-Just dansait d'un pied sur l'autre. « Robespierre, tu es attendu. Le Comité doit attendre ton
arrivée.

— J'espère bien que non, dit Robespierre. J'espère
qu'ils auront commencé le travail sans moi. On ne

devrait jamais attendre personne. Personne n'est indispensable. » Mais il obtempéra malgré tout.

« Cet homme n'est pas fiable, dit Saint-Just. Il est théâtral. Il est hystérique. Je suis certain que cette prétendue conspiration est le fruit de son imagination débridée.

— C'est un ami de Danton et un patriote reconnu, le corrigea sèchement Robespierre. C'est aussi un grand poète. » Il pensait encore à Fabre après qu'ils eurent marché quelque temps. « J'incline à croire ce qu'il dit. Il était blême, et il n'avait pas son lorgnon. »

L'affaire ne semblait que trop crédible. Immobile, tendu mais calme, les mains posées à plat sur la table, Robespierre prit la conduite de l'interrogatoire. Il avait quitté un des angles de la table pour venir s'installer juste en face de Fabre, les membres du Comité écartant leurs chaises à grand bruit de son chemin ; ils étaient à présent silencieux, respirant au rythme de ses intuitions. Il demandait abruptement à Fabre de s'interrompre ; notait quelque chose, puis, après avoir essuyé sa plume et l'avoir posée avec soin sur le côté, plaquait ses doigts bien écartés sur le dessus de la table, et levait les yeux pour signaler à Fabre qu'il pouvait reprendre.

Fabre se tassa sur sa chaise. « Et quand, dit-il, dans un mois, Chabot viendra vous trouver pour vous parler d'un complot, j'espère que vous vous souviendrez que c'est moi qui ai été le premier à vous donner ces noms.

— C'est toi, dit Robespierre, qui seras chargé de l'interroger.

— Citoyen, dit Fabre après avoir avalé sa salive, je suis navré de te causer ces désillusions. Tu tenais probablement nombre de ces gens pour d'ardents patriotes ?

— Moi ? demanda Robespierre, en levant les yeux sur lui avec un petit sourire sans joie. J'ai déjà le nom de tous ces étrangers dans mon carnet. Je peux les montrer à tout le monde. Qu'ils aient été corrompus et dangereux, j'en étais parfaitement conscient, mais tu me parles maintenant d'une conspiration en règle, d'argent versé par Pitt – crois-tu que je ne comprends pas clairement la situation, et plus clairement que n'importe lequel d'entre vous ? Le sabotage économique, la politique extrémiste qu'ils prônent aux Jacobins et aux Cordeliers, les attaques blasphématoires et intolérantes contre la religion chrétienne, qui troublent le bon peuple et le détournent de l'ordre nouveau… tu penses peut-être que je ne crois pas tous ces éléments reliés entre eux ?

— Non, dit Fabre. Non, j'aurais dû me douter que tu ferais le lien tout seul. Tu as l'intention d'ordonner des arrestations ?

— Je ne pense pas, dit Robespierre, en jetant autour de la table un regard signifiant qu'il n'admettrait aucune contradiction. Dans la mesure où nous sommes à présent parfaitement au courant de leurs manœuvres, nous pouvons nous permettre de les laisser s'épuiser en efforts inutiles encore une semaine ou deux. (Nouveau regard circulaire.) Nous nous ménageons de cette façon la possibilité de découvrir tous leurs complices. Nous purifierons la révolution une bonne fois pour toutes. En avez-vous assez entendu ? » Un ou deux membres inclinèrent la tête, le visage tendu, ne sachant que dire. « Moi pas, mais nous ne vous prendrons pas plus de votre temps. » Il se leva, rassemblant ses papiers et les tapotant du bout des doigts. « Viens, dit-il à Fabre.

— Où ça ? » demanda Fabre bêtement.

Robespierre lui désigna la porte d'un mouvement de tête. Fabre se leva et le suivit. Il se sentait faible et tremblait sur ses jambes. Robespierre entra dans une petite pièce, à peine meublée, un peu comme celle qu'ils avaient occupée le jour où les sans-culottes avaient investi la Convention.

« Tu travailles souvent ici ?

— Quand les circonstances l'exigent. J'aime bien avoir un endroit à moi. Tu peux t'asseoir, il n'y a pas de poussière. »

Fabre eut la vision d'une armée de serruriers, de laveurs de vitres, de vieilles femmes armées de balais récurant les greniers et les caves des bâtiments publics afin que Robespierre puisse se retirer en toute tranquillité. « Laisse la porte ouverte, lui dit Maximilien, pour éviter les oreilles indiscrètes. » Il jeta ses notes sur la table ; Fabre songea : C'est là un geste emprunté à un autre, Camille, en l'occurrence. « Tu sembles nerveux, observa Robespierre.

— Qu'est-ce que… Enfin, qu'est-ce que tu voudrais que je te dise de plus ?

— Ce que tu veux, dit Robespierre, accommodant. Des points mineurs que nous pourrions clarifier maintenant. Le vrai nom des frères Frey, par exemple.

— Emmanuel et Moses Dobruska.

— Je ne suis pas surpris qu'ils aient pris de faux noms, et toi ?

— Pourquoi ne pas me l'avoir demandé devant les autres ? »

Robespierre ignora la question. « Cet homme, Proli, le secrétaire d'Hérault, on le voit de temps en temps aux Jacobins. D'aucuns disent qu'il serait le fils naturel de Kaunitz, le chancelier d'Autriche. C'est vrai ?

— Oui. Enfin… c'est tout à fait possible.

— Hérault est une anomalie. Il a beau être aristocrate de naissance, il n'est jamais la cible des attaques d'Hébert. » Hérault…, songe Fabre, et il repense – comme il le fait souvent, ces temps-ci – au Café de Foy. Alors qu'il lisait des extraits de sa dernière pièce en date – *Augusta*, qui mourait de sa belle mort aux Italiens – était entré cet énorme jeune homme à l'air fruste, qui faisait péter les coutures de son habit noir d'avocat, et dont il avait fait le portrait dans la rue, dix ans plus tôt. Le garçon avait acquis l'accent traînant des classes supérieures, et il avait parlé d'Hérault – « il a un physique impeccable, a beaucoup voyagé et il est pourchassé par toutes ces dames de la Cour » –, et, plus tard, on avait vu Fabre en compagnie de Danton, cet égotiste ingénu plutôt étrange qui s'était assez vite révélé le centre d'intérêt extra-marital de la moitié de la ville. Les années passent… *plus ça change, plus c'est la même chose**… « Fabre, tu m'écoutes ? demanda Robespierre.

— Mais oui, tout à fait. »

Robespierre se pencha en avant et entrecroisa les doigts ; et Fabre, tiré des profondeurs des années 1787 et 1788, se mit à transpirer à grosses gouttes. Il entendait ce que Robespierre était en train de dire et qui avait de quoi vous glacer le sang. « Dans la mesure où Hérault n'est jamais attaqué par Hébert, je les soupçonne d'avoir une allégeance commune. Les partisans

539

d'Hébert ne sont pas de simples fanatiques fourvoyés, ils sont en contact avec ces éléments étrangers que tu dénonces. Leurs déclarations et leurs actions, toutes plus violentes les unes que les autres, ne visent qu'à répandre la peur et le dégoût. Leur but est de faire apparaître la révolution sous un jour ridicule et de détruire sa crédibilité.

— Oui, dit Fabre en détournant le regard. Je comprends.

— Parallèlement à cela, il y a les tentatives visant à jeter le discrédit sur de grands patriotes. Par exemple, les insinuations sur le compte de Danton.

— C'est évident, dit Fabre.

— On peut se demander pourquoi de tels conspirateurs voudraient entrer en contact avec toi. »

Fabre secoua la tête, l'air dubitatif et abattu. « Ils ont déjà connu un certain succès au sein même de la Montagne. Je suppose qu'ils en ont tiré quelque encouragement. Chabot, Julien… tous des hommes de confiance, pourtant. Bien évidemment, quand ils seront mis en examen, ils prétendront que je suis impliqué.

— Nos ordres te concernant, dit Robespierre en faisant une pyramide de ses doigts, c'est que tu gardes un œil vigilant sur ces gens dont tu viens de donner le nom… surtout ceux que tu soupçonnes de crimes économiques.

— Entendu, dit Fabre. Heu… les ordres de qui ? »

Robespierre leva des yeux surpris. « Du Comité, bien sûr.

— Ah oui, évidemment. J'aurais dû me douter que tu parlais au nom de tous, dit Fabre, avant de se pencher en avant. Citoyen, je te demande instamment de ne pas te laisser berner par ce que pourrait raconter Chabot. Lui et ses amis sont beaux parleurs et peuvent se montrer très convaincants.

— Tu me prends pour un simple d'esprit, Fabre ?

— Je te prie de m'excuser.

— Tu peux partir, à présent.

— Merci. Fais-moi confiance. Au cours du mois qui vient, tu verras toute l'affaire se matérialiser. »

Robespierre le congédia d'un geste de la main péremptoire que n'aurait pas désavoué un souverain dûment consacré. Une fois dehors, Fabre sortit un mouchoir et se tamponna le visage. C'était bien la matinée la plus déplaisante qu'il eût jamais connue – si l'on exceptait celle où il avait été condamné à la pendaison en 1777 –, et pourtant, les choses s'étaient mieux passées qu'il ne l'avait craint. Robespierre avait avalé toutes ses suggestions, comme si elles ne faisaient que confirmer des conclusions auxquelles il était déjà arrivé. « Cette conspiration des étrangers », n'avait-il cessé de répéter. Manifestement, c'était l'aspect politique de l'affaire qui l'intéressait d'abord, et pas le sort de la Compagnie des Indes orientales. Les choses allaient-elles, comme il l'avait promis, se matérialiser dans un proche avenir ? Certainement, parce que l'on pouvait compter sur Hébert pour fulminer en public, sur Chabot pour tricher, mentir et voler, sur Chaumette pour harceler les prêtres et fermer les églises ; et désormais, chaque fois que ces trois-là ouvriraient la bouche, ce serait pour se condamner eux-mêmes. Tous ces fils séparés, il les voit noués dans une même conspiration, et, qui sait, peut-être qu'ils le sont. Dommage qu'il soupçonne Hérault. Je pourrais le prévenir, mais à quoi bon ? La vie pour les *ci-devant** est de toute façon tellement précaire que ses jours sont sans doute déjà comptés.

Le principal, c'est qu'il fait confiance à Danton. Or je suis l'homme de Danton. Et j'ai peut-être ainsi réussi à passer pour innocent à ses yeux. En lui disant ce qu'il voulait entendre.

Saint-Just sourit quand il le vit. Tiens, je suis bien en cour, se dit Fabre. Puis il remarqua l'expression de l'autre. « Robespierre est à l'intérieur ?

— Oui, oui, j'en sors. »

Saint-Just l'écarta de l'épaule et il dut s'aplatir contre le mur. « Laisse la porte ouverte, pour éviter les oreilles indiscrètes », conseilla-t-il. Saint-Just la reclaqua derrière lui. Fabre se mit à fredonner. Il travaillait en ce moment sur une nouvelle pièce intitulée *L'Orange de Malte*, et il lui était soudain venu à l'esprit qu'il pourrait peut-être la transformer en opérette.

Robespierre leva les yeux. « Je croyais que tu te préparais pour ton expédition à la frontière.

— C'est pour demain.

— Alors, qu'en penses-tu ?

— Du plan de Fabre, tu veux dire ? Il épouse parfaitement toutes les idées que tu avais déjà. Je me demande s'il le sait.

— Tu le mettrais en doute ? demanda Robespierre sur le ton de l'indignation.

— Oh, tous les prétextes seront bons pour nous débarrasser des étrangers, des spéculateurs et des hébertistes. Tant que tu n'oublies pas que Fabre lui-même a toute chance de ne pas être blanc comme neige.

— Ainsi donc, tu ne lui fais pas confiance. »

Saint-Just éclata de rire, du moins autant qu'il en était capable. « Le monsieur a un long passé d'imposteur, vois-tu. Tu sais qu'il se fait appeler "d'Églantine", en souvenir d'un prix littéraire décerné par l'Académie de Toulouse ? » Robespierre acquiesça de la tête. « Eh bien, l'année où il prétend l'avoir obtenu, aucun prix n'a été accordé.

— Ah, bon. » Robespierre détourna les yeux : un coup d'œil de biais, peu appuyé, narquois. « Tu es sûr de ce que tu avances ?

— Tout à fait, dit Saint-Just en rougissant. Je me suis renseigné. J'ai vérifié dans les archives.

— Nul doute, dit gentiment Robespierre, qu'il ait pensé que ce prix, il l'avait mérité. Et qu'il s'est senti floué.

— Le bougre a bâti toute sa vie sur une imposture !

— Disons plutôt : sur une illusion, le corrigea Robespierre, un sourire distant aux lèvres. Après tout, en dépit de ce que j'ai dit, ce n'est pas un grand poète. Mais un poète très moyen. C'est assez mesquin, ce que tu as fait là, Saint-Just. Combien de temps as-tu perdu à cette recherche ? » La satisfaction s'effaça du visage de son interlocuteur. « Vois-tu, reprit Robespierre, j'aurais moi-même beaucoup aimé remporter un de ces prix littéraires – quelque chose d'un peu renommé, pas trop local –, à Toulouse ou ailleurs.

— Mais ces prix étaient des institutions de l'ancien régime, protesta Saint-Just, blessé. C'est terminé, tout ça, fini. C'était avant la révolution.

— Cette époque a bel et bien existé, tu sais.

— Tu es trop inféodé aux manières et aux apparences de l'ancien régime.

« — Voilà une accusation fort grave », dit Robespierre.

Saint-Just eut l'air de vouloir faire machine arrière. Robespierre se leva de son siège. Il était plus petit d'une bonne douzaine de centimètres. « Voudrais-tu me voir remplacé par quelqu'un de plus profondément révolutionnaire ?

— Loin de moi cette idée, je t'assure.

— J'ai le sentiment que tu aimerais bien me remplacer.

— Tu fais erreur.

— Si tu essaies, je ferai tout pour savoir quel rôle tu as joué dans ce complot et je réclamerai ta tête à la Convention.

— Tu te trompes complètement, dit Saint-Just après avoir levé les sourcils. Je m'en vais aux armées. »

La voix de Robespierre lui parvint tandis qu'il sortait de la pièce à grand bruit. « Il y a des années que je suis au courant pour le prix de Fabre. Camille me l'avait dit. Nous en avions beaucoup ri. Mais quelle importance peut avoir une telle affaire ? Suis-je donc le seul à savoir ce qui importe ? Le seul à avoir encore le sens des proportions ? »

Maximilien Robespierre : « Au cours des deux dernières années, cent mille hommes ont péri pour cause de trahison et de faiblesse ; c'est notre manque de fermeté à l'égard des traîtres qui nous conduit à notre perte. »

Au Palais de justice : « Tu as l'air malheureux, mon cousin », dit Camille.

Fouquier-Tinville haussa les épaules. Il avait l'air effectivement morose. « Cela fait dix-huit heures que le tribunal siège. Hier, nous avons commencé à huit heures du matin et fini à onze heures du soir. C'est éreintant.

— Imagine un peu ce que ça peut être pour le prisonnier.

— J'en serais bien incapable, dit sincèrement l'accusateur public. La nuit est belle ? demanda-t-il. Un peu d'air frais ne me ferait pas de mal. »

Il n'avait pas d'états d'âme, ni dans un sens ni dans l'autre, quand il s'agissait de juger des femmes qui risquaient la peine capitale ; il était sensible, pourtant, aux questions que la chose pouvait faire naître dans certains esprits. La guillotine autorisait un certain degré de dignité dans la mort ; la véritable épreuve se trouvait en amont. Il aimait que ses prisonniers fussent en meilleure condition que ne l'était celle-ci, une femme dépenaillée, dont l'état, à l'évidence, nécessitait des soins médicaux. Il avait fait en sorte qu'un homme se tînt à côté d'elle pour aller lui quérir de temps à autre un verre d'eau, mais, jusqu'ici, le besoin ne s'en était pas fait sentir, pas plus que celui de sels. Il était à présent minuit passé ; et il était peu probable qu'un jury se retirant à cette heure pour délibérer hésite bien longtemps avant de rendre son verdict.

« Le témoignage d'Hébert, hier, dit-il à brûle-pourpoint. Quel gâchis ! Pourquoi a-t-il fallu que je l'appelle à la barre, Dieu seul le sait. Je tire fierté de mon travail. Je suis un père de famille… Je refuse d'entendre ce genre de choses. La femme a fait montre de dignité dans ses réponses. Elle a obtenu la sympathie de l'assistance. »

La veille, Hébert avait allégué que, en plus de ses autres crimes, la prisonnière était coupable d'abus sexuels sur la personne de son fils âgé de neuf ans ; qu'elle l'avait pris dans son lit à elle et lui avait appris à se masturber. Ses gardiens l'avaient surpris à l'œuvre, d'après Hébert, et... Allons, allons, mon garçon, où as-tu appris à te conduire comme cela ? C'est ma maman qui m'a montré, avait dit l'enfant, l'air effrayé et le regard fuyant. Hébert avait fourni des preuves écrites, une déclaration librement signée par le garçon. Dont l'écriture, tremblée, à l'ancienne, avait un moment troublé le citoyen Fouquier. « On a soi-même des enfants », avait-il murmuré. Le citoyen Robespierre avait fait plus que murmurer. « Ce crétin d'Hébert ! s'était-il exclamé, hors de lui. A-t-on jamais entendu allégation plus improbable dans un prétoire ? Vous allez voir, il va finir par sauver cette femme ! »

Je me demande, avait pensé Fouquier, quel genre d'avocat était le citoyen Robespierre quand il était en exercice. Un grand sentimental, j'en jurerais.

Il se tournait vers son cousin quand apparut le président Hermann, traversant l'obscurité du hall pour émerger dans la lumière des bougies qui baignait les avocats, la chaise du prisonnier et la place vide réservée aux témoins. Le président leva un doigt pour inviter Fouquier à le suivre.

« Tiens, va donc causer un peu avec Chauveau-Lagarde, dit Fouquier à Camille. Le pauvre diable a déjà défendu la fille qui a tué Marat. Je doute que sa carrière s'en remette jamais. »

Lagarde leva les yeux. « Camille... que fais-tu ici ? Personnellement, je n'y serais pas si je pouvais être ailleurs. » Il n'empêche qu'il était heureux de le voir. Il en avait assez d'essayer de parler à sa cliente. Laquelle n'était guère bavarde.

« Où voudrais-tu que je sois ? Certains d'entre nous attendent ce jour depuis très longtemps.

— Oui… Ma foi, si tu le dis.

— Je pense que c'est ce que nous devrions tous attendre, de voir la trahison enfin punie.

— Tu préjuges de l'affaire. Le jury n'a pas encore fini de délibérer.

— C'est là un procès que la République ne risque pas de perdre, dit Camille, avant de sourire à son interlocuteur. Tu en as de la chance, dis donc, on te donne toujours les meilleures affaires.

— Aucun avocat sur la place de Paris n'a davantage que moi l'expérience des causes indéfendables. » Lagarde avait trente-sept ans ; il s'efforçait de faire contre mauvaise fortune bon cœur. « J'ai demandé la clémence, dit-il. Que pouvais-je faire d'autre ? On l'accuse d'être ce qu'elle est. De simplement exister. Quelle défense veux-tu opposer à de telles accusations ? Y aurait-il eu une possibilité que… Rends-toi compte, on m'a remis le dossier dimanche soir, en me disant que je devais officier dès le lundi matin. J'ai demandé un délai de trois jours à ton cousin. Rien à faire. Quand son mari a été jugé, on prenait davantage son temps. Le jour où elle ira à la mort, elle, ce sera en charrette.

— À mon avis, le carrosse fermé était antidémocratique. C'est là une chose que le peuple a le droit de voir. »

Lagarde lui lança un regard oblique et eut ce commentaire : « Ils ne font pas dans le sentiment, les gars de chez vous. » Pourtant, on pouvait les comprendre, songea-t-il, on pouvait même les trouver – c'était là un signe des temps – tout à fait rassurants :

l'impénétrable Fouquier, l'avocat renommé au point que c'est lui que ses confrères choisiraient s'ils devaient être défendus, et son imprévisible cousin, personnage haut placé qui lui avait obtenu sa fonction. On pouvait les trouver préférables à certains des serviteurs de la République – à Hébert, entre autres, cet homme blafard aux allégations obscènes. À certains moments, pendant la séance de la veille, il avait été au bord de la nausée.

« Je sais à qui tu penses, dit Camille. L'expression que tu as eue, je l'ai vue souvent sur les visages. Je soupçonne Hébert d'avoir mis ses sales mains sur des fonds du ministère de la Guerre ; si j'arrive à le prouver, il fera partie de ton prochain lot de gros clients. »

Fouquier arriva à la hâte. « Le jury revient, dit-il. Tu as toute ma compassion par avance, Lagarde. »

On aida la prisonnière à traverser la salle pour rejoindre sa place. En une seconde, elle passa de la pénombre à la lumière, et son visage apparut, creusé de rides, bouleversé.

« Elle a l'air très âgée, dit Camille. On dirait que c'est à peine si elle voit où elle met les pieds. J'ignorais que sa vue était aussi mauvaise.

— Voilà au moins une chose dont on ne peut pas m'accuser, dit Fouquier. Encore que, ajouta-t-il non sans quelque clairvoyance, on ne manquera pas, après ma mort, de m'en rendre responsable. Tu voudras bien m'excuser, mon cousin. »

Le verdict fut rendu à l'unanimité. Se penchant en avant, le président Hermann demanda à l'accusée si elle avait quelque chose à déclarer. L'ancienne reine de France secoua la tête. Ses doigts s'agitaient impatiemment sur le bras de son siège. Hermann prononça la peine de mort.

La cour se leva. Les gardes s'avancèrent pour emmener la prisonnière. Fouquier ne la regarda pas partir. Son cousin vint à la hâte l'aider à rassembler ses papiers. « Journée tranquille, demain, dit Fouquier. Tiens, prends-moi ça. On aurait pu penser que l'accusateur public aurait tout de même droit à un assistant. »

Hermann eut un hochement de tête poli à l'adresse de Camille, et Fouquier souhaita le bonsoir au président. Camille avait l'œil rivé sur le départ laborieux de la veuve Capet. « Le moment ne semble vraiment pas être à la hauteur de nos attentes. Tout compte fait, on va couper la tête d'une pauvre femme bien banale.

— Franchement, Camille, tu es d'une versatilité sans pareille. Je ne t'ai jamais entendu dire un mot en faveur de l'Autrichienne. Allez, viens, je préserve d'ordinaire ma dignité en utilisant ma voiture officielle, mais là j'ai besoin d'air. À moins que tu ne veuilles aller tout de suite mettre Robespierre au courant ? »

Fouquier était toujours fier de son cousin quand ils étaient ensemble en public. Surtout quand il le voyait en compagnie de Danton : il remarquait alors les allusions privées que les deux hommes partageaient, les plaisanteries, les regards complices et, assez souvent, le bras robuste de Danton qui entourait les épaules de son cousin, ou Camille qui, lors d'une séance de nuit, fermait ses yeux inquiétants pour s'appuyer confortablement contre l'épaule de Danton. Avec Robespierre, les choses étaient très différentes. Lui fuyait tout contact physique. Son visage était distant, hautain. Camille était bien le seul à y faire naître une expression aimable, presque chaleureuse ; ils partageaient des souvenirs, peut-être aussi des plaisanteries connues d'eux seuls. Certains allaient jusqu'à dire – même si cela confinait à l'hérésie – qu'ils avaient vu Camille faire rire Robespierre.

Son cousin hocha la tête. « Non, non, Robespierre dort à l'heure qu'il est. À moins que le Comité ne soit encore en réunion. De toute façon tu ne risques pas de perdre, si ?

— À Dieu ne plaise ! » Fouquier passa son bras sous celui de son cousin, et ils sortirent dans l'aube glaciale. Un agent de police les salua au garde-à-vous. « Le prochain gros gibier, c'est Brissot, et toute cette clique sur laquelle nous avons réussi à mettre la main. Je fonde mon argumentaire sur tes écrits, ton *Histoire secrète*, et cet autre article que tu as écrit sur Brissot, après votre affrontement à propos de ton affaire de jeu. C'est du bon travail : j'ai l'intention de t'emprunter quelques expressions, si tu n'y vois pas d'inconvénient. J'espère que tu seras présent pour recueillir ta part du mérite. »

Pensez un peu à présent à ces jours qui ont suivi la chute de la Bastille : Brissot dans le bureau de Camille, perché sur une table, Théroigne entrant dans un grand froufrou de jupes et plantant un gros baiser sur sa joue sèche. C'était mon ami, songe Camille ; jusqu'à cette affaire de jeu, où nous nous sommes tout à coup retrouvés dans des camps adverses ; il en a fait une affaire personnelle, et moi, *je ne supporte pas la critique*. Il connaît bien ce trait de caractère chez lui : ou il s'enflamme, ou il rentre dans sa coquille, ou il prend l'offensive, ou… ou quoi ? « Antoine, dit-il à son cousin, il semble que je sois rompu à toutes les formes d'attaque. Mais je ne connais absolument aucune forme de défense.

— Allons donc », dit l'accusateur. Il ne voyait pas du tout où son cousin voulait en venir, mais il n'y avait là rien de nouveau. Il lui ébouriffa les cheveux. Camille rejeta la tête en arrière, comme si une guêpe l'avait piqué. Fouquier ne s'en formalisa pas. Il était de bonne humeur, pensant déjà à la bonne bouteille qu'il avait prévu de s'octroyer quand tout serait fini ; il essayait de ne pas toucher à l'alcool pendant les grands procès. Il avait l'impression, toutefois, que le sommeil risquait de lui échapper, ou ses cauchemars de revenir. Peut-être que son cousin, avec lequel, à la réflexion, il passait finalement trop peu de temps, accepterait de veiller avec lui pour discuter. Pour deux provinciaux, se dit-il, nous nous débrouillons remarquablement bien ces temps-ci.

Le lendemain matin, peu après onze heures, Henri Sanson pénétra dans sa cellule pour la préparer. C'était le fils de l'homme qui avait exécuté son mari. Elle portait une robe blanche, un châle léger, des bas noirs et une paire de chaussures couleur prune à talons hauts, qu'elle avait soigneusement mises de côté pendant son incarcération. Le bourreau lui lia les mains derrière le dos et lui coupa les cheveux que, suivant les conseils de sa domestique, elle avait jugé bon de « relever » pour affronter son juge et ses jurés. Elle ne bougea pas, et Sanson ne permit pas au métal de toucher son cou. Quelques secondes plus tard, les longues tresses, autrefois couleur de miel et désormais striées de vilaines mèches grises, jonchaient le sol de la cellule. Il les ramassa pour les brûler.

Le tombereau attendait dans la cour. C'était une charrette ordinaire, utilisée à l'origine pour le transport du bois, et munie à présent de planches en guise de sièges. À cette vue, elle perdit contenance ; sa bouche s'ouvrit sous l'effet de la peur, mais pas un son n'en sortit. Elle demanda au bourreau de lui délier les mains, et, quand ce fut chose faite, alla s'accroupir dans un coin de la cour, contre un mur, pour uriner. Puis on lui remit ses liens et on la fit monter dans la charrette. Sous les cheveux tondus et le simple bonnet blanc, ses yeux fatigués examinèrent les visages autour d'elle en quête d'un peu de pitié. Le trajet jusqu'au lieu d'exécution dura une heure. De tout ce temps, elle n'ouvrit pas la bouche. Quand elle monta les marches, des mains mercenaires indifférentes l'aidèrent à garder l'équilibre. Elle se mit à trembler, ses genoux refusaient de lui obéir. Aveugle et terrorisée, elle marcha sur le pied du bourreau. « Je vous demande pardon, monsieur, murmura-t-elle. Ne croyez pas que je l'aie fait exprès. » Quelques minutes après midi, sa tête tombait : « la plus grande des joies jamais éprouvées par le Père Duchesne ».

X

Une visite du marquis

(1793)

Les deux monarques, les deux tyrans, homme et femme, sont morts. On aurait pu s'attendre à éprouver une sensation de liberté, un bouleversement intérieur ; Lucile découvre qu'il n'en est rien. Elle avait insisté auprès de Camille pour avoir des détails sur les dernières heures de la reine, anxieuse de savoir si elle avait été digne d'occuper une place dans l'histoire, mais il s'était montré réticent. Pour finir, il lui dit que, comme elle le savait pertinemment, rien n'aurait pu le pousser à assister à une exécution. Espèce d'hypocrite, lui dit-elle, tu aurais dû aller constater *de visu* les conséquences de tes actes. Il la regarda avec de grands yeux, lui fit une révérence d'ancien régime, très appuyée et ironique, prit son chapeau et sortit. Il se disputait rarement avec elle, mais se vengeait au moyen d'absences mystérieuses, qui pouvaient durer aussi bien plusieurs jours que quelques minutes.

Cette fois-ci, il fut de retour dans l'heure, demandant s'ils pouvaient donner un souper le soir même. Le délai accordé était vraiment trop généreux, dit Jeannette d'un ton acerbe. Mais on peut toujours se procurer de quoi bien manger, et en quantité suffisante, si l'on a de l'argent et que l'on sait où s'adresser. Camille disparut à nouveau, et ce fut Jeannette qui, en faisant ses courses, découvrit ce qu'il y avait à fêter : la Convention avait appris l'après-midi même la défaite des Autrichiens au cours d'une bataille longue et meurtrière à Wattignies.

Ils burent donc ce soir-là à cette récente victoire, aux derniers commandants en date. Parlèrent des progrès accomplis contre les insurgés vendéens, des succès remportés contre les rebelles de Lyon et de Bordeaux. « Il me semble que la République se porte remarquablement bien, dit Lucile à Hérault.

— Les nouvelles sont bonnes, c'est vrai. » Mais il fronça les sourcils, l'air préoccupé. Il avait demandé au Comité de l'envoyer en Alsace, dans le sillage de Saint-Just, et il devait partir très prochainement, peut-être même le lendemain.

« Pourquoi nous quitter ? lui demanda-t-elle. Nous allons nous ennuyer sans toi. Je suis heureuse que tu aies pu venir ce soir. Je pensais que tu serais peut-être pris au Comité.

— Je ne leur suis pas d'une grande utilité, ces temps-ci. Ils m'en disent le moins possible, j'en apprends davantage par les journaux.

— On ne te fait plus confiance ? dit-elle, alarmée. Que s'est-il passé ?

— Demande-le à ton époux. Il a l'oreille de l'Incorruptible. » Quelques minutes plus tard, il se levait, la remerciait, tout en expliquant que des préparatifs de dernière minute l'attendaient. Camille se leva à son tour et l'embrassa sur la joue. « Reviens bientôt. Nos échanges réguliers d'insultes voilées vont terriblement me manquer.

— Je doute que ce soit bientôt, dit Hérault d'une voix étudiée. À la frontière, je pourrai au moins faire œuvre utile, voir l'ennemi et savoir qui il est. Paris n'est plus bon que pour les charognards, aujourd'hui.

— Je te prie de m'excuser, dit Camille. Je me rends compte que je te fais perdre ton temps. Peux-tu me rendre mon baiser ?

— Je parie, dit nonchalamment quelqu'un, que si vous deviez monter ensemble à l'échafaud, vous vous querelleriez encore pour des questions de préséance.

— Oh, j'imagine que c'est moi qui aurais l'avantage, dit Camille. Encore que je ne sache au juste ce qui serait préférable. C'est mon cousin qui décide de l'ordre de passage dans les exécutions. »

On entendit un cri étouffé, puis celui d'un verre qu'on repose brutalement. Fabre les regardait, les yeux écarquillés, rouge de colère. « Il n'y a pas de quoi s'esclaffer, s'écria-t-il. C'est d'un goût plus que douteux, et ce n'est même pas drôle. »

S'ensuivit un silence, dont profita Hérault pour faire ses adieux. Une fois qu'il fut parti, la conversation reprit sur un ton de bonhomie forcée, animée essentiellement par Fabre. Les convives partirent de bonne heure. Plus tard, alors qu'ils étaient au lit, Lucile demanda : « Mais qu'est-ce qui a bien pu se passer ? Nos soirées sont toujours réussies, toujours.

— Bah ! c'est sans doute la fin de la civilisation telle que nous la connaissons, dit Camille, avant d'ajouter : C'est probablement parce que Georges n'était pas là. » Puis il se tourna sur le côté, mais elle savait qu'il restait éveillé, à l'écoute des bruits nocturnes de la ville : yeux noirs plongés grands ouverts dans les ténèbres.

Il y a quelque chose qui ne va pas, songea-t-elle. Au moins, depuis le départ de Saint-Just, Camille voyait-il plus souvent Robespierre. Lui le comprenait ; il découvrirait forcément ce qui clochait et le lui dirait.

Le lendemain, elle rendit visite à Éléonore. S'il était vrai que cette dernière était la maîtresse de Robespierre, elle n'en était pas plus heureuse, ou, pour le moins, pas plus aimable. Elle ne tarda pas à amener la conversation sur Camille.

« Il obtient ce qu'il veut de Max, dit-elle avec rancœur, et c'est bien le seul. Avec les autres, Max se montre toujours parfaitement poli et très occupé, dit-elle avant de se pencher en avant, désireuse de faire partager sa détresse. Il se lève de bonne heure et s'occupe de son courrier. Il se rend à la Convention, puis aux Tuileries pour régler les affaires du Comité. Ensuite aux Jacobins. Enfin, à dix heures du soir, le Comité entre en séance. Et lui revient au petit matin.

— Il ne se ménage guère, c'est certain. Mais qu'attendre d'autre d'un homme comme lui ? C'est dans sa nature.

— Jamais il ne m'épousera. Il ne cesse de dire que si, dès que la crise actuelle sera passée. Mais elle ne passera jamais, Lucile, n'est-ce pas ? Jamais ? »

Quelques semaines auparavant, Lucile et sa mère avaient aperçu Anne Théroigne dans la rue. Il leur avait fallu, à l'une comme à l'autre, un moment pour la reconnaître. Théroigne était loin d'être aussi jolie que par le passé. Elle était maigre ; son visage s'était affaissé, comme si elle avait perdu des dents. Quand elle les avait croisées, un éclair s'était allumé dans ses yeux, mais elle n'avait pas dit un mot. Lucile l'avait trouvée pathétique – une victime de l'époque. « Personne ne la jugerait encore attirante », avait dit Annette. Et elle avait souri. Pour sa part, ses derniers anniversaires s'étaient passés, comme elle le laissait entendre, sans dommages majeurs. La plupart des hommes continuaient à la regarder avec intérêt.

Elle revoyait Camille l'après-midi. Lequel n'allait plus guère à la Convention, désormais. Nombre de Montagnards étaient en mission en province ; nombre de députés de l'aile droite, ceux qui avaient voté contre la mort du roi, avaient abandonné leurs sièges et pris la fuite. Plus de soixante-dix députés avaient signé un manifeste protestant contre l'expulsion de Brissot, Vergniaud et les autres ; ils étaient en prison à présent, et seuls les bons offices de Robespierre leur évitaient encore de tomber dans les griffes du tribunal. François Robert était en disgrâce, et Philippe Égalité attendait d'être jugé ; Collot d'Herbois se trouvait à Lyon, occupé à punir les rebelles. Danton profitait de l'air pur de la campagne. Saint-Just et le mari d'Élisabeth, Philippe Lebas, étaient avec les armées ; la charge que représentaient les travaux du Comité retenait souvent Robespierre aux Tuileries. Camille et Fabre ne tardèrent pas à se lasser de compter les sièges vides. Il n'y avait plus personne qu'ils appréciaient, ni personne avec qui ils avaient envie de ferrailler. Et Marat était mort.

Théroigne se présenta rue des Cordeliers, pas lavée, flottant dans ses vêtements, désemparée, quelques jours après le souper donné par les Desmoulins. « Je veux voir Camille », dit-elle. Elle avait pris l'habitude de détourner la tête quand elle s'adressait à quelqu'un, comme si elle était engagée dans un monologue intérieur qui ne supportait pas la moindre intrusion. Camille entendit sa voix ; il était assis à ne rien faire, les yeux dans le vide. « Eh bien, ma chère, te voilà bien abîmée. Si c'est tout ce que tu as à montrer en guise de charmes féminins, je dois dire que je préférais celle que j'ai connue dans le passé.

— Tes manières sont toujours aussi exquises, dit Théroigne, qui regardait le mur. C'est quoi, cette gravure ? La femme va être décapitée.

— C'est Marie Stuart, le personnage historique préféré de ma femme.

— Comme c'est étrange, dit-elle d'une voix sans timbre.

— Assieds-toi, dit Lucile, apitoyée. Veux-tu quelque chose ? Une boisson chaude ? » Il fallait que quelqu'un donne à manger à cette femme, lui brosse les cheveux, dise à Camille de ne pas lui parler de cette façon. « Voulez-vous que je vous laisse ? demanda-t-elle.

— Non, ça ira. Tu peux rester si tu veux. Ou t'en aller. Ça m'est égal. »

Quand Théroigne, s'étant avancée, se trouva mieux éclairée, Lucile vit les cicatrices sur sa joue. Des mois plus tôt, elle avait été prise à partie et rouée de coups dans la rue par un groupe de femmes. Comme elle a souffert, songea Lucile. Dieu me préserve. Sa gorge se noua.

« Ce pour quoi je suis venue ne prendra pas longtemps, dit Théroigne. Tu sais, n'est-ce pas, ce que je pense ?

— J'ignorais que tu pensais, dit Camille.

— Tu sais où vont mes sympathies. Les partisans de Brissot passent en jugement cette semaine. J'en fais partie. » Pas la moindre trace de passion dans sa voix. « Je crois en ce qu'ils représentent et j'approuve ce qu'ils ont tenté. Je n'aime pas tes idées politiques, et je n'aime pas celles de Robespierre.

— C'est tout ? C'est pour me dire cela que tu es venue ?

— Je veux que tu te rendes sur-le-champ au comité de section pour me dénoncer. Je viendrai avec toi. Je ne nierai rien de ce que tu diras à mon sujet. Je répéterai mot pour mot ce que je viens de déclarer.

— Anne, qu'est-ce que tu as ? intervint Lucile.

— Elle veut mourir, pardi, répondit Camille avec un sourire.

— Oui, dit-elle, toujours de cette voix basse et sans timbre. C'est ce que je veux. »

Lucile traversa la pièce pour la rejoindre. Théroigne la repoussa de ses bras tendus, et Camille lui lança un regard furieux. Elle recula, ses yeux passant de l'un à l'autre.

« Rien de plus facile, lui dit Camille. Tu n'as qu'à sortir dans la rue et crier "Vive le roi". On t'arrêtera sur-le-champ. »

Anne porta une main décharnée à son front. Une marque blanche se voyait là où la chair avait été lacérée. « J'ai fait un discours, dit-elle. Et voilà ce qui est arrivé. Elles m'ont frappée avec un fouet. Elles m'ont donné des coups de pied dans le ventre et piétinée. J'ai bien cru en mourir. Mais pareille mort eût été misérable.

— Essaie le fleuve, dit Camille.

— Dénonce-moi. Rendons-nous tout de suite à la section. Tu serais heureux de le faire. Tu veux toujours te venger.

— Oui, dit-il, c'est exact, je tiens à me venger, mais pourquoi bénéficierais-tu d'une fin civilisée ? Il se peut que je déteste la clique de Brissot, mais ils ne méritent pas de voir leur nom associé à une ordure comme toi. Non, Théroigne, tu peux mourir dans la rue... comme Louis Suleau, tu te souviens ? Prends ta mort là où tu la trouves, et des mains de qui voudra bien te la donner. J'espère qu'il te faudra l'attendre longtemps. »

Son expression ne changea pas. Humblement, ses yeux glissant sur le tapis, elle dit : « Je t'en supplie.

— Allez, sors d'ici », dit Camille.

Elle inclina la tête. Détournant le visage, vaincue, le pas lent, Théroigne prit la direction de la porte. Lucile lui cria de revenir. « Mais elle va mettre fin à ses jours », dit-elle. Sans réfléchir, elle la désignait du doigt, comme si elle avait besoin de se faire comprendre.

« Non, pas du tout, dit Camille.

— Tu n'es qu'un monstre ! murmura Lucile. Si l'enfer existe, sûr que tu y brûleras. » La porte se referma. Elle se précipita sur lui. Elle voulait le blesser, lui faire mal, en représailles pour la souffrance infligée à cette pauvre créature fantomatique qu'il avait jetée dehors sous la pluie. L'air distant, il lui emprisonna les poignets, l'arrêtant dans son élan. Elle se mit à trembler de tous ses membres, et un flot de larmes brûlantes inonda ses joues. « Je suis désolée, dit-elle. Je sais que tu ne pouvais pas faire ce qu'elle demandait, c'est absurde, mais il y a sûrement un moyen de l'aider et de lui redonner goût à la vie ? Tout le monde a envie de vivre, non ?

— Eh bien, non, vois-tu. Tous les jours, on ramasse des gens dans la rue. Ils attendent le passage d'une patrouille pour se mettre à crier en réclamant le retour de la royauté ou la mise à mort de Robespierre. Il y a des quantités de morts qui attendent. Elle n'a que l'embarras du choix. »

Elle se libéra de son étreinte, se précipita dans leur chambre et claqua la porte. Sa poitrine se soulevait violemment, elle avait des haut-le-cœur. Sous la pression de toutes les tempêtes qui font rage dans nos têtes et dans nos corps, un jour, ces murs se fissureront, cette maison s'écroulera. Il ne restera plus que terre, ossements et herbe, et on devra lire nos journaux intimes pour découvrir qui nous étions.

9 brumaire, au Palais de justice. Brissot paraissait vieilli. Plus parcheminé, mais aussi plus voûté, et les tempes plus dégarnies. Sillery avait l'air d'un vieil homme ; où était donc passée sa passion du jeu, à présent ? S'il y avait une certitude, c'est qu'il ne parierait pas un sou sur l'issue de cette séance. De temps à autre, il lui arrivait toutefois de se demander comment il avait jamais pu devenir brissotin. Il aurait dû être assis aux côtés de Philippe. Philippe, le veinard, avait encore huit jours à vivre.

Sillery se pencha en avant. « Brissot, tu te souviens ? Nous étions témoins au mariage de Camille.

— Effectivement, dit Brissot. Mais n'oublie pas que Robespierre l'était aussi. »

Vergniaud, en règle générale assez négligent en matière d'habillement, était ce soir-là immaculé, comme pour montrer que la prison et le procès n'avaient pas réussi à le briser. Il veillait à présenter un visage dénué de toute expression, il ne donnerait pas cette satisfaction à ses bourreaux. Où pouvait être Buzot, ce soir ? se demanda-t-il. Et le citoyen Roland ? Où était Pétion ? Morts ou vivants ?

L'horloge sonna le quart de dix heures. Dehors, il faisait nuit noire et il pleuvait. Les jurés étaient de retour ; ils furent aussitôt entourés d'officiers du tribunal. Le citoyen Fouquier, son cousin à ses côtés, traversa tranquillement le hall en marbre et émergea dans la lumière ; encore vingt-deux verdicts à énoncer, vingt-deux condamnations à mort à prononcer, et il pourrait rentrer chez lui pour un souper tardif et une bonne bouteille.

Son cousin Camille était très pâle ; sa voix tremblait, il était d'une extrême nervosité. Depuis six jours, Fouquier citait devant le jury les déclarations de son cousin, ses accusations de conspiration fédéraliste, de complots monarchistes. De temps à autre, quand une expression désormais célèbre leur tombait dans l'oreille, les accusés se tournaient comme un seul homme vers Camille. On avait l'impression qu'ils avaient répété la scène ; et c'était vraisemblablement le cas. Le procès avait dû être une épreuve pour son cousin, se dit Fouquier. Il avait déjà commandé les tombereaux ; avec vingt-deux accusés, c'était le genre de détail qu'il fallait prévoir.

Fouquier se fit la réflexion que la scène avait quelque chose de théâtral, ou du moins une qualité digne du pinceau d'un maître : le noir et blanc des dalles, les reflets des flammes des bougies, les taches, ici et là, de tricolore. La lumière éclaire le visage de son cousin ; il prend une chaise. Le président du jury se lève. Un clerc sort d'une chemise une liasse d'arrêts de mort. Derrière l'accusateur public, quelqu'un murmure : « Camille, ça ne va pas ? »

Tout à coup, du banc des accusés partit un cri aigu, un seul. Les accusés bondirent sur leurs pieds, aussitôt les gardes firent cercle autour d'eux, les greffiers du tribunal lâchèrent leurs papiers et quittèrent précipitamment leurs places. L'un des accusés, Charles Valazé, était tombé à la renverse de son banc. On entendit des cris de femme dans la foule, les gens se ruèrent pour voir ce qui était arrivé, en dépit des gendarmes qui s'efforçaient de les tenir à distance.

« Quelle façon d'en finir », dit un des jurés.

Vergniaud, le visage toujours impassible, fit un signe au docteur Lehardi, un des accusés. Celui-ci s'agenouilla près du corps allongé. L'instant d'après, il levait un long poignard, couvert de sang jusqu'au manche. Que l'accusateur public lui retira aussitôt des mains. « Je ne peux pas laisser passer cet incident sans réagir, dit-il. Il aurait pu tourner cette arme contre moi. »

Brissot était affaissé sur son banc, le menton sur la poitrine. Le sang de Valazé laissait à présent des rigoles écarlates sur le blanc et le noir du sol. On dégagea un espace. Le corps de Valazé, qui avait l'air tout petit et on ne peut plus mort, fut emporté par deux gendarmes.

Ce n'était pas encore la fin du drame. Alors qu'il essayait de quitter la salle d'audience, le citoyen Desmoulins était tombé évanoui.

17 brumaire : exécution de Philippe, connu sous le nom de citoyen Égalité. Lors de son dernier repas, il consomma deux côtelettes, une grosse quantité d'huîtres et but la majeure partie d'une bouteille de bordeaux. Pour monter à l'échafaud, il avait revêtu un gilet en piqué blanc, une redingote verte et des escarpins en daim jaunes, le tout très anglais. « Allons, mon brave, dit-il à Sanson, faisons diligence, veux-tu ? »

Justement, le bourreau. Ses frais généraux ont augmenté de manière exponentielle depuis le début de la Terreur. Il a sept hommes à payer sur son salaire, et il va bientôt devoir louer jusqu'à une dizaine de charrettes par jour. Auparavant, il s'en tirait avec seulement deux assistants et une charrette. Sans compter que l'argent qu'il peut offrir n'attire guère le chaland. Il doit aussi payer lui-même la corde qui lui sert à attacher ses clients, ainsi que les grands paniers en osier destinés à transporter les corps une fois la chose faite. Au début, on pensait que la guillotine serait une affaire propre et facile à mener, mais, quand vous avez vingt, voire trente têtes à couper dans la journée, se posent des problèmes quantitatifs. Les pouvoirs en place se doutent-ils de tout le sang qui jaillit d'une seule tête décapitée ? Le sang abîme tout, pourrit tout, ses vêtements entre autres. Les gens, là, en bas, ne s'en rendent pas compte, mais il lui arrive de se retrouver éclaboussé jusqu'aux genoux.

C'est un travail éreintant. Si vous tombez sur une personne qui a tenté de mettre fin à ses jours avant l'exécution, celle-ci a toute chance d'être dans un état lamentable, effondrée sur elle-même en raison du poison avalé ou d'une grande perte de sang, et tenter de la redresser pour la mettre dans la bonne position sous la lame relève de l'exploit. Récemment, le citoyen Fouquier a insisté pour qu'ils guillotinent un cadavre, tâche que tout le monde a jugée parfaitement superflue. Autre exemple : prenez un quidam infirme ou difforme, impossible de l'attacher à la planche sans des efforts et des suées considérables, jugés quantité négligeable par l'assistance qui, de toute façon, d'où elle est ne peut pas voir grand-chose et manifeste son impatience à grands coups de sifflets et de quolibets. Pendant ce temps, une queue se forme au pied de l'échafaud, et ceux qui sont au bout commencent à renâcler, ils crient ou tombent dans les pommes. Si tous les clients étaient de sexe masculin, jeunes, stoïques et en bonne santé, il aurait beaucoup moins de problèmes, mais ceux qui répondent à l'ensemble de ces critères sont remarquablement peu nombreux. Et puis, les riverains se plaignent de ce qu'il ne répand pas de sciure en suffisance pour absorber le sang, et que, par suite, l'odeur devient insupportable. La machine est certes silencieuse, puissante et fiable ; mais c'est lui qui doit payer de sa poche celui qui en affûte le couperet.

Il fait en sorte que les opérations soient aussi efficaces que possible, en accélérant sans cesse la cadence. Fouquier ne devrait rien trouver à redire. Prenez l'exemple des brissotins : vingt et un, sans compter le mort, en trente-six minutes, pas une de plus. Il ne pouvait faire l'économie d'un assistant qualifié pour le plaisir de chronométrer, mais il avait trouvé un spectateur qui avait aimablement accepté d'assister à toute la séance après qu'il lui eut confié sa montre. Cela au cas où l'on viendrait se plaindre de son travail.

Il fut un temps où le bourreau était un homme estimé ; on avait pour lui de la considération. Il existait une loi qui interdisait qu'on lui manquât de respect. Il avait un public d'habitués qui venaient voir un travail de spécialiste et appréciaient en connaisseurs les petites touches dont il agrémentait parfois son art. Les gens venaient assister aux exécutions parce qu'ils en avaient envie ; aujourd'hui, certaines de ces vieilles bonnes femmes, qui sont assises à tricoter pour l'effort de guerre, on voit bien qu'elles ont été payées pour être là, et qu'elles n'ont qu'une hâte : quitter les lieux pour aller boire ce que la séance leur aura rapporté. Quant aux gardes nationaux, qui, eux, sont obligés d'assister aux exécutions, ils ont le cœur au bord des lèvres au bout de quelques jours.

Autrefois, le bourreau faisait dire une messe spéciale pour l'âme des condamnés, aujourd'hui il n'en est plus question. Les pauvres bougres ne sont plus que des numéros sur une liste. À une époque, cette mort avait de la distinction ; pour les clients, il s'agissait d'une fin spéciale, individualisée. C'était pour eux qu'on s'était levé de bonne heure, qu'on avait prié, revêtu une tenue écarlate, qu'on s'était composé un visage marmoréen et qu'on avait mis une fleur à sa boutonnière. Mais aujourd'hui, ils arrivent par charrettes entières comme des veaux, la langue pendante, l'œil éteint, apathiques et stupéfiés par la vitesse avec laquelle ils passent en troupeaux de leur condamnation à leur mort ; le métier n'est plus un art, il tient de l'abattage.

« J'écris ces lignes au son des rires dans la pièce voisine… »

Depuis le premier jour de son emprisonnement, Manon n'avait pas cessé d'écrire. Il lui fallait laisser derrière elle une justification, un credo, une autobiographie. Au bout d'un moment, son poignet était douloureux, le froid lui raidissait les doigts, et elle avait envie de pleurer. Chaque fois qu'elle s'interrompait et autorisait son esprit à repenser au passé lui-même plutôt qu'aux moyens de l'exprimer, de grandes vagues de nostalgie déferlaient en elle : «... nous n'avons rien eu. » Elle s'allongeait sur sa couchette, le regard perdu dans l'obscurité, se préparant consciemment à l'héroïsme.

Tous les jours, elle s'attendait à ce que l'on pénètre dans sa cellule pour lui apprendre que son mari avait été arrêté, qu'on le détenait dans quelque prison de province, qu'on le ramenait à Paris pour être jugé en même temps qu'elle. Et si François Léonard était pris ? On ne lui en dirait peut-être rien. Tel est le prix de la discrétion, celui aussi de la bonne conduite ; ils s'étaient montrés si réservés et s'étaient si bien comportés que même ses amis les plus proches n'auraient pu soupçonner qu'elle s'intéressait au sort de Buzot.

Sa cellule était nue et froide, mais propre. On lui apportait à manger, mais elle avait décidé de se laisser mourir de faim. Petit à petit, elle réduisit ce qu'elle absorbait, jusqu'à ce qu'on la transfère dans une salle qui servait d'hôpital à la prison. On lui fit alors miroiter la perspective d'être autorisée à témoigner au procès de Brissot ; pour cela, il fallait qu'elle reprenne des forces. Elle se remit donc à manger.

Peut-être l'avait-on trompée délibérément ? Elle ne le sut jamais. Pendant que se déroulait le procès, on l'avait conduite au Palais de justice et retenue dans une pièce voisine du prétoire, sous bonne garde. Mais elle ne vit jamais les accusés, pas plus que les juges, ni (si on peut les appeler ainsi) les jurés. L'un de ses gardiens lui apporta la nouvelle du suicide de Valazé. Une mort en entraîne une autre. Qu'avait donc dit Vergniaud à propos de cette fille pleine de sang-froid qui avait poignardé Marat ? « Elle nous a tués, mais elle nous a aussi appris à mourir. »

Son procès à elle avait été reporté – peut-être parce qu'ils espéraient capturer Roland entre-temps et les faire comparaître côte à côte. On pouvait demander la clémence, évidemment, mais sa vie ne valait pas qu'elle sacrifiât tout ce pour quoi elle avait vécu. Et puis il était bien inutile d'escompter quelque clémence que ce fût. De qui serait-elle venue ? De Danton ? De Robespierre ? Camille Desmoulins avait bien fait montre, au procès de Brissot, d'une humeur inhabituelle chez lui, allant jusqu'à dire (ses gardiens lui avaient répété ce qu'une vingtaine de personnes avaient entendu) : « Ils étaient mes amis, et mes écrits les ont tués. » Mais il s'était sans doute déjà repenti de son repentir quand des mains jacobines l'avaient relevé après son évanouissement.

Le jour où on l'emmena à la Conciergerie, elle comprit qu'elle ne reverrait plus jamais enfant ni son mari. Les cellules étaient situées sous la grande salle où siégeait le tribunal ; c'était la dernière étape, et, en admettant même que Roland fût arrêté à présent, elle serait morte avant qu'il atteignît Paris. Elle comparut le 8 novembre, le 18 brumaire selon les calculs de ce charlatan de Fabre d'Églantine. Elle portait une robe blanche et avait lâché ses cheveux auburn, qui accrochaient et retenaient les derniers rayons du soleil de l'après-midi. Fouquier fit diligence. Elle fut poussée sans ménagement dans une charrette le soir même. Un vent cinglant lui rougit les joues, et elle frissonna dans sa robe en mousseline. La nuit tombait, mais elle eut le temps de voir la guillotine, la sinistre géométrie du tranchant du couperet, se découper contre le ciel.

Un témoin oculaire : « Robespierre s'avança lentement… Il portait des lunettes, probablement censées cacher les tics qui agitaient les traits de son visage pâle. Son débit était lent et mesuré. Ses phrases étaient si longues que, chaque fois qu'il s'interrompait et soulevait ses lunettes, on pensait qu'il en avait terminé ; mais après avoir longuement fouillé son auditoire du regard dans tous les coins de la salle, il rajustait ses lunettes et ajoutait une ou deux propositions à des périodes pourtant déjà d'une longueur excessive. »

Désormais, quand il arrivait derrière les gens, ceux-ci sursautaient, surpris et coupables. Comme s'il avait réussi à leur communiquer la peur qui l'habitait souvent. Dans la mesure où il avait le pas léger, il se demandait ce qu'il aurait dû faire pour les avertir : tousser, se cogner à un meuble ? Il savait qu'ils étaient conscients de sa présence avant même de l'avoir vu, et que tous les doutes qu'ils entretenaient sur eux-mêmes, toutes leurs velléités de rébellion remontaient des profondeurs et se lisaient sur leurs visages.

Aux réunions du Comité, il restait souvent assis sans rien dire ; il ne voulait pas leur imposer ses vues, et pourtant, quand il s'abstenait de tout commentaire, il savait qu'ils le soupçonnaient de les observer, de noter tout ce qui pouvait être de quelque intérêt. Et c'est effectivement ce qu'il faisait : il prenait beaucoup de notes. Parfois, quand il donnait son opinion, Carnot le contredisait sèchement, et Robert Lindet prenait un air grave, comme s'il avait des réserves à émettre. Maximilien apostrophait vivement Carnot pour le réduire au silence. Pour qui se prenait-il, celui-là, à penser qu'il jouissait d'un statut spécial parce qu'il l'avait connu par le passé ? Ses collègues échangeaient des regards. Il lui arrivait d'extraire quelques feuillets du portefeuille de Carnot, des plaintes de commandants dont les hommes souffraient de dysenterie ou n'avaient pas de chaussures, ou dont les montures mouraient faute de fourrage. Il les parcourait rapidement et les étalait sur la table, comme un joueur qui abat ses cartes, ses yeux cherchant ceux de Carnot ; Je me demande, disait-il alors, si tu penses que ta nomination à ce poste est une réussite. Carnot mâchonnait sa lèvre inférieure.

Quand ses collègues prenaient la parole, Robespierre posait son menton étroit sur son pouce et son index écartés, le visage tourné vers le plafond. Ils n'avaient rien à lui apprendre sur les questions politiques au jour le jour, la publicité, bonne ou mauvaise, la façon de s'y prendre avec la Convention et d'obtenir une majorité. Il se souvenait de ses années d'études, à travailler comme un forcené à l'ombre de personnalités plus flamboyantes ; il se souvenait d'Arras, où les exigences des membres de sa famille ne lui laissaient aucun repos, où il se faisait rembarrer par les magistrats du coin, blackbouler en raison de ses idées politiques par les membres du barreau local.

Il n'est pas comme Danton ; il n'a nulle envie de retourner chez lui. Chez lui, c'est ici, sous la lumière qui éclaire encore son bureau à minuit, et dans la rue sous la pluie. Mais parfois, quand les autres bavardent, il se retrouve ailleurs, l'espace d'un moment ; il revoit ces prairies gris-vert et ces places de village tranquilles, les rangées de peupliers courbées par un vent d'automne.

20 brumaire. Une « fête de la Raison » est célébrée dans le bâtiment public autrefois connu sous le nom de Notre-Dame. L'édifice a été dépouillé de ses embellissements religieux, comme les gens aiment à les appeler, et un temple grec en carton érigé dans la nef. Une actrice de l'Opéra, qui incarne la déesse de la Raison, est intronisée au son du « Ça ira » chanté par la foule.

Sous la pression des hébertistes, l'évêque de Paris paraît à la Convention et proclame son athéisme militant. Le député Julien, qui, à une époque, a été pasteur, profite de l'occasion pour en faire autant.

Le député Cloots (un radical, un étranger) déclare de son côté : « Un homme qui a de la religion est une bête dépravée. Il ressemble à ces animaux que l'on garde pour les tondre et les rôtir au profit des marchands et des bouchers. »

Robespierre rentra de la Convention. Les lèvres blêmes, les yeux pleins d'une fureur froide. Quelqu'un va souffrir, se dit Éléonore.

« Si Dieu n'existe pas, dit-il, s'il n'y a pas d'Être suprême, que vont bien pouvoir penser les gens qui passent toute leur vie dans l'épreuve et le besoin ? Ces athées croient-ils pouvoir se débarrasser de la pauvreté, croient-ils pouvoir transformer la République en un paradis sur terre ? »

Éléonore se détourna. Elle n'était pas sotte au point d'attendre qu'il l'embrasse. « Saint-Just n'est pas loin de le penser, fit-elle remarquer.

— Nous ne pouvons garantir le pain au peuple, ni la justice. Allons-nous aussi lui enlever l'espoir ?

— On dirait que ton besoin d'un dieu vise uniquement à combler les lacunes de ta politique.

— Peut-être, dit-il après l'avoir regardée d'un air étonné. Peut-être que tu as raison. Mais Antoine, vois-tu, a tendance à penser qu'il n'y a qu'à vouloir une chose pour qu'elle s'accomplisse – chaque individu se transforme, devient meilleur, acquiert davantage de *vertu**, et puis, à mesure que les individus changent, la société change, elle aussi, et cela prend… quoi ? Une génération ? Le problème, Éléonore, c'est que tu perds cet objectif de vue quand tu te trouves enlisé dans les détails de la conduite quotidienne des affaires, que tu es obsédé, disons, par l'idée d'avoir à approvisionner l'armée en bottes, et c'est alors que tu te dis : Chaque jour m'apporte un nouvel échec ; à la fin, tu as l'impression d'un seul et unique échec, gigantesque et généralisé.

— Ce n'est pas un échec, mon chéri, dit-elle en posant une main sur son bras. C'est la seule grande réussite que le monde ait jamais connue.

— Je n'arrive plus à voir notre entreprise en termes aussi absolus, dit-il en secouant la tête. J'aimerais pouvoir le faire, mais j'ai parfois l'impression de ne plus savoir où je vais. Danton comprend, lui ; il sait comment exprimer la chose. Quelques ratages ici et là, quelques succès, c'est ça la politique, d'après lui.

— Vision plutôt cynique, dit Éléonore.

— Non, c'est une façon de voir les choses ; dans son idée, on garde ses principes comme guides de son action, mais il faut aussi s'adapter du mieux possible à chaque nouvelle situation. Dans l'idée de Saint-Just, en revanche, il faut voir dans chaque circonstance particulière l'occasion d'appliquer ses principes. Pour lui, tout est prétexte à réaffirmer le grand credo.

— Et toi, tu te situes où ?

— Oh, moi..., dit-il, en tendant les mains, je ne sais pas trop où j'en suis. Si ce n'est que, dans le cas présent, je n'ai aucune difficulté à me situer : je refuse pareille intolérance, pareil fanatisme, et je refuse que des gens simples se voient enlever la croyance de toute une vie par des dilettantes qui n'ont pas la moindre idée de ce qu'est la foi. Ils traitent les prêtres de sectaires, mais les pires sectaires ce sont eux, qui veulent qu'on cesse de dire la messe. »

Tu « refuses », se dit-elle. Ce qui te vaudra le tribunal, s'il reste sur ses positions. Elle-même n'était pas trop encline à croire en un dieu, moins encore en un dieu bienveillant.

Une fois dans sa chambre, il écrivit une lettre à Danton. La relut, la corrigea minutieusement, comme il corrigeait tout, soulignant, précisant son sens, exposant son point de vue. Puis, mécontent de lui, il la déchira – en petits morceaux, parce qu'il n'était pas suffisamment en colère pour ne pas prendre toutes ses précautions – et en rédigea une autre. Il voulait demander à Danton de revenir à Paris pour l'aider à écraser Hébert. Dire qu'il avait besoin d'aide, mais ne tolérerait pas d'être en position d'infériorité : il avait besoin d'un allié, mais refusait d'être dominé.

Le second brouillon n'était guère plus satisfaisant que le premier. Pourquoi n'avait-il pas songé à Camille pour écrire cette lettre ? Lui était capable d'exposer son point de vue avec précision et simplicité, comme il en avait témoigné un peu plus tôt dans la journée : « Nous n'avons pas besoin de processions, de rosaires ou de reliques, mais nous avons bel et bien besoin, quand l'heure est grave, de l'espoir de la consolation… et de l'idée, quand les choses ne cessent d'empirer, que, à long terme, il y aura quelqu'un pour nous accorder le pardon. »

Il resta assis, tête penchée. Il y avait de quoi sourire ; qu'aurait dit le père Bérardier ? Que nous reste-t-il en fin de compte ? Deux bons catholiques de garçons. Peu importe que lui-même ne soit pas allé à la messe depuis des années, que Camille considère qu'il a perdu une semaine s'il l'a passée sans enfreindre jusqu'au dernier tous les commandements du décalogue. Bizarre, tout de même, que l'on se retrouve en quelque sorte à son point de départ. Mais pas vraiment, si l'on y songe : il se souvenait du jour où le père Proyart avait giflé Camille pour être venu à la messe avec les *Vies* de Plutarque. « J'étais juste arrivé à un passage passionnant… », avait dit le coupable. En ce temps-là, Plutarque passait pour passionnant. Pas étonnant que Camille ait coupé les ponts une fois débarrassé des prêtres. Ils nous demandaient d'aller au-delà de l'humain. Et moi, j'ai lutté désespérément, pour essayer de me conformer à ce qu'ils attendaient de moi… même si c'était à mon insu, même si je pensais vivre selon une croyance tout à fait différente de la leur.

Cette humeur plus détendue fut de courte durée. Il entreprit un troisième brouillon. Mais comment diable écrit-on à Danton ? Il sortit son carnet intitulé DANTON et le relut. Il n'était pas plus avancé quand il le referma, mais nettement plus déprimé.

Jean-Marie Roland se cachait à Rouen. Le jour – c'était le 10 novembre – où lui parvint la nouvelle de l'exécution de sa femme, il quitta la maison où il se terrait, sortit de la ville et parcourut environ cinq kilomètres, sa canne-épée à la main. Il s'arrêta dans un chemin désert, au bord d'une pommeraie, et s'assit sous un des arbres. C'était le bon endroit ; inutile d'aller plus loin.

Le sol était dur comme du marbre, le tronc de l'arbre, froid au toucher ; l'hiver était dans l'air. Il fit un essai : la vue de son sang le laissa désemparé, lui donna la nausée. Mais c'était le lieu et l'heure ou jamais.

Le corps fut retrouvé un peu plus tard, par un promeneur qui l'avait d'abord pris pour un vieillard endormi. Impossible de dire depuis combien de temps il était mort ni si, empalé qu'il était sur la lame fine, il avait mis longtemps à mourir.

Le 11 novembre, sous une pluie battante, Bailly, l'ancien maire, était exécuté ; à la demande générale, une guillotine fut dressée pour l'occasion sur le Champ-de-Mars, là où, en 1791, La Fayette avait fait tirer sur le peuple.

« Camille, dit Lucile, il y a là un marquis qui désire te voir. » Camille leva les yeux de *La Cité de Dieu* et balaya les cheveux de son visage. « Un marquis ? Impossible.

— Enfin… un ancien marquis.

« — A-t-il l'air respectable ?

— Oui, très. Tu veux bien ? Bon, en ce cas je vous laisse. »

Soudain, après toutes ces années, elle n'a plus aucun appétit pour la politique. Les dernières paroles de Vergniaud ne cessent de la hanter : « La révolution, à l'instar de Saturne, dévore ses propres enfants. » La formule est en train de prendre place parmi les slogans et les déclarations toutes faites avec lesquels elle semble avoir vécu. (L'autorité d'un père ne compte-t-elle donc pour rien ? Je ne vois pas pourquoi les gens se plaignent de ne plus gagner d'argent de nos jours, moi je n'ai aucun problème. Ils étaient mes amis, et mes écrits les ont tués.) Des mots qui chaque nuit peuplent ses rêves, lui viennent aux lèvres dans la conversation, sont la monnaie courante de ses échanges depuis cinq ans. (Tout a été prévu, aucun innocent ne sera touché. Je déteste les gouvernements forts. Inutile de s'inquiéter, M. Danton s'occupera de nous.) Elle n'assiste plus aux débats de la Convention, depuis la galerie du public, tout en mangeant des sucreries avec Louise Robert. Elle s'est rendue une fois au tribunal, pour entendre le cousin Antoine harceler ses victimes ; elle n'y est jamais plus retournée.

« Il y a eu confusion d'identité, dit Sade à Camille. J'aurais dû me présenter en ma qualité d'officiel de la section des Piques. J'avais l'esprit ailleurs. Il y avait là de quoi se faire dénoncer comme suspect. » Il tendit une de ses petites mains potelées pour enlever son livre à Camille. « Ah, un ouvrage de dévotion, dit-il. Mon Dieu, cela n'a rien à voir avec… ?

— Mon évanouissement ? Non, pas du tout. C'est simplement mon divertissement habituel. J'écris en ce moment un ouvrage sur les Pères de l'Église.

— Ma foi, chacun ses goûts. Nous autres écrivains devons nous méfier les uns des autres, vous ne croyez pas ? »

C'était un petit homme bedonnant, aux yeux bleu pâle, d'une cinquantaine d'années à présent, qui commençait à perdre ses cheveux blonds tirant sur le gris. Il avait beaucoup grossi, mais sa démarche restait élégante. Il arborait les vêtements sombres et l'expression tendue et déterminée de l'homme politique de la Terreur et avait avec lui un portefeuille de documents fermé par un ruban tricolore flamboyant. « Des illustrations obscènes ? s'enquit Camille en désignant l'objet.

— Dieu du ciel ! s'exclama Sade, scandalisé. Tu te considères comme mon supérieur moral, c'est cela, toi, le procureur général de la Lanterne ?

— Ma foi, je suis le supérieur moral de bon nombre de gens. Je connais la théorie à fond et j'ai tous les scrupules éthiques nécessaires. C'est ma conduite qui laisse à désirer. Puis-je récupérer mon saint Augustin, je te prie ? »

Sade chercha une table des yeux, et posa le saint face contre le bois. « Tu me déconcertes, tu sais. » L'aveu ne fut pas pour déplaire à Camille. « J'ai pensé que tu voudrais peut-être me parler de ces regrets que tu as, dit le marquis en prenant une chaise.

— Non…, dit Camille, après avoir réfléchi un moment, je ne pense pas. En revanche, tu peux me parler des tiens, si tu veux.

— Ah, la Bastille. Une affaire à double tranchant, n'est-ce pas ? Sa chute, par exemple. Elle t'a rendu célèbre. Et je t'en félicite. Cela montre comment les méchants prospèrent, et comment les demi-méchants ont un avantage certain sur les autres. Ce fut également, je l'admets, un grand pas pour l'humanité, si tant est qu'on connaisse la composition de celle-ci. Pour ma part, on m'a déménagé avant que les ennuis commencent, et dans une telle précipitation que j'en ai abandonné le manuscrit de mon nouveau roman derrière moi. Je suis sorti de prison un vendredi saint – au bout de onze ans, Camille –, et mes papiers sont restés introuvables. Un coup terrible pour moi, je peux te l'assurer.

— C'était quoi, ce roman ?

— *Les Cent Vingt Journées de Sodome.*

— Diantre, dit Camille, cela fait plus de quatre ans, tu n'as pas eu le temps depuis de refondre tout ça ?

— Non, aucune des cent vingt journées de départ, dit le marquis. C'était une prouesse de l'imagination qu'il est difficile, en ces temps frileux, de reproduire.

— Pourquoi es-tu venu me voir, citoyen ? Je doute que ce soit pour parler de tes romans.

— Simplement pour exprimer un peu mes opinions, dit le marquis avec un soupir. Sur les temps que nous vivons, tu vois. J'ai vraiment aimé ce qui s'est passé au procès de Brissot. Rien que l'idée de Desmoulins reprenant conscience, si tant est qu'il en ait jamais eu, dans les bras de tous ces costauds. Mais bon, qu'en penses-tu aujourd'hui ?… Crois-tu qu'on aurait pu épargner Brissot et ses amis ?

— Je ne le pensais pas sur le moment, mais aujourd'hui… oui, j'imagine que l'on aurait pu.

— Même après la mort de Marat ?

— Il y a au moins une chance, j'imagine, pour que la fille ait agi de son propre chef. C'est ce qu'elle a prétendu. Mais personne n'a seulement daigné l'écouter. Le procès de Brissot a duré des jours et des jours. On les a autorisés à prendre la parole. Ils ont appelé des témoins, et tous les journaux se sont fait l'écho de l'affaire. Ce n'est que sous la pression d'Hébert qu'un terme a été mis aux débats, sinon nous y serions encore.

— C'est vrai, dit Sade.

— Mais à l'avenir, les accusés ne jouiront plus de ces droits. Pareille procédure n'est pas jugée suffisamment expéditive, ni républicaine. Je crains les conséquences de procès écourtés à l'extrême. Je pense que l'on tue des gens qui ne devraient pas l'être. Et pourtant le massacre continue.

— Et les jugements, dit Sade. Les jugements dans la salle du tribunal. Je vais te dire : j'approuve le duel, la vendetta, le crime passionnel. Mais la mécanique de la terreur, elle, fonctionne sans passion aucune.

— Excuse-moi… mais je ne suis pas vraiment sûr de savoir de quoi tu parles.

— Tes premiers écrits étaient tellement dénués de toute pitié, tu sais, tellement différents du discours conventionnel – j'avais placé de grands espoirs en toi. Mais voilà que tu as commencé à faire machine arrière. Que tu te repens. Je me trompe ? Vois-tu, j'étais secrétaire du comité de ma section en septembre. Pas septembre dernier ; celui d'avant, quand nous avons tué les prisonniers. Il y avait quelque chose de pur, de révolutionnaire, de totalement pertinent dans la manière dont le sang a coulé. Ah, cette rapidité, cette peur. Mais à présent nous avons le verdict du jury, le rasage des crânes, les charrettes. Nous avons les plaidoiries des avocats avant la mort. C'est la nature elle-même qui devrait infliger la mort, la sanction que constitue celle-ci ne devrait pas être soumise à contestation.

— Je ne vois pas du tout, mais alors pas du tout, pourquoi toi, tu m'infliges ce genre de foutaises.

— Je suppose que pour toi – du moins dans l'état d'esprit qui est le tien en ce moment – seul le processus légal rend la chose acceptable. Plus acceptable si le procès est juste, moins, si les témoins sont malmenés, et le procès expédié. Mais pour moi, vois-tu, c'est de toute façon inacceptable. Plus on argumente dans le prétoire, et plus la situation devient insupportable. Je ne peux plus continuer ainsi. » Le marquis s'interrompit un instant. « Tu écris en ce moment ? reprit-il. En dehors de ton ouvrage de théologie, j'entends. » Il s'était à nouveau mal fait comprendre ; ses yeux pâles et timides ressemblaient à ceux d'un vieux lièvre redoutant un piège.

« Je songe à écrire, dit Camille après un temps d'hésitation. Je dois d'abord voir de quel soutien je pourrai bénéficier. Ce n'est pas facile. Nous savons qu'il y a des complots, qui nous rongent l'existence. Nous n'osons plus parler librement à nos meilleurs amis, nous nous méfions de nos femmes, de nos parents, de nos enfants. Cela te semble mélodramatique ? On se croirait à Rome, sous le règne de Tibère.

— Je n'en sais rien, dit Sade, mais si tu le dis, c'est probablement vrai. À Rome, j'y suis allé, tu sais. Quelle perte de temps ! Ils ont construit toutes ces petites chapelles autour du Colisée, l'endroit ne ressemble plus à rien. J'ai rencontré le pape. La vulgarité incarnée. Sans doute Tibère était-il encore pire. Que ferais-tu si tu partageais mes opinions ?

— À propos du pape ?

— Non, à propos de la terreur.

— Ah, à ta place, je les garderais pour moi.

— Mais c'est que, vois-tu, je ne l'ai pas fait. J'ai dit, lors d'une réunion de ma section, qu'il fallait mettre un terme à la terreur. Je suppose que l'on ne va pas tarder à m'arrêter. Ensuite, on verra bien ce qui se passe. Je te le répète, Camille, cher citoyen… ce ne sont pas les morts que je ne supporte pas. Ce sont les jugements, les arguties dans le prétoire. »

Danton rentra à Paris le 20 novembre. Il avait dans sa poche des lettres de Robespierre, de Fabre, de Camille. On y découvrait un Robespierre légèrement hystérique, un Fabre larmoyant, un Camille simplement étrange. Il résista à la tentation d'en faire des rouleaux à porter en guise de phylactères.

Ils se réinstallèrent dans l'appartement. Louise le regarda d'un air accusateur. « Tu penses déjà à ressortir.

— Ce n'est pas tous les jours que le citoyen Robespierre requiert ma compagnie à ses festivités.

— Pendant tout ce temps, tu n'as fait que penser à Paris. En fait, tu n'avais qu'une hâte : revenir.

— Regarde-moi, dit-il en lui prenant les mains. Je sais que je suis ridicule. Quand je suis ici, je voudrais être à Arcis. Une fois à Arcis, je ne rêve que d'être ici. Mais ce que je veux que tu comprennes, c'est que la révolution n'est pas un jeu que je peux quitter quand et comme je veux. » Il parlait sur un ton d'extrême gravité. Il lui entoura la taille de son bras et l'attira contre lui. Dieu, qu'il aimait cette femme ! « À Arcis, nous avons évité d'aborder ce sujet, on a parlé de choses simples, courantes. Mais ce n'est pas un jeu, et ce n'est pas non plus une occupation à laquelle je me livre simplement pour en tirer profit ou plaisir. » Ses doigts se posèrent sur sa bouche, avec une grande douceur, arrêtant les mots qu'elle s'apprêtait à dire. « C'était le cas à une époque, je l'admets, reprit-il. Mais il nous faut réfléchir très sérieusement à présent, ma chérie. Réfléchir avec soin à l'avenir du pays. Et à notre avenir à nous.

— C'est donc ce que tu as fait. Réfléchir avec soin.

— Oui.

— Et maintenant, tu vas aller voir Robespierre ?

— Non, pas tout de suite. » Il leva le menton. Il était à nouveau d'humeur urbaine, quasi facétieuse ; il la relâcha. « J'ai besoin d'être bien informé avant de le voir. Robespierre, vois-tu, n'est que trop prompt à accabler d'injures quiconque ne se tient pas au courant des événements.

— Et cela t'ennuie ?

— Pas vraiment », dit-il d'un ton enjoué, en l'embrassant. Ils avaient rétabli le contact à présent, mais suivant ses termes à lui ; il sentit toutefois – ce qui ne fut pas sans lui causer quelque chagrin – qu'elle avait peur de lui.

« Tu n'es pas au moins un tout petit peu heureuse d'être de retour ? lui demanda-t-il.

— Si, un peu. De retour dans notre rue. Georges, je serais incapable de vivre avec ta mère. Il nous faudra une maison à nous.

— Oui, j'y veillerai.

582

« — Tu peux commencer à t'en occuper ? Parce que… nous n'allons pas nous éterniser à Paris, si ?

— Je sors, je ne serai pas long », dit-il sans lui répondre.

Dans la minute qu'il lui fallut pour atteindre l'angle de la rue, il réussit à saluer cinq ou six personnes, à donner quelques tapes dans le dos, se hâtant chaque fois de repartir avant de se laisser entraîner dans une conversation. La nouvelle de son retour allait se répandre comme une traînée de poudre dans toute la ville. Au moment où il pénétrait dans l'immeuble des Desmoulins, il eut vaguement conscience d'un élément nouveau – un petit détail incongru qui lui avait accroché l'œil. Il recula, leva les yeux. Gravée dans la pierre, au-dessus de sa tête, apparaissait l'inscription RUE MARAT.

L'envie le prit de rebrousser chemin, de se précipiter dans son escalier pour crier aux domestiques de ne pas même prendre la peine de défaire les bagages : ils repartaient pour Arcis dès le lendemain. Il regarda les fenêtres éclairées à l'étage. Si je monte, se dit-il, jamais plus je ne serai libre. Monter là-haut, c'est m'engager vis-à-vis de Max, m'engager à le soutenir dans sa lutte pour éliminer Hébert, et peut-être à gouverner avec lui. C'est m'engager aussi à sortir Fabre de son pétrin, même si Dieu seul sait comment réussir une telle prouesse. C'est m'exposer à nouveau aux menaces d'assassinat, retomber dans les règlements de comptes, les vendettas, les dénonciations.

Son expression se durcit. On ne peut quand même pas rester sur le trottoir à remettre en question les cinq dernières années de sa vie simplement parce que le nom d'une rue a changé ; on ne peut pas laisser un détail de ce genre changer le cours de votre vie. Non, songea-t-il – et il le comprit alors clairement, pour la première fois –, tout abandonner, retourner s'installer définitivement à Arcis, n'était qu'une illusion. J'ai menti à Louise : une fois pris dans l'engrenage, impossible de s'échapper.

« Dieu merci, te voilà ! dit Lucile. J'avais dans l'idée d'aller te chercher. »

Elle lui effleura la joue des lèvres. Il s'était préparé à l'interroger en détail sur Camille et sur Robespierre ; au lieu de quoi, il lui dit : « Comme tu es belle ! Je crois que j'avais oublié.

— En cinq semaines ?

— Jamais je n'oublierais vraiment, dit-il en l'entourant de ses bras. C'était très gentil à toi d'être aussi impatiente de ma présence. Tu aurais dû venir à Arcis, j'aurais beaucoup aimé.

— Mais pas Louise, ni ta mère.

— Elles auraient au moins eu quelque chose en commun, pour une fois.

— Je vois. C'est à ce point ?

— Un désastre. Louise est trop jeune, trop habituée à la ville, et puis, elle n'a pas du tout les bonnes mensurations. Mais toi, comment vas-tu ?

— Mon Dieu… assez déboussolée. » Elle essaya de se dégager, mais il la retint contre lui, resserrant son étreinte autour de sa taille. Comme elle était forte, un vrai tempérament de lutteuse ; elle n'avait peur de rien, il en était convaincu.

« Pas de nouveau enceinte, Lolotte ?

— Non, Dieu merci, dit-elle, après avoir secoué la tête.

— Voudrais-tu que je te donne un autre fils ? »

Elle eut un haussement de sourcils. « Tu as une gentille femme bien à toi, si je ne m'abuse, dont il te faut t'occuper.

— Oh, il y a la place pour plus d'une femme dans ma vie.

— Je croyais que tu avais renoncé à moi.

— Absolument pas. J'en fais au contraire un point d'honneur.

— C'était pourtant le cas, avant ton départ. »

J'ai retrouvé mes forces, à présent, songea-t-il. « Cela ne sert à rien d'essayer de se réformer, si ? On ne peut réformer l'amour que l'on éprouve pour quelqu'un.

— Mais tu ne m'aimes pas. Tu veux simplement coucher avec moi, pour qu'on en parle après.

— C'est toujours mieux que de ne pas coucher avec toi et d'en parler après, comme le font tous les autres.

— C'est vrai, dit-elle en appuyant le front contre sa poitrine. J'ai été stupide, non ?

— Très. Tu ne peux plus revenir en arrière, à présent. Nos épouses n'auront jamais une bonne opinion de toi. Sois honnête, pour une fois, et couche avec moi.

— C'est pour ça que tu es venu ?

— Au départ, non, mais…

— J'en suis bien heureuse. Je n'ai nulle intention de te donner satisfaction, sans compter que, à peine rentré, Camille s'est jeté tout à l'heure sur notre lit, et se trouve maintenant plongé dans une crise de noire mélancolie. »

Il lui embrassa le sommet du crâne. « Regarde-moi. » Il se souvenait avoir fait la même demande à sa femme une demi-heure plus tôt. « Dis-moi ce qui ne va pas.

— Rien ne va plus.

— Je vais arranger ça.

— S'il te plaît. »

Camille était allongé, le visage enfoui dans ses bras.
« Lolotte ? » demanda-t-il, sans lever la tête. Danton
s'assit à côté de lui et se mit à lui caresser les cheveux.
« Ah, c'est Georges.

— Tu n'es pas surpris ?

— Plus rien ne me surprend, dit Camille d'une voix
éteinte. Ne t'arrête pas, c'est la première chose vraiment agréable qui m'arrive depuis un mois.

— Depuis le début, donc.

— Tu as reçu ma lettre ?

— Elle n'avait pas grand sens.

— Non, sans doute pas. J'en suis bien conscient. »

Il se retourna et se mit sur son séant. Danton tres-
saillit. En l'espace de cinq semaines, la fausse maturité
de ces cinq dernières années s'était évanouie ; celui
qui le regardait était le Camille effrayé et miteux de
1788.

« Philippe est mort, reprit-il.

— Le duc ? Oui, je sais.

— Charles Alexis est mort. Valazé s'est poignardé
sous mes yeux.

— Je sais, oui. On m'a transmis la nouvelle. Mais
laissons cela de côté un moment, veux-tu ? Parle-moi
de Chabot et de toute cette clique.

— Chabot et deux de ses amis ont été exclus de la
Convention. Ils ont été arrêtés. Le député Julien s'est
enfui. Vadier pose des questions.

— Allons bon ! » Le président du Comité de sûreté
générale était en train de se tailler une belle réputation

586

grâce à son efficacité dans la traque des suspects. « Le Grand Inquisiteur », tel était le nom qu'on lui donnait. Âgé d'une soixantaine d'années, c'était un homme au visage allongé et bilieux, avec des mains à l'avenant, dotées d'articulations saillantes. « Quel genre de questions ? demanda Danton.

— À ton sujet. Au sujet de Fabre, de ton ami Lacroix. »

La triste petite confession de Fabre était à cet instant dans la poche de Danton. Il a… il ne semble pas, lui-même, savoir au juste ce qu'il a fait. C'est vrai, il a amendé un document officiel, de sa propre main, et l'amendement a été incorporé au texte imprimé ; mais il se trouve qu'une main inconnue a apporté ensuite un amendement au sien… La tête vous tourne rien que d'y penser. On pourrait légitimement conclure que Fabre est un faussaire – un vulgaire criminel, par opposition aux escrocs de haut vol. Tout indique, par ailleurs, que Robespierre n'a pas la moindre idée de ce qui se trame.

Il reporta son attention sur Camille. « Manifestement, disait celui-ci, Vadier est persuadé qu'il va dénicher quelque chose de très compromettant te concernant, Georges. Je passe mon temps à essayer d'éviter Fabre. Le comité de la sécurité a fait comparaître Chabot. Lequel a, bien évidemment, dénoncé un complot, ajoutant qu'il avait feint d'en faire partie pour pouvoir remonter à sa source. Personne n'y a cru. Fabre a été mandaté pour produire un rapport sur l'affaire.

— L'affaire de la Compagnie des Indes orientales ? Et on a mandaté *Fabre* ? » On nage dans l'absurde, se dit Danton.

« Oui, et sur ses ramifications politiques. Robespierre ne s'intéresse en rien aux transactions boursières douteuses, ce qui lui importe c'est de savoir qui est derrière et d'où viennent les instructions.

— Mais pourquoi Chabot n'a-t-il pas d'emblée dénoncé Fabre ? Pourquoi n'a-t-il pas dit : Fabre était mouillé dans cette affaire avec moi dès le début ?

— Qu'est-ce qu'il avait à y gagner ? Ils se seraient retrouvés tous les deux sur le banc des accusés. Chabot s'est donc tu, dans l'idée que Fabre pourrait lui en être reconnaissant et le disculper dans son rapport. Encore un marché, comprends-tu ?

— Parce que Chabot croit vraiment que Fabre va être blanchi de tout soupçon ?

— Ils espèrent que tu vas user de ton influence en ce sens.

— On est vraiment dans un beau pétrin !

— Attends, les choses ont encore empiré. Chabot s'est mis à dénoncer Fabre, et tout le monde, en fait – la seule chose qui nous sauve c'est que, à l'heure qu'il est, plus personne ne croit un mot de ce qu'il dit. Vadier m'a interrogé.

— T'a interrogé, toi ? Il se hausse un peu du col, celui-là.

— Oh, la chose n'avait rien d'officiel. Simple échange entre bons patriotes, tu vois le genre. Il m'a dit : Citoyen, personne n'irait imaginer que tu as pu faire quoi que ce soit de louche, mais quelque chose d'un peu… indélicat, peut-être ? L'idée, c'était sans doute que je lui déballe toute l'histoire, pour me soulager.

— Que lui as-tu dit ?

— Pratiquement rien. J'ai ouvert de grands yeux et j'ai dit : Moi, une indélicatesse ? Je bégayais horriblement ce jour-là. J'ai glissé le nom de Max à plusieurs reprises dans la conversation. Vadier a une peur bleue de le contrarier. Il savait que, s'il faisait pression sur moi, j'irais me plaindre.

— Très bien », dit Danton, l'air belliqueux. Mais il était conscient de la situation difficile dans laquelle il se trouvait : il ne s'agissait pas simplement de savoir ce qu'il allait faire de Fabre, il y avait aussi le problème de conscience qu'il imposait à Camille.

« Je mens à Robespierre, dit celui-ci. Au moins par omission. Et ça ne me plaît pas. Surtout par rapport à ce que je veux faire maintenant.

— Et qui est ?

— Attends, laisse-moi te donner d'autres nouvelles, plus alarmantes encore. Hébert raconte à qui veut l'entendre que Lacroix s'en serait mis plein les poches en Belgique l'an dernier, quand vous étiez en mission là-bas tous les deux. Il prétend détenir des preuves. Il a aussi persuadé les Jacobins d'adresser une pétition à la Convention pour demander que Lacroix et Legendre soient rappelés de leur mission en Normandie.

— D'après lui, qu'a fait Legendre ?

— C'est ton ami, non ? Je suis allé trouver Robespierre pour lui dire que nous devions mettre un terme à la terreur.

— Non, tu lui as dit ça ?

— Et il a répondu : Je suis entièrement d'accord. Et c'est vrai, il a horreur de ces mises à mort, c'est juste que moi j'ai mis longtemps à m'en apercevoir... Alors j'ai continué en disant : Hébert est devenu trop puissant. Il est solidement implanté au ministère de la Guerre et à la Commune, son journal circule parmi les troupes... et Hébert, lui, n'acceptera jamais de mettre un terme à la terreur. L'orgueil de Max en a pris un coup. Et il a dit : Si je veux la fin de la terreur, je l'aurai, dussé-je couper la tête d'Hébert d'abord. Fort bien, ai-je répondu, réfléchis à la question pendant les vingt-quatre heures qui viennent, après quoi nous déciderons ensemble de la meilleure façon de l'attaquer. Une fois rentré, j'ai rédigé un pamphlet contre Hébert.

— Rien ne te sert de leçon, hein ?

— Comment ?

— Il y a peu, tu pleurais sur le sort de la Gironde, regrettant ton rôle dans sa chute.

— Mais, là, c'est *Hébert*, dit Camille, sans comprendre la remarque. Écoute, ne m'embrouille pas l'esprit. Hébert, c'est l'obstacle majeur à l'arrêt de la terreur. Si nous l'éliminons, nous n'aurons plus besoin de nouveaux massacres. Bref, pour en revenir à Maximilien, dans les vingt-quatre heures qui ont suivi, il a commencé à temporiser. Il est devenu nerveux, hésitant. Quand je suis retourné le voir, il a dit : "Hébert est très puissant, c'est vrai, mais il a raison sur un certain nombre de points, et il pourrait se montrer très utile si on arrivait à le contrôler." (Ah, la petite canaille d'hypocrite, pensa alors Danton, à quoi joue-t-il ?) "Il vaudrait peut-être mieux que l'on arrive à un compromis, a-t-il poursuivi. Nous n'avons pas besoin d'autres carnages, somme toute inutiles." Une fois n'est pas coutume, j'ai regretté que Saint-Just ne fût pas là. J'ai vraiment cru qu'il allait le faire, vois-tu, et puis… » Il eut un geste d'exaspération. « Saint-Just aurait peut-être réussi à le pousser à agir.

— Agir ? Il ne sait pas ce que c'est. Il est totalement démuni d'idées quand il s'agit de passer à l'action. Des carnages inutiles, vraiment ? Une violence déplorable, et puis quoi encore ? Il me fatigue avec son éternelle droiture. Ce crétin serait incapable de faire cuire un œuf.

— Oh, je t'en prie, arrête ! dit Camille.

— Alors, il veut quoi, en fin de compte ?

— S'il y a une chose qu'il n'aime pas, c'est qu'on lui impose une opinion. Va le trouver et contente-toi d'écouter ce qu'il a à dire. Ne discute pas. »

Danton se fit la réflexion que c'était exactement ce que l'on disait à son sujet dans le temps. Il attira Camille dans ses bras. Son corps lui parut étrange et fragile, tout en ombres et en angles. Camille enfouit la tête dans son épaule et lui dit : « Tu es vraiment un épouvantable cynique. »

Pendant quelques minutes, ils gardèrent le silence. Puis Camille se dégagea et le regarda, les mains légèrement posées sur les épaules de Danton. « T'est-il jamais venu à l'esprit que Max ressent à ton égard le même mépris que celui que tu éprouves pour lui ?

— Il a du mépris pour moi ?

— C'est un sentiment qui lui vient assez naturellement, le mépris.

— Non, tu vois, ça ne m'était jamais venu à l'idée.

— Ma foi, tout le monde n'a pas tes appétits, et ceux qui en sont dépourvus se sentent tout naturellement supérieurs à toi. Max fait beaucoup d'efforts pour se montrer indulgent avec toi. Il n'est pas tolérant, mais il est charitable. À moins que ce ne soit l'inverse.

— On finit par se lasser de passer sa personnalité au crible, dit Danton. Comme si notre vie en dépendait. »

Il avait d'abord eu l'intention de retourner passer une heure avec Louise. Il était à présent planté au coin de la cour du Commerce. Il avait pris l'habitude de lui parler, lui rapportant tout ce qui s'était dit et passé, attendant ses commentaires. Il lui disait des choses qu'il n'aurait jamais dites à Gabrielle ; c'était son absence même d'implication et de connaissances qui lui rendait sa femme précieuse. Mais, pour l'instant, il n'y avait tout simplement rien à dire. Il sentait un grand poids lui peser sur l'estomac, sans qu'il puisse en déterminer la cause. Il jeta un coup d'œil à sa montre. Il était possible, quoique peu vraisemblable, que l'Incorruptible soit chez lui à cette heure, et, tout en se dégourdissant les jambes pour traverser le fleuve, il pourrait réfléchir à ce qu'il allait lui dire. Il leva les yeux vers la fenêtre éclairée de son appartement, puis s'enfonça d'un pas vindicatif dans le soir.

C'était l'heure où l'on allumait les lanternes, qui se balançaient violemment, accrochées à des cordes tendues entre les maisons des ruelles étroites, ou suspendues à des supports en fer forgé. Il y en avait davantage aujourd'hui qu'avant la révolution : des lumières contre les conspirateurs, les faussaires, contre la nuit noire du duc de Brunswick. En 1789, alors qu'ils s'apprêtaient à pendre un aristocrate à une lanterne, celui-ci avait demandé : « Croyez-vous qu'elle brillera plus fort après ? » Et Louis Suleau, exprimant sa surprise à se voir encore en vie, de dire : « Chaque fois que je passe sous un réverbère, je le vois étendre son ombre sur moi d'un air gourmand. »

Deux jeunes campagnards le croisèrent, le visage réjoui, la morve au nez. Ils étaient venus vendre des lapins aux citadins et portaient sur leurs épaules des perches où les animaux pendaient par les pattes, proies sanguinolentes victimes des pièges éparpillés dans les champs. Quelqu'un va les leur voler, songea-t-il, et ils n'auront plus ni argent ni lapins ; quand ils passèrent à sa hauteur, les cadavres qui ballottaient en tout sens lui parurent bien maigres sous leur fourrure, la peau sur les os, rien de plus. Plus loin, deux femmes se disputaient devant la porte d'une gargote, poings sur les hanches. Le fleuve d'un gris sale charriait des eaux troubles qui s'insinuaient dans l'hiver comme une maladie sournoise prête à ronger un corps. Les gens quittaient les rues, pressés de rentrer chez eux pour échapper à la ville et à la nuit.

La voiture était neuve, et remarquable par son élégance ; même dans l'obscurité, on devinait les luisances de la peinture neuve. Il entraperçut un visage rond et pâle, et le cocher freina à sa hauteur dans un grand bruit de harnais ; il entendit malgré tout le passager couiner : « C'est bien toi, mon cher Danton ? »

Il s'arrêta à contrecœur. Des naseaux des chevaux sortaient des gouttelettes de vapeur qui se perdaient dans le crépuscule humide et froid. « C'est donc toi, Hébert ?

— En personne, dit l'autre après avoir passé la tête par la portière. On te reconnaîtrait n'importe où à ta carrure. Mais dis-moi, mon cher Danton, que fais-tu là à marcher dans les rues à la nuit tombée, de manière aussi démocratique ? Ce n'est pas prudent.

— Je n'ai peut-être pas l'air capable de me défendre tout seul ?

— Si, bien sûr, mais tu n'as pas l'air de savoir qu'il y a des bandes de voleurs armés qui rôdent par les rues… Puis-je te déposer quelque part ?

— Non, sauf si tu es prêt à repartir d'où tu viens.

— Bien entendu. Aucun problème.

— Très bien, dit-il, avant de demander au cocher : Tu connais l'adresse de Robespierre ? »

Il eut la satisfaction de déceler un léger tremblement dans la voix d'Hébert. « Quand donc es-tu rentré ?

— Il y a deux heures.

— Et la famille ? Tout le monde va bien ?

— Hébert, tu es quelqu'un d'extrêmement déplaisant, dit Danton, s'installant sur le siège bien rembourré en face de lui, alors à quoi bon vouloir prétendre le contraire ?

— Ah, je vois, dit Hébert en faisant entendre un petit ricanement nerveux. Danton, tu as peut-être eu vent de certains discours que j'ai prononcés récemment.

— Où tu t'en prenais à mes amis.

— Il ne faut pas voir les choses comme ça, dit Hébert d'un ton désapprobateur. Après tout, s'ils n'ont rien à se reprocher… Je me contente de leur offrir l'occasion de prouver qu'ils sont de bons patriotes.

— Ils l'ont déjà prouvé, plus souvent qu'à leur tour.

— Mais, franchement, lequel d'entre nous pourrait avoir peur de voir sa conduite soumise à un examen approfondi ? Ce que je veux dire, Danton, c'est que je ne voudrais pas que tu ailles t'imaginer que je te critiquais, toi, personnellement.

— J'ose espérer que tu ne t'y risquerais pas.

— Pour ne rien te cacher, je pensais qu'une alliance stratégique entre nous…

— J'aurais autant confiance en une telle alliance que si je l'avais conclue avec une éponge.

— Réfléchis quand même à la question, dit Hébert sans rancune. Au fait, Camille est en piteux état, non ? Pour aller s'évanouir comme ça.

— Je lui ferai part de ta sollicitude à son égard.

— Il a vraiment choisi le mauvais moment. Les gens racontent – de manière tout à fait compréhensible, j'imagine – qu'il commence à regretter son rôle dans la chute de Brissot. Un cœur tendre, comme disait ce cher Marat. Encore que la chose paraisse bien peu cohérente avec sa conduite passée. 1789. Les lynchages. Hem… Mais nous voici arrivés. Et maintenant… comment dire ? Le citoyen Robespierre est une véritable anguille ces temps-ci. Difficile à saisir. Fais attention.

— Merci, Hébert, de m'avoir amené jusqu'ici. »

Danton sauta de la voiture. Le visage blanc d'Hébert apparut à côté de lui. « Essaie de convaincre Camille de prendre un congé, dit-il.

— Il se pourrait qu'il prenne un jour, si c'était celui de ton enterrement. »

Le sourire onctueux d'Hébert se figea. « C'est une déclaration de guerre ?

— Prends-le comme tu veux, rétorqua Danton en haussant les épaules. Allez, démarre », cria-t-il au cocher. Debout dans la rue, il aurait voulu hurler des obscénités dans le dos du Père Duchesne, le poursuivre et lui écraser son poing sur la figure. C'est ici que commencent les hostilités.

« Alors, ta petite sœur trouve-t-elle sa vie de femme mariée à son goût ? demanda Danton à Éléonore.

— Je suppose, dit Éléonore en rougissant. Philippe Lebas n'est pas un foudre de guerre, tu sais. »

Espèce de vieille bique acerbe, aigrie par la vie, songea-t-il. « Ne te dérange pas, je connais le chemin », dit-il.

Il n'y eut pas de réponse quand il frappa. Il poussa la porte et plongea directement dans le regard belliqueux de Robespierre, assis à son bureau, avec plume, encrier et carnet à portée de main.

« On fait semblant de ne pas être là, c'est ça ?

— Danton, dit Robespierre en se levant, le visage légèrement empourpré. Excuse-moi, je croyais que c'était Cornélia.

— Eh bien, en voilà une façon de traiter sa bien-aimée ! Assieds-toi, détends-toi. Qu'est-ce que tu étais en train d'écrire ? Une lettre d'amour à une autre ?

— Non, pour tout te dire, je… Oh, peu importe. » Robespierre ferma le carnet d'une pichenette. Il se rassit à son bureau et joignit les mains dans un geste de prière quelque peu nerveux. « J'aurais apprécié ta présence la semaine dernière. Chabot est venu me voir. Je… Dis-moi, quelles pensées t'a-t-il jamais inspirées ? »

L'emploi du passé n'échappa pas à Danton. « Chabot ? C'est une sorte de bouffon au visage rougeaud, avec, sous son bonnet phrygien, une cervelle pas plus grosse qu'un petit pois.

— Ce mariage blanc qu'il a contracté, tu sais… Les frères Frey doivent être arrêtés demain. C'est ce mariage qui l'a piégé.

— Oui, enfin… la dot, dit Danton.

— Exactement. Les soi-disant frères sont millionnaires. Et Chabot adore tout ce qui brille… il y est très sensible. Mais comment pourrait-il ne pas l'être ? Lui qui a passé tant de carêmes à jeûner. »

Danton scruta le visage de Robespierre. Est-ce qu'il s'adoucirait ? Bigre.

« C'est pour la fille que j'ai de la peine, la petite juive, reprit Robespierre.

— Sans doute, mais le bruit court que ce n'est pas leur sœur. Qu'elle a été achetée dans un bordel de Vienne.

— On raconte n'importe quoi, non ? Il y a une chose que je sais, en revanche, c'est que la domestique de Chabot a donné naissance à son enfant depuis qu'il l'a quittée. Et dire que c'est l'homme qui a parlé de manière si touchante aux Jacobins, en septembre dernier, des droits des enfants illégitimes. »

On ne peut jamais prédire ce qui risque de contrarier le plus Robespierre, songea Danton : la trahison, les détournements de fonds publics ou le sexe. « Enfin bref… tu disais que Chabot était venu te voir.

— Oui, dit Robespierre en secouant la tête, amusé par le spectacle de la condition humaine. Il avait avec lui un petit paquet qui, m'a-t-il dit, contenait cent mille francs.

— Tu aurais dû les compter.

— C'était du papier de rebut, pour autant que je sache. Il y est allé, comme d'habitude, de son couplet sur les conspirateurs, et je lui ai demandé : "As-tu des preuves écrites ?" Sur quoi il m'a répondu : "Oui, mais (attends, tu vas rire) tout est rédigé à l'encre sympathique." Puis il a ajouté : "Cet argent, il m'a été remis pour que je soudoie le Comité de salut public, alors j'ai pensé que le mieux à faire, c'était de te l'apporter. Peux-tu me signer un sauf-conduit ? Je crois que je devrais quitter le pays." Pitoyable, non ? dit-il, interrogeant Danton du regard. On l'a arrêté le lendemain matin à huit heures. Il est à la prison du Luxembourg en ce moment. On a commis l'erreur de lui laisser de l'encre et une plume, si bien que, depuis, il ne se passe pas un jour sans qu'il remplisse des cahiers entiers de divagations visant à le justifier, qu'il s'empresse d'envoyer au comité de la sécurité. Ton nom, j'en ai peur, y est cité à maintes reprises.

— Et pas à l'encre sympathique ? persifla Danton. À propos… poursuivit-il, en sortant de sa poche la lettre de Robespierre qu'il laissa négligemment tomber sur le bureau qui les séparait. Dis-moi, mon bon ami, c'est nouveau, cette idée qu'il faudrait se débarrasser d'Hébert.

— Ah, dit Robespierre, Camille et moi avons eu une conversation au cours de laquelle nous nous sommes un peu affolés.

— Je vois. En somme, j'ai fait tout ce chemin pour un moment d'affolement de votre part.

— J'ai gâché tes vacances ? Tu m'en vois désolé. Je constate que tu vas nettement mieux, tout de même ?

— Prêt pour le combat, oui. Il ne me reste plus qu'à savoir où est l'ennemi.

— Tu sais, dit Robespierre avant de s'éclaircir la voix, je suis vraiment convaincu que, d'ici au Nouvel An, notre position se sera grandement améliorée. À condition de récupérer Toulon. Et ici, à Paris, de nous débarrasser de ces fanatiques antireligieux. Ton ami Fabre fait du bon travail avec les pseudo-hommes d'affaires. Demain, j'ai l'intention de réclamer l'exclusion des Jacobins de quatre membres du club.

— Lesquels ?

— Proli, cet Autrichien qui a travaillé pour Hérault. Et trois des proches collaborateurs d'Hébert. Les exclure du club est le meilleur moyen de les paralyser. Sans compter que c'est un avertissement pour les autres.

— Je dois te faire remarquer que ces derniers temps une expulsion du club a régulièrement été le prélude à une arrestation. Et pourtant, à entendre Camille, tu verrais d'un bon œil la fin de la terreur ?

— Je ne dirais pas les choses… exactement en ces termes. Comprends-moi, je pense que dans deux ou trois mois nous pourrons nous permettre d'être moins rigoureux, mais il reste encore un certain nombre d'agents étrangers qu'il nous faut obliger à se trahir.

— Mais une fois ce problème réglé, tu serais prêt à plaider pour un retour à la procédure judiciaire normale, et la promulgation de la nouvelle Constitution ?

— Nous sommes toujours en guerre, le problème est là. Et plus que jamais. Je ne t'apprendrai pas ce qu'a dit la Convention : "Le gouvernement de la France sera révolutionnaire jusqu'à la paix."

— La suite étant : "La terreur est à l'ordre du jour", glissa Danton.

— Bon… le mot était peut-être mal choisi. On croirait bien que le peuple vaque à ses occupations en tremblant de peur. Mais ce n'est pas le cas. Les théâtres sont ouverts comme à l'accoutumée.

— Oui, pour y jouer des drames patriotiques. Et Dieu sait qu'ils m'ennuient à périr, les drames patriotiques.

— Ils sont en tout cas plus sains que ce que la scène avait à montrer avant.

— Comment le saurais-tu ? Tu ne mets jamais les pieds au théâtre.

— Ma foi, il semblerait logique qu'il en soit ainsi, dit Robespierre, qui le regarda en clignant les yeux. Je ne peux pas tout superviser ; je n'ai tout simplement pas le temps d'aller au théâtre. Pour en revenir à notre propos, il faut que tu comprennes que, personnellement, je n'apprécie guère ce qui s'est passé, mais force m'est de reconnaître que, d'un point de vue politique, c'était une nécessité. Oh, je sais que si Camille était ici, il s'empresserait de démolir cet argument, mais bon... Camille est un théoricien, tandis que moi, il faut que je fasse avancer les choses au Comité et que je me résigne... du mieux que je peux. Si tu veux mon avis, à l'extérieur, notre situation s'est considérablement améliorée, mais, sur le front domestique, nous sommes toujours confrontés aux rebelles vendéens et à une capitale qui regorge de conspirateurs. Chaque jour, la révolution est menacée.

— Mais, bon Dieu, sais-tu ce que tu veux vraiment ?

— Non, avoua Robespierre, en le regardant d'un air impuissant.

— Tu ne pourrais pas essayer d'y réfléchir une bonne fois pour toutes ?

— Honnêtement, je ne vois pas ce qu'il faudrait faire. Il semblerait que je sois entouré de gens qui prétendent détenir toutes les solutions, mais, le plus souvent, celles-ci entraîneraient encore davantage d'exécutions. Il y a plus de factions aujourd'hui qu'il n'y en avait avant l'élimination de Brissot. J'essaie de les isoler les unes des autres, de les empêcher de se détruire mutuellement.

« — Si tu cherchais à arrêter les exécutions, quel soutien pourrais-tu attendre des membres du Comité ?

— Celui de Robert Lindet, à coup sûr, sans doute aussi de Couthon et de Saint-André… Barère, peut-être, mais je ne sais jamais ce qu'il pense, celui-là. » Tout en parlant, il comptait sur ses doigts. « Collot et Billaud-Varenne, eux, s'opposeraient à toute politique de modération.

— Tu te rends compte ! dit Danton, pensif. Le citoyen Billaud, devenu le gros dur du Comité. Dans les années 1786, 1787, il avait l'habitude de passer à mon cabinet afin que je lui donne des plaidoiries à préparer, simplement pour pouvoir subsister.

— Oui. Voilà une chose qu'il n'est pas près de te pardonner.

— Et Hérault ? demanda Danton. Tu l'as oublié.

— Non, pas oublié, reprit Robespierre en fuyant le regard de son interlocuteur. Tu sais, n'est-ce pas, qu'il n'a plus notre confiance. J'ose espérer que tu vas rompre tout lien avec lui ? »

Laissons passer, se dit Danton, laissons passer. « Saint-Just ?

— Il verrait cela comme un aveu de faiblesse, dit Robespierre après un instant d'hésitation.

— Et tu ne pourrais pas le faire changer d'avis ?

— Si, peut-être. Il a connu de remarquables succès à Strasbourg. Il va avoir tendance à penser qu'il est sur la bonne voie. Et une fois que les gens reviennent du front, quelques vies en plus ou en moins à Paris ne leur semblent pas d'une importance considérable. Quant aux autres… je peux sans doute les amener à me suivre.

— Alors, débarrasse-toi de Collot et de Billaud-Varenne.

— Impossible. Ils ont le soutien de tous les hébertistes.

— En ce cas, débarrasse-toi d'Hébert.

— Et nous retombons dans une politique fondée sur la terreur, dit Robespierre en levant les yeux. Danton, tu n'as pas encore dit où tu te situais, dans cette affaire. Tu dois bien avoir une petite idée, non ?

— Tu n'en serais pas aussi sûr, dit Danton en riant, si tu me connaissais mieux. J'attends mon heure. Et je te suggère d'en faire autant.

— Tu sais que tu vas être attaqué dès ta première apparition en public ? Hébert a eu certaines insinuations à propos de ton expédition en Belgique. Je crains que ta maladie n'ait été considérée par beaucoup comme le produit de ton imagination. Le bruit a couru que tu avais émigré en Suisse, emportant tes gains mal acquis.

— Alors, nous avons besoin d'un peu de solidarité.

— Oui, bien sûr, et je parlerai en ta faveur chaque fois que j'en aurai l'occasion. Et si tu demandais à Camille d'écrire quelque chose ? Cela lui changerait les idées. Je lui ai dit d'éviter d'assister aux procès. Il est trop émotif, tu ne trouves pas ?

— À t'entendre, on croirait que tu viens de le découvrir. Comme si tu ne le connaissais que depuis peu.

— Je pense que c'est le degré de cette émotivité qui me surprendra toujours. On a l'impression que les sentiments de Camille sont incontrôlables. À l'instar des catastrophes naturelles.

— Ce qui peut se révéler utile aussi bien qu'être un handicap.

— Voilà une remarque plutôt cynique.

— Vraiment ? Bah, c'est peut-être le cas.

— Tu verrais donc avec cynisme l'affection que Camille te porte ?

— Non, je lui en suis plutôt reconnaissant. Je prends tout ce qui passe.

— C'est là un trait que nous avons déjà eu l'occasion de relever chez toi, dit Robespierre avec intérêt.

— C'était un pluriel de majesté, ce "nous" ?

— Non, j'entendais Camille et moi.

— Vous parlez donc de moi ?

— Nous parlons de tout le monde. Et de tout. Mais tu le sais. Personne n'est plus proche que nous ne le sommes.

— J'admets le bien-fondé de ton reproche. Notre amitié pour Camille est d'un ordre élevé. Si seulement toutes ses amitiés avaient été du même ordre !

— Je ne vois pas très bien comment elles auraient pu l'être.

— Arrête de faire exprès de ne pas comprendre, tu veux ?

— C'est en effet ce que je fais, dit Robespierre en posant le menton sur sa main. Sans doute parce que j'ai dû passer par beaucoup de compromis pour conserver l'amitié de Camille. Elle est à l'image du reste de ma vie. Je passe mes journées à dire : "Je ne veux pas le savoir", et "Balayez ça sous le tapis avant que j'entre dans la pièce".

— J'ignorais que tu en savais aussi long sur toi-même.

— Oh, que si ! Personnellement, je ne suis pas un hypocrite, mais je suscite l'hypocrisie chez les autres.

— C'est inévitable, bien sûr. Robespierre ne ment pas, ne triche pas, ne vole pas, ne s'enivre pas, ne fornique pas... ou si peu. Ce n'est ni un hédoniste ni un opportuniste, et il respecte toujours ses promesses. (Grimace de Danton.) Mais à quoi bon cette rigueur morale ? Les gens n'essaient pas de t'imiter. Non, ils se contentent de te duper.

— Ils ? reprit doucement Robespierre en écho. Dis plutôt "nous", Danton. » Et il sourit.

Maximilien Robespierre, carnets intimes :
« Quel est notre but ?

La mise en application de la Constitution pour le bien du peuple.

Qui est susceptible de s'opposer à nous ?

Les riches et les corrompus.

À quelles méthodes auront-ils recours ?

La diffamation et l'hypocrisie.

Quels facteurs encourageront l'usage de tels moyens ?

L'ignorance des gens ordinaires.

Quand le peuple pourra-t-il être éduqué ?

Quand il aura à manger en suffisance, quand les riches et le gouvernement cesseront de le tromper en achetant des langues et des plumes mensongères ; quand leurs intérêts s'identifieront aux siens.

Et quand cela sera-t-il accompli ?

Jamais. »

FABRE : Alors, qu'as-tu l'intention de faire ?

DANTON : Je ne veux pas te voir humilié. Cela rejaillirait sur moi.

FABRE : Mais tes plans… Tu dois bien avoir élaboré une stratégie ?

DANTON : Certes, mais tu n'as pas vocation à aller clamer partout que Danton a un plan d'action. Je veux une réconciliation avec la droite à la Convention. Robespierre dit que nous devons être unis, et non divisés ; il a raison. Les patriotes ne devraient pas se combattre.

FABRE : Et tu crois qu'ils te pardonneront d'avoir tranché la tête de leurs collègues ?

DANTON : Camille va lancer une campagne de presse en faveur de la clémence. Je veux, à l'extérieur, une paix négociée, à l'intérieur, la levée des contrôles financiers et le retour à un gouvernement constitutionnel. C'est un programme très lourd, impossible à mettre en application dans un pays qui se désagrège, ce qui implique que nous devons renforcer le Comité. Autrement dit, gardons Robespierre et débarrassons-nous de Collot, de Billaud-Varenne et de Saint-Just.

FABRE : Tu reconnais aujourd'hui que tu as fait une erreur ? Tu n'aurais jamais dû refuser ton élection au Comité l'été dernier.

DANTON : C'est vrai, j'aurais dû t'écouter. Mais bon, le tout est de reconnaître ses erreurs, d'essayer de les réparer ensuite. Nous nous sommes tous trompés sur le compte d'Hébert, en le considérant comme un journaleux sans le moindre talent. Avant même que nous soyons revenus de notre erreur, il avait des ministres et des généraux dans sa poche – sans parler de la populace. Le briser demandera du courage, et de la chance.

FABRE : Et ensuite, la fin de la terreur ?

DANTON : Oui. Les choses sont allées trop loin.

FABRE : Je suis bien d'accord. Je ne veux plus sentir le souffle de Vadier sur mon échine.

DANTON : Parce que c'est tout ce que cela signifie pour toi ?

FABRE : Allons, allons, mon vieux. Pour toi, cela signifierait autre chose ? Est-ce que par hasard tu te relâcherais ? Tu n'es pas en train de te ramollir, dis-moi ?

DANTON : Peut-être. Quoi qu'il en soit, je m'acharne à faire coïncider mes intérêts personnels avec l'intérêt national.

FABRE : Tu veux à nouveau diriger le pays, Georges Jacques ?

DANTON : Je n'en sais rien. Je ne suis pas sûr de mes intentions.

FABRE : Bon sang, mieux vaudrait te décider sans attendre davantage. Ils vont tous te tomber sur le dos. Le péril sera grand. Il faut que tu sois lucide et en pleine possession de tes moyens. Si tu te jettes dans la mêlée sans y mettre toute ton énergie, c'est notre perte à tous. Je ne sais pas trop... mais tu ne sembles pas avoir grande envie de te battre. Tu n'es plus comme avant.

DANTON : C'est Robespierre, il me déconcerte. J'ai la désagréable impression qu'il passe son temps à se couvrir.

FABRE : Eh bien... cultive les bonnes grâces de Camille, ça peut toujours servir.

DANTON : Oui, justement, j'étais en train de penser... si Camille s'attire des ennuis... que dis-je, continue à s'en attirer, Robespierre va devoir réagir et le défendre, ce qui impliquera qu'il s'engage.

FABRE : Excellente idée.

DANTON : Peu importe ce que fait Camille. Robespierre sera toujours là pour réparer les dégâts.

FABRE : On peut effectivement compter là-dessus.

FABRE d'ÉGLANTINE : Il est naturel, quand une partie de votre nom n'est que pure invention, que vous cherchiez constamment à vous persuader de votre réalité, à trouver des raisons de vous estimer.

Quand a éclaté l'affaire de la Compagnie des Indes, j'ai pris soin de me tenir à l'écart avant de faire monter les prix. Quand j'ai jugé qu'ils avaient atteint un niveau satisfaisant, j'ai commis un délit, c'est vrai. Mais un délit minime ! Patientez un peu, je vais vous expliquer. Puis-je réclamer votre indulgence, votre bonne foi quelques instants ? Voyez-vous, ce n'était pas seulement une question d'argent.

J'aurais aimé qu'ils me disent : Tu es un homme puissant, Fabre ! Je voulais voir quel prix ils étaient prêts à payer pour s'offrir ma protection. Ce n'était pas ma perspicacité en matière de finances qu'ils achetaient. Camille a remarqué un jour qu'à la place du cerveau je n'avais que du fard d'acteur et de vieux bouts de pièces bons pour le souffleur ; pour ma part, je suis toujours frappé de constater à quel point la vie ressemble à une intrigue de théâtre rebattue. Ce qu'ils voulaient obtenir, c'était mon influence, le statut que confère un proche ami de Danton. Indirectement, j'en suis sûr, ils pensaient acheter Danton du même coup. Après tout, mes partenaires dans l'entreprise avaient déjà traité avec lui auparavant. Je ne voudrais pas que vous vous imaginiez que l'affaire des Indes orientales est un cas isolé. Les faux et usage de faux n'étaient que la suite logique de pratiques louches, un pas supplémentaire par rapport aux spéculations monétaires et aux contrats malhonnêtes passés avec l'armée. À cette différence près que ce petit pas vous fait franchir les limites de la loi, et pour quelqu'un comme moi, à une époque comme la nôtre, il n'est pas bon d'être hors la loi, quelle qu'elle soit. À présent, votre idiot de poète se retrouve à l'extérieur des limites, tandis que se pavanent à l'intérieur, l'air content d'eux, Danton et l'inséparable compagnon de jeunesse de l'Incorruptible.

Je crains qu'il ne sorte rien de bon de tout cela. Il y a eu un moment – qui vous a peut-être échappé – où Danton et moi avions abandonné la poursuite de nos intérêts personnels. Quand je dis un moment, je ne parle de rien d'autre que des quelques secondes qu'il nous a fallu pour prendre une décision ; ce qui ne veut pas dire que, par la suite, nous nous sommes conduits différemment, ou mieux. Quand nous avons élaboré les plans qui ont permis la victoire de Valmy, nous nous sommes promis de ne jamais en parler, pas même pour sauver notre tête.

Or il s'est trouvé que, dès le moment où nous sommes tombés d'accord pour dire qu'il y avait des extrémités auxquelles nous n'irions jamais, nous avons commencé à partir en titubant vers notre perte, comme deux ivrognes au petit matin blême. Parce que l'opportuniste doit payer double prix pour chacune de ses convictions ; chaque fois qu'il place sa confiance, il risque gros. Valmy a été un tournant décisif pour la République ; depuis, les Français ont pu relever la tête en Europe.

Pour revenir à Danton, jamais il n'abandonnerait ses amis. Si cela vous paraît sentimental, vous voudrez bien m'en excuser. Pour dire les choses autrement – et la formulation vous semblera peut-être plus adaptée –, chaque piste que j'ai empruntée ces dernières années mène à Danton au cœur de la forêt. Toutes les accusations lancées contre Lacroix par Hébert au sujet de la mission de celui-ci en Belgique sont valables pour Danton. Et Hébert le sait pertinemment. Vadier va me prendre en défaut. Mais il veut aussi coincer Danton. Pourquoi ? Sans doute parce que celui-ci heurte son sens de la décence. Vadier est un moraliste ; tout comme Fouquier, à mon avis. C'est un penchant que je déplore. Dieu sait quels risques nous prenons, Dieu sait tout ce que Danton a fait. Enfin… Dieu et Camille. Dieu restera muet.

Quand j'ai commencé à dénoncer des conspirations, pour détourner le trop d'attention que l'on me portait, comment aurais-je pu me douter que Robespierre s'emparerait de tout ce que je disais ? Il soupçonnait l'existence d'une conspiration au cœur même du patriotisme. Pour mon malheur, je lui en ai fourni une. Dès l'instant où l'on pense qu'un complot se trame, la moindre parole et la moindre action vous semblent en apporter la preuve, si bien que l'on en vient à se demander : Et si Robespierre avait raison, et que l'idiot c'était moi, et si une arnaque dont je pensais qu'elle avait été concoctée dans un café du Palais-Royal était en réalité une gigantesque conspiration tissée à Whitehall ?

Non, non… je refuse même d'y penser. Ce serait à devenir fou.

D'une certaine manière, je souhaiterais presque qu'ils passent à l'action et viennent m'arrêter. Ce qui peut paraître absurde, mais je ne vois guère qu'une arrestation pour m'empêcher d'entreprendre de nouvelles démarches qui finiraient de compliquer la situation. La tête me tourne, à force de ruminer tout cela ; je n'ai plus aucun ressort. C'est cette attente qui me mine, la pause dans la chasse ; toujours aller de l'avant, telle a été ma devise tout au long de ma vie. C'est peut-être une stratégie de la part de Vadier, à moins qu'ils ne pensent découvrir autre chose, de plus grave, ou qu'ils n'espèrent que Danton s'engage et prenne ma défense ?

Je crains bien, si les choses continuent à ce train, de ne jamais pouvoir terminer *L'Orange de Malte*. C'est une bonne pièce pourtant, il y a là quelques passages tout à fait honorables. Ce serait peut-être le grand succès qui m'a toujours échappé.

Danton, ces temps-ci, a davantage l'allure d'un vieil ours en peluche usagé que de celui qui projette de semer la discorde dans le pays. Il semble très affecté par les exécutions. Il passe des heures à réfléchir ; quand on lui demande ce qu'il fait, il se contente de répondre qu'il réfléchit.

Et Camille : jamais on ne l'accusera de corruption, lui ; on n'essaiera même pas, à mon avis. À en croire Lapin, il passe des après-midi tranquilles en compagnie de Duplessis dans cette maison de campagne qu'ils ont fait construire, à évoquer avec lui les mauvais tours qu'il a joués – tous dans la plus stricte légalité, et la plus grande dissimulation. C'est leur seul point de contact.

Mais voilà que je cède à nouveau à la délation. La vérité, c'est que quand je vois Camille aussi affligé, avec ses airs d'écorché vif, j'ai envie de le prendre par les épaules, de le secouer et de lui dire : Mais moi aussi, je souffre. Robespierre en serait malade, il s'arracherait les cheveux s'il savait que c'est Sade qui l'a encouragé dans cette voie. À moins que Danton n'agisse vite et sans attendre… Chimères que tout cela !

Je ne lui demanderais pas de passer à l'action avant que l'heure en soit venue, si c'est un coup d'État qu'il a en tête. Je suis assez lucide pour comprendre que me sauver la vie ne représenterait pour lui qu'un bénéfice marginal. On accordera au moins une qualité à Philippe Fabre : l'humilité.

Je ne me sens pas très bien depuis deux ou trois semaines. On dit que nous aurons un hiver doux. Je l'espère. J'ai une toux épouvantable. J'ai songé à consulter le docteur Souberbielle, mais je ne suis pas sûr d'avoir envie d'entendre son verdict. Médical, s'entend ; il fait partie des jurés du tribunal, mais ce verdict-là, je serais bien obligé de l'entendre s'il le fallait.

Je n'ai plus aucun appétit, j'ai des douleurs dans la poitrine. Autant de maux qui dans un avenir proche risquent de ne plus guère compter.

Danton réclamant à la Convention une pension pour les prêtres ayant perdu leur bénéfice :

Si vous ôtez aux prêtres les moyens de subsister, vous les réduisez à l'alternative, ou de mourir de faim, ou de se réunir avec les rebelles de la Vendée […] Il nous faut tempérer les exigences politiques avec celles de la raison et du bon sens […] Il ne doit y avoir ni intolérance, ni persécution. [*Applaudissements.*]

DANTON : Il a perdu la tête, ce pauvre Chaumette. Je vais lui enfoncer son culte de la Raison dans le… au fond de la gorge. Il conviendrait d'en finir une bonne fois pour toutes avec ces mascarades antireligieuses. Il ne se passe pas un jour à la Convention sans que l'on assiste à une interminable procession d'ecclésiastiques qui viennent y essorer le linge sale de leur âme et à qui le temps d'une grand-messe suffit pour abjurer leur foi. Il y a des limites, et je me charge de leur faire comprendre qu'elles sont atteintes.

CAMILLE : Pendant ton absence, des sans-culottes sont venus avec un crâne, en disant que c'était celui de saint Denis ; que c'était une macabre relique de la superstition d'un autre âge, et qu'ils voulaient qu'on les en débarrasse. Je l'aurais bien pris, histoire de le montrer à Saint-Just.

DANTON : Bande d'imbéciles !

LOUISE : Je n'aurais pas dit que le citoyen Robespierre était un homme de religion.

DANTON : Il ne l'est pas, au sens où tu l'entends. Mais il ne veut pas de persécutions, il ne veut pas voir l'athéisme élevé au rang de dogme politique. Mais il y a tout de même une chose qu'il préférerait à la conduite de la révolution, c'est la fonction de pape.

CAMILLE : La vulgarité incarnée ! Il a d'autres ambitions.

DANTON : Saint Maximilien, alors ?

CAMILLE : Il ne parle plus jamais de Dieu, mais de l'Être suprême. Je crois savoir de qui il s'agit.

DANTON : Maximilien lui-même ?

CAMILLE : Exactement.

DANTON : À force de te moquer du monde, tu finiras par avoir des ennuis. Saint-Just dit que ceux qui se moquent des chefs de gouvernement sont par définition suspects.

CAMILLE : Quel sort attend donc ceux qui se moquent de Saint-Just ? La guillotine est encore trop bonne pour eux.

* * *

Vadier (à propos de Danton) : « Nous allons nous débarrasser de tous les autres, et garder ce turbot empaillé pour la fin. »

Danton (à propos de Vadier) : « Vadier ? Je vais lui manger la cervelle et me servir de son crâne comme pot de chambre. »

Robespierre au club des Jacobins : l'élocution discrète, la voix qui s'éteint pour des pauses sans lien logique avec le sens sont maintenant chez lui une technique éprouvée, à l'effet hypnotique :

« Danton, on t'accuse d'avoir… émigré, d'être parti en Suisse, chargé du butin de ta… corruption. D'aucuns disent même que tu étais à la tête d'une conspiration visant à placer Louis XVII sur le trône, à condition que… tu deviennes toi-même régent… Il se trouve que… j'ai étudié les opinions politiques de Danton – parce que nous n'avons pas toujours été d'accord –, je les ai étudiées de près, et parfois… non sans hostilité. Il est vrai que… il a mis du temps à soupçonner… Dumouriez, qu'il n'a pas réussi à se montrer implacable envers… Brissot et ses complices. Mais si nous n'avons pas toujours… été du même avis… dois-je en conclure qu'il trahissait son pays ? Autant que je sache, il l'a toujours servi avec dévouement. Si Danton est jugé ici… alors je le suis… aussi. Que tous ceux qui ont quelque chose à dire contre Danton se manifestent… maintenant. Qu'ils se lèvent, ceux qui sont plus… patriotes… que nous. »

« Si tu pouvais me consacrer quelques minutes, dit Fouquier-Tinville, dont l'attitude suggérait à l'évidence qu'il n'avait guère de temps à perdre. La famille, c'est sacré, tu sais.

— Ah bon ? » dit Lucile.

Fouquier songea : Quel morceau de choix ! Trop beau pour qui que ce soit dans notre famille. « Puis-je m'asseoir ? demanda-t-il. Un regrettable incident…

— Que s'est-il passé ? » Et il la vit bel et bien, non sans quelque amusement, porter sa jolie main à sa gorge.

« Non, non… ma formulation était la bonne. Il ne lui est rien arrivé, au sens où tu le crains. »

Et comment saurais-tu ce que je crains ? pensa-t-elle. Elle prit place en face de l'accusateur public. « En ce cas, cousin, je t'écoute.

— Le nom de Barnave te dit-il quelque chose, ma chère ? Il était député à l'Assemblée nationale. Il était en prison depuis déjà quelque temps, et nous l'avons guillotiné aujourd'hui. Il avait des contacts secrets avec Marie-Antoinette.

— Oui, dit-elle, je le connaissais. Pauvre Tigre.

— Avais-tu connaissance de l'affection que portait ton mari à ce traître ?

— Je t'en prie, laisse tomber tes manières de prétoire, dit-elle en relevant vivement les yeux. Je ne suis pas au banc des accusés.

— Loin de moi l'intention de te faire peur, dit Fouquier en levant les mains devant lui.

— Ne t'inquiète pas. Je ne suis nullement effrayée.

— Alors, je suis désolé de t'avoir offensée. Barnave était un traître, c'est un fait avéré.

— Que veux-tu que je te réponde ? Tout acte de trahison implique que lui a préexisté une forme ou une autre de confiance et d'acceptation. Barnave, lui, n'a jamais prétendu être un républicain. Camille le respectait, et je crois que c'était réciproque.

— Est-il donc si rare que mon cousin inspire du respect chez les autres ?

— Ma foi, oui, je crois.

— En dépit de ses talents ?

— Les gens ne respectent pas les écrivains, tu le sais. Ils estiment que c'est une de ces choses dont on peut se passer. Au même titre que l'argent.

— Je ne crois pas que l'on attende des journalistes politiques qu'ils sacrifient grand-chose à leur art. Si ce n'est la véracité. Mais peu importe.

— Au contraire. Nous n'avons jamais eu de discussion sérieuse à ce sujet jusqu'ici.

— Bon, il se peut que ce ne soit pas sans importance, mais je n'ai guère le temps aujourd'hui. » Voilà que tout d'un coup, se dit-il, la révolution regorge de femmes raisonneuses. Témoin cette beauté à la peau d'albâtre, qui a adopté l'essentiel des afféteries de son époux ; sans parler des bruits qui courent sur cette godiche d'Éléonore Duplay ; et même sur la femme-enfant de Danton. Elles ne pourront s'en prendre qu'à elles-mêmes, songe-t-il ; la seule façon de sauver sa peau c'est de rester à l'écart, or, en tant que femmes, elles ont une excuse pour le faire. « Quoi qu'il en soit, reprit-il, il semble bien que ton mari n'ait pu laisser Barnave aller à la mort sans d'abord lui parler. Il est arrivé à la Conciergerie au moment où le condamné s'apprêtait à monter dans la charrette. Je n'étais pas à portée de voix, et je me suis gardé d'approcher. Mais force m'a été de remarquer la détresse et les regrets dont témoignait ton mari devant le juste châtiment de ce traître.

— Citoyen Fouquier, il est donc défendu de s'apitoyer sur le sort d'un homme que l'on a connu dans des temps plus heureux ? Y a-t-il une loi pour l'interdire ? »

Fouquier la jaugea du regard. « Je les ai vus s'étreindre, dit-il. Je n'ai pas pu faire autrement. Bien entendu, je me suis défendu d'interpréter ce geste. Entre parenthèses, il va falloir que je leur rappelle qu'ils doivent lier les mains des condamnés, je ne comprends pas comment on a pu l'oublier. Mais ce n'est pas une question de permission ou d'interdiction. Ce qui est en cause ici, c'est le jour sous lequel les choses apparaissent. Nombreux sont ceux qui seraient incapables de s'abstenir de tout commentaire devant une telle manifestation d'amitié à l'égard d'un traître.

— Je me demande si tu as un cœur, dit-elle à voix basse.

— Je fais mon travail, ma chère, c'est tout, dit-il vivement. Maintenant, je te charge de dire de ma part à mon petit cousin que c'est là une attitude fort dangereuse. Si malavisés que puissent être ses choix affectifs, il ne peut se permettre un sentimentalisme aussi outrancier.

— Pourquoi faudrait-il qu'il cache sa compassion ?

— Parce qu'il compromet ses amis. Si lesdits amis souhaitent changer de politique, nul doute qu'ils préféreraient le faire savoir par eux-mêmes.

— Je pense que tu ne vas pas tarder à les entendre s'exprimer dans ce sens. » Je n'aurais pas dû dire cela, songea-t-elle ; mais il m'énerve, avec sa tête d'enterrement et son hypocrisie. Il n'a qu'une peur, c'est de se retrouver mis à pied.

Fouquier eut un sourire sans joie. « Ce qui me surprendrait, c'est qu'ils parlent d'une seule voix, dit-il. Tout relâchement de la terreur signifierait une crise profonde au sein du Comité. Or, c'est le Comité qui empêche l'édifice de s'écrouler, qui tient tout en main – les finances publiques, les armées, le ravitaillement.

— La composition du Comité pourrait être modifiée.

— Ah oui ? C'est le plan de Danton ?

— Tu espionnes pour le compte de quelqu'un ?

— Je ne suis l'agent de personne, dit Fouquier en secouant la tête. Si ce n'est celui de la loi. Toutes les conspirations passent par mes mains. Le Comité tire son unité actuelle du fait que l'on conspire contre lui. Je ne sais pas ce qui se passerait si la politique consistant à croire aux complots changeait du jour au lendemain. Et puis, certains de ses membres lui sont désormais tout naturellement attachés en tant qu'institution. C'est la guerre, bien sûr, qui justifie en grande partie son existence. Et on dit que Danton veut la paix.

— Ce qui vaut aussi pour Robespierre. Lui l'a toujours voulue, la paix.

— Ah, mais peuvent-ils vraiment œuvrer ensemble ? Robespierre exigera que Lacroix et Fabre soient sacrifiés. Danton, de son côté, n'acceptera pas de travailler avec Saint-Just. C'est ainsi. Je n'ai rien contre le fait de se décerner mutuellement des éloges… mais attendons de voir comment ils se comporteront quand ils auront dépassé ce stade.

— Que voilà une bien sombre perspective, mon cousin ! dit-elle d'un ton léger.

— Toutes mes perspectives le sont. Cela tient peut-être à la nature de mon travail.

— Quelle attitude conseillerais-tu à mon époux ? En admettant, bien entendu, qu'il soit enclin à suivre tes conseils. »

Tous deux sourirent, jugeant l'éventualité, chacun de son côté, hautement improbable. Fouquier réfléchit un instant. « Je crois que je lui conseillerais de se conformer exactement à ce que dit Robespierre – rien de moins, et certainement rien de plus. »

Ils gardèrent le silence un moment. Lucile était troublée ; il lui avait ouvert certains horizons. Elle fut la première surprise par sa question suivante : « Crois-tu que Robespierre puisse survivre ?

— Serait-ce que tu me demandes si je le crois trop bon pour vivre ? dit Fouquier en se levant. Je m'abstiens de toute prédiction, tu sais. Cela suffit à faire de toi un suspect. » Il déposa un baiser quasi avunculaire sur sa joue. « Ne t'occupe que de survivre toi-même, ma chérie. Personnellement, c'est ce que je fais. »

DANTON [*à la Convention nationale*] : Nous devons punir les traîtres, mais il nous faut faire la distinction entre l'erreur et le crime. La volonté du peuple, c'est que la terreur soit à l'ordre du jour, mais celle-ci doit être dirigée contre les vrais ennemis de la République, et contre eux seuls. Un homme dont l'unique faute est son manque d'ardeur révolutionnaire ne devrait pas être traité comme un criminel.

LE DÉPUTÉ FAYAU : Danton a, involontairement, j'en suis sûr, employé certaines expressions que je trouve choquantes. À un moment où il convient que le peuple s'endurcisse le cœur, Danton vient de lui demander de faire preuve de PITIÉ.

LA MONTAGNE : Non, non ! C'est faux !

LE PRÉSIDENT : Silence !

DANTON : À aucun moment je n'ai employé ce mot. Et jamais je n'ai suggéré qu'il fallait être indulgent envers les criminels. Je demande au contraire à leur encontre l'action la plus vigoureuse. Je dénonce les conspirateurs !

Incarcéré au Luxembourg, l'ex-capucin Chabot ne permettait pas à l'état du pays de lui saper le moral. Certes, sa petite fiancée juive lui manquait – mais il faut bien dormir, boire et manger. Le 17 novembre, il se faisait servir de la soupe, du pain, quatre côtelettes, un poulet, une poire et du raisin. Le 18, soupe et pain étaient assortis d'un pot-au-feu et de six alouettes. Le 19, un perdreau vint se substituer aux alouettes. Le 7 décembre, un autre perdreau ; et le lendemain, un poulet aux truffes.

Il écrivait des poèmes, et se fit exécuter un portrait miniature par le citoyen Bénard.

XI

Les vieux Cordeliers

(1793-1794)

Encore un journal terminé : pas un des carnets rouges, mais un des petits marron, beaucoup moins importants. Ses premiers efforts en la matière sont source d'un énorme embarras, songea Lucile, dans la mesure où elle en a arraché les pages, les a brûlées, jusqu'à réduire les cahiers en lambeaux.

À présent, ce qu'elle écrivait dans ses journaux officiels – comme elle les appelait – était fort différent de ce qu'elle réservait aux carnets marron. Le ton des officiels se faisait de plus en plus anodin, avec à l'occasion un passage plus sérieux, plus marquant, destiné à titiller ou à induire en erreur. Les journaux privés, eux, recevaient les pensées sombres, nettement définies : pensées dérangeantes, transcrites dans une écriture minuscule. Quand elle en avait fini un, elle l'ajoutait aux précédents dans un paquet scellé, qu'elle ne rouvrait que pour en placer un autre à côté, peut-être un an plus tard.

Par un jour brumeux et froid, qui étouffait le bruit des pas dans les rues et faisait paraître lointains les grands bâtiments aux contours indécis, elle se rendit à Saint-Sulpice, au grand autel, où elle avait été mariée trois ans plus tôt. Sur le mur, des lettres peintes en rouge proclamaient : CECI EST UN BÂTIMENT NATIONAL : LIBERTÉ, ÉGALITÉ, FRATERNITÉ OU LA MORT. La Vierge tenait entre ses bras un enfant sans tête, et son visage martelé était méconnaissable.

Peut-être que si je n'avais pas rencontré Camille, songea-t-elle, j'aurais connu une vie somme toute ordinaire. Personne n'aurait encouragé mes rêves. Personne ne m'aurait appris à réfléchir. À onze ans, tout me promettait à une existence on ne peut plus banale. Quand j'en ai eu douze, Camille est venu à la maison : je me suis attachée à lui dès notre première rencontre.

Sa vie est en train de se réécrire toute seule ; elle en est convaincue.

À l'appartement, Camille travaillait dans une mauvaise lumière. Il ne vivait plus que d'alcool et dormait trois heures par nuit. « Tu vas t'abîmer les yeux, dit-elle sans réfléchir.

— Abîmés, ils le sont déjà, dit-il en posant sa plume. Regarde, un journal.

— Alors, c'est fait, tu t'es décidé.

— Je devrais plutôt parler, je crois, d'une série de pamphlets, et non d'un journal, dans la mesure où je serai le seul auteur. C'est Desenne qui va l'imprimer. Dans le premier numéro – que voici – je me contente de parler du gouvernement anglais. Je fais remarquer que, après le récent discours de Robespierre à la louange de Danton, quiconque critique ce dernier se contente de délivrer un reçu public aux guinées de Mr Pitt. » Il s'interrompit pour noter cette dernière expression. « Cet écrit ne sera pas vraiment un article polémique, mais ce sera une nouvelle pierre dans le jardin des détracteurs de Danton, et il ouvrira par ailleurs la voie à un appel à la clémence dans les tribunaux et à la remise en liberté de certains des suspects.

— Mais, Camille, tu vas oser faire ça ?

— Bien sûr, si j'ai le soutien de Danton et de Robespierre. Tu n'es pas de cet avis ?

— Encore faudrait-il qu'ils soient d'accord entre eux », dit-elle en joignant les mains. Elle ne lui avait pas parlé de la visite de Fouquier.

« Ils le sont, répondit-il calmement. Simplement, Robespierre est prudent, il a besoin qu'on le pousse un peu.

— Que t'a-t-il dit à propos de l'affaire Barnave ?

— Il n'y a jamais eu d'"affaire Barnave". Je suis allé lui faire mes adieux, j'estimais qu'il n'aurait pas dû être exécuté. Et je le lui ai dit. » Les paroles qui avaient échappé à Fouquier, se dit-elle. « Non pas qu'une telle absolution lui eût été d'un grand secours, mais cela m'a fait du bien à moi d'être pardonné pour le rôle, quel qu'il fût, que j'ai joué dans les événements qui l'ont conduit là.

— Mais, encore une fois, qu'en a dit Max ?

— Je crois qu'il a compris. Ça ne le regardait pas vraiment, si ? J'avais rencontré Barnave chez mon cousin Viefville, dans son appartement de Versailles. Je lui avais à peine parlé, mais lui m'avait remarqué, comme s'il pensait qu'il devait me revoir un jour. Ce soir-là, j'ai décidé d'aller voir Mirabeau. » Il ferma les yeux. « On a prévu de tirer cinquante mille exemplaires. »

Dans l'après-midi, Louise vint lui rendre visite. Elle se sentait seule, même si elle refusait de l'admettre. Elle ne voulait pas de la compagnie de sa mère, à laquelle elle ne pouvait échapper si elle restait chez elle. Angélique avait pris les enfants pour quelques jours ; en leur absence, et surtout quand son mari n'était pas là, elle redevenait la gamine timide qui passait son temps à monter et à descendre l'escalier. Quand elle se plaignait de manquer d'occupations, Danton disait invariablement : « Sors donc dépenser un peu d'argent. » Mais elle n'avait envie de rien pour elle-même et elle hésitait à apporter des changements à l'appartement. Elle ne se fiait pas à son goût ; et puis, elle se disait que son mari préférerait peut-être garder les lieux tels qu'ils étaient du temps de Gabrielle.

Un an ou un an et demi plus tôt, elle aurait fréquenté l'après-midi, en sa qualité d'épouse de Danton, ces salons féminins où les langues acérées allaient bon train, et où elle serait restée assise bien droite parmi les femmes de ministres et de députés parisiens, des femmes entre trente et trente-cinq ans au courant des dernières parutions, tout à fait maîtresses d'elles-mêmes, et qui discutaient des liaisons de leurs maris d'une voix traînante et chargée d'ennui. Mais cela n'avait pas été le genre de Gabrielle ; et elle, de son côté, avait suffisamment d'occasions de faire assaut d'esprit lors des visites qu'elle recevait. Soit elle ne disait pas un mot, soit elle était trop directe. Elle était convaincue que la banalité même des propos échangés devait cacher un double sens et n'avait d'autre choix que de se joindre à leurs jeux ; eu égard à son statut, elles lui avaient fait l'aumône d'un livre d'étiquette, qu'elles ne lui laissaient pourtant consulter que par intermittence.

Et c'est ainsi, chose qu'elle n'aurait jamais crue possible, que l'appartement du coin de la rue était devenu pour elle l'endroit où elle se sentait le mieux. Ces temps-ci, la citoyenne Desmoulins s'en tenait à sa famille et à quelques intimes ; elle refusait de se laisser ennuyer par les stupidités de la vie sociale, disait-elle. Louise passait des journées entières dans son salon, essayant de reconstruire le passé récent à partir d'allusions dispersées. Lucile ne posait jamais de questions personnelles, alors qu'elle n'en avait jamais à poser d'une autre nature. Il leur arrivait de parler de Gabrielle ; tranquillement, naturellement, comme si celle-ci était toujours en vie.

Ce jour-là, Louise lui dit : « Tu as l'air bien sombre.

— Il faut que je finisse cette lettre, répondit Lucile. Puis je serai à toi, et nous essaierons de nous égayer un peu. »

Louise joua un moment avec l'enfant, qui avait tout d'une poupée et n'aurait pu en aucun cas être la progéniture de Danton. Il parlait beaucoup à présent, pour l'essentiel dans un langage dénué de sens, comme s'il savait qu'il était le fils d'un homme politique. Quand on l'eut emmené pour le coucher, elle s'empara de sa guitare, qu'elle se mit à gratter doucement. Très vite, elle fit la grimace. « Je crois que je n'ai aucun talent », dit-elle à Lucile.

— Tu devrais te concentrer davantage quand tu joues et choisir les morceaux les plus faciles. Mais je n'ai pas de leçons à te donner, vu que je ne pratique aucun instrument.

— C'est vrai, tu ne le fais plus jamais maintenant. Dans le temps, tu courais les expositions et les concerts l'après-midi, mais à présent tu restes ici, à lire et à écrire des lettres. À qui écris-tu ?

— Oh, à pas mal de gens. J'entretiens une correspondance suivie avec le citoyen Fréron, un vieil ami de la famille.

— Tu l'aimes beaucoup, non ? demanda Louise, aussitôt sur le qui-vive.

— Davantage encore quand il n'est pas là, dit Lucile, qui parut amusée par la question.

— Tu l'épouserais, si Camille mourait ?

— Il est déjà marié.

— Il divorcerait, j'imagine. Ou bien sa femme pourrait mourir, elle aussi.

— Cela ferait quand même beaucoup de coïncidences. Pourquoi vouloir à tout prix faire mourir les gens ?

— Il y a des centaines de maladies. On ne peut jamais savoir.

— Il m'est arrivé de penser comme toi. Au début de mon mariage, quand tout me faisait peur.

— Mais tu ne resterais pas veuve, si ?

— Si, je crois.

— Camille ne le voudrait pas, j'en jurerais.

— Je ne vois pas ce qui te pousse à le penser. Il est très égoïste.

— Si tu mourais, il se remarierait, lui.

— Dans la semaine, oui, convint Lucile. Surtout si mon père mourait lui aussi. Ce qui, dans ta vision des choses, où les gens meurent par paires, serait hautement probable.

626

— Il doit y avoir d'autres hommes que tu épouserais volontiers.

— Je ne vois pas lesquels. En dehors de Georges. »

C'était ainsi qu'elle mettait un terme aux conversations quand elle jugeait que Louise allait trop loin, lui rappelant avec brutalité leur statut respectif. Elle n'aimait pas le faire, mais elle n'ignorait pas que d'autres avaient moins de scrupules. Louise restait là, le regard perdu dans les ruines de l'année écoulée, dans la lumière d'un gris bleuté, à s'escrimer sur des morceaux trop compliqués pour elle. Camille travaillait. Les seuls bruits, dans l'appartement, provenaient des accords dissonants et des notes sans suite.

À quatre heures il entra dans la pièce, une épaisse liasse de papiers à la main. Il s'assit par terre devant le feu. Lucile rassembla les feuillets et se mit à lire. Au bout d'un moment, elle releva la tête et dit timidement : « C'est très bon. C'est sans doute ce que tu as fait de mieux jusqu'ici.

— Tu veux le lire, petite Louise ? demanda-t-il. Tu y trouverais des choses gentilles sur ton mari.

— Il considère d'un très mauvais œil l'intérêt que je porte à la politique.

— Peut-être n'y verrait-il pas d'inconvénient, dit-il d'un ton exaspéré, si tu exprimais des opinions documentées et réfléchies. Ce sont tes préjugés stupides et vulgaires qui le mettent hors de lui.

— Camille, dit Lucile doucement, ce n'est qu'une enfant. Comment veux-tu qu'elle sache quoi que ce soit ? »

À cinq heures arriva Robespierre. « Comment vas-tu, citoyenne Danton ? » demanda-t-il à Louise comme s'il s'adressait à une adulte. Il embrassa Lucile sur la joue, et donna à Camille une petite tape sur la tête. On amena l'enfant ; il le leva dans ses bras. « Alors, mon filleul, comment va ?

— Ne lui pose surtout pas ce genre de question, dit Camille. Il va te tenir un discours de cinq heures à la Necker, et tout aussi incompréhensible.

— Tu plaisantes, dit Robespierre, en tenant l'enfant contre son épaule. Il ne m'a pas l'air d'un banquier. Sera-t-il un des fleurons du barreau parisien ?

— Non, un poète, décida Camille. Vie à la campagne. Existence agréable au grand air.

— Probablement, dit Robespierre. Je doute que son vieux radoteur de parrain parvienne à le maintenir dans le droit chemin. » Il tendit l'enfant à son père. D'un coup, il était passé aux choses sérieuses, assis très droit, comme à son habitude, dans un fauteuil au coin de la cheminée. « Quand les épreuves seront prêtes, dis à Desenne de me les faire parvenir directement. Je lirais bien le manuscrit, mais je ne supporte pas l'idée d'avoir à te déchiffrer.

— Ce sera à toi, en ce cas, de corriger les épreuves, sinon le tout prendra trop de temps. Mais ne trafique pas ma ponctuation, tu veux ?

— Ah, Camille d'Églantine, se moqua Robespierre. Personne ne va s'intéresser à ta ponctuation, uniquement au contenu.

— On comprend pourquoi tu ne remporteras jamais un prix littéraire.

— Je croyais que tu te consacrais corps et âme à ce nouveau journal, que tu y mettais toute ta passion.

— De la passion, j'en ai à revendre, y compris pour la ponctuation.

— Le deuxième numéro est prévu pour quand ?

— Il y aura une parution tous les cinq jours, j'espère – le 5 décembre, le 10... puis le *ci-devant** Noël –, jusqu'à ce que le travail soit terminé.

— J'aimerais que tu me fasses tout voir avant, dit Robespierre après un moment d'hésitation. Je ne voudrais pas que tu m'attribues des paroles que je n'ai jamais prononcées ni que tu me mettes sur le dos des opinions qui ne sont pas les miennes.

— Tu me crois capable d'une chose pareille ?

— Ma foi, oui. Tu le fais déjà. Regarde un peu ton fils, qui tourne les yeux vers toi. Lui connaît ta vraie nature. Bon, ce journal, comment vas-tu l'appeler ?

— Mon idée, c'était *Le Vieux Cordelier*. Une expression qu'employait Georges Jacques, tu te souviens ? "Nous autres, les vieux Cordeliers", avait-il pour habitude de dire.

— Oui, j'aime bien ce titre. Voyez-vous, dit-il en se tournant vers les femmes, du même coup les nouveaux Cordeliers – les gens d'Hébert – sont remis proprement à leur place. Les nouveaux Cordeliers ne représentent rien, ne symbolisent rien ; ils se contentent de rejeter et de critiquer ce que font les autres, d'essayer de le détruire. Mais les vieux Cordeliers... ils savaient, eux, quel genre de révolution ils voulaient et ils ont pris des risques pour ce faire. Au début, on pouvait croire qu'ils n'étaient pas aussi héroïques qu'ils en avaient l'air, mais quand on y repense aujourd'hui, ils l'étaient bel et bien.

— C'était en ce temps-là qu'on t'appelait la "Chandelle d'Arras", citoyen Robespierre ?

— En ce temps-là ! reprit Robespierre en écho. À l'entendre, on croirait que c'était sous le règne de Louis XIV. Je suppose que c'est ton mari qui t'a raconté ça ?

— Oh oui. Par moi-même, je ne sais rien. »

Camille et sa femme échangèrent un regard significatif : on l'étrangle de suite, ou on attend ?

« C'est tout à fait vrai, dit Robespierre. C'est parce qu'on appelait Mirabeau la "Torche de Provence". L'idée, poursuivit-il impitoyablement, était de me faire comprendre ma propre insignifiance.

— Oui, c'est ce qu'il m'a expliqué. Pourquoi dire en ce cas que c'était une époque héroïque ?

— Pourquoi crois-tu que les héros sont forcément des hommes qui font grand bruit dans le monde ?

— Je n'y avais jamais pensé avant. À cause des livres, j'imagine.

— Quelqu'un devrait s'occuper de guider tes lectures.

— Oh, c'est une femme mariée, intervint Camille. Il n'est plus temps de faire son éducation.

— Je vois que tu n'aimes pas qu'on te le rappelle, dit Louise. Je suis navrée. Je ne voulais blesser personne. »

Robespierre sourit et secoua la tête. Mais il se détourna d'elle ; il n'avait point de temps à consacrer à cette gamine en ce moment. « Camille, n'oublie pas ce que je viens de te dire. Montre-toi prudent. Nous ne pouvons nous permettre d'enlever le moindre pouvoir au tribunal. Si nous le faisons, et que nos armées essuient des défaites, nous connaîtrons un nouveau septembre. C'est la rue qui usurpera la loi ; nous savons, pour l'avoir vécu, que cela n'a rien de ragoûtant. Le gouvernement doit être fort, il ne peut s'autoriser aucune hésitation ; sinon que penseraient les patriotes qui sont au front ? Une armée forte mérite un gouvernement fort derrière elle. Il nous faut viser à l'union. La force peut renverser un trône, mais seule la prudence peut maintenir une république. »

Camille approuva du chef, reconnaissant là les fondations à l'état brut d'un discours à venir. Il se sentait coupable de s'être moqué de Maximilien et d'avoir dit qu'il se prenait pour Dieu. Non, il n'était pas Dieu, il était autrement plus vulnérable.

Une fois Maximilien parti, Camille dit : « J'ai l'impression de courir le même danger qu'un œuf dans la gueule d'un chien. » Il leva les yeux sur Louise. « J'espère que la réprimande t'aura servi de leçon ? Sinon, tu peux toujours aller demander à ton mari de t'administrer le fouet.

— Mon Dieu, dit Louise, je pensais que tout ça était du passé.

— Vois-tu, on n'oublie jamais vraiment. Surtout pas ce genre de chose. »

Danton arriva quelques minutes plus tard. « Ah, le vieux Cordelier en personne ! s'exclama Lucile.

— Tiens, tu es donc là ? dit-il à sa femme. J'ai manqué notre ami, si je comprends bien ?

— Tu le sais fichtrement bien, dit Camille. Tu as dû attendre sous un porche qu'il s'en aille.

— Nous travaillons mieux chacun de notre côté », dit-il avant de s'effondrer dans un fauteuil, d'étendre les jambes et de regarder Camille avec attention. « Qu'est-ce qui t'inquiète à ce point ? lui demanda-t-il abruptement.

— Eh bien... il n'arrête pas de me dire d'y aller prudemment, comme si... comme si je ne devais rien faire qu'il ne ferait lui-même, sans pour autant me signifier ses véritables intentions. »

Camille était toujours assis sur le sol, et Lucile était à présent à genoux près de lui, tous deux fixant une attention flatteuse sur Georges Jacques, tandis que le bébé se roulait par terre entre eux. Franchement, se dit Louise, qui soudain les détesta, on croirait bien qu'ils attendent toujours que quelqu'un se présente avec un crayon et un carnet à dessin. Quand on pense à la kyrielle d'amants qu'a cette femme… C'est écœurant, cette facilité avec laquelle ils jouent leur comédie. Camille était en train de dire : « Max ne supporte pas l'idée d'être acculé à une opinion qui n'a pas été éprouvée. Mais bon, il faut savoir prendre des risques parfois. Et je veux bien être le premier à les prendre. À ton avis, Louise, cette attitude mériterait-elle d'être qualifiée d'héroïque ?

— L'héroïsme, c'est une vocation chez toi, non ? » rétorqua-t-elle sèchement.

Et tout le monde de rire, aux dépens de Camille.

5 décembre : « Au *Vieux Cordelier*, dit Fabre en levant son verre, le visage creusé et empourpré. Puisse le deuxième numéro avoir autant de succès que le premier.

— Merci », dit Camille. Il prit un air modeste, baissant la tête et les yeux, ce qui est le signe extérieur de la vertu intérieure. « Je n'espérais pas un tel succès. Comme si les gens n'attendaient que cela… Je suis complètement bouleversé par ce soutien populaire. »

Le député Philippeaux – l'un de ces députés fantômes perpétuellement en mission, qu'il connaissait à peine encore la semaine précédente – se pencha pour lui tapoter la main. « Magnifique, absolument magnifique ! C'est un… Tu sais, j'ai moi-même écrit un pamphlet, mais je suis convaincu que si tu avais vu les choses que j'ai eu l'occasion de voir, tu aurais fait quelque chose de bien meilleur à ma place. Tu sais… (le député porta la main à son élégant foulard), tu sais toucher les cœurs ; moi, je ne sais qu'en appeler à la conscience. Des massacres, vois-tu, voilà ce dont j'ai été témoin. » Un langage énergique ne lui venait pas facilement. Il avait siégé avec la Plaine, pas avec la Montagne, et avait toujours soigneusement déguisé ses opinions… jusqu'à ce jour.

« Ah, les massacres, dit Fabre. Notre garçon ici présent ne supporte pas. Un seul brissotin avec un petit poignard dissimulé dans les papiers destinés à sa défense, c'est déjà trop pour lui. Alors, une véritable atrocité, vous pensez bien… ce serait carrément l'évanouissement, je le crains. Avec élégance, notez bien. »

Incroyable, le ressort que Fabre peut avoir. Même chose pour Camille. Si une petite partie de lui-même se sent quasiment paralysée, le reste est prêt à descendre dans l'arène, où il exploitera au mieux sa capacité à amener les gens à une fureur extrême ou à les faire tomber dans une lente pâmoison sentimentale, synonyme d'un dépérissement de la conscience. Il se sent léger, d'une extrême jeunesse. Le peintre Hubert Robert (qui, malheureusement, s'est spécialisé dans les paysages de ruines) est sans arrêt sur ses talons ces temps-ci ; Boze, lui, n'arrête pas de lui lancer des regards durs et, de temps à autre, s'approche pour lui tirer les cheveux dans tous les sens, d'une main d'artiste sans pitié. Dans ses humeurs sombres, il se dit : Tiens-toi prêt à être immortalisé.

La grande affaire, c'est que les contraintes sont passées de mode. Ce que nous disons maintenant, c'est que la révolution n'avance pas d'une manière inexorable dans une direction donnée, sa politique et son langage se faisant à mesure plus grossiers et plus simplistes ; non, la révolution est toujours flexible, subtile, élégante. Mirabeau disait : « La liberté est une garce qui aime se faire baiser sur un lit de cadavres. » Il sait la vérité de ce jugement, mais il trouvera une façon moins directe de présenter la chose à son lecteur.

Il avait à présent le loisir d'être lui-même... autrement dit, aussi différent d'Hébert qu'on pourrait l'imaginer. Il n'avait aucun besoin de faire des concessions au langage de la rue, aucun besoin de tempêter, de se présenter comme l'héritier de Marat ; même s'il pensait toujours au corps dodu de Simone effondrée dans ses bras, et à la femme élégante qui avait assassiné son ami. Oublions Marat, et la noire mélancolie qu'il engendrait ; lui va créer une nouvelle atmosphère, polaire, d'une pureté lumineuse, chaque mot lisse et translucide. L'air de Paris s'apparente pour l'instant à du sang séché ; lui (avec la permission et l'approbation de Robespierre) va nous donner l'impression de respirer la glace, la soie et le vin.

« Au fait, dit le député Philippeaux, savais-tu que Sade avait été arrêté ? »

« Le député Philippeaux... le député Philippeaux, dit Robespierre. À peine rentré de mission, il attaque la conduite de la guerre. Nos chefs en Vendée, poursuit-il en ouvrant d'une pichenette le petit opuscule de Philippeaux, sont des commandants à la solde d'Hébert, et par suite de légitimes objets de soupçon.

À l'exception de Westermann, qui est l'ami de Danton. Malheureusement, le député Philippeaux n'en reste pas là, dit-il en s'emparant de sa plume, avant de commencer à souligner certaines phrases ou expressions. Il lance des accusations contre le Comité, alors même que c'est l'organe qui détient l'ultime responsabilité de la conduite de la guerre. Il semble vouloir dire que celle-ci serait terminée depuis longtemps, si on ne la poursuivait pas dans le seul but d'engraisser certains.

— On voit souvent Philippeaux en compagnie de Danton et de Camille, releva le membre du Comité. Soit dit en passant.

— C'est le genre de suggestion qui plairait beaucoup à Camille, rétorqua Robespierre. Tu y croirais, toi ? Ah, je ne sais pas.

— Tu mets en doute la bonne foi de tes collègues du Comité ?

— Oui, effectivement, dit Robespierre. Tout en restant absolument convaincu de la nécessité qu'il y a à continuer à faire fonctionner le Comité. Des histoires nous reviennent de Lyon concernant les agissements de notre ami Collot. On dit qu'il a pris les ordres qu'il avait reçus de punir les rebelles comme une invitation à massacrer la populace.

— "On dit", hein ? »

Robespierre fit une pyramide de ses doigts. « Collot est acteur, n'est-ce pas, producteur de théâtre ? À une époque, il lui aurait fallu se contenter de mettre en scène des pièces avec force meurtres et tremblements de terre. À présent, il peut vivre ses rêves. Quatre ans de révolution, citoyen... et partout la même cupidité, la même mesquinerie, le même égoïsme, la même indifférence brutale aux souffrances des autres, la même soif infernale de sang. Je n'arrive tout bonnement pas à sonder les profondeurs de mes semblables. » Il appuya son front sur sa main. Son collègue le dévisagea, abasourdi. « Pendant ce temps, poursuivit-il, que fait Danton ? Se pourrait-il qu'il encourage le député Philippeaux ?

— Il n'hésiterait pas à le faire… s'il y voyait un avantage immédiat. Le Comité doit absolument réduire Philippeaux au silence.

— Ce ne sera pas nécessaire, dit Robespierre, en frappant de sa plume la page imprimée devant lui. Il attaque Hébert dans son pamphlet. C'est donc Hébert qui se chargera à notre place de le faire taire. Qu'il se rende utile, celui-là, pour une fois.

— Mais, d'un autre côté, tu permets à Camille d'attaquer Hébert, dans son deuxième numéro. Ah, s'exclama soudain le membre du Comité, je comprends. Les deux extrêmes contre le milieu ? Petit malin, va ! »

Décret de la Convention nationale : « Le conseil exécutif, les ministres, les généraux et tous les corps constitués sont placés sous le contrôle du Comité de salut public. »

Camille : Je ne vois pas pourquoi le troisième numéro devrait me valoir des éloges. C'était à la portée de n'importe qui. En fait, ce n'est qu'une sorte de traduction. Je lisais Tacite, et ses commentaires sur le règne de l'empereur Tibère. Une période qui, ai-je dit à Sade, n'était pas sans rappeler celle que nous vivons actuellement ; ce dont j'ai eu confirmation en relisant le passage : mêmes familles anéanties par les exécutions ; mêmes exemples d'individus qui se suicident pour éviter d'être traînés dans les rues comme de vulgaires criminels, ou d'hommes qui dénoncent leurs amis pour sauver leur peau ; même renoncement à tout sentiment humain, la pitié réduite à un crime. Je me souviens de la première fois où j'ai lu ces pages de l'historien latin, il y a bien des années de cela, et Robespierre se souviendra lui aussi de cette lecture.

Il n'y avait pas grand-chose à ajouter, m'a-t-il semblé – c'était suffisant pour retenir l'attention du public. Supprimez les noms de ces Romains et remplacez-les par les noms de Français et de Françaises, de personnes que vous connaissez, qui habitent votre rue, qui ont connu un sort dont vous avez été témoin, un sort que vous risquez de partager bientôt.

Bien entendu, il m'a fallu adapter un peu le texte – l'étriper, comme dirait Hébert. Je n'ai pas montré le résultat à Robespierre. Oui, j'imagine que ce sera un choc pour lui. Mais un choc salutaire, vous ne croyez pas ? Ce que je veux dire, c'est que, s'il reconnaît cet état de choses, il sera bien obligé de songer au rôle qu'il a joué dans sa création. Dire de Robespierre que c'est un Tibère paraît ridicule, et, bien évidemment, ce n'est pas ce que je prétends ; mais avec un certain genre d'homme à son côté – oui, là je pense à Saint-Just –, qui sait ce qu'il pourrait devenir.

Tacite décrit l'empereur comme « sans pitié, sans colère, se défendant résolument de toute attaque de sentiments ».

La description avait quelque chose de familier.

Le Vieux Cordelier n° 3 :

Dès que les mots furent devenus crimes contre l'État, tout était prêt pour la transformation en délits de simples regards, du moindre chagrin, de la moindre compassion, du soupir le plus ténu, du plus petit silence…

C'était un crime contre l'État que de demander aux devins, comme le fit Libonius Drusus, s'il serait riche un jour… C'était un crime contre l'État pour l'un des descendants de Cassius que d'avoir chez lui un portrait de son ancêtre. Mamercus Scaurus commit un crime, lui aussi, en écrivant une tragédie dans laquelle certains vers étaient susceptibles d'avoir un double sens. Crime d'État également pour la mère du consul Furius Geminus que de pleurer la mort de son fils… Il était nécessaire de se réjouir de la mort d'un ami ou d'un parent, si l'on voulait échapper soi-même à la mort. Un citoyen était-il populaire ? Il risquait de devenir factieux. Suspect.

Essayait-il plutôt de se retirer de la vie publique ? Suspect.

Vous êtes riche ? Suspect.

Pauvre ? C'est que vous cachez quelque chose. Suspect.

Mélancolique ? C'est que l'état du pays vous alarme. Suspect.

Joyeux ? C'est que vous vous réjouissez des catastrophes nationales. Suspect.

Philosophe, orateur, poète ? Suspect.

« Mais tu ne m'as pas montré ça », dit Robespierre. Sa voix était sans timbre. Le vent faisait voleter les dernières feuilles mortes de l'année autour de son visage. Il en saisit une, qu'il retint entre le pouce et l'index, si bien que ses nervures se trouvèrent clairement dessinées par transparence dans le soleil de l'après-midi. La journée avait été belle ; le couchant, liquide et écarlate, éclairait le fleuve de reflets plus sinistres que pittoresques.

« On dirait du sang, dit Camille. Enfin, c'est ce que cela pourrait suggérer. Tu m'accuses, mais je ne t'ai rien caché. Tu as sans doute Tacite dans ta bibliothèque.

— Là, tu n'es pas du tout sincère.

— Tu admettras tout de même que le rapprochement était fondé. S'il ne l'avait pas été, il n'aurait pas retenu à ce point l'attention du public. C'est indubitablement une image fidèle de notre façon de vivre aujourd'hui.

— Et tu la brandis à la face de l'Europe ? Tu n'aurais pas pu faire preuve d'un peu plus de retenue ? Serait-ce que tu cherches à devenir l'une des lectures favorites de l'empereur ? Que tu attends un message de félicitations de la part de Mr Pitt ? Un feu d'artifice à Moscou, des toasts à ta santé dans les camps d'*émigrés** de l'autre côté du Rhin ? » Il parlait sans excitation, d'une voix calme, comme si ses questions étaient on ne peut plus raisonnables. « Eh bien, réponds ! » Il posa les mains à plat sur le parapet en pierre du pont avant de se tourner pour scruter le visage de Camille ; et attendit.

« Qu'est-ce qu'on fait là dehors ? demanda Camille. Il commence à faire froid.

— Je préférerais parler à l'extérieur. À l'intérieur, les secrets sont difficiles à garder.

— Ah, tu vois… tu le reconnais toi-même. Tu es dévoré par la peur de la conspiration. Voudrais-tu guillotiner jusqu'aux murs de brique et aux montants de portes ?

— Je ne suis dévoré par rien du tout… sauf peut-être par le désir d'œuvrer au mieux pour le bien du pays.

— Alors, mets un terme à la terreur, dit Camille en frissonnant. C'est toi qui as la direction morale du pays. Tu es le seul à pouvoir le faire.

— Pour voir le gouvernement s'effondrer autour de nous ? Renverser le Comité ? » Sa voix n'était plus à présent qu'un murmure, rapide et pressant. « Non, je ne peux pas. Je refuse de prendre ce risque.

— Marchons un peu. » Ils avancèrent. « Eh bien, renouvelle le Comité, dit Camille. C'est tout ce que je te demande. Collot et Billaud-Varenne ne sont pas des associés acceptables.

— Tu sais parfaitement ce qu'ils font là. Ils sont nos meilleurs garants contre la gauche.

— J'oublie tout le temps que nous ne sommes pas la gauche.

— Tu veux que nous nous retrouvions avec une insurrection sur les bras ? »

À nouveau, Camille s'arrêta et examina l'autre côté du fleuve. « Oui. Si nécessaire, oui. » Il s'efforçait de réprimer la panique qui montait en lui, de calmer son cœur qui battait à tout rompre ; Robespierre n'était plus habitué à ce qu'on s'opposât à lui, et lui-même n'avait jamais eu pour habitude de le faire. « Allons au combat et réglons cela une fois pour toutes.

— C'est ce que veut Danton ? La fin des violences ?

— Mais, Max, que crois-tu qu'il se passe jour après jour place de la Révolution ?

— Je préfère sacrifier des aristocrates que nous sacrifier les uns les autres. J'ai un devoir de loyauté à l'égard de la révolution et de ceux qui l'ont faite.

Mais, toi, tu la calomnies à la face de l'Europe tout entière.

— Crois-tu que la loyauté, en l'occurrence, consiste à étouffer la vérité, à faire comme si la raison et la justice prévalaient ? » Les derniers rayons s'étaient dilués dans le fleuve et se levait à présent un vent du soir qui tiraillait sur leurs vêtements de ses mains froides et obstinées. « Pour quelle raison avons-nous fait la révolution ? Je pensais que c'était pour nous dresser contre l'oppression. Pour nous libérer de la tyrannie. Mais ce que nous vivons en ce moment n'est qu'une autre forme de tyrannie. Montre-m'en une qui soit pire dans toute l'histoire du monde. On a tué par soif du pouvoir, par cupidité, par plaisir de répandre le sang, mais pourras-tu me montrer une autre dictature qui tue avec une telle efficacité, tout en prônant la vertu à l'envi et en brandissant ses abstractions au bord de tombes fraîchement ouvertes ? Nous disons que toutes nos actions n'ont pour but que la préservation de la révolution, mais la révolution n'est plus qu'un cadavre animé. »

Robespierre fuyait son regard ; ce qui ne l'empêcha pas de tendre la main pour lui saisir le bras. « Tout ce que tu dis est vrai, murmura-t-il, mais je ne sais pas comment procéder. Viens, rentrons, ajouta-t-il, après avoir marqué une pause.

— Tu as dit toi-même qu'on ne pouvait pas parler à l'intérieur.

— Il n'y a plus besoin de parler, si ? Tu as tout dit. »

Hébert, le Père Duchesne :

Vous avez là, mes braves sans-culottes, un homme brave que vous avez oublié. Quelle ingratitude de votre part, car, s'il faut l'en croire, sans lui, il n'y aurait jamais eu de révolution. Il fut un temps où on le connaissait sous le nom de procureur général de la Lanterne. Vous croyez peut-être que je parle de ce célèbre égorgeur qui a mis en fuite les aristos ? Que nenni ! L'homme dont il est ici question est la plus pacifique des créatures. Il déclare n'avoir pas plus de fiel qu'un pigeon ; il est si sensible que jamais il n'entend prononcer le mot « guillotine » sans frissonner jusqu'à la moelle. C'est une grande pitié, en vérité, qu'il ne sache parler en public, sinon il prouverait aux membres du Comité de salut public qu'ils n'entendent rien à la conduite des affaires ; mais M. Camille compense son incapacité à prendre la parole par son aptitude à écrire, et ce à la grande satisfaction des modérés, des aristocrates et des royalistes.

Procès-verbal d'une séance au club des Jacobins :

LE CITOYEN NICOLAS [*intervenant abruptement*] : Camille, la guillotine te tend les bras !

LE CITOYEN DESMOULINS : Nicolas, toi c'est la fortune qui te tend les bras ! Il y a à peine un an, tu dînais d'une pomme cuite, et tu es aujourd'hui l'imprimeur du gouvernement.

(*Rires dans l'assemblée.*)

Hérault de Séchelles revint d'Alsace à la mi-décembre. Le travail avait été fait, et bien fait. Les Autrichiens battaient en retraite, et la frontière était désormais sûre ; Saint-Just suivrait dans une semaine ou deux, la renommée dans son sillage.

Il alla chez Danton, mais celui-ci n'était pas chez lui. Il lui laissa un message convenant d'une rencontre, à laquelle Danton ne se présenta pas. Il se rendit ensuite chez Robespierre, mais fut éconduit par les Duplay.

Posté à une fenêtre des Tuileries, il regardait le défilé des charrettes de la mort et les accompagnait parfois jusqu'au bout de leur sinistre parcours en se mêlant à la foule. Il entendait parler d'épouses qui dénonçaient leur mari au tribunal, et inversement ; de mères qui sacrifiaient leur fils à la justice nationale et d'enfants qui trahissaient leurs parents. Il vit des femmes à peine sorties de couches allaiter leur enfant jusqu'à l'arrivée du tombereau. Des hommes glisser et tomber la tête la première dans le sang de leurs amis, tandis que leurs bourreaux les relevaient en empoignant leurs bras ligotés. Il vit des têtes dégouttant de sang présentées aux hurlements de la foule. « Pourquoi t'obliger à regarder pareilles scènes ? lui demanda-t-on.

— Pour m'apprendre à mourir. »

Le 29 frimaire, Toulon était repris par les armées de la République. Le héros du jour était un jeune officier d'artillerie du nom de Bonaparte. « Si l'on continue à procéder ainsi avec les officiers, dit Fabre, je ne donne pas plus de trois mois à Bonaparte pour se faire trancher la tête. »

Trois jours plus tard, le 2 nivôse, les forces gouvernementales écrasaient ce qu'il restait de l'armée rebelle de Vendée. Les paysans capturés les armes à la main furent considérés comme des hors-la-loi à abattre sans sommation ; seule resta la chasse à l'homme sanguinaire à travers champs, bois et marais.

Dans la chambre verte aux miroirs argentés, les membres disparates et factieux du Comité de salut public réglaient leurs différends. Ils étaient en train de gagner la guerre et de maintenir la paix précaire des rues de Paris. « Sous ce Comité, disait le peuple, la révolution est véritablement en marche. »

Il faisait sombre à présent. Éléonore croyait que la pièce était vide. En tournant la tête, Robespierre la fit sursauter. Dans l'ombre, son visage était blanc. « Tu ne vas pas au Comité ? » demanda-t-elle doucement. Il détourna la tête, de façon à regarder à nouveau le mur. « Veux-tu que j'allume la lampe ? demanda-t-elle. Par pitié, dis-moi quelque chose. Ça ne peut pas être aussi terrible que cela. »

Elle vint se placer derrière sa chaise et glissa une main sur son épaule. Elle le sentit se raidir. « Ne me touche pas.

— Qu'ai-je fait de mal ? » s'enquit-elle après avoir retiré sa main. Elle attendit une réponse. « Ne sois pas si puéril. Tu ne pourras pas rester ainsi éternellement dans le froid et le noir. »

Pas de réponse. Elle sortit rapidement de la pièce, laissant la porte entrouverte. Elle était de retour quelques minutes plus tard avec un allume-feu qu'elle approcha du petit bois préparé dans la cheminée. Elle s'agenouilla près de l'âtre, veillant sur les flammes naissantes, ses cheveux sombres glissant sur son épaule.

« Je ne veux pas de lumière », dit-il.

Elle se pencha en avant pour placer un autre morceau de bois et attiser le feu. « Je sais que tu le laisseras mourir si je ne m'en occupe pas, dit-elle. C'est ce que tu fais toujours. Tiens, je viens juste de rentrer de mon cours. Le citoyen David m'a complimentée sur mon travail aujourd'hui. Tu aimerais voir ce que j'ai fait ? Je descends chercher mon carton à dessins, si tu veux. » Elle leva les yeux vers lui, toujours agenouillée, les mains posées à plat sur les cuisses.

« Allons, lève-toi de là, lui dit-il. Tu n'es pas une servante.

— Non ? dit-elle d'une voix calme. Et que suis-je d'autre ? Ce serait contre tes principes que de parler à une domestique de la manière dont tu me parles.

— Il y a cinq jours, dit-il, j'ai proposé à la Convention la création d'un comité de justice qui aurait pour tâche d'examiner les verdicts du tribunal et d'étudier la situation de ceux qui sont emprisonnés sur simple soupçon. Je croyais que c'était là ce dont nous avions besoin ; apparemment, ce n'est pas le cas. Je viens de parcourir le quatrième numéro du *Vieux Cordelier*. Tiens, lis, dit-il en poussant le pamphlet dans sa direction.

— J'en serais bien incapable, avec si peu de lumière. » Elle alluma les bougies, en leva une pour examiner son visage. « Tu as les yeux rouges. Tu as pleuré. Je ne pensais pas que tu pouvais pleurer quand on te critiquait dans les journaux. Je te croyais au-dessus de ça.

— Ce ne sont pas les critiques, dit-il. Le problème est ailleurs, il est dans les appels que l'on me lance, en me citant nommément. Regarde, dit-il en montrant l'endroit sur la page. Éléonore, qui s'est montré plus clément que moi ? Soixante-quinze des partisans de Brissot sont en prison. Je me suis battu contre les comités et la Convention pour sauver la vie de ces hommes. Mais, pour Camille, cela ne suffit pas, c'est même loin d'être suffisant. Ce qu'il veut, c'est me forcer à entrer dans… une sorte d'arène. Tiens, lis. »

Elle prit le pamphlet et approcha une chaise du bureau pour y voir plus clair. « Robespierre, tu es mon vieux camarade de classe, et tu te souviendras de la leçon que nous ont enseignée l'histoire et la philosophie : l'amour est plus fort, plus durable que la crainte. » *L'amour est plus fort, plus durable que la crainte* ; elle leva les yeux sur lui, avant de revenir à la page imprimée. « Vous venez d'approcher cette idée de très près, grâce à la mesure prise, sur tes instances, au cours de la séance du 30 frimaire. Il est vrai que c'est un comité de *justice* qui a été proposé. Mais pourquoi la *clémence* serait-elle devenue un crime de la République ? »

Éléonore leva les yeux. « Cette prose, dit Robespierre. Si claire, sans fioritures, sans trait d'esprit, sans ostentation. Chaque mot en est pesé. Avant, comprends-tu, il ne pesait qu'un mot sur deux. C'était son style. »

Éléonore reprit sa lecture. « "Libérez de prison les 200 000 citoyens que vous appelez 'suspects'. La Déclaration des droits de l'homme ne comporte aucune clause prévoyant l'emprisonnement sur simple soupçon. Vous voulez exterminer tous vos ennemis par la guillotine, mais y eut-il jamais plus grande folie ? Pouvez-vous en faire périr un seul sur l'échafaud sans vous faire aussitôt dix ennemis au sein de sa famille et de ses amis ? Regardez les gens que vous avez mis derrière les barreaux : des femmes, des vieillards, des cacochymes, des reclus, les laissés-pour-compte de la révolution. Croyez-vous vraiment qu'ils constituent un danger ? De vos ennemis il ne demeure que les lâches et les malades ; les braves et les forts ont émigré ou ont péri à Lyon ou en Vendée. Ceux qui restent ne méritent pas votre colère. Croyez-moi… la liberté serait consolidée et l'Europe vaincue, si vous aviez un comité de clémence."

— En as-tu assez lu ? lui demanda-t-il.

— Oui. Ils essaient de te forcer la main, dit-elle en levant les yeux. Je suppose que c'est Danton qui se cache derrière tout cela ? »

Robespierre ne répondit pas, du moins pas dans l'instant. Quand il le fit, ce fut d'une voix à peine audible, et sans répondre à la question. « Quand nous étions enfants, vois-tu, j'ai dit un jour à Camille : Tu n'as plus à t'inquiéter maintenant, parce que je vais m'occuper de toi. J'aurais voulu que tu nous voies, Éléonore… je crois que tu aurais été vraiment désolée pour nous. Je me demande ce qu'il serait advenu de Camille si je n'avais pas été là, dit-il, avant d'enfouir son visage dans ses mains. Ou de moi, si lui n'avait pas été là.

— Mais vous n'êtes plus des enfants, dit-elle doucement. Et cette affection dont tu parles n'existe plus. Il a choisi Danton, aujourd'hui. »

Il leva les yeux. Son visage est transparent, se dit-elle ; et il aimerait que le monde soit à cette image. « Danton n'est pas mon ennemi, dit-il. C'est un patriote, et j'ai risqué ma réputation là-dessus. Mais qu'a-t-il fait, ces quatre dernières semaines ? Quelques discours. De belles phrases qui lui permettent d'occuper le devant de la scène mais qui sont vides de sens. C'est en vétéran chevronné de la politique qu'il se voit. Il n'a pris aucun risque. Et s'est contenté de jeter mon pauvre Camille dans la fournaise, tandis que lui et ses amis le regardaient en se chauffant les mains.

647

— Ne te mets pas dans cet état, cela n'avance à rien. » Elle détourna la tête, les yeux toujours sur le pamphlet. « Il sous-entend que le Comité a abusé de ses pouvoirs. Il semble clair à présent que Danton et ses amis se considèrent comme une alternative possible au gouvernement.

— Oui, dit Robespierre avec un demi-sourire. Danton m'a un jour proposé un emploi. Nul doute qu'il renouvelle sa proposition. Ils s'attendent à ce que je les suive, vois-tu.

— Les suivre ? Cette bande d'escrocs ? Tu ne les suivrais que contraint et forcé, comme si tu tombais aux mains de brigands qui te retiendraient en otage, attendant une rançon. Tout ce qu'ils veulent, c'est se servir de ton nom, t'utiliser comme caution morale.

— Sais-tu ce que je voudrais ? Je voudrais que Marat soit encore en vie. Tu vois à quoi j'en suis réduit ! Moi, souhaiter une chose pareille. Mais, lui, Camille l'aurait écouté.

— De l'hérésie pure et simple », dit Éléonore. Elle pencha la tête sur la page. La lut, lui sembla-t-il, avec une lenteur douloureuse, pesant apparemment chaque mot. « Les Jacobins vont l'expulser.

— J'empêcherai la chose.

— Quoi ?

— J'ai dit que je les en empêcherai. »

Elle lui agita le papier sous les yeux. « Mais ils ne te le pardonneront pas. Crois-tu vraiment pouvoir le protéger ?

— Le protéger ? Bon sang… je crois que jusqu'ici, à tout moment, j'aurais donné ma vie pour lui. Mais je me demande, à présent… il est peut-être de mon devoir de rester en vie ?

— Un devoir envers qui ?

— Le peuple. Au cas où sa situation devrait empirer.

— Je suis d'accord. Il est effectivement de ton devoir de rester en vie. Et au pouvoir. »

Il détourna la tête. « Comme des formules de ce genre te viennent facilement, Éléonore. Comme si tu avais grandi avec elles. Collot est rentré de Lyon, le savais-tu ? Il a terminé son *travail*, comme il l'appelle. Le chemin de la vertu et de la bonne conscience est pour lui très droit, très large, sans obstacle. C'est tellement facile d'être un bon Jacobin. Il n'y a pas place dans sa tête pour le moindre doute ni le moindre scrupule – en fait, je doute qu'il y ait place pour grand-chose. Mettre un terme à la terreur ? Mais, dans son idée, elle a à peine commencé.

— Saint-Just sera ici la semaine prochaine. Tes histoires de camarades de classe ne l'intéresseront pas, Max. Il n'acceptera aucune excuse. »

Robespierre releva le menton, plein de la fierté dont, il en était aveuglément convaincu, témoignerait son ami. « On ne lui en offrira pas. Je connais Camille. Il est plus fort que tu ne le crois – oh, bien sûr, pas de manière évidente, visible… mais je le connais bien, vois-tu. Il est habité d'une vanité à toute épreuve – et pourquoi pas, d'ailleurs ? Tout remonte au 12 juillet, à ces quelques jours avant la Bastille. Il sait exactement ce qu'il a fait à ce moment-là, n'ignore rien des risques qu'il a pris. Les aurais-je pris à sa place ? Bien sûr que non. Toute tentative de ma part serait restée sans effet, personne n'aurait seulement pris la peine de me regarder. Et Danton, les aurait-il pris ? Bien sûr que non. C'était un homme respectable, un avocat, un père de famille. Vois-tu, Éléonore, nous voici tous, quatre ans plus tard, toujours en admiration face à ce qui s'est fait en une fraction de seconde.

— C'est stupide, dit-elle.

— Pas vraiment, non. Tout ce qui est important se décide en règle générale en une fraction de seconde, tu ne crois pas ? Il s'est levé devant ces milliers de personnes, et sa vie n'a tenu qu'à un fil. Depuis, bien entendu, rien n'a pu égaler les promesses d'un tel début. »

Éléonore se leva et s'écarta de lui. « Tu as l'intention d'aller le voir ?

— Maintenant ? Non. Danton y sera. Ils seront probablement en train de faire la fête.

— Et pourquoi pas ? Je sais bien que c'en est fini du règne de la superstition, mais après tout c'est Noël. »

« C'est incroyable », dit Danton. Il renversa la tête et vida un autre verre d'un trait. Il n'avait pas du tout l'air d'un vétéran chevronné. « Il y a devant la Convention des manifestants qui réclament la création d'un comité de clémence. D'autres, agglutinés devant la librairie Desenne, demandent une nouvelle édition. Au départ, le numéro était vendu deux sous, or les exemplaires changent de mains à présent pour vingt francs. Camille, tu es à toi tout seul une catastrophe inflationniste.

— Je regrette maintenant de ne pas avoir prévenu Robespierre, dit Camille. Du contenu, j'entends.

— Ah, par pitié ! » Danton avait l'ampleur, l'impudence et la jovialité du chef populaire d'une nouvelle force politique. « Que quelqu'un aille chercher

Robespierre. Qu'on le traîne jusqu'ici. Il est grand temps qu'on le soûle, celui-là. » Il se pencha sur la table et laissa retomber sa main sur l'épaule de Camille. « Le moment est venu pour cette révolution de relâcher un peu sa vigilance. Les gens en ont assez des massacres, et la réaction à tes écrits le prouve amplement.

— Mais on aurait dû changer le Comité ce mois-ci. Tu devrais en faire partie à l'heure qu'il est. »

Autour d'eux, le brouhaha des conversations reprit. Ils avaient tous accueilli les dernières paroles de Danton comme une déclaration encourageante. « Ne précipitons pas les choses, poursuivit celui-ci. Le mois prochain fera l'affaire. Travaillons d'abord à créer chez les gens l'envie du changement. Nous ne voulons à aucun prix forcer leur adhésion ; nous tenons à ce qu'ils se rangent à notre avis de leur propre chef. » Camille jeta un coup d'œil à Fabre. « Pourquoi n'es-tu pas heureux ? voulut savoir Danton. Tu viens de connaître le plus grand succès de ta carrière de journaliste. Au nom de la République, je t'ordonne d'être heureux. »

Annette et Claude arrivèrent un peu plus tard. Annette paraissait réservée, sur ses gardes, mais Claude donnait l'impression de se préparer pour un grand discours. « Ah oui, commença-t-il, s'adressant à l'air ambiant à une bonne trentaine de centimètres au-dessus de la tête de son gendre. J'ai été plutôt avare de compliments par le passé, n'est-ce pas ? Mais je tiens aujourd'hui à te féliciter, du fond du cœur. Tu as accompli là un acte de grand courage.

— Pourquoi dis-tu cela ? Tu crois qu'ils vont vouloir me couper la tête ? »

Le silence qui s'ensuivit fut soudain, complet, prolongé. Personne ne dit un mot ni ne fit un geste. Pour la première fois depuis des années, Claude parvint à centrer son regard. « Allons, Camille, s'exclama-t-il, qui pourrait te vouloir du mal ?

— Des tas de gens, dit Camille d'un air lointain. Billaud, parce que je me suis toujours moqué de lui. Saint-Just, parce qu'il est dévoré de l'envie d'être aux commandes et que je refuse de lui être inféodé. Tous les membres des Jacobins qui veulent ma peau depuis que j'ai pris la défense de Dillon. Il n'y a pas dix jours qu'ils ont remis sur le tapis le procès de Brissot. Quel droit avais-je donc de m'évanouir sans en avertir le club ? Et puis, il y a Barnave : ils voulaient savoir comment j'avais seulement osé me rendre à la Conciergerie pour parler à un traître.

— Mais Robespierre a pris ta défense, dit Claude.

— Oui, il s'est montré très bienveillant. Il leur a dit que j'étais enclin à des accès d'émotion. Qu'il me connaissait depuis que j'avais dix ans et que j'avais toujours été ainsi. Il m'a fait un signe de tête et m'a souri en descendant de la tribune. Il avait un regard perçant. Il venait de m'évaluer en me marquant comme un orfèvre de son poinçon.

— Oh, il y avait beaucoup plus que cela, dit Lucile. Ses éloges à ton égard étaient très chaleureux.

— Bien sûr. Le club s'en est trouvé ému, flatté. Il leur a laissé entrevoir un peu de sa vie privée… une preuve touchante de l'humanité de sa nature, voyez-vous.

— Que veux-tu dire par là ? demanda Claude.

— Eh bien, j'en reviens à mes convictions premières. Il est Jésus-Christ, c'est clair. Il a même condescendu à être adopté par un menuisier. Je me demande comment il va réagir lors de la prochaine séance, quand ils vont exiger mon expulsion.

— Mais rien ne peut t'arriver tant que Robespierre est au pouvoir, dit Claude. Allons, allons, c'est impossible. Impossible.

— Tu veux dire que je bénéficie d'une protection. Mais c'est agaçant à la fin.

— Je ne veux pas d'un discours de ce genre », dit Danton. Il posa son verre, se pencha en avant. Il n'était pas du tout éméché, alors même qu'il donnait une tout autre impression quelques minutes auparavant. « Tu connais ma politique, tu sais ce que j'essaie de faire. À présent que les pamphlets ont rempli leur fonction, ton travail c'est de faire en sorte que Robespierre soit de bonne humeur, et pour le reste, tu n'ouvres plus la bouche. Inutile de prendre des risques. Dans deux mois, toute l'opposition modérée sera cristallisée autour de ma personne. Je n'ai rien d'autre à faire qu'exister.

— Dans mon cas, la chose devient problématique, marmonna Camille.

— Tu me crois incapable de protéger mes partisans ?

— J'en ai assez d'être perpétuellement protégé, lui cria Camille. Je suis fatigué de passer mon temps à essayer de te plaire et à apaiser Robespierre, de courir de l'un à l'autre, anxieux d'arranger les choses entre vous et obligé de servir votre égoïsme dévorant et votre vanité monstrueuse et arrogante. Je ne le supporte plus !

— En ce cas, dit Danton, ton utilité pour la suite des opérations devient limitée, extrêmement limitée, dirais-je même. »

Le comité de justice proposé par Robespierre tomba le lendemain sous les coups de l'orthodoxie révolutionnaire de Billaud-Varenne. Lequel déclara aux Jacobins, sans ménagement et en présence de Robespierre lui-même, que l'idée avait été d'emblée stupide.

Cette nuit-là, Robespierre fut incapable de fermer l'œil. Ressassant non point une défaite, mais une humiliation. Il était incapable de se remémorer une seule occasion où l'on avait passé outre à ses volontés clairement exprimées ; ou plutôt, si, il s'en souvenait, mais de manière fort vague, comme de quelque chose remontant à une vie antérieure. La Chandelle d'Arras avait brillé dans un autre monde.

Assis seul à sa fenêtre, au sommet de la maison, il contemplait les arêtes noires des toits et, entre deux, les étoiles. Il aurait aimé prier ; mais aucun des mots qu'il aurait pu former ne semblait susceptible d'émouvoir ni même d'atteindre la divinité aux desseins aveugles qui avait pris sa vie en main. À trois reprises, il alla vérifier que la porte était bien fermée, le verrou tiré, et la clé tournée dans la serrure. L'obscurité devint moins épaisse, déclina ; la rue en dessous se peupla d'ombres. *Sous le règne de l'empereur Tibère…* Les fantômes d'êtres disparus demandaient à toute force à revenir, suppliant de leurs bouches évanescentes ; ils traînaient derrière eux les odeurs animales et furtives, les longues ombres ondoyantes des bêtes de cirque.

* * *

Le lendemain, Camille se rendit chez les Duplay. Il s'enquit de la santé d'Éléonore, et de son travail. « Lucile dit qu'elle viendrait volontiers te voir, mais elle ne sait pas quand, dans la mesure où elle ne connaît pas les heures de tes cours. Pourquoi est-ce que toi, tu ne viens jamais à la maison ?

— Je viendrai, dit-elle, sans conviction. Comment va le petit ?

— Oh, très bien. Merveilleusement bien.

— Il te ressemble, Camille. Il tient de toi.

— Comme c'est gentil à toi, Cornélia, de me le dire. Tu es bien la première personne, en dix-huit mois, à m'en faire la remarque. Puis-je monter ?

— Il n'est pas ici.

— Cornélia, allons. Tu sais bien que si.

— Il est occupé.

— Est-ce que tout le monde est interdit de visite, ou est-ce seulement moi ?

— Écoute, il a besoin d'un peu de temps pour mettre de l'ordre dans ses pensées. Il n'a pas fermé l'œil la nuit dernière. Je me fais beaucoup de souci pour lui.

— Il m'en veut vraiment beaucoup ?

— Non, ce n'est pas ça, je crois plutôt qu'il est… choqué. Que tu puisses le tenir pour responsable de la violence ambiante, et que tu puisses l'en accuser publiquement.

— Je lui avais dit que je me réservais le droit de le prévenir le jour où le pays deviendrait une tyrannie. Nos consciences sont la propriété de tous, alors comment le lui faire savoir sinon publiquement ?

— Il s'inquiète terriblement à l'idée que tu te mettes dans une position aussi périlleuse.

— Va lui dire que je suis ici.

— Il refusera de te voir.

— S'il te plaît, Éléonore, va le lui dire.

— Oh, d'accord », dit-elle, finissant par céder.

Il avait un goût amer dans la bouche quand elle le laissa pour s'engager dans l'escalier. Elle s'arrêta à mi-chemin, le temps de réfléchir une seconde, avant de continuer. Elle frappa à la porte. « Camille est en bas. »

Elle entendit le raclement d'une chaise sur le sol, un grincement, mais point de réponse.

« Tu es là ? Camille est en bas. Il insiste pour te voir. »

Il ouvrit la porte. Elle savait qu'il se tenait juste derrière. Ridicule, se dit-elle. Il transpirait abondamment.

« Ne le laisse surtout pas monter. Je te l'ai dit. Je te l'ai dit et répété. Pourquoi ne me prêtes-tu donc aucune attention ? » Il s'efforçait de parler très calmement.

« Comme tu voudras », dit-elle en haussant les épaules.

Robespierre avait posé une main sur la poignée de la porte, la faisant jouer sur la surface lisse ; il manœuvrait la porte d'avant en arrière, ne l'ouvrant jamais de plus d'une vingtaine de centimètres.

« Je vais le lui dire », ajouta-t-elle. Elle tourna la tête pour regarder dans l'escalier, comme si elle craignait que Camille ne montât les marches au pas de course et ne vînt l'écarter d'un coup d'épaule. « Mais je ne peux pas t'assurer qu'il s'empressera d'obtempérer.

— Grand Dieu ! Mais qu'est-ce qu'il croit ? Qu'est-ce qu'il espère ?

— Pour ma part, je ne vois pas grand sens à lui interdire ta porte. Vous savez l'un et l'autre qu'il t'a mis dans une situation difficile. Tu vas prendre sa défense, et, de son côté, il ne l'ignore pas. La question n'est pas de savoir si vous parviendrez à aplanir vos désaccords. Vous le ferez, j'en suis certaine. Tu es prêt à risquer ta réputation pour le justifier. Tous les principes qui ont pu être les tiens jusqu'ici partent en fumée dès que tu te retrouves en face de Camille.

— Ce n'est pas vrai, Éléonore, dit-il doucement. Ce n'est pas vrai, et si tu le dis, c'est par jalousie. Ce n'est pas là la réalité, et il faut qu'il le comprenne. Il faut qu'il réfléchisse. Mais dis-moi, ajouta-t-il, la nervosité s'insinuant à nouveau dans sa voix, quel air a-t-il ? »

Elle avait à présent les larmes aux yeux. « Son air habituel.

— Est-ce qu'il paraît contrarié ? Il n'est pas malade ?

— Non, il a son air habituel.

— Grand Dieu du ciel », dit-il. D'un geste lent, il ôta sa main moite de la poignée de la porte et l'essuya, les doigts raides, sur la manche de son autre bras. « J'ai besoin de me laver les mains », dit-il.

La porte se referma doucement. Éléonore descendit, se frottant le visage de son poing fermé. « Voilà, je te l'avais bien dit. Il refuse de te voir.

— Je suppose qu'il pense que c'est pour mon bien ? lui demanda Camille avec un rire nerveux.

— Je crois que tu es capable de comprendre ce qu'il ressent. Tu as essayé de te servir de l'affection qu'il te porte pour le piéger et l'amener à t'apporter son soutien quand tu avances des propositions avec lesquelles il est en désaccord.

— En désaccord ? Depuis quand, tu veux me le dire ?

— Peut-être seulement depuis sa défaite d'hier. Mais enfin, c'est à toi de chercher à le savoir. Il ne se confie pas à moi, et je ne connais rien à la politique. »

Une profonde tristesse lui voilait les yeux. « Très bien, fit-il. Je peux exister sans son approbation. » Il la précéda jusqu'à la porte. « Adieu, Cornélia, je ne pense pas avoir beaucoup d'occasions de te revoir, à partir de maintenant.

— Pourquoi ? Où vas-tu donc ? »

Une fois sur le seuil, il se tourna brusquement, l'attira contre lui, referma une main sur son sein et l'embrassa sur la bouche. Deux des employés de Duplay s'arrêtèrent pour les observer. « Ma pauvre fille », dit Camille, en la repoussant doucement contre le mur. Tout en le regardant partir, elle porta le dos de sa main à ses lèvres. Pendant les heures qui suivirent, elle sentit le contact imaginaire de la main de l'homme emprisonnant son sein, et elle enfouit en elle la pensée coupable qu'elle n'avait jamais vraiment eu d'amant.

Lettre à Camille Desmoulins, 11 nivôse, an II :

[…] je ne suis ni fanatique, ni enthousiaste, ni complimenteur ; mais s'il arrive que je te survive, je veux avoir ton buste sur lequel je graverai : « Des méchants voulaient pétrir une liberté de boue et de sang ; Camille nous la fit aimer de marbre et couverte de fleurs. »

« C'est faux, évidemment, dit-il à Lucile, mais je vais quand même la ranger soigneusement dans mes papiers. »

« Je constate que tu fais un effort remarquable en venant me parler, dit Hérault. Tu aurais pu détourner la tête et m'éviter. Je vais commencer à croire que je suis devenu un objet digne de ta charité, à l'instar de Barnave. Au fait, savais-tu que Saint-Just était de retour ?

— Oh.

— Peut-être faudrait-il éviter de se mettre Hébert à dos à ce point ?

— Mon cinquième pamphlet est en préparation, dit Camille. Je vais rayer de la vie publique ce matamore inconscient, même si je dois y laisser ma peau.

— Ce pourrait bien être le cas, dit Hérault, avec un sourire qui n'avait rien d'amène. Je sais que tu bénéficies d'une position privilégiée, mais, attention, Robespierre ne supporte pas la défaite.

— Il est en faveur de la clémence. Nous avons essuyé un revers. Fort bien, nous trouverons un autre moyen.

— De quelle manière ? Je crois que la chose ne lui apparaîtra pas comme un simple revers. Son pouvoir n'est pas solidement assis, sauf dans l'opinion des patriotes. Il dispose de très peu d'amis. Il a placé quelques vieux serviteurs au sein du tribunal, mais il n'a aucun ministre dans sa poche, aucun général – il ne s'est pas suffisamment soucié de cet aspect-là. Son pouvoir n'a d'existence que dans nos esprits… et je suis sûr qu'il le sait. S'il peut être défait une fois, pourquoi pas deux, pourquoi pas définitivement ?

— Pourquoi t'acharner à me faire peur ?

— Par simple amusement, dit froidement Hérault. Je ne t'ai jamais compris, jamais vraiment. Tu joues sur ses sentiments pour toi – et pourtant il n'arrête pas de dire que nous devrions laisser nos sentiments personnels de côté.

« — C'est ce que nous disons tous. Et c'est la seule chose à dire. Mais nous nous conduisons toujours différemment.

— Camille, pourquoi avoir agi comme tu l'as fait ?

— Ne me dis pas que tu ne le sais pas.

— Non, je n'en ai vraiment aucune idée. Je suppose que tu voulais une nouvelle fois devancer l'opinion publique.

— Vraiment ? C'est ce que tu penses ? On dit que c'est une œuvre d'art, que je n'ai jamais rien écrit de meilleur. Crois-tu que je suis fier de mes ventes ?

— Je le serais, s'il s'agissait des miennes.

— Oui, les pamphlets sont un grand succès. Mais qu'ai-je à faire du succès, à présent ? J'en ai assez du spectacle de toute cette injustice, de cette ingratitude, de cette noirceur. »

Belle épitaphe, songea Hérault, au cas où il t'en faudrait une. « Dis à Danton – pour ce que cela vaut –, et je me rends compte que pareil sentiment risque de jouer contre moi, que la campagne en faveur de la clémence a toute ma sympathie et mon soutien.

— Oh, Danton et moi ne sommes pas en bons termes.

— Comment cela, pas en bons termes ? demanda Hérault en fronçant les sourcils. Enfin, Camille, quel mal cherches-tu donc à te faire ?

— Bof ! fit Camille, en repoussant ses cheveux en arrière.

— Tu as encore dit des choses désagréables sur sa femme ?

— Non, pas du tout. Dieu merci… nous laissons toujours nos sentiments personnels de côté.

— Alors, pourquoi cette brouille ? La cause ne peut en être que dérisoire, j'imagine ?

— Mais tout ce que je fais est dérisoire, dit Camille, soudain saisi d'une sauvage hostilité. Ne vois-tu pas que je suis un être faible et dérisoire ? Bon… et maintenant, Hérault, y a-t-il d'autres messages ?

— Rien d'autre si ce n'est que, à mon avis, il n'en finit pas de repousser l'échéance.

— Tu crains que cette politique de clémence n'arrive trop tard pour toi ?

— Chaque jour qui passe arrive trop tard pour quelqu'un.

— Il a probablement de bonnes raisons. Toutes ces mystérieuses coalitions… Fabre s'imagine que je sais tout de Georges, mais c'est faux. Je ne crois d'ailleurs pas que je supporterais de tout savoir, et toi ? En fait, personne n'en serait capable.

— On croirait entendre Robespierre.

— Le résultat d'une longue collaboration sans doute. C'est ce sur quoi je compte.

— Ce matin j'ai reçu une lettre de mes collègues du Comité, dit Hérault. Je suis accusé d'avoir communiqué les comptes rendus de nos débats secrets aux Autrichiens. » Un rictus lui déforma la bouche. « Les preuves écrites auront besoin d'être un peu étoffées avant le procès, mais je fais confiance à Saint-Just. Il a cherché à causer ma perte en Alsace. Je ne crois pas être stupide, mais j'ai eu des difficultés à garder un temps d'avance. Non pas que cela ait finalement une grande importance.

— C'est le hasard de ta naissance, que veux-tu.

— Tout juste. Je m'en vais de ce pas donner ma démission au Comité. Tu pourrais peut-être la faire connaître à Georges. Ah, et par la même occasion, souhaite-lui une bonne et heureuse année. »

SAINT-JUST : Qui paie Camille pour écrire ça ?

ROBESPIERRE : Non, non, tu ne comprends pas. Il a été tellement bouleversé par le tour qu'ont pris les choses…

SAINT-JUST : C'est un très bon acteur, je le lui accorde. Il semble avoir réussi à vous tromper, tous autant que vous êtes.

ROBESPIERRE : Es-tu vraiment obligé de prendre tout ce qu'il fait en mauvaise part ?

SAINT-JUST : Robespierre, vas-tu enfin te rendre à l'évidence ? Ou bien il est de mauvaise foi, et c'est un contre-révolutionnaire, ou bien il est devenu politiquement tiède et modéré, et là aussi c'est un contre-révolutionnaire.

ROBESPIERRE : La formulation est habile. Mais tu n'étais pas là en 1789.

SAINT-JUST : Nous avons un nouveau calendrier. 1789 n'existe pas.

ROBESPIERRE : Tu ne peux pas juger Camille, tu ne sais rien de lui.

SAINT-JUST : Ses actions parlent pour lui. Et puis, de toute manière, je le connais depuis des années. Il s'est laissé porter par les événements jusqu'au jour où il a trouvé sa voie en se prostituant dans le journalisme. Il est à vendre au plus offrant, et c'est la raison pour laquelle Danton et lui ont tant en commun.

ROBESPIERRE : Je ne vois pas comment tu peux parler de prostitution journalistique.

SAINT-JUST : Ah, tu ne vois pas. Alors peux-tu m'expliquer pourquoi il est fêté à toutes les tables des aristos depuis un mois ? Peux-tu m'expliquer pourquoi des gens comme la femme Beauharnais lui envoient des lettres de remerciements et d'admiration ? Et pourquoi il en a résulté une émeute ?

ROBESPIERRE : Une émeute, allons donc ! Des citoyens adressant en toute légalité une pétition à la Convention ?

SAINT-JUST : Avec son nom à la bouche. C'est le héros du moment.

ROBESPIERRE : Ma foi, c'est la deuxième fois que cela lui arrive.

SAINT-JUST : Un tel culte du moi peut être utilisé à des fins délétères.

ROBESPIERRE : Par exemple ?

SAINT-JUST : Une conspiration contre la République.

ROBESPIERRE : Qui donc conspire ? Camille ne conspire avec personne.

SAINT-JUST : Et Danton, alors ? Il n'a pas conspiré avec Orléans ? Avec Mirabeau ? Brissot ? Dumouriez ? Avec la Cour, l'Angleterre et tous nos ennemis de l'étranger ?

ROBESPIERRE : Comment oses-tu ?

SAINT-JUST : Et toi, oseras-tu rompre avec lui ? Le traîner devant le tribunal et le sommer de répondre à ces accusations ?

ROBESPIERRE : Je prends juste un exemple. Il s'est associé avec Mirabeau, je suppose que c'est ce que tu entends par « conspirer ». Mirabeau est par la suite tombé en disgrâce, mais, quand Danton l'a connu, il passait pour un patriote. Ce n'était pas un crime d'avoir affaire à lui, et tu ne peux pas rétrospectivement faire qu'il en soit ainsi.

SAINT-JUST : Que je sache, tu ne partageais pas l'aveuglement général concernant le sieur Riqueti.

ROBESPIERRE : Non, en effet.

SAINT-JUST : En ce cas, tu n'as pu manquer de mettre Danton en garde.

ROBESPIERRE : Il n'en a tenu aucun compte. Ce qui en soi n'est pas un crime non plus.

SAINT-JUST : Ah non, vraiment ? Permets-moi d'entretenir des soupçons à l'égard d'un homme qui… disons, omet de haïr les ennemis de la révolution. Si ce n'était pas un crime, c'était plus qu'une simple négligence. Il y avait de l'argent en jeu. Avec Danton, c'est toujours le cas. Sache-le. Et accepte le fait que seules les espèces sonnantes et trébuchantes donnent la mesure du patriotisme de Danton. À ce propos, les joyaux de la Couronne, ils sont où ?

ROBESPIERRE : C'est Roland qui en avait la responsabilité.

SAINT-JUST : Roland est mort. Tu t'obstines à ne pas vouloir voir ce qui crève les yeux. Il y a bel et bien une conspiration. Cette histoire de clémence, c'est simplement un moyen de semer la discorde au sein des patriotes et de se concilier quelques malheureuses bonnes volontés. Pierre Philippeaux fait partie du complot, en témoignent ses attaques répétées contre le Comité, et c'est Danton qui en a pris la tête. Attends un peu de voir. Le prochain numéro du *Vieux Cordelier* va lancer le véritable assaut contre Hébert, parce qu'il leur faut absolument l'écarter s'ils veulent s'emparer du pouvoir. Il attaquera aussi le Comité. Pour ma part, je crois qu'ils sont en train de préparer un coup d'État militaire. Ils ont Westermann avec eux, ainsi que Dillon.

ROBESPIERRE : Dillon vient d'être à nouveau arrêté. Il aurait trempé dans un complot visant à faire évader le Dauphin. Hautement improbable, à mon avis.

SAINT-JUST : Camille ne pourra pas le sortir d'affaire cette fois-ci. Non pas que les prisons soient aussi sûres qu'on pourrait l'espérer.

ROBESPIERRE : Ah, les prisons ! Le peuple dit que si le ravitaillement en viande ne s'améliore pas, il se charge d'envahir les prisons et de faire rôtir les prisonniers pour les manger.

SAINT-JUST : Le peuple est dépravé, étant donné le niveau d'instruction qui est le sien pour l'instant.

ROBESPIERRE : Que peut-on espérer d'autre ? J'avais oublié de me préoccuper du ravitaillement en viande.

SAINT-JUST : Je crois que tu t'éloignes du sujet, là.

ROBESPIERRE : Admettons. Je maintiens que Danton est un patriote. Apporte-moi les preuves du contraire.

SAINT-JUST : Robespierre, tu es vraiment têtu. Quel genre de preuve te faut-il ?

ROBESPIERRE : Mais, au fait, comment sais-tu quelles lettres peut détenir Camille ?

SAINT-JUST : Ah, tiens, quand je t'ai donné la liste de ceux avec lesquels Danton a conspiré, j'ai oublié d'y faire figurer La Fayette.

ROBESPIERRE : Ce qui signifie pratiquement tout le monde, non ?

SAINT-JUST : Effectivement, cela inclut à peu près tout le monde.

Dans le courant de la première semaine de la nouvelle année, on apporta à Robespierre des documents prouvant sans conteste possible l'implication de Fabre dans le scandale de la Compagnie des Indes orientales

– affaire sur laquelle Fabre lui-même, avec le concours du Comité de sûreté générale, enquêtait depuis plus de deux mois. Pendant une demi-heure, Robespierre resta penché sur les documents, tremblant de rage et d'humiliation, luttant pour ne pas exploser. Quand il entendit la voix de Saint-Just, il aurait tout donné pour pouvoir quitter la pièce sans être vu, mais il n'y avait qu'une sortie.

SAINT-JUST : Alors, qu'as-tu à dire maintenant ? Camille était forcément au courant. Au moins en partie.

ROBESPIERRE : Il protégeait un ami. Il n'aurait pas dû, c'est vrai. Il aurait dû m'en parler.

SAINT-JUST : Fabre t'a vraiment abusé.

ROBESPIERRE : Les conspirations dont il parlait étaient bien réelles.

SAINT-JUST : Certes. Tous ceux dont il donne le nom se sont comportés comme il l'avait prédit. Mais que penser d'un homme qui côtoie de si près de tels abîmes de perfidie ?

ROBESPIERRE : Nous savons à présent qu'en penser.

SAINT-JUST : Fabre a été aux côtés de Danton tout au long.

ROBESPIERRE : Ce qui veut dire ?

SAINT-JUST : Ne te montre pas plus naïf que tu n'es, s'il te plaît.

ROBESPIERRE : Je vais demander aux Jacobins l'exclusion de Fabre lors de leur prochaine réunion. Il avait ma confiance, et il m'a fait passer pour un idiot.

SAINT-JUST : Ils t'ont tous fait passer pour un idiot.

ROBESPIERRE : Il faut que je commence à réfléchir sérieusement. Je suis trop bien disposé à l'égard des gens.

SAINT-JUST : J'ai un certain nombre de preuves à mettre à ta disposition.

ROBESPIERRE : Je ne sais que trop ce qui passe pour preuves aujourd'hui. Rumeurs, dénonciations, grandiloquence creuse.

SAINT-JUST : Tu es donc décidé à persister dans ton erreur ?

ROBESPIERRE : On croirait entendre un prêtre, Antoine. C'est ce qu'on te dit en confession... tu t'en souviens ? Je m'y suis mal pris, j'en conviens. J'ai commis une erreur en regardant agir les autres et en écoutant ce qu'ils avaient à dire, au lieu de chercher à savoir ce qu'ils avaient au fond du cœur. Je suis maintenant bien décidé à débusquer tous les conspirateurs.

SAINT-JUST : Quels qu'ils puissent être. Autant qu'un homme ait pu mériter de la révolution, il doit à présent faire l'objet d'une enquête. La révolution est à présent figée sur place. Oui, ils l'ont figée sur place avec leurs propos modérés et leur histoire de clémence. Pour une révolution, le refus d'avancer revient à régresser.

ROBESPIERRE : Tu mélanges un peu les métaphores.

SAINT-JUST : Je ne suis pas écrivain, moi. J'ai davantage à offrir que de belles phrases.

ROBESPIERRE : Ah, nous voilà revenus à Camille.

SAINT-JUST : En effet.

ROBESPIERRE : On l'a trompé.

SAINT-JUST : Ce n'est pas mon avis, ni celui du Comité dans son ensemble. Nous le tenons pour responsable de ses actes, et nous croyons fermement qu'il ne devrait pas échapper au sort qu'il mérite en raison de sentiments personnels que tu pourrais entretenir à son égard.

ROBESPIERRE : De quoi m'accuses-tu ?

SAINT-JUST : De faiblesse.

ROBESPIERRE : Ce n'est pas par faiblesse que je suis parvenu où je suis aujourd'hui.

SAINT-JUST : Alors, arrange-toi pour nous le rappeler.

ROBESPIERRE : On enquêtera sur les agissements de Camille, comme s'il était n'importe qui. Ce n'est qu'un individu parmi d'autres… Ah, mon Dieu, comme j'espérais ne jamais en arriver là !

Le cinquième numéro du *Vieux Cordelier* parut le 5 janvier 1794, 16 nivôse an II. Camille Desmoulins y attaquait Hébert et sa faction, comparait ses écrits (de manière pour le moins défavorable) à un égout à ciel ouvert. Il s'en prenait aussi à Barère et à Collot, membres du Comité de salut public.

Débats au club des Jacobins (1) :

LE CITOYEN COLLOT [*à la tribune*] : Philippeaux et Camille Desmoulins…

LE CITOYEN HÉBERT : Justice ! Je demande à être entendu !

LE PRÉSIDENT : Silence ! Je propose à l'assemblée que ce cinquième numéro soit lu ici et maintenant.

UN JACOBIN : Nous l'avons tous lu.

UN JACOBIN : Moi, j'aurais honte d'avouer avoir lu un pamphlet aristo.

UN JACOBIN : Hébert ne veut pas de cette lecture, il a peur que la vérité ne se répande davantage.

LE CITOYEN HÉBERT : Non, je n'ai pas peur, mais cette lecture ne doit en aucun cas se faire. Camille essaie simplement de nous embrouiller. Il cherche à détourner l'attention de sa propre personne. Il m'accuse de voler des fonds publics, mais c'est totalement faux.

Le citoyen Desmoulins : J'en ai les preuves ici même, dans ma main.

Le citoyen Hébert : Nom de Dieu ! Mais cet homme veut ma mort !

Débats au club des Jacobins (2) :

Le président : Nous appelons Camille Desmoulins pour qu'il vienne justifier sa conduite.

Un Jacobin : Il n'est pas ici.

Un Jacobin : Pour le plus grand soulagement de Robespierre.

Le président : Je vais appeler son nom trois fois, de manière à lui donner l'occasion de s'avancer et de se justifier devant la société.

Un Jacobin : Dommage qu'il n'ait pas un coq qu'il pourrait persuader de chanter trois fois. Il serait très éclairant de voir la réaction de Danton.

Le président : Camille Desmoulins…

Un Jacobin : Il n'est pas ici. Il n'est pas assez fou pour ça.

Un Jacobin : Inutile d'appeler son nom, et de recommencer, s'il n'est pas ici.

Le citoyen Robespierre : Nous discuterons plutôt de…

Le citoyen Desmoulins : Mais si, je suis ici.

Le citoyen Robespierre [*d'une voix forte*] : Je disais que nous devrions plutôt passer à un examen des crimes du gouvernement britannique.

Un Jacobin : Un sujet sans risques s'il en est.

Le citoyen Desmoulins [*à la tribune*] : Je suppose… je suppose que vous allez dire que je me suis trompé. Il se peut que ce soit le cas – notamment, peut-être, à propos des motivations de Philippeaux. J'ai commis beaucoup d'erreurs dans ma carrière. Il me faut aujourd'hui demander à la société de m'éclairer parce que vraiment… vraiment je ne sais plus où j'en suis dans ces affaires.

Un Jacobin : J'aurais parié qu'il allait craquer.

Un Jacobin : Une tactique sans risques s'il en est.

Un Jacobin : Regardez Robespierre, déjà sur ses pieds.

Le citoyen Robespierre : Je demande la parole.

Le citoyen Desmoulins : Mais, Robespierre, laisse-moi…

Le citoyen Robespierre : Tais-toi, Camille, laisse-moi parler.

Un Jacobin : Camille, assieds-toi, parler ne ferait qu'aggraver ton cas.

Un Jacobin : C'est cela… Cède la place à Robespierre, il va te sortir de là. Merveilleux, non ?

Le citoyen Robespierre [à la tribune] : Citoyens, Camille nous a promis de renoncer à ses erreurs et à toutes les hérésies politiques dont sont remplies les pages de ces pamphlets. Il a vendu un nombre incalculable d'exemplaires, et les aristocrates, passés maîtres en l'art de la fausseté et de la traîtrise, l'ont couvert d'éloges. Tout cela lui est monté à la tête.

Un Jacobin : Si j'en crois mes oreilles, lui a renoncé à cette habitude qu'il avait… vous vous souvenez, ces longues pauses à des endroits bizarres dans ses phrases.

Le citoyen Robespierre : Ces écrits sont dangereux, parce qu'ils troublent l'ordre public et emplissent nos ennemis d'espoir. Mais il nous faut distinguer entre l'auteur et l'homme. Camille… ah, Camille n'est qu'un enfant gâté. Ses tendances sont bonnes, ce sont ses fréquentations qui sont mauvaises et l'ont abusé. Nous devons désavouer ces écrits, que même Brissot n'aurait pas osé endosser, mais nous devons garder Camille parmi nous. Je demande que les numéros incriminés du *Vieux Cordelier* soient symboliquement brûlés devant cette société.

LE CITOYEN DESMOULINS : Brûler n'est pas répondre.

UN JACOBIN : C'est bien vrai ! C'est Rousseau qui l'a dit !

UN JACOBIN : Qui aurait jamais cru vivre un jour pareil !

UN JACOBIN : Robespierre confondu par son dieu Jean-Jacques ! Il en est vert.

UN JACOBIN : Je n'aimerais pas avoir à vivre avec les conséquences que doit entraîner le fait d'être aussi malin.

UN JACOBIN : Il se peut qu'il n'ait pas à le faire.

LE CITOYEN ROBESPIERRE : Ah, Camille… comment peux-tu encore défendre des écrits qui réjouissent autant les aristocrates ? Crois-tu vraiment que si tu étais quelqu'un d'autre nous te traiterions avec autant d'indulgence ?

LE CITOYEN DESMOULINS : Je ne te comprends pas, Robespierre. Certains des écrits que tu condamnes aujourd'hui, tu en as toi-même lu les épreuves. Comment peux-tu insinuer que seuls les aristos lisent mes publications ? Les ont également lues la Convention et cette assemblée. Tous seraient donc des aristos ?

LE CITOYEN DANTON : Citoyens, puis-je suggérer que vous poursuiviez vos débats dans le calme ? Et n'oubliez pas une chose : s'attaquer à Camille, c'est s'attaquer à la liberté de la presse.

Le citoyen Robespierre : Fort bien. Nous ne brûlerons donc pas les pamphlets. Peut-être qu'un homme qui s'accroche à ses erreurs avec une telle obstination n'est pas simplement victime d'une tromperie. Peut-être ne tarderons-nous pas à découvrir derrière son arrogante façade les hommes sous la dictée desquels il écrit.

[*Fabre d'Églantine se lève pour quitter la salle.*]

Le citoyen Robespierre : D'Églantine ! Reste ici.

Un Jacobin : Robespierre a quelque chose à te dire.

Le citoyen Fabre d'Églantine : Je peux me justifier…

Plusieurs voix : Qu'on le guillotine ! Qu'on le guillotine !

Lucile Desmoulins à Stanislas Fréron :

23 nivôse, an II
… Reviens, reviens vite. Il n'y a pas de temps à perdre. Rameute tous les vieux Cordeliers que tu pourras dénicher, nous en avons un urgent besoin. [Robespierre] vient de constater que, quand il ne pense ni n'agit conformément aux opinions de certains, il est loin d'être tout-puissant. [Danton] n'est plus écouté, il perd courage, il devient faible ; d'Églantine est arrêté, mis au Luxembourg ; on l'accuse de faits graves… […]

Je ne ris plus, je ne fais plus le chat, je ne touche plus mon piano, je ne rêve plus, je ne suis plus qu'une machine.

XII

Ambivalence

(1794)

Faisons le point : Danton a demandé à la Convention d'entendre Fabre, et elle a refusé. Et maintenant ? dit Danton. Il n'est pas prêt à admettre que, pour l'instant, ce n'est pas lui qui régit la Convention, et que c'est Hébert qui dispose du pouvoir dans les sections. « Et maintenant ? Je ne suis pas comme Robespierre, le genre à désespérer après une seule défaite. J'ai passé ces dernières années à gagner et à perdre, avant de gagner à nouveau. Il y a eu une époque, dit-il à Lucile, où Maximilien n'a connu que des défaites.

— C'est sans doute pour cette raison qu'il ne les supporte plus.

— Peu importe, dit-il. Ce satané Comité ne me lâche pas d'une semelle. Mais une seule erreur de leur part, et ils sont évincés, à mon profit. »

Langage offensif que celui-là. Pour autant, ce n'est pas l'homme qu'elle connaît. D'aucuns disent que Danton n'a pas totalement recouvré sa santé, mais

673

il lui semble, à elle, en bonne forme. À en croire d'autres, ce serait la félicité de son second mariage qui l'aurait ramolli ; mais elle sait ce que vaut ce genre de fadaises sentimentales. À ses yeux, c'est bien plutôt le premier mariage qui serait en cause. Depuis la mort de Gabrielle, quelque chose lui fait défaut ; une certaine dureté, en fin de compte. L'impression est difficile à mettre en mots, et elle espère, bien sûr, se tromper. Elle est pourtant convaincue que c'est de dureté, d'implacabilité qu'il va bientôt falloir faire preuve.

Un autre point : Robespierre s'est débrouillé pour que Camille réintègre les Jacobins. Non sans en payer le prix : effondrement en pleine tribune, larmes aux yeux, sanglots dans la voix, devant la société médusée. Hébert fulmine dans son journal contre « cet homme dévoyé » qui protège Camille – pour des raisons personnelles tout à fait impénétrables. En privé, il passe son temps à ricaner.

Les Cordeliers cherchent à obtenir une injonction interdisant à Camille d'utiliser le nom de leur club dans le titre de ses pamphlets. Non que la chose ait une quelconque importance puisque Desenne refuse d'imprimer de nouveaux numéros, et qu'aucun autre éditeur, si tenté qu'il soit par les ventes, n'ose courir le risque.

« Accompagne-moi chez Robespierre, dit Danton à Lucile. Allez, viens. Prends ton petit et allons le trouver pour nous offrir une belle orgie d'émotions. La grande scène de la réconciliation. Nous y traînerons Camille et l'obligerons à s'excuser dans les formes ; toi, tu afficheras ta pose "famille républicaine", et Maximilien sera dûment édifié. De mon côté, je me montrerai conciliant de toutes les manières possibles et veillerai à ne pas lui envoyer dans le dos de ces grandes claques viriles dont la vigueur le terrifie.

— Camille ne viendra pas, dit-elle en secouant la tête. Il est trop occupé à écrire.

— À écrire quoi ?

— La véritable histoire de la révolution. La secrète "Histoire secrète".

— Qu'est-ce qu'il a l'intention d'en faire ?

— La brûler, probablement. Quel autre usage voudrais-tu qu'il en fasse ? »

« Ce n'est pas de chance, mais tout ce que je dis semble aggraver la situation.

— Je ne vois pas pourquoi tu dis cela, Danton. » Robespierre, interrompu dans sa lecture – dommage, c'était son cher Rousseau –, ôtait à présent ses lunettes. « Je ne vois pas comment une déclaration de ta part à ce stade pourrait… » La phrase resta en suspens, comme à son habitude. Un moment, son visage terriblement tourmenté donna l'impression d'être mis à nu ; puis il remit ses lunettes, et son expression se fit à nouveau intraitable et opaque. « Je n'ai en fait qu'une seule chose à te dire : coupe les ponts avec Fabre, renie-le. Sinon, je n'ai plus rien à faire avec toi. Mais si tu es d'accord, alors nous pouvons commencer à discuter. Range-toi aux avis du Comité dans tous les domaines, et je me porterai personnellement garant de ta sécurité.

— Diantre ! s'exclama Danton. Ma sécurité ? Serait-ce une menace ?

— Vadier, suggéra Robespierre à titre d'hypothèse. Ou Collot, Hébert, Saint-Just.

« — Je préférerais garantir moi-même ma sécurité, Robespierre, en utilisant mes propres méthodes.

— Tes méthodes ? Elles risquent fort de t'entraîner à ta perte, dit Robespierre en fermant son livre. Veille simplement à ce qu'elles ne provoquent pas aussi celle de Camille. »

Danton fut pris d'une colère soudaine. « De ton côté, méfie-toi que Camille ne cause pas ta propre perte.

— Que veux-tu dire par là ?

— Hébert passe son temps à parler ici et là de Camille en ricanant, et à insinuer que votre amitié est à coup sûr un peu spéciale.

— Mais bien sûr qu'elle n'a rien d'ordinaire. »

Il ne comprend vraiment pas, ou bien il refuse de comprendre ? C'est là une de ses armes, ce côté obtus délibérément cultivé. « Hébert ouvre une nouvelle enquête sur la vie privée de Camille. »

Robespierre tendit en direction de Danton une main tournée vers le haut, dans un geste si théâtral qu'on aurait pu le croire inspiré par Fabre.

« On devrait faire une statue de toi, dit Danton, dans cette posture. Allons, ne fais pas semblant, tu sais pertinemment de quoi je parle. C'est vrai, tu n'étais pas dans les parages à l'époque d'Annette, mais je peux te dire qu'il nous a bien divertis, ton ami – des après-midi à se languir de manière plus ou moins respectable dans le salon d'Annette, et des soirées dans l'île de la Cité à commettre des actes contre nature entre deux déclarations sous serment. Tu n'as jamais rencontré maître Perrin, si je ne m'abuse ? Et il y en a eu d'autres, tu peux m'en croire. » Il partit d'un grand rire en voyant la mine de son interlocuteur. « Ne fais pas cette tête, voyons, reprit-il. Personne n'irait penser que les goûts de Camille le porteraient vers toi. Il aime les hommes très grands, très laids et fervents admirateurs des femmes. En d'autres termes, ce qu'il ne peut avoir. C'est en tout cas la façon dont je vois la chose. »

Robespierre tendit la main pour prendre sa plume. Puis il parut se raviser et la laissa sur la table. « Tu as bu, Danton ? demanda-t-il.

— Non. Enfin… pas plus que d'habitude à cette heure de la journée. Pourquoi cette question ?

— Je pensais que c'était peut-être le cas. Je te cherchais une excuse. » Derrière les verres teintés de bleu des lunettes qui cachaient son regard, ses yeux se posèrent une seconde sur le visage de Danton avant de s'envoler à nouveau. La soudaine absence d'émotion semblait avoir dépouillé son visage jusqu'à l'os ; ses traits étaient si accusés qu'ils paraissaient dessinés sur le vide. « Je crois que tu t'es écarté du sujet, dit-il. C'était de Fabre que nous parlions. » Une nouvelle fois, sa main se porta vers la plume, dans une sorte de réflexe qu'il semblait incapable de contrôler.

(Robespierre, carnets privés : « Danton a parlé avec mépris de Camille Desmoulins, lui attribuant un vice secret et honteux. »)

« Alors, as-tu pris une décision à son sujet ? demanda-t-il d'une voix dénuée d'inflexion, comme celle de Dieu sortant d'un rocher.

— Que veux-tu que je dise ? Qu'attends-tu de moi ? Je ne peux pas le "renier". Quel mot ridicule !

— Il est vrai qu'il a été ton proche associé. Tu auras du mal à t'en dépêtrer.

— Il a été mon *ami*.

677

— Oh, ton ami, dit Robespierre, esquissant un sourire. Je sais en quelle estime tu tiens tes amis – mais sans doute n'a-t-il pas les défauts de Camille. Danton, c'est la sécurité du pays qui est en jeu. Un vrai patriote devrait être prêt à faire passer la sécurité du pays avant femme, enfant ou ami. Il n'y a plus de place désormais pour les sentiments personnels. »

Danton en eut le souffle coupé, des larmes lui montèrent aux yeux. Il se frotta le visage et tendit ses doigts mouillés. Il voulut parler, mais n'y parvint pas.

(Maximilien Robespierre, carnets privés : « Danton s'est rendu ridicule, en jouant la comédie des larmes… chez Robespierre. »)

« Voilà qui est superflu, dit Robespierre, et inutile.

— Tu es infirme, dit enfin Danton, d'une voix lasse et sans timbre. Ce n'est pas Couthon l'infirme, c'est toi. Est-ce que tu sais, Robespierre, est-ce que tu sais qu'il y a quelque chose qui ne va pas chez toi ? T'es-tu jamais posé la question de savoir ce que Dieu avait oublié quand il t'a fait ? Dans le temps, je plaisantais à tes dépens, je disais que tu étais impuissant, mais ce ne sont pas seulement des couilles qui te manquent. Je me demande parfois si tu es bien réel ; j'ai beau te voir marcher, parler, je ne vois aucune vie en toi.

— Et pourtant je vis. » Robespierre baissa les yeux, forma une pyramide avec ses doigts, comme un témoin nerveux dans une salle d'audience. « Je vis, à ma manière. »

« Que s'est-il passé, Danton ?

— Rien, il ne s'est rien passé. Nous ne sommes pas d'accord au sujet de Fabre. L'entretien, dit-il en enfonçant d'un air pensif un poing dans la paume de l'autre main, n'a rien donné. »

Cinq heures trente du matin, rue de Condé : des coups violents à la porte d'entrée. Annette rabat les couvertures sur sa tête, elle ne veut rien savoir. L'instant d'après, elle est sur son séant, contrainte malgré elle de sortir du sommeil. Elle bondit de son lit : qu'est-il arrivé, qu'est-il encore arrivé ?

Quelqu'un criait dans la rue. Elle enfila son peignoir. Entendit la voix de Claude, puis celle de sa bonne, Élise, qui ameutait toute la maison. Élise était une petite Bretonne au visage joufflu, superstitieuse, maladroite et familière, dotée d'une connaissance très imparfaite du français ; elle passa la tête par la porte et dit : « C'est des gens d'la section. Y veulent savoir si qu'vous avez vot' amant dans vot'lit, et allez pas leur raconter des menteries, y sont pas tombés d'la dernière pluie.

— Mon amant ? Tu veux dire qu'ils cherchent Camille ?

— Ma foi, c'est vous qui l'avez dit, m'dame, pas moi », répondit Élise avec un ricanement.

La fille était en combinaison, et tenait un bout de chandelle dans une main. Annette essaya de lui envoyer une claque en l'écartant pour passer, faisant voltiger la flamme qui alla s'éteindre sur le parquet. Les plaintes de la fille résonnèrent dans son dos : « C'tait mon bout d'chandelle, pas l'vôt ! »

Dans le noir, Annette se heurta à quelqu'un. Une main lui agrippa brusquement le poignet. Elle sentit une haleine avinée sur sa nuque. « Qu'est-ce qu'on a trouvé là ? » dit l'homme. Elle tenta de se dégager, mais l'autre resserra sa prise. « Mais c'est not' milady, et qu'elle est presque nue.

— Ça suffit, Jeannot, dit une voix. Dépêche-toi, il nous faut de la lumière. »

Quelqu'un ouvrit les volets. L'éclat des torches montant de la rue griffa les murs. Élise était allée chercher d'autres chandelles. Jeannot recula un peu, pour mieux lorgner la bonne. Il portait les vêtements grossiers et informes du sans-culotte en exercice, et, enfoncé jusqu'aux yeux, un bonnet rouge orné d'une cocarde tricolore en tricot. Il avait l'air tellement rustre que, en toute autre circonstance, Annette en aurait ri. À présent, une demi-douzaine d'hommes entraient en se bousculant dans la pièce, regardant autour d'eux avec de grands yeux, jurant et se frottant les mains pour les réchauffer. Le peuple, songea-t-elle, le peuple bien-aimé de Max.

L'homme qui avait interpellé Jeannot s'avança. Tout jeune, une tête de souris, un manteau noir miteux ; et une liasse de papiers à la main.

« Santé et fraternité, citoyenne. Nous sommes les représentants de la section Mucius-Scaevola. » Il agita la première feuille de la liasse sous son nez. « Section Luxembourg » était barré, et le nouveau nom, inscrit à l'encre au-dessus. « J'ai ici, dit-il, fouillant dans les documents, un mandat d'arrêt contre Claude Duplessis, haut fonctionnaire à la retraite, résidant à cette adresse.

— C'est ridicule, dit Annette. Il y a erreur sur la personne. Arrêté sous quel chef d'accusation ?

— Conspiration, citoyenne. Nous avons des ordres pour perquisitionner les lieux et saisir tout document suspect.

— Comment osez-vous venir ici, à une heure pareille…

— Quand le Père Duchesne a un de ses accès de bile, dit un des hommes, on peut pas attendre le lever du soleil.

— Le Père Duchesne ? Je vois. Vous voulez dire qu'Hébert n'ose pas s'en prendre directement à Camille, alors il vous envoie, toi et tes acolytes, terroriser sa famille. Donne-moi ces papiers, montre-moi ton mandat. »

Quand elle essaya de s'emparer des documents, l'employé recula, sur la défensive, et un des sans-culottes lui saisit le poignet, tandis que de son autre main il tirait sur le peignoir, lui découvrant les seins. Usant de toutes ses forces, elle réussit à se dégager et referma son peignoir. Elle tremblait comme une feuille, mais davantage – et elle espérait qu'ils s'en rendaient compte – de fureur que de peur. « C'est toi, Duplessis ? » demanda l'employé, qui regardait derrière elle.

Claude avait réussi à s'habiller. Il avait un air égaré, mais une légère odeur de brûlé sortait de la pièce derrière lui. « C'est moi que vous demandez ? demanda-t-il d'une voix qui tremblait légèrement.

— Allons, dépêchons, dit l'employé en agitant le mandat. On va pas rester là à attendre indéfiniment. Ces citoyens veulent procéder sans tarder à la perquisition et rentrer chez eux pour le petit déjeuner.

— C'est vrai qu'ils méritent leur petit déjeuner au plus vite, dit Claude. Eux qui se sont donné la peine de réveiller une maisonnée paisible et de terrifier ma femme et mes domestiques. Où pensez-vous m'emmener ?

— Allez, emballe quelques affaires, dit l'employé. Et au trot. »

Claude acquiesça d'un petit signe de tête et pivota sur ses talons.

« Claude ! lança Annette dans son dos. Claude, souviens-toi que je t'aime. »

Il jeta un coup d'œil par-dessus son épaule et lui adressa un hochement de tête sinistre. Un concert de grivoiseries l'accompagna jusqu'à sa chambre ; mais la diversion avait été efficace, parce que, tandis que les autres se perdaient en railleries, il claqua la porte derrière lui ; elle entendit la clé tourner dans la serrure et les ahans des deux sans-culottes qui essayaient d'enfoncer la porte à coups d'épaule.

Elle se tourna vers l'employé : « Quel est ton nom ?

— C'est sans importance.

— Je suis sûre du contraire, mais je le saurai. Je te le ferai regretter, crois-moi. Allez-y, commencez votre perquisition. Vous ne trouverez rien d'intéressant.

— C'est quelle sorte de gens ? entendit-elle un des sans-culottes demander à Élise.

— Des mécréants, m'sieur, et snobs comme c'est pas permis.

— Et elle, elle est vraiment… enfin, avec le Camille ?

— Tout l'monde le sait. Y passent des heures enfermés tous les deux. À lire les journaux, qu'elle dit.

— Et le vieux, il en dit quoi ?

— Il en dit foutre rien », répondit Élise.

Les hommes s'esclaffèrent. « On va p't-être bien t'emmener avec nous à la section, dit l'un d'eux. Pour te poser quelques questions. J'parierais que t'as quelques jolies réponses à nous donner. » Il tendit la main, tripota le tissu de sa chemise et lui pinça un mamelon. Elle poussa un petit cri, d'horreur et de douleur feintes.

Comme si, songea Annette, l'homme n'avait pas assez insisté. Elle saisit l'employé par le bras. « Contrôle un peu ces rustres, s'il te plaît. Est-ce qu'ils ont aussi un mandat les autorisant à importuner mes domestiques ?

— Tiens, elle parle comme la sœur à la Capet ! fit remarquer Jeannot.

— C'est un scandale, et vous pouvez être sûrs que cela fera l'objet d'un débat à la Convention dans les heures qui viennent. »

Jeannot cracha dans le foyer de la cheminée, avec un pitoyable manque de précision. « Cette bande d'avocats pourris ! C'est ça, la révolution ? Moi j'dis non, pas tant qu'ces salauds s'ront pas tous morts.

— Au train où on y va, dit l'employé, ça ne saurait guère tarder. »

Claude était de retour, avec deux des sans-culottes sur les talons. Il avait revêtu sa redingote et tirait sur ses gants neufs, les lissant très soigneusement. « Tu te rends compte, dit-il, ils m'accusent d'avoir brûlé des papiers. Plus étrange encore, ils ont insisté pour s'interposer entre ma personne et la fenêtre. Il y a un citoyen en faction en dessous, muni d'une pique. Comme si quelqu'un de mon âge allait sauter par la fenêtre d'un premier étage et se priver ainsi du plaisir de leur compagnie. » L'un des hommes le saisit par le bras ; Claude se dégagea : « Je peux marcher tout seul, dit-il. Maintenant, auriez-vous l'obligeance de me laisser faire mes adieux à ma femme ? »

Il prit sa main dans la sienne, gantée, et porta le bout de ses doigts à ses lèvres. « Ne pleure pas, dit-il. Ne pleure pas, mon Annette. Avertis Camille. »

Une voiture flambant neuve s'arrêta de l'autre côté de la rue. Une paire d'yeux scruta les environs, avant que le store soit baissé.

« Comme c'est contrariant ! dit le Père Duchesne, le fabricant de fourneaux. Nous n'avons pas choisi la bonne nuit, à moins que la rumeur nous ait trompés. Des rumeurs, il y en a tant d'autres, aussi bonnes, voire meilleures. J'aurais donné cher pour me lever à l'aube dans le seul but de sortir Camille de son lit confortable et incestueux et de voir si l'on pouvait le pousser à la violence. J'espérais qu'on pourrait l'arrêter pour atteinte à l'ordre public. Enfin, ça lui fera toujours une belle peur. Je me demande derrière qui il va courir se cacher cette fois-ci. »

Une heure plus tard, Annette était rue Marat, désespérée. « Et ils ont mis l'appartement sens dessus dessous, dit-elle en terminant son récit. Et Élise, donc. Élise laisse peut-être beaucoup à désirer comme domestique, mais je ne supporterai pas de voir mes bonnes tripotées par des voyous sortis d'on ne sait où. Lucile, donne-moi un verre de cognac, veux-tu ? J'en ai grand besoin. » Tandis que sa fille quittait la pièce, elle dit à voix basse : « C'est terrible, Camille. Claude s'est activé à brûler des papiers. Toutes tes lettres sont parties en fumée. Du moins, je le crois. Sinon, c'est le comité de section qui les a à l'heure qu'il est.

— Je vois, dit Camille. Bof, je suppose qu'elles sont tout à fait décentes.

— Mais je les veux, répondit Annette, les larmes aux yeux. Je ne supporte pas l'idée d'en être privée.

— Je t'en écrirai d'autres, dit-il, en suivant la courbe de sa joue du bout du doigt.

— C'est celles-là que je veux, et point d'autres !
Comment demander à Claude s'il les a brûlées ? Si
c'est le cas, c'est qu'il savait où je les gardais. Crois-tu
qu'il les avait lues ?

— Non. Claude est un homme honorable. Il n'est
pas comme toi et moi, dit-il en souriant. Je lui poserai
la question, Annette. Dès que nous l'aurons fait rentrer
chez lui.

— Vous avez l'air bien joyeux, mon mari », dit
Lucile, qui revenait avec le cognac.

Annette leva les yeux vers lui. C'est vrai, songea-
t-elle ; cet homme doit être indestructible. Elle vida
son cognac d'un trait.

Le discours de Camille à la Convention fut bref,
audible et alarmant. On murmura dans les travées que
les parents proches des hommes politiques pouvaient
être suspectés comme n'importe qui ; la plupart des
membres de son auditoire donnèrent l'impression
de savoir très précisément de quoi il parlait quand
il s'employa à décrire l'invasion de l'appartement
des Duplessis. Ils avaient de la chance, leur dit-il, si
pareille mésaventure ne leur était pas encore arrivée ;
peut-être cela ne tarderait-il pas.

En regardant autour d'eux les bancs à moitié vides,
les députés savaient qu'il avait raison. Il y eut des
applaudissements quand il fit allusion aux dépréda-
tions effrénées dont s'était rendu coupable un ancien
guichetier de théâtre, et un murmure d'acquiescement
quand il déplora l'existence d'un système qui permettait à de telles pratiques de fleurir. Il n'était pas
sitôt descendu de la tribune que Danton se levait pour
réclamer la fin des arrestations.

Aux Tuileries : « Présente mes respects au citoyen Vadier et dis-lui que le procureur de la Lanterne est ici », dit Camille. Ses assistants allèrent chercher Vadier qui présidait une séance du Comité de sûreté. « Ferme mon journal, c'est le moyen le plus sûr de me voir en personne, dit Camille en souriant gentiment et en repoussant Vadier contre le mur.

— Procureur de la Lanterne ? s'étonna l'autre. Je croyais que tu t'étais repenti.

— Appelle cela de la nostalgie. La force de l'habitude. Appelle-le comme tu veux, mais dis-toi bien que tu ne te débarrasseras pas de moi avant d'avoir répondu à certaines questions. »

Vadier prit un air chagrin et tira sur son long nez d'inquisiteur. Il jura par l'Être suprême qu'il ne savait rien de l'affaire Duplessis. Oui, il l'admettait, les responsables de la section étaient peut-être allés trop loin ; oui, Hébert avait peut-être agi par pure méchanceté ; non, il n'avait pas connaissance de preuves incriminant Claude Duplessis, haut fonctionnaire à la retraite. Il regarda Camille avec une franche aversion et une inquiétude tout aussi patente. « Hébert est idiot, marmonna-t-il en s'éloignant, de fournir ainsi à la clique de Danton l'occasion d'éprouver sa force. »

Appelé par un message urgent alors qu'il était en séance avec le Comité de salut public, Robespierre sortit de la salle en clignant des yeux, l'air préoccupé. Il se hâta vers Camille, lui prit les mains, dicta un rapide flot d'instructions à un secrétaire et signifia son intention de voir le Père Duchesne griller en enfer. Les témoins remarquèrent le ton de la voix, la hâte, et surtout la poignée de main. Ils s'empressèrent d'enregistrer les signes visibles sur son visage, afin de pouvoir y revenir plus tard et les interpréter à loisir ; aussitôt, entre un sourcil levé, un regard retenu une seconde de trop, une narine frémissante cherchant à déterminer la direction du vent, aussitôt, et imperceptiblement, les allégeances politiques commencèrent à se déplacer. À midi, le visage d'Hébert avait perdu de sa complaisance ; de fait, il se sentait déjà menacé, crainte qui ne le quitta plus même après la libération de Claude Duplessis ; et qui s'avéra fondée quand, quelques semaines plus tard, il entendit à son tour, un matin à l'aube, une patrouille se présenter à sa porte, et découvrit qu'il n'avait point d'amis.

Le nouveau calendrier était détraqué. Nivôse n'était pas neigeux, et le printemps serait là avant germinal, déraisonnablement précoce, si bien que les petites vendeuses de fleurs commençaient à se rassembler au coin des rues et que les couturières s'activaient à tailler des robes patriotiques toute simples pour l'été 1794.

Dans les jardins du Luxembourg, les arbres déployaient des drapeaux de verdure intempestifs au milieu des fonderies de canons. Fabre d'Églantine regardait changer la saison de la fenêtre de sa prison dans le palais du Luxembourg, aujourd'hui bâtiment national. Les jours clairs marqués par un vent âpre aggravaient la douleur dans sa poitrine. Tous les matins, il s'examinait dans le beau miroir qu'il avait fait venir de chez lui et remarquait la maigreur de plus en plus accusée de son visage et le brillant suspect de ses yeux, un éclat qui n'avait rien à voir avec ses perspectives d'avenir.

Il apprit que Danton ne rencontrait guère de succès dans ses initiatives et qu'il ne voyait plus Robespierre.

Danton, je t'en prie, il faut que tu voies Robespierre, réclamait-il au mur de sa cellule : rudoie, supplie, mens, exige. Il lui arrivait de rester allongé à guetter le tapage des hordes de Danton à travers la ville ; mais seul le silence lui répondait. Camille est à nouveau ami avec Robespierre, lui dit son geôlier, ajoutant que sa femme et lui ne pensaient pas que Camille était un aristocrate, que le citoyen Robespierre était un vrai ami du travailleur, et sa bonne santé la seule garantie de trouver du sucre en suffisance dans les magasins et du bois de chauffage à des prix raisonnables.

Fabre passa en revue dans sa tête tout ce qu'il avait jamais fait pour Camille, ce qui ne se montait pas à grand-chose. Il fit venir de chez lui sa collection complète de l'*Encyclopédie*, ainsi que son petit télescope en ivoire, et c'est en leur compagnie qu'il se mit en devoir d'attendre sa mort, de causes naturelles ou non.

Le 17 pluviôse – là encore, il ne pleuvait pas –, Robespierre s'adressa à la Convention, esquissant les grandes lignes de sa future politique et de son projet de république de la Vertu. Quand il quitta la salle, il fut accompagné d'un murmure de consternation. Il semblait plus las qu'on ne pouvait raisonnablement s'y attendre, même si l'on tenait compte des heures passées à la tribune, les lèvres exsangues, les yeux sombres et creusés par la fatigue. Quelques-uns des survivants de l'époque évoquèrent l'effondrement brutal de Mirabeau. Mais, à la séance suivante du Comité, il était là, parcourant du regard les visages tournés vers lui, à l'affût d'une éventuelle déception.

Le 22 pluviôse, il s'éveilla au milieu de la nuit, suffoquant. Entre deux accès de terreur, il se força à aller jusqu'à son bureau. Mais, le temps d'y arriver, il avait oublié ce qu'il avait l'intention d'écrire ; une vague de nausée le jeta au sol. Tu ne mourras pas, se dit-il, tout en luttant pour expulser l'air emprisonné dans ses poumons ; tu ne vas pas mourir, se répétait-il entre deux aspirations. Tu as déjà survécu à ce genre d'incident.

Quand la crise fut passée, il se donna l'ordre de se remettre debout. Je n'obéirai pas, dit son corps : tu m'as achevé, tu m'as tué, je refuse de servir un tel maître.

Sa tête retomba sur sa poitrine. Si je reste ici, songea-t-il, je vais m'allonger et m'endormir par terre, et je vais attraper froid. Alors, c'en sera fini de moi.

Tu vois, dit son corps, tu n'aurais jamais dû me traiter comme un esclave, en m'infligeant jeûne, chasteté et nuits d'insomnie. Que vas-tu faire à présent ? Ordonner à ton cerveau de te relever, enjoindre à ton esprit de te maintenir sur tes pieds demain ?

Il agrippa le pied d'une chaise, puis le dossier. Regarda sa main ramper sur le bois ; il s'endormait. Sa main se faisait très lointaine. Il rêva de la maison de son grand-père. Il n'y a pas de barils en suffisance pour brasser cette semaine, disait quelqu'un ; tout le bois a été utilisé pour échafauder. Pour échafauder ou pour l'échafaud ? Inquiet, il fouilla dans sa poche à la recherche d'une lettre de Benjamin Franklin. La lettre lui disait : « Vous êtes une machine électrique. »

Éléonore le trouva aux premières lueurs du jour. Elle et son père montèrent la garde devant sa porte. Souberbielle arriva à huit heures. Il parla très lentement, très distinctement, comme s'il s'adressait à un sourd : je ne réponds pas des conséquences, dit-il, je ne réponds pas des conséquences. Maximilien inclina la tête pour signifier qu'il avait compris. Souberbielle se pencha pour saisir ce qu'il chuchotait : « Faut-il que je rédige mon testament ?

— Ma foi, je ne pense pas, répondit le médecin d'un ton enjoué. À propos, as-tu beaucoup à léguer ? »

Il secoua la tête, les yeux fermés, et esquissa un sourire.

« Avec ce genre de malade, voyez-vous, reprit Souberbielle, il n'y a jamais rien qui cloche vraiment. Je veux dire que l'on ne peut pas diagnostiquer précisément telle ou telle affection. En septembre, rappelez-vous, on a cru perdre Danton. Tant d'années de labeur acharné et de frayeurs répétées peuvent faire d'un homme aussi robuste que lui une véritable loque… Or le citoyen Robespierre est loin d'être robuste. Non, bien sûr que non, il ne va pas mourir. Personne ne meurt jamais de ce dont il souffre, simplement leur vie s'en trouve singulièrement compliquée. Combien de temps ? Il a besoin de repos, c'est le remède souverain, besoin de se retirer complètement des affaires. Je dirais un bon mois. S'il quitte cette pièce avant ce délai, je ne réponds de rien. »

Des membres du Comité vinrent lui rendre visite. Il lui fallut un moment pour les situer individuellement, mais il sut d'emblée qu'il s'agissait du Comité. « Où est Saint-Just ? » murmura-t-il. Il avait pris l'habitude de ne plus s'exprimer que dans un murmure. Ne fais pas d'efforts pour trouver ton souffle, lui avait dit le médecin. Les membres du Comité échangèrent des regards.

« Il a oublié », dirent-ils entre eux. « Tu as oublié, lui répondirent-ils. Il est parti pour la frontière, Saint-Just. Il sera de retour dans une dizaine de jours.

— Couthon ? Est-ce qu'on ne pourrait pas le transporter jusqu'en haut de l'escalier ?

— Il est malade, dirent-ils. Couthon est malade lui aussi.

— Il est mourant ?

— Non. Mais sa paralysie s'est aggravée.

— Il sera de retour demain ?

— Non, pas demain. »

Alors, qui va diriger le pays ? se demanda-t-il. Saint-Just. « Danton... », commença-t-il. Ne fais pas d'efforts pour trouver ton souffle. Si tu ne fais pas d'effort, il viendra tout seul, c'est ce que disait le médecin. Il porta la main à sa poitrine, affolé. Il n'arrivait pas à suivre un tel conseil. Qui ne correspondait en rien à ce que la vie lui avait appris.

« Allez-vous laisser Danton prendre ma place ? »

Nouvel échange de regards. Robert Lindet se pencha au-dessus de lui. « C'est ce que tu veux ? »

Il secoua la tête avec véhémence. Il croit entendre la voix traînante de Danton : « actes contre nature entre deux déclarations sous serment... T'es-tu jamais posé la question de savoir ce que Dieu avait oublié ? » Ses yeux cherchèrent un instant ceux de ce solide avocat normand, un homme sans théories, sans prétentions, inconnu de la populace. « Non, il ne doit pas la prendre, il ne doit pas gouverner. Un homme sans *vertu*. »

Le visage de Lindet était dénué d'expression.

« Pendant un temps, je ne serai pas parmi vous, dit Robespierre. Puis j'y serai à nouveau.

— Ces paroles ont un son étrangement familier, dit Collot. Il ne se souvient pas de l'endroit où il les

691

a entendues. Ne t'inquiète pas, personne n'a encore pensé que l'heure de ton apothéose avait déjà sonné.

— Allons, allons », dit Lindet gentiment.

Robespierre leva les yeux sur Collot. Il profite bassement de ma faiblesse, songea-t-il. « S'il te plaît, donne-moi du papier », murmura-t-il. Il voulait noter quelque chose : dès qu'il irait mieux, il faudrait qu'il s'occupe de Collot.

Les membres du Comité s'adressèrent à Éléonore avec une politesse exagérée. Ils ne crurent pas nécessairement le docteur Souberbielle quand il leur dit que Maximilien irait mieux dans un mois ; elle comprit que, au cas où il mourrait, elle deviendrait à leurs yeux la veuve Robespierre, tout comme Simone Évrard était désormais la veuve Marat.

Les jours passèrent. Souberbielle l'autorisa à avoir davantage de visites, à lire, à écrire… mais uniquement son courrier personnel. Il put également recevoir les nouvelles du jour, tant qu'elles ne risquaient pas de l'agiter ; mais aucune n'était d'ordre à le faire.

Saint-Just rentra. Nous faisons du bon travail au Comité, dit-il. Nous allons écraser les factions. Danton continue-t-il à discourir de pourparlers de paix ? s'enquit-il. Oui, dit Saint-Just. Mais il est bien le seul. Les bons républicains, eux, ne parlent que victoires.

Saint-Just avait maintenant vingt-six ans. Il était fort bel homme, et très énergique. Ne s'exprimait qu'en phrases courtes. Parle de l'avenir, lui dit Robespierre. Il lui fit part alors de sa république spartiate. De manière à donner naissance à une nouvelle race d'hommes, les enfants seraient enlevés à leurs parents dès l'âge de cinq ans pour être préparés aux métiers d'agriculteur, de soldat, de législateur. Les filles aussi ? demanda Robespierre. Oh non, celles-là ne comptent pas, elles resteront à la maison avec leurs mères.

Les mains de Robespierre s'agitèrent nerveusement sur le couvre-lit. Il revit son filleul, né de la veille, sa tête fragile soutenue par les longs doigts de son père ; puis son filleul, âgé de quelques semaines, agrippant le col de son manteau et faisant un discours. Mais il n'eut pas la force de discuter. On disait que Saint-Just était très attaché à Henriette Lebas, la sœur du mari d'Élisabeth, Philippe. Mais il n'y croyait pas ; il ne pensait pas que Saint-Just pût s'attacher à quiconque.

Il attendit qu'Éléonore fût sortie de la pièce. Il avait retrouvé des forces à présent et parvenait à se faire entendre. Il fit signe à Maurice Duplay d'approcher. « Je veux voir Camille, dit-il.

— Tu crois vraiment que c'est une bonne chose ? »

Duplay transmit néanmoins le message. Bizarrement, Éléonore n'en conçut ni plaisir ni déplaisir.

Quand Camille arriva, ils ne parlèrent pas de politique, ni des dernières années écoulées. Une fois, Camille mentionna Danton ; Maximilien détourna la tête, dans ce mouvement d'obstination rigide qui lui était particulier. Ils parlèrent du passé, de leur passé commun, avec cet air enjoué forcé qu'adoptent souvent les gens quand il y a un mort dans la maison.

Une fois son visiteur parti, il se laissa aller à rêver de la république de la Vertu. Cinq jours avant de tomber malade, il en avait défini les grandes lignes. Ce qu'il voulait, c'était une république fondée sur la justice, la fraternité, le sacrifice de soi. Il voyait un peuple libre, bienveillant, bucolique et instruit, libéré des marécages de la superstition, eaux saumâtres enfouies désormais au plus profond du sol. À leur place s'épanouissait le culte rationnel et joyeux de l'Être suprême. Ces gens étaient heureux ; leur cœur n'était plus tourmenté ni leur chair torturée par l'irrésolution ou la frustration. Les hommes étaient capables de parler du pays avec sérieux et esprit d'entreprise ; ils instruisaient leurs enfants et tiraient une nourriture simple mais abondante de terres qui leur appartenaient en propre. Chiens et chats, ainsi que toutes les bêtes des champs, étaient respectés, chacun selon sa nature. Des jeunes filles parées de guirlandes de fleurs et vêtues de vaporeuses robes de lin clair marchaient d'un pas tranquille le long de colonnades en marbre blanc. Il voyait luire le vert métallique des oliveraies, le bleu d'un ciel d'émail.

« Regarde-moi ça », dit Robert Lindet. Il déroula le journal et en fit tomber un morceau de pain. « Tâte-moi ça, dit-il. Vas-y, goûte. »

Le pain s'effritait facilement entre les doigts et sentait fort le moisi. « Je me suis dit que tu ne serais peut-être pas au courant, poursuivit Lindet, si tu continuais ton régime habituel d'oranges. Du pain, il y en a en abondance en ce moment, mais tu peux juger par toi-même de la qualité. Les gens ne peuvent pas vivre là-dessus. Et puis il n'y a pas de lait, denrée que les plus pauvres consomment pourtant en quantité. Quant à la viande, on peut s'estimer heureux d'obtenir un bas morceau à mettre dans la soupe. Les femmes commencent à faire la queue devant les boucheries dès trois heures du matin. Cette semaine, la garde nationale a dû intervenir pour mettre fin à des bagarres.

— Si les choses continuent ainsi... je ne sais pas, dit Robespierre en se passant une main sur le visage. Les gens mouraient de faim sous l'ancien régime. Mais, Lindet, où est-elle, toute la nourriture, aujourd'hui ? La terre continue à produire.

— Danton dit que nous avons paralysé le commerce avec tous nos règlements. Il dit – non sans raison – que les paysans hésitent à apporter leurs produits dans les villes de peur d'enfreindre un règlement et de finir lynchés pour cause de prix excessifs. Nous réquisitionnons partout où nous pouvons, mais ils préfèrent cacher leur production et la voir pourrir. Les partisans de Danton disent que si nous supprimions les contrôles des prix, l'approvisionnement se ferait à nouveau normalement.

— Et toi, qu'en dis-tu ?

— Dans les sections, les agitateurs sont en faveur des contrôles. Ils disent au peuple que c'est la seule manière de procéder. C'est une situation impossible.

— Et donc…

— J'attends que tu m'éclaires.

— Qu'en dit Hébert ?

— Excuse-moi, redonne-moi le journal. » Il le secoua, et des miettes s'éparpillèrent sur le sol. « Tiens, lis ça.

— "Les bouchers qui traitent les sans-culottes comme des chiens et ne leur donnent que des os à ronger devraient être guillotinés comme tous les ennemis du peuple."

— Très constructif, dit Robespierre avec une moue de mépris.

— Malheureusement, la grande majorité des gens n'a pas gagné en sagesse depuis 1789. Ce genre de suggestion semble à leurs yeux constituer une solution acceptable.

— Y a-t-il beaucoup d'agitation ?

— Oui, mais d'un genre particulier. Ils ne réclament pas plus de liberté. Pour l'instant, ils ne donnent pas l'impression de s'intéresser beaucoup à leurs droits. Camille et la libération des suspects ont été très populaires aux alentours de Noël. Mais ces temps-ci, ils ne pensent plus qu'au ravitaillement.

— Hébert ne va pas manquer d'exploiter le mécontentement, dit Robespierre.

— Il y a beaucoup de troubles, de désordres, dans les fabriques d'armement. Nous ne pouvons pas nous permettre de grèves. L'armée est déjà sous-équipée en l'état actuel des choses.

— Il faut à tout prix ramasser les agitateurs, dit Robespierre en relevant la tête, dans la rue, les ateliers, où qu'ils se trouvent. Je comprends que le peuple ait des doléances, mais nous ne pouvons pas lâcher prise, pas maintenant. Les gens doivent consentir des sacrifices pour le bien de la nation. Cette politique finira par porter ses fruits à long terme.

— Saint-Just et Vadier, du Comité de sûreté, font preuve de la rigueur nécessaire pour contrôler la situation. Malheureusement, poursuivit Lindet après une seconde d'hésitation, sans une décision politique au plus haut niveau, nous ne pouvons rien entreprendre contre les vrais fauteurs de troubles.

— Hébert.

— S'il le peut, il mettra sur pied une insurrection. Le gouvernement tombera. Tu n'as qu'à lire le journal. Il y a un mouvement en ce moment même aux Cordeliers…

— Ne m'en parle pas, le coupa Robespierre. Je ne le sais que trop. La grandiloquence pour se donner du courage, les réunions secrètes… Seul Hébert contrebalance l'influence de Danton. Et moi je suis là, impuissant, pendant que tout s'effondre. Le peuple ne se montrera donc pas loyal envers le Comité, après que nous l'avons sauvé de l'invasion et avions fait tout ce qui était en notre pouvoir pour le nourrir ?

— J'avais espéré t'épargner cela », dit Lindet. Il sortit de sa poche un morceau de carton qu'il déplia. Il s'agissait d'une affiche officielle qui détaillait les heures de travail et les salaires en vigueur dans les ateliers gouvernementaux. Elle était déchirée à chaque angle, là où elle avait été arrachée du mur.

Robespierre tendit la main. Reproduites sur l'avis figuraient les signatures de six membres du Comité de salut public. En dessous, hâtivement gribouillés en rouge, ces mots :

CANNIBALES, VOLEURS, MEURTRIERS

Robespierre laissa retomber le carton sur le lit. « Les Capets ont-ils jamais été injuriés de la sorte ? » Il reposa la tête sur ses oreillers. « Il est de mon devoir de débusquer les hommes qui ont trompé et trahi ces pauvres gens en leur mettant d'aussi vilaines idées dans la tête. À partir d'aujourd'hui, je ne laisserai pas la révolution m'échapper, je t'en fais le serment. »

Après le départ de Lindet, il resta un long moment assis dans son lit, appuyé contre les oreillers, regardant la lumière de l'après-midi changer et glisser peu à peu sur le plafond. Puis vint le crépuscule. Éléonore entra à pas feutrés, apportant des lampes. Elle mit une bûche sur le feu, rassembla les papiers éparpillés partout dans la pièce, mit en pile des livres qu'elle replaça sur les étagères, remplit la carafe d'eau, tira les rideaux. Elle vint se pencher sur lui et lui posa une main sur la joue. Il lui sourit.

« Tu te sens mieux ?

— Oui, beaucoup mieux. »

Soudain, elle s'assit au bout du lit, comme si toute force venait de l'abandonner ; ses épaules s'affaissèrent ; elle se prit la tête dans les mains. « Oh, dit-elle, on a d'abord cru que tu allais mourir. Tu étais pâle comme un mort quand on t'a trouvé par terre. Qu'arriverait-il si tu venais à mourir ? Aucun d'entre nous n'y survivrait.

— Tu vois, je ne suis pas mort, dit-il, d'un ton agréable et décidé. Sans compter que je vois beaucoup plus clairement maintenant ce qu'il convient de faire. J'ai bien l'intention de me rendre à la Convention dès demain. »

On était le 21 ventôse – le 11 mars, selon l'ancien calendrier. Trente jours s'étaient écoulés depuis qu'il s'était retiré de la vie publique. Il avait l'impression que, pendant toutes ces années, il était resté enfermé dans une coquille qui ne laissait passer que très peu de lumière et de bruit et que sa maladie avait brisée, avant que la main de Dieu l'en sorte, pur et régénéré.

12 mars : « Le mandat du Comité a été renouvelé pour un mois par la Convention, dit Lindet. Il n'y a eu aucune opposition. » Il avait pris le ton formel d'une sorte de gazette parlante.

« Hem ! fit Danton.

— C'était prévisible, non ? dit Camille, qui bondit sur ses pieds pour arpenter la pièce. Pourquoi y aurait-il eu une quelconque opposition ? Les membres de la Convention se lèvent et se rassoient aux applaudissements des galeries du public. Que le Comité avait pris soin de remplir, j'imagine.

— Tu as raison, dit Lindet après un soupir. Rien n'est laissé au hasard. » Il suivit des yeux Camille dans sa déambulation. « Serez-vous heureux de la mort d'Hébert ? Je suppose que oui.

— Est-ce là une issue certaine ? s'enquit Danton.

— Les Cordeliers appellent à l'insurrection, à une "journée". Hébert en fait autant dans son journal. Aucun gouvernement, depuis cinq ans, n'a résisté à une insurrection.

— Mais jusqu'ici, intervint Camille, Robespierre n'a jamais été le gouvernement.

— Très juste. Ou bien il étouffe l'insurrection dans l'œuf, ou bien il l'écrase par la force des armes.

— En homme d'action qu'il est ! dit Danton en éclatant de rire.

— Tu l'as été, en ton temps, fit remarquer Lindet.

— Moi, je suis l'opposition, dit Danton avec un ample mouvement du bras.

— Robespierre a menacé Collot. Si ce dernier avait témoigné la moindre inclination pour la tactique d'Hébert, il serait en prison à l'heure qu'il est.

— Quel rapport avec moi ?

— Saint-Just fait le siège de Robespierre tous les jours depuis une semaine. Il faut que vous compreniez tous les deux que Maximilien a le plus grand respect pour lui – Saint-Just ne commet jamais d'erreur. Nous pensons qu'ils connaîtront des divergences d'opinion un jour ou l'autre, mais pour l'instant on peut tranquillement laisser de côté les principes et la théorie. La position de Saint-Just est la suivante : si Hébert est éliminé, Danton doit l'être aussi. Il parle de… contre-balancer les factions entre elles.

— Ils n'oseraient pas, tout de même. Je ne suis pas une faction, Lindet, je suis au cœur de la révolution.

— Écoute, Danton, Saint-Just est convaincu que tu es un traître. Il cherche activement des preuves de ta collaboration avec l'ennemi. Combien de fois faudra-t-il que je te le répète ? Aussi ridicule que cela puisse paraître, c'est ce qu'il pense. Et c'est ce qu'il dit aux séances du Comité. Soutenu par Collot et Billaud-Varenne.

— Mais il y a Robespierre, intervint Camille. C'est lui qui compte.

— Je suppose que vous avez dû vous disputer, Danton, lors de votre dernière rencontre. À le voir, je crains qu'il n'ait l'air d'un homme qui cherche à prendre une décision. Je ne sais pas ce qu'il faudrait pour qu'il finisse par se décider – à mon avis, pas grand-chose. Il ne dit rien contre toi, mais il ne te défend pas, comme il le faisait jusqu'ici. Il n'a presque pas ouvert la bouche lors de la séance d'aujourd'hui. Les autres pensent que c'est parce qu'il n'est pas encore remis de sa maladie, mais il y a plus. Il a noté tout ce qui s'est dit. Il a tout observé soigneusement. Si Hébert tombe, il te faudra partir.

— Partir ?

— Oui, quitter la ville.

— Est-ce là le meilleur conseil que tu puisses me donner, ami Lindet ?

— Je veux que tu survives. Robespierre est un prophète, un rêveur… et, je te le demande, les prophètes ont-ils jamais fait de bons chefs de gouvernement ?

700

Une fois qu'il ne sera plus là, qui maintiendra la République en vie, si ce n'est toi ?

— Rêveur ? Prophète ? Tu es très persuasif, dit Danton. Mais si je pensais que cet eunuque à face de carême avait des projets pour moi dans ce domaine, je lui briserais le cou.

— Ma foi, je ne sais plus que dire, avoua Lindet en se renversant contre le dossier de son siège. Camille, tu pourrais peut-être essayer de lui faire entendre raison ?

— Oh, moi… ma position est quelque peu… ambivalente.

— Voilà un qualificatif qui te va foutrement bien, observa Danton.

— Saint-Just t'a attaqué au Comité aujourd'hui, Camille. Imité en cela par Collot et Barère. Robespierre les a laissés aller jusqu'au bout, puis a déclaré que tu t'étais laissé entraîner par des personnalités plus fortes que la tienne. Barère a dit alors qu'ils en avaient assez de l'entendre ressasser cette excuse, et il a produit des documents incriminants provenant du Comité de sûreté, de Vadier. Robespierre a pris les papiers, les a glissés sous les siens et s'est assis, les coudes posés sur la pile. Puis il a changé de sujet.

— Il fait souvent ce genre de choses ?

— C'est surprenant, mais oui.

— Je vais en appeler au peuple, dit Danton. Il doit bien avoir une idée du genre de gouvernement qu'il voudrait.

— Hébert fait appel au peuple, en ce moment même, dit Lindet. C'est ce que le Comité appelle une insurrection programmée.

— Mais il n'a pas mon statut dans la révolution. Rien qui y ressemble de près ou de loin.

— Je ne crois pas que le peuple attache encore de l'importance à ce genre de considérations, dit Lindet. À mon avis, il se moque de savoir qui va sombrer et qui va se maintenir à flot, que ce soit toi, Hébert ou Robespierre. Les gens sont épuisés. S'ils assistent aux procès, c'est parce qu'ils sont en quête de diversion. C'est mieux qu'au théâtre. Le sang coule pour de bon.

— On va penser que tu désespères, dit Camille.

— Non, je rejette le désespoir. Je me contente de garder un œil sur le ravitaillement, comme j'en ai été chargé par le Comité.

— Tu restes fidèle à la ligne du Comité, c'est ça ?

— Oui. Et c'est pour cette raison que je ne reviendrai pas.

— Lindet, si je finis par avoir le dessus, je me souviendrai de tes bons offices. »

Robert Lindet hocha la tête, ou, plus exactement, fit une sorte de courbette mi-embarrassée, mi-moqueuse. Il était d'une autre génération ; la révolution n'avait pas fait son succès. Lucide et persévérant, il s'occupait de survivre au jour le jour ; sans demander davantage.

Rhétorique enflammée dans les sections ; embryon de manifestation devant l'Hôtel de Ville. Le 23 ventôse, Saint-Just lut à la Convention un rapport alléguant l'existence d'un complot, inspiré par l'étranger et impliquant certains factieux bien connus, dont le but exprès était de détruire le gouvernement représentatif et d'affamer Paris. Le 24 ventôse, aux premières heures du jour, la police arrêtait Hébert et ses associés à leur domicile.

ROBESPIERRE : Je ne vois vraiment pas à quoi, dans l'idée de nos amis, cette rencontre pourrait servir.

DANTON : Comment se déroule le procès ?

ROBESPIERRE : Sans réel problème. Nous espérons le voir se terminer demain. Ah, mais tu ne voulais peut-être pas parler du procès d'Hébert ? Fabre et Hérault seront jugés dans quelques jours. La date exacte m'échappe, mais Fouquier la connaîtra.

DANTON : Tu ne serais pas par hasard en train d'essayer de me faire peur ? Quand je vois l'insistance avec laquelle tu reviens là-dessus…

ROBESPIERRE : Tu as l'air de penser que j'ai quelque chose contre toi. Tout ce que je t'ai demandé, c'est de te désolidariser de Fabre. Il y a malheureusement des gens pour dire que si Fabre est jugé, tu devrais l'être aussi.

DANTON : Et toi, qu'en penses-tu ?

ROBESPIERRE : Je dirais que tes activités en Belgique n'ont peut-être pas été au-dessus de tout soupçon. Il reste que c'est sur Lacroix que je rejette d'abord la faute.

DANTON : Camille…

ROBESPIERRE : Ne me parle plus jamais de Camille.

DANTON : Et pourquoi ?

ROBESPIERRE : Lors de notre dernière rencontre, tu as eu des propos insultants à son égard. Et tu as fait montre d'un grand mépris.

DANTON : Comme tu voudras. Le problème, c'est que, en décembre, tu semblais prêt à admettre qu'il fallait atténuer les effets de la terreur, que les innocents…

ROBESPIERRE : Je n'aime pas ces mots chargés d'émotion. Par « innocent », tu entends « toute personne que, pour une raison ou une autre, moi, Danton, j'approuve ». Ce critère n'est pas le bon. Le seul critère viable, c'est ce que le tribunal met au jour. Et, en ce sens, aucun innocent n'a eu à souffrir.

DANTON : Nom de Dieu ! Je n'en crois pas mes oreilles. Il a bien dit : « aucun innocent n'a eu à souffrir » ?

ROBESPIERRE : J'ose espérer que tu ne vas pas me servir quelques belles larmes. C'est le genre de talent réservé à Fabre et aux acteurs, mais il ne te sied pas.

DANTON : J'en appelle à toi pour la dernière fois. Toi et moi sommes les seuls à pouvoir diriger ce pays. D'accord – il faut bien que nous finissions par l'admettre –, nous ne nous aimons guère. Mais tu ne me soupçonnes pas vraiment, pas plus que moi je te soupçonne. Il ne manque pas de gens autour de nous qui ne demanderaient pas mieux que de nous voir nous détruire l'un l'autre. Rendons-leur donc la vie plus difficile. Je t'en prie, faisons cause commune.

ROBESPIERRE : Rien ne me plairait davantage. Je déplore les factions. Autant que la violence. Il n'empêche que je préférerais détruire les factions par la violence plutôt que voir la révolution pervertie en tombant entre de mauvaises mains.

DANTON : Par quoi tu entends les miennes ?

ROBESPIERRE : C'est que tu parles tellement d'innocence. Mais où sont-ils, ces innocents ? Il me semble que je ne les rencontre jamais.

DANTON : Tu regardes l'innocence, mais tout ce que tu vois, c'est la culpabilité.

ROBESPIERRE : Je suppose que si j'avais ta moralité et tes principes, le monde m'apparaîtrait sous un jour totalement différent. Je ne verrais pas la nécessité de punir qui que ce soit. Il n'y aurait ni crimes, ni criminels.

DANTON : Mon Dieu, je ne vous supporterai pas une minute de plus, toi et ta ville. J'emmène ma femme et mes enfants à Sèvres. Si l'envie t'en prend, tu sauras où me trouver.

Sèvres, 22 mars – 2 germinal. « Ah, vous voilà donc, dit Angélique. Vous allez pouvoir profiter du beau temps. » Elle embrassa ses petits-enfants, prit note de la silhouette de Louise et trouva l'occasion de glisser un bras autour de sa taille et de la serrer contre elle. Louise l'embrassa consciencieusement sur la joue. « Pourquoi n'êtes-vous pas tous venus ? demanda Angélique. Je veux dire Camille et sa petite famille. Nous aurions aussi volontiers accueilli les plus âgés, ce n'est pas la place qui manque. »

Louise se promit de garder en mémoire cette description d'Annette Duplessis comme âgée. « Nous voulions avoir un peu de temps rien qu'à nous, dit-elle.

— Ah, c'est ça ? » Angélique haussa les épaules, incapable de comprendre pareil souhait.

« Mon ami Duplessis s'est-il remis de son épreuve ? s'enquit M. Charpentier.

— Il ne va pas mal, dit Danton. Il semble avoir vieilli, récemment. Mais aussi, ne serait-ce pas ton cas si tu avais Camille pour gendre ?

— De ton côté, Georges, tu y es bien pour quelque chose si j'ai des cheveux blancs.

— Comme le temps a passé vite ! dit Angélique avec un soupir. Je me souviens de Claude comme d'un bel homme. Borné mais bel homme. Je donnerais cher pour revivre ces dix dernières années, pas toi, ma fille ?

— Non, dit Louise.

— Elle aurait huit ans, dit Danton. Mais, bon Dieu, je voudrais bien, moi, être reporté dix ans en arrière. Il y aurait tant de choses à faire de façon différente.

— Tu n'aurais pas nécessairement le bénéfice du recul, lui dit sa femme.

— Je me souviens d'un après-midi, dit Charpentier. Ce devait être en 1786 ou 1787. Duplessis est venu au café, et je l'ai invité à dîner. Il m'a dit : Nous avons du travail par-dessus la tête au Trésor, mais nous choisirons une date, dès que nous serons sortis de cette crise.

— Et alors ? demanda Louise.

— Ils ne sont toujours pas venus », dit Charpentier, en secouant la tête et en souriant.

Deux jours plus tard, le temps changeait. Grisaille, humidité et froid s'installaient. Il y avait des courants d'air partout, et les cheminées fumaient. Les visiteurs arrivaient de Paris en un flot continu. On les présentait à la hâte : député untel, citoyen untel, de la Commune. Ils s'enfermaient avec Danton ; les conversations étaient brèves, mais des voix exaspérées résonnaient dans la maison. Les visiteurs disaient toujours qu'ils devaient rentrer tout de suite à Paris, qu'ils ne pouvaient en aucun cas rester pour la nuit. Ils avaient cet air d'irrésolution sinistre, de bravade sournoise qu'Angélique associait immanquablement au prélude d'une crise.

Elle finit par poser les questions qui s'imposaient. Son gendre garda le silence un moment, le visage sombre, les épaules tombantes.

« Ce qu'ils attendent de moi, finit-il par dire, c'est que je rentre à Paris, et que je mette tout mon poids dans la balance pour bousculer le monde. J'entends par là que… ils projettent de rallier la Convention à ma cause, et puis Westermann m'a fait parvenir une lettre. Tu te souviens de mon ami le général Westermann ?

— Un coup d'État militaire ? » Ses traits s'étaient affaissés. « Georges, qui va devoir en souffrir ? Qui donc cette fois-ci ?

— C'est bien là toute la question. Si je ne parviens pas à remédier à la situation sans effusion de sang, je vais devoir laisser à quelqu'un d'autre le soin de régler le problème. C'est… c'est mon sentiment aujourd'hui. Je ne veux plus de massacres, ni sur les bras, ni sur la conscience. Je ne me sens plus suffisamment sûr de quoi que ce soit pour risquer encore une seule vie. Est-ce donc si difficile à comprendre ? » Angélique secoua la tête. « Mes amis à Paris ne le comprennent pourtant pas. Ils attribuent mes tergiversations à quelque scrupule fantaisiste, un caprice de ma part, ou une sorte de paresse, une paralysie de la volonté. Mais la vérité, c'est que j'ai atteint le bout du chemin.

— Dieu te pardonnera, Georges, murmura-t-elle. Je sais que tu n'es pas croyant, mais je prie tous les jours, pour toi et pour Camille.

— Et tu pries pour quoi ? demanda-t-il en relevant la tête. Pour nos succès politiques ?

— Non, je… je demande à Dieu de vous juger avec miséricorde.

— Je vois. Ma foi, je ne suis pas encore prêt à être jugé. Pendant que tu y es, tu pourrais inclure Robespierre dans tes prières au Tout-Puissant. Encore que…

707

je suis sûr qu'ils ont des entretiens privés, ces deux-là, et plus souvent qu'à leur tour. »

Milieu d'après-midi, un autre attelage grinça et cahota dans la cour boueuse, sous une pluie battante. Dans une chambre à l'étage, les enfants hurlaient à tue-tête. Angélique était soucieuse ; son gendre parlait au chien mouillé allongé à ses pieds.

Louise frotta une vitre pour effacer la buée et regarder dehors. « Oh, non ! » souffla-t-elle. Elle quitta la pièce avec ce petit coup sec et dédaigneux de jupe qu'elle avait appris à perfectionner.

Des cascades se déversaient des habits de voyage du boucher Legendre, des cataractes, des fontaines, des canaux. « Vous avez vu ce temps ? demanda-t-il. Six pas dehors et je suis noyé.

— Ne me donne pas de faux espoirs, tu veux ? » grommela la silhouette ruisselante qui le suivait.

Legendre, la voix rauque, le visage rougi, bafouillant, se retourna pour complimenter son compagnon de voyage. « Tu as tout d'un rat », lui dit-il.

Angélique prit le visage de Camille entre ses mains et posa la joue sur ses boucles noires dégoulinantes. Elle murmura quelques mots incohérents, peut-être en italien, respirant l'odeur de la laine humide. « Je ne sais pas du tout ce que je vais pouvoir lui dire », murmura-t-il en retour sur un ton horrifié. Elle glissa les bras autour de ses épaules et vit soudain, avec une incroyable précision, le soleil caressant de biais la surface des petites tables en marbre, entendit le brouhaha des conversations et le cliquetis des tasses en porcelaine, sentit l'arôme du café frais, l'odeur du fleuve et le léger parfum des cheveux poudrés. S'étreignant l'un l'autre, vacillant légèrement, ils restèrent ainsi à se regarder dans les yeux, pétrifiés de terreur, tandis que les nuages de plomb couraient dans le ciel et que le lugubre torrent brumeux les enveloppait de son linceul.

Legendre s'assit lourdement. « Je vous prie de croire, dit-il, que Camille et moi, on ne vient pas se balader ensemble dans la campagne sans de bonnes raisons. Et maintenant, ce que je suis venu dire, je vais le dire tout de go. Je ne suis pas un homme instruit…

— Il ne se lasse jamais de nous le rappeler, dit Camille. Il se figure que c'est là un détail qui n'est toujours pas acquis.

— Il s'agit d'une affaire à affronter sans détour et qu'on ne peut minimiser en prétendant par exemple qu'elle a concerné je ne sais quel empereur romain.

— Alors, vas-y, on t'écoute, dit Danton. On imagine aisément ce qu'a dû être votre voyage.

— C'est simple, Robespierre veut ta peau. »

Danton était debout devant le feu, mains croisées dans le dos, un sourire grimaçant au visage.

Camille sortit une liste de noms qu'il lui tendit. « La fournée du 4 germinal, dit-il. Treize exécutions en tout. Les chefs des Cordeliers, l'ami d'Hérault, Proli, deux ou trois banquiers et bien entendu le Père Duchesne. Il aurait dû être précédé de ses fourneaux ; ce qui aurait eu le mérite de donner à la procession des allures de carnaval. Il n'était pas dans un de ses célèbres accès de colère quand il est mort. Il poussait des cris perçants.

— J'imagine que tu en ferais autant, dit Legendre.

— Oh, certainement, rétorqua froidement Camille. Mais moi, on ne va pas me couper la tête.

— Ils ont dîné ensemble, dit Legendre d'un ton plein de sous-entendus.

— Tu as dîné avec Robespierre ? demanda Danton à Camille, qui acquiesça. Bravo, mon ami. Moi, vois-tu, je ne pense pas que je pourrais manger en compagnie de cet homme. Cela suffirait à me faire vomir.

— Au fait, dit Camille, sais-tu que Chabot a essayé de s'empoisonner ? Du moins, c'est ce que nous pensons.

— Il avait dans sa cellule une mixture de chez Charras et Duchatelle, les apothicaires, plaça Legendre. "Réservé à usage externe", disait l'étiquette. Il a avalé tout le flacon.

— Mais Chabot est capable de boire n'importe quoi, dit Camille.

— Il a survécu, finalement ? Il a salopé le travail ?

— Écoute, reprit Legendre, tu ne peux pas te permettre de rester là à plaisanter et à ricaner. Tu n'en as plus le temps. Saint-Just harcèle Robespierre jour et nuit.

— Et de quoi a-t-il l'intention de m'accuser ?

— De tout et de rien. De n'importe quoi… d'avoir pris le parti d'Orléans, d'avoir essayé de sauver Brissot et la reine.

— En somme, rien de bien nouveau, dit Danton. Et que me conseilles-tu ?

— La semaine dernière encore, je t'aurais dit de faire face et de te battre. Aujourd'hui, je te conseille de sauver ta peau. Fiche le camp pendant qu'il en est temps.

— Camille, ton avis ?

— Notre rencontre s'est bien passée, dit Camille, en relevant la tête d'un air triste. Il s'est montré très

710

aimable. En fait, il avait un peu trop bu. Ce qu'il ne fait que quand… quand il essaie de faire taire ses voix intérieures, si l'expression ne vous paraît pas trop controuvée. Je lui ai demandé : Pourquoi refuses-tu de parler de Danton ? Il a porté la main à son front et m'a répondu : Parce qu'il est en instance de jugement. » Il détourna la tête. « Tu pourrais peut-être envisager de partir à l'étranger.

— L'étranger ? Pas question. Je suis allé en Angleterre en 1791, pendant que toi tu restais dans le jardin de Fontenay à m'accabler de reproches. Non, non, mon pays est ici, et je ne le quitterai pas. On n'emporte point sa patrie à la semelle de ses souliers. »

Le vent hurlait dans les cheminées et secouait les conduits ; des chiens aboyaient à travers la campagne, se répondant d'une ferme à l'autre. « Après tout ce que tu as dit à propos de la postérité, marmonna Camille. On croirait que tu t'adresses à elle, à présent. » La pluie se changea en une bruine fine et pénétrante, enveloppant champs et maisons de son brouillard.

À Paris, les lanternes accrochées dans les rues s'allument ; les lumières, réfractées par l'eau, se brouillent. Saint-Just est assis devant un maigre feu, à la lueur d'une pauvre lampe. Après tout, c'est un adepte de la vie spartiate, et il n'a guère besoin du confort domestique. Il a commencé son rapport, sa liste d'accusations ; si Robespierre la voyait en ce moment, il la déchirerait en menus morceaux, mais dans quelques jours c'est exactement ce dont il aura besoin.

De temps à autre, il s'interrompt, s'interdit de jeter un coup d'œil par-dessus son épaule. Il a l'impression que quelqu'un s'est glissé dans la pièce derrière lui ; mais quand il se retourne, il n'y a rien ni personne. C'est mon destin, se dit-il, qui prend forme dans les ombres de la pièce. C'est l'ange gardien qui était le mien quand j'étais enfant. C'est Camille Desmoulins, qui se penche sur moi pour se moquer de ma grammaire. Il rêve un moment. Se dit que les fantômes doués de vie, ça n'existe pas. Il se reprend. S'incline à nouveau sur son travail.

Sa plume gratte le papier. Ses lettres aux formes étranges s'y gravent profondément. Son écriture est minuscule. Il fait entrer un nombre considérable de mots dans une page.

XIII

Absolution conditionnelle

(1794)

Cour du Commerce, 30 mars – 10 germinal. « Marat ? » Le paquet d'habits noirs remua, un tout petit peu. « Excuse-moi, dit Danton en portant la main à son front. C'était stupide. »

Il alla s'asseoir sur une chaise, incapable de détacher ses yeux de ce brimborion d'humanité qu'était la citoyenne Albertine. Sa tenue consistait en couches superposées de châles et de grandes écharpes funèbres, ne ressortissant à aucun style, aucune mode, passée, présente ou future. Elle parlait avec un accent étranger, mais ce n'était pas celui d'un pays que l'on aurait pu trouver sur une carte.

« En un sens, ce n'était pas aussi stupide que ça. » Elle leva une main squelettique et la fourra quelque part au milieu de ses strates d'étoffe, là où l'on pouvait penser que battait son cœur. « C'est là que je porte mon frère, dit-elle. Nous ne sommes plus jamais séparés, désormais. »

Pendant quelques secondes, il se trouva dans l'incapacité de prononcer un mot. « Que puis-je faire pour toi ? dit-il enfin.

— Nous ne sommes pas venus demander un service. » Voix sèche et dure. Elle resta un instant sans parler, dans l'attitude de quelqu'un qui tend l'oreille. « Il faut que tu frappes maintenant.

— À quel propos ?

— Il est à la Convention en ce moment. Robespierre.

— Je suis suffisamment hanté comme cela. » Il se leva, traversa la pièce à tâtons. Une crainte superstitieuse l'effleura, née de ses propres paroles. « Je ne veux pas de son sang sur mes mains.

— C'est ta mort ou la sienne. Il faut que tu te rendes à la Convention maintenant, Danton. Il faut que tu voies le patriote marcher et parler. Il faut que tu juges de son humeur et que tu te prépares au combat.

— Très bien, j'irai. Si cela peut te faire plaisir. Mais je crois que tu te trompes, citoyenne, je continue à croire que ni Robespierre ni aucun membre du Comité n'oseraient s'attaquer à moi.

— Tu crois qu'ils n'oseraient pas ! » Moquerie dans la voix. Elle s'approcha de lui, renversa son visage jaune aux lèvres charnues en arrière. « Tu me connais, pourtant, dit-elle. Te souvient-il d'un seul jour, citoyen, où nous nous sommes trompés ? »

Rue Saint-Honoré : « Tu me fais perdre mon temps, dit Robespierre. Je t'ai dit déjà dit avant la réunion de la Convention quelles étaient mes intentions. Les documents concernant Hérault et Fabre sont en la possession de l'accusateur public. Tu peux établir des mandats pour l'arrestation des députés Philippeaux et Lacroix. Mais pour personne d'autre. »

La voix de Saint-Just ébranla le petit salon. Son poing martela une table. « Laisse Danton en liberté, et tu te retrouveras toi-même demain sous les verrous. Ta tête tombera avant la fin de la semaine.

— Inutile de t'énerver. Calme-toi. Je connais Danton. C'est un homme prudent, capable de peser une situation. Il ne bougera pas à moins d'y être forcé. Il doit savoir que tu rassembles des preuves contre lui. Et il se prépare sans doute à les réfuter.

— Oui… par la force des armes, ce sera là sa décision. Écoute, demande à Philippe Lebas, demande au Comité de sûreté, demande à n'importe quel patriote du club des Jacobins, et ils te diront tous ce que je te dis en ce moment. » La peau parfaitement blanche de son visage avait viré à l'écarlate, ses yeux sombres étincelaient. Il prend plaisir à la situation, songea Robespierre, écœuré. « Danton est un traître à la République, c'est un tueur, il n'a jamais su ce qu'était un compromis. Si nous n'agissons pas aujourd'hui, il ne laissera aucun d'entre nous vivant pour s'opposer à lui.

— Tu n'es pas cohérent. Tu commences par dire qu'il n'a jamais été un vrai républicain et qu'il s'est accommodé de tous les contre-révolutionnaires, depuis La Fayette jusqu'à Brissot. Et puis tu dis qu'il n'a jamais accepté de compromis.

— Ne chicane pas, tu veux. Que crois-tu, qu'on ne risque rien à laisser Danton agir à sa guise au sein de la République ? »

Robespierre baissa la tête, absorbé dans ses réflexions. Il comprenait la nature de cette république dont parlait Saint-Just. Ce n'était pas celle qui avait pour frontières les Pyrénées et le Rhin, mais la république de l'esprit ; pas la cité de chair et de pierre, mais la citadelle de la vertu, le domaine des justes. « Je ne sais que penser, dit-il. Je n'arrive pas à me décider. » Accroché au mur, son propre visage l'évaluait du regard. Il se tourna. « Philippe ? »

Philippe Lebas se tenait sur le pas de la porte séparant le petit salon de la pièce plus grande où les Duplay recevaient leurs visiteurs. « Il y a quelque chose qui pourrait t'aider à te décider, dit-il.

— Quelque chose venant de Vadier, dit Robespierre, sceptique. Du Comité de sûreté, c'est ça ?

— Non, de Babette.

— Babette ? Elle est ici ? Je ne te suis pas.

— Veux-tu venir un instant, s'il te plaît ? Ça ne prendra qu'un instant. » Robespierre hésita. « Mais enfin, dit Lebas avec véhémence, tu voulais savoir si Danton méritait de vivre, oui ou non ? Saint-Just, tu peux venir aussi si tu veux.

— Très bien, dit Robespierre. Mais à l'avenir, j'aimerais autant ne pas avoir ce genre de discussion chez moi. »

Tous les Duplay étaient présents dans le grand salon. Il les détailla du regard. La tension était palpable ; il en eut la chair de poule. « Que se passe-t-il ? demanda-t-il calmement. Je ne comprends pas. »

Il n'obtint aucune réponse. Babette était assise seule à la grande table, l'air de quelqu'un qui doit s'acquitter d'une mission. Il se pencha pour l'embrasser sur le front. « Si j'avais su que tu étais ici, j'aurais coupé court à cette discussion stupide. Eh bien, j'écoute. »

Toujours le même silence. Ne voyant rien d'autre à faire, il tira une chaise à lui et s'assit à côté d'elle. Elle lui donna sa petite main. Babette était enceinte de cinq ou six mois, rondelette, rougissante et jolie. Elle n'avait que quelques mois de plus que la femme-enfant de Danton, et il ne pouvait la regarder sans que la peur lui contracte l'estomac.

Maurice était assis sur un tabouret devant la cheminée, tête baissée, comme s'il venait d'entendre des paroles humiliantes. Mais il s'éclaircit la voix et leva les yeux. « Tu as été un fils pour nous, dit-il.

— Allons, allons, dit Robespierre, avant de sourire et d'exercer une pression sur la main de Babette. Pour un peu, je me croirais au troisième acte de quelque épouvantable drame.

— Ce n'est pas facile pour elle, dit Duplay.

— Ça va aller », le rassura Élisabeth. Elle baissa la tête en rougissant, le bleu de porcelaine de son regard à demi caché sous la paupière. Saint-Just s'appuya contre le mur, les yeux presque clos, lui aussi.

Philippe Lebas prit place derrière la chaise de Babette et en agrippa fermement le dossier. Robespierre leva le visage sur lui. « Mais que signifie toute cette mise en scène, citoyen ?

— Vous discutiez à l'instant de la personnalité du citoyen Danton, dit doucement Babette. Je ne connais rien à la politique, ce domaine ne nous regarde pas, nous autres femmes.

— Si tu as quelque chose à dire sur le sujet, vas-y. À mon avis, les femmes ont autant de discernement que les hommes. » Sur quoi, il gratifia Saint-Just d'un regard venimeux, l'invitant à le contredire. L'autre se contenta d'un sourire paresseux.

« Je pensais que tu aimerais peut-être savoir ce qui m'est arrivé.

— Quand cela ?

— Laisse-la te raconter la chose à sa manière », dit Duplay.

Babette dégagea sa main de la sienne et joignit les doigts sur la surface polie de la table, qui renvoya un pâle reflet de son visage tandis qu'elle commençait à parler. « Tu te souviens que je me suis rendue à Sèvres, l'automne dernier ? Maman pensait que le bon air me ferait du bien, et je suis donc allée passer quelque temps chez la citoyenne Panis. »

La citoyenne Panis, épouse respectable d'un député parisien, Étienne Panis, bon Montagnard, connu pour avoir rendu de signalés services le 10 août, jour de la chute de la monarchie.

« Oui, je m'en souviens, dit Robespierre. Pas de la date exacte… octobre, novembre ?

— Oui, c'est cela… mais bref, le citoyen Danton était lui aussi à Sèvres à ce moment-là, avec Louise. Je me suis dit que ce serait aimable de ma part de lui rendre visite. Nous sommes presque du même âge, et je pensais qu'elle se sentait peut-être seule et aimerait avoir quelqu'un avec qui parler. J'étais au courant de… enfin tu sais, de tout ce qu'elle a à endurer.

— C'est-à-dire ?

— Eh bien, il y en a qui disent que son mari l'a épousée par amour, et d'autres parce qu'elle était heureuse de simplement veiller sur ses enfants et sa maison pendant que lui s'occupait de la citoyenne Desmoulins. Même si, à en croire beaucoup, la citoyenne préfère le général Dillon.

— Babette, tu t'écartes du sujet, dit Lebas.

— Je suis donc allée lui rendre visite, mais elle n'était pas chez elle. Le citoyen Danton, lui, y était. Il sait être… ma foi, très agréable, et tout à fait charmant. J'ai eu un peu de peine pour lui ; j'ai eu l'impression que c'était lui, en fait, qui avait besoin de quelqu'un avec qui parler, et j'ai pensé : Tiens, peut-être Louise n'est-elle pas très intelligente. Il m'a dit : Reste et tiens-moi compagnie.

— Elle ne savait pas qu'ils étaient seuls dans la maison, dit Lebas.

— Non, bien sûr… je n'avais aucun moyen de le savoir. Nous avons parlé, de tout et de rien. J'ignorais, cela va sans dire, à quoi tout cela pouvait mener.

— Et cela a mené à quoi, pour finir ? s'enquit Robespierre, une pointe d'impatience dans la voix.

— Ne te fâche pas, dit-elle en le regardant.

— Mais non, voyons, je ne suis pas fâché. Si j'ai pu donner cette impression, tu m'en vois désolé. Alors… Je suppose que Danton, au cours de votre conversation, a fait une remarque que tu te sens obligée aujourd'hui de me rapporter. Tu es une bonne fille et tu agis selon ce que tu penses être ton devoir. Personne ne songera à te le reprocher. Dis-moi ce qu'il a dit… je verrai ensuite quel poids accorder à la chose.

— Non, non, dit Mme Duplay à voix basse. Il est tellement vertueux, cet homme. Il n'a même pas idée de ce qui se passe dans le monde. »

Il eut un mouvement de colère à cette interruption. « Alors, Babette », lui enjoignit-il. Il lui reprit la main, ou du moins, pour être tout à fait exact : il posa le bout de ses doigts sur le dos de sa main.

« Allons, finissons-en, intervint son mari, plus brutalement qu'il n'aurait voulu. Dis-lui ce qui s'est passé, Babette.

— Il m'a enlacé la taille. Je ne voulais pas faire d'histoires – il faut bien grandir un jour, je suppose, et, après tout… Et puis il a glissé sa main dans mon corsage, mais je me suis dit, bien sûr : On l'a déjà vu dans ce genre d'attitude en présence de gens très respectables – y compris avec la citoyenne Desmoulins, j'ai entendu dire qu'il lui arrivait de carrément lui tomber dessus, en public, mais sans que cela tire à conséquence, parce qu'il ne va jamais jusqu'au bout. Il n'empêche que j'ai fait tout mon possible pour me libérer de son étreinte. Mais c'est un homme très fort, tu sais, et… les mots qu'il employait… je serais incapable de les répéter…

— Il le faut bien, pourtant, dit Robespierre d'une voix glaciale.

— Oh, il a dit qu'il voulait me montrer combien la chose pouvait être plus agréable avec un homme qui avait l'expérience des femmes qu'avec un puceau robespierriste bourré de principes… et puis il a essayé… » Elle se couvrit le visage de ses doigts entrelacés, derrière lesquels sa voix se fit pratiquement inaudible. « Je me suis débattue, bien sûr. Il a dit : Ta sœur Éléonore n'a pas ta moralité ; elle sait ce que nous voulons, nous autres républicains. C'est là, je crois, que je me suis évanouie.

— Est-il vraiment nécessaire de poursuivre ? » demanda Lebas. Il fit un pas de côté et déplaça ses mains du dossier de Babette à celui de Robespierre, si bien que maintenant, en baissant les yeux, il apercevait sa nuque.

« Ne reste pas ainsi au-dessus de moi », lui dit Robespierre d'un ton abrupt. Mais Lebas ne bougea pas. Robespierre jeta un coup d'œil autour de la pièce, cherchant désespérément un endroit, un angle, où poser son regard, le temps de reprendre contenance. Mais les yeux des Duplay convergeaient vers lui. « Et alors, quand tu es revenue à toi… où étais-tu ?

— J'étais dans le salon, dit-elle, les lèvres tremblantes. Mes vêtements étaient tout en désordre, ma jupe…

— Oui, oui, dit Robespierre, passe-nous les détails.

— Il n'y avait personne d'autre dans la pièce. J'ai essayé de reprendre mes esprits, je me suis relevée, j'ai regardé autour de moi. Je n'ai vu personne… Alors, je suis sortie de la maison en courant.

— Es-tu – soyons clairs –, es-tu en train de me dire que Danton t'a violée ?

— J'ai résisté aussi longtemps que j'ai pu, dit-elle en se mettant à pleurer.

— Et que s'est-il passé ensuite ?

— Ensuite ?

— Tu es rentrée, je suppose. Qu'a dit la femme de Panis ? »

Elle leva le visage. Une larme parfaitement ronde roula sur sa joue. « Elle a dit que je ne devais jamais rien en dire à personne. Parce que cela risquerait de créer des problèmes épouvantables.

— Et tu n'as donc rien dit.

— Jusqu'à aujourd'hui. Je pensais que je devais… » Cette fois, elle fondit carrément en larmes. De manière totalement inattendue, Saint-Just se détacha du mur, vint se pencher sur elle et lui tapota l'épaule.

« Babette, dit Robespierre. Arrête de pleurer, maintenant, et écoute-moi. Quand cette scène s'est passée, où étaient donc les domestiques de Danton ? Il n'est pas homme à s'en passer, il y avait forcément quelqu'un dans la maison.

— Je ne sais pas. J'ai crié, j'ai appelé… mais personne n'est venu. »

C'est alors qu'intervint Mme Duplay. Il faut reconnaître qu'elle s'était montrée extraordinairement patiente en gardant le silence aussi longtemps, et, à présent, elle hésitait. « Vois-tu, Maximilien… ce qui s'est passé est déjà assez tragique en soi, mais il y a un autre problème…

— Je suis sûr qu'il est capable de compter sur ses doigts », intervint Saint-Just.

Il fallut à Maximilien un moment pour comprendre. « Ainsi donc, Babette… à cette date, tu ne savais pas…

— Non, dit-elle en baissant à nouveau la tête. Comment aurais-je pu ? Peut-être que le bébé était déjà conçu, je ne puis en être sûre. J'espère que c'était le cas, cela va sans dire. J'espère de tout mon cœur que ce n'est pas son enfant que je porte. »

Elle l'avait dit tout haut ; l'idée leur était bien venue à tous, mais à présent qu'elle était clairement exprimée, ils en avaient le souffle coupé.

Seul Robespierre s'appliqua à conserver son sang-froid. Ce qu'il faut en la circonstance, se dit-il, c'est résister à la tentation, celle qui vous pousse à regarder tel un mendiant par la fenêtre éclairée de l'émotion. « Écoute-moi bien, Babette, dit-il. C'est très important. Est-ce à la suggestion de quelqu'un que tu me racontes cette histoire aujourd'hui ?

— Non. Comment cela se pourrait-il ? Jusqu'à aujourd'hui, personne n'était au courant.

— Tu comprends, Élisabeth, si nous étions dans une salle d'audience… je me verrais dans l'obligation de te poser beaucoup de questions.

— Mais nous ne sommes pas au tribunal, intervint Duplay. C'est la maison de ta famille, ici. Je t'ai sauvé la vie, il y a trois ans, en t'ouvrant ma porte, et depuis nous n'avons cessé de prendre soin de toi comme si tu étais notre propre enfant. Sans compter ta sœur, et ton frère Augustin… Vous étiez orphelins, vous n'aviez que nous pour vous aider à vivre, et nous avons fait le maximum pour être tout pour vous.

— C'est vrai. » Vaincu, Maximilien s'assit au bout de la table, face à Élisabeth. Mme Duplay se leva et, l'effleurant au passage, alla prendre sa fille dans ses bras. Celle-ci se mit à pleurer, avec des sanglots qui le transpercèrent comme une épée.

Saint-Just s'éclaircit la voix. « Je suis désolé d'avoir à t'emmener maintenant, mais le Comité de sûreté doit rencontrer le nôtre dans une heure. J'ai dressé un rapport préliminaire concernant Danton… mais il a besoin d'être complété.

— Duplay, dit Robespierre, tu comprends, j'espère, que cette affaire ne peut pas venir devant le tribunal. Ce n'est d'ailleurs pas franchement nécessaire ; au vu des autres chefs d'accusation, je crains qu'elle ne soit négligeable. Tu ne siégeras pas comme juré au procès de Danton. Je dirai à Fouquier de t'exempter. Ce ne serait pas juste. Non, reprit-il en secouant la tête, ce ne serait pas équitable.

— Avant que nous partions, voudrais-tu monter chercher tes carnets ? » demanda Saint-Just.

Les Tuileries, huit heures du soir : « Je vais être très clair avec toi, citoyen », dit le Grand Inquisiteur. Les yeux de Robespierre quittèrent le long visage cireux de Vadier pour aller se fixer sur ses doigts si particuliers, qui classaient et reclassaient des papiers sur la table ovale recouverte d'un drap vert. « Oui, je serai très clair avec toi, et ce au nom de tes propres collègues aussi bien que des miens au Comité de sûreté.

— Eh bien, parle, je t'en prie. » Ses lèvres étaient serrées. Sa poitrine lui faisait mal. Il avait un goût de sang dans la bouche. Il savait ce qu'ils voulaient.

« Tu seras d'accord avec moi, reprit Vadier, si je dis que Danton est un homme puissant et plein de ressources.

— Certes.

— Et un traître.

— Pourquoi me le demander ? Ce sera au tribunal d'en décider.

— Mais le seul fait qu'il y ait procès n'est pas sans danger.

— En effet.

— Il conviendra donc de prendre toutes les précautions.

— Sans doute.

— Et il faudra veiller à ce qu'aucune circonstance ne vienne contrecarrer le cours du procès. »

Vadier prit son silence pour un consentement. Lentement, tels des animaux primitifs, les doigts de l'Inquisiteur se replièrent pour former un poing. Qui s'abattit sur la table. « Dans ces conditions, comment peux-tu espérer qu'on laisse cet aristo de journaliste en liberté ? Si tu admets que le chemin de Danton depuis

1789 est jalonné de trahisons, il est impensable que tu songes à disculper son plus proche associé. Avant la révolution, ses amis étaient les traîtres Brissot et d'Églantine. Non, ne m'interromps pas, veux-tu ! Il n'a aucun lien avec Mirabeau – et pourtant, tout d'un coup, il va loger chez lui à Versailles. Pendant des mois, alors que Mirabeau est en train d'ourdir son complot, il ne le quitte plus. Il est sans un sou, inconnu – et le voilà qui paraît tous les soirs à la table d'Orléans. Il a été le secrétaire de Danton pendant que celui-ci occupait, de sinistre mémoire, le poste de ministre de la Justice. C'est un homme riche, en tout cas il vit comme tel ; quant à sa vie privée, je préfère la passer sous silence.

— Sans doute, rétorqua Robespierre. Mais il a aussi conduit le peuple, le 12 juillet. C'est lui qui l'a incité à la révolte, et la Bastille est tombée.

— Comment peux-tu innocenter cet homme ? rugit Vadier. Pour qui le peuple, dans son aveuglement, éprouve un vague attachement sentimental ? poursuivit-il en ponctuant sa question d'une exclamation de dégoût. Tu crois pouvoir le laisser en liberté pendant que son ami Danton sera jugé ? Sous le prétexte que, un jour il y a cinq ans de cela, on l'a soudoyé pour s'adresser à une bande d'émeutiers ?

— Non, ce n'est pas là la raison, dit Saint-Just d'une voix égale. La raison, c'est qu'il éprouve lui-même un attachement sentimental, qui l'amène à faire passer ses inclinations personnelles avant le bien public.

— Cela fait trop longtemps que Camille se moque de toi, intervint Billaud.

— Voilà que tu me calomnies, Saint-Just, dit Robespierre en levant les yeux. Non, je ne fais rien passer avant le bien de la nation. J'en serais incapable.

— Laisse-moi juste te dire une chose, reprit Vadier, dont les longs doigts jaunes se déplièrent à nouveau. Personne, pas même toi et ton admirable nature patriotique, ne saurait se dresser contre la volonté du peuple. Nous sommes tous contre toi. Tu es totalement isolé à l'heure qu'il est. Tu dois t'incliner devant la majorité, sinon c'est ici même, dans cette salle, que se termine ta carrière.

— Citoyen Vadier, dit Saint-Just, signe l'ordre d'arrestation et fais-le circuler autour de la table. »

Vadier s'empara d'une plume. Mais la main de Billaud surgit, tel un serpent émergeant de son abri ; il lui arracha le document et y apposa une signature ornée d'un beau paraphe.

« Il tenait à être le premier, expliqua son ami Collot.

— Danton était-il donc un employeur si tyrannique ? » demanda Robert Lindet.

Vadier reprit le papier, le signa à son tour, le poussa le long de la table. « Rühl ? »

Rühl, membre du Comité de sûreté, secoua la tête.

« Il est sénile, suggéra Collot. Il ne devrait pas faire partie des instances gouvernementales.

— Il est peut-être simplement sourd, dit Billaud, avant de frapper plusieurs fois le papier de l'index. Allez, signe, le vieux.

— Sous prétexte que je suis vieux, comme vous le dites, vous ne pouvez pas m'intimider en me menaçant de mettre fin à ma carrière. Pour moi, Danton n'est pas un traître. En conséquence de quoi, je ne signerai pas.

— Ta carrière risque de se terminer plus tôt que tu ne le penses, dans ce cas.

— Aucune importance, dit Rühl.

— Alors passe-moi le papier, dit Lebas avec brutalité. Cesse de faire perdre son temps à la République. »

Carnot s'en empara et l'examina d'un air pensif. « Si je signe, c'est pour préserver l'unité des comités. Et pour aucune autre raison. » Il s'exécuta, avant de placer la feuille devant Lebas. « Quelques semaines, trois mois tout au plus, et vous vous prendrez à regretter que Danton ne soit plus là pour rallier les gens à votre cause. Si vous le poursuivez en justice, vous entrez dans une nouvelle phase de l'histoire, pour laquelle je pense que vous n'êtes pas préparés. Croyez-moi, messieurs, bientôt vous consulterez des nécromanciens.

— Allons, pressons, dit Collot, qui arracha le papier à un membre du Comité de sûreté et griffonna son nom au bas de la page. Voilà. À toi, Saint-Just… et vite, vite. »

Robert Lindet se saisit du mandat. Sans même y jeter un coup d'œil, il le fit passer à son voisin. Les yeux de Saint-Just s'étrécirent. « Non, dit sèchement Lindet.

— Et pourquoi ?

— Je ne suis pas tenu de te donner mes raisons.

— Voilà qui nous obligera, nous, à interpréter ton refus de la pire façon qui soit, dit Vadier.

— Je regrette que vous vous sentiez ainsi obligés. Mais vous m'avez chargé de l'approvisionnement en vivres, et je suis ici pour nourrir les patriotes, pas pour les assassiner.

« — Nous n'avons pas à nous prononcer à l'unanimité, dit Saint-Just. C'eût été souhaitable… mais bon, finissons-en. Il ne manque que deux signatures, je crois, en dehors de ceux qui ont refusé. Citoyen Lacoste, tu es le suivant, et après tu seras bien aimable de placer le document devant le citoyen Robespierre, et de rapprocher un peu l'encrier. »

Les Comités de salut public et de sûreté générale décrètent par le présent document que Danton, Lacroix (du *département** d'Eure-et-Loir), Camille Desmoulins et Philippeaux, tous membres de la Convention nationale, seront arrêtés et emmenés au Luxembourg, pour y être mis au secret et à l'isolement. Ils ordonnent au maire de Paris de mettre le présent décret à exécution dès réception.

Cour du Commerce, neuf heures du soir : « Un moment, dit Danton. Les présentations d'abord.

— Danton…

— Les présentations. Ma chère, je te présente Fabricius Pâris, un vieil ami, greffier au tribunal.

— Enchanté de faire ta connaissance, dit Pâris précipitamment. C'est ton mari qui m'a trouvé mon emploi.

— Et c'est la raison pour laquelle tu te trouves ici. Tu vois, Louise, je peux m'attacher les gens. Alors, quelles nouvelles ?

— Tu sais que je me rends tous les soirs au Comité, dit Pâris d'une voix où perçait la nervosité. Je recueille les ordres pour le jour suivant. Les ordres pour le tribunal, et je les porte à Fouquier, précisa-t-il à l'intention de Louise, qui acquiesça d'un hochement de tête. Quand je suis arrivé, les portes étaient verrouillées. Ce qui ne s'était jamais produit jusqu'ici. Je me suis dit que ce serait peut-être utile pour un patriote de savoir ce qui se passait à l'intérieur. Je connais le bâtiment comme ma poche, voyez-vous. J'ai fait le tour par-derrière et j'ai trouvé – excusez du peu – un trou de serrure...

— Tu es tout excusé, dit Danton. Et tu as mis l'œil à la serrure, puis l'oreille, pour voir et entendre Saint-Just me dénoncer publiquement.

— Comment le sais-tu ?

— Simple déduction logique.

— Danton, assis dans le silence le plus complet, ils l'écoutaient débiter ses mensonges.

— Qu'est-ce qu'il veut au juste ? Tu le sais ? A-t-il été question d'un mandat d'arrêt ?

— À ma connaissance, non. Il parlait de te dénoncer à la Convention, en ta présence.

— On ne saurait rêver mieux, dit Danton. Ainsi donc, il veut mesurer ses talents oratoires aux miens ? Son expérience à la mienne ? Et son rôle dans la révolution ? » Il se tourna vers sa femme. « C'est parfait. C'est exactement ce que je voulais. L'imbécile a choisi de me rencontrer sur mon terrain. Pâris, mon ami, ça ne pouvait pas mieux tomber. »

Pâris eut l'air incrédule. « Tu voulais vraiment que les choses en arrivent là ?

— Je m'en vais crucifier ce petit salopard de prétentieux, et je prendrai un plaisir tout spécial à enfoncer les clous.

— Tu vas vouloir veiller et rédiger ton discours, je suppose, dit Louise.

— Ma femme n'est pas encore au courant de mes méthodes, dit Danton en riant. Mais toi, si, Pâris ? Pas besoin de discours, ma chérie. C'est tout dans ma tête, prêt à sortir.

— D'accord, mais au moins, écris à l'avance l'article qui sera publié dans les journaux. Sans oublier les "applaudissements frénétiques", et ainsi de suite.

— Tu apprends vite, Pâris. Mais dis-moi, Saint-Just a-t-il fait allusion à Camille ?

— Je n'ai pas attendu ; dès que j'ai compris le tour que prenaient les choses, je suis aussitôt venu ici. Je ne crois pas qu'il soit en danger.

— Je suis passé à la Convention cet après-midi. Sans m'attarder. Robespierre et lui étaient en grande conversation.

— C'est ce que j'ai appris, oui. On m'a dit qu'ils avaient l'air d'être dans les meilleurs termes. Serait-il possible que… ? » Il hésita. Comment demander à quelqu'un si son meilleur ami a pu l'abandonner ?

« Demain à la Convention, je m'arrangerai pour le pousser à affronter Saint-Just. Imagine la scène : notre homme, l'image même de la droiture empesée, l'air de quelqu'un qui vient de dévorer un bifteck ; en face, Camille, qui lâche une ou deux plaisanteries à ses dépens et embraye sur 1789. Un peu facile, je te l'accorde, mais dans les galeries du public on va adorer. Là, Saint-Just va perdre son sang-froid – ce qui lui arrive rarement, vu cette façon qu'il a de cultiver ses airs de statue grecque –, mais je te garantis que Camille sera à la hauteur de la tâche. Dès que l'autre se mettra à hurler et à rugir, Camille se fera tout petit et prendra un air désemparé. Ce qui ne manquera pas de faire bondir Robespierre sur ses pieds, et nous nous y mettrons tous alors pour orchestrer une des ces grandes scènes sentimentales si efficaces. J'en sors toujours vainqueur. Tiens, je vais aller prévenir Camille… Et puis non, nous mettrons cela sur pied demain matin. Mieux vaut ne pas le déranger maintenant. Mauvaises nouvelles de chez lui. Un deuil dans la famille.

— Pas le précieux père ?

— Sa mère.

— Je suis désolé, dit Pâris. Le moment est mal choisi. Il se peut qu'il n'ait pas tellement envie de se prêter à tous ces jeux. Danton… je suppose que tu ne serais pas prêt à envisager une ligne de conduite moins risquée ? »

Rue Marat, vingt et une heure trente : « J'aurais pu aller les voir, dit Camille. Pourquoi ne m'a-t-il pas dit qu'elle était malade ? Il était là, assis sur la chaise que tu occupes en ce moment. Il n'a pas dit un mot.

— Peut-être ne cherchait-il qu'à te ménager. Peut-être pensaient-ils qu'elle allait se remettre. »

Un jour, à la fin de l'année précédente, un inconnu s'était présenté à la porte, un homme distingué d'une soixantaine d'années, maigre, l'air distant, doté d'une impressionnante chevelure gris acier. Lucile avait mis un long moment à comprendre à qui elle avait affaire.

« Mon père ne m'a jamais ménagé, dit Camille. L'idée que l'on puisse ménager les sentiments d'autrui lui a toujours été étrangère. En fait, il n'a jamais compris la notion même de sentiment. »

La visite avait été brève, un jour ou deux. Jean-Nicolas était venu parce qu'il avait vu les numéros du *Vieux Cordelier*. Il voulait dire à son fils combien il admirait cette publication, combien il était convaincu que celui-ci avait enfin accompli une grande œuvre ; combien, peut-être, son fils lui manquait et combien il aurait aimé le voir revenir à la maison de temps à autre.

Mais quand était venu le moment de parler, il avait été pris d'une sorte d'embarras monstrueux, comme une gamine de treize ans dont le rouge aux joues compromet tout échange social. Sa voix s'était étranglée dans sa gorge, et il s'était retrouvé muet face à ce fils qui, de toute façon, préférait le plus souvent se taire.

C'était là un des pires moments qu'elle eût jamais connus, se remémora Lucile. Fabre était présent, se plaignant, comme à l'accoutumée, de son sort ; mais la vue de Desmoulins père dans une situation aussi inconfortable lui avait bel et bien fait monter les larmes aux yeux. Elle l'avait vu les sécher. Et Camille aussi. Il aurait mieux valu que ce soient eux qui pleurassent, avait dit Fabre plus tard ; n'avaient-ils pas de nombreuses raisons de le faire ? Quand Jean-Nicolas eut renoncé à tout effort pour parler, le père et le fils s'étaient étreints, sans effusion et non sans froideur. Il y a une anomalie chez cet homme, avait encore dit Fabre par la suite ; je pense qu'il a quelque chose qui ne va pas côté cœur.

Il y avait, évidemment, un autre aspect à cette visite. Même Fabre s'était abstenu d'y faire allusion. C'était la question du *vas-tu t'en sortir indemne ?*. Ils ne furent pas davantage capables d'en parler ce soir-là. « Quand tu penses à Georges Jacques et à sa mère, dit Camille, c'est étrange. C'est peut-être une vieille femme impossible et assommante, mais ils préservent une sorte de contact, il existe encore un lien entre eux.

Sans compter l'exemple que vous fournissez, toi et ta mère.

— Le même genre de personne, à peu de chose près, fit remarquer Lucile d'un ton acide.

— Oui, mais pense un peu à moi… On a vraiment du mal à croire qu'il existe une quelconque relation entre ma mère et moi. Jean-Nicolas m'a peut-être trouvé sous un buisson. J'ai passé ma vie à essayer de le satisfaire, sans jamais y parvenir, mais sans jamais y renoncer non plus. Regarde, père, j'ai dix ans et je peux lire Aristophane aussi bien que mes sœurs lisent des comptines. Oui, mais pourquoi Dieu nous a-t-il donné un fils affligé d'un défaut de prononciation ? Écoute, père, j'ai réussi tous les examens possibles, es-tu satisfait ? Sans doute, mais quand donc gagneras-tu un peu d'argent ? Tu sais, père, cette révolution dont tu parles depuis vingt ans ? Eh bien, je viens de la mettre en route. Ah oui, c'est très bien… mais ce n'est vraiment pas ce que nous avions en tête pour toi, et puis que vont dire les voisins ? » Camille secoua la tête. « Quand je pense à toutes les heures que j'ai passées à écrire à cet homme pendant des années, j'aurais pu les consacrer à apprendre l'araméen, à la place. Ou à faire œuvre utile. Tiens, à travailler avec Marat à son système pour gagner à la roulette.

— Il en avait donc un ?

— À l'entendre, oui. Simplement, il avait toujours si piètre allure que les maisons de jeu refusaient de le laisser entrer. »

Ils restèrent assis sans plus parler pendant quelques minutes. Ils n'avaient plus rien à dire sur la mère de Camille. Il ne la connaissait pas ; elle, pas davantage, et c'était précisément cette absence de connaissance qui rendait la nouvelle de sa mort aussi attristante, ce sentiment d'avoir compté sur une deuxième chance et de l'avoir laissée passer. « Le jeu, dit-elle. Je n'arrête pas de penser à Hérault. Il est en prison depuis quinze jours maintenant. Mais il savait qu'il allait être arrêté. Pourquoi ne s'est-il pas enfui ?

— Il est trop orgueilleux.

— Et Fabre… Est-il vrai que Lacroix va être arrêté lui aussi ?

— C'est ce qu'on dit. Et Philippeaux. On ne peut pas défier le Comité et garder la vie sauve.

— Mais, Camille, tu les as défiés, ces gens. Tu n'as pas cessé d'attaquer le Comité ces cinq derniers mois.

— Oui, mais moi j'ai Max. Ils ne peuvent pas m'atteindre. Oh, ils le voudraient bien. Mais s'ils n'ont pas Max avec eux, ils ne peuvent rien. »

Elle s'agenouilla devant le feu. Frissonna. « Demain, il faut que j'envoie chercher du bois à la ferme. »

Cour du Commerce : « C'est le député Panis », annonça Louise. Sa voix tremblait de la peur que lui avait immédiatement communiquée l'homme qu'elle avait trouvé à la porte.

Il était une heure moins le quart du matin, le 11 germinal. Danton était en robe de chambre. « Excuse-moi, citoyen. Les domestiques sont couchés, et nous n'allions nous-mêmes pas tarder. Viens près du feu… il fait froid, dehors. »

Il s'agenouilla devant les braises. « Laisse, dit Panis. Ils vont venir t'arrêter.

— Quoi ? dit-il en se retournant. Tu es mal informé, voyons. Fabricius Pâris est passé avant toi.

— Je ne sais pas ce qu'il a pu te dire, mais il n'était pas à la réunion des deux comités. Lindet y était, c'est lui qui m'envoie. Tu es sous le coup d'un mandat d'arrêt. Ils te privent du droit d'être entendu devant la Convention. Tu ne pourras plus jamais y paraître. Tu seras emmené directement en prison, et de là au tribunal. »

Un moment, Danton fut réduit au silence ; sa stupeur était telle que son visage resta sans expression. « Mais Pâris a entendu Saint-Just dire qu'il voulait m'affronter, et ce devant la Convention.

— C'est effectivement le cas. Mais que crois-tu ? Ils l'ont réduit au silence. Ils connaissaient le risque et n'étaient pas prêts à le lui laisser courir. Ce ne sont pas des novices – ils savent que tu es capable de déclencher une émeute dans les galeries du public. Il était furieux, m'a dit Lindet. Il est sorti de la salle en tempêtant, et il a… » Panis détourna les yeux.

« Il a… quoi ?

— Jeté son chapeau dans le feu, dit Panis en se couvrant la bouche de la main.

— Quoi ? » dit Danton. Les yeux du député croisèrent les siens. Et ils se mirent à rire, dans un accès de joie silencieuse, contenue, totalement déplacée.

« Son chapeau ! Qui a produit une belle flamme, d'après Lindet. Ses notes auraient suivi le même chemin, mais un soi-disant patriote, dans sa stupidité, les lui a arrachées des mains au moment où il s'apprêtait à les y lancer. Il a très mal supporté d'être privé de son moment de gloire, je peux te le dire.

— Son chapeau ! Ah, si seulement Camille avait été là ! s'exclama Danton.

— Ah oui, acquiesça le député. Personne n'aurait apprécié la scène autant que lui. »

Puis Danton se reprit. Il n'y avait pas de quoi rire. « Tu dis qu'ils ont signé un mandat ? Robespierre aussi ?

— Oui. Lindet est d'avis que tu devrais saisir ta chance, la dernière. Quitte au moins cet appartement, ils risquent de débarquer à tout moment. Et maintenant il faut que je te laisse… je dois aller avertir Camille. »

Danton secoua la tête. « Non, n'y va pas. Laisse-les dormir, donne-leur jusqu'au matin pour découvrir la vérité. Le moment sera cruel pour Camille. Il va devoir faire face à Robespierre, et ne saura quoi lui dire. »

Panis le dévisagea, incrédule. « Mais bon sang, tu ne comprends donc rien ? Il n'aura pas l'occasion de dire quoi que ce soit à Robespierre. Il va être incarcéré en même temps que toi. »

Louise vit Danton se tasser sur lui-même. Il se recroquevilla sur son fauteuil, se protégeant les yeux des mains.

Deux heures. « Je suis venu, dit Lindet, en espérant que tu aurais déjà quitté les lieux. Bon sang, Danton, que cherches-tu à faire ? Tu tiens à ce qu'ils te détruisent ?

— Je n'arrive pas à y croire, dit Danton, le regard perdu dans le feu qui se mourait. Qu'il puisse faire arrêter Camille, alors que cet après-midi encore, quand je les ai vus en grande conversation, il était tout sucre, tout miel… Quel fieffé hypocrite ! »

Louise s'était habillée à la hâte. Elle était assise à l'écart, la tête enfouie entre les mains. Elle avait vu son visage, l'avait vu se vider de sa volonté et de son énergie. Des larmes coulaient entre ses doigts. Mais au fond d'elle-même se faisait entendre une petite musique insistante : Tu seras libre, libre.

« Je pensais qu'ils me laisseraient parler à la Convention. Lindet, personne n'a songé à leur rappeler que c'est à la Convention d'autoriser ou non notre arrestation, à lever d'abord notre immunité ?

— Si, bien sûr. Robespierre s'en est chargé. Sur quoi Billaud lui a rétorqué que cette autorisation, ils l'obtiendraient une fois que vous seriez sous les verrous. Crois-moi, Danton, ils avaient vraiment peur. Ils ont verrouillé les portes, et pourtant ils se comportaient comme s'ils s'attendaient à te voir les enfoncer à tout moment.

— Mais, Lindet, qu'a dit Maximilien ? À propos de Camille ?

— Il m'a fait de la peine, dit Lindet abruptement. Ils l'ont acculé dans ses retranchements. Ne lui donnant qu'un choix sans ambiguïté. Pauvre diable, il pense qu'il est de son devoir de rester en vie pour le bien de la République. Mais, après ça, que va-t-il bien pouvoir faire de sa vie ?

— Marat avait été traduit devant le tribunal, dit Danton, après avoir été arrêté par la Gironde. Et, souviens-toi, la tentative a complètement avorté. Le tribunal l'a acquitté. Le peuple l'a porté en triomphe à travers les rues. Il en est ressorti plus fort que jamais.

— C'est vrai », dit Lindet. Tout en pensant à part lui : À ce moment-là le tribunal préservait encore son indépendance. Marat a eu un vrai procès, crois-tu que ce sera ton cas ?

Mais il n'en dit rien. Il se contenta de regarder Danton qui se reprenait, le vit rassembler son courage. « Ils ne peuvent pas me bâillonner, quand même ?

737

Ils peuvent m'arrêter, mais ils ont l'obligation de me laisser parler. Très bien… je suis prêt à les affronter. » Lindet se leva. Danton lui envoya une claque sur l'épaule. « On verra bien à quoi ressemblent ces salauds quand j'en aurai fini avec eux. »

Rue Marat, trois heures du matin : Camille avait commencé à parler, dans un chuchotement à peine audible, mais sans hésiter, sans buter sur les mots, comme si une partie de son esprit était libérée. Lucile avait cessé de pleurer ; elle restait assise à présent à le regarder, comme droguée, hypnotisée, dans cet état qui succède à une émotion violente. Dans la pièce voisine, leur enfant dormait. Aucun bruit dans la rue, aucun bruit dans la pièce, en dehors de ce murmure assourdi ; aucune lumière, en dehors de la lueur d'une chandelle. On pourrait tout aussi bien être coupés du reste du monde, songea-t-elle.

« Tu vois, en 1789, je me disais : Il y aura bien un aristocrate pour me faire la peau. Je serai un martyr de la liberté, ce sera fabuleux, j'aurai mon nom dans tous les journaux. Et puis, en 1792, je me suis dit : Les Autrichiens vont arriver et m'abattre, ce sera terminé très vite, et je deviendrai un héros national. » Il porta sa main à sa gorge. « Danton dit qu'il se fiche de savoir ce que penseront de nous les gens qui viendront après nous. Moi, je voudrais qu'ils pensent du bien de moi. Mais je ne crois pas que ce sera le cas, et toi ?

— Je ne sais pas, dit Lindet.

— Il reste qu'après avoir fait tout ce que j'ai fait, finir du mauvais côté du patriotisme – être accusé de contre-révolution –, je ne le supporte pas. Robert, m'aideras-tu à m'enfuir ?

— On n'a plus le temps, dit Lindet, après avoir hésité.

— Je sais qu'on n'a plus le temps, mais le feras-tu ?

— Non, je ne pense pas, dit Lindet avec douceur. Nous serions sacrifiés tous les deux. Je suis vraiment désolé, Camille. »

Arrivé à la porte, Lindet passa un bras autour des épaules de Lucile. « Va chez tes parents. Le matin venu, cet appartement ne sera plus un endroit pour toi. » Soudain, il se retourna. « Camille, tu pensais ce que tu as dit ? Es-tu vraiment prêt à prendre la fuite ? Pas à capituler, mais à faire ce que je te dis ?

— Oh, non, dit Camille en levant la tête. Non, je n'en ai pas vraiment envie. Je voulais juste te mettre à l'épreuve.

— Quelle épreuve ?

— Peu importe. Mais tu l'as brillamment passée. » Camille laissa retomber sa tête.

Robert Lindet approchait des cinquante ans, ce que disait clairement son visage sec d'administrateur. Elle se demanda comment quiconque pouvait survivre jusqu'à cet âge.

« Il doit faire presque jour, dit Lucile. Et personne n'est encore venu. »

Et elle espère – de cet espoir qui vous saisit à la gorge comme un étrangleur, qui vous fait remonter le cœur dans la poitrine –, est-il possible que Robespierre ait réussi à inverser la décision, qu'il en ait eu le courage, qu'il ait trouvé les arguments pour les convaincre ?

« J'ai écrit à Lapin, dit-elle. Je ne te l'ai pas dit. Je lui ai demandé de revenir, de nous apporter son soutien.

— Il n'a pas répondu.

— Non.

— Il espère sans doute t'épouser, quand je serai mort.

— C'est ce que dit Louise.

— Qu'est-ce qu'elle en sait, Louise ?

— Rien. Au fait, Camille, pourquoi l'avoir surnommé Lapin ?

— Les gens veulent toujours savoir pourquoi je l'ai affublé de ce sobriquet ?

— Oui.

— C'était sans raison particulière. »

Elle entendit, en bas dans la rue, un bruit de bottes sur les pavés ; elle entendit la patrouille faire halte. Il se pourrait, se dit-elle, que ce ne soit que la patrouille régulière : après tout, c'est son heure. Que le cœur est donc trompeur !

« Bon, dit Camille, en se levant. Je suis heureux que Jeannette ne soit pas là ce soir. C'est le bruit de la porte d'entrée. »

Elle se tenait au milieu de la pièce. Consciente d'une raideur de marionnette dans ses membres. Et incapable, semblait-il, de dire un mot.

« C'est moi que tu cherches ? » dit Camille. Elle le regarda. Elle se souvint du 10 août, après la mort de Suleau, de la manière dont il s'était nettoyé, avant d'aller se replonger dans le tumulte des rues. « Tu es censé me demander qui je suis, dit-il à l'officier. Es-tu Camille Desmoulins, devrais-tu me dire, profession journaliste, député à la Convention nationale – comme s'il pouvait y avoir deux personnes répondant à la même appellation.

— Écoute, il est très tôt, dit l'homme. Je sais foutrement qui tu es, et qui plus est tu es seul de ce nom. Tiens, voilà le mandat, si ça t'intéresse.

— Puis-je faire mes adieux à mon petit garçon ?

— À condition qu'on t'accompagne.

— Je ne voulais pas le réveiller. Je ne peux pas avoir un moment à moi ? »

Les hommes allèrent prendre position devant les portes et les fenêtres. « La semaine dernière, dit l'officier, un homme est allé embrasser sa fille et en a profité pour se brûler la cervelle. Un autre, de l'autre côté du fleuve, a sauté par une fenêtre, est tombé de quatre étages, et s'est rompu le cou.

— Difficile de comprendre pourquoi il s'est donné cette peine, dit Camille, quand l'État était prêt à s'en charger.

— Allez, ne nous crée pas de difficultés, dit l'homme.

— C'est promis.

— Prends quelques livres. » Elle fut sidérée d'entendre la note de défi qu'elle avait mise dans sa voix. « Tu risques de t'ennuyer.

— C'est vrai, tu as raison.

— Vas-y, mais dépêche-toi, dit l'officier en posant la main sur le bras de Camille.

— Non ! » cria-t-elle en se précipitant sur Camille. Elle jeta ses bras autour de son cou. Ils s'embrassèrent. « Finissons-en, dit l'officier. Citoyenne, lâche-le ! » Mais elle ne l'en étreignit que plus fort et se débarrassa de la main qui lui avait empoigné le bras. Un instant plus tard, l'homme l'arrachait tout entière à son étreinte, et elle lui envoyait un coup de poing dans la mâchoire : l'impact se répercuta dans son propre corps, mais elle ne sentit rien quand sa tête heurta le sol. Comme si j'étais un insecte, se dit-elle, ou un petit oiseau : on m'écarte de la main, on m'écrase.

Elle se retrouva seule. Sans perdre une seconde, ils l'avaient entraîné dans l'escalier, puis hors de la maison. Elle se mit sur son séant. Elle n'était pas blessée, pas du tout. Elle prit un coussin sur le sofa et le serra contre elle, en se balançant légèrement, l'œil vide ; et le cri qu'elle avait voulu pousser, les mots qu'elle avait voulu prononcer se nouèrent dans sa gorge, où ils pesèrent de tout leur poids. Elle accentua son balancement. Et maintenant ? Il faut qu'elle s'habille, qu'elle écrive des lettres, les porte à leurs destinataires. Il faut qu'elle voie tous les députés, tous les membres des comités. Elle sait comment elle doit s'y prendre pour faire bouger les choses. Il lui faut agir. Elle se balance toujours. Il y a le monde autour de nous, et puis il y a un monde d'ombres chinoises ; le monde de la liberté et de l'illusion, et puis le monde de la réalité, celui où, année après année, nous regardons les gens que nous aimons marteler leurs chaînes. Quand elle finit par se redresser, elle sent les fers lui mordre la chair. Je suis liée à toi, songe-t-elle : *liée à toi*.

À deux pas d'ici, dans la cour du Commerce, Danton a retourné le mandat d'arrêt, et l'a lu avec intérêt. Il était pressé. Il n'a pas demandé s'il pouvait dire au revoir à ses enfants et a déposé un baiser désinvolte sur les cheveux de sa femme. « Plus tôt je serai parti, plus tôt je serai rentré, a-t-il dit. À dans un jour ou deux. » Il est sorti dans la rue d'un pas alerte, sous bonne garde.

Huit heures du matin, aux Tuileries. « Tu voulais nous voir, dit Fouquier-Tinville.

742

— Mais oui, dit Saint-Just, en relevant la tête et en souriant.

— Nous pensions trouver Robespierre, dit Hermann.

— Non, citoyen président : c'est moi que vous verrez. Des objections ? » Il ne leur proposa pas de s'asseoir. « Tôt ce matin, nous avons procédé à l'arrestation de quatre personnes : Danton, Desmoulins, Lacroix, Philippeaux. J'ai rédigé là-dessus un rapport que je présenterai à la Convention plus tard dans la journée. Quant à vous, vous allez entamer les préparatifs pour le procès – laissez tomber tout le reste, l'affaire est à traiter en extrême urgence.

— Attends une minute, veux-tu ? dit Hermann. Qu'est-ce que c'est que cette manière de procéder ? La Convention n'a pas encore sanctionné ces arrestations.

— Il ne s'agit là que d'une simple formalité, dit Saint-Just en fronçant le sourcil. Tu ne vas tout de même pas t'opposer à moi sur cette question, Hermann ?

— M'opposer à toi ? Permets-moi de te rappeler la situation. Tout le monde sait, sans pouvoir le prouver, que Danton a accepté des pots-de-vin. Mais ce que sait aussi tout le monde – et là, les preuves ne manquent pas –, c'est que Danton a renversé Capet, établi la République et nous a sauvés de l'invasion. De quoi as-tu donc l'intention de l'accuser ? D'un manque de zèle ?

— Si tu mets en doute le sérieux des allégations portées contre Danton, tu n'as qu'à feuilleter ces documents, dit Saint-Just en les poussant dans la direction d'Hermann. Tu pourras constater que certaines sections sont de l'écriture de Robespierre, et d'autres de la mienne. Tu peux laisser de côté les passages rédigés par le citoyen Robespierre concernant Camille Desmoulins. Ils n'ont pour but que de l'excuser. Pour tout dire, quand tu en auras terminé, je les supprimerai.

— C'est un tissu de mensonges, dit Hermann, tout en lisant. Un amas d'absurdités, tout cela n'est que pure invention.

— Bof, dit Fouquier, rien de nouveau là-dedans. Complots avec Mirabeau et Orléans, avec Capet et Brissot. Nous avons déjà eu à traiter la question… Mieux encore, c'est Camille qui nous avait révélé comment nous y prendre. La semaine prochaine, en admettant que nous bénéficiions d'un verdict expéditif, nous serons peut-être en mesure d'ajouter lors des procès à venir : "a conspiré avec Danton". Dès qu'un homme meurt, le seul fait de l'avoir connu devient un crime capital.

— Que ferons-nous, demanda Hermann, quand Danton commencera à exploiter la ressource du public des galeries ?

— S'il faut le bâillonner, nous vous en fournirons les moyens.

— Oh, du sensationnel, alors ! s'exclama Fouquier. Et ces quatre accusés sont tous, si je ne m'abuse, des avocats de profession ?

— Allons, allons, citoyen, ne te laisse pas aller, dit Saint-Just. Tu t'es toujours montré très compétent. Ce que j'entends par là, c'est que tu as toujours été loyal envers le Comité.

— Oui. Le gouvernement, c'est vous, dit Fouquier.

— Tu es parent avec Camille Desmoulins, non ?

— Oui. Et je croyais que tu l'étais, toi aussi.

744

— Non, je ne pense pas, dit Saint-Just, les sourcils froncés. Il serait regrettable que ce lien puisse
t'influencer.

— Écoute, je fais mon travail, d'accord ? dit Fouquier.

— Alors, c'est parfait.

— En effet. Et je te serais reconnaissant de cesser
de revenir sans arrêt sur le sujet.

— Tu l'aimes bien, Camille ? demanda Saint-Just.

— Pourquoi ? On était d'accord, il me semble, pour
dire que cela n'entrait aucunement en ligne de compte ?

— Certes… Je me posais la question, c'est tout.
Tu n'as pas besoin d'y répondre. Bref, j'espère que
vous n'avez pas oublié… l'affaire est d'une extrême
urgence.

— Oui, oui, dit Hermann. Le Comité va se tuer à la
tâche jusqu'à ce que ces têtes soient tombées.

— Il faut que le procès commence demain ou
après-demain. De préférence, dès demain.

— Quoi ? fit Fouquier. Tu es fou ?

— Ce n'est vraiment pas le genre de question à me
poser, dit Saint-Just.

— Mais, mon vieux, la collecte des preuves, la
rédaction des chefs d'accusation… »

Saint-Just tapota de l'ongle le rapport qui se trouvait
devant lui.

« Les témoins, dit Hermann.

— On ne peut pas s'en passer ? dit Saint-Just
en soupirant. Non… je suppose qu'il vous en faut
quelques-uns. Alors, trouvez-les rapidement.

— Comment pourrions-nous citer leurs témoins
à comparaître avant de savoir qui ils ont l'intention
d'appeler ?

— C'est simple, dit-il en se tournant vers Hermann, il n'y a qu'à interdire les témoins de la défense.

— Permets-moi une question, dit ce dernier. Pourquoi ne pas envoyer tout de suite quelques spadassins les tuer dans leur cellule ? Dieu sait que je n'ai rien d'un dantoniste, mais ce que tu préconises s'apparente à un meurtre pur et simple.

— Allons, allons ! dit Saint-Just, visiblement irrité. Vous vous plaignez de manquer de temps, et vous gaspillez le peu que vous avez à débattre en questions oiseuses. Je ne suis pas ici pour me perdre en bavardages. Vous savez pertinemment combien il est important de mener ce genre d'opérations au grand jour. Maintenant, écoutez bien, seront accusées en même temps que les quatre susnommés les personnes suivantes : Hérault, Fabre... d'accord ?

— Les documents sont prêts, dit Fouquier sans enthousiasme.

— L'escroc Chabot et ses associés, Basire et Delaunay, tous les deux députés...

— Histoire de discréditer les premiers, dit Hermann.

— Oui, dit Fouquier. Mêle les hommes politiques aux voleurs et aux tricheurs, et le public pensera : Si l'un est jugé pour fraude, ce doit être aussi le cas de tous les autres.

— Je peux poursuivre, s'il vous plaît ? Avec eux, une fournée d'étrangers : les frères Frey, le banquier espagnol Guzman, l'homme d'affaires danois Diedrichsen. Ah, j'oubliais, le fournisseur aux armées, l'abbé d'Espagnac. Chefs d'accusation : conspiration, détournement de fonds, spéculation sur les prix, sur les monnaies, collaboration avec des puissances étrangères... je te laisse juge, Fouquier. Ce ne sont pas les preuves qui manquent à l'encontre de l'un quelconque de ces messieurs.

— À l'exception de Danton.

— Ma foi, c'est ton problème. Au fait, citoyens, savez-vous ce que j'ai là ? »

Fouquier abaissa les yeux. « Oui, bien sûr. Des mandats d'arrêt vierges, signés par le Comité. Une pratique dangereuse, si tu veux mon avis.

— Oh, on ne peut plus dangereuse ! » Saint-Just tourna les deux papiers vers lui et inscrivit un nom sur chacun d'eux. « Vous voulez les voir maintenant ? » Il les leva, pincés entre son pouce et son index, les agitant pour faire sécher l'encre. « Celui-ci est le tien, Hermann, et celui-là, citoyen accusateur, est pour toi. » Il sourit encore une fois, les replia et les glissa dans la poche intérieure de sa veste, avant de dire : « Simplement au cas où le procès ne se déroulerait pas comme prévu. »

Convention nationale : la séance s'ouvre dans le plus grand désordre. Le premier à se lever, c'est Legendre. Son visage est hagard. Peut-être les bruits de la rue l'ont-ils réveillé de bonne heure ?

« La nuit dernière, certains membres de cette assemblée ont été arrêtés. Parmi eux, Danton ; pour les autres, je ne suis pas sûr. Je demande que les membres de la Convention actuellement en détention soient amenés à la barre de cette chambre, afin que nous puissions les inculper ou les innocenter. Je suis convaincu que Danton a les mains aussi propres que les miennes… »

Un murmure parcourt l'assemblée. Des têtes se détournent de l'orateur. Tallien, le président, lève la tête au moment où les comités font leur entrée. Le visage de Collot est flasque, sans expression : il n'endosse une personnalité qu'au moment où commence la représentation du jour. Saint-Just porte un habit bleu à boutons dorés et a les bras chargés de papiers. Un frisson de panique parcourt les bancs. Arrive maintenant le Comité de sûreté : Vadier, avec son long visage exsangue et ses yeux caves, Lebas, la mâchoire serrée. Et dans le bref silence qu'impose leur présence, tel le grand tragédien qui diffère son entrée, paraît le citoyen Robespierre, l'Incorruptible en personne. Il hésite dans l'allée entre les gradins, et l'un de ses collègues lui enfonce un doigt au creux des reins.

Une fois monté à la tribune, il garde le silence, se contente de laisser ses mains croisées sur ses notes. Les secondes s'écoulent. Ses yeux font le tour de la salle – s'attardant, dira-t-on par la suite, l'espace de deux battements de cœur sur ceux dont il se méfie.

Quand il commença à parler, ce fut d'une voix calme et égale. Le nom de Danton fut évoqué, comme si quelque privilège s'y attachait. Mais, à partir de maintenant, fini les privilèges ; on allait mettre à bas les fausses idoles. Il s'interrompit. Remonta ses lunettes sur son front. Posa les yeux sur Legendre, qu'il fixa de son regard glacial de myope. Legendre pressa les paumes de ses mains l'une contre l'autre, ses énormes mains de boucher habituées à trancher des gorges et à abattre des bœufs, jusqu'à en faire blanchir les jointures. En un instant, il était sur ses pieds, balbutiant : Tu t'es trompé sur mes intentions, tu t'es trompé sur mes intentions. « Quiconque montre sa peur est coupable », dit Robespierre. Il descendit de la tribune, ses lèvres fines et pâles retroussées en un rictus à mi-chemin entre le sourire et le mépris.

Pendant les deux heures qui suivirent, Saint-Just lut le rapport qu'il avait rédigé sur les complots fomentés par la faction dantoniste. Il pensait en l'écrivant qu'il le lirait en présence de l'accusé, et ne l'avait pas amendé depuis. Si Danton s'était effectivement trouvé devant lui, la lecture aurait été ponctuée par les clameurs de ses partisans peuplant les galeries, ou par les rugissements de l'accusé cherchant à se justifier ; mais, en l'occurrence, Saint-Just parla dans le vide et dans un silence de plus en plus lourd qui se nourrissait de lui-même. Il lisait sans passion, presque sans intonation, les yeux sur les papiers qu'il tenait dans sa main gauche. De temps à autre, il levait le bras droit, pour le laisser retomber mollement à son côté ; c'était là son seul geste, guindé, presque mécanique. Une fois, vers la fin, il leva son jeune visage vers son auditoire et s'adressa directement à lui. « Une fois ce procès achevé, promit-il, il ne restera plus que des patriotes. »

Rue Marat : « Alors, mon amour, dit Lucile à son enfant, viendras-tu avec moi voir ton parrain ? Non, peut-être pas. Emmène-le chez ma mère, dit-elle à Jeannette.

— Tu devrais te baigner le visage avant de sortir. Il est tout gonflé.

— Il s'attend peut-être à ce que je pleure. Il l'aura sans doute prévu. Il ne remarquera pas à quoi je ressemble. Comme à son habitude.

— Si c'est possible, dit Louise Danton, cet appartement est dans un état encore pire que le nôtre. »

Elles se trouvaient dans le salon dévasté de Lucile. Les livres étaient entassés, le dos arraché, sur le tapis ; les tiroirs et les placards, grands ouverts, étaient vidés de leur contenu. Les cendres dans la cheminée avaient été minutieusement ratissées. Elle leva le bras pour redresser sa gravure des derniers instants de Marie Stuart. « Ils ont emporté tous ses papiers, dit-elle. Les lettres. Absolument tout. Y compris le manuscrit des Pères de l'Église.

— Si Robespierre accepte de nous recevoir, qu'allons-nous lui dire ? Qu'allons-nous bien pouvoir lui dire ?

— Tu n'as pas besoin de dire quoi que ce soit. Je m'en charge.

— Qui aurait jamais pensé que la Convention les livrerait au tribunal sans soulever la moindre objection ?

— Moi, par exemple. Personne – en dehors de ton mari – n'est capable de s'opposer à Robespierre. Il y a ici des lettres, dit-elle à Jeannette, pour chacun des membres du Comité de salut public. À l'exception de Saint-Just ; il ne servirait strictement à rien de lui écrire. Là, ce sont les lettres destinées au Comité de sûreté ; celle-ci est pour Fouquier, et celles-là pour divers députés, tu vois qu'elles portent toutes une adresse. Assure-toi qu'elles partent tout de suite. Si je n'ai aucune réponse, et que Max refuse de me voir, je vais devoir songer à une autre stratégie. »

Au Luxembourg, Hérault endossa le rôle de l'hôte qui fait les honneurs de l'endroit. Après tout, le bâtiment avait été un palais et n'était pas destiné à devenir une prison. « Vous allez découvrir que votre séjour ne sera ni secret ni solitaire, dit-il. De temps à autre, on nous isole chacun dans notre cellule, c'est vrai, mais le plus souvent nous avons la vie sociale la plus agréable qui soit – en fait, je n'ai rien connu de tel depuis Versailles. La conversation est pleine d'esprit, les manières sont exquises ; les dames se font coiffer et changent de tenue trois fois par jour. Il y a des soupers fins. On peut faire venir du dehors tout ce qu'on veut… à l'exception des armes à feu. Un conseil, pourtant : faites attention à ce que vous dites. Au moins la moitié des gens ici sont des informateurs. »

Dans ce qu'Hérault appela « notre salon », les résidents examinèrent les nouveaux venus. Un *ci-devant** remarqua la carrure impressionnante de Lacroix et eut ce commentaire : « Ce gaillard ferait un excellent cocher. »

Le général Dillon avait bu. Il s'en excusa. « Qui es-tu ? demanda-t-il à Philippeaux. Je ne te connais pas, si ? Qu'as-tu fait ?

— J'ai critiqué le Comité.

— Ah.

— Ah, mais…, dit Philippeaux, comprenant à qui il avait affaire. Toi et Lucile… Bon sang, je suis désolé, général.

— Ce n'est rien. Tu peux penser ce que tu veux, ça m'est égal. » Le général traversa la pièce d'un pas mal assuré, pour aller entourer de ses bras les épaules de Camille. « À présent que vous êtes tous ici, je m'abstiendrai de boire, je le jure. Je vous avais avertis. Je ne t'avais pas averti, mon pauvre Camille ?

— Vous savez quoi ? dit Hérault. Ces voleurs de la Commission des arts ont fait main basse sur toutes mes éditions originales.

— Il dit, reprit le général en désignant Hérault du doigt, qu'il n'a pas l'intention de se défendre face aux accusations qu'ils porteront contre lui. Voulez-vous me dire à quoi rime pareille attitude ? Il estime que c'est pour lui la seule conduite tenable, puisqu'il est aristocrate. Mais c'est aussi mon cas. Sans compter, mon petit chéri, que je suis soldat. Ne t'inquiète pas, ne t'inquiète pas, dit-il à Camille. On ne va pas tarder à sortir d'ici. »

Rue Saint-Honoré : « Vous comprenez, dit Élisabeth, il y a beaucoup de patriotes avec lui, et on ne saurait le déranger en ce moment. »

Lucile posa une lettre sur la table. « Par pure charité chrétienne, Élisabeth, tu veilleras à ce que cette lettre lui soit remise en main propre.

— Cela ne servira à rien, dit-elle en souriant. Il ne changera pas d'avis. »

En haut de la maison, Robespierre était assis, seul, attendant que les femmes s'en aillent. Au moment où elles mettaient le pied dans la rue, le soleil sortit de derrière un nuage, et elles descendirent vers le fleuve, dans un air printanier entêtant.

De la prison du Luxembourg, Camille Desmoulins à Lucile Desmoulins :

J'ai découvert une fissure dans le mur de ma chambre. J'y ai collé mon oreille et j'ai entendu des gémissements. J'ai risqué quelques mots, et j'ai perçu la voix d'un homme malade qui de toute évidence souffrait. Il m'a demandé mon nom, et quand je le lui ai donné, il s'est écrié : « Ah, mon Dieu ! », avant de retomber sur le lit d'où il

752

s'était dressé. C'est alors que j'ai reconnu la voix de Fabre d'Églantine. « Oui, c'est Fabre, m'a-t-il confirmé, mais que fais-tu ici ? La contre-révolution est-elle en marche ? »

Interrogatoire préliminaire au Luxembourg :

Lucie Camille Desmoulins, avocat au barreau, journaliste, député à la Convention nationale, âgé de trente-quatre ans, domicilié rue Marat. En présence de F.-J. Denizot, juge suppléant au Tribunal révolutionnaire, de F. Girard, greffier adjoint au Tribunal révolutionnaire, de A. Fouquier-Tinville et de G. Liendon, substitut de l'accusateur public.

Procès-verbal de l'interrogatoire :

Q. Avait-il conspiré contre la nation française en souhaitant restaurer la monarchie, en cherchant à mettre fin à la représentation nationale et au gouvernement républicain ?

R. Non.

Q. Avait-il un avocat ?

R. Non.

En conséquence, nous commettons d'office Chauveau-Lagarde.

Lucile et Annette se rendent aux jardins du Luxembourg. Elles restent là, le visage levé vers la façade, le regard perdu dans une quête désespérée. L'enfant pleure dans les bras de sa mère ; il veut rentrer. Quelque part, à une de ces fenêtres, se tient son Camille. Derrière lui, dans la pièce mal éclairée, se trouve la table devant laquelle il est resté assis la plus grande partie de la journée, occupé à imaginer une défense face à des accusations qu'on ne lui a pas encore notifiées. Le vent âpre d'avril agite les cheveux de Lucile, les faisant ondoyer comme ceux d'une femme qui se noie. Elle tourne la tête ; ses yeux continuent à chercher. Lui peut la voir ; elle, non.

Camille Desmoulins à Lucile Desmoulins :

Hier, quand le citoyen qui t'a apporté ma lettre est revenu, je lui ai dit, comme je disais jadis à l'abbé Laudréville : « Eh bien, tu l'as vue ? », et je me suis surpris à le regarder comme si sa personne ou ses habits pouvaient encore retenir quelque chose de toi...

La porte de la cellule se referma. « Il a dit qu'il savait que je viendrais. » Robespierre s'adossa au mur. Ferma les yeux. Ses cheveux, non poudrés, avaient des reflets rouges dans la lumière de la torche. « Je ne devrais pas être ici. Je n'aurais pas dû venir. Mais je voulais... je n'ai pas pu m'en empêcher.

— Donc, pas de marché possible », dit Fouquier. Son visage exprimait une certaine impatience, mais aussi quelque dérision ; impossible toutefois de dire qui en était la cible.

« Effectivement, tout est fini. Il dit que Danton ne nous donne pas plus de trois mois. » Dans la semi-obscurité, ses yeux bleu-vert quêtaient ceux de Fouquier, à la recherche d'un avis.

« C'est juste une façon de parler.

— J'ai l'impression que, l'espace d'un instant, il a cru que je venais lui offrir une chance de s'enfuir avant le début du procès.

— Vraiment ? dit Fouquier. Tu n'es pourtant pas ce genre d'homme. Il devrait le savoir.

— Oui, c'est vrai, il devrait. » Il se détacha du mur en se redressant, tendit une main et fit courir ses doigts sur le plâtre. « Adieu », murmura-t-il. Ils s'éloignèrent en silence. Brusquement, Robespierre s'arrêta net. « Écoute. » De derrière une porte leur parvenait un murmure de voix que noyait un rire énorme, aucunement forcé. « Danton ! » chuchota Robespierre. La stupeur se lisait sur son visage.

« Allez, viens, lui dit Fouquier, sans parvenir à faire bouger Robespierre, qui continuait d'écouter.

— Comment peut-il ? Mais comment peut-il rire ?

— Tu as l'intention de passer la nuit ici ? » s'enquit Fouquier. Avec l'Incorruptible, il s'était toujours montré prudemment correct, mais qu'était devenu l'Incorruptible ? Un individu qui parcourait en cachette les couloirs des prisons, avec une provision de marchés, de promesses, d'offres de compromis. Fouquier ne voyait plus devant lui qu'un homme encore jeune, trop petit pour son âge, emprunté et malheureux, aux cils roux et mouillés. « Tu n'as qu'à déménager la clique de Danton à la Conciergerie », lança Fouquier par-dessus son épaule, puis il ajouta, après s'être retourné : « Tu finiras par te le sortir de l'esprit, va. »

Il s'empara du bras de la Chandelle d'Arras et se hâta de l'entraîner dans la rue.

Palais de justice, 13 germinal, huit heures du matin : « Allons, mettons-nous au travail sans tarder, messieurs, dit Fouquier à ses deux substituts. Nous avons aujourd'hui sur le banc des accusés un assemblage disparate de faussaires, d'escrocs et de comploteurs, plus une demi-douzaine d'hommes politiques éminents. Si vous jetez un coup d'œil par la fenêtre, vous verrez la foule attirée par le spectacle ; en fait, inutile de vous déplacer, vous l'entendez d'ici. Si l'on n'y veille pas, ce sont là les gens qui pourraient faire basculer les choses du mauvais côté et menacer la sécurité de la capitale.

— C'est dommage qu'il n'existe pas un moyen de les tenir à l'écart, dit le citoyen Fleuriot.

— La République ne dispose d'aucun appareil dans son arsenal juridique susceptible d'autoriser le huis clos pour les procès, dit Fouquier. Et puis, vous n'ignorez pas à quel point il est important, en ce genre d'occasions, d'opérer au grand jour. Toutefois, il n'y aura rien dans la presse sur l'événement. Bien, voyons notre dossier... il est vide. Le rapport que nous a remis Saint-Just est... disons... un document politique.

— En somme, un tissu de mensonges, suggéra Liendon.

— Oui, pour l'essentiel. Pour ma part, je suis intimement persuadé que Danton est coupable de suffisamment de crimes pour mériter plusieurs exécutions, mais cela ne signifie aucunement qu'il est coupable de ce dont nous allons l'accuser. Nous n'avons pas eu le temps de préparer un dossier un tant soit peu solide contre ces hommes. Et puis, il n'y a aucun témoin que l'on puisse appeler à la barre sans risquer de le voir balbutier quelque chose d'extrêmement inconfortable pour le Comité.

— Je trouve ton attitude bien défaitiste, fit remarquer Fleuriot.

— Mon cher Fleuriot, nous savons tous que tu es ici l'espion de Robespierre. Mais notre travail, c'est de jouer des sales tours de juriste, pas de débiter des slogans ou des formules toutes faites. Maintenant, si vous le voulez bien, intéressons-nous à l'opposition.

— Je suppose, dit Liendon, que par "opposition" tu ne désignes pas ces malheureux qui ont été choisis comme avocats de la défense.

— Eux, je doute qu'ils osent même parler à leurs clients. Mais Danton est, on le sait, une figure bien connue du peuple ; c'est l'orateur le plus puissant de Paris et c'est aussi un bien meilleur avocat que n'importe lequel de vous deux. Fabre, inutile de s'en préoccuper. Son cas a fait l'objet d'une énorme publicité, entièrement négative, et dans la mesure où il est très malade, il sera dans l'incapacité de nous créer des ennuis. Hérault, c'est une autre histoire. S'il condescend à argumenter, il pourrait être très dangereux ; n'oublions pas que nous n'avons pratiquement rien contre lui.

— Je crois que tu détiens un certain document, en rapport avec la femme Capet, non ?

— Oui, mais comme j'ai dû y apporter certaines… altérations, je ne tiens pas spécialement à ce qu'il soit divulgué. Attention, ne sous-estimons pas le député Philippeaux. Il est moins connu que les autres, mais je crains qu'il ne soit d'une totale intransigeance, et il paraît n'avoir peur de rien de ce que nous pourrions lui faire subir. Quant au député Lacroix, il est connu pour être un homme à la tête froide, au tempérament de joueur. D'après notre informateur, il a plutôt l'air jusqu'ici de traiter l'affaire comme une plaisanterie.

— Qui est cet informateur ?

— Dans la prison ? Un certain Laflotte.

— Moi, c'est ton cousin, Camille, qui m'inquiéterait, dit Fleuriot.

— Là aussi, notre informateur a fait quelques observations intéressantes. Il le décrit comme hystérique

757

et entièrement désemparé. À l'entendre, le citoyen Robespierre lui aurait rendu visite en secret au Luxembourg et lui aurait promis la vie sauve s'il acceptait de témoigner pour l'accusation. Une histoire absurde, évidemment.

— Il faut qu'il ait perdu l'esprit, dit Liendon.

— Oui, dit Fouquier, c'est peut-être bien le cas. Dès le début du procès, notre tactique devra être de le déstabiliser, de l'intimider et de le terroriser ; ce ne sera pas particulièrement difficile, mais il est essentiel qu'on l'empêche de présenter une quelconque défense, dans la mesure où les gens qui se souviennent de 1789 lui sont toujours attachés. Maintenant, Fleuriot, quels sont nos atouts, à ton avis ?

— Le temps, citoyen.

— Exactement. Nous avons le temps avec nous. La procédure, qui date maintenant du procès de Brissot, veut que, si au bout de trois jours le jury se déclare satisfait, on peut mettre un terme au procès. Qu'est-ce que cela te suggère, Liendon ?

— Qu'il faut apporter le plus grand soin au choix des jurés.

— Dites donc, vous faites d'incontestables progrès, tous les deux. Il ne nous reste plus qu'à nous mettre au travail, dit Fouquier, en sortant sa liste des jurés habituels du Tribunal révolutionnaire. Trinchard, le menuisier, Desboisseaux, le cordonnier : il semble que nous ayons là deux solides représentants de la plèbe.

— Des hommes dignes de confiance, dit Fleuriot.

— Et Maurice Duplay… qui pourrait être plus fiable que lui ?

— Non, impossible. Le citoyen Robespierre s'est prononcé contre sa présence parmi les jurés à ce procès.

— Je ne comprendrai jamais cet homme, dit Fouquier en se mordant la lèvre. Bon, continuons… Ganney, le perruquier, il est toujours très coopératif ; et je suppose qu'il a besoin de ce travail, vu qu'il ne doit pas y avoir une grande demande de perruques, à l'heure actuelle. Et Lumière, poursuivit-il en cochant un autre nom. Il risque d'avoir besoin d'un peu d'encouragement. Mais nous le lui fournirons. »

Liendon jeta un œil par-dessus l'épaule de l'accusateur public.

« Que penses-tu de Leroy, dit Dix-Août ?

— Excellent, dit Fouquier, en cochant le nom de celui qui, à une époque, était plus connu sous le nom de Leroy, marquis de Montflobert. Qui donc encore ?

— Nous allons devoir inclure Souberbielle.

— C'est un ami de Danton, et de Robespierre.

— Mais je pense qu'il a de bons principes, dit Fleuriot. Ou du moins qu'on peut l'aider à les affermir.

— Pour le contrebalancer, dit Fouquier, nous retiendrons Renaudin, le luthier.

— Excellent, dit Fleuriot en s'esclaffant. J'étais moi-même aux Jacobins le soir où il a mis Camille par terre d'un coup de poing. Mais ne me demandez pas quelle était la cause de la dispute, je ne l'ai jamais su.

— Dieu seul le sait, dit Fouquier. Renaudin est fou à lier, c'est certain. Et souvenez-vous, si vous devez vous adresser à mon cousin dans la salle d'audience, de ne point l'appeler par son prénom. » Il fronça le sourcil en consultant à nouveau sa liste. « Je ne vois plus qui l'on pourrait retenir qui soit absolument solide.

— Lui ? dit Liendon, en désignant un nom du doigt.

— Non, certainement pas. Il adore raisonner, et nous n'avons pas besoin de raisonneurs. Non, je crains que nous ne devions nous en tenir à un jury composé de sept membres. Bof, les autres ne sont pas franchement en position de discuter. Vous voyez, j'ai parlé tout au long comme si nous allions avoir une bataille à livrer. En fait, les jeux sont faits d'avance, nous ne pouvons pas perdre. Allez, à tout à l'heure, à onze heures au tribunal. »

« Mon nom est Danton. Un nom passablement connu dans les annales révolutionnaires. Je suis avocat de profession, et je suis né à Arcis, dans l'Aube. Ma demeure sera bientôt le néant. Quant à mon nom, vous le trouverez au panthéon de l'histoire. »
Première journée.
« Voilà qui est carrément pessimiste, dit Lacroix à Philippeaux.
— Qui sont tous ces gens ?
— Fabre, tu connais déjà, voici Chabot – ravi de te voir en aussi bonne forme, citoyen –, Diedrichsen, voici Philippeaux, et Emmanuel Frey, Junius Frey… Tu es censé avoir conspiré avec eux.
— Ravi de vous rencontrer, député Philippeaux, dit un des frères Frey. De quoi êtes-vous accusé ?
— D'avoir critiqué le Comité.
— Ah.
— Nous sommes quatorze, dit Philippeaux après avoir compté les têtes. Ils vont essayer de juger tous ceux qui ont trempé dans l'affaire de la Compagnie des Indes. S'il y avait une justice digne de ce nom, il faudrait trois mois à un tribunal pour mener l'opération à bien. On nous donne trois jours. »

Camille Desmoulins bondit sur ses pieds. « Objection », dit-il, en désignant le jury. Il est aussi concis que possible, dans l'espoir d'éviter de bafouiller.

« Fais passer ta demande par ton avocat, dit Hermann d'un ton sec.

— Je me défends tout seul, rétorque tout aussi sèchement Desmoulins. Je récuse le juré Renaudin.

— Pour quel motif ?

— Il a attenté à ma vie. Je pourrais appeler des centaines de personnes pour en témoigner.

— C'est là un motif des plus futiles. »

La lecture du rapport du Comité de sûreté sur l'affaire de la Compagnie des Indes orientales prend deux heures. Celle des actes d'accusation, une heure de plus. Derrière les barrières genre garde-fous situées au fond de la salle d'audience, les spectateurs s'entassent jusqu'aux portes et débordent dehors, s'étirant en une longue file dans la rue. « On dit que la queue va jusqu'à l'Hôtel de la Monnaie », chuchote Fabre.

Lacroix tourne la tête en direction des faussaires. « Plutôt ironique, non ? » murmure-t-il.

Fabre se passe une main sur le visage. Il est affalé dans le fauteuil ordinairement réservé au principal accusé. La veille, au moment du transfert des prisonniers à la Conciergerie, c'est à peine s'il était capable de marcher, deux gardes ont dû l'aider à monter dans la voiture. De temps à autre, une de ses quintes de toux noie la voix de Fabricius Pâris, et le greffier du tribunal en profite pour faire une pause ; ses yeux reviennent inlassablement se fixer sur le visage impassible de son protecteur, Danton. Fabre sort un mouchoir et le presse sur sa bouche. Son visage exsangue est luisant de sueur. De temps à autre, Danton se tourne pour le regarder ; encore quelques minutes, et c'est Camille qu'il observera. Tombant d'une fenêtre au-dessus de la tête des jurés, des rais de lumière corrosifs strient les dalles de marbre noir et blanc. L'après-midi est maintenant avancé, et une auréole intempestive vient couronner la tête de Leroy, le ci-devant marquis. Dans les jardins du Palais-Royal, les lilas sont en fleur.

Danton : « Il faut arrêter tout ça. Je demande à être entendu séance tenante. Je demande la permission d'écrire à la Convention. J'exige la création d'une commission. Camille Desmoulins et moi-même tenons à dénoncer des pratiques dictatoriales au sein du Comité de salut… »

Un tonnerre d'applaudissements couvre sa voix. On scande son nom ; on applaudit, on tape des pieds, on chante *La Marseillaise*. Le chahut reflue jusque dans la rue, et le tumulte est si grand que l'on n'entend plus la clochette du président ; dans une sorte de pantomime frénétique, celui-ci agite sa clochette en direction des accusés, et Lacroix, en réponse, agite son poing à son adresse. Pas de panique, du calme, articule Fouquier en silence, et, quand Hermann arrive enfin à se faire entendre, c'est pour ajourner la séance. Les prisonniers sont redescendus dans leur cellule. « Les salopards ! dit succinctement Danton. Demain, j'en fais de la chair à pâté. »

* * *

« Vendu ? Moi, *vendu* ? Personne ne saurait payer assez pour acheter un homme comme moi. »

Deuxième journée.

« Qui est-ce, celui-là ?

— Oh non, encore un ? dit Philippeaux. Qui est cet homme ? »

Danton jette un coup d'œil par-dessus son épaule. « C'est le citoyen Lhuillier. Le procureur général... enfin, dans le temps. Citoyen, qu'est-ce qui t'amène ici ? »

Lhuillier prend place au milieu des accusés, sans dire un mot, l'air égaré.

« Fouquier, qu'est-ce qu'il a fait, celui-là, pour être ici ? »

Fouquier lève la tête et leur jette un regard noir avant de revenir à la liste qu'il tient à la main. S'ensuit un aparté furieux avec ses deux substituts. « Mais c'est toi-même qui l'as dit... insiste Fleuriot.

— J'ai dit de l'assigner à comparaître, pas de l'arrêter. Bon Dieu, vous n'en faites jamais qu'à votre tête !

— Il ne sait pas ce qu'a fait cet homme, dit Philippeaux. Il n'en sait rien du tout. Mais il ne va pas tarder à trouver quelque chose.

— Camille, dit Hérault, je crois sincèrement que ton cousin est un incapable. C'est une honte pour le barreau.

— Fouquier, lui demande son cousin, dis-nous comment au départ tu as obtenu le poste qui est le tien aujourd'hui. »

L'accusateur public fourrage dans ses papiers. « Bon Dieu, grommelle-t-il, avant de s'approcher de la table du juge et de dire à Hermann : Une grosse connerie... Mais surtout, qu'ils n'en sachent rien. Ils se foutraient de nous.

— Nous subissons tous une énorme pression, dit Hermann avec un soupir. Mais tu pourrais tout de même surveiller ton langage. Bon, Lhuillier, tu le laisses où il est, et, le dernier jour, je dirai aux jurés que, devant le manque de preuves à son encontre, ils doivent l'acquitter. »

Le vice-président Dumas pue l'alcool. Au fond de la salle, la foule s'agite, impatiente et dangereuse, exaspérée par ces retards. On amène un autre prisonnier : « Dieu du ciel ! s'exclame Lacroix. Westermann ! »

Le général Westermann, le vainqueur de la Vendée, se plante, corpulent et belliqueux, devant les accusés. « Mais, bordel, qui sont tous ces gens ? demande-t-il, en indiquant du pouce Chabot et ses amis.

— Divers éléments criminels, lui dit Hérault. Avec qui tu as conspiré, si tu veux savoir.

— Moi ? demande Westermann, en élevant la voix. Mais à quoi joues-tu, Fouquier ? Tu crois peut-être que je ne suis qu'un vieil imbécile de militaire, un ignorant ? J'étais avocat à Strasbourg, avant la révolution, et je connais la procédure régulière. Je n'ai pas eu droit à un avocat, je n'ai pas fait l'objet d'une enquête préliminaire. Je n'ai même pas été mis en accusation.

— Il ne s'agit là que d'une formalité, dit Hermann en relevant la tête.

— Nous sommes ici, tous autant que nous sommes, dit sèchement Danton, en vertu d'une simple formalité. »

La remarque provoque des éclats de rire sans joie parmi les accusés. Quand elle est relayée jusqu'au fond de la salle, le public applaudit, et des patriotes en tenue de sans-culottes enlèvent leur bonnet rouge, l'agitent, entonnent le « Ça ira » et (de manière plutôt incohérente) crient *à la Lanterne**.

« Je dois te rappeler à l'ordre, crie Hermann à Danton.

— Me rappeler à l'ordre ! explose Danton, qui se lève d'un bond. Ce serait plutôt à moi de te rappeler à la décence. J'ai le droit de parler. Nous avons tous le droit d'être entendus. Tudieu, c'est quand même moi qui ai mis ce tribunal en place. Personne mieux que moi ne sait comment il fonctionne.

— Tu n'entends pas cette clochette ?

— Un homme qui risque sa vie devant un tribunal a mieux à faire que de s'occuper de clochettes. »

Dans les galeries du public, les chants se font plus forts. La bouche de Fouquier remue, mais on n'entend rien. Hermann ferme les yeux, et toutes les signatures du Comité de salut public se mettent à danser devant ses yeux. Il faudra un quart d'heure avant que l'ordre public soit rétabli.

L'affaire de la Compagnie des Indes est à nouveau sur le tapis. Les avocats de l'accusation savent qu'ils tiennent là un bon filon et l'exploitent au maximum. Fabre relève son menton, qui était tombé sur sa poitrine. Au bout de quelques minutes, il le laisse retomber. « Il lui faudrait un médecin, chuchote Philippeaux.

— Son médecin est déjà occupé. Comme juré.

— Fabre, tu ne vas pas nous claquer entre les doigts, hein ? »

Fabre fait un effort désespéré pour sourire. Danton sent la peur qui pétrifie Camille, assis entre lui et Lacroix. Camille a passé toute la nuit à écrire, convaincu qu'ils seront obligés de le laisser parler. Jusqu'ici, les juges lui ont sauvagement cloué le bec chaque fois qu'il a ouvert la bouche.

Cambon, l'expert financier du gouvernement, vient à la barre pour apporter un témoignage sur les profits réalisés en Bourse et les titres d'actions, sur les procédures bancaires et les contrôles en matière de devises étrangères. Ce sera le seul témoin à être entendu au cours du procès. Danton finit par l'interrompre.

« Cambon, réponds à ma question : est-ce que tu me crois royaliste ? »

Cambon le regarde et sourit.

« Vous voyez, il a ri ! Citoyen greffier, tu veilleras à ce que la chose soit dûment consignée au procès-verbal. »

HERMANN : Danton, la Convention t'accuse de t'être montré trop partial vis-à-vis de Dumouriez, d'avoir négligé de révéler sa véritable nature et ses intentions néfastes, d'avoir favorisé et encouragé ses projets liberticides, notamment celui qui aurait consisté à marcher sur la capitale à la tête d'une armée, dans le seul but de renverser le gouvernement républicain et de restaurer la monarchie.

DANTON : Puis-je répondre à cette accusation ?

HERMANN : Non, pas maintenant. Citoyen Pâris, lis le rapport du citoyen Saint-Just… par quoi j'entends celui que le citoyen a fait à la Convention et au club des Jacobins.

La lecture prend deux nouvelles heures. Les accusés sont maintenant séparés en deux groupes, les six hommes politiques et le général s'efforçant de mettre une certaine distance entre eux et les escrocs, mais ce n'est pas chose facile. Philippeaux prête une oreille attentive et prend des notes. Hérault semble perdu dans ses pensées ; on le soupçonnerait presque de ne pas écouter un mot de ce qui se dit autour de lui. De temps à autre, le général a une réaction d'impatience et sollicite de Lacroix, en lui sifflant à l'oreille, l'explication d'un point particulier ; l'autre est rarement en mesure de le satisfaire.

Pendant la première partie de la lecture, la foule est agitée, bruyante. Mais à mesure que les implications contenues dans le rapport se font plus claires, un profond silence s'installe dans le tribunal, se faufilant dans la salle soudain plus sombre comme un animal regagnant son repaire. Le carillon de l'horloge indique qu'une heure s'est écoulée, Hermann s'éclaircit la voix, et, derrière sa table, le dos aux accusés, Fouquier étire ses jambes. Tout à coup, les nerfs de Desmoulins le lâchent. Il porte une main à son visage, se demande ce qu'elle fait là et, d'un geste saccadé, repousse ses cheveux en arrière. Il jette un coup d'œil rapide aux visages qui l'entourent. Il tient son poing fermé dans la paume de son autre main, la bouche écrasée sur les jointures ; puis il agrippe le banc de part et d'autre et le serre violemment, jusqu'à ce que ses ongles blanchissent sous la pression. Maxime du citoyen Robespierre, à méditer lors d'un procès en assises : Qui montre sa peur est coupable. Danton et Lacroix lui prennent les mains et les lui maintiennent subrepticement aux côtés.

Pâris a terminé, non sans que sa voix se soit fêlée dans les dernières phrases. Il laisse tomber le document sur la table, et les feuillets se déploient en éventail. Il est épuisé, et s'il avait dû continuer ne fût-ce qu'un moment de plus, il se serait effondré en pleurant.

« Danton, dit Hermann, tu as la parole à présent. »

Tout en se levant, l'accusé se demande ce que Philippeaux a bien pu consigner dans ses notes. Parce qu'il n'y a pas une seule allégation à propos de laquelle il ne puisse crier au scandale, pas une seule accusation qu'il ne puisse démolir et piétiner. Si seulement il y avait là-dedans une accusation précise… du genre : Toi, Georges Jacques Danton, reconnu coupable d'avoir le 10 août 1792 traîtreusement conspiré… Mais c'est toute une carrière qu'il lui faut justifier, une vie tout entière, une vie dans la révolution, qu'il lui faut opposer à ce fatras de mensonges et d'insinuations, à ce travestissement de la vérité. Saint-Just a dû étudier de très près les écrits de Camille contre Brissot ; c'est là que la tactique a été perfectionnée. Il a la vision fugitive de la belle philippique que Camille aurait pu composer avec sa carrière pour sujet.

Au bout d'un quart d'heure, il trouve sa voix et redécouvre le plaisir de l'entendre tonner aux quatre coins de la salle. Le long silence est terminé. La foule recommence à applaudir. Il lui faut parfois s'interrompre et laisser le vacarme prévaloir ; puis il reprend son souffle et repart, plus fort qu'avant. C'est Fabre qui lui a enseigné les techniques oratoires, et c'était un bon maître. Il se met à imaginer sa voix comme une arme d'attaque, un instrument solide doté d'un pouvoir incroyable, pareil à la lave sortant du cratère d'un volcan indomptable, les brûlant tous, les calcinant, les enterrant vivants. *Les enterrant vivants.*

Un juré l'interrompt : « Peux-tu nous expliquer pourquoi, à Valmy, nos troupes ne se sont pas lancées à la poursuite des Prussiens qui battaient en retraite ?

— Je regrette de ne pouvoir t'éclairer là-dessus. Je suis avocat. Les questions militaires restent pour moi un mystère. »

La main de Fabre lâche le bras de sa chaise.

Hermann tente de l'interrompre à certains moments cruciaux ; Danton le rembarre, avec le plus grand mépris. La foule des spectateurs ponctue chaque défaite de la cour d'acclamations, de sifflets, de sarcasmes. Les théâtres sont vides ; c'est le seul spectacle qui vaille en ville. Car, qu'on se le dise, ce n'est rien d'autre qu'un spectacle, et il en est conscient. Ils sont tous derrière lui, à présent – mais que Robespierre entre à cet instant, ne les verrait-on pas alors l'applaudir à tout rompre ? Le Père Duchesne était leur idole, mais ils ont ri et sifflé quand son créateur demandait grâce dans la charrette des condamnés.

À la fin de la première heure, sa voix est toujours aussi forte. À ce stade, l'effort physique n'est rien. Comme ceux d'un athlète, ses poumons accomplissent le travail pour lequel il les a entraînés. À cette différence près qu'il n'est pas en train de mettre un point final à une discussion, ni de s'acharner à triompher dans une controverse, mais bien de tenter de sauver sa tête. C'est là ce qu'il a attendu, voulu, espéré de toutes ses forces, cette confrontation finale. Mais, tandis qu'avance la journée, il se surprend en train de parler au-dessus d'une voix intérieure qui lui souffle : S'ils t'autorisent une telle confrontation, c'est que l'issue est décidée d'avance – tu es un homme mort. Une question de Fouquier le fait écumer de rage :

« Qu'on m'amène mes accusateurs ! s'écrie-t-il. Qu'on m'apporte une preuve, une moitié de preuve, ne serait-ce que l'ombre d'une preuve. Je mets mes accusateurs au défi de se présenter devant moi, de me rencontrer à visage découvert. Faites venir ces hommes, et je les rejetterai dans l'obscurité d'où ils n'auraient jamais dû sortir. Montrez-vous, vils imposteurs, et j'arracherai les masques qui vous dissimulent, je vous livrerai à la vengeance du peuple. »

Une autre heure s'écoule. Il aurait grand besoin d'un verre d'eau, mais n'ose s'interrompre pour en demander un. Hermann est penché sur ses manuels de procédure et l'observe, la bouche légèrement entrouverte. Danton a l'impression qu'est venue s'accumuler dans sa gorge toute la poussière de sa province natale, le jaune crayeux de son pays d'Arcis.

Hermann fait passer une note à Fouquier : « Dans une demi-heure, je suspends la défense de Danton. »

Pour finir, même s'il refuse de l'admettre, il sait que sa voix est en train de perdre sa puissance. Et il reste à livrer la bataille de demain ; il ne peut se permettre d'être enroué. Il sort un mouchoir de sa poche et s'essuie le front. Hermann bondit sur ses pieds.

« Le témoin est épuisé. Nous ajournons la séance à demain. »

Danton avale sa salive et élève la voix dans un dernier effort. « Je reprendrai alors le cours de ma défense. »

Hermann a un hochement de tête compréhensif.

« Et puis demain, nous avons nos témoins.

— Demain, oui.

— Vous avez en votre possession la liste de ceux que nous souhaitons appeler à la barre.

— Effectivement. »

Les applaudissements de la foule sont nourris. Il se retourne pour la regarder. Il voit Fabre remuer les lèvres, et se penche pour saisir ce qu'il dit. « Continue à parler, Georges. Si tu t'arrêtes, ils ne te laisseront jamais reprendre la parole. Continue, maintenant… C'est notre seule chance.

— Non, je ne peux pas. Il faut que je me refasse la voix. » Il s'assied, les yeux dans le vide. Il arrache son foulard. « C'est fini pour aujourd'hui. »

Soir du 14 germinal, aux Tuileries : « Tu seras sans doute d'accord avec moi, dit Robespierre, pour reconnaître que vous n'avez guère avancé.

— On voit bien que tu n'étais pas là pour entendre le chahut et le vacarme, répondit Fouquier en arpentant la pièce. On se demande si la foule ne va pas nous les arracher des mains.

— Je crois que tu n'as pas de souci à te faire de ce côté-là. C'est une chose qui n'est encore jamais arrivée. Et puis, ces gens n'ont pas d'affection particulière pour Danton.

— Avec tout le respect que je te dois, citoyen Robespierre…

— Mais si, je le sais. Et c'est parce qu'ils n'ont d'affection particulière pour personne, à présent. Je parle d'expérience, et je suis bon juge en la matière. Ils aiment le spectacle. C'est tout.

— Il est impossible d'avancer. Au cours de sa défense, Danton ne cesse d'en appeler à la foule.

— Vous avez commis une erreur. Ce qu'il fallait, c'était un contre-interrogatoire. Hermann n'aurait jamais dû autoriser ce discours.

771

— Veille à ce qu'il ne le reprenne pas là où il l'a laissé », intervint Collot.

Fouquier inclina la tête. Il se souvenait d'une formule de Danton : *les trois ou quatre criminels qui veulent la ruine de Robespierre*. « Oui, oui, bien sûr, leur dit-il.

— Si les choses ne s'arrangent pas demain, dit Robespierre, avertis-nous. Nous verrons ce que l'on peut faire pour vous aider.

— Comme quoi, par exemple ?

— Après le procès de Brissot, nous avons introduit la règle des trois jours. Mais c'était trop tard, alors, pour qu'elle soit d'une quelconque utilité. Il n'y a aucune raison pour que tu ne disposes pas de nouvelles procédures si le besoin s'en fait sentir, Fouquier. Il faut mettre un terme au plus vite à cette affaire. »

Défait, corrompu, songea Fouquier, un sauveur saigné à blanc ; ils l'ont brisé. « Oui, citoyen Robespierre, dit-il. Merci, citoyen Robespierre.

— La femme Desmoulins est source de beaucoup d'ennuis depuis quelques jours », dit Saint-Just à brûle-pourpoint.

Fouquier leva les yeux. « Quel genre d'ennuis pourrait bien créer la petite Lucile ?

— Elle a de l'argent. Elle connaît beaucoup de monde. On la voit partout en ville depuis les arrestations. Elle semble être aux abois.

— Commencez à huit heures demain matin, dit Robespierre. Ce serait peut-être un moyen de prendre la foule par surprise. »

Camille Desmoulins à Lucile Desmoulins :

Pendant cinq ans, j'ai marché au bord des précipices de la Révolution, sans jamais y tomber, et je suis encore en vie. Je rêvais d'une république que le monde entier aurait adorée ; je n'aurais jamais cru que les hommes puissent être aussi féroces et aussi injustes.

« Par une journée comme celle-ci, il y a un an, j'ai créé cette cour. J'en demande pardon à Dieu et aux hommes. »

Troisième journée.

« Nous allons procéder, dit Fouquier, à l'audition d'Emmanuel Frey.

— Où sont mes témoins ? »

Fouquier feint la surprise. « La question des témoins relève du Comité, Danton.

— Du Comité ? Qu'est-ce que le Comité a à voir là-dedans ? La loi me reconnaît ce droit. Si vous n'avez pas convoqué mes témoins, j'exige de pouvoir reprendre ma défense.

— Mais tes coaccusés doivent d'abord être entendus.

— Le faut-il vraiment ? » Danton regarde ses compagnons. Fabre, pense-t-il, est en train de mourir. C'est à se demander si la guillotine aura le temps de lui trancher le cou avant que quelque chose se rompe dans sa poitrine et qu'il s'étouffe dans son propre sang. Philippeaux, lui, n'a pas dormi la nuit dernière. Il a parlé pendant des heures de son fils de trois ans ; la pensée de l'enfant le paralyse. L'expression d'Hérault suffit à leur faire comprendre qu'il doit être considéré comme *hors de combat**; il ne veut rien avoir à faire avec cette cour. Quant à Camille, il est en état de choc. Il maintient que Robespierre est venu le voir dans sa cellule et lui a promis la vie sauve s'il acceptait de témoigner en faveur de l'accusation : sa vie, sa liberté et sa réhabilitation politique. Personne d'autre ne l'a vu ; mais Danton n'est pas loin de croire à cette histoire.

« Bon… Lacroix, finit-il par dire, à toi de jouer, mon vieux. »

Lacroix a bondi sur ses pieds. Il a cet air tendu et exalté du pratiquant d'un sport dangereux. « Il y a trois jours, j'ai remis la liste de mes témoins. Pas un seul d'entre eux n'a été appelé. Je somme l'accusateur public d'expliquer, en présence du peuple, qui comprendra mes efforts pour blanchir mon nom, pourquoi cette requête parfaitement conforme à la loi a été rejetée. »

Calme et plein de sang-froid, se dit Fouquier. « Cela n'a rien à voir avec moi, dit-il d'un air innocent. Je n'ai aucune objection à ce que tes témoins soient appelés.

— Alors, ordonne qu'ils le soient. Je ne saurais me contenter de savoir que tu n'y vois aucune objection. »

Soudain, il y a de la violence dans l'air. Le cousin Camille est debout aux côtés de Lacroix, une main sur son épaule pour ne pas tomber, s'arc-boutant comme pour résister à un vent violent. « J'ai mis le nom de Robespierre sur ma liste de témoins. » Sa voix tremble. « Vas-tu l'appeler ? Vas-tu l'appeler, Fouquier ? »

Sans répondre ni quitter sa place, Fouquier donne l'impression qu'il va traverser la salle d'audience et jeter son cousin à terre, ce qui ne surprendrait personne. Le souffle coupé, Camille se laisse retomber sur son siège. Mais Hermann est à nouveau pris de panique. Décidément, songe Fouquier, cet avocat est d'une nullité sans bornes. Si c'est là tout ce que le barreau d'Artois a à offrir, alors lui, Fouquier, aurait pu grimper jusqu'au sommet de la hiérarchie. Mais d'un autre côté, se dit-il, le sommet, il l'a déjà atteint.

Avec un claquement impatient de la langue, il se dirige vers les juges.

« La foule est pire qu'hier, dit Hermann. Même chose pour les prisonniers. On ne peut pas continuer comme ça. »

Fouquier s'adresse alors aux accusés. « Il est temps que cessent ces querelles et ces atermoiements. C'est une insulte au tribunal, ainsi qu'au public. Je vais demander à la Convention des instructions sur la manière dont doit se poursuivre ce procès, et nous suivrons son avis à la lettre. »

Danton se penche vers Lacroix. « Il se peut que ce soit là un tournant. Quand ils apprendront quelle parodie est devenu ce procès, il y a des chances pour que les députés recouvrent leurs esprits et acceptent de nous entendre. J'ai des amis à la Convention, beaucoup d'amis.

— Tu crois vraiment ? dit Philippeaux. Ce que tu veux dire, c'est qu'il y a là-bas des gens qui te sont redevables d'un service. Encore quelques heures de cette mascarade, et ils ne se sentiront plus obligés de rembourser leur dette. Et puis, comment savoir s'il leur dira la vérité ? Ou ce que Saint-Just pourra encore inventer pour leur faire peur ? »

Antoine Fouquier-Tinville à la Convention nationale :

Un orage horrible gronde depuis que la séance est commencée ; les accusés, en forcenés, réclament l'audition des témoins à décharge [...]; ils en appellent au peuple du refus qu'ils prétendent éprouver ; malgré la fermeté du président et du Tribunal entier, leurs réclamations multipliées troublent la séance, et ils annoncent hautement qu'ils ne se tairont pas que leurs témoins ne soient entendus, sans un décret. Nous vous invitons à nous tracer définitivement notre règle de conduite sur cette réclamation, l'ordre judiciaire ne nous fournissant aucun moyen de motiver ce refus.

Aux Tuileries : les doigts nerveux de Robespierre tambourinent sur la table. Il est très mécontent de la situation. « Sors d'ici », dit-il à Laflotte, l'informateur.

La porte n'est pas plutôt fermée que Saint-Just dit : « Je crois que cela fera l'affaire. » Robespierre a les yeux fixés sur la lettre de Fouquier, mais sans que son attention soit engagée davantage. Quand Saint-Just reprend la parole, l'excitation dans sa voix amène Robespierre à relever vivement la tête. « Je vais aller à la Convention pour leur dire qu'un dangereux complot vient d'être déjoué.

— Tu y crois, toi ? demande Robespierre.

— À quoi ?

— À cette histoire de complot. Vois-tu, je ne comprends pas les rumeurs qui courent sur le compte de Lucile. Est-ce un bruit circonscrit à la prison ? Est-ce vrai ? Ou est-ce une idée qui a soudain traversé l'esprit de Laflotte en montant l'escalier pour venir ici ? À moins… à moins que ce ne soit toi qui lui aies mis dans la bouche les mots que tu voulais entendre ?

— Les informateurs te racontent toujours ce que tu souhaites entendre. Écoute, dit impatiemment Saint-Just, cela fera l'affaire. C'est exactement ce dont nous avons besoin.

— Mais est-ce que c'est vrai ? persiste Robespierre.

— Nous le saurons quand nous la ferons passer en jugement. En attendant, les circonstances nous forcent à agir comme si ça l'était. Je dois dire que l'affaire me paraît plausible. On la voit un peu partout en ville depuis le matin des arrestations, comme si elle avait une tâche urgente à accomplir. Elle n'est pas stupide, n'est-ce pas ? Et puis, après tout, Dillon est son amant.

— Non.

— Non ?

— Elle n'a pas d'amants.

— Elle est pourtant connue pour ça, dit Saint-Just en riant.

— Des racontars sans fondement.

— Mais tout le monde en parle ! » Toujours cette même exubérance dans le ton. « Quand ils habitaient place des Piques, elle s'affichait sans honte comme la maîtresse de Danton. Et avec Hérault, donc… C'est de notoriété publique.

— Les gens imaginent qu'ils savent.

— Ah, tu ne vois que ce que tu veux bien voir, Robespierre.

— Je te le répète, elle n'a pas d'amants.

— Que fais-tu de Dillon, alors ?

— C'est un ami intime de Camille, c'est tout.

— Fort bien, en ce cas, Dillon est son amant à lui. Pour moi, c'est du pareil au même.

— Seigneur, dit Robespierre, tu es vraiment prêt à raconter n'importe quoi !

— Ce qui compte avant tout, c'est de servir la République, dit Saint-Just avec ferveur. Ces sordides histoires d'attachements personnels n'ont aucun intérêt

777

pour moi. Tout ce que je cherche, c'est à fournir au tribunal les moyens d'achever cette bande une bonne fois pour toutes.

— Écoute, dit Robespierre, à présent que nous sommes engagés dans cette voie, il n'y a plus moyen de revenir en arrière, parce que si nous hésitons, ils se retourneront contre nous et en profiteront pour nous mettre à la place qu'ils occupent en ce moment. Oui, pour reprendre ton élégante expression, il nous faut les achever. Je vais te laisser t'occuper de la besogne, mais rien ne m'oblige à t'en aimer pour autant. » Il fixa Saint-Just de ses yeux froids. « D'accord, rends-toi à la Convention. Dis-leur que, par l'intermédiaire de l'informateur Laflotte, tu as découvert un complot qui se tramait dans les prisons. Que Lucile Desmoulins, grâce à des fonds venant… venant de puissances ennemies, et de concert avec le général Dillon, a fomenté une conspiration ayant pour but de libérer les prisonniers du Luxembourg, d'organiser une émeute armée devant la Convention et d'assassiner les membres du Comité. Pendant que tu y seras, demande à la Convention de voter un décret interdisant aux prisonniers de prendre la parole et nous permettant de mettre un terme au procès soit aujourd'hui soit demain matin.

— J'ai déjà là un mandat d'arrêt rempli à l'encontre de Lucile Desmoulins. Si tu y apposais ta signature, il n'en pèserait que plus lourd. »

Robespierre s'empare de sa plume et signe le document sans même y jeter un coup d'œil. « C'est sans grande importance, dit-il. Elle ne voudra pas lui survivre. Saint-Just ? » Le jeune homme se retourne pour regarder l'homme, tassé derrière la table, plein de réserve, les mains croisées devant lui, le teint blême.

« Une fois cette affaire terminée et Camille mort, je ne veux surtout pas entendre l'épitaphe que tu lui réserves. Personne ne devra plus jamais parler de lui devant moi, je l'interdis formellement. Quand il sera mort, je veux être le seul à pouvoir penser à lui en toute liberté. »

Procès-verbal de la déposition de Fabricius Pâris, greffier au Tribunal révolutionnaire, lors du procès d'Antoine Fouquier-Tinville, 1795 :

Même Fouquier et son digne substitut Fleuriot, tout ignobles qu'ils étaient, semblaient comme paralysés par des hommes d'une telle stature, et le déposant pensa d'abord qu'ils n'auraient pas le courage de les sacrifier. Il ignorait l'odieuse machination mise en œuvre pour parvenir à cette fin, n'avait pas connaissance d'une conspiration montée de toutes pièces au Luxembourg, et grâce à laquelle… les scrupules de la Convention nationale furent balayés et le décret de mise hors la loi obtenu. Ce décret fatal arriva au tribunal, apporté par Amar et Voulland [du Comité de sûreté]. Le déposant était dans la salle des témoins à ce moment-là : la colère et la peur étaient inscrites sur le visage des deux hommes, tant ils semblaient craindre que leurs victimes n'échappent à la mort ; ils saluèrent le déposant. Auquel Voulland lança : « Nous les tenons, ces lascars, ils conspiraient au Luxembourg. » Puis ils envoyèrent chercher Fouquier, qui était dans la salle du tribunal, et qui se présenta aussitôt. Amar lui dit : « Voici quelque chose qui va te faciliter la vie. » Fouquier répondit avec un grand sourire : « Dieu sait que le président l'attendait ! » Et il entra à nouveau dans la salle d'audience, l'air triomphant…

« Ils vont assassiner ma femme ! »

Le cri d'horreur de Camille résonne dans la salle, couvrant tous les autres bruits. Il essaie d'atteindre Fouquier, Danton et Lacroix doivent le retenir. Il se débat, hurle à l'adresse d'Hermann, et s'effondre en pleurs. Vadier et David s'entretiennent discrètement avec les jurés. Fuyant le regard des accusés, Fouquier entame la lecture du décret de la Convention nationale :

Le président aura recours à tous les moyens autorisés par la loi aux fins de faire respecter son autorité et celle du Tribunal révolutionnaire et de réprimer toute tentative de la part des accusés pour troubler l'ordre public ou entraver le cours de la justice. Il est décrété que toute personne accusée de conspiration qui s'opposera à ce que justice soit faite ou portera outrage à la cour sera déclarée hors la loi et se verra signifier sa sentence sans autre forme de procès.

« Pour l'amour de Dieu, dit Fabre dans un souffle, qu'est-ce que cela veut dire ?

— Tout simplement, lui répond calmement Lacroix, que, à partir de maintenant, ils imposeront dictatorialement la forme des audiences. Si nous exigeons que nos témoins soient entendus, demandons à subir un contre-interrogatoire ou tout simplement à prendre la parole, ils mettront aussitôt un terme au procès. Pour parler de façon plus imagée, la Convention nationale nous a assassinés. »

Quand il a terminé sa lecture, l'accusateur public relève prudemment la tête pour regarder Danton. Fabre est maintenant plié en deux sur sa chaise. Ses côtes se soulèvent à chaque halètement, du sang jaillit de ses lèvres et vient fleurir la serviette qu'il tient devant sa bouche. Debout derrière lui, Hérault pose une main sur son épaule et tente de le redresser. L'aristocrate ne peut cacher son dédain ; il n'a pas choisi ses compagnons du moment, mais il voudrait les amener si possible à se comporter selon ses propres critères de décence.

« Il se peut que nous ayons besoin de porter secours au prisonnier, dit Fouquier à un huissier. Desmoulins semble lui aussi au bord de l'effondrement.

— La séance est levée, annonce Hermann.

— Le jury, dit Lacroix. Il nous reste encore un espoir.

— Non, dit Danton. C'est fini, maintenant. » Il se lève. Pour la première fois de la journée, sa voix retentit dans la salle ; et même en cet instant, il semble impossible qu'on puisse le tuer. « Je serai Danton jusqu'à la mort. Demain, je dormirai dans la gloire. »

Rue Marat : elle venait d'écrire à nouveau à Robespierre. Quand elle entendit la patrouille en bas dans la rue, elle déchira la lettre qu'elle avait dans la main en petits morceaux. Elle alla jusqu'à la fenêtre. Ils étaient en train de prendre position, elle entendit le cliquetis des armes. Que croient-ils donc, que j'ai une armée chez moi ?

Le temps qu'ils arrivent à la porte, elle avait ramassé son sac, où elle avait déjà mis les quelques affaires dont elle pourrait avoir besoin. Ses petits carnets intimes étaient détruits, effacée, l'histoire de sa vie. Le chat vint se frotter contre ses jambes, et elle se pencha pour lui passer une main le long de l'échine. « On va y aller calmement, dit-elle. Sans faire d'histoires. »

Jeannette poussa un cri quand les hommes produisirent le mandat. Lucile la regarda en secouant la tête. « Il va falloir que tu dises adieu à mon enfant pour moi, à mon père et à ma mère aussi, ainsi qu'à Adèle. Transmets mes amitiés à Mme Danton, dis-lui que je lui souhaite un sort meilleur que celui qu'elle a connu jusqu'ici. Je ne pense pas qu'une perquisition s'impose, dit-elle à la patrouille. Vous avez déjà saisi tout ce qui était susceptible d'intéresser le Comité, sans compter ce qui ne l'était pas. Allons-y, conclut-elle en prenant son sac.

— Madame, madame, implora Jeannette, pendue au bras de l'officier. Laissez-moi lui dire juste une chose avant que vous l'emmeniez.

— Vite, alors.

— Une jeune femme est venue pour vous. De Guise. Regardez, dit-elle en courant jusqu'au secrétaire. Elle a laissé ça, pour vous dire où elle demeurait. Elle voulait vous voir, mais c'est trop tard à présent. »

Lucile prit la carte. Citoyenne du Tailland, annonçait celle-ci en caractères gras anguleux. En dessous, dans une parenthèse hâtive, cet ajout : Rose-Fleur Godard.

« Madame, elle était dans un état pitoyable. Le vieux monsieur est malade, elle avait fait le voyage toute seule depuis Guise. Elle a dit qu'ils venaient juste d'apprendre la nouvelle des arrestations.

— Elle est donc venue, dit doucement Lucile. Rose-Fleur. Trop tard. »

Elle mit sa cape sur son bras. La soirée était douce, et une voiture fermée attendait devant la porte, mais il ferait peut-être froid dans la prison. Comment imaginer une prison qui ne serait pas froide ? « Adieu, Jeannette, dit-elle. Prends soin de toi. Oublie-nous. »

Lettre à Antoine Fouquier-Tinville :

Réunion-sur-Oise, anciennement Guise
15 germinal, an II

Citoyen et Compatriote,
Camille Desmoulins, mon fils, est un républicain de cœur, de principes et, pour ainsi dire, d'instinct. Il l'était déjà, par choix et au plus profond de lui, avant le 14 juillet 1789, et il l'est resté depuis, en pensée et en action…
Citoyen, je ne te demande qu'une chose : enquête et charge un jury d'enquêter sur la conduite de mon fils.
Santé et fraternité de la part de ton compatriote et compagnon citoyen, qui a l'honneur d'être le père du premier et du plus fervent des républicains,

Desmoulins

« Hé, Lacroix… Si je léguais mes jambes à Couthon, et mes couilles à Robespierre, ce serait l'occasion pour le Comité de retrouver un second souffle, non ? »
Quatrième journée.
L'interrogatoire des frères Frey se poursuit. Dix heures, onze heures. Hermann garde le décret de la Convention sous le coude. Il observe les prisonniers, les prisonniers l'observent. Leurs visages portent les traces de la nuit qu'ils ont passée. Et Hermann a vu le texte d'une lettre propre à lui redonner courage, qui, adressée par le Comité au commandant de la garde nationale, spécifiait :

783

« N'arrêtez pas – nous insistons là-dessus – n'arrêtez pas l'accusateur public, ni le président du tribunal. »

À l'approche de midi, Fouquier s'adresse à Danton et à Lacroix. « J'ai sous la main un grand nombre de témoins qui pourraient déposer contre vous deux. Cependant, je ne les appellerai pas à la barre. Vous ne serez jugés que sur des témoignages écrits.

— C'est quoi, cette connerie ? s'exclame Lacroix. Quels témoignages ? Où sont les preuves ? »

Il n'obtient pas de réponse. Danton se lève.

« Il est clair depuis hier que nous ne pouvons plus espérer du tribunal un quelconque respect de la loi. Mais tu m'as promis que je pourrais reprendre ma défense. C'est mon droit.

— Tes droits, Danton, sont temporairement suspendus. » Hermann se tourne vers le jury. « En avez-vous suffisamment entendu ?

— Oui, assez pour nous faire une opinion.

— En ce cas, je prononce la clôture du procès.

— La clôture ? s'insurge Danton. Mais où sommes-nous ? Tu n'as lu aucune de nos déclarations. Tu n'as fait comparaître aucun de nos témoins. Clore le procès ? Mais il n'a même pas commencé. »

Camille se dresse à ses côtés. Hérault tend le bras pour le retenir, mais il s'écarte et lui échappe. Il avance de deux pas vers les juges, brandissant ses feuillets. « J'insiste pour être entendu. Pendant toutes ces séances, vous m'avez refusé le droit à la parole. Vous ne pouvez pas condamner les gens sans leur avoir donné la possibilité de se défendre. J'exige de pouvoir lire ma déclaration.

— Tu n'en as pas l'autorisation. »

Camille froisse les feuillets de ses deux mains et les lance avec une étonnante précision à la tête du président. Ignominieusement, Hermann baisse la tête pour les éviter. Fouquier a déjà bondi sur ses pieds. « Les prisonniers ont insulté la justice de la République ! Aux termes du décret, ils peuvent désormais être conduits hors de la salle d'audience. Le jury va se retirer pour délibérer. »

Derrière la barrière, la foule s'éloigne déjà pour aller se poster sur le trajet de la charrette fatale et autour de l'échafaud. La veille, Fouquier a retenu trois tombereaux : trois tombereaux, en milieu d'après-midi.

Deux assistants se précipitent pour aider Fabre.

« Nous devons vous remmener dans vos cellules, messieurs, pendant que le jury délibère.

— Ôtez vos mains de mon habit, dit Hérault, sans se départir d'une froideur polie. Viens, Danton, inutile de rester là. Allez, toi aussi, Camille… j'espère que tu ne vas pas faire d'histoires. »

Camille a bien l'intention de faire autant d'histoires qu'il le pourra. Un assistant est debout devant lui. L'homme sait – c'est chez lui un article de foi – que les condamnés ne se défendent pas. « Viens avec nous, s'il te plaît, dit-il. Et sans opposer de résistance. Personne ne te veut de mal, mais, si tu résistes, alors là tu vas souffrir. »

Danton et Lacroix commencent à essayer de convaincre Camille. Qui s'accroche désespérément au banc. « Je ne veux pas te faire de mal », répète l'homme misérablement. Un petit groupe s'est détaché de la foule pour revenir assister à la scène. Camille a un sourire méprisant à l'adresse du gardien, qui essaie maintenant, sans succès, de lui faire lâcher prise. Des renforts arrivent. Les yeux de Fouquier s'arrêtent sur son cousin, sans le voir. « Pour l'amour de Dieu, s'écrie Hermann, emparez-vous de lui et emmenez-le ! » Exaspéré, il fait claquer un livre sur la table. « Sortez-les tous d'ici ! »

Un des assistants saisit d'une main les longs cheveux de Camille et lui rejette violemment la tête en arrière. On entend un craquement sinistre et un cri de douleur étouffé. Encore un instant, et il est au sol, à demi assommé. De dégoût, Lacroix détourne le visage. « Je veux que Robespierre sache, dit Camille, tandis qu'on le remet sur ses pieds. Je veux qu'il se souvienne de cela. »

« Bon, dit Hermann à Fouquier, la moitié du Comité de sûreté se trouve dans la salle des jurés, alors autant les y rejoindre. S'il y a encore des hésitants, il n'y a qu'à leur montrer les documents émanant du ministère des Affaires étrangères britannique. »

Ils sont à peine sortis de la salle du tribunal que les forces de Fabre l'abandonnent. « Arrêtez », souffle-t-il. Les deux assistants qui le soutiennent le prennent par les coudes et l'appuient contre le mur. Il suffoque. Trois hommes passent devant lui, tirant derrière eux le corps inerte de Camille, yeux fermés, bouche ensanglantée. Quand Fabre l'aperçoit, son visage se contracte, et soudain des larmes jaillissent de ses yeux. « Espèces de salopards, espèces de salopards, parvient-il à articuler. Ah, les salopards… »

Fouquier parcourt des yeux la table des jurés. Souberbielle évite son regard. « Je crois que le compte y est, dit-il à Hermann, puis il ajoute avec un hochement de tête à l'adresse de Vadier : Satisfait ?

— Je ne le serai vraiment que quand leurs têtes seront tombées.

— On me dit que la foule est nombreuse mais plutôt calme, enchaîne Fouquier. Ce qui confirme les convictions du citoyen Robespierre : ils ne soutiennent plus personne en particulier, au bout du compte. Ce temps est révolu.

— Faut-il vraiment les ramener dans la salle d'audience et recommencer toute cette comédie ?

— Non, je ne pense pas, dit Fouquier, qui tend une feuille de papier à l'un des assistants du tribunal. Emmenez-les dans la première salle de la prison. Voici l'arrêt de mort. Tu le leur liras pendant que les hommes de Sanson leur couperont les cheveux. » Il sort sa montre. « Il est quatre heures. Il sera prêt. »

« Votre sentence, je m'en torche. Je ne veux pas en entendre la lecture. Et le verdict, je m'en fous. C'est au peuple de juger Danton, pas à vous. »

Danton continue à couvrir la voix de l'assistant, si bien qu'aucun des présents n'entend la lecture de sa sentence. Dans la cour, au-delà de la salle où se trouvent maintenant les prisonniers, les aides de Sanson s'interpellent et plaisantent.

Lacroix est assis sur un tabouret en bois. Le bourreau lui déchire son col de chemise et lui coupe rapidement les cheveux sur la nuque. « Un qui a passé, crie un garde. Un inconscient. »

Derrière la grille en bois qui sépare les prisonniers de la cour, le bourreau lève la main pour montrer qu'il a compris. On recouvre Chabot d'une couverture.

Son visage est bleu. Il est en train de sombrer dans le coma. Seules ses lèvres bougent encore.

« Il s'est fait apporter de l'arsenic, dit le garde. Que voulez-vous, on peut pas empêcher toutes les demandes des prisonniers d'aboutir.

— Oui, dit Hérault à Danton. J'y ai moi-même songé. Mais je me suis dit que se suicider dans de telles circonstances serait reconnaître que l'on est coupable, et que, s'ils insistent pour vous trancher encore la tête alors que vous êtes déjà mort, comme ils le font, ce serait d'un goût discutable. Il nous faut donner l'exemple à cette racaille, tu ne crois pas ? De toute façon, s'ouvrir les veines est de loin préférable. » Son attention est attirée par le mur d'en face, où se déroule une violente bagarre. « Mon cher Camille, à quoi bon tout cela ? lui lance-t-il.

— Toi, alors, tu nous facilites pas le travail », dit l'un des gardes. Ils ont fini par ligoter Camille dans les règles. Ils ont pensé un moment l'assommer, accidentellement, mais Sanson se serait mis en colère et les aurait traités de foutus amateurs. Sa chemise s'est déchirée dans le dos, pendant qu'ils essayaient de le faire tenir tranquille pour lui couper les cheveux, et pend en lambeaux sur ses épaules décharnées. Un hématome bleu-noir est en train de s'étendre sous sa pommette gauche. Danton s'accroupit à ses côtés.

« Nous devons te lier les mains, citoyen Danton.

— Une seconde, tu permets. »

Il ôte du cou de Camille le médaillon qui renferme une mèche des cheveux de Lucile. Il le glisse entre ses mains liées et sent ses doigts se refermer dessus.

« Tu peux y aller », dit-il au garde.

Lacroix lui enfonce un doigt dans les côtes. « Ah, ces filles en Belgique... ça valait le coup, quand même ?

— Ça valait le coup, répond Danton. Mais pas pour les filles. »

Hérault est un peu pâle quand il monte dans le premier tombereau, mais sans autre changement visible sur son visage. « Je suis bien heureux de ne pas avoir à faire le voyage avec les escrocs.

— Eh oui, rien que des révolutionnaires de première qualité dans cette charrette, dit Danton. Tu vas tenir le coup, Fabre, ou faudra-t-il qu'on t'enterre *en route**?

— Danton, dit Fabre, qui a relevé la tête au prix d'un grand effort, ils m'ont pris mes papiers, tu sais.

— Oui, c'est en général ce qu'ils font.

— Je voulais simplement terminer *L'Orange de Malte*. Il y avait de si belles choses dedans. À présent, le Comité va récupérer mon manuscrit, et ce salaud de Collot va le faire passer pour sien. » Danton rejette la tête en arrière et part d'un grand éclat de rire. « Ils la monteront aux Italiens, dit Fabre, sous le nom de cet infâme plagiaire. »

Le Pont-Neuf, le quai du Louvre. La charrette brinqueballe et cahote sur le pavé. Danton se plante sur ses jambes écartées pour garder l'équilibre et retenir le corps affaissé de Camille, qui mouille de ses larmes les lambeaux de sa chemise. S'il pleure, ce n'est pas pour lui, mais pour Lucile, peut-être pour cet être unique qu'ils formaient à eux deux, pour ces lettres sans fin qu'ils se sont écrites, pour leur répertoire commun de gestes, de plaisanteries, d'excentricités...

Disparu, tout cela, anéanti ; et aussi pour leur enfant. « Tu ne remplis pas du tout les critères d'Hérault », lui dit doucement Danton.

Il scrute les visages dans la foule. Silencieuse, indifférente, elle ralentit l'avance des charrettes. « Essayons de mourir dans la dignité », suggère Hérault.

Camille lève les yeux, sort d'un coup du coma où l'a plongé la douleur. « Oh, va te faire foutre, lance-t-il à Hérault, arrête un peu de jouer au *ci-devant**. »

Quai de l'École. Danton lève les yeux sur la façade des immeubles. « Gabrielle », murmure-t-il. Il fixe une fenêtre comme s'il s'attendait à y voir… un visage disparaître derrière un rideau, une main levée en signe d'adieu.

Rue Saint-Honoré. Cette rue qui n'en finit pas. Arrivés au bout, ils crient des insultes en direction des volets fermés de la maison Duplay. Camille, cependant, essaie de s'adresser à la foule. Henri Sanson jette un coup d'œil inquiet par-dessus son épaule. Danton baisse la tête et murmure à Camille : « Allez, calme-toi. Laisse-la tranquille, cette vile populace. »

Le soleil se couche. À la nuit tombée, songe Danton, nous serons tous morts. Derrière la charrette, emmitouflé dans une tenue de sans-culotte, l'abbé Kéravenant récite en silence les prières pour les mourants. Au moment où la charrette s'engage sur la place de la Révolution, il lève la main en signe d'absolution conditionnelle.

Il y a un point au-delà duquel – c'est du moins l'idée qu'imposent les conventions et l'imagination – il est impossible d'aller ; il se pourrait que ce point soit atteint, ici, maintenant, au moment où les charrettes

790

déversent leur chargement au pied de l'échafaud, chair encore palpitante qui ne sera bientôt plus que viande morte. Danton suppose que, en sa qualité de condamné le plus célèbre, il sera réservé pour la fin, avec Camille à ses côtés. Il pense moins à l'éternité qu'à la manière de préserver l'unité du corps et de l'âme de son ami pendant le quart d'heure qu'il reste avant que la lame du grand rasoir national scinde en deux ces entités.

Mais, bien entendu, les choses ne se passent pas ainsi. Pourquoi seraient-elles conformes à ce que l'on a imaginé ? Ils entraînent Hérault en premier ; plus exactement, ils ne font que lui toucher le coude et le conduisent à sa fin. « Adieu, mes amis », dit-il, rien de plus ; puis, aussitôt après, ils s'emparent de Camille. Ce qui paraît logique. Se débarrasser d'abord et au plus vite de ceux dont la présence risquerait d'agiter la foule.

Tout à coup, Camille est parfaitement calme. Il est trop tard pour qu'Hérault puisse constater combien son exemple a été utile ; mais Camille hoche la tête en direction d'Henri Sanson. « Comme le dirait Robespierre... il faut bien sourire. Le père de cet homme un jour m'a poursuivi en diffamation. Ne crois-tu pas que c'est moi qui aurais un juste sujet de plainte aujourd'hui ? »

Et il sourit bel et bien. Danton a l'estomac retourné : chair palpitante, dans quelques secondes viande morte. Il voit Camille parler à Sanson, voit le bourreau prendre le médaillon dans ses mains liées. Le médaillon est pour Annette. Il n'oubliera pas de le lui remettre ; les dernières volontés d'un condamné sont sacrées, et il appartient à une profession honorable. Un court instant, Danton détourne les yeux. Après quoi, il ne manque plus rien de la scène, regarde s'épanouir les fleurs de sang qui jaillissent des cous tranchés. Il regarde chaque mise à mort, jusqu'à ce que vienne son tour.

« Dis donc, Sanson ?

— Oui, citoyen Danton ?

— Tu montreras ma tête au peuple, elle en vaut bien la peine. »

Rue Saint-Honoré : un jour, il y a bien longtemps, sa mère, assise devant une fenêtre, faisait de la dentelle. La lumière matinale déversait ses rayons sur eux deux. Il voyait bien que c'étaient les trous qui étaient importants, que c'étaient les espaces entre les fils qui formaient le motif et non les fils eux-mêmes. « Montre-moi comment on fait, avait-il dit. Je voudrais apprendre.

— Ce n'est pas une occupation pour les garçons », avait-elle répondu. Son visage était calme ; elle avait repris son travail. Face à cette exclusion, il avait eu la gorge serrée.

À présent, chaque fois qu'il regarde un morceau de dentelle – même si sa vue est mauvaise –, il a l'impression de discerner chacun des fils de l'ouvrage. Assis à la table du Comité, il voit cette image naître dans son esprit, et se surprend à regarder loin en arrière, très loin dans son enfance. Il revoit la jeune femme sur la banquette sous la fenêtre, son corps gonflé lourd d'une mort prochaine ; revoit la lumière qui tombe sur sa tête penchée ; sous ses doigts, le dessin arachnéen, suspendu, et bientôt envolé.

Extrait d'un article du *Times*, 8 avril 1794 :

Au moment de la récente réconciliation opérée entre Robespierre et Danton, nous avions fait remarquer qu'elle était le fruit de la peur qu'avaient les deux célèbres révolutionnaires l'un de l'autre, plus que d'une appréciation mutuelle ; nous ajoutions alors qu'elle ne durerait que le temps pour le plus habile des deux de trouver l'occasion de détruire son rival. Ce moment, fatal à Danton, a fini par arriver... Il reste que nous ne comprenons pas pourquoi il a fallu que Camille Desmoulins, si ouvertement sous la protection de Robespierre, tombe au moment du triomphe du dictateur.

Note

Lucile Desmoulins et le général Dillon furent jugés pour conspiration contre la République et exécutés le 24 germinal. Maximilien Robespierre, lui, fut exécuté sans procès préalable le 10 thermidor, 28 juillet selon l'ancien calendrier. Subirent le même sort son frère Augustin, Antoine Saint-Just et Couthon. Philippe Lebas se tua d'une balle dans la tête.

Louise Danton épousa Claude Dupin et devint baronne sous l'Empire.

Anne Théroigne mourut en 1817, à la prison-asile de la Salpêtrière.

Charlotte Robespierre, qui ne se maria jamais, se vit accorder une petite pension par Napoléon. Éléonore resta la « veuve Robespierre ». Le père de Maximilien, comme on le découvrit bien plus tard, était mort à Munich en 1777.

Legendre mourut en 1795. Robert Lindet survécut et connut une vie prospère. Les fils de Danton retournèrent dans la province natale de leur père s'occuper de leurs terres.

Stanislas Fréron déserta la cause. Après la chute de Robespierre, il traqua les Jacobins à la tête de bandes armées et d'hommes de main qui sillonnaient les rues de la capitale. Il mourut à Haïti (alors Saint-Domingue), en 1802.

Jean-Nicolas Desmoulins tout comme Claude Duplessis décédèrent quelques mois après la chute de Robespierre. Le fils de Camille fut élevé par Annette et Adèle Duplessis. Il fréquenta l'ancien collège Louis-le-Grand et fut inscrit au barreau de Paris. Il mourut, lui aussi, à Haïti, au même âge que son père. Adèle Duplessis mourut à Vervins, en Picardie, en 1854.

Ouvrage composé par
PCA 44400 Rezé

Achevé d'imprimér en Espagne
par Liberdúplex
à Sant Llorenç d'Hortons (Barcelone)
en mai 2017

POCKET – 12, avenue d'Italie – 75627 Paris Cedex 13

Dépôt légal : juin 2017
S27261/01